〈수정판〉

은근히 흥미로운

한일 고대사

- 일본 탄생의 두 주역 백제 왕자 **곤지**와 **덴지** -

전 주오사카총영사 **오 영 환** 저

한림당

은근히 흥미로운

한일 고대사

- 일본 탄생의 두 주역 백제 왕자 **곤지**와 **덴지** -

전 주오사카총영사 **오 영 환** 저

한림당

은근히 흥미로운

한일 고대사

- 일본 탄생의 두 주역 백제왕자 **곤지**와 **덴지** -

초　판 발행　2020년 11월 11일
수정판 발행　2021년 01월 28일

지은이　오 영 환
펴낸이　鄭 明 子
북디자인　박 성 혜
펴낸곳　도서출판 한림당
주　소　04550 서울시 중구 을지로14길 15, 701호
전　화　010-6537-6869
팩　스　031)474-6868
E-mail　hanlimdang13@naver.com
등　록　300-2011-46
ISBN　978-89-97766-94-9　13910

정　가　24,000원

일러두기

1. 이 책이 다룬 대상기간은 대략 기원전 300년부터 기원후 800년까지 약 1,100년의 기간입니다.
2. 일본의 왕은 공식적으로는 천황天皇-일본어 발음은 덴노-으로 불리지만 제38대 덴지天智 천황(재위 661년~671년) 이전에는 천황이란 호칭이 사용되지 않았으므로 그 이전의 왕들은 왕으로 표기하였습니다.
3. 일본서기의 번역문과 고대 지명의 비정은 원칙적으로 동북아역사재단이 발간한 '역주 일본서기(2013년)'에 따랐습니다.
4. 일본어를 포함한 외래어의 한글 표기는 국립국어원의 외래어표기법 규정을 따랐습니다.
5. 일본의 인명과 지명은 원칙적으로 일본어 발음으로 표기하였습니다.

   예 소가 우마코蘇我馬子, 나니와難波 등
6. 인명과 지명이외의 일본어 단어는 원칙적으로 일본어 발음으로 표기하였습니다. 다만 관례적으로 우리말 한자음으로 표기되거나 우리말 한자음으로 읽는 것이 단어의 뜻을 이해하기 쉽다고 판단되는 경우에는 우리말 한자음으로 표기하였습니다.

   예 스에키須恵器, 임나任那, 일본서기日本書紀 등
7. 일본어 명사 중 고유명사에 보통명사가 더해져서 생긴 합성어인 경우 고유명사는 일본어 발음으로 표기하고 보통명사는 우리말 발음으로 표기하는 것을 원칙으로 하였습니다. 다만 관례적으로 단어 전체를 일본어 발음 또는 우리말 발음으로 표기하는 경우에는 이에 따랐습니다.

   예 이토伊都국, 헤이죠쿄平城京, 임나일본부任那日本府 등
8. 일본인의 인명은 일본어에서는 성과 이름을 붙여서 표기하나 이 책에서는 성과 이름을 분리하여 표기하였습니다.
9. 이 책의 본문은 5장章 20화話로 구성되어 있으며 각 화話의 서두에 그 화의 내용을 요약해 두었습니다.
10. 한일 고대사와 관련된 일본 긴키近畿 지방의 주요한 유적, 유물을 부록에 소개하여 두었습니다.

머리글

'설說'들의 전쟁을 끝내고 싶은 마음으로

고대 한반도와 일본의 관계사는 우선 이를 기록한 문헌이 많지 않고 일본의 역사서는 날조되고 심하게 왜곡, 윤색된 부분이 많을 뿐 아니라 특히 일본의 학자, 연구자에 의해 제기된 수많은 주장과 설說이 오히려 역사의 진상을 흐리고 애매하게 하는 미로迷路역할을 하고 있어서 그 진상을 파악하는 것이 하늘의 별 따기처럼 지난至難의 과제가 되어 버린 감이 있습니다.

그러나 한일 고대사의 진실은 그 핵심을 알고 보면 의외로 심플하다는 사실을 깨닫게 되는데 이는 바로 일본의 정사正史인 일본서기日本書紀에 등장하는 백제 왕자의 대부분이 후국侯國이었던 왜국에 후왕侯王으로 파견되었던 사실을 인식하는 것이 그 핵심라고 생각합니다. 일본서기는 백제 왕자들의 도래 사실만을 간략하게 언급하면서 이들이 인질, 조공, 봉사 등의 목적으로 온 것이라고 하고 있으나 백제 왕자들이 왜왕으로서 후국을 다스리기 위해 파견된 사실을 읽어내는 것이야 말로 한일 고대사 복원의 관건이라고 할 수 있는 것입니다.

그 가운데서도 한일 고대사의 이해를 위해 열쇠를 쥔 인물은 바로 백제 왕자인 곤지昆支와 덴지天智라는 두 명의 백제 왕자입니다. 곤지는 일본서기의 유랴쿠雄略 5년(461년) 부왕인 백제 개로왕의 명을 받아 일본열도로 건너가 가와치河內 -지금의 오사카 남부-에 백제의 후국을 세우고 얼마 지나지 않아 나라분지에 있던 가야계의 미와三輪 왕국을 통합하여 6세기 초 야마토大和 왕조를 세우는 토대를 구축하는 왜왕 무武이며, 덴지는 645년 당시 실권자였던 소가蘇我 씨족을 멸하여 왕권을 회복하고 660년 백제가 멸망하자 새로운 독립국가 일본국日本國을 탄생시킨 왕으로 백제 의자왕의 아들 교기翹岐입니다.

즉 곤지는 일본의 고대국가라 할 수 있는 야마토 왕조의 실질적인 시조라고 할 수 있고 덴지는 현재까지 이어지는 일본국을 세운 왕이었다는 점에서 이 두 인물을 한일 고대사의 주역이라 할 수 있는 것입니다. 한편 일왕가의 혈통이란 시각에서 보면 781년 1세기 만에 완전한 백제 왕통을 다시 일으킴으로써 현재의 일본 왕실의 시조가 된 간무桓武 천황 역시 한일 고대사의 또 한 명의 주역이라고 할 수 있겠습니다. 일본의 정사인 일본서기는 곤지의 경우는 도래 사실만을 전하고 덴지, 간무의 경우는 백제 왕실과의 관계에 대해서는 철저하게 함구하고 있는데 이들의 출자와 백제 왕실과의 관계를 추구하고 검증하는 것이 이 책의 주된 주제이기도 합니다.

일본서기의 가장 대표적인 날조기사는 누가 보아도 진구神功 왕후의 소위 '삼한정벌三韓征伐' 관련기사일 것입니다. 그러나 우화같이 허무맹랑하게 보이는 가공인물 진구 왕후의 행적을 추적하고 음미하다보면 심하게 왜곡, 윤색이 되어 있기는 하지만 한일 고대사의 진실 특히 고대 백제가 왜국의 기원이라는 사실을 읽어낼 수 있는 실마리가 암시되어 있다는 점을 감지하게 됩니다. 이는 백제인의 후손이었을 일본서기 편찬자가 왜곡된 역사를 기록한 죄책감에서 남겨 놓은 의도된 기술일 수도 있겠다는 해석도 가능하게 합니다.

일본서기는 결국 곤지 왕자가 주도한 백제 왕통에 의한 고대 일본국가와 일본 왕실의 성립이라는 진상을 은폐하기 위하여 실재하지 않은 진구神功 왕후와 오진応神 왕을 창작하여 역사를 날조하고 토착세력에 의한 왕통의 만세일계를 창출해 내었던 것입니다. 또 한편으로는 백제가 멸망하자 야마토 조정은 황조신皇祖神 아마테라스 대신天照大神을 창작하여 대내적으로는 그의 후손인 천황의 일본통치의 당위성을 주장하고, 대외적으로는 백제의 후국이었던 왜국을 실제의 역사와는 정반대로 한반도의 국가들을 번국蕃國 -신하의 나라-으로 둔 천황국天皇國으로 만들기 위한 근거로 진구왕후의 소위 '삼한정벌' 기사를 날조하였던 것입니다.

흥미로운 사실은 역사의 진실을 은폐하기 위해서 만든 일본서기의 기술이 오히려 고대사의 진실을 밝히는 실마리를 제시하고 있다는 점인데 특히 일본서기의 암시적인 기술과 그 후 우연히 발견된 몇 개의 금석문金石文을 종합적으로 해석하게 되면서 일본서기가 감추고자 했던 역사의 진상이 드러나고 있기 때문입니다. 지금까지 발견된 중요한 금석문으로는 광개토왕 비문廣開土王碑文, 칠지도七支刀 명문銘文, 스다하치만隅田八幡 인물화상경 명문, 무령왕릉 묘지석 명문 등을 들 수 있는데 앞으로 금석문들이 추가적으로 발견되면 역사의 진실이 더욱 분명하게 드러날 것이라는 기대를 갖게 됩니다.

고대 백제 등 한반도 국가의 왕실과 왜 왕실의 혈연관계가 드러나는 것을 막는 것이 일본 정부가 왕릉의 발굴을 한사코 금지하고 있는 본심이고 이를 위해서는 결국 역사의 진실을 보여주는 추가적인 금석문이나 유물의 발견을 저지해야만 하는 것임에 비추어 보면 일본 정부가 가까운 장래에 능묘로 지정된 고분의 발굴조사를 허용할 가능성은 거의 없다고 봐야 할 것 같습니다.

* * * * * *

현재의 한일 관계는 1910년 일제의 한반도 강점이 1945년 종식된 후 20년만인 1965년 한일 양국이 국교를 정상화正常化한 이래 최악의 상태라는 말을 요즈음 주변에서 많이 듣습니다. 오랫동안 한일 관계를 지켜보아 온 필자로서도 이러한 상황 인식에 동감이며 앞으로의 양국 관계에 대해 크게 걱정이 됩니다.

양국 관계가 이렇게까지 악화된 것은 양국의 정치인들이 정치적인 목적에서 언론까지 동원하여 특히 양국의 과거사와 관련된 국민감정을 교묘하게 선동하고 있는 것이 한 몫하고 있다는 점은 부인하기 어려운 사실이라고 생각합니다. 따라서 이러한 정치권과 언론의 자세가 바뀌어야 하는 것이 양국관계 개선의 필요조건이라고 하겠지만 현재의 냉각된 양국 관계의 실상을 보면 과연 양국의 국민과 정권의 지도층에 과연 양국의 관계개선을 향한 의지가 있는지 그 자체가 의문시됩니다.

이처럼 양국 관계에 깊은 골이 파여져 있는 상황에서 우리가 간과해서는 안 될 것은 '과거사過去事'와 관련해서 양국의 국민사이에 내재하고 있는 뿌리 깊은 부정적인 정서-불신감 또는 혐오감-가 심각한 수준으로 존재하고 있다는 사실이라고 생각됩니다. '과거사' 하면 보통은 일제강점과 이와 관련된 문제들을 떠올립니다만 양국의 고대사에 대한 역사인식의 차이가 또한 '과거사'를 둘러싼 갈등의 주요한 배경의 하나가 되고 있다는 것이지요.

따라서 현재 양국 사이에 엄연히 존재하고 있는 이러한 역사와 관련된 갈등을 완화, 개선해 나가기 위해서는 현재 양국 국민이 갖고 있는 역사인식과 태도의 토대를 형성한 것으로 보이는 한일 고대사의 진실을 이해하는 것이 중요하다고 생각됩니다. 특히 일제강점의 피해자인 우리 한국인의 입장에서는 세계보편적인 시각으로 보아 도저히 유례없는 과거사에 대한 일본의 자세-진솔한 사과나 반성은 하지 않고 오히려 성을 내고 혐한으로 달려가는 태도-를 이해하기가 매우 어렵다고 느끼고 있기 때문에 더욱 그렇습니다.

이처럼 도저히 상식적으로는 이해하기 어려운 일본인의 심리와 태도에 대하여는 그 근저에 일본인들이 내심 자기들의 조상으로 여기는 가야와 백제가 현재 한국인의 조상이라 할 수 있는 신라에 의해 멸망한 데서 받은 충격과 원망이 잠재의식이 되어 분출되는 측면이 있다고 보는 견해가 있습니다. 또 한국인과 일본인이 같은 뿌리에서 나온 사실을 숨기려는 잠재의식이 일본인에게는 한국인으로부터 멀어지고 싶은 심리를 유발하는 원심력으로 작용하고 있다는 견해도 있습니다. 두 의견 모두 어느 정도 수긍이 가는 지적이라고 생각됩니다.

이에 더하여 필자는 백제가 멸망된 지 얼마 지나지 않아 8세기 초에 편찬된 일본의 정사인 일본서기가 제시한 일본역사에 대한 편찬지침-국가가 정한 일종의 가이드라인-이 그 후 역사인식에 대한 일본인의 사고의 틀을 결정하였고 일본인의 운신의 폭을 극도로 제한하게 되었다고 생각합니다. 날조되고 왜곡된 일본서기가 제시한 가이드라인에 충실하게 따르다 보니 일본의 정부나 역사학계 모두 역사의 진실을 계속 은폐, 왜곡할 수밖에 없는 구조를 갖게 되고 이는 결국은 현재 일본 정부나 국민들이 보여주는 과거사 문제에 대한 특이한 모습으로 표출되고 있는 셈이지요.

좀 더 구체적으로 말씀드리면, 본국과 다름없던 백제의 멸망으로 한반도에서 의

지할 땅을 잃은 당시 왜국의 왕을 포함한 지배층은 결국 이제는 과거가 되어버린 백제와는 결별하고 일본열도에서 새로운 독립된 나라로 출발을 할 수밖에 없게 되면서 새로운 통치 이념을 정하고 이를 일본서기의 편찬지침-일종의 역사 가이드라인-으로 제시하는데 이것이 바로 천황제天皇制국가라는 이념입니다. 일본서기가 천명하고 있는 핵심내용을 보면, 자국민에 대해서는 '천신天神의 자손'인 천황가의 일본통치의 당위성과 만세일계萬世一系를 내세운 것이라 하겠는데 우리가 주목해야 할 것은 다음 3개항으로 요약되는 대외용으로서의 함의가 강한 내용들이라 하겠습니다.

3개항의 통치이념을 보면, 첫째는 일본의 왕가와 귀족들의 출신은 백제나 가야 등 한반도의 국가와는 전혀 무관한 열도 토착인土着人 출신이라는 것이고, 둘째는 진구神功 왕후가 4세기 신라 등 삼한을 복속시켜 내관가內官家를 설치하여 그곳의 국가들을 지배권내에 두었다고 일본서기가 기록하고 있으니 신라는 물론 백제, 고구려 등 한반도 국가는 모두 일본의 신하의 나라 즉 번국蕃國이라는 것입니다. 마지막으로 세 번째는 일본의 고대 왕국은 한반도 남부 국가들보다 더 오래전에 성립된 유구한 역사를 지닌 국가라는 것이라고 할 수 있습니다. 이러한 주장들은 당시의 시대적 상황과 수많은 증거에 비추어 보면 역사적 사실과는 거리가 멀고 오히려 그 정반대가 역사적 사실에 가까우며, 실제로 많은 경우 일본서기의 기술을 거꾸로 해석하면 역사의 진실이 보인다는 점에서 흥미로운 역사의 아이러니라고 하지 않을 수 없습니다.

일본서기가 제시한 이러한 사실史實에 반하는 일본역사의 가이드라인은 그 후 일본의 정권과 보수적인 학자들에게 바이블처럼 신봉되어 왔고 학교의 역사교육을 통해 일본 국민들에게 철저하게 주입되어 왔는데, 제2차 세계대전의 패배를 계기로 일부 진보적이고 양심적인 학자나 연구자들에 의해 진구 왕후가 가공의 인물이라는 등 일본서기의 일부 내용에 대해 이의가 제기된 것은 그나마 다행이라고 생각됩니다. 하지만 오랜 기간 일본서기에 입각하여 일본인들에게 강요된 역사인식은 큰 틀에서는 일본 국민들의 유전인자가 되고 있다고 할 정도로 온존하고 있는 것이 현실이라 하겠습니다.

특히 앞에서 언급된 일본서기의 편찬지침 중에서 두 번째 항인 고대 왜국이 한반도 남부를 지배하고 영향력을 행사하였다는 것은 완전한 역사의 날조임에도 불구하고 필자의 경험에 비추어 보면 친한적이며 양심적으로 보이는 소수의 일본 학자들조차도 진구 왕후의 실재성이나 한반도 지배에는 의문을 제기하면서도 4세기 당시 왜국이 한반도에 진출하여 영향력을 행사하고 있었다는 것을 대체로 사실로 받아들이고 있는 것이 현실입니다. 현재 일본의 각급 학교에서도 이러한 취지로 가르치고 있는 것이 현실인데 이러한 왜곡된 역사교육이 한국에 대한 일본인의 근거 없는 우월감을 조장하여 양국 사이의 과거사 문제의 해결은 물론 두 나라의 우호관계 발전에 근본적인 걸림돌로 작용하고 있는 것은 분명하다고 하겠습니다.

일본서기에서 비롯된 오도된 일본의 역사인식을 보여주는 또 하나의 극명한 사례는 일본 정부의 모든 능묘陵墓-왕과 왕후, 왕의 자녀 무덤-에 대한 비공개 및 발굴조사 금지 조치라고 할 수 있겠습니다. 매우 궁색한 이유를 들어 능묘에 대한 접근조차 금지하고 있지만 이러한 조치를 엄격하게 시행하고 있는 것은 발굴조사를 통해 한일 고대사의 진실을 분명하게 증언하는 묘지석이나 부장품이 발견되어 일본서기 이래 쌓아 온 허구의 역사가 드러나는 것을 극도로 두려워하고 있는 것이 진짜 이유라는 것은 웬만한 사람이면 다들 알고 있다고 봅니다. 일본처럼 왕릉의 발굴조사자체를 금하고 있는 것은 세계의 어느 곳에서도 듣지 못한 비정상적인 처사라고 하지 않을 수 없으며 하루속히 왕릉 등 능묘에 대한 발굴조사가 허용되어 고대사의 진실이 밝혀지는 날이 오기를 기대해 봅니다.

이처럼 한일 고대사는 현재 우리가 겪고 있는 일제강점과 관련된 과거사 문제를 둘러싼 심각한 갈등과도 관련된 것으로 향후 미래의 양국관계의 향방에도 큰 영향을 미칠 수 있는 중요한 사안입니다. 따라서 한일 고대사의 실상을 밝혀서 한일 양국인들 모두가 올바른 역사인식을 공유할 수 있도록 노력하는 것이야말로 우리가 직면한 과제라고 봅니다. 이러한 점에서 최근 한일 고대사의 실상을 복원하기 위한 연구가 양국의 사학계와 재야학자들을 중심으로 꾸준하게 이루어지고 있고 상당히 시사적인 연구결과가 소개되고 있는 것은 다행스러운 일입니다.

필자는 운 좋게 2007년부터 수년간 오사카大阪에 근무하면서 오사카와 나라奈良, 교토京都 등 긴키近畿 지역의 한반도 관련 유적, 유물을 둘러볼 기회가 많이 있었는데 한일 고대사의 중심 무대에 있었던 인연으로 아무래도 한일 고대사에 대한 관심을 갖게 되어 나름대로 그 진상을 추구해 보려는 의욕을 갖게 되었습니다. 그 후 한일 고대사에 관해 많은 분량의 기사를 싣고 있는 일본서기를 읽어 보고, 두 나라에서 출판된 문헌을 대하면서 일본의 양심적인 학자들과 한국의 열정적인 재야사가들의 참신한 저술에서 많은 시사를 받았습니다.

일본서기는 우리에게는 한일 고대사를 조작, 날조한 역사왜곡의 원조로 여겨지지만 우리의 고대사에 관해 우리의 역사서가 전하지 않는 많은 사실을 기록하고 있어서 우리의 고대사 연구에도 참고가 됩니다. 더욱이 무엇보다도 흥미로운 것은 기술의 행간 속에는 잘만 해독하면 읽을 수 있는 진실이 감추어져 있다는 사실입니다. 이러한 예로는 여러 가지 사례를 들 수 있으나 특히 앞에서 언급한 것처럼 후왕으로서 야마토로 건너간 대부분의 백제 왕자들의 경우에서 찾아볼 수 있는데 이러한 사실은 당시의 상황과 일본서기의 기술방식 그리고 다른 관련 문헌 등을 심도 있게 종합하여 보면 도출해 낼 수 있는 것입니다.

필자는 일본서기의 행간을 읽고 한일 고대사의 줄거리를 세우는 데 있어서 지금까지 선학들이 이루어 낸 연구결과 특히 금석문金石文의 합리적인 해석, 고분 및 그 부장품에 대한 비교분석, 중국 및 한국 문헌과의 비교, 검토, 과학적 연구결과 등에 커다란 도움을 받았으며 이러한 기존의 연구결과나 문헌사료 또는 고고학적 사료만으로는 도저히 그려내기 어려운 부분에서는 합리적인 추론과 상상력의 힘을 빌려서 나름대로 한일 고대사의 큰 그림을 그릴 수 있었다고 생각합니다.

마지막으로 이 책은 학문적으로 심도 있는 연구결과물이라기보다는 고대 한국과 일본의 관계사 전반을 가능한 한 시대 순으로 묘사하여 되도록이면 알기 쉽게 기술한 일종의 통사通史로서 해설서와 비슷한 구성으로 되어 있다는 점을 말씀드립니다. 한일 고대사는 사안의 성격상 관련 사료가 부족하고 해석상의 차이 등으로 인해 주요사안이나 인물에 대해 매우 다양한 다른 설說들이 난무하고 있는데, 이러한 설說들의 전쟁을 매듭짓고 싶다는 마음에서 되도록이면 하나의 통일된 견해를 제시하고자 하였습니다. 다만 지금의 단계에서 최종적인 결론을 도출하기 어려운 경우에는 현재 제기되고 있는 여러 가지의 설들을 병렬적으로 소개한 경우도 있음을 말씀드립니다.

필자의 지인 중에는 한일 고대사에 대해 관심은 많지만 설이 너무 많아 혼란스럽고 실상을 이해하기가 어렵다고 말하는 분들이 많습니다. 저도 같은 생각을 갖고 있었기 때문에 알기 쉽게 한일 고대사의 전반적인 모습을 그려보고 싶다는 일념에서 이 책을 준비해 보았습니다. 모쪼록 한일 고대사의 진실에 대해 갖고 계셨던 의문이나 궁금증의 많은 부분이 이 책을 통하여 해소되기를 기대해 봅니다. 나아가 이 책이 과거사 문제에 대한 일본인들의 심리와 태도에 대한 이해를 높이는 데 다소나마 도움이 되고 한일 양국 사이의 과거사 문제의 해결을 향한 우리의 대응에 참고가 되었으면 하는 바람입니다.

프롤로그

아키히토明仁 천황이 암시하는 고대 백제와 왜의 관계

일본의 옛 수도인 나라奈良시에 가면 710년 조영된 나라시대 헤이죠쿄平城京의 궁궐을 복원해 놓은 곳이 있습니다. 이곳에서 2010년 10월 8일 당시 일왕이었던 아키히토 천황을 비롯한 일본의 각계 유력인사, 일본주재 외교단 등 인사들이 대거 참석한 가운데 나라천도 1,300주년 기념식이 성대하게 열렸고, 당시 주오사카 총영사였던 필자도 초청받아 행사에 참석하였습니다.

그런데 필자는 무엇보다도 아키히토 천황이 이날 기념사에서 고대 백제와 왜국간의 긴밀했던 관계에 관해 상당히 상세하게 언급하는 모습을 보고 강한 인상을 받았습니다. 사실 헤이죠쿄가 조영된 시기는 660년 백제가 멸망한 뒤 이미 반세기가 지난 때였고 당시 헤이죠쿄는 중국 당나라의 장안성長安城을 모델로 하여 지어졌다고 일본학계는 보고 있어서 천황이 백제에 대해 언급할 것으로는 예상하지 못하고 있었기 때문이지요.

아키히토 천황은 전에도 두세 차례 고대 백제와 왜국의 관계에 관해 언급하기는 하였지만 이날 발언은 종합적이고 파격적인 측면이 있어서 그의 발언 전체를 아래에 인용해 보겠습니다.

'헤이죠쿄에 깊은 인연을 느낍니다. 고닌光仁 천황의 부인이며 간무桓武 천황의 어머니인 다카노 니이가사高野新笠는 속일본기続日本記에 백제 무령왕武寧王-백제의 제25대왕으로 501년~523년 재위-의 자손이라고 기록되어 있고, 일본에는 나라시대 이전부터 백제를 비롯한 도래인渡來人이 이주하여 일본의 문화, 기술발전에 크게 기여하였

습니다. 불교를 처음 전한 것도 백제였고 오늘날 여러분이 읽고 있는 논어 또한 백제인이 가져왔습니다.'

이러한 일왕日王의 발언에 대해 독자께서는 어떠한 생각을 갖게 되는지요? 적어도 아키히토 천황이 고대 백제에 대해 매우 고마워하고 우호적인 감정을 갖고 있다는 사실을 느끼게 되며, 8세기 당시 일왕의 혈통에 백제인의 피가 일부 흐르고 있었음을 아키히토 천황이 확인한 것이라는 생각은 드시지요? 이날 아키히토 천황이 기념사에서 암시하고 있는 점에 대한 필자의 생각을 몇 가지 추가적으로 말씀드리겠습니다.

첫째, 제50대 간무桓武 천황(재위 781년~806년) 이후 역대 일왕들은 모두 간무 천황의 혈통으로 이어지고 있기 때문에 간무 천황의 모친이 무령왕의 후손임을 언급한 것은 현재의 일왕가의 혈통에는 적어도 백제 왕실의 피가 흐르고 있다는 사실을 일왕 스스로가 속일본기의 기사를 인용하는 식으로 인정하고 분명히 했다는 점을 들 수 있겠습니다.

둘째, 제40대 덴무天武 천황(재위 673년~686년) 이후 약 1세기 동안 일왕의 왕통은 백제계가 아닐 가능성이 일부 학자들에 의해 제기되고 있지만, 적어도 간무 천황부터는 부모 모두 백제 혈통인 왕조가 부활되어 현재에 이르고 있다고 확실히 말할 수 있겠습니다. 간무 천황의 부친인 고닌光仁 천황(재위 770년~781년)이 덴지天智 천황(재위 661년~671년)의 손자라고 일본서기에 기록되어 있는데, 덴지 천황이 백제 의자왕義慈王-백제의 마지막 왕으로 641년~660년 재위-의 아들이었다는 점은 분명해 보입니다. 이 경우 간무 천황은 부모 양계 모두 백제 왕실 출신이 되는데 간무 천황은 실제로 재위 기간 중 자신이 백제계임을 분명히 하면서 백제계 후손들을 대거 조정에서 중용하였고 모친을 매우 존경하여 황태후皇太后로 추존하기도 하였던 '친백제계' 왕으로 잘 알려져 있습니다. 즉 아키히토 천황은 온전한 백제인 혈통의 간무 천황이 현재의 천황가의 조상임을 암시한 셈이지요.

셋째, 일본에 불교를 전한 것은 백제의 성왕聖王이고, 논어와 천자문을 전한 인물은 왕인王仁 박사이며 그 외에도 수많은 한반도 이주민들이 기술과 문화를 일본에 전한 사실이 일본서기에 기술되어 있는데, 아키히토 천황이 이 사실을 언급한 것은 고대 일본의 국가형성에 필수적인 종교와 학문 그리고 각종 기술과 문화를 전해준 나라가 백제 등 한반도 국가들이었음을 강조하여 일본인들의 한국에 대한 우호적인 분위기를 조성하고자 하는 의도가 있지 않았나 생각됩니다.

넷째, 아키히토 천황은 2001년 자신의 생일을 맞이한 기자회견에서도 간무 천황의 어머니가 무령왕의 자손이라고 언급하는 등 특히 조상인 무령왕에 대한 깊은 존경심을 갖고 있었던 것으로 볼 수 있습니다. 무령왕은 백제사에 있어서 백제의 중흥을 가져온 왕으로 평가됨은 물론 당시의 야마토국을 백제의 후국으로 만들어 야마토 조정에 대한 백제의 영향력을 확고하게 구축한 왕으로 보여지는 만큼 아키히토 천황이 무령왕에 대하여 언급한 사실은 자신의 선조인 무령왕에 대한 존경심을 나타내는 동시에 일본 왕실이 기본적으로 백제의 무령왕에서 시작된다는 인식을 암시한 것이라는 생각이 듭니다.

이와 관련해서 지금은 작고하셨지만 필자가 오사카에서 근무하던 시절에 교류하던 저명한 역사학자 우에다 마사아키上田正昭 전 교토대학 명예교수가 하신 말이 떠오릅니다. 그 분 말로는 아키히토 천황과 말씀을 나눌 기회가 몇 번 있었는데 특히 백제가 663년 신라와 당唐의 연합군에 의해 백강白江- 지금의 금강, 일본에서는 주로 백촌강白村江으로 부름-전투에서 패배한데 대해 진한 아쉬움을 표출하였다고 합니다. 이는 아키히토 천황이 실제로 백제를 조상의 나라라고 생각하고 있다는 증좌가 아닐까요? 일본서기에 기록된 것처럼 백강 전투에서 참패하고 백제가 멸망하자 당시 백제의 지배층이 '백제는 오늘로 망하였다. 이제 조상의 묘를 어찌 찾을 수 있겠는가?' 라고 하면서 안타까워하던 모습이 연상됩니다.

백제와의 '깊은 인연'을 표시하는 일왕의 이러한 발언에 대한 일본 언론의 반응은 어떠하였을까요? 당시 일본의 언론들은 나라천도 1,300주년 기념식에서의 일왕의 발언 요지를 보도하면서도 백제 관련 언급 부분은 아예 함구하거나 아주 짧게 보도하였을 뿐입니다. 이러한 일본 언론의 반응에서 한일 고대사에 대한 일왕과 일본 정부, 국민의 정서를 대변하는 언론과의 사이에 놓여있는 깊은 골을 느끼게 됩니다. 이는 천황을 비롯한 일본의 왕가는 고대 백제 왕실과 왜 왕실의 관계에 대한 진상을 잘 알고 있어서 백제와의 인연을 소중하게 간직하고 있는 반면에, 일본 국민들의 대다수는 일본서기의 역사 편찬지침을 토대로 오랜 세월동안 역사교육을 통해 주입된 왜곡된 역사인식에 사로잡혀 있다는 사실을 말해주고 있다고 할 수 있습니다.

아키히토 천황은 재위 중에 한일 두 나라 사이에 있었던 주요 외교행사 등의 계기에 고대 한국과 일본, 특히 백제와 일본과의 긴밀했던 관계에 대해 여러 번 발언하여 한국 언론의 주목을 받은 적이 있습니다. 1998년 10월 당시 김대중金大中 대통령이 방일하였을 때는 백제의 왕인 박사와 오경五經 박사의 도래, 백제에 의한 불교의 전래에 대한 언급이 있었고, 2001년 12월 23일 68세 생일 기자회견에서도 간무 천황의 어머니가 백제 무령왕의 자손이라는 사실에서 한국과의 인연을 느낀다는 발언을 한 적이 있습니다. 사실 발언내용 그 자체는 일본서기와 속일본기에 쓰인 기사에서 인용한 것으로 새로운 사실을 독자적으로 밝힌 것은 아니며 이처럼 일본의 정사를 인용하여 발언한 것은 일본국민의 정서에 배려한 최소한의 발언인 것으로 보입니다만, 고대 백제와 일본-당시는 왜-의 관계의 실상에 대해 일왕이 직접 발언하였다는 점에서 그 무게감이 있고 암시하는 바가 크다고 느껴집니다.

* * * * * *

미국의 문화 인류학자인 루스 베네딕트Ruth Fulton Benedict는 1946년 발간된 저서 '국화와 칼'에서 일본 문화의 특징으로 천황을 상징하는 국화와 사무라이를 상징하는 칼이라는 두 개의 상반되는 이미지를 제시한 것은 유명합니다. 그만큼 일본인에 있어서 천황이란 존재는 국가의 상징이자 구심점으로서 존경의 대상이라는 것이지요. 2차 세계대전이 종식된 후 미국이 천황제의 폐지를 검토하다가 그 경우 전 국민이 옥쇄玉碎-충절이나 명예를 위해 깨끗이 죽는다는 의미-하겠다는 결의를 보이자 계획을 단념하였다는 이야기가 있을 정도인데 이는 일본국민의 천황에 대한 존경심이 거의 신앙에 가까운 수준임을 보여주는 사례라고 할 수 있습니다.

그렇다면 그토록 존경하는 천황이 백제와의 인연을 강조하고 한국과 일본이 좋은 관계를 갖기를 바란다는 취지에서 한 발언에 대해 일본 언론이 거의 무시하는 태도를 보이는 것은 왜일까요? 이는 일반국민들이 고대의 한일관계에 대해 천황과는 달리 왜곡된 역사인식을 갖고 있기 때문이기도 하지만 정치적인 문제에 천황이 관여하지 못하도록 명시한 일본의 헌법규정과도 관련이 있어 보입니다. 주지하시는 대로 일본의 천황은 국가원수이기는 하지만 정치적인 실권은 없고 헌법에 명시된 국정만을 수행할 수 있게 되어 있습니다.

그런데 천황이라는 호칭이 공식적으로 사용되기 시작한 것은 백제가 멸망한 후인 7세기 말로 구체적으로는 제40대 덴무天武 천황(재위 673년~686년) 때부터라는 것이 일본 사학계의 통설입니다. 다만 그 직전의 덴지天智(재위 661년~671년) 때에 천황이란 호칭이 사용되었다는 기록이 보이고 중앙집권적인 일본이란 새로운 국가가 성립되어 덴지를 사실상 천황으로 볼 수도 있어서 이 책에서는 덴지 이후의 천황에 대하여는 천황으로 호칭하고 그 이전의 왕들에 대하여는 왕이라는 호칭을 사용하였습니다.

천황은 덴노라고 훈독하고 일본 고유어로는 스메라미코토라고 읽는데 이 호칭의 기원에 대하여는 여러 가지 주장이 있습니다. 그 중 유력한 견해의 하나는 천황이라는 호칭이 도교道教에서 최고의 신으로 여기는 천황대제天皇大帝에서 나온 것으로 당나라 유학생들이 가져온 호칭이라는 설이며 또 하나의 견해는 제사장의 의미인 천자天子와 현세군주인 황제皇帝를 합한 개념으로 스메라미코토라는 단어의 어원을 통해 이러한 의미를 도출해 낼 수 있다고 합니다. 다만 확실한 것은 천황이란 호칭이 일본이라는 국호와 함께 7세기 말 백제의 멸망을 배경으로 생겨난 것이라는 점이라고 하겠습니다.

아키히토 천황은 제125대 일왕으로 1989년 즉위하여 30년간 재위한 후 왕세자에게 양위하고 2019년 5월 15일 왕세자였던 나루히토德仁 천황이 일본의 제126대 일왕으로 즉위하여 레이와令和 시대가 시작되었습니다. 일본에서는 왕이 바뀌면 연호年號도 바뀌는데 아키히토 천황 시절의 연호는 헤이세이平成였지요. 레이와令和라는 연호는 8세기 경 정리된 것으로 보이는 유명한 시가집인 만요슈万葉集에 나오는 '初春**令**月 氣淑風**和**'에서 따온 것이라 하는데 만요슈에 수록된 시나 노래들은 대부분 백제인과 그 후손에 의해 지어진 것이라 합니다. 앞으로 펼쳐질 레이와令和 시대에 나루히토 천황이 한일 두 나라의 고대사와 한일관계에 대해 어떠한 인식을 보여줄 것인지 궁금합니다.

차례

서장

선사 시대의 일본열도와 바다를 건너는 한반도인들

제1화 일본열도의 구석기 시대와 조몬繩文 시대

제2화 한반도인들의 열도 이주와 야요이弥生 시대

제3화 규슈九州 북부 소국들의 등장과 야마타이邪馬台국

서장

선사 시대의 일본열도와 바다를 건너는 한반도인들

제 1 화

일본열도의 구석기 시대와 조몬繩文 시대

약 1만 년 전 빙하 시대가 끝나면서 일본열도가 아시아 대륙과 분리되자 당시 열도에 거주하던 사람들은 대륙으로부터 고립되어 독자적인 인종을 형성하여 가는데 이들은 조몬인繩文人으로 불리며 일본열도의 원주민으로 여겨지는 아이누족의 조상인 것으로 추정됩니다. 이들은 수렵, 어로, 채취생활을 하면서 비교적 이른 시기인 약 1만 2천 년 전에 새끼줄 문양의 독특한 토기인 조몬 토기를 만드는데 일본에서는 기원전 1만 년 전에서 벼농사가 시작되는 기원전 4세기 이전까지의 시기를 조몬 시대라고 부릅니다.

제 2차 세계대전 직후에 군마郡馬현에서 처음으로 뗀석기打製石器가 발견되고 이어 부분적인 화석인골 등 구석기 시대 유물이 발견됨에 따라 일본열도에 3~4만 년 전 후기 구석기 시대에 인류가 살고 있던 것이 확인되었습니다. 일본의 조몬 시대는 도구를 기준으로 하는 세계 일반적인 시대구분방식에 의하면 대체로 간석기磨製石器를 사용한 신석기 시대에 해당되고 뗀석기打製石器를 사용하던 그 앞의 시대인 후기 구석기 시대가 일부 포함되는 것으로 볼 수 있으나 신석기 시대의 특징인 농경생활이 시작되지 않은 점 등에서 신석기 시대와는 차이가 있다고 할 수 있습니다.

일본열도에도 구석기 시대가 있었습니다!

제 2차 세계대전이 끝날 때까지만 해도 일본열도에서는 구석기 시대의 유물이 발견되지 않아 일본에는 구석기 시대가 없었고 1만년 이전의 일본열도에는 사람이 살지 않았다는 것이 정설이었습니다. 그러다가 1946년 아이자와 다다히로相沢忠洋라는 청년 행상에 의해 군마群馬현 기류桐生시 이와주쿠岩宿 유적의 적토赤土지층에서 구석기시대의 뗀석기-타제석기打製石器-인 흑요석黑曜石 석편石片이 발견되고 1949년 이 석편이 전문가에 의해 구석기 시대의 것임이 확인됨에 따라 일본열도에도 구석기 시대에 도구를 쓰는 인간이 살고 있었다는 것이 인정되었습니다. 그 이후 일본에서는 구석기 시대의 뗀석기와 부분적인 화석 인골들의 발견이 이어지는데 아직까지 완전한 형체의 화석인골은 발견되지 않고 요골이나 두골의 단편 등은 여러 곳에서 발견되고 있습니다.

일본의 구석기 시대가 언제쯤 있었는지는 확실하지 않고 여러 가지 의견이 있으나 학계에서는 적어도 후기 구석기 시대인 3~4만 년 전에는 일본열도에 사람이 살고 있었을 것으로 봅니다. 또한 일본학계에서는 한반도에서 전기, 중기 구석기 시대의 유적이 확인되고 있고 한반도-규슈 북부 루트가 열려 있었음에 비추어 아직 직접적인 유적은 발견되지 않았지만 일본열도에도 그 시대의 한반도에 있던 사람들이 도래했을 가능성이 있는 것으로 보고 있습니다.

구석기 시대와 관련해서는 일본의 후지무라 신이치藤村新一라는 애국자(?)가 벌인 구석기 유물 조작사건이 유명합니다. 아마추어 고고학자인 그는 1981년 자신이 미야기宮城현의 자자라기座散乱木 유적에서 4만 2천 년 전의 유물을 발견하였다고 발표하고 이어서 60만 년 전에 인류가 일본에 살았다는 것을 보여주는 유적을 여러 개 발굴하였다고 발표하여 일본전체를 떠들썩하게 하였습니다. 그러나 그 후 그가 유물들을 비밀리에 묻고 다시 이를 발굴하는 장면이 카메라에 잡히면서 그의 발표가 모두 거짓임이 판명되고 본인 스스로 이를 자백하는 웃지 못 할 해프닝이 있었는데 이 유물날조사건은 일본국민들의 분노의 대상이 되고 세계적인 조롱거리가 되었습니다.

자국의 역사를 오래되었다고 자랑하고 싶어 하는 경향이 어느 나라에나 있을 수 있고 실제로 고고학자들은 그 증거를 찾아 헤매고 다니기도 합니다. 하지만 선진국이라는 일본에서 이러한 역사적인 사기극이 일어난 일은 가히 충격적이라 할 수 있는데 한편으로 생각하면 일본인들이 역사의 날조와 왜곡의 원조라고 할 수 있는 일본서기에 의해 일본의 역사를 최대한 오래된 것으로 하라는 편찬지침에 따른 교육을 받은 점을 감안하면 충분히 이러한 사건이 있을 수 있겠다는 생각도 듭니다. 일본서기의 정신으로 볼 때는 후지무라야말로 일본서기의 가르침을 충실하게 배워서 일본의 역사를 되도록 오래된 역사로 만들고 싶어 하는 애국자로 볼 수 있는데 허위사실을 날조해서라도 자랑스러운 일본을 만들고자 하는 그의 모습에서 가공인물인 진구왕후의 모습이 연상되어 허탈함마저 느끼게 됩니다.

한반도에서는 1978년 한 미군 병사가 경기도 연천漣川 전곡리全谷里에서 약 70만 년 전의 것으로 보이는 주먹도끼를 발견하여 한반도에 전기 구석기 시대에 이미 인류가 살고 있었던 것이 알려지게 되었습니다. 발견된 주먹도끼는 그 때까지 유럽. 아프리카에서만 발견되는 것으로 알려져 왔는데 아시아에서 처음으로 발견되자 전곡리의 주먹도끼는 세계 고고학계의 주목을 받았으며 주먹도끼는 그 후 공주公州 석장리石莊里 유적에서도 발견됩니다. 다만 호모 에렉투스로 보이는 그 때의 인류는 멸종되거나 한참 후에 도착하는 현생인류인 호모 사피엔스와 혼혈되었을 것이라는 것이 유력한 견해이며, 우리의 직접적인 조상인 호모 사피엔스가 한반도에 살고 있던 것은 약 4만 년 전으로 학계는 보고 있습니다.

빙하시대 일본열도는 대륙의 일부였습니다.

지질학적으로 홍적세洪積世라 일컫는 빙기氷期 즉 빙하시대에 일본열도는 유라시아 대륙과 북쪽과 남쪽에서 연결되어 있었고 동해東海-일본에서는 일본해日本海라고 부름-는 거대한 호수였던 것으로 추정되고 있습니다. 그러다가 약 1만 2천 년부터 충적세沖積世가 시작되면서 기후가 점차 온난화되는 간빙기間氷期가 되는데 약 1만 년 전까지 빙하가 녹고 해수면이 약 100미터 정도 상승하여 일본열도가 대륙으로부터 분리되어 지금의 모습으로 형성되고 한반도도 지금의 모습을 갖게 됩니다.

일본열도가 대륙에서 분리되기 전까지는 대륙의 북쪽에서는 매머드가 남쪽에서는 나우만코끼리 등의 대형동물이 건너와 살고 있던 것으로 추정되고 있으며, 구석기인들은 뗀석기를 사용해서 이러한 대형동물들을 대상으로 수렵생활을 한 것으로 보입니다. 현재 일본 국립역사민속박물관의 명예교수로 조몬 시대에 관한 전문가인 야마다 야스히로山田康弘 씨[1]는 최근 그의 저서에서 이 시기 외부로부터 일본열도로의 이동루트는 한반도–규슈九州 북부 루트, 연해주, 사할린–홋카이도北海道 루트, 남서제도로부터의 해상루트의 3개 루트가 있었으며 한국의 충북 단양군丹陽郡의 수양개垂楊介 유적에서 출토된 박편 첨두기剝片尖頭器가 서일본에서도 출토되고 있어 연대적으로 한반도–규슈 북부 루트가 가장 오래된 이동경로일 가능성이 큰 것으로 보고 있습니다.

한편 기원전 7만 년 전부터 기원전 1만 4천 년까지 동아시아에는 광대한 대륙이 형성되어 있었는데 이를 순다랜드Sundaland〈그림1–1〉라고 부릅니다. 현재의 말레이반도, 인도네시아, 필리핀 등 도서가 중국, 동남아시아와 연결되어 있었고 한반도와 일본열도도 이 대륙의 일부로 연결되어 있었다고 합니다. 순다랜드는 빙하기임에도 비교적 기온이 온화하여 당시로서는 살기 좋은 온대지역으로 동아시아 문명의 요람이었을 것으로 학자들은 보고 있습니다. 그러다가 빙하기가 끝나는 시기에 해수면의 상승으로 순다랜드의 40%가 바다 속으로 잠기고 현재의 동남아시아, 한반도, 일본열도의 지형이 형성되었다고 합니다. 한반도의 서쪽인 황해지역은 수심이 얕아서 100미터 이내이기 때문에 빙

〈그림1–1〉 순다랜드Sundaland

1) 山田康弘, 縄文時代の歴史, 講談社, 2019

하기가 끝나고 세계의 해수면이 100미터 이상 높아지자 바다 속으로 잠겨 버립니다.

왜 일본의 시대구분은 유니크할까요?

고대의 시대구분에 대해서는 도구에 의한 방식-즉 구석기 시대, 신석기 시대, 청동기 시대, 철기 시대-이 세계 보편적으로 사용되고 있습니다. 하지만 일본의 시대구분은 이와는 달리 독특하여 조몬繩文 시대, 야요이弥生 시대, 고분古墳 시대로 나누고 있어서 흥미롭습니다. 조몬 시대와 야요이 시대는 그 시대의 대표적인 토기에서 유래한 이름이고 고분 시대는 거대한 고분들이 많다고 하여 붙여진 이름이어서 시대구분의 기준이 좀 일관성이 없어 보입니다. 일본이 이처럼 유니크한 시대구분을 하게 된 것은 일본의 초기 역사의 발전단계가 중국이나 한국에 비해 상대적으로 늦었던 사실을 애매하게 만들기 위한 발상에서 비롯된 것으로 보입니다.

특히 20세기 전반까지 일본에서는 구석기 시대의 존재가 확인되지 않았었고 청동기나 철기의 사용시기가 중국, 한반도에 비해 늦었던 상황 등을 고려한 것이 이처럼 독특한 시대구분을 하게 된 배경이라 할 수 있겠지요. 이러한 시대구분에 따르면 일본의 조몬 시대는 대략 기원전 1만 년 전에서 기원전 300년까지, 야요이弥生 시대는 기원전 3세기에서 기원후 3세기까지, 고분 시대는 4세기에서 7세기까지라고 합니다. 한편 한국의 경우는 대략 기원전 6,000년 전까지를 구석기 시대로 보고 기원전 1,500년까지를 신석기 시대, 이후 기원전 400년까지를 청동기 시대, 기원전 400년 이후를 철기 시대로 보고 있어서 고대 도구의 사용에 있어서 일본보다는 그 시기가 상당히 앞서 있었음을 알 수 있습니다.

새끼줄 무늬의 토기의 이름에서 따온 조몬 시대

홍적세가 끝나고 충적세가 되면서 지구가 온난화되고 해면이 상승하여 일본열도가 형성된 때부터 1만 년 가까이 이어지는 긴 시기를 일본에서는 조몬 시대라고 부릅니다. 일본교과서는 조몬 시대에 대해 기원전 1만 년 전 즉 지금부터 약 1만 2천 년 전 기후가 온난화하고 자연환경이 변화하여 토기가 출현하는 등 생활이 변화한 시기로 새끼줄 무늬繩文의 토기가 많이 발견된다고 하여 조몬 시대로 부른다고 가르치고 있습니다. 조몬이란 용어의 유래는 처음에 도쿄東京의 오모리大森패총에서 출토된 토기 중에 새끼줄을 사용해서 문양을 낸 것이 있었는데 이를 미국의 동물학자인 에드워드 S. 모스Edward S. Morse(1838년~1925년)가 cord marked pottery라고 이름 붙인 것을 번역한 것으로 후에는 조몬 문양이 없는 다른 토기도 포함하여 조몬繩文 토기〈그림1-2〉로 부르게 되었다고 합니다. 조몬 시대는 한반도에서 사람들이 벼농사 기술과 금속기 문명을 지니고 열도로 이주하는 기원전 4세기 말까지 계속됩니다.

〈그림1-2〉 조몬 토기

그러나 조몬 시대의 시작에 관하여는 일본학자들 사이에 여러 의견이 있습니다. 야마다 야스히로 씨는 일본열도에 토기가 처음 출현한 시기라고 보는 1만 6,500년 전이라는 견해, 토기사용이 일반화된 1만 5,000년 전으로 보는 견해, 정주생활이 본격화된 1만 1,500년 전으로 보는 견해 등 다양하다고 소개하면서 자신은 토기가 처음으로 등장한 1만 6,500년 전을 조몬 시대의 시작으로 본다는 견해를 보이고 있습니다. 일본의 일부 학자들은 조몬 토기가 세계에서 가장 오래된 토기라고 주장하지만 일반적으로 토기는 후기 구석기 시대인 1만 2,000년 시베리아, 연해주, 황하와 양자강 유역, 일본열도 등에서 거의 동시에 처음으로 출현한 것으로 보는 견해가 유력합니다. 야마다 씨도 토기가 출현한 1만 6,500년 전에서 정주생활이 본격화된 1만 1,500년 전까지를 조몬 시대로의 이행기로 보면서 사실상 구석기 시대에서 조몬 시대로의 이행은 온난화에의 대응이라는 측면에서 장기간에 걸쳐 서서히 진행된 것으로 보고 있습니다. 결과적으로 조몬 시대는 신석기 시대라고 볼 수 있고 여기에 일부 후기 구석기 시대가 포함되는 셈이 됩니다.

그렇다면 우리나라의 신석기 시대의 대표적인 토기인 빗살무늬櫛文 토기〈그림1-3〉는 조몬 토기와 어떠한 관련이 있을까요? 빗살무늬토기는 기원전 4,500년 전에서 기원전 1,000년 사이에 해안지방을 중심으로 한반도 전역에서 사용되고 있던 것으로 보이는데 기원전 1,500년 경에는 청동기 시대의 시작과 함께 민무늬토기로 바뀌게 됩니다. 우리나라의 빗살무늬토기는 형태나 무늬를 그린 수법으로 보아 시베리아의 영향을 받았고 바이칼호 및 연해주 지역을 거쳐 한반도로 들어온 것이 유력시되는데 저명한 고고학자인 임효재任孝宰 서울대 명예교수는 바이칼호 동쪽, 아무르강 상류의 유적에서 출토된 우리나라의 빗살무늬토기와 같은 계통의 신석기 전기 토기를 일본의 서북규슈와 혼슈 동북부에서 출토된 초기 조몬 토기의 원형으로 보고 있습니다.

〈그림1-3〉 빗살무늬 토기.
우리나라 신석기 시대의 대표적인 토기로 바닥이 뾰족하거나 둥근 것이 특징임.

또한 서 일본에서는 조몬 후기에 토기의 장식이 단순화되고 민무늬계통의 토기가 우세해지는데 이에 대해 한국의 학자들은 이 시기가 한반도에서 빗살무늬토기가 민무늬토기로 변화한 직후의 시기인 점 등을 들어 한반도의 영향이 있었다고 보나 일본의 학계는 대체로 부정적으로 봅니다. 한편 부산의 동삼동東三洞 등 남해안의 조개무지貝塚에서 조몬 토기의 파편들이 발견되었는데 이를 신석기 시대에 한반도와 일본열도 사이에 교류가 있었다는 사실을 보여주는 사례로 보기도 합니다.

조몬인들은 어떻게 살았을까요?

지구온난화에 의한 일본열도의 형성은 동식물 생태계의 변화를 가져오는데 대형 동물은 절멸하고 멧돼지, 사슴 등의 중소형 동물들이 번성하여 사냥의 대상이 되는 시대가 됩니다. 또한 동 일본 대부분은 낙엽광엽수림落葉廣葉樹林지대가 되고 서 일본은 조엽수림照葉樹林이 번성하여 나무열매를 식용하게 되며 육지가 바다로 진출하면서 조개가 풍부해지고 어류가 다양해져서 식품생활 환경이 크게 변화하게 됩니다. 하지만 조몬 시대에는 아직 본격적인 생산경제는 발달하지 못하고 기본적으로 수렵, 어로, 채집에 의존하는 생활이 계속된 것으로 보입니다. 조몬 시대 후반에는 대두, 팥 같은 곡류를 재배한 밭농사의 흔적이 있고 쌀농사가 개시된 흔적이 보이지만 농경의 존재를 증명하기는 어려운데 후쿠오카福岡현의 이타즈케板付 유적, 사가佐賀현의 나바타케菜畑 유적에서는 조몬 말기의 논의 흔적이 확인되고 있습니다. 이처럼 조몬 시대 일본열도에서는 농경문화가 결여되어 있는데 이는 세계사적 관점으로 보면 간석기, 토기, 농경이라는 신석기 시대의 일반적인 특징과는 차이가 있으며 이 점이 신석기 문화로서의 조몬 문화가 갖고 있는 가장 큰 특징이라고 할 수 있습니다.

한편 조몬인들은 취락 간에 교역을 한 것으로 확인되는데 통나무배丸木舟를 이용하여 원거리까지 항해할 수 있는 능력을 갖고 상당한 범위에서 교역, 물물교환을 하였던 것으로 일본의 고고학계에서는 보고 있습니다. 당시 대표적인 교역물품은 흑요석黑曜石과 경옥硬玉인데 돌살촉의 소재로 적합한 흑요석의 생산지가 홋카이도北海道의 도카치다케十勝岳 등에 한정되어 있었음에도 돌살촉이 넓은 범위에 분포되어 있다는 것은 당시에 교역이 이루어지고 있던 증거로 일본학계에서는 보고 있습니다. 고급의 녹색보석인 경옥의 주산지는 니이기타新瀉현 히메가와姬川의 이토이가와系魚川 유적으로 흑요석보다도 더 넓은 범위에서 출토되고 있습니다.

조몬 시대의 유적으로는 환상취락이나 대규모의 패총 등을 들 수 있는데 1877년 에드워드 모스가 오모리大森 패총을 발견한 것이 일본의 조몬 문화 연구의 기폭제가 되었으며 최대 규모의 패총은 지바千葉현의 소야曾谷 패총으로 동서 210미터, 남북 240미터에 달한다고 합니다. 근년 조몬 시대의 거대한 목조건물을 포함한 유적이 아오모리青森현의 산나이마루야마三內丸山 유적〈그림1-4〉에서 발견되어 화제가 되었는데 이 유적은 5,500년에서 1,500년 전 사이의 거대한 취락으로 보인다고 합니다. 산나이마루야마 유적은 39헥타아르에 달하는 방대한 유적으로 약 500명이 함께 거주하였을 것으로 추정되는데 지름 1미터의 기둥이 6개가 나와 대형건물의 존재가 확인되고 원통형 토기와 흙 모양의 인형인 토우土偶〈그림1-5〉 조각이 발견되었습니다. 또한 조몬 시대의 유적으로는 환상목주열環狀木柱列과 거대한 돌을 조립한 환상열석環狀列石〈그림1-6〉이 유명하며 이러한 유적의 대표적인 것은 전자의 경우는 이시카와石川현의 치카모리 유적, 후자는 아키타秋田현의 오유大湯 유적입니다.

〈그림1-4〉 산나이마루야마 유적.

조몬 시대의 신앙은 기본적으로 애니미즘 즉 정령精靈신앙으로 보여지며 이는 여러 생물에 종교적인 의미를 구하는 소박한 신앙이라 할 수 있습니다. 이 신앙과 결부된 것으로 보이는 토우土偶는 대부분 여성을 형성화한 것으로 임신한 여성의 모습이 많은데 이는 기본적으로 출산, 생산과 관련된 주술도구였던 것으로 보입니다. 토우는 동 일본을 중심으로 현재 약 2만 여점이 발견되었으며 유명한 토우는 나가노長野현 다나바타케棚畑에서 발견된 '조몬의 비너스'〈그림1-7〉입니다. 또한 발치의 풍습도 있었던 것으로 보이며 주술과 점도 생활의 일부였던 것으로 보고 있습니다. 한편 조몬 시대에는 일부 굴장屈葬의 흔적이 있으며 묘제는 공동묘지로 서로 규모에 차이가 없어서 아직 신분의 차이가 발생하지 않은 것으로 보이는데 묘제는 토갱묘土坑墓〈그림1-8〉-토광묘土壙墓라고도 함-가 대표적이고 후기에는 돌널무덤石棺墓, 독널무덤甕棺墓 등이 나타나고 있습니다.

〈그림1-5〉 토우(경주출토).
흙으로 만든 인형으로 인물, 동물, 집, 생활용구 등 다양함. 고대 주로 주술적인 우상으로서 또는 무덤에 넣기 위한 부장품으로 제작된 것으로 보임.

〈그림1-6〉 환상열석.
크고 작은 돌들을 둥글게 배열한 제사유적 또는 묘지로 추정되며 아키타현 오유 유적의 것이 유명함.

〈그림1-7〉 조몬의 비너스.
임신한 여인의 특성을 형성화한 토우로 여성신체의 황금비가 숨겨져 있다 하여 일본인들의 찬사를 받고 있음.

〈그림1-8〉 토갱묘.
토광묘라고도 하며 땅에 구덩이를 파고 시체를 직접 묻은 일류 초기의 무덤으로 넓은 의미에서 오늘날의 무덤도 토광묘라 할 수 있음.

조몬인의 형질적 특성과 유래

조몬인이 북방계 몽골로이드라는 사실은 유전공학이나 문화인류학적으로 확인되었는데 조몬인의 형질적인 특성과 유래에 관하여 야마다 야스히로 교수는 이들의 얼굴은 둥글고 턱이 발달하였으며, 체격은 작지만 단단한 체형으로 형질적으로 독특한 모습을 하고 있었다고 말하고 있습니다. 이러한 체형은 홋카이도에서 규슈까지 동일형이며 이는 조몬인이 일본에서 형성된 독특한 사람들임을 말해주는 것으로 또한 이는 조몬 시대에는 외부의 다른 지역에서 형질을 크게 변화시킬 정도의 인적 유입이나 혼혈이 없었던 것을 의미하고 구석기인에 가까운 특징을 가진 오래된 형질을 유지한 것임을 보여주는 것이라고 하고 있습니다.

또한 그는 근년의 유전자 미토콘드리아 DNA와 핵 DNA에 의한 연구 결과를 소개하고 있는데 미토콘드리아 DNA의 연구결과에 의하면 조몬인들은 동아시아인 집단에 거의 없는 남방계와 북방계의 미토콘드리아구조로 이루어져 있으며 이는 이들이 열도에 매우 오래전에 진입하여왔고 구석기 시대의 후예가 조몬인인 것을 보여주는 것이라고 하고 있습니다. 한편 핵 DNA의 분석결과 현재의 일본인은 중국대륙인들과 조몬인의 사이에 위치하여 양자의 혼혈에 의해 성립되었다고 볼 수 있으며, 많은 조몬인의 유전적 위치는 아이누인〈그림 1-9〉들과 근접하고 있어 양자가 가까운 근연관계를 갖고 있었음이 판명되었다고 하고 있습니다.

〈그림1-9〉 아이누인.
일본열도의 원주민으로 일본인과 많이 혼혈되었고 현재는 홋카이도 등에 약 2만 명 정도가 살고 있다고 함.

조몬인의 유래에 관련하여 일본학계에서는 조몬 시대 후기에 남쪽 섬나라의 폴리네시아계 해양민족도 상당수 도래한 것으로 보는데 뉴질랜드의 원주민인 마오리족의 얼굴 모습이 일본인과 흡사하고 일본어에 남도계 단어가 많은 점 등을 그 증거로 보고 있습니다. 또 중국의 운남성雲南省, 복건성福建省 등 중국의 남부, 동남아시아, 대만 등의 조엽수림대의 사람들이 얼굴이 일본인과 닮고 풍습도 공통된 것이 많아 이들의 상당수가 이 시대에 열도로 건너온 것으로 보고 있습니다.

한편, 조몬인의 인구수에 관하여는 고야마 슈조小山修上 씨의 추계가 잘 알려져 있는데 그는 전국의 조몬 유적을 토대로 일본의 시대별 인구를 추계하였습니다. 이에 따르면 조몬 초기(기원전 7,000년~기원전 4,500년)의 인구는 2만 명 정도였으나 중기(기원전 3,000년~기원전 2,000년)에는 26만 명으로 증가하였다가 말기에는 7만 3천 명 정도로 감소된 것으로 추정하고 있습니다. 한편 시마누키 모토히사島貫基久 씨는 조몬인의 인구분포에 관하여 조몬 시대의 끝 무렵인 기원전 300년의 인구 61만 2천 명중 동북지방에 절반인 31만 9천 명(52.1%)가 거주하였고 긴키에는 8만 8천 명만이 거주하여 현재 일본의 인구분포와는 상당히 다르게 조몬인들이 주로 동북지방에 살았으며 이러한 인구분포는 당시 수렵, 어로, 채집을 주로 하던 조몬인들에게 동 일본지역이 생활환경면에서 더 살기 좋았던 사실을 말해준다고 설명하고 있습니다.

최근의 '조몬 붐'이 말해주는 것

〈그림1-10〉 불꽃모양의 토기.
긴키 지방에서 6점이 출토되었다고 하며 우리나라에서는 함안지역에서 다수 출토됨.

최근 수년 일본에서는 조몬 시대에 관한 출판물이 다수 등장하여 세인의 관심을 받고 조몬 시대의 유물들이 국보로 지정되는 등 일종의 '조몬 붐'이 일고 있습니다. 조몬인들이 어려운 여건에서도 불꽃모양의 토기 〈그림1-10〉 등 우수한 토기를 만들어 내고 먼 곳과 통나무배를 이용하여 교역을 한 사실 등을 강조하는 한편 임신한 여인을 형상화한 토우를

'조몬의 비너스'라고 찬양하는 등 이들이 상당한 수준의 경제, 문화생활을 영위하고 자연과 공생하면서 평화롭고 목가적인 사회를 이루고 산 것으로 조몬 시대를 '이상향'의 시대로 묘사하는 경향이 있습니다. 이러한 최근의 경향에 대해 역사작가인 나카지마 가쿠仲島岳 씨[2)]는 조몬인의 DNA를 일본인의 다수가 지닌 '일본인의 기원'이라 하면서 한반도에서 들어온 수많은 야요이인들의 유전자와 형질을 2차적이라고 하는 경향에 대해 위화감을 느낀다고 하면서 이러한 경향에는 최근의 일부 혐한적嫌韓的, 혐중적嫌中的인 감정이 들어 있는 것 같다고 하면서 우려감을 나타내고 있습니다.

나카지마 씨는 또한 조몬인도 야요이인도 고분인도 결국은 모두 도래인임을 지적하면서 실제로 구석기 시대에 어디선가에서 열도로 건너온 도래자들이 뿌리내리고 이들이 조몬인의 기초가 되었으며 후에 야요이 시대의 도래인들과 통혼, 혼혈되어 왜인, 일본인이 되었다는 것은 최근의 분자생물학의 연구에서도 검증된 사실임을 분명히 하고 있습니다. 또한 동인은 도래인들의 중요한 척도로 이주인구의 수를 들면서 도래자수가 가장 많은 것이 야요이 시대의 대륙과 한반도계인들임에도 불구하고 조몬인의 DNA가 일본인의 정통인 것처럼 말하는 것은 논리의 모순이고 착오임을 지적하고 있습니다.

2) 仲島岳, 倭国の誕生, 海鳴社, 2019

제2화
한반도인들의 열도 이주와 야요이弥生 시대

기원전 4~3세기 경부터 한반도 남부에서 관개에 의한 벼농사와 청동기 및 철기의 금속기술을 지닌 주민들이 파상적으로 일본열도로 건너와서 주로 규슈九州 북부와 혼슈本州의 북서지역인 이즈모出雲 지역에 정착하고 농경을 주로 하는 정주생활을 영위하게 됩니다. 일본에서는 벼농사가 시작되는 기원전 4~3세기에서 기원후 3세기까지의 시기를 야요이弥生 시대라고 부르는데 야요이인들이 한반도인들이라는 사실은 규슈 북부에서 발견된 수많은 유적과 유물 특히 고인돌支石墓, 독널무덤甕棺墓, 세형동검細形銅劍, 민무늬無文토기 등이 한반도의 것들과 거의 동일하다는 점에서 확인됩니다.

이 시기에 한민족의 일본열도로의 이주를 주도한 세력은 지리적으로 규슈 북부에 가까운 변진弁辰-변한弁韓이라고도 함-인들로 보이는데 이들은 본래 고조선 및 진번계의 주민들로 한반도 남부지역으로 내려와 살고 있던 북방계 사람들이었던 것으로 보입니다. 이들은 열도로 건너오기 전부터 이미 금속기술을 지니고 있었고 문화수준이 열도의 원주민인 조몬인에 비해 높아서 열도에 정착하여 조몬인과 별다른 마찰 없이 사회의 지배층을 형성할 수 있던 것으로 보입니다. 일본의 학계에서는 체질이나 풍습, 언어 등으로 보아 야요이인들이 조몬인과의 혼혈 등을 통해 현재의 일본인의 조상이 된 것으로 보고 있습니다.

야요이인들의 체형은 조몬인보다 3센티 가량 크고 단두短頭형 얼굴을 하고 있어 현재의 한반도인과 유사한 체형이며 조몬인과는 인종이 다른 것으로 확인되고 있습니다. 지역적으로는 규슈 북부, 세토나이瀨戶內해, 긴키近畿 일대에 야요이인의 특색을 지닌 사람들이 지배적인데 이는 야요이인들이 조몬계 선주민들을 혼슈 동북부와 규슈 남부로 밀어내고 정착한 역사적 사실을 반영하고 있는 것으로 보입니다.

야요이 시대의 시작과 야요이 문화

1만년 가까이 지속된 일본열도의 조몬 시대는 기원전 3~4세기 경 한반도로부터 관개에 의한 벼농사 기술과 청동기 및 철기의 금속기 문명을 지닌 사람들이 이주해 오면서 새로운 시대로 이행하게 됩니다. 일본에서는 이 시대를 조몬 시대와 구분하여 야요이 시대로 부르며 야요이 시대는 기원후 3세기까지 약 600년간 이어지는데, 야요이란 명칭은 조몬 토기와는 다른 토기가 발견된 곳-도쿄의 야요이초弥生町-의 지명에서 따온 것입니다. 관개농법에 의한 벼농사 기술은 처음에 한반도에서 규슈 북부로 들어오고 점차 동쪽으로 벼농사 기술이 확산되어 야요이 시대 전기가 끝날 무렵인 기원전 100년 경에는 동북부 지방까지 다다르게 되었다고 합니다. 관개에 의한 벼농사가 보급되면서 열도 사람들은 수렵, 어로, 채집만이 아니라 식량생산이라는 계획적이고 안정적인 생산경제를 영위하게 되고 농경을 위한 정주생활이 시작됩니다.

당시의 벼농사의 실상을 보면 초기농경의 경우는 습지를 이용해서 직접 씨를 뿌리는 직파가 행하여지다가 기술이 발달한 후기에는 모내기를 하고 배수로를 설치해서 물을 저장하게 됩니다. 또 벼이삭을 베는 도구로 초기에는 반달형 돌칼인 석포정石包丁을 사용하다가 중기이후에는 철제 농구인 낫이 보급됩니다. 일본의 대표적인 야요이 시대의 농경 유적으로는 나라현의 가라코唐古 유적과 시즈오카静岡현의 도로登呂 유적이 유명하며, 특히 도로 유적은 논과 움집竪穴住居〈그림1-11〉터, 그리고 창고의 유구遺溝 등이 거의 원형인 채로 발견되고 있는데 움집은 한반도에서 발굴되는 움집과 매우 흡사합니다.

〈그림1-11〉 움집.
땅을 파서 바닥을 다진 후 기둥을 세우고 이엉, 갈대, 짚, 풀 등을 덮어 만든 반 지하의 옛날식 집.

일본열도에 벼농사가 전래된 경로를 둘러싸고는 여러 설이 있지만 쌀알이 둥글고 굵으며 찰진 자포니카japonica종만이 발견되었다는 사실을 근거로 중국의 양자강 하류에서 한반도 남부를 거쳐 규슈로 들어왔다는 것이 정설이 되고 있습니다. 일본에서 가장 오래 된 논水田이 발견된 곳이 후쿠오카의 이타즈케 유적과 사가현의 나바타케 유적으로 초기부터 고도의 관개, 배수시설을 갖추고 있던 사실이 확인되고 있습니다. 벼농사가 규슈에서 시작된 시기에 대하여는 최근 토기에 부착된 탄화물炭化物에 대한 가속기질량분석법AMS에 의한 방사성탄소 연대측정 결과를 근거로 기원전 천 년 전까지 소급하여야 한다는 주장이 국립역사민속박물관을 중심으로 제기되어 논란이 되고 있습니다.

청동기와 철기의 사용은 야요이 시대의 또 하나의 특징인데 대륙과 한반도에서는 청동기 시대가 철기 시대로 발전하나 일본열도에서는 청동기와 철기가 거의 동시에 한반도 남부에서 규슈 북부로 유입됩니다. 한편 열도에서는 단단한 철기는 무기나 농구 등 실용적인 도구로 사용되는 반면 청동기는 주로 제사용이나 액세서리로 이용된 것이 흥미롭습니다. 그래서 동모銅鉾, 동과銅戈, 동검銅劍 등 청동기〈그림1-12〉의 무기는 한반도에서 유입될 때는 폭이 좁고 소형이었던 것이 열도에서는 점차 대형화되어 실용성이 무시되고 동탁, 동경도 대형화합니다. 청동기의 분포는 긴키近畿 지방, 평형동검은 세토나이瀨戶內해 중부, 동모, 동과는 규슈 북부 등의 각 지역을 중심으로 분포되었던 것이 주목됩니다. 근년 시마네島根현의 고진다니荒神谷 유적에서 대량의 동검과 동탁, 동모가 발견되었고 이어 부근의 가모이와쿠라加茂岩倉 유적에서 대량의 동탁銅鐸이 발견되어 화제가 된 바 있습니다.

〈그림1-12〉 일본의 청동기.
야요이 시대 주로 한반도에서 유입되며 동모, 동과, 동검 등 무기와 동탁, 동경 등 의례용 청동기 모두 점차 대형화되는 경향을 보임.

야요이 시대 사람들은 조몬 토기보다 더 고온으로 구운 단단한 토기를 만들어 사용하였는데 조몬 토기가 단순한 그릇인 반면 야요이 토기〈그림1-13〉는 사용목적에 따라 형태가 확실하게 다른 토기를 만들어 사용한 것이 특징입니다. 또 이 시대 사람들은 쌀농사에 편리한 저지대에 주거하는 것이 일반적이었으며 주거는 아직 움집竪穴住居이었으나 형태에 변화가 있었습니다. 이 시대에는 또한 천을 만드는 도구인 베틀機織과 실을 짜기 위한 도구인 물레紡錘車가 사용되었습니다.

〈그림1-13〉 야요이 토기

이처럼 관개에 의한 논농사가 확산되면서 야요이 시대에는 농사를 지휘하는 지도자가 생겨나고 생산경제가 본격화되어 식량이 풍부해지면서 식량과 관할지역을 둘러싼 분쟁이 전쟁으로 발전하게 됩니다. 따라서 야요이 시대에는 적으로부터 재산을 지키기 위해 환호環濠 취락과 고지성高地性 취락이 등장하게 됩니다. 대표적인 환호 취락으로는 사가佐賀현의 요시노가리吉野ヶ里 유적, 후쿠오카현의 이타즈케 유적, 나라奈良현의 가라코. 가키 유적, 가나가와神奈川현의 오쓰카大塚 유적 등이 유명합니다. 고지성 취락은 세토나이해 연안에 많은데 가가와香川현의 시우데야마紫雲出山 유적 등이 유명합니다.

〈그림1-14〉 고인돌(지석묘).
고조선의 대표적인 묘제로 규슈 북부와 혼슈 서부에서 다수 발견됨.

〈그림1-15〉 독널무덤(옹관묘).
한반도에서는 특히 전남, 경남 지방에서 많이 발견되며 일본열도에서는 규슈 북부에서 많이 발견됨.

야요이 문화는 매우 지역성이 강한 문화로 특히 묘제는 열도 전체에 공통되는 묘제는 인정되지 않고 지역에 따라 상당히 다른 묘가 만들어지는 것이 특징인데 이는 그들의 대륙과 한반도에서의 출신지가 다양했던 것을 보여주는 것이라 하겠습니다. 고인돌支石墓〈그림1-14〉과 독널무덤甕棺墓〈그림1-15〉은 한반도의 것과 공통되는 것으로 규슈 북부에서 집중적으로 나타나고 다른 지역에서는 널무덤木棺墓, 돌널무덤石棺墓 등이 나타납니다. 야요이 시대의 후기가 되면 세토나이해 연안부에 보이는 흙으로 쌓은 대형묘인 분구묘墳口墓, 긴키에서 동일본에 걸쳐 나타나는 방형주구묘方形周溝墓, 산인山陰지방에서 보이는 방형의 네 모퉁이에 돌출부가 있는 사우돌출형四隅突出形 방분 등이 특징적으로 나타납니다.

야요이인은 한반도에서 건너간 사람들

그러면 야요이 시대에 일본열도로 건너와 벼농사와 청동기를 전한 사람들이 한반도인들인 것은 어떻게 알 수 있을까요?

첫째는 고인돌支石墓, 독널무덤甕棺墓 등 묘제와 대규모 환호 취락을 들 수 있습니다. 고인돌 문화는 고조선의 대표적인 묘제인데 나가사키長崎반도와 사가현, 후쿠오카현, 구마모토熊本현 등 규슈 북부와 혼슈 야마구치山口현 일대에서 800기가 넘는 고인돌이 발견되었습니다. 한반도 충남의 송죽리, 울산시 울주의 검단리, 경남 진주 남강, 사천의 이금동에 대규모 환호취락이 발견되었고 김해, 나주 등 주로 한반도의 경남, 전남지방에 집중된 독무덤이 규슈 북부에서도 많이 발견되고 있습니다.

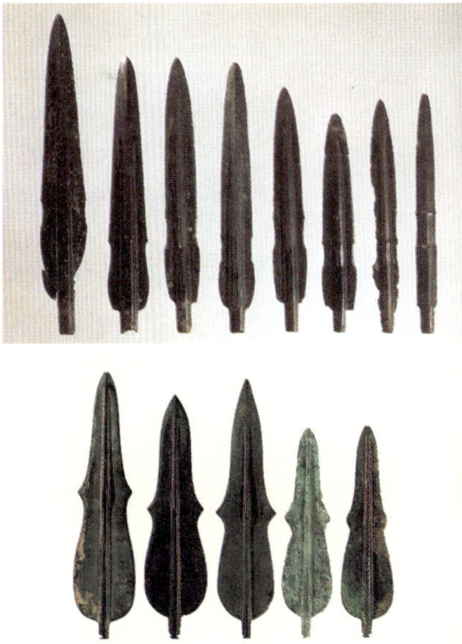

〈그림1-16〉 세형동검(上)과 비파형동검(下). 고조선시대의 대표적인 청동기 유물로 비파형동검이 세형동검의 원조로 보이지만 그 형태나 출토지역 등에서 상당한 차이가 있음.

둘째로는 규슈 북부의 고인돌 등 무덤에서 발견되는 세형細形동검〈그림1-16〉, 세형동과, 세형동모, 잔무늬거울多紐細文鏡〈그림1-17〉, 민무늬無文토기〈그림1-18〉 등은 고조선 문화의 후속문화로서 한반도의 유물과 거의 같다는 점을 들 수 있습니다. 특히 세형동검은 고조선의 특징적인 문화인 비파형琵琶形동검의 발전형으로 고조선 문화를 말해주는 중요한 유물입니다. 규슈 서부의 아리아케有明 연안의 고인돌에서는 간돌석기, 빗살무늬토기, 민무늬토기, 청동기, 쇠도끼 등이 발견되는데 이처럼 이른 시기의 한반도의 석기와 청동기 문화의 유물들이 발견되는 것은 한반도인의 유입이 매우 일찍부터 이 지역에 있었던 것을 말해 줍니다.

〈그림1-17〉 잔무늬거울(다뉴세문경).
뒷면의 장식이 세모, 네모, 동근무늬 등의 가는 선으로 이루어진 고조선의 청동기 거울.

〈그림1-18〉 민무늬토기(무문토기).
무늬가 없는 청동기 시대의 토기로 바닥이 대부분 납작한 것이 특징이며 목이 달린 토기도 많이 발견됨.

〈그림1-19〉 미송리식토기.
청동기 시대 민무늬토기의 일종으로 생김새가 표주박의 아래, 위를 잘라버린 것 같은 모양으로 출토지역은 고조선의 강역과 일치함.

세 번째는 한반도와 열도에서 발견되는 동일형질의 유골을 들 수 있습니다. 규모가 큰 사가현의 요시노가리 유적, 야마구치현의 도이가하마土井浜 유적에서 출토된 유골의 형질인류학적 분석의 결과 이들은 모두 동시대의 한반도인의 그것과 동일한 형질유골임이 밝혀졌는데 이러한 유적에서 나온 유골의 신장은 조몬인보다 10센티 정도 더 크고 코도 높은 한반도인의 모습이라고 합니다. 한편 세형동검과 동반하여 출토되는 적갈색 빗살무늬토기는 평북 의주에서 집중 출토된 고조선계의 미송리美松里식 토기〈그림1-19〉 계통으로 한국학자들은 보고 있는 반면 일본의 고고학자들은 이를 야요이 토기라고 주장하고 있어서 견해가 엇갈리고 있습니다.

요시노가리吉野ヶ里 유적〈그림1-20〉은 야요이 시대를 대표하는 유적으로 지쿠고築後강의 사가 쪽 평야에 위치하고 있는 환호 취락인데 50헥타아르에 달하는 넓은

〈그림1-20〉 요시노가리 유적.
일본 야요이 시대의 대표적인 유적으로 환호 취락과 독널무덤이 특징적이며 일부학자는 요시노가리 유적을 야마타이국이 있던 곳으로 보기도 함.

지역으로 1989년 발굴조사 결과가 발표되었습니다. 환호는 외호, 내호로 된 이중구조로 외호의 길이는 2.5킬로미터인데 유적에서는 움집, 고상식高床式 주거, 창고, 저장구멍, 청동기제작소 등이 있었고 독무덤, 널무덤 등으로 된 공동묘지 외에 수장급의 큰 분구묘도 발견되었습니다. 또 2,000기가 넘는 독무덤에서는 화살 꽂힌 인물, 부상당하거나 목이 없는 인골이 다수 발견되어 농경사회와 함께 시작된 전쟁이 있었음을 말해주는데 유물 중에는 한반도, 대륙, 남서제도에서 온 것으로 보이는 유물도 많이 발견되었습니다.

한반도인들은 왜 바다를 건너갔을까요?

그렇다면 야요이 시대에 한반도인들은 왜 고향을 떠나 바다를 건너서까지 일본열도로 건너갔을까요? 이에 대해서는 여러 가지 이유를 생각해 볼 수 있는데 우선은 보다 기후가 온난하고 물을 구하기 쉬워 벼농사를 좀 더 용이하게 지을 수 있는 남쪽 땅인 규슈로 향하였을 가능성은 충분히 있다고 봅니다. 더욱이 기상학자들에 의하면 기원전 4세기부터 한랭기로 들어가 한반도의 날씨가 추워졌다고 하므로 이러한 가설에 어느 정도 납득이 간다고 할 수 있겠지요. 그러나 무엇보다도 설득력 있는 견해는 한민족의 일본열도로의 이주가 특히 기원전 3세기 말에서 기원전 2세기에 걸친 중국대륙과 한반도의 정세〈그림1-21〉와 커다란 관련이 있다는 것입니다. 이는 기본적으로 당시 중국의 압박을 받은 한민족 최초의 국가인 고조선과 대체로 고조선과 함께 이동한 것으로 보이는 진번眞番, 眞蕃-진국辰国의 전신- 그리고 후에는 부여의 이동이 이들의 일본열도로의 이주를 가져왔다는 것입니다.

〈그림1-21〉 기원전 3~2세기의 중국과 한반도. 중국의 연, 진, 한 등의 압박으로 예맥족인 고조선과 진번은 점차 한반도 남부로 이동하게 됨.

한민족 최초의 고대국가인 고조선은 기원전 10세기 경에는 청동기 국가로 성립되어 돌무덤문화, 비파형동검, 잔무늬거울, 민무늬토기 등의 문화를 남겼는데 삼국지 한전韓傳에는 기원전 4세기 말 연燕나라 왕이 연왕燕王을 칭하자 고조선도 왕을 칭하였다고 기록되어 상당한 국력을 갖춘 나라로 기술되어 있습니다. 또한 삼국지 한전에는 고조선이 기원전 3세기 초 연나라 장군 진개秦開의 침공으로 요서를 잃고 요동으로 동천하여 약화되었으며 이어서 기원전 2세기 위만衛滿의 고조선 찬탈, 고조선 준왕準王의 마한으로의 망명, 한사군漢四郡의 설치 등이 있었다고 기술되어 있습니다.

기원전 3세기 말에서 기원전 2세기에 걸쳐서 중국에서는 진秦(기원전 221년~206년)이 전국시대를 끝내고 강력한 통일국가를 세우며 이어서 진을 멸망시키고 등장한 한漢이 주변의 국가들을 정복하기 시작하는데 고조선이 그 직격탄을 맞게 됩니다. 고조선은 기원전 198년에는 위만에게 나라를 빼앗기며 기원전 108년에는 한무제漢武帝의 침공으로 멸망하고 고조선 영역에 한사군漢四郡이 설치되자 고조선 사람들은 한강 이남의 전 지역으로 이동하게 되고 이중 일부가 일본열도로 건너가게 됩니다. 또한 고조선의 준왕이 기원전 2세기 초 위만에게 나라를 빼앗기자 수천 명의 신하들을 데리고 마한 땅으로 넘어온다는 기록이 있는데 기원전 194년 위만조선의 등장과 기원전 108년 한사군의 설치는 이후 한반도의 역사를 중국과 연동시키는 중요한 계기가 되며, 그 후 중국 동북쪽에서는 예맥족인 고구려와 부여가 중국과의 대립 또는 교류를 통하여 성장하게 됩니다.

한편 한민족의 최초 국가인 고조선과 거의 함께 이동하던 진번은 기원전 4세기 말 연燕나라의 공격을 받아 요동과 한반도의 서북부로 이동하게 되고 점차 한반도의 남부로 내려와서 진국辰國을 세우게 됩니다. 고조선의 유민들과 진국인들은 기원전 1~2세기에는 한반도 남부에 마한, 진한, 변한의 삼한을 세우는데 삼한은 기원전후의 시기에 각각 백제, 신라, 가야로 발전하게 됩니다. 이러한 한민족의 북에서 남으로의 이동은 기원전 2세기 한강 이남에서 세형동검, 다뉴세문경, 동모, 동과에 철기가 동반하여 출토되고 기원전 1세기에는 한강 이남에서 무기는 물론 농기구도 철기 사용이 일반화되는 것으로도 확인됩니다.

이 시기에 한민족의 일본열도로의 이주를 주도한 세력은 특히 낙동강 하류의 서부지역에 살고 있던 후에 가야가 되는 변한弁韓인들이었는데 이들에게 있어 규슈 북부는 지리적으로 가깝고 해안지방에 사는 해인들이 규슈 북부에도 많이 살고 있어 이들 간에는 교류가 이전부터도 있었던 것으로 보입니다. 이처럼 한반도 남부인들이 규슈 북부로 많이 건너가게 되자 이 두 지역은 점차 거의 같은 언어를 쓰고 풍습이 같은 동일 문화권을 형성하게 됩니다. 여기서 주의해야 할 것은 고조선 사람들은 물론이지만 변한과 가야의 주력인 사람들도 어디까지나 북방족이라는 것인데 이는 이들이 순장殉葬의 풍습을 갖고 있었고 두 지역에서 출토되는 유적, 유물인 고인돌, 독무덤, 돌무덤, 세형동검, 잔무늬거울, 민무늬토기 등이 북방계의 유적, 유물이라는 점에서 확인할 수 있습니다.

이처럼 초기에 열도로 건너온 고조선계와 변진계의 사람들은 일본열도에 청동기와 벼농사 문화를 갖고 와서 야요이인이 되고 열도 서부의 주인이 되어 이후 형성되는 일본인의 주류가 됩니다. 이들은 열도로 건너오기 전부터 이미 대륙에서 청동기와 일부 철기를 사용해온 사람들로 높은 문화수준을 갖추고 있었기 때문에 열도에 정착하여 선주민인 조몬인들과는 별다른 마찰 없이 사회의 지배층을 형성할 수 있었던 것으로 보입니다. 야요이인들은 체질이나 풍습, 언어 등에서 일본인의 주류라고 할 수 있는데 열도로 이주한 후 긴 세월동안 열도에 고립되고 조몬인과 혼혈이 되어 체형도 변하고 생활풍습도 변하여 문화, 형질학적인 측면에서 상당히 변형된 '왜인倭人', '일본인日本人'이 되어 간 것으로 보입니다.

야요이인의 인구추정

고대의 인구를 추정한다는 것은 매우 어려운 연구과제로 보이는데 기원전 3세기 야요이 시대 초기의 일본열도의 인구에 대해 자연인류학자인 하니하라 가즈로埴原和郎 씨가 시산한 수치가 있습니다. 이는 고야마 슈조小山修三 씨가 조사한 고대 일본 전국의 유적분포를 토대로 작성한 연구결과 등을 활용하여 시산한 수치로 하니하라 씨는 기원전 3세기 야요이 시대가 시작되는 시점의 조몬인의 인구를 7만 5,800명으로 추산하고 있습니다. 하니하라 씨는 '도래인의 이중구조' 모델을 제시하여 유명한데 그는 일본열도에 수렵, 채집 민족인 조몬인이 번영하다가 그 후 야요이인인 벼농사와 청동기를 지닌 농경민족이 열도로 건너와 번영하며 이 때문에 조몬인들은 동북지방과 규슈 남부 및 오키나와 쪽으로 밀려나고 북쪽에는 에미시蝦夷라 불리는 아이누족이 남쪽에는 하야토準人들이 주로 살게 되었다는 '하니하라설'을 제시합니다. 그는 또한 일본인은 형태적으로 보아 남방계 2에 대해 북방계를 8 정도로 보고 있습니다.

여기서 더욱 흥미로운 것은 710년 시작되는 나라奈良 시대의 인구가 540만 명이라는 인구통계학자 사와타 고이치沢田吾一 씨의 연구결과를 사용해서 1987년 하니하라 씨가 도래인의 수치를 추산하여 논문에서 발표한 내용입니다. 이러한 하니하라 씨의 추산결과를 나까지마 가쿠仲島岳 씨[3]가 2019년 그의 저서에서 소개하고 있는데 하니하라 씨는 기원전 300년의 조몬 인구 75,800명에 대해 인구증가율을 각각 0.2%, 0.3%, 0.4%로 한 세 가지 시뮬레이션으로 계산을 하여 각각 1,000년 후 나라 시대 조몬 인구를 산출하고 540만 명에서 그 수치를 빼어 8세기 초 나라 시대의 도래계 인구를 추산하였습니다.

이러한 방식으로 계산한 결과 인구증가율이 0.2%일 경우 8세기 초 조몬계의 인구는 56만 명인데 대해 도래인은 484만 명이 되어 조몬계를 압도하는 수치임을 알 수

3) 仲島岳, 倭國の誕生, 海鳴社, 2019

있습니다. 8세기 초 일본의 인구가 540만 명에서 1,300년 후인 2,000년의 인구가 1억 2,700만 명이 되었는데 이 경우의 인구증가율이 0.24%이므로 고대의 식량사정이나 위생상태 등으로 미루어 하니하라 씨의 시산에서 인구증가율을 0.2% 정도로 보는 것이 가장 타당성이 높다고 나까지마 씨는 보고 있습니다. 하니하라 씨의 시뮬레이션에서 인구증가율을 0.3%로 하더라도 8세기 초 조몬계 인구는 152만 명인데 비해 도래계 인구는 387만 명이 되는데 도래계 인구에는 야요이인들과 4세기 이후의 고분 시대에 도래한 인구도 포함되는 것은 물론이지만 일본인 중에서 도래인의 비중이 압도적으로 높다는 사실을 보여주는 연구결과라 할 수 있겠습니다.

제3화
규슈 북부 소국들의 등장과 야마타이邪馬台국

중국사서에 의하면 기원을 전후한 시기에 부락수준의 소국가들이 규슈 북부를 중심으로 일본열도에 등장하며 2세기 말에서 3세기 중반에 걸쳐 야마타이邪馬台국을 맹주로 하는 30여 개 소국의 연합체인 야마타이연맹이 성립됩니다. 야마타이국의 히미코卑弥呼 여왕은 3세기 중반 위魏에 조공하였으며 그녀의 사후에 내란이 있었으나 동족인 도요台与가 왕위를 승계함으로써 나라가 안정되었는데 적어도 왜의 여왕이 서진西晉에 조공한 266년까지는 야마타이연맹이 존속된 것으로 보입니다.

일본학계에서는 야마타이국의 위치를 둘러싸고 규슈九州설과 기나이畿內설-야마토大和설이라고도 함-이 대립하여 오랜 기간 논쟁이 이어지고 있는데 당시 규슈 북부가 한반도와 대륙에 가까운 선진 문화지역이었고 삼국지三國志 위서 동이전 왜인조-일본에서는 보통 위지 왜인전으로 부름-가 기술한 대방帶方군과 야마타이국 사이의 행로 및 야마타이국의 생활상, 풍습 등에 비추어 야마타이국은 규슈에 있었던 것이 분명해 보입니다. 그럼에도 논쟁이 끝나지 않는 것은 야마토大和 왕조가 야마타이국을 계승하여 3세기 후반 또는 4세기 초에는 이미 나라분지의 야마토에 성립되었다고 주장하는 일본의 주류사학계가 이러한 주장의 근거로 기나이설에 집착하고 있기 때문입니다.

한편, 일본서기에는 야마타이국이나 히미코 여왕의 이름은 전혀 등장하지 않고 진구神功 왕후기에서 중국 사서를 인용하는 형식으로 왜국의 여왕이 위와 진에 조공하였다는 기사를 실어 마치 진구 왕후가 히미코 여왕임을 암시하는 기술방식을 취하고 있는데 진구 왕후 자체가 가공의 인물이라는 사실은 일본학계도 인정하고 있을 뿐 아니라 진구왕후가 4세기 중반의 근초고왕과 근구수왕과 같은 시기의 인물로 상정되고 있어 히미코 여왕의 시대와는 100년이나 차이가 나므로 진구 왕후가 히미코 여왕이 될 수 없는 것은 자명합니다.

중국사서에 등장하는 일본열도의 소국들

일본열도의 소국들에 대한 최초의 기록은 후한시대의 반고班固가 82년에 쓴 전한前漢(기원전 202년~기원후 8년) 왕조의 정사인 한서漢書의 지리지地理志에서 찾아볼 수 있습니다. 반고는 '낙랑樂浪의 남쪽 바다에 왜인이 있어서 백여 개의 소국을 이루고 정기적으로 조공해 오고 있다.'고 기술하고 있는데 당시의 일본열도에는 수많은 부락수준의 소국가들이 분립하고 있었음을 알 수 있습니다. 이어 송宋나라의 범엽范曄이 432년 경 편찬한 후한서後漢書의 동이전東夷傳에 후한 광무제光武帝 때인 '건무중원建武中元 2년(57년) 왜의 나奴국이 사자를 보내 조공하여 왔는데 그 사자는 자신의 신분을 대부大夫라 하고 칭하였다. 이 나라는 왜의 극남계極南界에 있다. 광무제는 이 조공에 대해 끈 달린 도장印綬을 하사하였다.'라고 기술하고 있습니다.

57년 후한에 조공한 나국은 왜국 중 구체적인 나라 이름과 연대가 중국사서에 기록된 최초의 소국-야요이 시대의 소국을 일본에서는 '구니国'로 부르며 몇 개의 취락이 모인 정치 공동체로 봄-으로 규슈 북부에 있었던 것으로 보이는데 에도江戶시대 후쿠오카현의 한 섬에서 '한위노국왕漢委奴國王'-일본어로는 '간노와노나노쿠니오'라고 읽음-이라고 쓰여진 금인金印〈그림1-22〉이 우연히 발견되어 일본의 국보로 지정되고 있습니다. 또한 후한서 동이전에 나국이 왜의 극남계極南界 즉 가장 남쪽에 있다는 문구의 해석을 둘러싸고 일본 학자들 사이에 논란이 있는데 이에 대하여는 기록상의 착오로 보는 견해도 있으나, 당시까지도 왜의 주력은 한반도 남부에 있고 나국은 이들 중 일파가 규슈 북부로 건너와서 세운 나라로 한반도에서 건너온 집단들이 아직 규슈의 내륙 깊숙하게 까지 진출하여 나라를 세우지는 못하였기 때문에 '극남계'라는 문구를 사용했을 것이라고 해석하는 유력한 견해가 있습니다.

〈그림1-22〉 위노국왕 금인.
18세기 후반 규슈에서 우연히 발견되었으며 후한서의 기록으로 57년 후한광무제가 노국-일본에서는 나국이라고 함-왕에게 하사한 순금제 왕인으로 간주되고 있음.

왜의 기원과 정체에 관하여는 여러 가지 견해가 있으나 중국사서와 삼국사기 등을 종합하여 보면 이들은 고대 고조선과 진번 그리고 후에는 삼한 등 한민족의 거주 범위와 거의 일치하는 지역의 주로 해안지방에 거주하다가 한민족에 동반하는 형태로 한반도 서해안을 남하하여 기원 전 · 후에는 주로 낙동강 이서의 경상남도와 전라남도의 해안 및 도서지역에 집중적으로 살면서 어로와 농경, 교역을 주업으로 생활한 사람들임을 알 수 있습니다. 이들을 크게 보아 한인韓人으로 보면서 키가 작고 주로 연안에 사는 한인들에 대한 비칭이라는 시각이 있는데 이는 왜의 정체에 대한 매우 시사적인 견해라고 생각됩니다. 다만 왜인은 삼국지에서 동이의 한 민족으로 부여, 고구려, 한 등과 병렬적으로 서술되고 신라를 자주 공격한 실체였음에 비추어 보면 외모, 언어, 습속 등이 한인과 유사하기는 하였지만 한인과는 다소 구별되는 종족이었던 것으로 보입니다.

한편 후한서 동이전은 또한 후한 안제安帝의 영초永初 원년(107년) 왜국왕 스이쇼帥升-중국의 사서에 등장하는 최초의 왜인의 이름임- 등이 산 사람인 생구生口 160명을 헌상하고 알현을 청하였다고 기록하고 있으며 환제桓帝(재위 146년~167년)와 영제靈帝(재위 167년~189년)의 사이에 왜국이 크게 혼란하여 서로 공격하기를 반복하여 오랜 기간 이를 통제하는 자가 없었다고 기술하고 있습니다. 이는 2세기 후반 왜국대란 즉 큰 전쟁이 일어난 것을 의미하는데 고고학적으로 보아 규슈 북부를 중심으로 환호環濠 취락, 고지성高地性 취락 등의 군사적, 방어적인 취락이 이 시기에 발달한 것임을 짐작하게 합니다. 후한서 동이전은 107년 후한 안제에게 조공한 왜국 왕이 어느 나라의 왕이었는지에 대하여는 기술하지 않고 있으나 일본학계에서는 나국으로 보는 견해가 유력한 것으로 보입니다.

야마타이연맹과 히미코 여왕

기원후 1~2세기에 걸쳐 일본열도에 생겨나기 시작한 소국들은 2세기 후반이 되면 소국가연합을 형성하게 되는데 이러한 상황을 상세하게 기록한 중국의 사서가 3세기 후반 진수陳壽가 편찬한 위魏, 촉蜀, 오吳, 삼국의 정사인 삼국지三國志입니다.

삼국지는 280년 경 완성된 것으로 크게 위지魏志, 촉지蜀志, 오지吳志의 세 부분으로 되어 있고 위지는 또 오환전烏丸傳, 선비전鮮卑傳, 동이전東夷傳으로 되어 있으며, 동이전은 부여夫餘, 고구려高句麗, 동옥저東沃沮, 읍루挹婁, 예濊, 한韓, 왜인倭人의 7개 민족에 대해 기술하고 있는 방대한 분량의 역사서입니다. 그 중 당시의 왜에 대한 기술은 삼국지 위지 동이전 왜인조에 기술되고 있는데 일본에서는 이를 줄여서 보통 '위지 왜인전魏志倭人傳'으로 부릅니다.

위지 왜인전에 일본열도 30개 소국에 의한 연맹체의 맹주로 등장하는 야마타이邪馬台국-야마이邪馬壹국으로 읽어야 한다는 학자들도 있음-은 실체가 분명한 일본 최초의 국가로 일본 역사의 출발점이 되는 국가라고 할 수 있고 또한 그 연맹체의 수장이 여왕이라는 점에서 일본인이라면 모르는 사람이 없을 정도로 유명한 고대 일본의 국가입니다. 그러면 위지 왜인전의 주요내용에 관하여 알아보겠습니다.

첫 번째는 왜인들이 사는 위치와 대방군帶方郡에서 야마타이국까지 가는 경로에 관한 것으로 '왜인은 대방군의 동남의 해상에 있는데 산들이 즐비한 섬에 주민들이 소국을 이루고 살고 있다. 과거 한漢의 시대에 백여 국이 있어 공물을 보낸 나라도 있다. 현재 사자와 통역을 보내는 나라는 30국 정도다.' 라는 기술에 이어 대방군에서 야마타이국에 이르는 경로가 비교적 상세하게 쓰여 있습니다. 다음에 경로와 관련된 주요부분만 발췌해 보겠습니다.

'대방군에서 왜에 가려면 한국韓國의 해안을 따라 항행하여 남으로 동으로 가면 그 북안北岸인 구야한국狗邪韓國에 도착하는데 여기까지가 7천 여리다. 이어 바다를 건너가면 천 여리에 쓰시마對馬국이 있고 … 마쓰라末盧국, 이토伊都국, 나奴국, 후미不彌국, 토마投馬국이 나오고 남으로 더 가면 야마타이국에 도착하는데 여왕이 있는 곳이다. 여왕국의 남쪽에 구나狗奴국이 있어 남자가 왕인데 여왕국에 속하지 않는다. 대방군에서 여왕국까지는 1만 2천리이다. 여왕국에서 바다건너 동으로 천여 리를 가면 다른 나라가 나오는데 그곳의 주민도 모두 왜종倭種이다.'

두 번째는 야마타이연맹의 성립과정과 통치방식에 관한 것입니다. 위지 왜인전에 의하면 야마타이국은 본래 남자를 왕으로 하여 70~80년간 계속된 후 왜국에 내란이 있어 몇 년간 서로 공격하자 나라들이 협의하여 한 명의 여왕을 세움으로써 전쟁이 진정되었는데 이 여왕의 이름이 히미코卑弥呼입니다. 히미코는 귀도鬼道에 능하여 주술로 사람들을 통솔하였고 실제의 정치는 남동생이 여왕을 보좌하는 형태로 수행하였는데 히미코는 이미 고령이었으며 천여 명의 여종들로 하여금 시중을 들게 하였다 합니다. 또 여왕은 이토국에 이치다이소쓰一大率라는 관리를 파견하여 북쪽의 소국들을 감시하게 하였고 나라마다 시장이 있었는데 다이와大倭를 시켜 시장을 감리하도록 하였다고 합니다.

이토국은 히미코 여왕의 시대에 야마타이국의 출장기관의 역할을 하여 후한의 사자들도 이토국까지의 경로에 대하여는 잘 알고 있었던 것으로 보이며 위지 왜인전은 이토국 이후의 경로에 대하여는 들은 내용을 토대로 간단하게 기술한 것으로 보입니다. 한편 위지 왜인전은 야마타이국으로 가는 경로에서 나온 소국들의 장 · 차관 등의 직명을 말하고 있는데 쓰시마국, 나국, 후미국의 차관을 히나모리卑奴母離라고 하고, 토마국의 차관을 미미나리彌彌那利라 한다고 하여 이들 용어가 우리말의 우두머리의 '머리', 윗사람을 나타내는 '나리'를 연상하게 하여 흥미롭습니다.

세 번째는 히미코 여왕의 위에 대한 조공 등 야마타이국과 위의 외교관계에 관한 것입니다. 왜인전에 의하면 경초景初 3년 6월(239년) 왜의 여왕이 대신 나시메難升米-난쇼마이로도 읽음- 등을 파견하여 위의 황제에게 조공하였는데 그 해 12월 대방군을 통해 히미코에게 '친위왜왕親魏倭王'이라는 칭호를 주고 자수刺繡가 붙은 금인을 내려 준다는 위 명제明帝의 명령서가 전달되었으며, 다음해인 정시正始 원년(240년) 대방태수 궁준弓遵이 관리를 왜로 보내 황제의 명령서와 금인, 그리고 면, 직물, 동경 100매 등 선물을 왜왕에게 전달하였습니다. 위 황제가 내린 '친위왜왕'이라는 칭호는 야마타이국에게 왜국에 대한 종주권을 인정하는 한편 야마타이국을 위의 책봉체계로 편입한 징표로 볼 수 있는데 히미코는 이를 통해 왕권의 위엄을 높일 수 있었던 것으로 보입니다. 위는 238년에 요동과 대방지역에 있던 공손 씨公孫氏를 멸하였는데 히미코의 사신파견은 이와 관련이 있어 보입니다.

또한 정시 4년(243년) 왜왕이 8명의 사절단을 위에 파견하였고, 동 6년(245년)에는 위 황제가 왜의 나시메에게 황제의 권위를 나타내는 황색군기를 대방군을 통해 주었다는 기록이 있습니다. 한편 왜 여왕 히미코는 구나국왕인 히미구코卑弥弓呼와 불화하였으며 정시 8년(247년) 사신을 대방군에 보내 구나국과의 전투 상황을 설명하자 태수 왕기王頎가 이를 황제에게 보고하고 황제는 격문과 황색군기를 대방군을 통해 히미코에게 전하게 하였는데 대방군의 사신 장정張政이 야마타이국에 도착했을 때는 히미코가 이미 죽어 있었다고 기술되어 있으나 구나국과의 전쟁 결과에 대하여는 언급이 없습니다.

네 번째는 히미코의 장례와 종녀宗女인 도요台与-이요壹与로 보는 학자도 있음-의 왕위 계승에 관한 것입니다. 왜인전에 의하면 히미코가 죽자 직경 백보정도의 거대한 묘가 만들어지고 남녀노예 100명 이상이 순장되었다고 합니다. 또한 히미코의 후계로 새로 남자 왕을 세웠으나 나라 안에서 이를 따르지 않아 서로 죽이기를 천명이 넘었는데 히미코의 일족인 13세 소녀 도요를 세우자 나라 안이 마침내 진정되었다고 합니다. 한편 위는 265년 진晉-서진西晉을 말함-으로 교체되므로 왜인전에는 기록되지 않은 것으로 보이나 일본서기 진구왕후기 66년(266년) 기사에는 진기거주晉起居注의 기사를 인용하여 진무제晉武帝 태초泰初 2년 왜의 여왕이 조공한 사실이 기록되고 있으며 이 때 왜의 여왕은 히미코의 종녀 도요로 보입니다.

마지막으로 위지 왜인전은 야마타이국 주민들의 생활상과 풍속, 법제도 등을 생생하게 묘사하고 있어서 흥미로운데 아래의 몇 가지 기술 내용을 보면 당시 야마타이국의 시대상과 주민들이 살아가는 모습을 현실감 있게 연상하게 됩니다.

- 남자는 모두 몸에 다양한 문신을 하고 있다.
- 복장은 보통 남자는 가사의袈裟衣, 여자는 관두의貫頭衣를 입고 모두 맨발이다.
- 연중 생야채의 식용이 가능하며, 식사는 대나무 그릇에 손으로 먹는다.
- 벼, 마를 재배하고 양잠을 하며, 견사, 마포, 견직물 등을 만든다.
- 소, 말, 호랑이, 양, 까치는 보이지 않는다.
- 사람이 죽으면 관통棺桶에는 넣으나 묘실은 만들지 않으며, 10일 정도 상을 치르는데 상주는 크게 우나 객들은 술 마시고 노래하며 춤을 추거나 한다.
- 뼈를 태워 길흉을 점을 친다.

- 석차에 남녀의 구별이 없다.
- 높은 사람에게 경의를 표할 때 먼저 손뼉을 치고 무릎을 꿇는다.
- 도난, 소송은 별로 없는데 법을 어기면 가벼운 경우 처자를 죽이고 중죄이면 일족을 멸한다.
- 높은 사람은 4~5명의 처를 두고 서민도 2~3명의 처를 둔다.
- 신분에는 상하관계가 있고 신분이 낮은 자가 길거리에서 신분이 높은 자를 만나면 뒷걸음으로 길 가장자리 풀 속으로 가서 무릎 꿇거나 허리를 숙인다.

이러한 당시 왜국의 풍습이나 사정에 대하여는 진수가 직접 왜국을 여행하여 기술한 것이 아니고 280년 경 위략魏略을 저술한 민간사학자인 어환魚豢이 190년 경 왜국을 방문한 사신의 여행기를 토대로 기술한 부분을 활용하여 기록한 것으로 일본학자들은 보고 있는데 일부 사실과 다른 묘사가 있기는 하지만 전체적으로 당시 기층민들이 남방계인들이 중심인 것으로 보이는 왜국의 모습을 잘 보여주는 것으로 볼 수 있습니다.

야마타이국의 위치에 관한 끝없는 논쟁

야마타이국에 관한 위지 왜인전의 소상한 기술에도 불구하고 야마타이국의 위치에 대하여 일본학계에 아직도 일치된 견해가 이루어지지 못하고 1세기 이상에 걸쳐 논쟁이 지속되고 있는 것은 아이러니라고 생각됩니다. 야마타이국의 위치에 대하여 야마토大和설-기나이畿內설이라고도 함-과 규슈九州설이 첨예하게 대립하고 있는 것은 표면상으로는 왜인전에 기술된 대방군에서 야마타이국에 이르는 경로의 방향과 거리에 관한 해석이 다른 것이 기본적인 이유라고 하겠습니다. 하지만 근본적으로는 야마토 왕조가 3세기 중후반에 야마타이국을 계승하여 성립된 왕조이기를 바라는 일본보수사학계의 절실한 소망이 야마토설을 절대로 양보할 수 없는 상황으로 만들고 있다고 보여집니다.

야마토설을 취하면 야마토 왕조가 3세기 초중반 야마타이국 시절에 이미 서 일본을 통일한 것이 되고 이를 중국사서가 인정한 결과가 되는 반면 규슈설을 취하면

3세기 초중반에 규슈 북부, 야마토 등에 다수의 소국들이 병립하였던 것으로 보아야하기 때문입니다. 그만큼 야마타이국의 소재지 여부는 일본 고대사, 특히 일본의 고대왕국 성립사의 근간이 되는 중요한 문제로 이에 대한 나름대로의 시각이 있어야만 한일 고대사를 올바르게 파악할 수 있다고도 하겠습니다.

그렇다면 3세기 초중반 히미코여왕이 다스리던 야마타이국은 어디 있었을까요? 결론부터 말씀드리면 현재의 시점에서 구체적인 위치를 확정하기는 어렵지만 규슈 북부의 어딘가에 있었다고 봅니다. 그러면 이렇게 생각하는 근거를 몇 가지 말씀드리겠습니다.

첫 번째는 위지 왜인전이 묘사한 대방군에서 야마타이국에 이르는 경로와 전체거리를 정확하게 읽는 문헌상의 해석에 의한 것입니다. 위지 왜인전은 왜에 도착하는 사신이 어느 소국에서 다음 소국으로 갈 길의 방향과 거리, 소요일수를 기술하고 있는데 문제는 왜인전에 표시된 경로마다 나오는 방향과 거리가 정확한 것인가에 대한 의문입니다. 기술내용에 충실하게 이동할 경우 최종 목적지인 야마타이국이 현재의 오카나와沖繩 근처가 되어버리기 때문이지요. 그래서 야마토설을 주장하는 학자로부터 '남南'이라고 쓰여 있는 방각이 '동東'의 잘못이라는 주장이 나오는 것이고요. 그러나 많은 중국사서들이 표기한 방각과 거리의 정확성 여부를 연구한 전문가들은 한결같이 중국사서의 경우 방각은 대개 정확한 반면 거리는 개략적인 수치인 경우가 자주 나타나고 있다고 밝히고 있고 위지 왜인전의 경우도 방각에는 착오가 없다고 보고 있습니다.

한편 야마타이국의 위치 파악과 관련해서는 대방군에서 여왕국까지의 거리가 1만 2천 여리라는 위지 왜인전의 기사가 중요하다고 봅니다. 위지 왜인전의 기술에 따라 대방군에서 후미국까지의 거리를 계산하면 10,700리가 되는데 전체의 행정은 12,000리이므로 후미不弥국에서 야마타이국까지의 거리는 1,300리가 됩니다. 이 거리 1,300리는 다른 중국사서에 60일 걸려서 천리를 간 것으로 해석되는 사례가 있어서 왜인전이 기록한 후미국에서 토마국을 거쳐 야마타이국까지의 소요일수인 60일-항행 30일, 육로 30일- 내에 다다를 수 있는 적정한 거리로 보여집니다. 또한 위지 왜인전에는 야마타이국의 동쪽 바다 건너편에도 나라가 있고 모두 왜종이라고 표현하고 있는데 야마토의 경우는 내륙에 있어서 이러한 표현을 할 수 없었을 것입니다.

두 번째는 당시의 동북아 정세와 관련되는 것입니다. 당시 야마타이국은 239년 이래 수차례에 걸쳐 대방군을 경유하여 위나라에 조공하면서 긴밀한 관계를 구축하고자 한 것을 엿볼 수 있는데 위로서도 3세기 전반 요동을 차지한 공손公孫 씨와 고구려를 압박하는 차원에서도 야마타이국을 우대했던 것을 왜인전을 통해 알 수 있습니다. 특히 야요이 시대가 시작되면서 당시 선진 지역이었던 대륙, 한반도와 규슈 북부사이의 교류가 활발해지고 규슈 북부지역이 당시 일본열도에서는 가장 앞선 선진 지역으로 발전해 갔음에 비추어 야마타이국은 규슈 북부에 위치하여 선진 문화 지역이었던 중국과 한반도와 가까이 있으면서 긴밀한 교류를 통해 선진문물의 창구 역할을 한 것으로 보입니다.

세 번째는 위지 왜인전이 묘사한 야마타이국의 풍습을 보면 강한 얼굴분장, 문신, 관두의나 횡폭의 등의 복장, 무기류 등이 모두 남방계 풍습으로 후의 야마토大和국 나아가 현재 일본의 풍속과는 상당히 다른데 이는 야마토 조정이 야마타이국을 그대로 승계한 것이 아님을 보여주는 것으로 규슈설을 뒷받침하는 사례로 볼 수 있습니다. 특히 야마타이국의 묘제에 대하여 위지 왜인전은 사람이 죽으면 관통棺桶에는 넣으나 묘실은 만들지 않는다고 하여 야마토의 묘제와는 다른 매장문화를 갖고 있었던 것으로 보입니다. 3세기 야마타이국 시대의 일본은 아직 남방계 문화권의 시기로 볼 수 있으며 만약 야마타이국이 발전하여 야마토 왕조를 세웠다면 일본은 지금도 남방문화권에 머물렀을 것으로 보입니다.

네 번째는 규슈에서는 1~3세기 소국들의 유적이 많이 발굴되는 반면 야마토 지역이나 규슈 중남부, 세토나이해 등에서는 이러한 소국들의 흔적이 별로 보이지 않는다는 점입니다. 규슈에서는 1989년 1~2세기 전란의 모습을 말해주는 대표적인 유적인 요시노가리 유적이 발굴되었으며, 나국과 관련이 있는 것으로 보이는 후쿠오카현 가스가春日시의 스쿠須玖, 오카모토岡本 유적과 이타즈케 유적, 이토국의 왕릉으로 보이는 마에바라前原시의 히라하라平原 유적, 후쿠오카시의 요시타케다카기吉武高木 유적 등 수많은 야요이 유적이 발굴되고 청동기 유물들이 대량으로 발굴되었습니다. 이러한 사실은 왜인전에 야마타이연맹에 속하는 소국들로 보이는 많은 나라들이 규슈 북부를 중심으로 존재하고 있었던 것을 보여주는 것이라 하겠습니다.

진구神功 왕후는 히미코 여왕이 아니다

그러면 일본의 정사인 일본서기는 야마타이국과 히미코 여왕에 대해 어떠한 언급을 하고 있을까요? 야마타이국과 히미코는 중국의 정사인 삼국지가 분명하게 기록한 실체임에도 불구하고 이상하게도 일본서기에는 이러한 이름들이 전혀 등장하지 않고 있습니다. 그렇다면 8세기 초 일본서기의 편자는 이들의 존재를 몰랐다는 것일까요? 그렇지 않습니다. 야마타이국과 히미코라는 구체적인 이름을 적시하지는 않았지만 일본서기는 진구神功왕후기의 기사에서 삼국지 위지 왜인전과 진기거주의 기사를 인용하는 형식으로 왜의 여왕이 위와 진晉에 사신을 보냈다는 기사를 싣고 있는 것입니다.

일본서기의 관련기술은 다음과 같습니다.

- 섭정 39년-239년- 위지에서는 명제明帝 경초景初 3년 6월 왜 여왕이 대부 난두미難斗米 등을 보내 낙양洛陽에 이르게 하였다고 한다.
- 섭정 40년-240년- 위지에는 정시正始 원년(240년)에 건중교위建中校尉 제휴梯携 등을 조서와 인수를 받들고 왜국에 가게 하였다고 한다.
- 섭정 43년-243년- 위지에는 정시 4년에 왜왕이 다시 사신 대부 이성자伊聲者와 액아약掖耶約 등 8인을 보내어 헌상하였다고 한다.
- 섭정 66년-266년- 이 해는 진晉의 무제武帝 태초泰初 2년이다. 진기거주晉起居注에는 이 해 10월에 왜의 여왕이 통역을 보내 공헌하게 하였다고 적고 있다.

이 기사들은 3세기 야마타이국이 중국의 위와 진에게 조공한 사실을 중국 사서를 인용하여 게재한 것인데 이 기사를 보면 야마토 왕조가 아닌 또 하나의 왜국인 야마타이국에 대하여 기술한 것이거나 야마타이국이 바로 야마토 왕조라는 사실을 암시하기 위한 것임을 알 수 있습니다. 그러나 야마토 정권이 다른 왜국의 존재를 인정하고 구태여 그 나라가 중국과 교류하던 사실을 기록하지는 않았을 것이므로 결국 일본서기는 이 기사를 통하여 야마토 왕조가 바로 야마타이국이고 진구 왕후가 히미코 여왕이라고 말하고 싶었던 것으로 해석할 수밖에 없습니다. 그리고 이들 기사에서 눈에 띄는 것은 몇몇 인물의 이름표기가 중국사서의 이름 표기와 조금씩 다르고-난두미, 제휴, 이성자, 액아약-, 239년 6월 조공 당시의 위 황제는 폐제廢帝였는데 이를 명제明帝로 표기하고 있어서 중국사서로부터의 기사를 진정성을 갖고 인용한 것인지 의구심이 듭니다.

그렇다면 이러한 일본서기 편자의 기술은 사실과 부합되는 것일까요. 결론은 전혀 아니라고 봅니다. 무엇보다도 일본서기가 그린 진구왕후의 시대가 히미코 여왕의 시대와는 실제로 1세기 이상이나 차이가 난다는 것입니다. 이는 진구 왕후 섭정 때에 등장하는 백제 왕들의 연대를 보면 확인되는데 예를 들면 섭정55년 백제의 근초고왕-재위 346년~375년-이 죽었다고 일본서기가 기록하였는데 이 해는 일본서기 255년에 해당하여 간지를 2주갑 120년 내리면 삼국사기 백제본기가 기록한 375년과 일치되는 것이고 이러한 예는 384년 근구수왕의 죽음-일본서기 진구 왕후 섭정64년-과 395년 침류왕의 죽음-일본서기 진구 왕후 섭정75년-에 대한 기사에서도 마찬가지로 확인되는 것입니다. 즉 진구 왕후가 완전한 가공인물이기는 하지만 일본서기는 그녀가 백제의 근초고왕, 근구수왕 시대에 활약한 인물로 그리고 있기 때문에 진구 왕후가 히미코 여왕이 될 수 없는 것입니다.

일본서기의 편자도 히미코가 진구 왕후가 아님을 알고 있었던 것으로 보입니다만 그럼에도 일본서기에 '왜국', '여왕'이라는 표현으로 중국사서의 기록을 인용 게재한 이유는 무엇일까요? 중국사서가 실재한 왜국 야마타이국의 여왕 히미코를 기재한 이상 일본서기의 편자도 이를 무시할 수는 없었고 그렇다고 하여 만세일계를 내세우는 일본서기로서 야마토 왕조외의 다른 왜국을 인정할 수는 없고 해서 결국 야마타이나 히미코라는 실명은 피하면서 진구 왕후가 히미코일 수도 있다는 여지를 두면서 중국 사서를 인용하는 형식으로 애매한 기술을 하게 된 것이 아닌가 생각됩니다. 그러나 이러한 기술이 오히려 야마토 왕조가 야마타이국이 아니고 진구 왕후가 히미코가 아님을 역설적으로 말해주는 결과가 되었다고 할 수 있겠지요.

가공인물인 진구 왕후에 대하여는 다시 상세하게 설명하겠습니다만, 일본서기가 그녀의 섭정시기를 200~270년으로 기록하여 진구 왕후가 히미코임을 암시하려 하고 있고 그 후 일본학계에서는 이러한 일본서기의 암시를 존중하여 히미코가 진구 왕후이고 야마타이국은 야마토국이라는 입장을 확고하게 견지하여왔던 것입니다. 그러나 일본서기가 묘사한 진구 왕후가 활약하던 시기는 4세기임이 분명하여 히미코 시대와는 백년 이상의 차이가 나고 히미코의 사후 여왕이 된 도요에 대응하는 여왕이 야마토 왕조의 경우에는 발견되지 않고 있으며 히미코는 독신이었는데 진구 왕후에게는 오진応神왕이 되는 아들이 있었던 점 등 진구 왕후를 히미코로 보는 것은 아무래도 설득력이 없다고 할 수밖에 없습니다.

신라와 교류한 히미코 여왕

그런데 2~3세기 규슈 북부에 있었던 야마타이국이 한반도의 국가와 교류한 기록이 있을까요? 있습니다. 삼국사기 신라본기에 신라의 제8대 왕인 아달라阿達羅이사금尼師今(재위 154년~184년) 20년(173년) 5월에 '왜국 여왕 비미호卑弥呼가 사신을 보내 예방해 왔다.'는 기록이 있는 것입니다. 다만 이 시기는 진구 왕후가 섭정으로 등장하는 일본서기의 200년과는 30년 가까이 차이가 납니다. 야마타이국을 야마토 왕조로 보고 신라가 4세기 중반에 국가가 되었다고 주장하는 일본학계는 이 기사를 날조로 치부하는 경향이 있기는 하지만, 이 기사가 사실일 경우 당시 일본열도의 상황에 비추어 신라본기에 등장하는 왜국은 규슈 북부에 있던 야마타이국이었던 것이 분명해 보입니다.

다만 후한서 동이전에 환제, 영제치세(146년~189년)에 왜국대란이 있었다고 하고 양서梁書 왜전에는 한명제漢明帝 광화光和연중(178년~183년) 왜국에 전란이 있었다고 기록되었으며, 히미코 여왕이 세워지자 전란이 수습되었다고 하므로 히미코가 야마타이연맹의 맹주가 된 것은 빠르면 184년 경 늦어도 190년 경이었을 것으로 보입니다. 그런데 히미코가 신라에 사신을 보낸 것은 173년이므로 이때의 히미코는 아직 야마타이연맹이 성립하기 이전의 야마타이국의 여왕이었던 것으로 보입니다. 이와 관련하여 다케미쓰 마코토武光誠[4] 메이지明治학원대 교수는 위지 왜인전에 야마타이국이란 국명이 한 군데만 나오고 그외에는 '여왕국'으로 부르고 있는 것에 주목하여 야마타이국은 히미코 이전에도 여왕이 통치하던 여왕국이었고 히미코대에 이르러 30개 소국의 연합인 야마타이연맹의 왕이 된 것이라고 보고 있습니다.

히미코 여왕의 정체

야마타이국의 히미코 여왕의 출자에 관하여 김향수金向洙 씨, 이종기李鍾琦 씨 등 우리나라의 재야사학들에 의해 유력하게 제기되고 있는 인물은 김수로왕의 10왕자 2공주 중 한 명의 공주로 여겨지는 묘견 공주妙見公主입니다. 하지만 묘견 공주라는 이름은 삼국유사나 삼국사기에 보이지 않고 다만 김해수로왕릉 숭선전崇善殿에서 나온 '김씨왕세계金氏王世界'에 '신녀神女'로 나오는 인물을 재야사학자들은 묘견 공주로 보고 있는데 이 때문에 학계는 묘견 공주의 실재성을 의심하고 있는 듯합니다. 그러나 기원후 2세기로 보이는 당시에는 가야인들이 바다 건너 가까이에 있는 규슈로 이주한 사실은 충분히 입증되고 있고 다음 몇 가지 김향수 씨[5]가 제기하는 논점을 감안하면 '김씨왕세계'의 신녀가 묘견 공주이고, 그녀가 규슈로 건너와 히미코 여왕이 되었을 가능성은 충분히 있다고 보여집니다.

첫 번째로 '김씨왕세계'에서는 '왕자 선견先見이 신녀神女와 함께 구름을 타고 떠나자 가락국의 거등居登왕이 강가 돌섬의 바위에 올라 이들을 그리워하여 그림을 새겼으며 이 바위를 초선대招仙臺라고 한다.'라는 기록이 있는데 위지 왜인전에도 여왕 히미코를 남동생이 보좌하였다는 기술이 있어서 두 사람의 관계가 일치하는 것이 주목된다는 점입니다. 더욱이 왜인전은 히미코를 귀도鬼道에 능한 인물로 묘사하고 있는데 이는 그녀가 사실상 '신녀'였음을 의미하며 이 기술은 김수로왕의 공주를 신녀로 표현한 '김씨왕세계'의 기록과도 합치되고 있습니다.

4) 武光誠, 邪馬台国と大和朝廷, 平凡社, 2004
5) 김향수, 일본은 한국이더라, 문학수첩, 1995

두 번째는 규슈 구마모토현의 야쓰시로八代신사〈그림1-23〉와 묘견제妙見祭라는 마쓰리의 존재입니다. 야쓰시로신사의 본래 이름은 묘견궁으로 묘견을 제신으로 모시고 있는데 묘견궁의 지붕 처마 끝부분에는 거북과 뱀을 본 따 만든 전설 속의 거북뱀龜蛇-일본어로는 기다로 읽음- 문양의 기와가 만들어져 있습니다. 또한 매년 11월 22일~23일 열리는 묘견제 때는 커다란 거북뱀을 어깨에 메고 시가지 행진을 하는데 거북이 김수로왕과 밀접한 관계에 있는 것은 그가 구지봉龜旨峯에서 내려왔다는 삼국유사의 기록에서도 확인할 수 있습니다.

〈그림1-23〉 야쓰시로신사.
구마모토현 야쓰시로에 있는 신사로 묘견궁이라고도 하며 제신인 묘견이 김수로왕의 딸이라는 설화를 간직하고 있다고 함.

세 번째로 묘견궁의 말사인 영부靈符신사의 신전에 비장된 부적符籍의 상단에는 '태상비법진택영부太上秘法鎭宅靈符'라고 쓰여 있고 밑 부분에는 '대화국보타락지성원장판산大和国補陀洛山持聖院藏版'이라고 출처가 표시되어 있는데 타락산陀洛山이란 허황후許皇后의 모국인 아유타국阿踰陀國의 '타陀' 자와 가락국의 '락洛' 자에서 따온 명칭일 가능성이 높다는 점입니다. 또한 여기서 태상이란 말년에 왕위를 거등왕에게 양위하고 태상왕이 된 김수로왕을 가리키는 것으로 보입니다.

한편 일제강점시인 1915년 일본은 치안상의 이유를 들어 극비지령인 경무령을 발동하여 김수로왕을 시조로 하는 김해김 씨 족보의 발행을 금지하였는데 재일사학자인 박병식朴炳植 씨에 의하면 이 조치는 야마타이국은 물론 김수로왕의 왕족들이 고대 왜국의 왕가를 이루었다는 역사적인 사실이 드러날 것을 두려워하여 취한 조치라고 합니다.

야요이 시대 열도에 소국들을 세운 가야계 집단

야요이 시대에 벼농사 기술과 금속기를 가지고 바다건너 일본열도로 건너간 한반도의 남부에 살던 사람들은 주로 규슈 북부와 지리적으로 가장 가까운 변한-변진-과 가야 사람들이었으며 진한과 신라인들도 일찍부터 열도로 건너갔다는 사실은 고고학적으로나 문헌을 통해 확인되고 있습니다. 그러나 구체적으로 어느 집단이 열도의 어느 곳에 정착하고 어떻게 세력을 전개해 가는지에 대하여는 학자들의 관심이 높음에도 불구하고 사료의 부족으로 파악하기가 매우 어려운 것이 현실이라 하겠습니다.

이와 관련하여 저명한 가야전문 역사가인 사와다 요타로澤田洋太郎 씨[6]는 가야에서 건너와 3세기 위지 왜인전에 등장하는 규슈 북부의 주요 소국들을 형성하는 주체와 그들의 열도에서의 정착지 등에 대해 문헌, 고고학적 자료 등을 참조하여 하나의 흥미로운 가설을 제시하고 있습니다. 그의 가설은 사실여부를 검증하기 어려운 하나의 가설이기는 하나 당시 가야인들의 열도이주의 개략적인 사정을 제시하고 있다는 점에서 시사하는 바가 크다고 하겠으며, 그의 가설을 중심으로 가야인들이 일본열도로 이주하는 모습을 그려보고자 합니다.

사와다 씨에 의하면 먼저 대가야大伽倻-지금의 고령-의 왕족이 하카타博多만으로 도래하여 나국을 세우고, 탁순卓淳- 지금의 대구-의 왕족은 가라츠唐津만의 고노미나토神湊에 마쓰라국을 세웁니다. 또한 지금의 성주星州의 반파伴跛국은 규슈 동부와 세토나이에 걸쳐 토마국을, 지금의 합천에 있던 다라多羅국은 하카타만에 이토국을, 지금의 함안에 있던 안라安羅는 혼슈 북부 연안에 이즈미出雲국을 세우고 마지막으로 지금의 김해 지방에 있던 금관가야는 규슈의 중서부에 구나狗奴국을 각각 세웁니다. 가장 먼저 현해탄을 건넌 가야의 집단은 대가야의 왕족으로 기원전후에 바다를 건넌 것으로 보이는데 이 집단은 57년 후한에 조공하여 금인을 받은 집단으로 후에 야마토로 진출하여 야마토 왕조를 세우게 되는 소위 일본서기가 말하는 '천손天孫족'

6) 澤田洋太郎, やまと国家は渡來王朝, 1995, 新泉社

이라고 사와다 씨는 봅니다.

대가야의 '천손족'과 거의 시기를 같이하여 도해한 탁순국의 왕족이 세운 마쓰로국이 있던 고노미나토의 바로 동쪽의 온가강遠賀川이 후에 왜의 최대 호족의 하나가 되는 모노노베物部 씨 일족의 근거지였음에 비추어 이 집단은 모노노베 씨의 선조에 해당되는 것으로 보입니다. 이들은 일찍이 세토나이해를 동진하여 긴키 지방에 진출하였다가 후에 '천손족'에게 야마토의 권력을 양보하게 됩니다. 다음 다라가야는 2세기말 경 규슈로 건너와 우수한 제동製銅기술과 무력을 갖추고 하카타만 연안에 이토국을 세우는데 3세기에는 야마타이국의 이치다이소쓰가 되어 제국들을 감찰하는 임무를 수행합니다. 이 세력은 일본서기가 신라왕자로 기술한 아메노히보코天日槍를 수장으로 한 세력으로 후에 긴키 북부지역에 대 세력권을 형성하고 야마토 왕조의 성립에도 커다란 역할을 하게 됩니다.

한편 금관가야의 왕족은 규슈 북서부의 아리아케有明해로 들어가 현재의 구마모토현 방면에 구나국을 세우는데 건국은 시기적으로 가장 늦으나 그 국력은 강하여 선주자인 '천손족'에게 '구마소'로 불리며 커다란 위협이 되게 됩니다. 이처럼 일본열도로 건너온 가야족 집단은 소수의 무장 기마 병력에 의해 보호된 구 부여계의 수장을 우두머리로 가야에 살고 있던 한인과 왜인들로 구성된 집단으로 대부분 무혈 상륙하여 해당지역을 평정하여 소국을 세워 나간 것으로 보입니다.

사와다씨가 천손족의 출신지로 보는 고령의 대가야는 삼국지 위지한전에는 변진의 일국인 미오야마국彌烏邪馬國이 있던 곳으로 조선 성종때 편찬된 동국여지승람에 그 초대 왕이 이진아기伊珍阿鼓로 나오고 그의 이름이 일본서기의 신대기에 일본열도를 창조한 이자나기伊奘諾와 이름이 유사하여 고령을 일왕가의 한반도에서의 출신지로 보는 유력한 견해가 있습니다. 일본서기에서는 일본왕가의 조상신인 아마테라스대신의 손자-천손-인 니니기노미코토가 다카마가하라高天原에서 지상으로 내려오는 모습을 기술하고 있는데 다카마가하라가 바로 고령이라는 것이지요.

이러한 견해는 일본의 일부 학자들도 인정하는 것인데 니니기노미코토가 지상으로 내려온 곳이 구시후루다케久士布流多氣로 가야국 시조인 수로왕이 내려온 구지봉龜旨峯〈그림1-24〉을 가리키는 듯 하고 니니기가 규슈의 구시후루다케에 내려와 처음 한 말이 '이 땅은 가라쿠니韓國가 보이니 좋은 곳'이라고 일본서기에 쓰여 있는 것도 이러한 견해를 설득력 있게 하고 있습니다. 더욱이 일본서기는 천손의 손자인 진무神武가 규슈에서 동진하여 야마토(나라분지)에 야마토 왕조를 세웠다고 기술하고 있는데 이들 이름중의 '야마'가 미오야마의 '야마'와 같다는 점도 진무왕의 조상이 한반도의 고령에서 왔다는 주장을 뒷받침하고 있습니다.

〈그림1-24〉 구지봉.
김해시 구산동에 있는 작은 산으로 삼국유사는 가야의 시조 수로왕이 구지봉에 강림하였다는 난생강림설화를 싣고 있음.

야마타이국은 어떻게 되었을까요?

야마타이국의 여왕이 마지막으로 중국에 조공한 것은 진무제晉武帝 태초泰初 2년인 266년으로 이는 앞에 언급한 일본서기 진구왕 후기에 진기거주의 기술을 인용하는 형식으로 기록되어 있고 진서晉書에도 태시 초에 왜가 사신을 보내 조공하였다는 기록이 있는데 이때의 사신파견은 위魏가 265년 망한 뒤 새로 사마의司馬懿가 세운 진晉의 건국을 축하하기 위한 것으로 보입니다. 기묘한 것은 이후 중국의 사서에서는 야마타이국은 물론 왜에 관한 기록을 찾아 볼 수 없다는 것으로 이후 중국의 사서에서 왜에 관한 기록이 처음 나오는 것은 150년 가까이 지난 413년 진서晉書로 왜가 동진東晉에 조공하였다는 기록이 나타납니다.

이처럼 3세기 말에서 5세기 초까지 약 150년 동안이나 중국사서에 왜가 등장하지 않는데 일본학계는 이 시기를 '수수께끼의 5세기' 또는 '공백의 5세기'로 부르면서 이 시기가 일본의 고대사에 있어서 최초의 국가라고 할 수 있는 야마토 정권이 세워진 시기로 중시하고 이 시대 역사의 복원에 심혈을 기울이고 있습니다. 그렇다면 266년 이후 기록이 사라진 여왕국 야마타이국은 어찌되었을까요? 기록이 없으므로 학자마다 견해가 다양한데 야마타이 기나이설의 학자들은 당연히 야마타이국이 야마토 왕조로 계승되었다고 보지만 야마토 왕권이 야마타이국을 흡수한 사실을 일본서기나 고사기가 전혀 기록하지 않고 있어서 이러한 주장이 설득력이 없는 것으로 보입니다.

반면 규슈설을 취하는 학자들은 대체로 야마타이국이 점차 쇠퇴하였거나 사라진 것으로 보며 중국의 사서들이 야마타이국에 대해 언급하지 않고 있고 정치적 목적에서 여왕국을 특별하게 우대하고 지지해준 위가 멸망한 것도 야마타이국의 입지를 약화시킨 요인으로 보고 있는데 타당한 견해로 보여집니다. 위지 왜인전의 기록을 보더라도 히미코가 죽은 후 240년 대 후반 왜국에 구나국의 공격으로 인한 전란이 있었고 히미코의 종녀인 도요를 세워 안정을 회복하였다고 기록되어 있기는 하나 그때부터 이미 야마타이국은 쇠락의 길로 접어든 것으로 규슈설 논자들은 보고 있습니다.

한편 야마타이국의 구체적인 쇠락과정과 관련하여 가야의 남부지역에 있던 구야한국의 수로왕 세력에 의한 야마토 왕조 스진崇神 정권의 수립을 주창하는 학자들-이시와타리 신이치로石渡新一郎, 나카지마 가쿠仲島 岳 등-은 4세기 전반 규슈에 상륙한 수로왕계 철제무기집단은 우세한 무력으로 야마타이국을 비교적 쉽게 제압하고 일부 부하와 군대를 남겨두고 세토나이해를 거쳐 야마토로 동진하였다는 시나리오를 제시하고 있습니다. 야마타이국의 동천을 주장하는 일부 학자도 있으나 이는 야마타이국의 쇠락과 4세기 이후 전개되는 한반도의 정세변화와 맞물려 전개되는 철제무장집단의 도래 등의 상황을 감안하면 사실과는 괴리가 있어 보이고 역시 우월한 무력집단에 의해 소국연맹이 와해되고 야마타이국은 해체, 접수된 것으로 보는 것이 타당한 것으로 보입니다.

그러면 위지 왜인전에서 야마타이국의 히미코여왕을 괴롭혔던 나라로 기술된 구나국은 어떠한 나라였을까요? 많은 사학자들은 구나국을 한반도 남부의 구야한국-후의 금관가야-과 밀접한 관계를 가진 나라임을 유적과 유물이 말해준다고 설명하고 있으며 '삼왕조교체설'을 주창한 미즈노 유水野祐 교수는 야마타이국이 구나국과의 전쟁에서 패해 멸망하였고 야마토로 진격하여 야마토 왕조를 세운 오진応神왕을 구나국왕이었던 것으로 보고 있습니다. 한편 한국의 가야사 연구학자들은 가야연맹이 문화수준, 경제력에서 신라보다 앞서 있었으면서도 고대 통일국가가 되지 못한 요인의 하나로 맹주인 구야한국의 주류가 왜로 빠져나가 약화된 때문이라고 보고 있는데 구나국은 구야한국이 배경에 있어서 강력하였던 것으로 보고 있습니다. 고마肥, 熊국은 구나국의 후신으로 백제인들이 다수 건너와서 먼저 정착한 가야인들과 함께 세운 나라인데 5세기 말 경의 고분으로 추정되는 다마나玉名의 에다후나야마江田船山 고분에서 발굴된 대도의 명문으로 보아 이 고분의 피장자는 고마국왕으로 당시의 고마국은 백제의 후국이었던 것으로 보여집니다.

한반도 동부 연안과 이즈모出雲국

기원후 2~3세기 규슈지방에 소국연합정권인 야마타이국이 있었을 즈음 혼슈 서북부의 동해-일본에서는 일본해- 연안지방에는 이즈모出雲국이라는 강력한 정치세력이 있었던 것이 문헌이나 고고학 자료를 통해 확인되고 있는데 이즈모국은 현재의 시마네島根현 동부와 도야마富山현에 걸쳐 있어서 지리적인 위치나 해류의 흐름 등으로 기원전부터 한반도의 동해안지역 사람들이 많이 이주해 왔고 교류, 교역이 이루어지고 있었던 것으로 보입니다. 기원전 한반도의 동부해안에는 동예와 신라의 전신인 진국, 진한이 있었는데 일본서기, 고사기, 이즈모국풍토기 등에는 이즈모국이 신라와 관련되는 설화와 기사가 많이 나오고 있어서 예부터 이즈모 지역 사람들은 신라계 사람들로 지목되어 왔습니다.

그러던 중에 1980년 대부터 이즈모, 산인山陰 지방에서 다량의 동탁, 동검이 출토되고 고구려 묘제인 사우돌출형四隅突出形 고분-무덤의 네 모서리가 튀어나온 모양의 고분-이 발견되면서 이 지역은 야요이 시대 청동기문화의 중심지였고 동예나 고구려 및 진한, 신라계의 사람들이 상당수 이주해 왔다는 주장이 설득력을 갖게 되었습니다. 즉 1983년 거대 사우돌출형 분묘인 니시타니西谷 3호분이 발견된데 이어 1986년 고진다니荒神谷 유적에서 358본의 동검이 출토되고, 1995년에는 호키伯嗜의 무키반다妻木晩田에서 일본 최대의 야요이 유적이 발견되었던 것입니다. 또한 무키반다 유적의 주변유적에서 철기가 연이어 출토된데 이어 1996년 가모이와쿠라加茂岩倉 유적에서 39개의 일본 최다의 동탁이 출토되고, 1998년 아오야가미지치青谷上寺地에서 교역거점으로 보이는 유적도 발견되었습니다.

이로써 이즈모 지역은 야요이 시대 규슈 북부와 어깨를 나란히 할 정도로 일본열도의 '바깥현관表玄關'이었다는 일부 학자들의 주장이 설득력을 갖게 되었습니다. 야요이 시대에 이즈모 지역은 바다건너 한반도의 동해연안과 교역, 교류가 활발하였고 진한으로부터는 철의 공급루트가 개설되어 있었으며 한반도 동부지역에서 수많은 집단이 선진 문화와 기술을 갖고 도래함으로써 이즈모에 나라가 세워지고 이즈모는 규슈 북부에 버금가는 야요이 시대의 선진 지역으로 발전한 것으로 보입니다.

이즈모국에 관하여는 일본서기와 고사기의 신대기神代記에 신라관련 신화와 전승이 많이 나오고 특히 그 중 '나라양도이야기'는 천신이 천손인 니니기를 지상으로 내려 보내기 전에 이즈모의 왕으로부터 왕권을 양보 받는 이야기인데 이는 실제로는 일왕가가 당시 나라분지에까지 영향력을 갖고 있던 이즈모국으로부터 나라분지로의 진입을 허락받은 사실을 반대로 기술한 것으로 보는 견해가 있을 정도로 이즈모국이 유력한 국가였던 것을 보여주고 있는 것이라 할 수 있습니다.

〈그림1-25〉 이즈모대사.
시마네현 이즈모시에 있는 거대한 신사로 미에현의 이세신궁과 함께 일본의 2대신사로 불리는데 이즈모는 진한, 신라계 이주민들이 많이 정착한 지역임.

이즈모에는 지금도 미에三重현의 이세伊勢신궁과 함께 일본의 2대 신사로 불리는 이즈모대사出雲大社〈그림1-25〉가 위용을 자랑하고 있는데 이 신사가 모시는 제신은 천손족에게 나라를 양도하였다는 오쿠니노누시노가미大國主神입니다.

제2장

한반도인들의 혼슈本州 개척과 지역 왕국들의 형성

제2장

한반도인들의 혼슈本州 개척과 지역 왕국들의 형성

제4화

'수수께끼의 4세기'와 야마토 왕조 성립에 관한 수많은 설說들

중국의 사서에서는 266년 왜국 여왕이 서진西晉에 조공한 이후 413년 왜왕 찬讚이 동진東晉에 조공하기까지 약 150년간 왜국에 관한 기록이 전혀 없어서 적어도 중국 사료를 통해서 이 시기의 왜국의 상황을 파악할 수는 없는데 일본학계는 이 시기를 '수수께끼의 4세기' 또는 '공백의 4세기'로 부릅니다. 일본학계는 이 시기 왜국의 역사에 대한 중국의 기록이 없는 것은 중국이 5호胡16국國이라는 혼란기에 있었기 때문으로 보나, 이 시기는 야마타이국이 붕괴된 후 열도 각지에서 한반도 이주 집단들에 의해 형성된 지역 국가들이 각축하던 시기로 왜국이 무정부상태에 있어서 특별히 기록할 만한 상황이 아니었기 때문인 것으로 보입니다.

4세기 일본의 고대국가 형성문제는 일본 고대사 나아가 한일 고대사의 핵심문제임에 비추어 수많은 사학자, 연구자들이 수많은 주장을 제시하고 있는데 이러한 '설說'들은 크게는 자생왕조설과 도래왕조설의 두 갈래로 볼 수 있습니다. 자생왕조설은 일본사학계 통설로 야마토의 토착세력이 3세기 말 내지 4세기 초에 야마타이국을 계승하여 야마토 왕조를 세웠다는 주장으로 전방후원분前方後圓墳이라는 거대고분의 출현을 유력한 증거로 삼고 있습니다. 한편 도래왕조설은 대륙 및 한반도의 도래인 세력에 의해 야마토 왕조가 성립되었다는 것으로 에가미 나미오江上波夫 교수의 기마민족 정복왕조설과 이시와타리 신타로石渡新太郎 씨의 가야와 백제의 신, 구 두 개 집단에 의한 도래왕조설이 대표적이며 한국의 사학자들은 대다수가 도래왕조설의 입장에서 다양한 주장을 전개하고 있습니다.

중국사서에서 왜가 사라진 이유

중국사서에서 왜국에 관한 기록이 사라진 266년부터 진서에 왜국이 다시 등장하는 413년까지를 일본사학계에서는 '수수께끼의 4세기'라고 부르면서 이 기간을 일본 최초의 국가라 할 수 있는 야마토 정권이 성립된 중요한 시기로 보고 이 시대의 역사를 복원하기 위해 총력을 기울여 왔음은 전장에서 말씀드린 바 있습니다. 그런데 이러한 역사복원 작업에 있어서 가장 큰 어려움은 그 시대 왜국의 사정에 관한 문헌사료나 기록이 거의 존재하지 않는다는 것입니다. 물론 일본역사의 정사로 720년에 편찬되었다고 하는 일본서기가 있기는 합니다.

그러나 일본서기는 일본의 왕권이 신석기 시대인 기원전 660년 야마토에 성립되어 그 왕조가 바뀌지 않고 이어지고 있다고 기술하고 있어서 대부분의 학자들에게 있어서 이를 사실로 받아들이기 어려웠기 때문에 역사복원 작업에 참고는 되었다 하더라도 결정적인 단서를 제공하지는 못하였던 것으로 보입니다. 그래서 일본의 사학계에서 야마토 정권 성립의 근거로 찾아낸 것이 전방후원분前方後円墳-앞부분이 네모 형이고 뒷부분이 원형인 무덤-이라는 거대 고분, 고구려의 광개토대왕 비문, 송宋에 대한 왜국 왕들의 작위 요청과 왜왕 무武의 상표문上表文 등인데 이에 관하여는 별도의 장에서 설명하겠습니다.

일본학계에서는 3세기 말부터 5세기 초까지 장기간에 걸쳐 왜국에 관한 중국의 기록이 없었던 이유로 중국이 4세기 초부터 100년 이상 계속된 5호16국의 난립이라는 혼란한 시대로 충실한 역사기록을 남기기 어려웠거나 역사기록이 전란에 소실되었을 수 있기 때문이라고 보고 있는데 그 개연성은 충분히 있는 것으로 보여집니다. 당시 중국에서는 316년 서진西晉이 흉노의 유연劉淵에게 멸망당하고 강남으로 밀려나 동진東晉을 세우는 한편 중국 북방에는 5호16국이 난무하는 남북조시대가 전개되어 중국대륙이 극도로 혼란한 상황이었습니다. 313년 고구려가 낙랑군과 대방군을 몰아낼 수 있었던 것도 이러한 시대적 상황에서 가능했던 측면이 있었다고 볼 수 있겠지요.

그러나 한편으로 생각하면 4세기의 일본열도에서는 한반도에서 이주해온 집단들이 지역 국가들을 세우고 서로 각축하고 있던 '무정부시대'였다고 볼 수 있어서 열도에 주목받을 만한 권력집단이 부재하였던 것도 중국의 사서가 특별히 왜국에 대해 기록할 필요성을 느끼지 못하였던 것으로 볼 수 있다고 생각됩니다. 야마타이국이 쇠퇴 내지 해체되면서 이에 이어 등장한 세력이 아직 왕권을 확립하지 못하였거나 아니면 혼란 중에 있어서 중국의 국가들이 당시의 왜국의 존재를 특별히 의식하지 않은 것이 중국의 사서에 왜국의 동향이나 왜국과의 관계 등이 기록되지 않은 배경이라고 할 수 있겠지요. 당나라 때 편찬된 진晉-서진(265년~316년)과 동진(317년~420년)-에 관한 정사인 진서晉書의 사이四夷열전에 고구려, 부여국, 마한, 진한, 백제 등에 관한 상세한 기술이 있는 것을 감안하면 당시 중국이 동이의 여러 국가에 대한 관심이 없었던 것으로만 볼 수는 없다고 할 수 있습니다.

일본의 사서와 건국신화

그렇다면 일본의 사서들은 일본의 고대국가의 형성과 일본 왕실의 유래에 대해 어떻게 기술하고 있을까요? 일본의 역사서는 많이 있지만 일본의 국가성립과 왕실의 기원 및 고대 왕들의 행적을 기록한 사서는 일본서기日本書紀-일본어로는 니혼쇼키라고 함-와 고사기古事記-일본어로는 고지키라고 함-가 있습니다. 고사기는 712년 완성된 천황가의 사문서라고 할 수 있는 반면 일본서기는 720년 편찬된 일본의 정사正史라고 할 수 있습니다. 고사기는 신화, 전설, 가요, 계보 등을 소재로 하여 일본 건국의 유래와 초대 진무神武왕부터 제33대 스이코推古왕(재위 593년~628년)까지의 사적을 기록하고 있는 현재 남아 있는 사서 중 가장 오래된 것으로 히다 아레稗田阿禮가 암송하고 있던 역사의 내용을 오 야스마로太安万侶가 기록하여 겐메이元明 천황에게 주상한 것입니다.

한편 일본서기는 덴무天武 천황(재위 673년~686년)의 명으로 편찬사업이 시작되어 겐쇼元正 천황 대에 완성된 것으로 초대 진무왕에서 제41대 지토持統 천황(재위 686~697년)까지를 편년체로 기술하고 있으며 편찬 책임자는 덴무 천황의 아들인 도네리舍人 왕자입니다. 일본서기는 전체 30권, 계도 1권으로 되어 있으나 계도는 전하지 않으며 1~2권은 신대神代에 관하여 기술하고 있습니다. 일본의 정사에는 일본서기 외에도 속일본기續日本記, 일본후기日本後記, 속일본후기續日本後記 등 6국사六國史가 있지만 일본서기 이외의 정사는 모두 지토 천황 이후의 소인수의 왕들의 행적만을 기술하고 있습니다.

고사기와 일본서기-두 사서를 합쳐서 기·기記紀라고 부름-는 특히 역사의 초기에 신들의 시대를 설정하고 있는 데 그 신빙성에 관한 의문이 많이 제기되고 있기는 하지만 고대 일본이라는 국가와 일 왕가의 유래를 전하고 있어서 일본의 고대국가 성립과정을 이해하기 위해서는 이 두 사서가 전하는 건국신화에 대한 이해가 필요한 것으로 생각됩니다. 고사기와 일본서기의 기술에는 세세한 부분 등에 차이가 많지만 줄거리는 크게 차이가 없다고 할 수 있는데 다음은 일본서기를 중심으로 본 일본 건국신화의 요지입니다.

① 천지개벽이 있은 후 신들이 탄생하고 여러 신 가운데서 이자나기노미코토伊奘諾尊와 이자나미노미코토伊奘冉尊의 남매신은 부부가 되어 일본열도인 오야시마노구니大八洲國를 낳습니다. 오야시마노구니는 아와지노시마淡路洲-지금의 아와지시마淡路島-, 오야마토도요아키쓰시마大日本豊秋津洲-지금의 혼슈本州-, 이요노후타나노시마伊豫二名洲-지금의 시코쿠四國-, 쓰쿠시노시마築紫洲-지금의 규슈九州-, 오키노시마億岐洲-지금의 오키시마隱岐島-, 사도노시마佐度洲-지금의 사토노시마佐渡島-, 고시노시마越洲-지금의 호쿠리쿠北陸-, 오시마大洲-지금의 야마구치현의 야시로지마屋代島로 비정-, 기비노고지마吉備子洲-지금의 오카야마현의 고지마兒島-입니다.

② 이자나기와 이자나미는 일신日神 오히루메노무치大日靈貴-일서에는 아마테라스노오미카미天照大神-, 월신月神 쓰쿠요미노미코토月弓尊, 그리고 스사노오노미코토素戔鳴尊-고사기에는須佐之男命-을 낳았는데 오히루메노무치가 영특하므로 하늘인 다카마노하라高天原로 보내 천상의 일을 다스리게 하고 스사노오는 난폭한 성격의 소유자라(또는 어머니가 보고 싶다고 떼를 쓰므로) 땅 밑의 나라인 네노구니根國로 보냈습니다.

③ 스사노오는 어머니가 있는 황천국黃泉國에 가기 전에 작별인사차 다카마노하라로 올라가나 아마테라스는 남동생이 나라를 빼앗으러 왔다고 생각하고 전투준비를 하는데 스사노오가 결백을 호소하자 우케이誓約를 하게하고 확인한 결과 스사노오가 결백한 사실이 드러나며 이 과정에서 스사노오로 인해 5명의 남신, 아마테라스에 의해 3명의 여신이 태어납니다.

④ 그러나 스사노오가 천상에서 난폭한 행동을 일삼자 아마테라스는 노하여 아마노이와야天石窟-아마노이와도天石戶라고도 함-에 숨어버리니 태양이 사라지고 세상이 어두워지는데 천신들이 모여 아마테라스를 동굴 밖으로 나오게 하기 위한 계책을 세웁니다. 이에 따라 동굴 앞에 신목을 세워 구슬, 거울을 걸어놓고 여신이 옷을 벗고 춤을 추면서 시끄럽게 굴자 결국 아마테라스가 밖으로 나오고 다시 천상은 빛을 찾고 스사노오를 하계로 쫓아냅니다.

⑤ 천상에서 추방된 스사노오는 이즈모노구니出雲國로 내려와 머리가 여덟 개 달린 큰 뱀인 야마타노오로치八岐大蛇를 퇴치하여 구시이나다히메奇稻田姬를 구하고 뱀 꼬리에서 얻은 검인 쿠사나기노쓰루기草薙劍를 아마테라스에게 헌상합니다. 스사노오는 구시이나다히메와 결혼하여 오아나무치노가미大己貴神-오쿠니노누시노가미大國主神 또는 오모노누시노가미大物主神이라고도 함-를 낳은 후에 네노구니로 돌아갑니다.

⑥ (또 어떤 책에 의하면)다카마가하라에서 추방된 스사노오는 아들인 이타케루노가미五十猛神을 데리고 신라국으로 내려와 소시모리曾尸茂梨라는 곳에 있었는데 '이 땅은 내가 있고 싶은 곳이 아니다.' 라고 외치고 진흙 배를 만들어 동쪽으로 항해하여 이즈모의 파천簸川 상류에 이르러 큰 뱀을 죽였더니 꼬리에 한 자루의 명검이 있었습니다. 이타케루는 하늘에서 내려올 때 많은 나무 종자를 가지고 왔는데 그것을 한지韓地에 심지 않고 다 가지고 돌아와 쓰쿠시를 비롯한 모든 오야시마노구니에 심어서 나라 전체가 푸른 산이 되었습니다. (어떤 책에서는) 스사노오는 구마나리노다케熊成峯에 머물다가 마침내 네노구니로 돌아갔습니다. (어떤 책에서는)오아나무치노가미大己貴神가 나라를 완성하고 천하를 경영하

였는데 어느 날 바다 속에서 홀연히 떠오르는 신을 만났나고 그 신이 야마토노구니日本國의 미모로야마三諸山-미와야마三輪山임-에서 살고 싶다고 하자 오아나무치는 미모로에 신궁을 조영하여 그 신을 거기에 살게 하였는데 그가 오미와大三輪의 신입니다.

⑦ 아마테라스의 아들 아마노오시호미미天忍穗耳尊는 다카미무스히노미코토高皇山靈尊의 딸 다쿠하타치지히메栲幡千千姬와 결혼하여 황손 니니기노미코토瓊瓊杵尊를 낳았는데 황조인 다카미무스히는 황손을 각별히 사랑하여 아시하라노나카쓰구니葦原中國-일본열도를 말함-의 왕으로 삼고자 하였습니다. 그래서 다카미무스히는 수차례 사신을 보내 오아나무치에게 나라를 양도할 것을 요구하였고 결국 오아나무치는 천신의 요구에 순응하였습니다.

⑧ 나라양도를 받은 다카미무스히는 신성한 이불眞裳追衾로 황손 니니기노미코토를 덮어서 내려 보냈으며 황손은 히무카日向의 소襲의 다카치호노미네高天穗峯에 강림하였습니다.(고사기에서는 하늘에서 히무카의 다카치호高天穗 구시후루다케久士布流多氣에 내려왔으며 '이 땅은 가라쿠니韓國를 향하여 있고 가사사노미사키笠沙岬에도 통하여 아침 해가 정면에서 떠오르고 석양은 주위를 빛나게 하는 좋은 곳이니 이곳에 궁전을 짓고 살자.'라고 말하였다고 합니다.)(또 어떤 책에서는) 아마테라스대신은 아시하라노나카쓰구니葦原中國가 평정되었다는 보고를 받고 아들 아마노오시호미미天忍穗耳尊를 내려보내려 할 때 황손인 니니기가 태어나자 황손을 대신 내려 보내기로 하였습니다. 그래서 아마테라스대신은 니니기에게 야사카리八坂鏡의 곡옥과 야타노가가미八咫鏡, 구사나기쓰루기草薙劍의 3종 보물을 내렸으며 나카토미中臣의 선조 아마노고야네노미코토天兒屋命 등 5부의 신으로 하여금 모시게 하여 보내었습니다. 내려가는 길에 사루타히코노오카미의 안내로 쓰쿠시築紫의 히무카日向 다카치호高千穗의 구시후루다케槵觸峯에 도착하였습니다.

⑨ 니니기는 미인인 고노하나노사쿠야비메木花之開耶姬와 잠자리를 같이 하였는데 고노하나사쿠야비메가 하루 만에 임신하자 황손은 이를 의심하였고 화가 난 고노하나사쿠야비메는 불을 놓아 불 속에서 세 아이를 낳았는데, 세 아이가 모두

타죽지 않고 태어나서 그녀의 결백이 증명됩니다. 세 아들의 첫째는 호노스소리노미코토火蘭降命, 둘째는 히코호호데미노미코言火火出見尊, 셋째는 호노아카리노미코토火明命로 호노스소리는 하야토隼人의 시조가 되고 호노아카리는 오와리尾張 씨의 시조가 됩니다. 다만 니니기는 장인이 언니를 함께 보낸 의중을 헤아리지 못하고 언니 이와나가히메磐長姫는 추하다고 하여 돌려보냈는데 이 때문에 자매의 이름이 암시하는 것처럼-화花와 장長- 천황의 수명은 바위처럼 영원하지 못하고 꽃처럼 짧아지고 말았다고 합니다.

⑩ 형 호노스소리와 동생 히코호호데미는 각각 우미사치海幸와 야마사치山幸를 지녔는데 서로 도구를 바꿔보고자 하여 낚시 바늘과 활, 화살촉을 서로 교환하였으나 동생이 형의 낚시 바늘을 잃어버려 돌려달라는 형의 재촉에 곤란해 하고 있을 때 시오쓰쓰노오지鹽土老翁를 만나 그의 안내로 해궁으로 가서 잃어버린 바늘을 찾아 형에게 돌려주고 시오쓰쓰노오지의 계책에 따라 형을 굴복시키며 형의 후손인 하야토 일족으로부터 조정에 봉사하겠다는 약속을 받아 냅니다.

⑪ 히코호호데미는 해신海神의 딸 도요타마히메豊玉姫에 장가들어 우가야후키아에즈노미코토鸕鶿草葺不合尊를 낳습니다. 도요노히메는 우가야후키아에즈가 출산의 모습을 보지 말라는 당부에도 불구하고 그가 훔쳐보자 원망하면서 바다로 돌아가 버립니다. 이후 도요타마히메의 동생인 다마요리비메玉衣姫에 의해 양육된 우가야후키아에즈는 이모인 다마요리비메와 결혼하여 4명의 아들을 낳는데 막내아들 가무야마토이와레비코神日本磐余彦가 동정을 감행하여 야마토의 왕이 된 진무神武입니다.

이상이 일본서기가 전하는 초대 왕 진무의 이전의 일본 왕실의 선조들의 이야기인데 일본 고대국가와 일본 왕실의 기원을 규명하려는 학자, 연구자들은 이러한 건국신화가 의미하는 진상이 무엇인지를 추구하면서 이에 대한 수많은 해석을 내놓고 있습니다. 또한 자설의 주장을 뒷받침하는 유력한 근거로 일본서기의 신화에 대한 자신의 해석을 제시하기도 하고 있습니다. 여기서 이러한 일본신화의 해석에 대하여 일일이 소개하는 것은 주제에서 벗어나므로 피하고자 합니다만 일본 왕실의 기원과 직결되었거나 한반도와의 관련성에 대한 합리적인 추론이 가능해 보이는 몇 가지 관심사항에 대하여는 지적하여 두고자 합니다.

첫째는 일본열도를 창조하였다는 이자나기신과 동국여지승람에 나오는 미오야마의 왕 이진아기伊珍阿鼓의 이름이 거의 같다는 점, 둘째는 이자나기가 열도에서 처음으로 만든 섬인 아와지시마의 한자 표기인 담로淡路와 백제가 지방과 해외에 두었다는 담로擔魯와의 관련성, 셋째는 신대에 신들이 살고 있던 다카마하라高天原는 어디였는지, 넷째 아마테라스가 동굴에 숨었더니 태양이 사라지고 어두워 졌다가 그녀가 동굴 밖으로 나오자 해가 다시 나와 세상이 밝아졌다는 이야기는 삼국유사의 연오랑. 세오녀 이야기와 매우 흡사한데 이 두 이야기의 관련성, 다섯째 다카마가하라에서 출발한 스사노오가 신라국의 소시모리-한국어의 소의 머리로 해석됨-나 구마나리-지금의 공주로 추정-로 갔다가 이즈모로 왔다는 의미가 무엇인지 또한 신라와 관련이 있어 보이지만 천손의 직계 조상이 아닌 스사노오에 대한 기술이 많은 이유가 궁금합니다.

또한 여섯째로 다카미무스히의 한자 표기인 高皇山靈神의 高자와 靈자를 합치면 대가야가 있던 고령이 되는데 이 지명과 인명의 관련성, 일곱째로 다카미무스히가 오쿠니노누시大國主神로부터 이즈모의 할양을 받았는데 실제로 천손이 강림한 곳은 이즈모가 아니라 규슈의 히무카日向-휴가 라고도 함-가 된 이유, 여덟째 천손이 내려온 곳이 구시후루다케로 이는 금관가야의 김수로왕이 내려온 구지봉龜旨峯과 사실상 동일지명으로 보이고 천손 니니기가 구시후루다케에 내려온 후 이곳은 가라쿠니韓國가 보이니 좋은 곳이라고 말한 것은 일 왕실이 가야왕실 출신이라는 의미인지, 아홉째 천손 니니가가 규슈에 강림한 후 증손자인 진무 때에 이르러 비로소 야마토로 동정의 길에 나서는데 실제로 천황가가 규슈에 4대 동안 있었는지 있었다면 그 이유는 무엇인지 등이 주요한 관심사항이라고 할 수 있습니다.

'공백의 4세기'를 메우려는 수많은 설들 -'자생왕조설'과 '도래왕조설'-

그러면 '공백의 4세기'로도 불리는 이 시기 일본의 고대사는 어떻게 전개되었을까요? 이에 대해서는 그야말로 수많은 설說들이 난립하고 있는데 이 문제가 결국 일본열도에 최초의 고대국가를 세운 주체가 누구이고 어느 시기에 어떠한 과정을 거쳐 이러한 국가가 성립되었고 그 국가의 수준과 성격은 어떠한 것이었는가 라고 하는 일본 고대사의 핵심문제임에 비추어 수많은 사학자들이 문헌사료가 거의 없는 중에서도 이 시기에 대한 연구에 골몰하고 집중하여 나름의 시나리오를 써내는 것은 어쩌면 당연한 현상이라고 할 수 있겠습니다. 필자가 4세기 일본의 고대사에 여러 주장을 '설'로 표현하고 있는 것은 아직도 이에 관한 일치된 입장으로 정립된 정설定說이 없다는 것을 의미합니다만 이 장에서는 그간 제기된 주요한 설들을 소개하고 각 주장에서 제기된 여러 문제에 대한 필자의 의견을 말씀드리고자 합니다.

일본 최초의 고대왕국인 야마토 왕권의 성립에 관한 주장은 크게 두 개의 흐름으로 파악할 수 있습니다. 그 하나는 자생왕조설自生王朝說이라고 할 수 있는 것으로 야마토 정권이 토착세력을 중심으로 세워진 국가라고 보거나 외부와의 관련성에 대해 함구하는 주장으로 일본의 보수사학계의 주된 입장입니다. 다른 하나의 흐름은 야마토 정권의 수립주체가 외부로부터의 도래세력 특히 대륙 동북부와 한반도의 세력이라는 입장에서 다양한 도래왕조설渡來王朝說을 전개하고 있는데 에가미 나미오江上波夫 교수의 '기마민족 정복왕조설'과 이시와타리 신이치로石渡新一郎 씨의 '신, 구 2개 집단에 의한 도래왕조설' 등이 그 대표적인 주장이라 할 수 있습니다.

첫 번째로 자생왕조설의 원조 격으로는 일본 최초의 역사서로 712년에 편찬된 고사기古事記와 720년 편찬된 정사인 일본서기日本書紀를 들 수 있겠지요. 일본서기는 천손天孫 니니기노미코토瓊瓊杵尊의 증손자인 진무神武왕이 규슈의 히무카日向에서 동진하여 기원전 660년에 야마토大和-지금의 나라분지일대-에 나라를 세웠고 그 왕조가 만세일계萬世一系로 이어져왔다고 기술하고 있는데 초대왕인 진무와 제10대 왕인 스진崇神의 두 왕의 일본식 시호가 똑같이 '처음으로 나라를 세운 왕'인 점이 주목됩니다.

두 번째로는 일본 사학계의 정설로 보수학계의 입장이 종합된 일본역사대계日本歷史大系라는 책에 그 주장이 집약되어 있습니다. 이에 의하면 3세기 말~4세기 말 약 100년간 야마토를 중심으로 한 기나이畿內, 세토나이瀨戶內해 지역에 거대한 전방후원분이 출현하고 규슈 북부와 동북부까지 전파되는데 이는 각 지역 수장들이 야마토 조정인 기나이의 수장연합에 복속되어 일본 고대국가의 모체가 되는 연합체를 형성하는 과정이었으며 이러한 거대고분의 조성과정에서 야마토 왕조가 형성되었다는 것입니다. 일본의 중고교 교과서도 대체로 이러한 학계의 주장을 받아들여 3세기 후반 야마토를 중심으로 기나이 지방의 호족이 연합하여 야마토 정권을 세웠으며 이어 야마토 정권은 4세기 말까지는 야마토 지역을 통일하고 5세기 후반에는 규슈에서 간토関東지방의 수장들이 야마토 정권에 복속하게 된다고 가르치고 있습니다.

세 번째는 미즈노 유水野祐 전 와세다早稲田대학 교수의 '삼왕조교체설'을 들 수 있습니다. 미즈노교수는 일본서기의 제10대 왕인 스진崇神왕에서 제14대 주아이仲哀왕까지를 전승왕조인 고古 왕조, 제15대 오진応神왕-후에 닌토쿠仁德왕으로 수정-부터 제25대 부레쓰武烈왕까지를 중中 왕조, 제26대 게이타이継体왕부터의 왕조를 신新왕조로 분류하고 있습니다. 그는 고왕조의 시조왕인 스진왕을 야마토 지방을 본거지로 하여 초기 야마토 국가를 세운 왕으로 보고 있는데 3세기 후반 고 왕조의 주아이왕을 타도하고 규슈를 통일한 구나국왕의 후예 오진왕이 4세기 중반 가와치河內-현재의 오사카 남부지역-로 동진하여 중왕조인 가와치 왕조의 시조가 되었다고 보고 있습니다.

한편, 이러한 자생왕조설에 대하여 야마토 조정을 세운 집단은 대륙과 한반도로부터 온 도래계 세력이라는 도래왕조설을 주창한 많은 학자들이 있는데 그 선두에 선 것이 1949년 에가미 교수가 발표한 소위 '기마민족 정복왕조설'입니다. 에가미 교수는 북방 기마민족인 부여족의 일파가 한반도 남부에 내려와 진왕辰王이 되고 더

남으로 내려와 변한의 왕이 되었다가 3세기 말 내지 4세기 초에 바다를 건너 규슈 북부를 정복한 뒤 약 1세기 후 그 후손이 기나이畿內로 동진하여 4세기 말 야마토 왕조를 세웠다고 합니다. 다만 그는 규슈를 정복한 것은 제10대 스진왕이고 기나이로 넘어와서 가와치에 왕조를 세운 것은 스진왕의 후손인 제15대 오진왕이라 하여 2단계의 건국을 제시하고 있습니다.

두 번째는 에가미설과 유사하게 북방 기마족인 부여족의 일파가 일본열도로 건너와 야마토 왕조를 세웠다고 하는 미국의 동양미술 사학자인 코벨Jon Carter Covell 박사의 주장입니다. 코벨 박사는 북부여의 공주를 우두머리로 한 집단이 346년 선비족의 침입으로 북부여가 초토화되자 남으로 내려와 가야에서 한 동안 체류한 후 백제의 지원을 받으면서 열도로 도래하여 우세한 무력을 바탕으로 야마토에 진입하여 야마토 왕조를 세웠다고 합니다. 코벨 박사는 그때가 백제 근초고왕 대인 369년으로 칠지도七支刀가 이러한 역사적 사실을 증거하고 있으며 후쿠오카현의 다케하라竹原 고분 벽화〈그림2-1〉를 북부여기마군단이 규슈에 상륙하는 모습을 그린 것으로 보고 있습니다. 코벨박사는 일본서기가 부여족 공주를 진구왕후로 묘사하고 있는데 부여공주는 한동안 머문 고령가야의 대장군인 다케우치노스쿠네武內宿禰와 사실상의 부부관계로 오진은 이들 사이에서 태어났으나 오진을 야마토국의 왕위에 올리기 위해 고령가야의 왕이었던 주아이仲哀의 왕자로 기술하고 있는 것이라고 주장하고 있습니다.

〈그림2-1〉 다케하라 고분 벽화.
벽화는 일본에서 드물게 발견되는데 사람이 파도 위의 배에서 말을 부리는 모습을 그리고 있음.

세 번째로는 재야사가인 이시와타리 신이치로石渡新一郞 씨가 제시한 것으로 신, 구 두 개의 도래 집단-가야와 백제-이 일본의 야마토 왕조를 세우고 계승하여 왔다는 주장입니다. 이시와타리 씨는 가야의 수로왕계가 이끄는 집단이 열도로 건너와 4세기 초쯤 규슈의 야마타이국을 제압하고 4세기 중반 야마토에 미와三輪 왕국을 세웠으며, 5세기 후반에는 백제 개로왕의 동생인 곤지昆支 왕자가 미와왕가의 사위가 되어 야마토 왕조를 이어가게 된다고 하고 있습니다. 이시와타리 씨는 처음에는 가야와 백제의 두 개 집단에 의한 도래왕조를 주장하다가 만년에는 가야의 수로왕이 진왕辰王이었을 가능성을 염두에 두어 두 개의 집단을 모두 신. 구의 백제 집단으로 조정한 것이 이채롭습니다.

네 번째로는 가야전문 역사가인 사와다 요타로澤田洋太郎 씨의 주장입니다. 그는 야요이 시대에 일본열도로 건너온 집단들은 대부분 변한. 가야로부터의 이주민들이며 일왕가-일본에서는 소위 천황가天皇家로 부름-도 고령가야에서 건너온 왕족인데 3세기 후반 규슈의 미나彌奴국왕이었던 스진이 규슈에서 동천하여 초기 야마토 정권을 세운다고 합니다. 그러다가 4세기 말 신라왕자 아메노히보코天日槍의 자손인 오키나가 다라시히메息長足姬가 이호키巳百支국의 호무다 마와카譽田眞若의 지원으로 다케우치노스쿠네武內宿禰와의 사이에서 출생한 왕자 오진을 데리고 야마토로 진격하여 정권을 차지하게 된다는 주장을 펼치고 있습니다.

한편 한국의 역사학자와 재야사가들은 대부분 도래왕조설의 입장에서 주장을 펼치고 있습니다. 첫 번째로 동양대학교의 김운회金雲會 교수는 '새로운 한일 고대사'라는 저서에서 일본서기에 기술된 진구왕후의 신라, 가야평정 등 기사가 실제로는 백제 근초고왕의 업적이며 근초고왕이 한반도에서의 영토 확장의 여세를 몰아 한반도 남부의 가야(왜)세력과 연합하여 일본열도에 진출하여 야마토에 터를 잡고 그의 손자 등 직계 세력이 늦어도 5세기 말경에는 야마토의 통치 권력을 장악한다는 주장을 전개하고 있습니다. 그는 부여계 특히 백제가 일본열도로의 진출과 개척에 힘을 기울인 것은 고구려 등 주변국들과의 끝없는 전쟁 속에서 이동할 수밖에 없었던 상황이 가장 큰 배경이었음을 강조하고 있습니다.

두 번째로는 재야사가인 승천석 교수의 입장으로 4세기 야마토 왕조가 세워졌다는 증거는 없으며 당시 야마토 지역에는 수많은 지역 왕국의 하나로 보이는 미와三輪 왕국이 있었는데, 5세기 이래 집단적으로 이주해온 백제인 세력을 기반으로 461년 도래한 개로왕의 아우 곤지왕자에 의해 5세기 후반 성립된 가와치와 아스카 지역의 '아스카베飛鳥戶 왕국'이 6세기 전반 미와 왕국을 흡수 통합하면서 야마토 왕조가 성립되어 간 것으로 보고 있습니다. 다만 일본서기는 '아스카베 왕국'의 계보를 미와 왕국의 계보로 편입시키고 백제 왕실의 계보를 없애 버림으로써 두 왕조의 통합 사실이 일본서기에 기록되지 않고 있다고 하고 있습니다.

세 번째는 '통계적 지명고統計的地名考'로 유명한 김성호金聖昊 선생의 지론으로 일본국가의 기원은 비류백제에 있다는 견해입니다. 그는 자신의 저서인 '비류백제와 일본국가의 기원'에서 우리가 알고 있는 백제는 온조溫祚백제이며 온조의 형인 비류沸流가 세운 비류백제가 웅진熊津-공주公州임-을 거점으로 한반도 남부에 세력을 펼치고 있었는데 396년 광개토왕의 공격으로 궤멸적인 타격을 입자 비류백제의 마지막 왕이 일본열도로 건너가서 397년 야마토에 국가를 건설하고 오진応神왕이 되었다는 주장을 피력하고 있습니다. 그는 일본서기의 오진왕대에 백제로부터 대규모 집단이 여러 차례 열도로 이주한 것은 비류백제의 왕실 집단을 따라 신민들이 연이어 열도로 이주한 것으로 보고 있습니다.

네 번째는 언어학자로 지금은 작고하신 강길운姜吉云 선생의 주로 언어학적인 접근을 통한 지론으로 5세기 말까지 각종 문헌이나 금석문에 나타나는 왜倭는 가야족을 가리키며 왜국은 가락국의 분국으로 가야연맹의 일원이었다고 밝히고 있습니다. 또한 일본국이라는 국호는 백제 의자왕의 아들인 용勇 왕자가 덴지天智 천황으로 변신하여 백제의 옛 신하들을 데리고 오미近江-현재의 오쓰大津-에 도읍하면서 비롯된 것으로 이는 일본이 실질적으로 후백제라 할 수 있는 것이라고 해석하고 있습니다.

다섯 번째로 소개할 도래왕조설은 재야사가인 임길채任吉埰 씨의 주장으로 그는 특히 일본서기의 신화, 전승부분인 신대기神代記의 심도 있는 해석 등을 통하여 백제 근초고왕의 손자가 일본서기의 제16대 왕인 닌토쿠仁德왕임을 밝히고 근초고왕이 372년 그의 손자인 갓난아이에게 칠지도七支刀를 주어 왜왕의 신표로 삼아 열도로 보냈으며, 그가 장성하여 닌토쿠왕이 되었다고 보고 있습니다. 그의 해석으로는 일본서기의 신화에 나오는 천신天神 즉 다카미무스히高皇産靈尊는 근초고왕, 아마테라스天照大神는 왕비 진眞 씨, 스사노오素戔嗚는 왕비 진 씨의 동생 진정眞淨으로 백제에서 외척으로 횡포를 부리다가 축출되어 고령 근처의 소시모리에 거처하다가 이즈모로 건너가 오키나가 다라시히메息長足姬를 왕비로 맞이한 제14대 주아이왕으로 해석하고 있는 것이 흥미롭습니다.

수많은 설들에서 읽을 수 있는 시사점

위에 소개한 설 이외에도 고대 일본의 야마토 왕조의 성립과 일본왕가의 기원에 관하여는 다양한 주장과 설들이 있습니다만, 이미 소개된 다양한 주장들을 통하여 이 문제에 대한 한일 양국의 역사학자들과 재야사학자들의 시각과 주장하는 논지의 대략적인 추세는 파악할 수 있다고 봅니다. 다만 견해가 매우 다양하여 혼란스러워 하실 수도 있으므로 위에서 제기된 다양한 입장과 견해에 대하여 이해하기 쉽도록 보완적인 설명을 드리고 필요한 경우에는 필자 나름의 시각에서 의견을 드리고자 합니다.

첫 번째로 일본서기는 야마토 왕조의 일왕가가 기원전 660년 천손 니니기의 증손자인 진무왕에서 시작된다고 기록하고 있는데 초대 왕으로 되어 있는 진무왕이 과연 실재한 왕이고 신석기 시대인 기원전 660년에 즉위하였는가에 대한 의문입니다. 이에 대하여는 일본의 보수사학자들마저도 부정적인 입장인데 이는 앞에서 소개한 일본의 고대국가 기원에 관한 이들의 주장에서 초대 왕으로 거론되는 것은 진무가 아니라 스진 또는 오진이라는 점에서도 확인됩니다. 현재의 시점에서 진무왕 이야기는 대다수 일본인들도 허구로 보지만 19세기 말 메이지明治 시대와 이어지는 일본의 군국주의 시절에는 이러한 역사가 사실로서 국민에게 주입, 강요되었고 신성시되었습니다.

현재 대다수의 일본학자들은 진무왕은 실제로 제10대 스진崇神왕을 가리키는 것이며 진무왕 이후의 스진崇神왕까지의 여덟 명의 왕들은 실재하지 않았던 왕으로 보고 이를 '결사缺史 8대'라고 부르고 있습니다. 따라서 실제로 일본서기에 기술된 '진무동정神武東征'은 사실상은 '스진동정崇神東征'-일부 학자의 경우는 '오진동정応神東征'-이라는 것인데 진무를 초대 왕으로 한 것은 결국 일본 왕실의 역사를 오래된 것으로 꾸미기 위한 고육지책苦肉之策이라 할 수 있다는 것이지요. '진무동정'이란 진무가 규슈의 히무카日向를 출발하여 동쪽으로 진격하여 야마토의 선주족인 니기하야히饒速日집단을 제압하여 기원전 660년에 야마토 왕권을 세웠다는 일본서기 신대기의 기사를 말합니다. 이처럼 일본서기가 천년 가까이 연대를 끌어 올리다 보니 결사 8대를 만들게 되고 초대 진무왕으로 부터 제15대 오진왕까지의 재위기간이 970년이나 되는 비정상적인 연대기가 탄생하게 됩니다.

그리고 이와 관련하여 무엇보다도 흥미로운 것은 기원전 660년이라는 숫자인데 이 숫자는 백제가 멸망한 해인 660년과 기묘하게 같은 숫자임을 한 눈에 알 수 있습니다. 그러나 기원전 660년으로 진무의 즉위년을 설정한 것은 결과적으로는 백제멸망의 해와 관련되나 다른 계산법에 의해 나온 수치라는 하야시 슌지林順次[1] 씨의 설명이 더욱 재미있습니다. 구체적인 계산법은 다소 복잡하나 중국에는 신유년辛酉年의 해에 간지干支 61주갑 즉 1,260년마다 국가적인 대변혁이 온다는 소위 '신유혁명辛酉革命설'이 있고 일본에서는 간지 62주갑의 신유혁명설을 택하기도 하는데 일본서기의 편찬자들이 진구왕후의 생존 시기를 1간지 60년을 끌어올려 진구가 히미코와 같은 시대에 살고 있었음을 암시하기 위해 간지 62주갑을 택하여 진무의 즉위연도를 기원전 660년으로 설정하였다는 것입니다. 일본서기는 필요시 연대를 조정하기 위해 소위 간지기년법干支紀年法을 활용하여 간지를 기준으로 연대를 올리거나 내리는 조작을 하고 있으므로 일본서기의 연대에 관하여는 유의할 필요가 있습니다.

두 번째는 일본의 보수학계가 4세기 야마토 정권 성립의 강력한 근거로 여기고 있는 3세기말 야마토와 주변지역에서 출현한 전방후원분들에 관한 것입니다. 이들은 4세기 중에 전방후원분이 세토나이해와 규슈 북부지방까지 확산되고 각 지역에서 정형화된 모습을 보이는 것은 이 지역의 수장들이 야마토 정권에 복속된 것을 의미하는 것이라는 주장을 하고 있습니다. 그러나 4~5세기의 시점에 열도의 여러 지역에서도 거대고분들이 조성되었고, 이 지역들의 고분에서 출토되는 부장품들이 야마토 지역에 비해 전혀 손색이 없었던 점 등을 감안하면 당시 야마토 정권이 다른 지

1) 林順次, 日本人の正体, 三五館, 2010

역의 왕국들에 비하여 우월적인 권력을 갖고 있었다는 증거를 찾기가 어렵고 각 지역 왕국의 수장들이 야마토 정권을 의식하지 않고 경쟁적으로 전방후원분을 조영한 것임을 알 수 있습니다.

한편 승천석 교수도 지적하였지만 고분의 피장자의 위상은 무덤의 규모나 외형에도 반영되겠지만 무엇보다도 무덤에서 나오는 부장품이 중요합니다. 고분을 크게 만드는 것은 물론 왕이나 지역수장의 위세를 과시하기 위한 목적이 크겠으나 큰 무덤을 만드는데 특별한 전문기술이 필요한 것도 아니므로 거대고분의 존재자체가 통일국가 형성의 동력을 보여주는 것이라고 할 수는 없을 것입니다. 또한 고분 시대의 전기, 후기로 구분할 경우 두 시기에는 부장품에 있어서 현저한 차이점을 보이고 있는데 고분 시대의 전기인 4세기의 전방후원분에서 출토되는 부장품을 보면 주로 거울, 구슬, 팔찌 등 제사용이나 장신구용 정도이고 5세기 고분 시대 후기의 고분에서 출토되는 무기나 무구, 마구와 같은 군주의 권력을 상징하는 부장품은 출토되지 않고 있습니다.

이는 4세기에 있어서 야마토 정권의 권위가 매우 미약한 수준에 그치고 있었던 상황이었고 야마토 세력이 다른 지역의 수장과 병렬적인 관계에 있었을 것임을 짐작할 수 있습니다. 더욱이 5세기 이후 고분 시대 후기가 되면 거대고분이 거의 일본 전역에서 조성되고 후기고분에서 출토되는 부장품은 전기와는 근본적으로 성격이 다른 군사적이고 왕후적인의 것으로 이는 기존 야요이 문화의 연장선이 아니라 완전히 이질적인 대륙북방계 기마민족의 문화를 지닌 사람들이 무력을 앞세워 열도로 들어와 각 지역에서 지배영역을 확장해 나갔던 사실을 보여주는 것이라 하겠습니다.

세 번째로 일본의 학계나 언론 등에서 끊임없이 제기되고 있는 것이 야마토의 마키무쿠纏向 유적에 야마타이국이 있었고 하시하카箸墓 고분〈그림2-2〉이 히미코의 무덤이라는 주장인데 권위 있는 고고학자에 의하면 하시하카고분이 조영된 고고학적인 연대가 350년 경이므로 247년 경으로 보이는 히미코의 사망시기와는 100년 가까이 차이가 납니다. 그럼에도 하시하카를 히미코의 묘로 만들기 위한 보수학계의 노력은 여전히 집요하게 지속되고 있습니다. 예를 들어 2009년 일본의 국립 역

〈그림2-2〉 하시하카 고분.
야마토 지역에서 가장 이른 시기에 조성된 전방후원분으로 알려지고 있으나 조성 시기나 피장자 등에 대하여는 논란이 있음.

사 민속 박물관의 탄소14 연대측정 연구그룹이 하시하카고분의 주변에서 출토된 토기 등을 과학적으로 측정하여 3세기 후반의 것으로 발표하고 언론이 이를 히미코의 무덤일 가능성이 높다는 식으로 보도한 사례입니다. 능묘의 발굴조사가 궁내청에 의해 금지되어 있음을 감안하면 이는 능묘에 대한 과학적인 조사의 결과가 아니라 능묘 주변의 출토물에 대한 조사결과의 발표였다는 점에서 분명한 의도를 갖고 기획된 것으로 보여집니다.

야마타이국이 야마토가 아니라 규슈 북부에 있었을 것이라는 논거에 대하여는 이미 충분히 설명을 드렸습니다만, 여전히 야마타이국 위치 논쟁이 계속되고 있는 것은 고사기와 일본서기가 일왕가의 역사를 중심으로 기록하였음에도 불구하고 왜 여왕 히미코가 야마토 왕조의 여왕이라고 기술하지 않은 것이 이유의 하나로 보입니다. 일본서기의 기술로는 히미코가 생존해 있을 당시의 야마토 조정의 왕은 주아이왕인데 그의 급사로 200~269년까지 섭정으로 왕을 대리한 인물은 진구왕후였습니다. 정확하게는 일본서기가 히미코를 기술하지 않은 것은 아니고 진구왕후기에 중국사서로부터 몇 개의 삽입기사를 넣어 마치 진구왕후가 히미코인 것처럼 생각하게 한 것이 진구왕후가 여왕 히미코라는 주장이 생겨난 배경이라 하겠습니다. 야마토 왕조의 기원과 성립에 관련하여 에가미 나미오 교수, 이시와타리 신이치로 씨 등은 야마타이국이 한반도에서 도래한 집단-진왕계 또는 가야계-에 의해 4세기 초쯤 멸망하였다고 보고 있는 것과 미즈노 유 교수가 야마타이국이 구나국과의 전쟁에서 패배한 것으로 보고 있는 것은 야마타이국이 당연히 규슈에 있었다는 사실을 전제로 한 논리의 전개임은 물론입니다.

네 번째로 미즈노 유 교수가 전개한 '삼왕조교체설'에 관한 것인데 이 설은 일본서기의 기술내용을 면밀히 분석하여 삼왕조가 서로 다른 주체에 의해 세워진 것을 고증한 것으로 일본서기의 줄거리를 최대한 살리면서 합리적인 논리를 전개하여 많은 일본인으로부터 공감을 얻은 설입니다. 미즈노 교수는 고사기에 기록된 고대 왕들의 몰년沒年의 간지干支로부터 스진이 죽은 해를 318년, 주아이의 몰년을 362년, 오진의 몰년을 394년, 닌토쿠왕의 몰년을 427년으로 도출함으로써 삼왕조의 존속시기를 구체적으로 밝혔습니다.

미즈노 교수는 또한 스진이 세운 고 왕조는 본래 야마토의 토착 왕조라고 하고 있으며, 362년 고 왕조의 주아이왕을 전사시키고 중왕조를 세운 구나국은 기원전 200년 경 한반도에서 도래한 퉁구스계통의 북방기마민족이라고 하고 있어서 결과적으로는 토착화된 도래계 세력인 오진왕의 후예가 가와치의 중왕조를 건국한 셈이 됩니다. 미즈노 교수는 구나국이 야마타이국과의 전쟁에서 승리하여 규슈를 통일한 때를 280년 경으로 보고 있으며 토착왕조인 고 왕조가 야마토를 본거지로 기나이, 기비, 이즈모까지 평정하였다고 하고 있으나 이 지역은 5세기에 야마토 조정에 복속한 것으로 보여 져 역사적 사실과는 거리가 있는 것으로 보여집니다.

다섯 번째로 에가미 교수가 발표한 '기마민족 정복왕조설'은 결국 한반도인들이 일본열도로 건너와 일본을 정복하였다는 것을 의미하는 것이기 때문에 이 설이 발표되자 일본의 사학계와 고고학계는 충격을 받은 것으로 보이며 보수적인 일본학계는 대체적으로 에가미설에 대해 매우 냉담한 반응을 보였습니다. 특히 보수사학자들은 에가미설의 취약점으로 진왕과 변한-변진-이 기마민족이라는 증거가 없으며 스진은 농경시대의 인물이고 고고학적으로도 고분 시대의 전기에 속하는 인물인데 그를 기마민족의 지도자로 본 것은 오류임을 지적하였습니다. 이에 대해 에가미 교수는 스진 집단이 3세기 말에서 4세기 초 규슈 북부를 정복한 후 규슈에서 1세기 가까이 머물렀으며 그 동안 소집단들이 수차례 건너와 규슈지역의 호족들을 결합하여 수대에 걸쳐 지배권을 확립하였다고 합니다. 그 후 4세기 말에서 5세기 초 스진의 후손인 오진이 가와치로 건너가 야마토 왕조를 건국하였으며 농경시대인인 야요이인들은 스스로는 고대국가 형성의 동인이 없기 때문에 북방 기마민족의 침입에 의해 비로소 고대통일국가가 성립될 수 있었다고 설명합니다.

에가미 교수는 또한 야요이 시대와 4세기 고분 시대 전기의 사회는 제사적, 주술적, 평화적이고 담당자가 연속되고 있으나 5세기 이후 고분 시대 후기문화는 이러한 문화와는 전혀 이질적인 것으로 현실적, 전투적, 왕후 귀족적인 것으로 대륙과 한반도의 문화가 사람과 함께 들어온 것을 의미한다고 설명하고 있습니다. 어쨌든 이 설이 발표된 당시는 제2차 대전 직후로 일본에는 아직도 황국사관이 강하게 남아 있던 시절이었기 때문에 대륙에서 온 도래왕이 고대 야마토 정권을 세웠다는 새로운 설은 일본인들이 황국사관에서 벗어나 새로운 시각에서 일본의 고대사를 볼 수 있는 계기가 되었다는 점에서 그 의의가 컸다고 생각됩니다.

여섯 번째로 이시와타리 씨의 '신, 구 2개 집단에 의한 도래왕조설'에 대한 것입니다. 2단계에 의한 야마토 왕조 성립을 주장한 것은 에가미 교수와 같으나 에가미 설과는 달리 두 집단의 주체가 가야와 백제로 서로 다르다는 것이지요. 이시와타리 설의 핵심은 야마토 왕조를 세운 두 번째 집단으로 그는 백제 제21대 개로왕(재위 455~475년)의 아우인 곤지昆支 왕자가 477년 미와三輪 왕가에 사위로 들어와 왜왕 무武 즉 오진왕이 되고 491년 경 새로운 백제계의 야마토 왕조를 세웠다고 보는데 이처럼 백제계의 집권이 가능했던 것은 백제계의 우세한 무력이 배경에 있었다는 합리적인 해석을 하고 있습니다. 그는 또한 백제 무령왕이 게이타이왕에게 보낸 인물화상경의 해석을 통해 게이타이왕은 곤지의 아우인 여기餘紀이며 이후 야마토 왕조의 역사는 곤지와 여기의 후손들이 주도해 간다고 보고 있습니다.

이시와타리설이 독특한 점은 일본의 제15대 오진왕을 다른 설들은 대개 4세기 말~5세기 초의 인물로 보나 그는 오진왕의 치세기간을 5세기 말~6세기 초로 거의 100년 가까이 늦게 본다는 것입니다. 이는 주로 일본의 고분 시대의 거대고분들의 축조시기와 관련된 것인데 일본고고학계 통설이 하시하카고분에서 시작되는 초기 거대고분의 조성시기를 3세기 중 후반으로 보는 반면 이시와타리 씨는 양심적인 고고학자들의 의견을 수용하여 이를 4세기 중반으로 보고 그 이후에 조성되는 거대 전방후원분의 조성시기도 고고학계가 크게 앞당겨 보고 있다는 인식을 보이고 있습니다. 그는 고분의 조성시기에 관한 이러한 인식에 따라 오진릉으로 알려진 후루이치古市 고분군의 곤다야마誉田山 고분은 500년 경 축조된 곤지왕자의 능이고 닌토쿠릉仁德陵은 게이타이왕의 능으로 510년 경 수묘壽墓-피장자의 생전에 짓는 무덤-로 조성된 것으로 보고 있습니다.

한편 4세기 도래한 가라계 집단의 장이 수로왕인 것은 수로왕이 구지봉龜旨峯에 내려왔다는 난생강림설화와 천손 니니기가 구시후루다케에 강림하였다는 천손강림신화가 흡사하고, 369년 근초고왕이 왜 후왕에게 보낸 칠지도의 명문에 있는 이름 지旨가 수로왕을 의미하는 것 등으로 확인된다고 말하고 있습니다. 또한 4세기 중반 마키무쿠 유적에 조성된 전방후원분의 내부구조가 가라국과 동일한 수혈식 석실로 조성된 점과 4세기 전반 규슈 북부, 기비, 야마토 주변에 많은 전기고분이 분포된 점, 그리고 삼국사기에 199년 사망한 것으로 기록된 수로왕이 실제로는 간지 3주갑 180년을 더한 379년 사망한 것으로 볼 수 있는데 이는 고사기에 의한 스진왕의 몰년과 같다는 점 등을 수로왕과 스진왕이 같은 인물이라는 이유로 들고 있습니다.

일곱 번째로 승천석 교수와 북한 학자인 김석형金錫亨 교수는 4~5세기의 일본열도의 상황에 대해 이 시기는 한반도에서 도래한 수많은 소국들이 열도에서 경합, 각축하면서 많은 지역 왕국을 형성하는 과정이었으며, 이러한 시대의 흐름 속에서 야마토에서도 호족들의 연합체인 야마토 정권이 형성되어 가지만 아직 고대국가로서의 통일성이 결여되었고 그 세력범위나 권위도 매우 제한적이었던 사실史實을 명쾌하게 밝히고 있습니다. 특히 승천석 교수는 5세기 후반 백제의 곤지왕이 '아스카베飛鳥戶 왕국'을 세우고 6세기 전반 '아스카베 왕국'이 야마토 왕권을 장악한 후에야 비로소 야마토 정권의 세력범위도 넓어지고 권력도 강화되기 시작하는 것으로 보는데 매우 사실적인 해석이라고 생각하여 필자는 기본적으로 5세기 곤지 왕자와 백제인 집단에 의해 가와치에 백제의 후국이 세워졌다는 견해에 공감합니다.

마지막으로 도래왕조설을 주창하는 대다수의 학자, 재야사가들이 야마토 왕조를 건설한 도래계 세력의 주체를 백제 또는 부여계로 보고 있는 것이 매우 주목됩니다. 외견상으로는 부여족 일파, 진왕, 변한왕, 가야의 수로왕, 백제의 근초고왕, 구이신왕, 곤지왕 등으로 되어 있지만 사실상 이들이 모두 북방계임을 감안하면 사실상 부여 등 북방계가 일본열도로 진출하여 야마토 왕권을 장악하고 왜국 나아가 일본의 지배층이 되어 다스렸다는 결과가 됩니다. 후한서에 기술된 진왕辰王이 과연 부여계의 인물이었는지에 대해서는 좀 더 후속연구가 필요하다고 봅니다만 그 당시 동북아와 한반도 정세에 비추어 그 가능성은 높은 것으로 생각됩니다.

부여夫餘는 고조선과 더불어 우리 민족의 근원이 되는 대표적인 국가로 백제와 고구려가 부여에서 나왔으며, 중국의 사서들도 고조선과 비교하여 부여의 실체에 관해 훨씬 더 풍부하게 기술하고 있는데 삼국지 위지동이전 부여조-위지 부여전-는 특히 부여에 대하여 상세하게 전하고 있습니다. 부여에 관한 중국사서나 삼국사기의 기록을 보면 부여가 북만주에 있던 시절에는 주변의 대륙국가나 고구려에 의해 시달리면서 많은 부여의 집단들이 한반도 남쪽으로 내려왔고 백제와 가야의 여러 소국들을 세운 후에도 고구려, 신라와의 전쟁이 끊이지 않았음을 알 수 있으며 이러한 부여계의 역사가 이들을 일본열도로 건너가게 한 커다란 동인動因이 되었을 것임을 짐작하게 합니다.

김운회 교수[2]는 백제를 반도부여, 왜국을 열도부여라고 호칭하면서 백제와 일본 모두가 부여계가 세운 나라임을 강조하고 있는데 그는 만주에 있던 부여가 크게 세 차례에 걸쳐 남하한 것으로 보고 있습니다.

첫 번째는 기원전 1세기 고구려가 건국한 때로 소수의 부여 세력이 한강유역으로 남하하였고, 두 번째는 238년 부여와 가까웠던 요동의 공손公孫 씨 세력이 위魏에 의해 멸망하자 부여 왕 울구태蔚仇台가 한강유역으로 내려와 백제의 고이왕이 되었으며, 세 번째로 346년에는 선비鮮卑족 모용慕容 씨가 세운 전연前燕의 침입으로 부여 왕을 비롯한 5만 여 명이 포로로 끌려가는 등 사실상 부여는 붕괴되고 이때 근초고왕(재위 346년~375년)계가 대거 남하하여 한반도 중남부를 장악하고 활발한 정복활동을 전개한 것으로 보고 있습니다.

김운회 교수는 백제를 부여계의 2차 및 3차 남하세력에 의한 연합 세력으로 보고

2) 김운회, 새로 쓰는 한일 고대사, 동아일보사, 2010

근초고왕이 짧은 기간에 한반도 중남부를 장악할 수 있었던 것은 전연의 고구려에 대한 공략으로 342년 환도성이 함락되는 등 고구려의 국력이 약화된 틈을 근초고왕, 근구수왕 부자가 잘 이용한 결과로 보고 있습니다. 그는 또한 백제가 근초고왕 시절 일본열도에 어떠한 형태로든 근거를 마련하여 진출한 것으로 보며, 그 후 400년 전후에 있었던 고구려 광개토대왕의 백제 및 가야 공략, 475년 고구려와의 전쟁에서의 개로왕(재위 455년~475년)의 전사는 백제로 하여금 일본열도에서의 또 하나의 부여계 국가의 건설에 몰두하게 한 중요한 계기가 된 것으로 보고 있습니다.

한편으로는 4세기 열도에 진출하여 왜국을 세운 민족을 선비족으로 보는 견해도 있습니다. KBS기자 출신의 역사 작가인 장한식 씨는 1999년 11월호 월간조선에서 342년 전연前燕 황제 모용황의 명령으로 고구려를 침공하였다가 낙오한 1만 5천명의 별동대의 일부가 신라로 들어가 김 씨 왕조를 세웠고 이어서 그중 한 일파가 가야에 김 씨 왕조를 세운 후 바다를 건너가 왜국을 세웠다는 견해를 밝혔습니다. 그는 이러한 논거로 야마토에서 발견되는 관 및 관장식, 갑옷, 투구, 칼, 안장, 등자 등 마구류와 각종 보물, 유리그릇 등 유물들이 신라와 가야 나아가 선비족의 유물과 흡사한 점 등을 들고 흉노의 피가 반 이상 섞인 선비족의 기마민족이 신라와 가야 나아가 왜국에 왕조를 세운 것으로 보고 있습니다.

다만 금관가야의 왕들의 무덤으로 보이는 김해 대성동고분에서 출토된 청동솥銅鍑〈그림2-3〉, 청동그릇, 마구류 등과 흡사한 유물이 출토된 중국 요서의 라마동喇嘛洞 고분이 선비족이 아닌 부여계의 고분으로 밝혀지고 있고 라마동고분의 인체에 대한 형질인류학적인 분석을 통해서도 라마동 고분의 피장자가 선비족이 아닌 부여계 인물일 가능성이 높은 것으로 보여지고 있어서 선비족이 가야와 왜 왕조의 기원이 된 것으로 보는 견해에 대하여는 신중한

〈그림2-3〉 청동솥(동복).
흉노, 선비 등 북방초원지대의 유목민들이 주로 사용하던 그릇으로 제사용으로도 쓰인 것으로 보이며 한반도에는 기원전 2세기 경 등장한 것으로 추정된다고 함.

접근이 필요한 것으로 보입니다. 지금까지의 제설諸說을 종합하면 한국의 사학계와 일본의 양식 있는 학자, 연구자 사이에는 북방계 민족 특히 백제 또는 부여계가 고대 일본열도에서 야마토 왕권을 최종적으로 장악한 주체라는데 대개 의견의 접근을 보고 있다고 할 수 있으나 그 주체나 시기, 그리고 그 과정에 대하여는 학자들 사이에서도 의견이 서로 다른 것이 현재의 상황이라고 할 수 있겠습니다.

제5화
야마토지역의 선주先住 세력과 진무동정神武東征

일본서기는 '수수께끼의 4세기'에 야마토의 왕으로 제15대 오진応神왕(재위 270년~310년)과 제16대 닌토쿠仁德왕(재위 313년~399년)의 두 왕이 있었던 것으로 기술하고 있으나 오진, 닌토쿠왕은 삼국사기의 백제왕의 연대와 조회하면 5세기의 왕으로 확인되기 때문에 4세기 야마토의 왕은 제10대 스진崇神왕에서 제15대 주아이仲哀왕까지로 보는 것이 통설이라 할 수 있습니다. 일본에서는 이 왕조를 스진 왕조로 부르나 실재여부를 확인하기가 어려우며 실재하였다 하더라도 나라분지에 있던 호족들의 일종의 연합정권이었던 것으로 보입니다. 또한 기원전 660년에 규슈에서 동정하여 야마토의 초대 왕이 되었다고 하는 진무神武왕부터 제9대 가이카開化왕까지는 실재하지 않았고 초대 왕 진무는 스진왕 또는 오진왕의 투영으로 보는 것이 일본학계의 통설이라고 할 수 있습니다.

일본서기와 고사기는 소위 일본 천황가의 초대 왕이라는 진무가 야마토에 진입할 당시 야마토의 선주족으로 고대 왜국의 주요 호족인 모노노베物部 씨족의 선조인 니기하야히饒速日 집단이 있었으나 진무에게 투항하였다고 기술하고 있으며, 제11대 스이닌垂仁왕 때는 신라왕자 아메노히보코天日槍를 우두머리로 하는 집단이 도래하여 긴키近畿 북부지역을 중심으로 세력을 전개한 것으로 기술하고 있습니다. 이러한 사실은 초기에 야마토로 이주하여 세력을 갖고 있던 집단이 신라 및 가야계가 중심이었다는 사실을 보여주는 것으로 초기 야마토의 호족연합정권을 지원한 세력도 이들이었던 것으로 보여집니다.

연대를 정할 수 없는 초기 야마토 정권

일본서기는 일반적으로 제21대 유랴쿠雄略왕(재위 456년~479년) 이전의 왕들의 실재성이나 재위연대 등에 관하여는 신빙성이 없는 것으로 여겨지지만 이에 대한 다른 역사기록이 없기 때문에 사서의 신빙성 여부를 떠나 일본의 고대왕조의 역사를 전반적으로 알고자 하면 결국은 일본서기의 기술에 의존하지 않을 수 없습니다. 그렇다면 일본서기는 문제의 '수수께끼의 4세기'로 불리는 시기의 왜국의 역사를 어떻게 기록하고 있을까요? 흥미롭게도 일본서기의 기록에 의하면 4세기의 왜국의 왕은 제15대 오진応神왕(재위270년~310년)과 제16대 닌토쿠仁德왕(재위 313년~399년)의 두 명의 왕뿐입니다. 그러나 오진왕은 실재하였다면 삼국사기의 기록과의 비교를 통해 4세기 말에서 5세기 초의 왕으로 추정되기 때문에 실제로는 일본서기에 오진왕 이전의 왕으로 기록된 왕들은 4세기 이전의 왕들이 될 수밖에 없습니다.

일본서기는 기원전 660년 진무神武왕(재위 기원전 660년~기원전 585년)이 초대 왕이라고 기술하면서도 동시에 제10대 스진崇神왕(재위 기원전97년~기원전30년)을 또 하나의 시조 왕으로 호칭하고 있어서 대다수의 학자들은 초대 진무왕에서 제9대 가이카開化왕까지는 실재하지 않았고 스진을 실제의 초대 왕으로 보는데 다만 그의 재위시기에 관하여는 3세기 후반에서 4세기 전반 사이의 어느 시기로 의견이 분분하여 정확한 연대를 정하지 못하고 있습니다. 하지만 소위 '스진 왕조'의 시작에 관한 시기를 확정하지는 못하더라도 스진 왕조는 일단 5세기 초부터 시작되는 오진왕 이전 시기인 4세기의 정치세력으로 볼 수 있으므로 이 시기는 바로 '수수께끼의 4세기'와 시기적으로 거의 일치한다고 할 수 있습니다.

이미 언급한대로 초대 진무왕은 실재하지 않았고 그는 스진왕의 허상이라고 볼 수 있으므로 소위 '진무동정神武東征'은 일단 스진왕의 활동으로 볼 수 있겠습니다. 그렇다면 일본서기는 이 왕조의 치적治積에 대해 어떻게 기술하고 있을까요? 스진왕조의 치적에 대하여 알아보기 전에 일본서기의 초기 왕들의 재위연대에 관한 한 가지 흥미로운 사실을 소개하고자 합니다. 이는 초대 진무왕으로부터 제6대 고소孝昭왕(재위 기원전 392년~기원전291년)까지가 370년, 제7대 고레이孝霊왕(재위 기원전 290년~기원전 215년)에서 제15대 오진왕까지가 정확하게 600년이라는 사실입니다. 또 위의 600년을 나누어 보면 제7대 고레이에서 제11대 스이닌垂仁왕(재위 기원전 29년~79년)까지는 360년, 제12대 게이코景行왕(재위 71년~130년)과 제13대 세이무成務왕(재위 131년~190년)은 각각 60년, 제14대 주아이仲哀왕(재위 192년~200년)에서 제15대 오진왕까지는 120년인데 이러한 수치들은 모두 간지 60년을 기준으로 하여 인위적으로 설정된 연수라는 사실이 분명하게 드러나고 있는 것입니다. 이러한 재위연수에 관한 인위적인 연한 설정은 소위 '스진 왕조'가 허구의 왕조일 가능성이 높다는 사실을 드러내고 있다고 볼 수 있습니다.

또한 1대에서 15대까지의 왕들의 재위연수는 총 970년으로 초기 왕들의 평균 재위연수는 65세에 달하여 일본서기가 기술한 왕들의 재위연수는 믿을 수 없을 정도로 부풀려져 있는 것은 분명합니다. 이러한 사실에 더하여 위에서 제시된 인위적인 수치들은 일본서기가 기록한 초기 야마토의 왕들로 기술된 왕들의 존재가 얼마나 신용할 수 없는 것인지를 잘 보여주고 있다는 점에서 놀라운 발견이라고 할 수 있는데 이처럼 일본서기에 감추어졌던 흥미로운 수치를 발견한 일본의 수리학자인 이하라 교스케井原教弼 교수에게 경의를 표하고 싶습니다.

이처럼 일본서기가 기술한 야마토의 초기 왕들의 연대는 도저히 추정하기가 어렵고 또 이러한 사실은 일본서기의 기술내용 자체의 신용도를 크게 낮추는 요인이 되고 있습니다만 이러한 사실을 고려하면서 일본서기가 전하는 내용에 대하여 검토해 보겠습니다. 전체적으로 보아 이 시기의 기술내용은 진무동정, 선주집단인 니기하야히饒速日-모노노베物部의 조상-와 신라왕자 아메노히보코天日槍 집단의 활동, 가야와의 교류의 시작, 고분조성의 시작, 동서로의 영토 확장과 지방행정체제 정비, 오키나가 다리시히메息長帶姬-소위 진구神功 왕후-와 다케우치노스쿠네大內宿禰의 등장 등으로 요약할 수 있는데 일본서기에 기록된 주요내용은 다음과 같습니다.

① 제1대 진무神武왕 (재위 기원전 660년~기원전 585년)

진무왕은 '천손강림'한 천손 니니기노미코토瓊瓊杵尊의 증손자로 규슈의 히무카日向에서 동정하여 야마토에 선주하고 있던 니기하야히饒速日의 항복을 받아 가시하라橿原에 도읍을 정함.

② 제10대 스진崇神왕 (재위 기원전 97년~기원전 30년)

도읍을 사키佐紀로 옮기고 4도장군四道將軍을 파견하였으며 아마테라스노오카미天照大神과 야마토노오쿠니다마倭大国魂의 두 신을 따로 모시도록 함. 왕은 하쓰구니시라스스메라미코토御肇国天皇-국토의 최초의 지배자-라는 칭호로 부름.

③ 제11대 스이닌垂仁왕 (재위 기원전 29년~70년)

신라왕자 아메노히보코天日槍가 곰 신단熊神籬 등 7개의 보물을 가지고 도래하였으며 선왕 때에 왔던 머리에 뿔이 있는 사람인 오호가라意富加羅 국왕의 아들 쓰누가아라시토都怒我阿羅斯等를 귀국하게 하고 그 국호를 임나국으로 하라고 함.

④ 제12대 게이코景行왕 (재위 71년~130년)

왕자 야마토다케루日本武尊를 보내 구마소를 토벌하고 에미시蝦夷를 평정함.

⑤ 제13대 세이무成務왕 (재위 131년~190년)

다케우치스쿠네武內宿禰 대신과 같은 날에 태어나 그를 특히 총애함.

⑥ 제14대 주아이仲哀왕 (재위 192년~200년)

오키나가 다라시히메氣長足姬를 왕후로 세웠으며 구마소를 토벌하려 하였는데 신이 진구왕후에게 지펴 신라를 치도록 하였으나 왕이 의심하고 구마소를 공격하다 실패하고 급사함.

스진 왕조의 성격과 진무동정

일본서기의 스진왕에서 주아이왕까지의 소위 스진 왕조에 대한 기술을 보면 스진왕 대에 신이 등장하는 데서 느낄 수 있지만 아직 이 시대는 신과 인간이 공존하는 전승의 시대라는 인상을 받게 됩니다. '삼왕조교체설'을 주창한 미즈노 유 교수가 스진왕에서 주아이왕까지를 고왕조라 하고 고왕조는 신화, 전승 속의 이야기로 왕조의 수준이라 할 수 없으며 이들은 왕이라기보다는 주술적 제사장이며 씨족집단의 족장들로 보고 있는데 매우 공감이 가는 견해입니다. 더욱이 스진왕의 고모할머니인 모모소히메가 대국주신과 결혼하였다는 이야기는 과연 야마토 왕조의 초대 왕이었다는 스진이 실재인물이었는지 의심하게 만듭니다.

또한 이 시대에는 가야, 신라와의 관계가 시작되는 기사가 처음으로 등장하고 있는 것을 알 수 있는데 외국에서 조공한 최초의 나라가 임나로 되어있고 신라의 왕자인 아메노히보코가 일본 땅으로 이주해 오는 것도 이 시기로 되어 있습니다. 다만 여기서 나오는 임나의 위치에 대하여는 쓰쿠시국을 떠나 2천 여리, 북으로 바다를 사이에 두고 신라의 서남에 있다고 하여 임나가 지금의 쓰시마에 있는 것으로 해석될 수 있는 기술을 하고 있어서 임나의 위치에 대한 논란이 생기게 됩니다. 반면에 이 시대에는 아직 백제와 관련되는 기사가 나타나지 않고 있는 점도 눈에 띕니다.

진무동정이란 천손 니니기노미코토가 규슈 히무카日向의 다카치호高天穗의 구시후루다케槵觸峯-고사기에는 久士布流多氣-에 내려온 후 그의 자손이 규슈에서 3대를 거주하다가 증손자인 진무 때에 히무카를 떠나 나라분지의 야마토로 진출하여 선주민인 니기하야히 집단을 제압하고 기원전 660년 가시하라궁에서 왕으로 즉위한다는 이야기입니다. 그러나 신석기 시대에 진무가 군대를 이끌고 야마토로 진격하여 나라를 세웠다고 하는 일본서기의 기술에 대하여는 일본의 학자들조차도 의문을 제기한 가운데 에가미 교수의 기마민족정복설, 미즈노 교수의 삼왕조교체설 등이 발표되면서 진무는 10대 왕인 스진崇神을 의미한다는 견해가 일본학계의 통설이 되고 있습니다.

더욱이 일본서기 스진기 12년 조에는 스진왕을 '하쓰구니시라스스메라미코토御肇國天皇'이라 하여 나라를 개국한 왕으로 표현하고 있어서 진무왕이란 스진왕을 의미하는 것이고 진무동정이란 스진동정을 뜻한다는 견해를 더욱 유력한 정설이 되게 하고 있습니다. 진무의 경우도 하쓰구니시라스스메라미코토로 불러 개국 왕에 걸맞는 호칭으로 부르고 있으나 한자로는 御肇治天下天皇이라 하여 율령제 시대의 천황에 의해 윤색된 표기로 되어 부자연스러운 것도 스진을 야마토 정권의 최초의 왕으로 보는 근거의 하나가 되기도 합니다.

동정의 시기에 관하여는 3세기 중반에서 4세기 후반까지 다양한 견해가 제시되고 있습니다. 고사기는 역대 왕 중 15명의 왕의 몰년沒年을 표시하고 있는데 스진의 몰년은 고사기가 몰년을 표기한 왕들 중에서 가장 마지막 왕인 스이코왕의 몰년인 무오戊午년(628년)을 기준으로 역산하여 계산하여 보면 318년이 된다고 합니다. 따라서 일본서기의 스진왕이 서기의 기술대로 실재한 왕이었다면 스진동정은 3세기 후반 또는 4세기 초의 일로 볼 수 있을 것입니다. 참고로 이 계산법에 의하면 세이무의 몰년은 355년, 주아이의 몰년은 362년, 오진의 몰년은 394년이 된다고 합니다.

한편 스진이 구체적으로 어떠한 인물인지에 대하여는 수많은 설들이 제기되고 있지만 현재로서는 누구라고 단정하지 못하고 있는 상황임은 이미 말씀드린 바 있습니다. 하지만 일본서기 스스로가 천손인 니니기노미코토가 가락국의 김수로왕이 내려왔다는 구지봉과 발음이 흡사한 구시후루다케에 내려오면서 이곳은 가라쿠니韓國가 보이는 곳〈그림2-4〉이니 좋은 곳이라고 기술하고 있어서 적어도 이들 집단이 한반도의 가야에서 건너온 집단이었을 가능성이 높다고 할 수 있을 것입니다. 다만 진무 즉 스진에게 나라분지의 지배권을 양도하였다는 니기하야히 집단은 신라계 또는 가야계였을 가능성이 높고 스이닌기에 신라왕자인 아메노히보코가 곰 신단 등 7종의 신보를 가지고 도래하였다는 기사가 있는 등 스진 왕조의 신라와의 관계가 현저한 점에 비추어 보면 스진 왕조의 초기 왕들은 신라와 관계가 깊은 왕이었거나 신라출신의 왕이었을 가능성도 배제하기는 어렵다고 할 수 있습니다.

〈그림2-4〉 가라쿠니다케韓國岳.
규슈의 가고시마현과 미야자키현에 걸쳐 있는 산봉우리로 일본서기에 천손 니니기가 강림한 구시후루다케에서 보인다고 기술된 '한국'은 가라쿠니다케를 가리킨다는 해석이 있음.

나라분지의 선주족 니기하야히는 모노노베 씨의 조상

스진 왕조의 성립과 관련해서는 앞으로도 여러 가지 측면에서 검토하겠습니다만 여기서 주목되는 점은 진무가 나라분지에 진출하였을 때 이미 그 곳에는 니기하야히를 우두머리로 하는 선주 집단이 있었는데 그의 자손이 그 후 6세기 말까지 고대 야마토 정권의 최대 호족으로서 권력의 중심에 있었던 모노노베 씨의 조상이라는 점입니다. 니기하야히에 관해 일본서기는 나가스네히코의 말을 빌려 그 역시 천신의 아들로서 니니기노미코토와 마찬가지로 아메노이와후네天磐船를 타고 하늘에서 내려왔으며 천신으로부터 받은 징표를 갖고 있었다는 사실과 그가 말을 듣지 않는 나가스네히코를 죽이고 항복해오자 진무가 그를 총애하였다는 정도의 기술에 그치고 있습니다. 그러나 니기하야히의 자세한 행적은 그가 모노노베의 선조이며 신라 또는 가야에서 이주한 집단의 우두머리일 가능성이 크다는 점에서 좀 더 자세하게 그의 행적에 관하여 전문가인 오노 시치조大野七三 씨[3]의 견해를 중심으로 알아보도록 하겠습니다.

첫 번째는 나라분지에 선주하고 있던 니기하야히 일족은 진무에게 통치권을 양도한 후에도 여전히 진무의 외척이자 초기 야마토 정권의 강력한 호족으로 활약한 것을 알 수 있다는 점입니다. 스진기 즉위전기를 보면 스진왕의 어머니가 모노노베의 먼 조상이었음을 알 수 있는데 오노 시치조 씨에 의하면 진무의 황후는 니기하야히의 딸인 이스케요리히메伊須氣余理比売로 진무는 니기하야히가의 양자가 된 것이라고 합니다. 또한 진무동정 때의 나라분지의 왕은 니기하야히의 아들인 우마시마데可美眞手-고사기는 우마시마지宇摩志麻治로 표기-였는데 그는 진무에게 통치권을 양도하면서 몇 가지 조건을 제시하고 진무가 이에 동의하였다고 합니다.

그 조건이란 궁중에는 조상신으로 니기하야히의 혼령을 모시고 황후는 우마시마데의 자손 중에서 간택하며 그녀가 낳은 왕자만이 왕이 될 수 있고 궁정의 최고직과 시키현주磯城県主는 우마시마데의 자손이 맡는다는 것 등이었다고 합니다. 이러한 그의 주장은 모노노베 씨의 내력을 주로 기술한 선대구사본기先代舊事本記를 토대로 한 것으로 사실여부를 확인하기는 어려우나 우마시마데의 후손인 모노노베 씨족이 6세기말 소가 우마코에 의해 모노노베 모리야가 타도될 때까지는 고대 야마토에 있어서 가장 유력한 호족이었던 사실에 비추어 보아 어느 정도 역사적 사실은 반영한 이야기라 할 수 있을 것입니다.

3) 大野七三, 日本国の初め, 批評社, 2010

두 번째는 니기하야히의 출자와 그 집단의 동천에 관한 것입니다. 선대구사본기에 의하면 니기하야히는 규슈 북부의 모노노베의 본거지인 온가遠賀강 유역에서 32인의 종자와 25부의 모노노베(군단), 5부인 등을 거느리고 대 선단을 조직하여 출항한 후 세토나이해를 거쳐 셋쓰의 미시마 지방과 북부 가와치를 거쳐 당시 나라분지의 중심지였던 시키磯城에 있던 나가스네히코를 굴복시키고 그 지역의 왕이 되었다고 합니다. 당시 나라분지에는 토착세력이 있었는데 시키지역에는 나가스네히코가 있었고 곤고, 가쓰라기金剛, 갈성葛城산 주변에는 가쓰라기葛城 씨가 세력을 펼치고 있었는데 가쓰라기 씨는 니기하야히 군의 압도적인 군세에 밀려 항복하였다고 합니다.

그런데 선대구사본기는 니기하야히의 출자에 대해 그를 스사노오신의 아들이며 부친으로부터 통치권의 상징인 검, 옥, 경 등 십종의 신보를 받아가지고 아마노이와후네天磐船를 타고 하늘에서 내려왔다고 전하고 있는데 스사노오는 신라신으로 알려져 있어서 니기하야히가 스사노오의 아들이나 자손이라면 니기하야히의 출자는 신라가 되는 셈입니다. 한편 니기하야히 집단은 5부, 25부 등 고구려, 부여 등 북방기마족의 편제로 조직되어 있어서 그들이 북방계라는 주장도 제기되고 있는데 이러한 점 등을 고려하면 니기하야히 집단은 북방에서 내려와 가야와 신라의 경계지역인 지금의 경상북도 지역을 본거지로 하던 일족이었을 가능성이 큰 것으로 보입니다. 가야에 대한 전문가인 사와다 요타로씨는 모노노베일족의 조상이 탁순卓淳국-지금의 대구부근-을 본거지로 하던 씨족으로 규슈로 이주하여 마쓰라末蘆국을 세웠을 가능성이 높은 것으로 보고 있습니다.

세 번째는 니기하야히의 동천시의 동반자에 관한 것입니다. 니기하야히는 32명의 종자(신)와 25부(군단) 등을 거느리고 야마토로 진출하였는데 32명의 종자들은 그 후 제국에 각각 배치되어 해당 지역을 다스리게 됩니다. 선대구사본기에 거론된 나라들을 보면 야마토大和, 가와치河內, 야마시로山背, 이세伊勢, 셋쓰攝津, 기이紀伊, 오와리尾張, 쓰시마對馬, 이키壹岐, 우사宇佐, 아키安芸, 무사시武蔵 등 상당히 넓은 지역에 걸쳐 있습니다. 이 가운데서 중요한 인물로는 오와리의 선조인 아마노가고야마天香語山, 나카토미 씨의 선조가 되는 아마노고야네天兒屋根 등을 들 수 있습니다.

네 번째로 3세기 후반 야마토 지역의 실권자는 니가하야히의 자손인 모노노베 씨족으로 진무동정이란 규슈의 미마키이리비코御間木入彦 즉 스진왕이 모노노베의 데릴사위로 들어온 것을 의미한다고 하는 사와다 요타로 씨의 견해인데 설득력이 있는 견해라고 봅니다. 사와다 요타로 씨는 일본서기가 진무 이후의 8대에 걸친 초기 야마토의 왕으로 기술한 소위 '결사 8대' 왕들의 실재를 인정하지 않으면서도 결사 8대의 왕이란 당시 야마토지역의 실력자였던 모노노베 씨의 사위로 들어왔던 남자들을 기 · 기記紀가 마치 그들이 야마토 왕조의 남계직계의 왕들이었던 것처럼 기술한 것으로 스진왕의 경우는 제9대 가이카왕의 동생인 오히코노미코토大彦命의 딸인 미마키히메御間城姫와 혼인하여 미마키이리비코御間城彦가 된 것이라고 보고 있습니다.

사와다 씨는 특히 모노노베 씨가 일륜日輪신앙을 가진 집단으로 이러한 신앙을 한반도에서 가져온 것을 방증하는 사례로 삼국유사에 나오는 '연오랑延烏郎과 세오녀細烏女' 설화를 들고 있습니다. 그는 특히 세오녀가 신라의 해와 달의 빛을 회복시키기 위하여 제사를 지낸 곳이 포항 영일현의 도기야都祈野였는데 이 지명이 모노노베가 세력을 펼치고 있던 셋쓰의 쓰가노菟餓野와 이소노가미신사의 후루지역에서 바라다 보이는 곳의 지명인 쓰게노都祈野란 지명과 통하고 있는 사실을 지목하고 있습니다. 한반도에서 이주해온 모노노베 씨족에 의해 쓰게노란 지명이 생기고 일륜을 제사하는 풍습이 생겼다는 것이지요. 사와다 씨는 또한 선대구사본기에 나오는 니기하야히의 이름 중의 '아마테라天照'가 후에 아마테라스노오미카미天照大神로 바뀌게 되는데 태양신인 아마테라스 대신은 원래 모노노베 씨족이 갖고 있던 태양신 숭배에서 나온 것으로 보인다는 견해를 피력하고 있습니다.

신라왕자 아메노히보코天日槍와 그의 후손들

일본서기 스이닌기에는 신라왕자 아메노히보코天日槍-고사기에는 天之日矛-가 일본열도로 건너와 정착하는 관련 기사가 집중적으로 기술되어 있습니다. 3년 조에는 아메노히보코가 세 가지의 옥과 소도小刀, 창, 거울 그리고 곰 신리熊神籬- 신리는 히모로기比毛呂岐로 읽음-의 일곱 가지 보물을 가지고 도래하여 다지마但馬국에 간직하여 신물로 삼았다는 기술이 있습니다. 또한 다른 책에서는 처음에 아메노히보코가 배를 타고 하리마播馬국에 정박하였는데 왕이 누구인지 묻자 신라국 왕자라고 답하고 일본에 성왕이 있다는 말을 듣고 나라를 아우 지고知古에게 주고 귀화하여 8가지 물건을 바쳤다고 합니다. 이어서 왕이 그에게 하리마국과 아와지노시마淡路島의 두 마을을 주어 살게 하였으나 히보코가 스스로 다녀보고 마음에 드는 곳을 달라고 하자 왕이 그 말을 들어주었고 그래서 히보코는 오미近江국에 잠시 살다가 와카사若狹국을 거쳐서 다지마但馬국에 이르러 거처를 정하였으며 오미의 가가미무라鏡村의 옹기장이陶人들이 히보코를 따라서 온 사람들이라고 일본서기는 기술하고 있습니다.

또한 일본서기는 히보코가 다지마但馬의 이즈시出石 사람 후토미미太耳의 딸 마타오麻多烏와 결혼하여 다지마 모로스쿠但馬諸助를 낳았으며 모로스쿠는 히나라키日楢杵를 낳았고 히나라키는 기요히코淸彦를 기요히코는 다지마 모리田道間守를 낳았다고 하여 히보코의 가계를 기록하고 있습니다. 한편 88년 조에는 왕이 아메노히보코가 가지고 온 신보를 보고 싶다고 하여 이를 헌상하게 하는 기사가 나오고 90년 및 99년 조에는 다지마 모리가 왕의 명령으로 도요노쿠니常世로 가서 10년 만에 제 철이 아닌 향과香菓-귤-를 구해오는 기사가 게재되어 있습니다. 아메노히보코와 관련하여 한일 고대사의 관점에서 주목할 만한 사항은 다음과 같습니다.

첫 번째는 아메노히보코의 출자와 이주시기에 관한 것입니다. 그의 출자에 대하여 일부 학자는 그의 6세 손인 오키나가다라시히메息長足姬-진구神功 왕후를 말함-가 그 이름으로 보아 다라 출신으로 보이고 그녀의 조상인 히보코의 출신국인 신라를 진구 왕후가 공격하였다고 보기는 어렵다는 등의 이유로 히보코를 다라多羅-경남 합천-의 왕자로 보고 있습니다. 그러나 기 · 기가 그를 신라의 왕자라고 명기하고 있고 그를 가야출신으로 볼 특별한 사유를 찾기 어려우므로 그를 신라의 왕자로 보고자 합니다. 한편 히보코가 왜국으로 건너온 시기에 관하여는 스이닌 3년으로 되어 있으나 스이닌왕의 재위연대 자체를 추정하기가 어려워 히보코의 시기를 정하기가 어려운 실정입니다. 다만 히보코의 6세 손으로 기록된 진구 왕후가 4세기 전 중반에 활동한 인물임을 감안하여 1세대 25년으로 계산하면 6세대는 150년이 되므로 히보코의 시기는 대략 2세기 말에서 3세기 초인 것으로 추정할 수 있습니다. 사와다 씨는 히보코를 다라多羅의 왕자로 보고 있기는 하지만 그의 열도로의 이주시기에 대하여는 역시 2세기 말에서 3세기 전반으로 보고 있습니다.

한편 히보코가 구체적으로 누구인지에 대하여는 소설가인 박영규 씨가 그의 저서 '한 권으로 읽는 신라왕조실록'(2002, 웅진씽크빅)에서 신라의 제7대 왕인 일성왕逸聖王(재위 134년~154년)을 히보코로 추정하고 있어서 흥미롭습니다. 일성왕을 히보코로 보는 이유로 박영규 씨는 히보코가 스이닌왕의 질문에 대답하면서 왕위를 아우에게 맡기고 왔다고 하였는데 실제로 아우인 파사왕이 형인 일성왕을 제치고 왕위에 올랐기 때문에 히보코의 말이 사실과 일치하고 있는 점을 들고 있습니다. 또한 일성왕이 유리왕의 적장자임에도 여러 차례 왕위경쟁에서 밀려나는데 이러한 상황에서 그는 자의반 타의반으로 왜국으로 망명한 것으로 보인다는 견해를 피력하고 있습니다. 박영규씨는 일성왕은 다행이도 134년 팔순이 다되어 귀국하여 왕위에 오르게 되며 그가 40년간 왜국에 있으면서 결혼하여 낳은 아들인 모로스쿠는 귀국하지 않고 왜국에 남아 자손을 퍼뜨린 것으로 보고 있습니다.

두 번째는 히보코 집단의 성격과 행적에 관한 것입니다. 일본학계에서는 히보코 집단이 거주하던 지역에는 동을 생산하는 광산이 있는 점 등에 비추어 그 집단이 선진적인 금속정련기술을 가지고 이들 광산을 지배하고 이를 기반으로 긴키 북부지방을 중심으로 광범위한 지역에서 커다란 세력권을 형성하였던 것으로 보고 있습니다. 이 집단의 세력권내에 있던 지역으로는 그가 최종적으로 정착하였다는 다지마但馬-지금의 효고현 서부-를 비롯하여 하리마播馬, 단바丹波 및 단고丹後, 오미近江, 와카사若狹 등이며 셋쓰攝津, 야마시로山背, 기비吉備 등도 그들의 영향력이 미치고 있던 것으로 보인다고 합니다. 이와 관련하여 사와다 씨는 4세기의 히보코 집단의 수장은 야마토의 세력과는 별도로 사실상 긴키 북부지역에서 대왕과 같은 위치에 있던 것으로 보이며 스이닌왕을 히보코가에 데릴사위로 들어온 인물로 보고 있습니다.

세 번째는 히보코가 왜국으로 건너올 때 가지고 왔다고 하는 7종의 신보神寶 특히 웅신리熊神籬-곰 신단으로 보임-에 관한 것입니다. 히보코가 가져왔다는 곰 신단에

〈그림2-5〉 오미와신사.
일본에서 가장 오래된 신사의 하나로 미와산 전체를 신체神体로 하고 있으며 제신은 천손 닌기에게 나라를 양도하였다는 오쿠리노누시大国主神임.

대해 홍윤기 교수[4]는 신라의 단군 신앙을 상징하는 것으로 이 곰 신단은 일본의 신사, 신궁의 기원이라는 견해를 피력하고 있어서 주목되는데 미와산 기슭에 있는 오미와大神신사〈그림2-5〉에는 아메노히보코 왕자가 가져온 곰 신단이 소장되어 있다는 설도 있습니다. 홍윤기 교수는 나아가 일본 왕실의 신토神道는 고대 조선의 무巫를 승화시킨 신앙이며 이러한 사실은 자신이 직접 만난 황거皇居의 제사담당관인 아베 스에마사安倍季昌 악장에게 확인하였다고 말하고 있습니다. 홍윤기 교수에 의하면 일본 왕실은 매년 11월 23일 저녁 신상제新嘗祭-햅쌀 등을 바치는 궁중의 추수감사 행사임-를 행하는데 왕실의 법도를 기록한 엔기시키延喜式에 의하면 신상제에서는 한신韓神이라는 제목의 축문을 낭송하며 축문에는 소노가미園神-신라신-과 가라카미韓神-백제신-의 두 신을 제사에 모시는 순서가 있고 축문의 악보 중에는 '아지메阿知女'라는 경상도 말이 있고 실제 그대로 가창되고 있다고 합니다.

홍 교수는 또한 히보코가 왜국으로 가져간 곰 신단이 일본의 신토와 신사, 신궁의 기원임을 증명하기 위해 전문가들의 견해를 인용하고 있습니다. 그에 의하면 김석형 교수는 신주를 모신 대나무제 신단인 히모로기神籬는 신궁, 신사를 의미하며 무巫의 사당祠堂으로 신라에 신궁이 있었다는 사실은 삼국사기에 기록되어 있는데 옛날 신라에서는 무의 사당은 종묘로서 국가적인 숭배의 대상이었다는 견해를 밝혔다고 합니다. 또한 역사고증학자인 도 데이칸藤貞幹(1732년~1797년)은 히모로기比毛呂岐는 신라어로 당시 신라의 이두식 한자어표기를 그대로 쓴 것으로 훗날 '神籬'라는 한

4) 홍윤기, 일본문화사신론, 한누리미디어, 2011

자어 표기가 등장한 것이라고 하였는데 이러한 발언은 신라의 무의 사당이 일본으로 건너가서 왕실의 신궁이 된 사실을 도 데이칸이 입증한 것이라고 해석하고 있습니다.

히보코가 왜국으로 건너올 때 가지고 왔다는 7종-일서에 의하면 이사사膽狹淺의 큰 칼太刀을 포함하면 8종-의 신보는 모노노베의 조상인 니기하야히가 가져와서 이소노가미石上 신궁에 보관되고 있다는 10종의 신보와 그 내용물이 비슷한 것이 주목됩니다. 이러한 사실에서 특별한 결론을 도출하기는 쉽지 않지만 두 집단이 태양을 숭배하는 유사한 신앙을 갖고 있었던 것으로 볼 수 있는데 이러한 사실은 히보코, 히네 등 히보코 집단의 우두머리들이 한국어로 해를 의미하는 히日란 글자를 이름에 갖고 있는 점도 이들의 태양신앙과 무관하지는 않은 것으로 보입니다. 이와 관련하여 미시마 아키히데三品彰英 교수는 곰 신앙은 고조선의 태양신을 모시고 제사지내는 하늘의 제사의식이라고 말한 것은 태양을 숭배하는 단군신앙이 아메노히보코를 통해 일본 왕실에 전해진 것으로 홍윤기 교수는 보고 있습니다.

스진 왕조의 실재여부와 초기 야마토 정권의 진상

지금까지 검토해 온 소위 스진 왕조의 초대 왕이라는 스진은 3세기 후반 또는 4세기 초반 규슈에서 나라분지의 일각으로 이동해 온 집단으로 보이며 선주의 호족세력인 모노노베집단의 비호를 받아 야마토에서 호족연합세력의 수장 역할을 한 것으로 보이나 실권은 모노노베 씨족이 가지고 있던 것으로 보여집니다. 또 스진의 아들로 되어 있는 스이닌왕은 야마토의 북쪽에 세력을 펼치고 있던 히보코 집단의 지원을 받아 연합체의 수장 역할을 할 수 있던 것으로 보여집니다. 일본서기에 스진은 68년 재위하고 120세에 죽은 것으로 되어 있고 스이닌은 99년 재위하고 140세에 죽은 것으로 되어 있어 그 실재를 의문시하는 견해가 있는데 이들의 연대가 부풀려진 것은 진무의 연대를 너무나 올려 잡은 데서 초래된 결과로 볼 수 있습니다.

다만 4세기 전반에 전개되기 시작하는 대형 고분의 조성과 당시의 강력한 호족이었던 것으로 보이는 모노노베 씨족과 히보코 집단과의 관계 등에 관한 기술의 구체성 등을 감안하면 3세기 후반 스진 세력이 야마토로 진출하여 왔고 4세기 전반에는 야마토의 모노노베 세력과 긴키 북부의 히보코 세력의 비호 아래 일종의 호족연합 정권이 시작된 것으로 해석할 수 있겠습니다. 이러한 시각에서 보면 스진 10년 조에 나오는 소위 4도장군四道將軍의 파견은 사실史實이라기 보다는 당시의 야마토 호족 연합세력의 영향력이 미치는 범위로서 실제로는 히보코 세력이 긴키 북부에서 주고쿠中國 지방 동부까지를 제패하고 있었던 사실을 보여주는 것이라고 하겠습니다.

스진과 스이닌은 그 이름에 '이리'라는 호칭을 공유하고 있어서 일본학계는 이를 '이리 왕조'로 부르기도 하는데 이들의 재위 연한이나 비호세력의 상위성 등에 비추어 보면 이들이 일본서기의 기술대로 부자일 가능성은 낮은 것으로 보여지지만 일단 실재한 인물로 볼 수는 있다고 봅니다. 그러나 '이리 왕조'에 이어 등장하는 게이코景行, 세이무成務, 주아이仲哀 3대의 소위 '다라시 왕조'의 왕들에 대하여는 그 실재에 대해 많은 의문이 제기되고 있습니다. 무엇보다도 수상한 것은 게이코와 세이무의 재위기간이 각각 정확하게 60년이라는 점이며, 이들의 치적에 관한 일본서기의 기술도 게이코의 경우는 아들인 야마토다케루日本武尊를 통한 국토평정사업, 세이무의 경우는 국도와 현읍의 장을 정한 것이 전부라고 할 수 있습니다.

이와 관련하여 오다라시히코大足彦-게이코왕임-를 합천에 있던 다라국의 왕자로 보는 사와다 요타로씨는 야마토다케루에 대해 4세기 야마토 왕조에 의한 지방에 대한 무력정벌활동의 주역들을 1인의 영웅으로 응축시킨 인물이며 게이코왕은 국토통일의 영웅으로 창조한 오다라시족의 리더로 볼 수 있다는 견해를 피력하고 있습니다. 사와다 씨는 이러한 관점에서 보면 스진, 스이닌, 게이코의 3대 왕은 각기 야마토, 긴키 북부, 기비지방으로 중앙권력의 판도를 확대하여 간 것으로 볼 수 있는데 이는 무력에 의하기 보다는 일종의 선양이라는 형식에 의한 것으로 보이며 기·기는 이 사실을 남자직계의 왕위계승으로 기록한 것으로 보고 있습니다.

'이리 왕조'에 이은 소위 '다라시 왕조'는 게이코–세이무–주아이의 3대를 말하며 주아이는 게이코의 아들 야마토다케루日本武尊의 아들로 기술되어 있으나 야마토다케루가 복수의 영웅을 융합시킨 가공의 인물이므로 그의 아들이라는 주아이 또한 실재의 인물이 아닌 것이 됩니다. 일본서기에 야마토다케루가 죽은 해는 113년인데 주아이가 태어난 해는 149년으로 되어 있는 것은 일본서기의 편자도 모순을 스스로 고백하고 있는 셈입니다. 그렇다면 일본서기가 가공인물인 주아이를 왕으로 한 이유는 무엇일까요? 이는 말할 것도 없이 다음에 왕이 되는 오키나가 다라시히息長足姬의 아들 오진의 아버지가 왕이어야 하였기 때문에 오진의 아버지로 주아이를 창작하고 오키나가를 그의 왕후로 하였던 것입니다. 오키나가 다라시히메는 소위 진구왕후로 고사기에는 아메노히보코의 6대손으로 기록된 인물로 일본서기는 그녀가 신라를 비롯한 삼한을 정벌하여 한반도 남부에 대한 야마토의 지배를 시작한 주아이의 왕후로 묘사하고 있는데 그녀 또한 창작된 가공의 인물이라는 점은 대다수의 일본학자들도 인정하고 있습니다.

제6화
초기 야마토 호족연합을 주도한 가야계 집단

4세기에 들어와 중국대륙은 5호16국 시대라는 혼란에 빠지게 되며 이는 고구려의 낙랑군 축출과 성장, 부여의 쇠퇴와 부여계의 남하 그리고 백제와 신라의 고대국가로의 성장과 영토분쟁을 초래하는 등 한반도의 삼국이 발흥, 성장하는 기회를 제공하게 됩니다. 한편 이러한 한반도의 정세변화는 가야를 중심으로 한 한반도의 무장집단들이 정치적 동기에서 일본열도로의 이주를 촉진하는 요인으로 작용하게 됩니다. 특히 4세기 이후 가야계를 비롯한 삼국의 무장된 집단들의 열도 이주는 왕족이나 수장이 이끄는 정치적으로 의도된 성격의 것이었고 그들의 이주지역도 규슈 북부가 아니라 세토나이해를 거쳐 가와치와 야마토 등 열도 혼슈의 동쪽으로 확산되어 나갔다는 점에서 과거 야요이 시대와는 다른 양상을 보이고 있습니다.

이처럼 4세기 한반도 삼국의 무장집단의 이주는 일본열도의 정치적 지형을 크게 변화시키는데 야마토와 가와치를 비롯한 긴키지역을 중심으로 고분이 조성, 확산되고 열도의 여러 지역에 지역 국가들이 형성되며 특히 야마토의 나라분지가 야요이 시대의 규슈 북부를 능가하는 열도의 정치, 문화적인 중심지가 되어가는 것이 주목됩니다. 이러한 4세기 야마토의 정치적인 지형 변화를 주도한 소위 초기의 '천황가天皇家'는 금관가야를 비롯한 가야계 집단으로 모노노베物部 씨 등 야마토의 가야. 신라계의 호족집단들의 지지로 호족연합의 맹주가 될 수 있었던 것으로 보입니다.

이러한 사실은 가야의 대표적인 묘제인 수혈식竪穴式 석실과 덧널무덤木槨墓이 야마토의 고분에서도 나타나고 가야식 도질토기의 연장이라할 수 있는 스에키須惠器가 4세기 후반 가와치와 야마토에서 제작되기 시작되며 일본서기 등 각종 문헌의 기록도 4세기 가야계 집단의 열도 이주 사실을 뒷받침하고 있습니다.

4세기 들어 격변하는 동북아와 한반도 정세

266년 왜왕의 조공이후 중국사서에서 '왜국'이 사라진 배경으로 4세기 초에 시작된 5호16국 시대라는 중국대륙의 혼란상에 대해 앞에서 언급하였습니다만, 4세기 동아시아〈그림2-6〉에서 중국 한족漢族 중심의 국제질서가 무너지고 정세가 혼돈상태에 빠지게 된 것은 동북아와 한반도의 여러 민족이 독립하고 발흥, 성장할 수 있는 기회를 제공하게 됩니다. 따라서 이러한 대륙의 정세가 고구려, 백제, 신라, 가야 등 한반도국가들 나아가 왜국에게 어떠한 영향을 주었으며 이들이 어떻게 대응하였는지를 파악하는 것은 당시 한반도국가들과 일본열도의 관계를 이해한데 있어서 매우 중요하다고 하겠습니다.

〈그림2-6〉 4세기 동아시아와 한반도.
4세기 초 낙랑, 대방군이 축출되고 한반도에는 고구려, 백제, 신라, 가야가 정립하여 각축하게 됨.

중국에서 5호16국 시대의 발단이 된 것은 흉노출신인 유연劉淵이 304년 팔왕八王의 난(300년~306년)에 편승하여 진晉으로부터 독립을 선언하면서 부터입니다. 유연의 아들 유총劉聰이 진의 낙양을 공략하여 회제懷帝를 포로로 연행하여 그 후 살해하는데 이 시기 낙랑, 대방군에 주둔하여 고구려의 미천왕美川王과 대치하고 있던 진의 장군 장통張統은 유총이 낙양을 함락하였다는 소식을 듣자 당시 요동반도에 진출하고 있던 선비족의 모용慕容 씨에게 망명합니다. 이어 316년 흉노의 공격으로 서진이 멸망하자 317년 사마의司馬懿의 증손자였던 사마예司馬睿는 건업建業-지금의 남경-에서 동진東晉(317년~420년)을 세웁니다.

한편 고구려는 중국 동북지역의 혼란을 틈타 313년 낙랑군을, 314년에는 대방군을 멸함으로써 한반도에서 중국세력을 축출하게 됩니다. 하지만 고구려는 342년 동진으로부터 연왕燕王의 책봉을 받은 전연前燕의 모용황慕容皝의 침입으로 환도성이 함락되어 미천왕의 묘가 훼손되고 왕모, 왕비가 납치되는 수난을 당하는데 고국원왕故國原王이 전연의 신하가 되는 책봉체제로 들어가 겨우 미천왕의 유체를 회수하게 됩니다. 343년 고구려는 동진에도 사신을 파견하고 355년에는 전연으로부터 삼국 중 처음으로 '정동대장군, 영주자사營州刺使, 낙랑공, 고구려왕'의 작호를 받는데 이 책봉은 중국이 이민족에게 부여한 최초의 칭호이며 이어 신라도 고구려의 세력을 배경으로 377년 전진前秦에 조공합니다. 370년 전진의 부견符堅은 전연의 모용휘慕容暐를 멸하고 376년 화북을 통일합니다.

부여는 3세기 중반 이후 계속되는 위의 공세와 선비족의 공세에 시달리는데 285년에는 선비족 모용 씨의 침략으로 국왕인 의려依慮가 자살하는 수난을 겪게 되고 346년에는 전연의 모용황의 군대가 침입하여 부여왕을 비롯한 5만여 명을 포로로 데려가면서 부여는 사실상 궤멸상태가 됩니다. 이후 부여는 고구려의 보호국이 되었다가 494년 고구려에 완전히 흡수되어 사라지게 됩니다. 주변 강국들의 압박에 시달리던 부여의 왕족은 3세기 중반과 4세기 중반에 남하하여 백제왕이 되는데 역사상 기록에는 없지만 부여계의 집단들은 남하하여 변한 지역에도 정착한 것으로 짐작되며 이러한 변한지역 소국들의 수장이 북방식 호칭인 한기旱岐로 불리었고 김해 대성동 고분 등에서 북방 기마민족이 사용하던 청동 솥銅鍑 등이 출토된 데서 부여계의 남하가 확인됩니다.

부여의 후신인 백제는 3세기 전반까지는 백제伯濟로 불리던 마한 54개 소국의 하나에 불과하였으나 제8대 고이왕古爾王(재위 234년~286년) 대에 중국대륙에 진출하고 대방군 태수의 딸을 며느리로 맞이할 정도로 국력을 키운 것으로 보이며, 260년에는 6좌평제도와 16등급의 관등제도를 도입하는 등 국가의 면모를 갖추어 나간 것으로 보이는데 고이왕은 백제의 국가적 위상을 높이고 국가체제를 정비한 왕이라고 할 수 있습니다. 4세기 전반 백제는 초고왕肖古王계의 비류왕比流王과 고이왕古爾王계의 분서왕汾西王, 계왕契王 사이의 왕위계승 분쟁이 있었는데 346년 비류왕의 아들인 근초고왕의 즉위로 분쟁이 종식되고 근초고왕 때의 백제는 높은 낙랑, 대방유민의 기술력을 바탕으로 크게 성장하게 됩니다.

근초고왕의 사적은 재위 20년까지 삼국사기에 그 기록이 없는 것으로 보아 그 시기에는 고이왕계의 거점이었던 대륙백제의 안정에 주력한 것으로 보입니다. 백제는 366년에는 신라, 367년에는 왜에 사신을 보냈으나 고구려와의 관계는 점차 악화되어 369년 이후 고구려와의 전쟁이 계속되는데 371년에는 고구려의 평양성까지 진격하여 고국원왕을 전사시키는 등 강력한 국가의 면모를 보여주고 있습니다. 근초고왕은 372년 동진에 조공하고 '진동장군鎭東將軍, 영낙랑태수領樂浪太守'에 임명되고 386년에는 근구수왕이 '진동장군, 백제왕'으로 임명됩니다. 근초고왕의 업적 중에 가장 현저한 것은 영토 확장으로 중국대륙에 있던 백제의 영역을 크게 확장하여 남으로는 양자강에 이르렀고 북으로는 요동지역에 육박하였는데 고구려와의 충돌은 이러한 영토 확장 과정에서의 필연적인 결과로 보입니다. 백제가 왜와 통교한 사실은 삼국사기에는 기록이 없으나 일본서기에는 진구 왕후 46년(366년)에 이루어진 것으로 기술되어 있습니다.

한편 변한-변진- 12국은 삼국지나 후한서에 의하면 마한의 목지국目支國 또는 월지국月支國에 있는 진왕辰王에 소속되어 있었으나 3세기 후반 낙동강 하류의 김해지역의 변진구야국과 구야한국이 중심이 되어 점차 가야연맹을 형성하여 간 것으로 보입니다. 변진구야국은 위지 한전에 나오는 반면 구야한국은 위지 한전에는 나오지 않고 위지 왜인전에 나오는데 대부분의 학자들은 두 나라를 같은 나라로 보고 있지만 변진구야국이 확대되어 구야한국이 되었다는 견해도 있습니다. 후일 금관가야로 불리는 구야한국은 낙랑, 대방군과 왜와의 교역과 철의 생산을 통해 부를 축적하여 3세기 후반에는 가야연맹을 주도하는 세력으로 성장한 것으로 보입니다.

신라는 사로국斯盧國이 진한 12국을 주도하는 소국이었으나 3세기 중엽에는 낙랑과의 직통교역로를 개설하고 3세기 후반부터는 가야와의 영토분쟁이 시작되는 것으로 보입니다. 신라는 356년 내물마립간奈勿麻立干이 왕위에 오른 후 외교에 적극적인 모습을 보이는데 고구려와의 우호관계를 배경으로 377년 동진에 조공하고 381년에도 사신을 전진前秦에 파견하였으며 392년 우호의 표시로 실성實聖 왕자를 고구려에 보낸 것 등은 이러한 사실을 보여줍니다. 이와 관련하여 주목되는 사실은 4세기 후반 고구려와 백제 사이에 전개된 기나긴 분쟁은 옛 대방지역의 영역과 인력에 대한 소유권 다툼의 성격을 갖고 있었다는 것으로 당시의 한반도 정세는 기본적으로 고구려와 백제의 2강이 주도하고 신라, 가야가 이에 부수되어 연동되는 구조였는데, 이러한 구조는 4세기 말~5세기 초에 전개되는 광개토대왕의 백제, 가야 공략으로 이어지게 됩니다.

이처럼 3세기 후반부터 시작되는 중국대륙의 혼란과 그 틈을 이용한 고구려의 낙랑군과 대방군의 축출과 강국으로의 성장, 고구려에 앞서서 북만주지역에서 강성했던 부여의 쇠퇴, 마한과 진한지역에서의 백제와 신라의 성장과 백제, 신라의 고대국가로의 성장과정에서의 영토를 둘러싼 각축 등은 소국분립의 상황에 있던 변진, 가야의 여러 나라와 일본열도에 직·간접적인 영향을 미치게 됩니다. 이러한 동북아시아 정세의 격변과 맞물려 4세기 일본열도에는 어떠한 변화가 일어난 것일까요? 첫 번째는 가야계 대집단의 도래, 두 번째는 야마토 지역에서의 정치집단의 대두와 고분문화의 발생, 세 번째로는 지역 왕국들의 성립 등을 들 수 있겠습니다.

가야계 집단의 일본열도 진출과 야마토 정착

첫째로 3세기 말부터 시작된 동북아정세의 급변은 야요이 시대에도 파상적으로 이루어지던 가야인 집단의 일본열도로의 이동을 4세기 들어와 더욱 가속화한 요인이 된 것으로 보입니다. 4세기 초에는 한반도인들이 일본열도로 건너 간지 이미 600년이나 경과되어 규슈 북부 등 열도에는 이들이 원주민인 조몬인들과 혼혈되어 당초의 한반도인과는 다른 야요이인-왜인-이 형성되어 있었고 이들이 한반도와 교류, 교역하거나 한반도에 일시 거주하는 등 한반도인들과 긴밀한 관계를 갖고 있었던 것도 가야인들의 도왜渡倭를 촉진하는 요인으로 작용하였을 것으로 보입니다.

가야에서 열도로 건너간 집단 중에는 한반도 남부해안 지역과 섬 등에 거주하던 왜인들도 당연히 포함되어 있었겠지요. 다만 주목해야 할 것은 이들은 어디까지나 왜인이라는 범칭으로 불린 한반도인이며 열도로 건너가 야요이인이 된 왜인들과는 구별되어야 할 것이라는 점입니다. 물론 장기적인 시각에서 보아 이들을 포함하여 한반도에서 현해탄을 건너간 모든 사람들이 결국은 왜인, 일본인이 되게 됩니다만,

그들의 근본은 한인과 다름없다는 의미라는 것이지요. 더욱이 지리적으로 열도에 가장 가까운 지역에 있던 가야인들은 일본열도에 관한 정보-예컨대 온난한 기후로 벼농사에 적합한 곳이라든가, 열도에서는 철기제작 등 한반도의 선진기술을 활용할 여지가 많다든가, 규슈 북부의 야마타이국이 쇠락하였다든가 등의 정보-를 충분히 갖고 있었던 것으로 보이는데 이러한 사정도 이들의 열도이주를 촉진하는 요인으로 작용하였을 것으로 추정됩니다. 또한 3세기 후반부터 4세기에 걸쳐서 동아시아의 기후가 한냉화寒冷化되었다는 기록이 있는데 이러한 기후의 변화도 북방 대륙민족의 남하와 가야인들의 도왜를 촉진한 요인으로 작용했을 가능성도 있습니다.

한편 4세기 이후 가야인들의 열도이주는 과거 야요이 시대의 이주와 비교하여 특징적인 요소가 있었습니다. 무엇보다도 그들의 도왜는 왕족이나 수장이 이끄는 집단으로서의 이주로 상당히 정치적 동기가 강한 기획적인 성격이었으며 이들 집단은 야요이 시대처럼 규슈 북부로 건너가 정착하기보다는 세토나이瀬戸内해나 야마토大和-지금의 나라현-와 가와치河内-지금의 오사카의 남부-를 비롯한 일본열도 전역으로 퍼져 나갔다는 것입니다. 이러한 경향은 4세기 이후 일본열도의 각지에 생겨난 가야, 가라관련 지명이나 소국연맹과 지역 왕국들이 많이 생겨난 것으로도 확인할 수 있습니다. 일본열도에는 가야, 백제, 신라, 고구려 등 한반도 국가들의 국명과 관련된 지명이 무수히 많은데 그 중에서도 가야, 가라의 지명은 열도 전국에 걸쳐 가장 폭넓게 나타나고 있습니다.

당시 가야는 철 생산의 중심지로 철제무기와 농기구 등의 제조기술이 뛰어났기 때문에 열도로 건너간 가야계 집단은 철제무기와 갑주 등 철제무구로 무장된 집단이었을 것으로 보이며 당시 열도의 무기 수준에 비추어 보아 열도에서 도착하여 부분적인 전투는 있었겠지만 열도에 정착하는데 큰 어려움은 없었을 것으로 보입니다. 특히 4세기의 유적으로 보이는 나라현 사쿠라이櫻井시의 마키무쿠纏向 고분군의 분묘 구조는 수혈식 석실竪穴式石室과 덧널무덤木槨墓〈그림2-7〉으로서 한반도 최초의 고분으로 수혈식 석실 구조에 덧널무덤인 김해 대성동大成洞 고분군과 유사한데 이는 가야 왕족이 야마토에 출현한 사실을 보여주는 것으로 볼 수 있습니다. 이는 또한 위지 왜인전이 야마타이국의 묘제에 대해 관棺은 있으나 곽槨은 없다고 한 기

〈그림2-7〉 수혈식 석실(上-左)과 횡혈식 설식(上-右), 덧널무덤(목곽묘)(下).
수혈식 석실은 가야의 대표적인 묘제로 백제의 횡혈식 석실과 대비됨.

록과 다른 것으로 야마타이국의 야마토설이 성립되지 않음을 보여주는 사실이라고 도 할 수 있습니다.

야마토 지역에서의 정치권력의 등장을 말해주는 고분과 토기

두 번째로 야요이 시대의 선진지역이 야마타이국을 중심으로 한 규슈 북부였다면 4세기 들어와서는 나라분지가 있는 야마토와 주변지역이 점차 열도의 정치, 문화의 중심지역으로 성장하게 되는데 이러한 사실은 4세기 전반부터 야마토와 주변지역에서 거대한 전방후원분이 조성된 점과 열도 각지로부터의 토기가 마키무쿠 유적에서 발견된 점 그리고 4세기 중 후반 이후 고분에서는 야요이 시절 거의 볼 수 없었던 철 관련 부장품〈그림2-8〉이 기나이에서도 나타나고 있는 점 등으로 확인됩니다. 일본에서는 4세기에서 6세기에 걸쳐서 전방후원분을 비롯한 거대 고분들이 기나이와 세토나이해, 규슈 북부와 도카이東海 등 지역에 출현하는데 이에 이 시기를 고분古墳 시대라고 부르고 있습니다.

고분 문화를 대표하는 전방후원분의 발생에 관하여는 야요이 시대부터 기나이 지역에 있던 정치세력이 있었고 이들이 열도지배의 수단으로 전방후원분의 축조를 지방수장에게 허용하여 지방에도 점차 전방후원분이 조성되었다는 소위 '야마토주도설'이 통설이었습니다. 그러나 현재는 많은 학자들이 이를 부인하는 입장을 취하고 있는데 이들은 야요이 시대 기나이의 유적으로부터 출토된 부장품과 철기 등이 너무도 빈약하여 야요이 시절 야마토에 중요한 정치세력이 있었다고 인정하기 어렵다는 입장을 보이고 있습니다. 또한 이들은 전방후원분이 마키무쿠 고분군에서 시작된 것이 아니라 거의 동시기에 전국 각지에서 전방후원분과 전방후방분前方後方墳이 다원적으로 출현하고 있는 사실을 지적하고 있습니다.

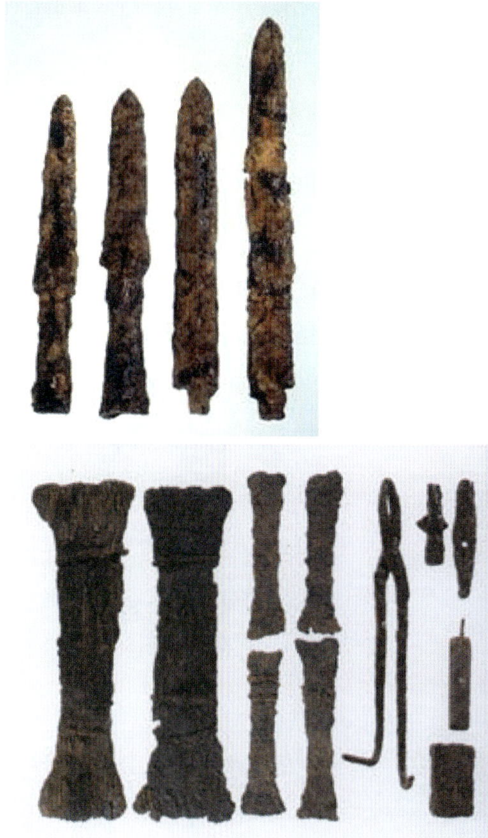

〈그림2-8〉 철 관련 부장품.
열도에서 출토되는 철 관련 부장품은 철정과 철검 등 철제무기가 대표적이며 고대 철 자원은 주로 가야, 신라에서 조달된 것으로 보임.

고분 시대는 고분의 형태, 구조, 부장품 등을 기준으로 4세기를 전기 고분 시대, 5세기를 중기, 6~7세기를 후기로 구별하고 있는데 전기 고분의 석실구조는 대개 수혈식 석실이며, 부장품은 거울, 검, 옥 등 종교색이 짙은 유물이 주종입니다. 5세기 중기의 고분도 석실구조는 수혈식 석실이지만 분묘의 규모가 커지고 무덤 주위에 호를 두른 것이 특징이며 부장품은 마구, 철과 화려한 금은 장식품 등으로 세속적, 군사적인 성격을 보여 피장자가 강력한 권력의 소유자였음을 보여주고 있는 것이 전기 고분과는 확연하게 구별되며 5세기 후반이 되면 백제의 분묘양식인 횡혈식 석실이 보급되기 시작합니다. 5세기에는 쓰쿠시築紫, 기비吉備, 게노毛野 등 지역에도 기나이 지역에 필적할만한 대형고분이 조영된 것으로 보아 기나이 세력에 필적할 만한 세력이 각 지역에도 있었음을 확인할 수 있습니다.

6세기가 되면 전방후원분의 규모가 점차 축소되고 그 수도 전국적으로 감소하는데 이는 야마토 정권이 기비, 쓰쿠시 등의 호족세력에 대한 지배를 강화한 것과 연관되는 것으로 해석됩니다. 6세기 중반 이후에는 기나이 지역의 전방후원분은 완전히 소멸되고 이후에는 주로 소규모의 원분이 조성되며 7세기 중반 이후에는 무덤조영에 대한 각종 규제로 거대고분은 완전히 사라지게 됩니다. 이와 같은 무덤규모의 축소는 6세기 중반에 불교가 들어온 후 왕족과 지배층을 중심으로 불교식 화장이 보급되기 시작한 것과 관련이 있는 것으로 보여집니다.

한편 토기의 경우는 고분 시대에 들어서면서 야요이식 토기를 계승한 적색토기인 하지키土師器〈그림2-9〉가 제작되고 4세기 말에는 가야의 도질토기陶質土器를 본받아 고온에서 구운 경질 회색토기인 스에키須惠〈그림2-10〉가 가와치, 야마토를 중심으로 제작되며 지금도 오사카부의 제2의 도시 사카이堺시에는 수 없이 많은 스에키 가마터陶邑窯跡群가 남아 있습니다. 또한 마키무쿠 유적에서는 야마토의 토기 외에도 도카이東海, 호쿠리쿠北陸, 산인山陰, 이즈모出雲, 가와치河內, 오미近江 등 각지의 토기가 집합체로 출토되고 있는데 이는 당시 야마토에는 열도 각지에서 많은 집단이 모여들고 있었음을 보여준다고 할 수 있습니다.

〈그림2-9〉 하지키.
일본 고분 시대 초기의 적갈색 연질 토기로 제작 시 녹로를 사용하지 않으며 한반도에서도 발견됨.

한편 당시 철 자원은 현대의 석유에 비견될 정도로 중요한 자원이었으며 야요이 시대 말기까지도 열도에서의 철 소재와 철제무기, 농기구 등은 규슈 북부에서 압도적으로 많이 사용되고 있었던 것이 유적에서 확인되고 있습니다. 당시 일본열도는 철 자원의 공급을 한반도의 변한과 진한에 의존하고 있었으며 열도로의 철 공급 루트는 변한-규슈 북부 루트(규슈루트)와 진한-이즈모(동해루트)의 2개 루트가 개설되어 있었던 것으로 보입니다. 야요이

〈그림2-10〉 스에키.
가야, 신라, 백제 등의 영향을 받아 빠르면 4세기 말 이후 열도에서 제작된 회색 또는 회갈색의 도질토기로 특히 스에키 가마터는 오사카 남부 지역에서 집중 발견됨.

시대 후기까지만 하더라도 기나이와 도카이 지역은 철기문화권 밖이라고 할 정도로 철의 출토량이 미미한 수준이었다가 4세기의 전기 고분에서는 철제품의 출토가 증가되고 있는데 이는 규슈 북부나 이즈모, 기비 등 선진 철 문화 지역의 사람들이 기나이로 이주한데 따른 것으로 보여집니다.

전국적으로 확산되는 독립왕국들

세 번째로 4세기 이후 특히 5세기의 일본열도에서 나타나는 특징적인 현상의 하나는 열도 각지에 많은 지역 독립왕국들이 출현하고 있었다는 사실입니다. 가도와키 데이지門脇禎二 씨는 고분시대 후기까지 일본열도에 통일정권은 존재하지 않았고 각지에는 독립된 지역 왕국이 존재하고 있었다는 '지역 왕국론'을 전개하고 있는데 이는 당시 열도의 상황을 정확하게 묘사하고 있다는 생각입니다. 동인은 왕통계도의 복원, 지배영역의 특정, 독자의 제사와 문화 등을 요건으로 하여 존재가 확인된 지역 왕국으로 쓰쿠시築紫, 이즈모出雲, 기비吉備, 단바丹波, 야마토大和 등을 거론하고 있습니다.

지역 왕국에 관하여는 북한학자 김석형 교수의 '한삼국분국론韓三國分國論'이 유명합니다. 그는 일본열도에서 4세기 초 경부터 지역 국가들이 규슈 북부, 이즈모, 기비 및 기나이지방에 순차적으로 성립되어 가는데 이들의 대부분은 한반도 계통의 신라, 백제, 가야 등의 도래세력이 세운 나라들로 6세기 말~7세기 초까지 존재하면서 한반도의 본국인 삼국과도 어떠한 형태로든 관계를 갖고 있었다고 합니다. 지역 국가들의 소재지로 보면 규슈의 서북부에서는 백제계, 동북부에서는 가야계, 이즈모와 기비에서는 신라계가 우세하였으며, 가장 늦은 4세기 중 후반 성립되었을 것으로 보이는 야마토 지역의 경우에는 초기에는 신라계가 우세하였으나 5세기 말 이후에는 가야-백제계가 우세해진 것으로 보고 있습니다. 그러나 5세기 후반이 되면 규슈 북부에서 기나이에 걸쳐서 백제계가 전반적으로 우세해지는데 6세기 이후 야마토 왕조가 각 세력을 통합하기 시작하여 7세기 전반까지는 통합을 완료한 것으로 김석형 교수는 보고 있습니다. 또한 김 교수는 6~7세기 야마토 왕조의 내부구성이 복잡하여 그 기층은 토착민들이었지만 지배층은 사실상의 백제분국으로 볼 수 있다고 논증하고 있습니다.

야마토 정권의 주도세력이 가야계 집단임을 보여주는 증거들

지금까지 4세기에 들어와 가야계의 일본열도로의 이동을 촉진한 배경 및 이유와 나라분지의 야마토에 새로운 정치, 문화세력이 출현한 상황에 대하여 설명하였습니다만, 과연 이러한 새로운 세력의 중심이 된 것은 어떤 세력이었을까요? 이에 대하여는 여러 가지 설이 있으나 이 세력은 주로 가락국-금관가야- 계통의 집단으로 보이는데 그 이유에 관하여 많은 전문가들의 의견을 바탕으로 말씀드리고자 합니다.

첫 번째는 묘제입니다. 가야의 대표적인 묘제가 수혈식 석실과 덧널무덤木槨墓인데 야마토의 고분들에서도 이와 동일한 분묘양식이 나타나며 4세기 전기고분시대의 유적인 마키무쿠纏向 고분군에서는 전형적인 수혈식 석실과 목곽분木槨墳이 사용되고 있습니다. 신경철 전 부산대 교수는 대성동 고분군에서 보이는 덧널무덤木槨墓-대성동29호분-을 한반도 최초의 덧널무덤으로 보고 있고 한국고고학계는 그 축조시기를 3세기 후반으로 보고 있는데 이러한 덧널무덤을 축조한 기술을 지닌 집단이 야마토로 건너와서 마키무쿠의 고분들을 만든 것으로 보여집니다. 마키무쿠 고분군에서 가장 오래된 것으로 보이는 마키무쿠이시즈카石塚 고분도 수혈식 석실 구조이며 마키무쿠형 전방후원분인 호케노산 고분은 돌로 둘러싼 덧널무덤인데 묘에 곽을 만드는 매장 양식은 규슈 북부와 야마토의 전기 고분문화가 연속되지 않음을 보여주는 것이라고 이시와타리 신이치로石渡新一郎 교수는 지적하고 있습니다.

또한 야마토로 향하는 가야계 도래 집단의 전진기지가 되었을 기비지역에서는 다테츠키楯突 분구묘가 다수 발견되어 매장시설로서 초기의 덧널무덤을 사용한 것을 알 수 있는데 원형봉분 양쪽으로 돌출부가 있는 이 분구묘는 김해시 대성동 29호분이나 양동리 235호분 등의 기술에 유래하는 가야계 묘제로 판단됩니다. 또 다테쓰키 분구묘에 있는 거석주군巨石柱群과 귀석龜石에는 김해시의 구지봉龜旨峯의 '구龜'

와 그 정상에 있는 입석立石을 연상케 합니다. 다테쓰키 분구묘의 축조시기를 3세기 중반으로 보는 고고학계의 주장이 있으나 4세기 전, 중반으로 보는 것이 타당한 것으로 보입니다. 기비에는 다테쓰키 분구묘 외에도 4세기의 고분이 즐비한데 수혈식 석실, 특수기대特殊器臺, 가마 터 등 가야와의 관련성이 확실한 유물들이 출토되고 있습니다.

두 번째는 가야토기입니다. 김해패총에서 발견되는 김해식 토기로 분류되는 밑이 동그란 항아리는 긴키지방에서 많이 발견되고 있으며 나라분지의 여러 유적에서 많이 발견되는 고배高杯와 이중구연호二重口緣壺는 한반도색이 짙은 토기로 보여집니다. 특히 마키무쿠 유적에서 하지키와 함께 출토되는 가야의 도질토기는 4세기 후반 가야세력이 야마토에 정착하였음을 보여 주는 중요한 근거가 됩니다. 삼한시대의 가야토기에는 녹로와 가마에 의한 도질陶質토기와 연질軟質토기, 와질瓦質토기의 세 종류가 있는데 연질토기는 일본의 하지키土師器로 발전하고 도질토기는 일본의 스에키須惠器로 발전한다는 것이 전문가들의 견해입니다.[5)]

4세기의 토기를 굽는 가마터는 한반도와 기나이를 잇는 세토나이해 루트의 선상線上에 점철되고 있는데 이는 도래세력이 지나간 루트와 일치되고 있는 것으로 볼 수 있습니다. 토기 굽는 가마터 외에 붙박이식 부뚜막은 전형적인 도래계의 자취이며 기비를 대표하는 거대고분인 오카야마岡山의 쓰쿠리야마造山 고분의 근처에 있는 구와기야쿠시窪木藥師 유적에서는 초기 부뚜막이 있는 주거가 발견되었습니다. 또한 가야계의 연질토기와 함께 부산 복천동福泉洞 고분의 출토물과 유사한 철정, 철기 등도 출토되고 있는데 이러한 유적의 축조연대는 가야계 도래 집단이 기나이에 도착한 시기로 보이는 4세기 중반인 것으로 보입니다.

세 번째는 문헌기록입니다. 먼저 삼국유사에 기록된 가락국의 김수로왕〈그림 2-11〉의 난생강림신화와 일본서기, 고사기에 기록된 천손강림신화의 내용이 거의

5) 도질토기는 1,000도 이상에서 환원염還元焰-산소공급을 충분히 하지 않아 불완전하게 연소시키는 불-으로 구운 회색 토기이며, 연질토기는 산화염酸化焰-외부 공기가 직접 공급되어 산소와 화합된 불-으로 구운 적갈색 토기이고, 와질토기는 터널 형 가마에서 1,000도 이하에서 구운 토기임.

〈그림2-11〉 김수로왕릉(上), 홍살문(下).
김해시에 있는 금관가야의 시조 김수로왕의 능으로 축조 시기는 불명이나 현재의 모습은 1580년 개축된 것이라 하며 신위는 경내의 숭선전崇善殿에 모셔져 있음.

같다는 것을 들 수 있겠지요. 하늘로부터 나라를 다스리라는 명을 받고 천으로 쌓여 내려오는 모습이 같고 강림하여 내려온 땅의 이름도 '구지봉龜旨峯'과 '구시후루다케'-고사기는 久士布流多氣, 일본서기는 槵觸之峯으로 표기-로 비슷합니다. 또 일본서기의 일서一書에는 천손이 내려 온 땅을 소호리노야마노다케添山峯라고 하는데 소호리의 음운은 서울과 기원이 같은 말로 알려지고 있습니다. 이처럼 두 신화를 기록한 양국의 사서를 그대로 따를 경우 가야의 김수로왕을 일본 야마토 왕조의 초대왕인 진무神武로 보게 되는데 일본사학계에서는 일반적으로 진무왕은 존재하지 않았고 제10대 스진崇神왕을 야마토 왕조의 초대 왕으로 보고 있으므로 결국 김수로왕이 스진왕이 되는 셈입니다만 진무왕을 제15대 오진왕의 반영으로 보는 견해도 있습니다.

또한 일본서기 스진기를 보면 스진왕이 궁중에 합사合祀되었던 천신天神인 아마테라스오미카미天照大神와 토착신인 야마토노오쿠니다마倭大國魂의 두 신을 분사하는 기사가 나오는데 스진 왕조가 도래계가 아니고 토착계의 왕권이었다면 처음부터 토착신을 제사할 필요가 없었을 것으로 보입니다. 한편 일본서기에 의하면 스진까지는 대륙풍의 순장殉葬이 행하여졌으나 다음 왕인 제11대 스이닌垂仁왕 때부터 순장풍습을 폐하고 대신 흙으로 만든 인형인 하니와埴輪〈그림2-12〉-일종의 토용土俑-로 대체하는 기사가 나오는데 순장의 풍습은 대성동 고분군의 덧널무덤에도 있었습니다.

한편 조선 성종 때인 1481년 완성된 동국여지승람東國輿地勝覽의 고령高靈현조에 대가야에 관한 다음과 같은 기술이 있습니다. '가야산 산신인 정견모주正見母主는 천신 이비가와 감응하여 두 아들 뇌질주일腦窒朱日과 뇌질청예腦窒靑裔를 낳았는데 두 아들은 각각 대가야와 본가야의 왕이 되었다. 첫 아들 주일은 대가야의 시조왕 이진아기이고 둘째 아들 청예는 본가야왕 김수로왕의 별명이라고 한다. 대가야국은 시조 이진아기(일본서기의 이자나기)로부터 마지막 왕 도설지왕까지 520년 동안 이어 내렸다.' 앞의 기술에서 이진아기伊珍阿鼓는 변한 12국의 하나인 미오야마국의 시조 왕인데 일본서기의 신대기에 나오는 창조신이자 일왕가의 조상신인 이자나기-고사기에서는 伊邪那岐, 일본서기에서는 伊奘諾-와 이름이 비슷하여 일왕가는 대가야의 왕족출신이라는 견해가 한일 양국의 학계에서 제기되고 있는데 언어학자인 강길운姜吉云 교수는 '이진아기'는 일본식 발음으로 '이자나기'가 된다고 보고 있습니다.

〈그림2-12〉 하니와(토용).
흙으로 빚은 토기의 일종으로 토우와 유사하나 거대한 봉토분 주변에 둘러 세워 놓은 것으로 주로 고분시대에 제작된 것을 가리킴.

네 번째는 중국사서인 구당서舊唐書에 있는 기록입니다. 구당서 일본전에는 '일본은 옛날에는 소국이었으나 그 후 왜국의 땅을 병합하였다.'는 기술이 있습니다. 구당서는 초기 당(618년~712년)에 관하여 940년 경 편찬된 것으로 여기에 나오는 일본은 가락국을 가리키는 것으로 보이는데 소국 일본이 왜국을 병합하였다는 기사는 960년 경 편찬된 당회요唐會要에도 나옵니다. 흥미로운 것은 713년~805년까지의 당에 관한 사서로 1,050년 경 편찬된 신당서新唐書에는 일본은 소국이었으므로 왜에 병합되었다고 하여 구당서와는 반대로 기술되어 있다는 점입니다. 이와 관련하여 재야사가인 다카하시 요시오高橋義雄 씨[6]는 그의 저서에서 당회요에는 '왜국은 정북을 신라와 접하고 있다.'고 기술되어 있고, 신당서 신라전에는 '신라의 동남은 일본과 접하고 있다.'고 기술되어 있어서 소국 일본은 분명히 가라를 가리키며 왜국을 병탄한 소국 일본은 가락국을 말한다고 강조하고 있습니다.

6) 高橋義雄, 応神天皇の征服, 新潮社, 2015

다섯 번째로는 비교언어학적인 측면에서 김해의 금관가야와 야마토 왕조의 밀접한 관계를 일 수 있습니다. 이는 주로 언어학자인 강길운 박사[7]의 분석인데 상당히 흥미롭습니다. 먼저 강길운 박사는 가야족은 거북을 토템으로 하는 종족으로 기원은 인도의 드라비다족 및 타밀족이라고 하고 변진의 미오'야마', 열도의 '야마'타이, '야마'토의 '야마'는 모두 거북을 의미하며 이들이 모두 동족임을 의미한다고 하고 있습니다. 구지봉의 구지는 타밀방언으로 알의 뜻인데 수로왕이 내려온 구지봉도 알봉우리卵峯을 의미하지만 굳이 구龜자를 택한 것은 구지봉이 거북토템족인 가야족의 발상지임을 암시한 것으로 보고 있습니다. 그는 야마타이邪馬臺국은 야마이邪馬壹국이 맞는 표현이라고 하면서 야마이국이나 야마토국의 소재지에서 거북 모양의 돌龜石이 자주 발견되는 것도 이들이 가야족임을 보여주는 것이라고 합니다. 또한 일본서기에서 초대 진무왕이 왕궁을 세웠다는 가시하라는 김해金海의 고 지명으로 금관金官을 뜻하는 타밀어 가지바라에서 온 것이고, 일본의 천황天皇을 뜻하는 스메라미코토는 타밀어로 하늘의 아들을 의미하니 즉 천왕, 천황을 뜻한다고 하고 있습니다.

또 김수로왕의 '김' 씨 성은 드라비다어로 금을 뜻하는 '진나'가 진이 되고 김이 된 것으로 드라비다족은 김해를 중심으로 집단 유입하여 살게 된 것으로 보인다고 하고 있습니다. 한편 임나가라任那加羅의 임나는 일본 말로 '미마나'라고 하는데 이는 '님나'가 니무나-니마나-미마나의 과정을 거쳐 변용된 것이고 님은 타밀어로 몸통, 주요부의 뜻인 '니람'이 니럼-니엄-님으로 변화되고 거기에 땅을 뜻하는 '나'가 붙어 '님나'가 된 것으로 주인의 땅, 종가, 본국을 의미한다고 하고 있습니다.

강 박사는 한국어중 드라비다어에 대응하는 어휘수가 1,800개에 달하고 대부분 기초어이기 때문에 두 언어의 친근성이 높은 편이라고 하고 결과적으로 금관가야의 지배층이 열도로 건너가서 야마토 왕조를 세웠으므로 가야와 왜국의 지배층은 동족이며 그들의 기원은 인도의 드라비다족이라는 결론을 내리고 있는데 앞으로 이 흥미로운 가설에 대한 심도 있는 연구가 필요해 보입니다.

7) 강길운, 한일고대관계사의 쟁점, 한국문화사, 2002

두 개의 가야 집단의 도왜에 관한 시나리오

고분 시대가 시작되는 4세기부터는 3세기까지의 중심지였던 규슈 북부가 아닌 혼슈本州의 여러 지역, 특히 이후 열도의 정치, 문화의 중심지가 되는 나라분지에 새로운 정치세력이 등장하였고 그 주도세력은 지금까지 검토한 것처럼 고고학적이나 문헌기록, 비교언어학적인 면에서 보아 한반도 남부에 있던 가야계 집단일 가능성이 높은 것으로 보입니다만 이에 관하여는 몇 가지 추가적인 검토가 필요해 보입니다.

첫 번째로 가장 핵심이 되는 문제는 일본서기와 고사기가 일왕가-천황가- 선조의 고향이 대가야의 고령高靈임을 암시하고 있는 반면, 당시의 한반도 남부와 일본열도의 상황을 감안하면 3세기 후반 이래 철의 생산과 교역을 통해 부를 축적하고 가야연맹의 맹주가 된 것이 틀림없는 금관가야가 야마토로 진입하여 야마토 호족연합의 맹주가 되었을 가능성이 현실적으로 높아 보인다는 점입니다. 일본서기 기술의 상당부분을 신뢰할 수 없다는 것이 정도의 차이는 있지만 한국과 일본의 사학자들의 일치된 견해이기는 한데 그렇다고 설마 일본국의 상징이자 최고 지도자인 일왕-천황-가의 유래를 일본서기가 거짓으로 기술했다고 보는 것은 무리가 있다고 여겨지기 때문입니다.

일왕가의 조상이 고령의 대가야임을 암시하는 기 · 기記紀의 기술은 주로 신들의 이야기인 신대기神代紀에 나오는데 먼저 신들의 무대인 다카마가하라高天原에 있으면서 천손 니니기노미코토가 가야에서 북부 규슈로 건너가서 다스릴 땅을 확보하는 천신天神으로 가장 활약이 큰 천손의 외할아버지인 다카미무스히노미코토高皇産靈神를 들 수 있습니다. 그의 이름 중에 고高자와 영靈자가 분명히 보이지요? 많은 학자들이 이 부분의 기술을 보고 다카마가하라는 고령이며 일왕가의 조상을 고령출신으로 보고 있는 것입니다.

두 번째는 이미 언급하였지만 일본열도를 탄생시킨 신화-소위 대팔주大八洲 탄생신화-의 주인공인 이자나기伊邪那岐 신이 고령현에 있었던 대가야의 전신인 변한 미오

야마국彌烏邪馬國의 초대 왕이었다는 동국여지승람의 기록입니다.

세 번째는 일왕가의 초대왕으로 된 진무神武의 부친의 이름이 우가야쿠사후키아헤즈인데 그 이름의 첫 부분에 있는 '우가야'는 우리말로 '위에 있는 가야' 즉 상가야 또는 대가야를 의미하는 것으로 해석된다는 것입니다. 이처럼 일본서기의 기술은 명확하게 일왕가의 조상이 대가야에서 왔다고 쓰고 있지는 않으나 신화를 빌어 일왕가의 원향으로 대가야에 초점을 맞추어 기술하고 있는 것을 모두 우연이라고 생각하기에는 너무 구체적이고 리얼한 표현이라고 밖에 볼 수 없다는 느낌이 듭니다.

그렇다면 일왕가의 조상이 금관가야의 수로왕계라는 일부 학자들의 주장은 잘 못된 것일까요? 필자는 대가야와 금관가야 둘 다 있을 수 있는 견해일 가능성도 있다고 보며 가능성이 가장 높은 추론으로 크게 두 개의 시나리오를 상정할 수 있다고 생각합니다.

그 첫 번째 시나리오는 가야세력 수장의 고향이 고령인데 어느 시기에 고령의 대가야를 떠나 김해의 금관가야의 왕이 된 후에 야마토로 건너온 경우로 이 경우는 일왕가의 최초의 고향이 고령이 되므로 기 · 기의 기술과 모순되지 않게 됩니다. 문제는 실제로 이러한 일이 있었는가를 검증하는 것인데 그 가능성은 상당히 있는 것으로 보이며 필자는 그 연결고리를 진왕辰王에서 찾을 수 있다고 봅니다. 삼국지 위서 동이전과 후한서 한전에는 진왕에 관한 기사가 여럿 있는데 요지는 마한이 마한인 중에서 진왕을 세워 월지국 또는 목지국에서 변진 24국 중 12국을 다스렸다는 기록이 있고 또 진왕을 유이지인流移之人으로 표기하고도 있어서 그가 외부로부터의 이주세력임을 암시하는 기술도 있다는 것입니다.

그런데 3세기 후반에는 백제가 사실상 마한의 맹주가 되어 있던 것으로 보이므로 당시의 백제왕은 동족인 부여계 이주 집단의 수장 또는 백제의 왕족 중에서 진왕을 정하였을 가능성도 충분히 있었을 것으로 생각되며 이동해온 부여계 집단의 수장에게 진왕의 자리를 준 경우 진왕을 '유이지인'으로 기술한 후한서에 있는 위략의 인용 기사와도 합치되게 됩니다. 삼국지 위서 한전에 나오는 월지국月支國-후한서에서는 목지국目支國-의 위치에 대하여는 충남의 천안이나 예산, 공주 등이 거론되고 확정되지 못하고 있으나 진왕이 변진12국을 다스렸으므로 진왕이 있던 곳은 고령 등 백제에서 변진에 가까운 지역-위에 거론된 후보지 중에서는 공주가 이에 해당-이었을 수도 있다는 생각이 듭니다. 중국사서의 기술로 보아 진왕은 변진을 실질적으로 통치하는 실권을 갖고 있던 것으로는 보이지 않으나 가야제국에 대한 어느 정도의 권위나 영향력을 갖고 있었다고 볼 수 있으며 3세기 후반 금관가야가 철 생산과 중계무역을 바탕으로 성장하고 일본열도로 건너가게 되는데 있어서 진왕이 주도적인 역할을 할 수도 있었다고 볼 수도 있습니다.

두 번째 시나리오는 대가야 집단의 수장과 금관가야 집단의 수장이 형제 등 같은 혈통의 사이로 대가야 집단이 먼저 규슈 북부로 건너가 상당기간 체류한 후에 4세기 초반 야마토로 이동하여 야마토 지역의 호족연합 정권을 세웠는데 4세기 중후반 금관가야 세력이 야마토로 들어와서 대가야 집단이 세웠던 초기 야마토 정권-미즈노 교수가 말하는 스진崇神왕조인 고왕조-을 흡수하여 오진왕조-소위 중왕조-를 세웠다는 것입니다. 이 경우 왕권은 스진계에서 오진계로 이동하나 사실은 오진계가 스진계의 동생가문벌이 되므로 같은 혈통은 유지된다고 볼 수 있을 것입니다. 이와 관련하여 동국여지승람에는 본가야의 김수로왕이 대가야의 이진아기의 동생이라고 기술되어 있고, 일본서기 신대기에 보면 진무의 할아버지인 야마사치山幸는 형인 우미사치海幸를 제치고 천황가의 계보를 잇는 것으로 기술되어 있는 것도 암시하는 바가 있는 것으로 보입니다.

이 시나리오는 또한 스진왕계가 그대로 오진왕계로 이어지는 것으로 되므로 일본서기가 추구하는 소위 '만세일가' 정신에도 어긋나지 않는 측면이 있다고도 볼 수 있겠지요. 이러한 시나리오에 따라서 대가야족은 3세기 말 또는 4세기 전반의 전기 고분 시대에 야마토로 들어온 반면 금관가야 집단은 4세기 중후반의 중기 고분 시대에 야마토에 정착한 집단이라고 보면 야마토 지역에서 발견되는 고분의 실제상황과 합치되는 측면이 커진다고 볼 수 있습니다. 이는 4세기 초반과 중후반 고분은 그 부장품에 있어서 현격한 차이를 보이고 있기 때문인데 전자의 출토물은 거울, 검, 옥구슬 등 사제司祭적, 주술적인 초보적인 것임에 비해 후자의 출토물은 철제무구, 마구, 갑주 등 세속적이고 군사적인 것들이 대거 발견되고 있기 때문입니다. 이처럼 4세기에 들어와 야마토에 정착하여 소위 미와三輪 왕국을 세운 세력이 대가야이던 금관가야 집단이던 가야계라는 것은 분명해 보이는데 실제로 대가야와 금관가야의 어느 집단이었는지를 특정하는 데 있어서 중요한 단서가 되는 것은 야마토 지방 고분의 조성시기와 부장품이라고 생각됩니다.

가야계 집단이 야마토에 진입하여 호족의 연합정권인 미와 왕국을 세운 시기에 관하여는 문헌사료가 없기 때문에 단정하기가 어려운 실정이지만 넓게 본다면 중국 사서에서 왜국에 관한 기록이 사라진 266년과 중국 송서에 왜국 왕이 다시 등장하는 413년 사이의 어느 시기라고는 말할 수 있겠지요. 일본의 보수학계에서는 왕권의 주체가 가야세력인지에 대해서는 침묵하면서 전방후원분이 나라분지와 그 주변과 세토나이해 등에 조성되는 시기인 4세기 중반에는 야마토 정권도 성립된 것으로 보고 있습니다. 그들은 이 시기가 대략 한반도에서 백제와 신라가 각기 마한과 진한을 통일하여 고대국가의 면모를 갖추는 시기이므로 일본열도에서도 이보다는 더 늦지 않은 시기에 야마토 정권이 성립되었다고 하는 것이지요.

그러나 여기에서 유의해야 할 것은 당시의 미와 왕국이 백제나 신라와 같은 고대국가와 비슷한 수준의 국가와는 거리가 먼 좁은 지역의 호족연합에 불과하였다는 점입니다. 당시 미와 왕국의 영역은 초기에는 나라분지의 동북부의 시키磯城 지역에 국한되었다가 후에 그 영역이 나라분지의 동남부의 마키무쿠에 미치게 되는 소왕국이었으며, 정권의 성격도 나라분지에 선주하고 있던 여러 호족들과 연합하여 세워진 연합체에 그치고 있었습니다. 또한 4세기 이후 일본열도의 곳곳에서는 한반도에서의 고구려, 백제, 신라간 각축전이 전개되는 와중에 이주한 삼국의 상류층과 무인집단이 야요이 시대에 도왜하여 토착화된 야요인들을 기층으로 많은 지역 왕국들을 세우고 있었는데 미와 왕국도 그러한 지역 왕국들의 하나였으며 이러한 지역 왕국들의 성립은 5세기 초 광개토대왕의 백제, 가야 공략 이후에 일본열도 각지에서 더욱 현저하게 전개되어 나갑니다.

제 7 화
고분 시대와 지역 왕국들의 성립

4세기 전반 이후 야마토와 가와치를 중심으로 전방후원분을 비롯한 거대고분들이 조성되기 시작하며 일본에서는 고분이 조성되는 4~7세기를 고분 시대라고 부릅니다. 일본학계는 고분의 출현을 야마토를 중심으로 고대국가가 형성된 증거로 해석하는데 최근에는 고분의 출현 시기를 3세기 중반이 지난 시기로 앞당기려는 경향을 보이고 있으며 이는 이들이 말하는 야마토 조정 즉 스진 왕조가 3세기 중반에 있었던 야마타이국을 계승한 왕조임을 주장하기 위한 일환으로 보여집니다.

한편 4세기 이래 일본열도에는 각지에 독립된 지역 국가들이 형성되고 이들은 세력을 과시하기 위해 경쟁적으로 거대고분을 축조하는데 5세기에는 10여 개의 지역 왕국이 성립되어 있던 것을 고분에서 출토된 금동관, 금동신발, 환두대도 등 유물을 통해 확인할 수 있습니다. 이 시기 일본열도에 있었던 주요 지역 왕국으로는 규슈의 고마肥국과 쓰쿠시筑紫국, 이즈모出雲국, 기비吉備국, 야마토의 미와三輪 왕국, 가와치河內 왕국, 야마시로山背국, 고시越국, 간토지방의 시나노信濃국 등을 들 수 있습니다.

이들 지역 왕국들은 4세기에 들어와 한반도에 삼국이 정립, 각축하는 가운데 주로 정치적인 목적을 갖고 일본열도로 이주한 조직적인 무장집단에 의해 세워진 것으로 보입니다. 당시 지역 왕국들은 한반도의 모국인 백제, 가야, 신라, 고구려와도 관계를 유지하고 있던 사실이 이들 지역에서 출토되는 유물을 통해 확인됩니다.

고분의 조성시기를 앞당기려는 일본학계

일본을 관광차 방문한 적이 있는 한국인들 중에는 오사카남부의 사카이堺시에 있는 닌토쿠仁德왕릉으로 불리는 거대한 전방후원분에 관한 이야기를 듣거나 직접 보고 그 엄청난 규모에 놀라신 분들도 있었으리라 생각됩니다. 이 고분은 길이가 486미터, 너비가 350미터로 세계 최대 규모의 고분이며 다이센大仙, 大山 고분〈그림2-13〉이라고 불리는데 고분들이 군집한 모즈百舌鳥 고분군의 중심적인 고분입니다. 일본에서는 일반적으로 이 고분의 축조시기를 4세기 말 또는 5세기 초로 보고 있는데 반해 독실한 고고학자들 사이에서는 5세기 말 내지 6세기 초의 것으로 보고 있어-필자는 이 견해에 동의- 축조시기에 관한 견해 차이가 100년 가까이 나기 때문에 제3자로서는 어느 견해에 따라야 할 것인지 매우 혼란스러운 것이 현실입니다.

〈그림2-13〉 다이센 고분.
오사카 남부 사카이시에 있는 전방후원분으로 닌토쿠왕릉으로 불리기도 하나 피장자가 확정되지 않음.

이러한 고분의 축조시기에 대한 일본내부에서의 심각한 견해차이로 인해 과거 닌토쿠왕릉으로 불렸던 이 고분을 근년에는 피장자를 특정할 수 없다는 학자들의 의견을 감안하여 그 지역명인 다이센 고분으로 부르고 있습니다. 고분의 축조시기에 관한 이러한 혼란은 다이센 고분만이 아니고 왕릉으로 보이는 대부분의 대형고분에 해당되는 것이기 때문에 그 문제의 심각성이 있다고 할 수 있습니다. 일본의 학계는 종래 야마토와 주변에서 고분이 조성되기 시작한 것을 3세기 말에서 4세기 초로 보고 4세기부터 7세기까지를 고분古墳 시대로 불러 왔는데 문제는 근년 고고학자를 중심으로 이 시기를 3세기 중반까지 올리려는 집념(?)을 보이고 있어서 고분의 실제의 축조연대를 확정하기 어렵다는 데 있습니다.

일본학계의 이러한 동향은 실제와는 무관하게 출현기의 고분인 하시하카 고분의 축조시기를 3세기 중반 정도까지 끌어 올려야만 야마타이국의 히미코 여왕이 죽었다는 240년 대 후반에 맞출 수 있기 때문인 것으로 보이는데 이 고분만이 아니고 다른 대부분의 고분의 축조연대를 앞당기고 있어서 문제가 더 복잡해지고 있습니다. 비학문적인 동기를 갖고 고분의 축조연대를 앞당기려는 보수적인 고고학계와 사학계의 움직임을 비판하고 있는 학자와 재야사학자들도 있는 것은 그나마 다행이라고 생각되는데 저명한 고고학자인 모리 고이치森浩一 씨를 비롯하여 재야사학자인 이시와타리 신이치로, 나카지마 가쿠 씨 등은 하시하카고분의 축조시기를 4세기 중후반으로 보고 있으며 이에 따라 야마토 초기정권인 미와 왕국의 성립시기를 4세기 중후반으로 보고 있습니다. 앞의 두 번째 시나리오에서처럼 대가야 집단과 금관가야 집단을 별도의 세력으로 볼 경우 두 집단의 나라분지 도착 시기를 대가야족은 3세기 말이나 4세기 초로 보고 금관가야 세력은 4세기 중후반으로 본다면 실제의 고분상황과 합치되는 셈이 됩니다.

토기편년과 고분 축조연대의 추정

지금까지 일본에서는 고분의 축조연대에 관한 논쟁이 그치지 않고 있는데 왜 이처럼 고분의 연대측정에 관한 의견차가 큰 것일까요? 일본에서는 고분의 연대측정에 비학문적인 동기가 있어 보인다고 말씀드렸는데 그렇다면 원하는 시기로 고분의 축조연대를 맞출 수 있을까요? 그게 가능하다는 것입니다. 일본에서는 소위 '토기편년'이라는 것이 있어서 어느 고분에서 출토된 토기의 제작연대를 방사성동위원소측정을 통해 정해 가는데 그 기준이 되는 것이 야요이 토기에서 스에키로 넘어가는 사이의 이행기에 출토되는 하지키土師器의 편년이고 이 편년을 적용해서 각각의 토기가 나온 고분의 조성연대를 추정하는 식이라고 합니다.

토기편년의 문제는 좀 복잡하기는 하지만 한일 고대사의 근간과도 관련되는 중요한 문제이므로 나카지마 가쿠仲島岳 씨의 설명을 중심으로 소개하고자 합니다. 일본에서는 일반적으로 하지키의 종류와 편년으로서 쇼나이庄內식 토기에서 후루布留식 토기로의 시간적인 변천이 있다고 보는데 출토된 토기의 편년이 가능하면 그 토기가 나온 고분의 연대를 어느 정도 판명할 수 있다고 봅니다. 예를 들어 하시하카고분에서 출토된 토기의 편년은 후루0식 토기인데 후루0식 토기의 편년을 언제로 보는가에 따라 고분의 축조시기도 연동되어 추정하는 방식입니다. 결국 여러 종류군의 하지키의 편년을 언제로 보느냐가 고분의 연대추정에 결정적인 요소가 되며 보수적인 고고학자일수록 하지키의 편년을 앞당기고 있는데 학자에 따라서는 그 편년 시기가 100년 이상 차이가 나는 것입니다.

하지키란 야요이 토기의 다음에 출현하는 토기로 아직 가마窯를 쓰지 않고 저온에서 구운 토기이며 적갈색의 연질토기로 야요이 토기의 연장선상에 있는 토기입니다. 반면 스에키는 가마를 사용해서 1,000~1,200도에 달하는 고온으로 구운 상질의 토기로 청회색 경질토기인데 한반도의 도질토기 제조기술이 4세기 말 경 왜국에 전수되어 왜국에서도 제작되기 시작한 것으로 보입니다. 하지키가 출현하는 시기에 대해 일본에서는 종래 300년 경이라는 견해가 일반적이었고 이에 따라 고분시대의 시작도 4세기 이후로 보았는데 근년에는 하지키의 편년을 2세기 후반까지 올리려는 학자들도 나오고 있습니다.

이는 무엇보다도 나라분지의 마카무쿠 유적에서 출토되는 후루식 토기의 시기를 앞당겨 200년대로 하면 마키무쿠 유적을 야요이 시대의 것으로 하여 이를 히미코여왕의 야마타이국 유적이라고 주장하면서 야마토 왕조가 이를 계승한 왕조라고 주장할 수 있기 때문인 것으로 보입니다. 하지만 한반도에서 도질토기가 출현하는 시기는 4세기 초이고 규슈북부에서 기나이에 걸쳐서 4세기에 도래한 도질토기가 많이 출토되고 있으며 이들은 쇼나이식 및 후루식 토기와 동반되어 출토되고 있습니다. 이에 대해 나카지마 씨는 이는 쇼나이식 및 후루식 토기의 시기에 한반도의 도질토기가 왜국으로 건너온 것을 보여주는 것으로 쇼나이식 및 후루식 토기가 4세기 전반보다 그 앞으로 소급될 수는 없다고 하면서 쇼나이식 편년을 4세기 전반으로 보는 것이 합리적이라는 견해를 피력하고 있습니다.

열도 각지에 출현하는 독립된 지역 왕국들

4세기 이후 나타나는 또 하나의 중요한 특징은 일본열도의 각지에서 나라의 야마토 정권에 비견되는 독립적인 지역 왕국들이 많이 생겨나고 있었다는 사실이며 규슈 북부나 세토나이해 연안지역, 혼슈의 중서부지역, 교토의 동남부와 오사카평야 등에서 이러한 지역 왕국들의 자취를 확인할 수 있습니다. 이러한 지역 왕국의 존재는 주요지역의 분묘들에서 출토된 유물들을 통해서 확인할 수 있는데 당시 일본열도의 여러 지역에서 금동왕관〈그림2-14〉, 금동제신발, 환두대도〈그림2-15〉, 동경, 마구 등이 다량으로 출토되었습니다. 이 중 금동왕관은 왕의 상징이며 금동신발이나 환두대도 등도 지역의 수장이 소유했던 것으로 보여 당시 일본열도에는 나라분지의 미와왕국과는 별개의 독립된 지역왕국들이 병립하고 있었음을 알 수 있습니다.

〈그림2-14〉 금동왕관.
열도의 여러 지역에서 출토되었는데 이는 각 지역에 지역 왕국이 있었음을 보여줌.

〈그림2-15〉 환두대도.
고분 시대 이후 일본에서 성행한 편도형 직도로 환두라는 명칭은 손잡이 끝인 파두에 있는 환형의 장식에서 유래함.

승천석 교수[8]는 동인의 저서 '곤지의 아스카베 왕국'에서 이러한 유물들이 출토된 지역으로 사가현 히젠肥前국, 후쿠오카현 쓰쿠시築紫국, 구마모토현 고마肥국, 오카야마현 기비吉備국, 교토부 야마시로山城국, 오사카 아스카베安宿국, 나라현 미와三輪국, 시마네현 이즈모出雲국, 후쿠이福井현 고시越국 등을 들고 있는데 이러한 지역들의 4~5세기의 유물들은 대부분 한반도 삼국에서 도래한 집단들의 유물로 보고 있습니다.

그렇다면 이러한 지역 왕국들을 세운 한반도 세력들은 누구이며 언제쯤 어떠한

8) 승천석, 곤지의 아스카베 왕국, 도서출판 책사랑, 2009

동기로 일본열도로 건너갔을까요? 이에 대해서는 이들이 3세기까지의 야요이 시대 사람들이 아니라 4세기 들어와 한반도가 고구려, 백제, 신라사이의 각축과 전쟁이 이어지면서 이 여파로 여러 계기에 일부 지배층과 군사집단을 중심으로 일본열도로 건너간 것으로 보입니다.

그 첫 번째 흐름은 가야계 집단으로 313년 낙랑, 대방군의 멸망과 고구려의 남하, 백제, 신라의 성장에 따른 압박 등으로 인하여 야요이 시대부터 이주와 왕래가 빈번하였던 일본열도로 향하였던 것으로 짐작됩니다. 두 번째의 큰 흐름은 392년부터 410년간 계속되는 광개토대왕의 백제와 가야공략에 의한 것으로 큰 타격을 입은 백제와 가야로부터의 도왜가 대규모로 이루어졌을 것으로 보이는데 이에 관하여는 일본서기도 오진왕기에서 궁월군弓月君-일본발음은 유즈키노기미-이 이끄는 120개 현민과 아지사주阿知使主- 일본발음은 아치노오미-가 인솔한 17개 현민 등 대규모의 백제인 집단의 도래를 기록하고 있습니다. 세 번째는 475년 고구려 장수왕에 의한 백제의 한성함락과 개로왕 전사가 또다시 백제인 집단이주의 계기가 되었던 것이 분명해 보이는데 이를 전후하여 도왜한 개로왕의 동생 곤지왕자와 백제인 집단이 가와치에 백제의 후국을 세운 것으로 보입니다. 이러한 분명한 역사적인 동기 외에도 4~5세기는 고구려와 백제, 백제와 신라의 영토를 둘러싼 전쟁이 끊임없이 일어나는데 이러한 와중에 상당수의 집단이 일본열도로 건너왔을 것으로 보입니다.

4세기의 한반도 국가들은 이미 국가를 경험하였고 무기나 마구 갑옷의 수준 등 무력에 있어서 농경시대를 살고 있던 열도의 야요이인들과는 차원이 다르게 우월한 수준이었던 것으로 보여 오래전에 한반도에서 도래하여 열도에 정착하여 살고 있던 야요이인들을 기층민으로 하여 국가를 세우는 것이 그다지 어렵지 않았을 것으로 생각됩니다. 특히 이들은 본국에서 가져온 보물과 최신무기를 바탕으로 권위를 세우고 현지의 인력을 동원하여 그 세력을 과시하는 대형 무덤들을 경쟁적으로 조성해가게 되는데 이것이 일본열도에 새로운 시대인 고분 시대를 열게 됩니다.

이러한 시각에서 보면 일본의 사학계나 고고학계가 왜 그렇게도 고분의 축조시기를 앞당기려고 고고학의 상식을 벗어난 해석을 하고 있고 왕과 왕족의 능묘에 대한 발굴조사를 한사코 금지하고 있는지 그 배경을 이해하게 되실 줄로 생각됩니다. 토기편년과 고분축조시기를 앞당겨서 야마토 왕조의 성립시기를 앞당김으로써 6세기까지 야마토 정권과 병립하였던 지역 왕국들의 존재를 없던 것으로 하거나 야마토 정권의 통치체제내의 한 지방으로 취급하려고 하였던 것입니다. 실제로 각 지역 왕국들은 6세기에 들어와 기비와 이즈모 등이 야마토 정권에 복속되어 가는데 야마토 왕권이 왕권의 세습과 저항세력을 무력으로 통합할 수 있는 강력한 군주를 지닌 고대 통일국가로서의 면모를 갖추게 되는 것은 7세기 경으로 보여집니다. 그러면 5~6세기 일본열도에 있었던 주요한 지역 왕국들에 관하여 승천석[9] 교수의 설명을 참고하여 소개합니다.

규슈와 이즈모의 왕국들

첫 번째는 규슈의 구마모토熊本현과 가고시마鹿児島현 북부에 있었던 고마肥, 熊국입니다. 고마국은 위지 왜인전에 야마타이국을 괴롭히는 강력한 나라로 그려지고 있는 구나狗奴국의 후신인데 많은 학자들이 구나국을 세운 세력을 변한의 구야한국으로 보고 있으나 마한으로 보는 견해도 있습니다. 구나국은 일본서기에는 나오지 않고 구마소熊襲란 명칭으로 등장하며 모두 야마토 정권의 수차례에 걸친 정벌의 대상으로 나옵니다. 구나국의 명칭이 언제 고마국으로 바뀌었는지는 분명치 않으나 4세기 이후 백제인들이 다수 이주해 오면서 부터인 것으로 생각되며 백제인들이 많이 살고 있던 서북규슈나 가와치 등에는 곰을 뜻하는 '고마'라는 지명이 많이 있습니다.

구마모토현 소재지인 구마모토와 다마나玉名는 일본의 5대 고총高塚식 고분 집중지의 하나로 금상감金象嵌의 명문銘文대도가 출토된 다마나의 에다후나야마江田船山 고분의 피장자는 고마국왕으로 보이며 금상감 대도는 백제왕의 하사품으로 보여 져 5세기의 고마국은 백제의 후국이었던 것으로 추정됩니다. 일본에 있는 벽화의 대부분은 서북규슈에 있는데 이들은 고구려의 벽화와 같은 양식이며 고분의 내부구조는

9) 승천석, 고대 동북아시아와 예맥한의 이동, 도서출판 책사랑, 2011

백제식 또는 고구려식의 횡혈식 석실로 후나야마 고분에서는 고분 중에서 가장 많은 250여 점의 유물이 출토되었습니다. 일본서기에 461년 백제 무령왕이 탄생한 섬으로 기술된 가카라지마各羅島의 건너편에 있는 포구인 가라우라加羅浦는 백제인과 가야인이 많이 드나드는 지역으로 당시 이 지역은 고마국의 땅이었을 것으로 생각됩니다. 고마국은 야마토 정권에 복속된 후에 히젠肥前과 히고肥後의 두 지역으로 나뉘게 됩니다.

두 번째는 쓰쿠시築紫 왕국으로도 불리는 이와이磐井 왕국입니다. 규슈의 후쿠오카현 남부의 지쿠고築後강 주변의 평야를 중심으로 한 나라로 일본서기에는 신라와 관계가 깊은 나라로 그려지고 있습니다. 일본서기에 의하면 게이타이왕이 군사 5만 명을 보내 신라를 치고자 하였으나 신라로부터 뇌물을 받은 이와이의 방해로 실패하자 526년 게이타이군이 이와이국을 토벌한 것으로 기록되어 있습니다. 그러나 현재 야메八女시에 있는 이와이의 무덤으로 알려진 이와도야마岩戸山 고분〈그림2-16〉을 보면 그 시설이 매우 당당한 상태로 보존되고 있어서 이와이를 죽였다고 하는 일본서기 기술의 사실성을 의심하게 합니다. 석인산石人山 고분으로도 알려진 이와도야마 고분은 일본의 고분으로는 드물게 석인, 석마 등 돌로 만들어진 것들로 둘러싸여 있어서 한반도의 분위기를 자아내고 있습니다.

〈그림2-16〉 이와도야마 고분.
규슈 최대의 전방후원분으로 석인, 석마 등 돌로 만든 조형물이 고분을 둘러싸고 있음.

세 번째는 시마네島根현 동부와 돗토리鳥取현에 있었던 이즈모出雲 왕국입니다. 이즈모국은 기 · 기記紀-고사기와 일본서기임-에 나오는 나라들 가운데 가장 오래된 나라로 일본서기의 신대기는 천신 다카히노무스히가 이즈모 국왕으로부터 나라 양도의 약속을 받은 후 천손족을 지상으로 내려 보낸 것으로 기록되어 있습니다. 이러한 기술에 대해 역사학자들은 당시 나라분지도 이즈모국의 영역이었으며 일본서기 기술과는 반대로 천손족이 나나분지에 들어가도록 청원하여 이즈모국이 이를 조건부로 허락한 것인데 그 조건이란 이즈모족의 신인 왜대국혼倭大国魂을 천손족이 계속 제사한다는 조건이었던 것으로 보고 있습니다. 과거 이즈모국이었던 이즈모시나 마쓰에松前시에는 신라풍의 오래된 신사와 일본에서 신라를 뜻하는 '시라기'라는 간판을 지금도 많이 볼 수 있는데 이곳이 신라인들의 나라였음을 실감하게 합니다. 기 · 기의 신대기에는 이즈모왕국과 관련된 신화가 많은데 모두 신라와 관련된 이야기들입니다.

한반도에서 오는 길목에 있던 기비吉備 왕국

네 번째는 오카야마현에 있었던 기비吉備 3왕국으로 3왕국이란 야마토에서 가까운 순으로 비젠備前, 빗추備中, 비고備後의 세 나라를 말합니다. 기비는 한반도에서 규슈를 거쳐 선편으로 가와치와 야마토 지역에 이르기 위해서는 반드시 거쳐야 하는 길목에 위치하여 예로부터 규슈 다음으로 한반도의 선진문물을 접할 수 있어서 고대에 크게 번성하였던 지역이었습니다. 비젠은 신라인, 빗추는 백제인, 비고는 가야인이 주축이 된 지역이었으나 오랜 기간이 지나면서 하나의 연합왕국이 되었습니다.

기비지역에는 야마토와 가와치에 버금가는 거대한 전방후원분들이 즐비하여 일본의 5대 고총고분지역의 하나입니다. 대표적인 고분은 두 개의 쓰쿠리야마-造山 및 作山- 고분, 미야야마宮山 고분, 우바구루마즈카湯迫車塚 고분 등으로 모두 4세기에 조성된 고분이며 내부구조는 수혈식 석실입니다. 특히 기비에서 가장 큰 도시였던 비추의 소자総社시에는 고분고총이 많은데 그 중 우바구루마즈카 고분은 일본의 고분 중 가장 오래된 것의 하나이며 일본의 고고학계에서는 오래된 정도나 당시의 규모로 보아 이 고분이 야마토의 능묘보다 앞선다는 견해가 유력합니다.

야마토의 미와 왕국과 가와치 왕국

다섯 번째는 미와三輪 왕국입니다. 미와 왕국은 일왕가-소위 천황족天皇族-의 나라로 4세기~6세기 나라분지의 미와산 서부 산록에 있던 나라였던 것으로 보이나 그 구체적인 시기나 영역에 관하여는 단정하기가 어렵습니다. 이 지역에서 가장 오래된 고분으로 알려진 하시하카 고분의 축조연대가 여러 설이 있지만 4세기 전 중반의 것으로 보여 일왕가의 조상이 이 지역에 들어온 것은 4세기 초로 보이며 미와 왕국은 가와치에 있었던 백제의 후국에 의해 통합되는 6세기 초까지 약 200년간 존재하였던 것으로 보입니다. 미와 왕국의 초기 영역은 나라분지 동북부의 사키佐紀 정도였던 것으로 보이는데 점차 나라분지의 동남부로 영역을 넓혔으나 5세기 후반 가와치 남부를 중심으로 대두된 가와치 왕국과 병립하다가 결국에는 백제인들이 세운 가와치 왕국에 의해 통합된 것으로 보입니다.

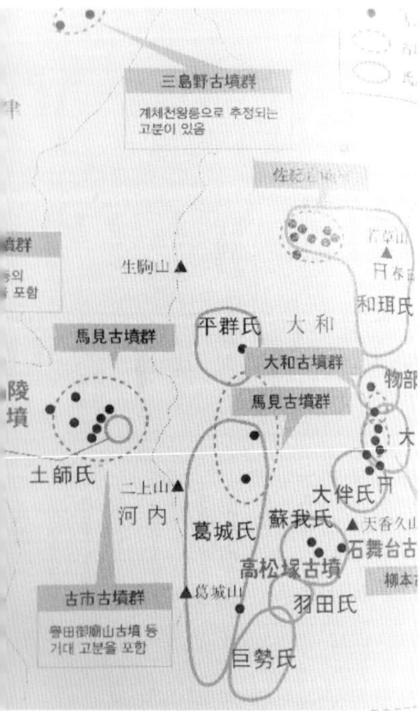

〈그림2-17〉 야마토 지역의 주요호족 분포도.

미와 왕국의 후반기에는 미와왕을 맹주로 하는 호족공동체 연합〈그림2-17〉이 구성되었던 것으로 보이는데 연합에 참가한 호족들은 야마토강大和川의 작은 골짜기의 지류들을 차지한 몇 개의 족장들로 후루천布留川 유역의 모노노베物部 씨, 가쓰라기葛城강 상류의 가쓰라기 씨, 서북 도미오강의 헤구리平群 씨, 가구香久산 남쪽의 오토모大伴 씨 등이었고 미와 왕국은 하츠세初穎 강가의 작은 평원에 자리 잡고 있었습니다. 이 중 모노노베 씨와 가쓰라기 씨는 일 왕족보다 먼저 나라분지에 들어와 스스로 천손강림의 전승을 가진 천손족이라고 하였는데, 미와 왕국 연합은 이 두 씨족과 일 왕족의 지파인 헤구리 씨와 오토모 씨들이 연대한 나라였던 것으로 보입니다.

여섯 번째는 가와치-현재의 오사카부의 남부-에 있었던 가와치 왕국으로 성립 시기는 5세기 후반으로 늦었지만 6세기 초에는 위쪽에 있던 미와 왕국을 흡수하여 통일된 야마토 왕조인 아스카飛鳥 왕조를 여는 왕국입니다. 가와치 왕국에 대하여는 뒤에서 상세하게 설명하겠습니다만 백제 개로왕의 아들인 곤지昆支 왕자가 461년 가와치로 건너와 4세기말 이래 백제에서 가와치로 건너와 정착한 수많은 백제계 주민을 결집하여 건설한 나라입니다. 일본서기에는 가와치 왕국에 대한 언급이 전혀 없는데 이는 가와치 왕국의 역사를 미와 왕국의 역사 속에 포함시켜 백제계 왕조의 흔적을 역사에서 지워버리려고 한 일본서기의 편자들, 나아가 일본서기가 편찬될 당시의 일본의 왕과 지배세력의 정치적 의도에 의한 것이 분명해 보입니다. 가와치 왕국이 6세기 전반 야마토 왕조를 통일한 후의 일본의 왕실은 몇 번의 왕조 교체의 위기를 경험하나 결과적으로는 백제 왕족의 혈통을 계승한 '백제계 왕조'를 지금까지 이어오게 됩니다.

승천석 교수는 곤지가 가와치에 세운 백제의 후국을 '아스카베 왕국'으로 지칭하면서 그 근거로 그 지역에 곤지를 제신으로 하는 아스카베신사가 남아있고 곤지가 아스카베군의 태수였다는 기록이 있는 사실을 제시하고 있으며 이는 역사적인 사실을 반영한 유력한 명칭이라고 생각됩니다. 다만 일본의 학계에서는 이 왕국을 백제의 후국임을 인정하지 않고 미와 왕권의 중심이 이동한 것으로 보면서 이를 가와치 왕조로 호칭하고 있는 등 그 실체와 명칭이 확정되지 않은 단계에 있는 점을 감안하여 이 책에서는 가와치에 있던 백제의 후국을 보다 광역을 가리키는 가와치라는 지역의 명칭을 따서 가와치河內 왕국으로 부르고자 합니다.

그 밖의 지역 왕국들

위에 소개한 지역 왕국이외에도 지금의 교토에 야마시로山背, 山城국이 있었고 군마群馬현에는 고즈케上野 왕국이 있었는데 두 지역 모두 고구려인, 신라, 가야계 집단이 주로 들어와 세력을 형성한 것으로 보입니다. 또한 나가노長野현에도 시나노信濃왕국이 있었는데 고구려인들이 독립적인 사회를 이루고 있었던 것이 유적, 유물 등을 통해 확인됩니다. 이들 지역에 고구려인들이 많이 이주해온 것은 한반도의 동해안에서 열도의 북부 해안 지방으로 해로가 열려 있었던 것을 의미하는데 일본서기 비타쓰敏達기에는 6세기 말 소가 씨 정권 때에 고구려와 왜국사이에 정식으로 국교가 열리고 고구려 사신이 와카사만에 상륙하였다는 기사가 실려 있습니다. 열도의 북부해안에 상륙한 고구려인들은 간토關東지방을 비롯한 여러 지역으로 퍼져나가는데 특히 간토지방에는 '고마', '고려' 등 고구려와 관련된 지명이 많이 있습니다.

한편 열도의 북동쪽에는 토착의 조몬인들이 세운 모인국毛人國이 있었는데 후쿠시마현과 니이기타현의 북쪽에는 야요이 유적이 거의 없고 조몬 유적들만 발견되고 있습니다. 고대 모인국은 일본의 밖에 있던 나라였는데 8세기 말 정이대장군 사카노우에 다무라마로가 에미시蝦夷를 정벌하지만 기록으로 보아 10세기 전반까지도 모인국은 정복되지 않았던 것으로 보입니다. 일본에서는 에미시를 아이누족으로 보는 것이 일반적인데 과거 아이누족은 일본의 전역에서 살고 있었으나 일본인에게 밀려나 점차 북상하여 홋카이도北海道와 도후쿠東北 지역에 주로 거주하게 된 것으로 보고 있습니다.

과학적인 연구가 확인한 고분 시대의 이주민

조몬인과 야요이인 도래에 관한 하나하라 가즈로埴原和郎 교수의 '도래인 이중구조 모델'에 관하여는 앞에서 언급하였습니다만, 나카지마 가쿠 씨[10]는 새로이 고분 시대의 도래인을 하나의 카테고리로 하는 삼단계 도래모델이 사이토 나루야齋藤成也 국립유전학연구소 교수에 의해 최근 제시된 것은 4세기 이후 열도로 건너온 도래민 집단의 존재를 핵DNA의 해석을 통해 분명하게 인식한 매우 의미 있는 연구결과라고 하면서 사이토교수가 제기한 내용의 요지를 소개하고 있습니다. 나카지마 씨에 의하면 사이토 교수는 먼저 '이중구조 모델'의 '1중'인 조몬 시대를 그 전의 구석기 시대를 포함하여 2분하여 제1의 파도-후기 구석기 시대에서 조몬 중기까지-와 제2의 파도-조몬 후기와 만기-로 구분하는 한편, 동 모델의 '2중'인 야요이 시대를 제3의 파도의 전반-약 3000년 전-과 신규로 고분 시대의 유입을 제3의 파도의 후반으로 구분하여 실제로는 4중 구조로 하고 있는데 중요한 것은 제3의 파도의 2단계를 고분 시대 이후-약 1700년 전부터-의 대량 도래가 있었다는 사실을 유전학의 견지에서 제기한 것이라는 점을 강조하고 있습니다.

나카지마 씨는 또한 종래 고분 시대 이후의 도래세력에 대하여는 일본의 연구자

10) 仲島岳, 倭國の誕生, 海鳴社, 2019

들이 입을 다물고 있던 감이 있었고 고분 시대의 도래인은 어디까지나 야마토 정권에 협력하는 소수의 도래인인 것처럼 묘사되었으나 사이토 교수가 도래인의 제3의 파도의 전반을 야요이 시대, 후반을 고분 시대 이후로 파악하여 정치적 동기에 의한 '도래민'의 사회적 증가를 분명히 한 것은 커다란 의의가 있는 것이라고 보고 있습니다. 특히 '고분 시대'에 있어서의 대량 도래라는 것은 가야계, 백제계의 '도래왕조설'의 커다란 뒷받침이 되는 것으로 사이토 교수가 "1,700년 전"이라고 제3의 파도의 구체적인 개시시기를 말하고 있는데 이는 315년 경 즉 4세기 전반에 제3의 파도의 후반이 개시되었다는 모델을 과학적으로 제시한 것이라고 높게 평가하고 있습니다. 나까지마 씨는 이어서 고분 시대에 있어서의 대량 도래를 단순한 인구이동이라는 객관적인 사실만을 보여주는 것이 아니라 당시 한반도의 국가들은 '고대 전제국가'적인 권력의 지배가 진행되던 시기였기 때문에 도래민의 열도이주는 정치권력이 주도한 측면이 있으며 이는 인구의 자연증가가 아니라 '사회적 증가'로 보아야 할 것이라고 하고 있습니다.

더욱이 그는 고분 시대 일본열도에는 한반도인들이 주도하는 정치세력이 이미 어느 정도 형성되어 있어서 삼국인들이 안심하고 집단적으로 열도로 속속 건너온 것으로 보인다는 견해를 피력하면서 한반도에 있던 북방계 도래민의 대다수가 어느 시대이후 기나이 지방을 목표로 하여 오는 현상이 확인되는데 새로운 열도의 중심부가 되어가는 곳을 지향하여 오는 것은 당연한 것으로 보고 있습니다. 물론 규슈 북부에는 오랜 야요이 시대를 통하여 도래인이 많이 건너와서 취락을 형성하고 확대 또는 분화해갔을 것으로 보이지만 고분 시대 전후의 시기에는 규슈 북부나 세토나이해는 통과하여 기나이로 바로 찾아오는 도래 집단이 많았던 것으로 보인다는 것이지요. 마지막으로 나카지마 씨는 도래인을 시야에 넣지 않으면 고대사의 진상에 다다르기 어려우며 무엇보다도 중요한 것은 야요이 시대 초기의 추정인구치인 7만 명만으로는 자연증가만으로 계산하면 1,000년 후 50여 만명 밖에 되지 않으며 700년 경의 추정인구인 540만 명에는 도저히 도달하지 못한다는 것으로 야요이 시대의 도래인에 더하여 고분 시대의 대량도래가 없었다면 고대 일본인의 인구급증이라는 현상을 올바르게 해석할 수 없을 것이라는 점을 강조하고 있습니다.

제 8 화
가공인물 '진구神功 왕후'가 암시하는 백제 - 왜 관계

일본서기의 진구神功 왕후 관련기사는 일본서기의 대표적인 날조기사 라고 할 수 있는데 제14대 주아이仲哀왕(재위 192년~200년)의 왕후인 진구가 만삭의 몸으로 신들의 도움을 받아 신라를 정벌하였고 이 소문을 듣자 고구려, 백제가 스스로 항복하면서 서번西蕃-서쪽에 있는 신하의 나라-이 되어 영원히 복속하고 조공하겠다는 맹세를 하였으며 진구는 삼한에 내관가內官家를 설치하였다는 허무맹랑한 내용입니다. 진구왕후가 가공의 인물이라는 것은 다행이도 현재 일본학계의 통설이 되고 있지만 이 날조기사는 일본의 군국주의시대 일본인들에게 세뇌교육되는 등의 경위로 지금까지도 많은 일본인들의 의식 속에 한반도에 대한 일종의 우월의식을 심어놓은 원조가 된 측면이 있다고 보여집니다.

한편, 진구 왕후가 창작된 인물로 일본서기 편자가 상정한 진구 왕후의 시대는 이 시기에 등장하는 백제의 근초고왕, 진사왕 등의 연대에 비추어 4세기 중후반으로 보이는데 진구 왕후기는 위에 언급한 소위 '삼한정벌' 기사와 함께 심하게 왜곡, 윤색되어 있기는 하지만 당시 백제 왕실과 왜 왕실의 관계를 암시하는 기사들이 구체적으로 묘사되어 있습니다. 중요한 백제 관련 기사로는 백제의 근초고왕 대에 해당하는 진구 왕후 섭정46년(366년으로 추정) 백제와 왜의 수교, 섭정49년(369년으로 추정) 백제와 왜의 신라, 가야지역 등에 대한 합동군사작전과 백제 왕들의 사망과 즉위 등에 관한 기사가 있으며 왜 왕실을 상위자로 하면서 마치 당시의 백제와 왜국이 하나의 국가인 것처럼 묘사되고 있는 것이 매우 특이한데 이는 백제와 왜 왕실과의 관계를 암시하는 것으로 해석할 수 있어서 주목됩니다.

일본서기가 가공인물인 진구 왕후를 창작하고 당시의 시대적 상황과는 전혀 맞지 않는 황당무계한 진구 왕후기를 기술한 의도는 무엇보다도 오진왕을 이전 왕조를 계승한 왕으로 만들어 백제 왕실에 의한 왕조의 교체 사실을 은폐하기 위한 것이라고 생각됩니다. 또한 660년 백제 멸망 후에 일본이 새로운 독립국으로서 그 국가 이념을 천황제에 의한 율령국가에 두고 이의 해결책으로 한반도의 국가들을 신하의 나라인 번국蕃國으로 삼기위한 근거로 소위 '삼한정벌' 기사를 창작해 낸 것으로 보입니다.

진구 왕후기는 일본서기 날조기사의 대표작

일본의 고대사에 조금이라도 관심이 있거나 일본서기를 읽어 본 경험이 있는 분들은 일본서기 진구 왕후(섭정재위 200년~270년)의 한반도 관련 기술에 실소하기도 하고 화가 나기도 하였으리라 짐작이 갑니다. 진구 왕후가 해산달에 허리에 돌을 차서 출산을 늦추고 해신, 풍신 등의 도움으로 싸우지도 않고 신라를 복속시킨 이야기를 보면서 황당무계한 우화에 저절로 실소를 금하지 않을 수 없었을 것이고, 신라가 항복하였다는 소문을 듣고 백제, 고구려왕이 스스로 굴복하여 앞으로 영원히 복속하여 조공을 바치겠다고 맹세하였다는 허무맹랑한 기사를 보고는 틀림없이 분노심이 올라오는 것을 느꼈을 것으로 생각됩니다.

더욱이 3세기 초반으로 일본서기가 기술한 진구 왕후의 시대는 야요이 시대로 야마토 왕조라는 것이 존재하지도 않아 대규모 군대를 한반도에 파견할 국가나 능력이 있었을 리가 없었음에도 불구하고 '아니면 말고' 식으로 이처럼 거짓되고 터무니없는 기사를 태연하게 국가의 정식 역사서에 버젓이 올려놓은 일본서기 편자나 이러한 편찬지침을 지시한 당시 일본 지배층의 뻔뻔스러움에 혀를 내두를 수밖에 없습니다. 여기에 더하여 일본서기가 편찬된 720년 당시의 일왕은 백제 왕실의 후예였을 것이고 편찬을 주도한 것으로 보이는 후지와라 후히토藤原不比等 라는 당시의 권력자도 백제의 왕족 출신으로 보이며 편찬 팀의 핵심인물의 한 명으로 712년 완성된 고사기의 저자이기도 한 오 야스마로太安万侶가 백제계의 오多라는 씨족 출신이었다는 사실은 우리의 마음을 더욱 허탈하게 만듭니다.

한편으로 8세기 초 당시 일본이 처한 상황을 감안하면-즉 일본인의 입장에서 보면- 자신들의 원향이라고 여기는 가야와 백제가 모두 신라에 의해 멸망하였고 특히 일본서기를 편찬할 당시 백제가 망한지는 아직 반세기 밖에 지나지 않아 일본에서는 한반도의 주인이 되어 있던 신라에 대한 반감이 극도로 높은 상황이었을 것이고 이에 일종의 국가의식도 높아진 상황이었을 것이므로 신라를 정벌하고 싶다는 이들의 희망이 진구기에 투영되었다고 보면 이 부분에 대한 일본서기의 편찬 태도가 전혀 이해되지 않는 것은 아닙니다. 하지만 신라뿐이 아니라 고구려와 백제를 포함한 한반도의 모든 국가에 대해 이처럼 심하게 역사를 왜곡하면서까지 자신의 조상들이 긴 세월을 같이 살아왔고 아마 동족의 형제, 자매들이 아직도 많이 남아 살고 있었을 한반도의 국가와 백성을 왜곡, 조작된 기사를 갖고 이처럼 심하게 조롱하고 멸시할 수 있는 것인지 그 집요한 악의와 적대감에 경악하게 됩니다.

이러한 일본서기 진구왕후기의 소위 '삼한정벌' 등의 기사는 역사교육을 통해 일본인의 뇌리와 마음속에 한국인에 대한 뿌리 깊은 대한 우월감을 심어 근대에는 정한론과 한반도 강점으로 연결되고 나아가 20세기 전반 일본 군국주의 시대에 강요된 진구왕후의 영웅화와 만세일계의 천황에의 충성을 통해 결국은 진주만 전쟁에까지 확산되어 일본인을 포함한 수백만 명의 목숨을 앗아가는 결과를 초래하는 계기가 되었을 수도 있었겠구나 하는 데까지 생각이 미치게 됩니다. 그나마 다행인 것은 현대에 와서는 대다수의 일본의 사학자나 일반시민이 진구 왕후의 '삼한정벌'이나 '임나일본부任那日本府'의 근거가 되는 '내관가內官家'의 설치를 일본서기의 기술대로는 믿지 않는 경향이 나타나고 있다는 점입니다. 그럼에도 불구하고 '삼한정벌'이라는 진구왕후의 '영웅적'인 위업의 잔상은 여전히 거의 모든 일본인들의 뇌리에 남아 있어서 어떠한 형태로든 고대에 일본의 야마토 정권이 한반도에 영토를 갖고 영향력을 행사하고 있었다는 우월감 비슷한 생각을 여전히 갖고 있는 것 같습니다.

일본인들 사이에 관통하는 이러한 묘한 의식은 현대 일본의 중 · 고교 역사교과서의 기술에서도 확인되며, 일본의 사학자 가운데 소수그룹에 속하는 독실하고 양심적으로 보이는 학자들이라고 하더라도 대부분 한반도 남부를 경략한 본거지로서의 임나일본부 자체는 긍정하지 않더라도 4세기~6세기에 걸쳐서 야마토 정권이 한반도 남부에서 상당한 지배권 내지 영향력을 갖고 있었다는 입장은 거의 모두가 견지하고 있다는 사실에서도 확인할 수 있습니다. 이러한 사실로 미루어 보면 가공인물인 진구 왕후의 행적에 관한 일본서기의 날조된 기술이 현재까지도 일본인들의 한반도 내지는 한국에 대한 시각을 근본적으로 형성하는 핵심적인 요소가 되고 있다는 사실은 부인할 수 없으며 현재 양국 사이에 벌어지고 있는 과거사 문제도 이러한 인식의 연장선에 있기 때문에 해결의 실마리가 풀리지 않고 있다는 생각이 듭니다.

진구 왕후의 이야기는 원체 황당무계한 이야기이기 때문에 한국의 사학자들도 당치도 않는 우화로 보고 깊은 검토를 피하는 경우가 있는 것 같습니다만, 사실史實 자체로서도 잘못된 것은 고쳐져야 한다고 생각하며, 한일 양국 국민의 역사인식의 관점에서도 매우 중요한 문제라고 보고 있기 때문에 일본서기의 진구 왕후기와 그 아들로 되어 있는 오진왕기의 한반도 관련 기사의 요지가 무엇이고 일본서기의 편찬자나 당시 일본의 지배층이 이러한 진구 왕후기사를 통해 무엇을 의도하였고 목적이 무엇이었는지에 대한 검토가 필요하다고 생각합니다.

진구 왕후기에 대하여는 소위 '삼한정벌'이라는 엉터리 날조 기사로 인해 이 기사 외의 다른 기사들도 대부분 날조, 왜곡되었을 것이라는 선입견을 갖게 되는데 실제로 기사들이 왜국을 상위자로 기술하면서 왜곡, 윤색되어 있는 것이 사실입니다. 그렇기는 하지만 기술의 내용이 백제와 왜국 사이의 초기관계에 관한 것으로 매우 정교하고 구체적이라는 점에서 면밀한 검토가 필요하다고 봅니다. 백제와 왜국과의 관계에 대하여는 계속해서 다루어 가게 됩니다만 결론적으로 말하자면 진구기의 백제관련 기사는 백제 왕실이 왜 왕실의 기원임을 은폐하고자 하는 일본서기의 편자와 지배층의 의도와는 반대로 백제가 일본 왕실의 기원임을 암시하는 결과를 초래한 것은 역사의 아이러니라고 할 만한 흥미로운 일이라고 생각됩니다.

'진구' 왕후기에는 무엇이 쓰여 있을까요?

먼저 일본서기 진구 왕후기의 한반도 관련 기사의 요지는 다음과 같습니다.

①(섭정원년) 왕후는 선박을 동원하여 신라를 공격하였는데 풍신과 해신의 도움으로 쉽사리 신라왕의 항복을 받아내었으며 신라왕은 앞으로 복종하고 춘추로 조공을 바칠 것을 맹세함. 이에 고구려와 백제의 왕은 스스로 나와서 머리를 조아리며 지금 이후로는 서번西蕃이라 일컫고 조공을 그치지 않겠다고 말함. 이로써 내관가內官家로 정하였는데 이것이 이른바 삼한三韓임. 호무타노수메라미코토譽田天皇를 쓰쿠시築紫에서 낳음.

②(섭정2년) 나니와難波에서 남회하여 야마토로 가서 주아이왕의 아들인 오시쿠마노미코忍熊王 왕자의 군대를 격파하고 황태후가 됨.

③(섭정5년) 신라왕이 모마리질지毛麻利叱智 등을 보내 조공하였는데 그들은 가쓰라기 소쓰히코葛城襲津彦를 속여 미질허지벌한微叱許智伐旱을 도망치게 함.

④(섭정39년) 위지魏志에는 명제明帝 경초景初 3년 왜 여왕이 난두미難斗米 등을 보내 조공하게 하였으며, (섭정40년) 정시正始 원년에는 사신을 왜국에 가게 하였고, (섭정43년) 정시 4년에 왜왕이 사신을 보냈다고 함.

⑤(섭정46년) 시마노스쿠네斯摩宿禰를 탁순국卓淳國(대구 또는 창원)에 파견하였는데 탁순왕이 말하기를 백제인 구저久氐 등이 와서 백제 왕이 일본이라는 귀국貴國에 조공하려 하니 길을 가르쳐달라고 하고 귀국의 사신이 오면 알려달라고 말하고 돌아갔다고 함. 시미노스쿠네는 니하야爾波移 등을 백제에 보냈더니 백제의 초고왕(근초고왕을 말함)이 매우 기뻐하고 니하야를 후하게 대접하여 철정 40매 등을 선물하고 보물창고를 열어 진귀한 보물을 보이면서 백제에는 보물이 많다고 하고 지금까지는 길을 몰라 못 보냈는데 앞으로는 계속 공물을 바치겠다고 하였다고 니하야가 돌아가 시마노스쿠네에게 보고함.

⑥(섭정47년) 백제왕은 구저 등을 보내 조공하였는데 왕태후와 태자는 크게 기뻐하여 '선왕이 바라던 나라 사람이 지금 내조하였다. 선왕을 못 본 것이 참으로 슬프다.' 라고 말하자 군신이 모두 슬퍼하여 눈물을 흘리지 않는 자가 없었음.

⑦(섭정49년) 아라타와케荒田別, 가가와케鹿我別를 장군으로 임명하고 구저 등과 탁순卓淳국에 이르러 신라를 공격하게 하였는데 군사의 수가 적어 신라를 이길 수 없다는 의견이 나와 목라근자木羅斤資, 사사노궤沙沙奴跪에게 정병을 이끌고 가게 함. 그 후 모두 탁순에 집결하여 신라를 공격하여 깨뜨리고 비자발比自炑(창녕), 남가라南加羅(김해), 탁국㖨國(경산 또는 창녕 또는 영산?), 안라安羅(함안), 다라多羅(합천), 탁순, 가라加羅(경북 고령) 7국을 평정함. 그리고 군사를 옮겨 서쪽으로 돌아서 고해진古奚津(강진 또는 해남)에 이르러 침미다례忱彌多禮(제주도 또는 강진)를 무찌르

고 백제에 주었음. 이에 백제왕 초고와 왕자 귀수貴須(근구수왕) 또한 군대를 이끌고 와서 만났는데 그 때 비리比利(전주 또는 나주), 벽중辟中(김제), 포미지布彌支(나주근방), 반고半古(나주시 반남면)[11]의 4읍이 스스로 항복함.

⑧(섭정49년) 이에 백제왕 부자와 아라타와케 등은 함께 의류촌意流村-주류성이 있던 현재의 부안 위금암산성으로 추정-에 모여 서로 기뻐하며 예를 두텁게 함. 치노구마 나가히코千熊長彦와 백제왕은 벽지산辟支山-김제에 있던 산?-에 올라 맹약을 하였는데 백제왕은 지금부터 서번西蕃이라 칭하고 해마다 조공하겠다고 맹세함.

⑨(섭정52년) 구저 등이 치구마 나가히코를 따라와서 칠지도七枝刀 한 자루와 칠자경七子鏡 한 개 등 여러 귀중한 보물을 바치고 '신의 나라 서쪽에 강이 있고 그 수원은 곡나철산谷那鐵山인데 그 산의 철을 영원토록 성조에 바치겠다.'고 아룀. (백제왕이)손자 침류왕에게 '지금 내가 교류하고 있는 바다동쪽의 귀국은 하늘이 계시하여 세운 나라다. 천은을 베풀어 바다 서쪽을 나누어 나에게 주니 나라의 기틀이 견고해 졌다. 너도 마땅히 우호를 잘 닦아 공물을 끊임없이 바친다면 죽어도 무슨 한이 남겠느냐.'라고 일러두니 이후로 매년 끊임없이 조공함.

⑩(섭정55년) 백제 초고왕이 죽음. (섭정56년) 백제왕자 귀수가 왕위에 오름.

⑪(섭정62년) 신라가 조공하지 않아 가쓰라기 소츠히코葛城襲津彦를 파견하여 신라를 치도록 함. 백제기에서는 '임오년 신라가 귀국을 받들지 않으므로 귀국이 사치히코沙至比跪를 보내 이를 치도록 하였는데 신라인이 미녀 2명을 단장시켜 유혹하니 사치히코는 그 미녀를 받고는 도리어 가라국을 쳤다. 가라국왕 기본한기己本旱岐와 아들 백구저百久氐 등은 인민을 데리고 백제로 도망해 왔다. 가라국왕의 누이가 대왜大倭로 가서 사실을 아뢰자 왕은 매우 노하여 목라근자를 보내 병사를 이끌고 가서 가라에 모여 그 나라의 사직을 복구시키도록 하였다.'고 적고 있음.

⑫(섭정64년) 백제국 귀수왕이 죽었음. 왕자 침류왕이 왕위에 오름.

11) 진구왕 후기에 나오는 고지명의 비정은 동북아역사재단이 2013년 간행한 역주 일본서기에 의함.

⑬(섭정65년) 백제 침류왕이 죽었는데 왕자 아화阿花는 나이가 어려 숙부 진사辰斯가 찬탈하여 왕이 되었음.

⑭(섭정66년) 이 해는 진晉의 무제武帝 태초泰初 2년인데 진기거주晉起居注에는 무제 태초 2년 10월에 왜의 여왕이 통역과 함께 조공하게 하였다고 적고 있음.

위에서 소개한 일본서기의 진구 왕후기의 기사는 크게 여섯 가지 내용으로 나누어 볼 수 있는데 첫 번째는 신라 정복과 백제, 고구려의 항복 및 내관가의 설치에 관한 것이고, 두 번째는 오진왕자의 출생과 동정東征을 통한 야마토 정권의 장악, 세 번째는 백제와의 수교와 사신교류 및 가야 평정 등의 합동군사작전, 네 번째는 칠지도七枝刀 관련 기사, 다섯 번째는 신라인질의 탈출과 신라에 대한 재침공, 마지막으로 진구 왕후가 야마타이국의 히미코 여왕임을 암시하는 기사 등입니다.

진구 왕후기의 기사내용의 검토와 관련해서는 연대문제에 대한 사전 이해가 필요한데 일본서기에 기술된 연대를 그대로 적용하면 실제 연대와 동떨어진 경우가 있기 때문입니다. 일본서기는 연대가 표기되어 있지 않고 간지편년으로만 되어 있는데 진구 왕후의 섭정 원년을 200년으로 보는 것은 일본학계가 간지편년을 토대로 추정한 서력연대입니다. 그러나 일본학계가 추정한 서력연대도 실제연도로 볼 수 없는 경우가 많이 있습니다. 예를 들어 백제와의 교류에 관한 기사는 간지干支 2주갑 즉 120년을 내려야 실제의 연대-삼국사기의 연대-와 같아지는데 섭정기에서 백제 초고왕의 죽음(375년), 귀수왕의 즉위(376년)와 사망(384년), 침류왕의 즉위와 사망(385년), 진사왕의 즉위(385년)가 명시되어 있어서 진구기에 기술된 기사의 백제관련 해당 연도를 어느 정도 추정할 수 있습니다.

진구 왕후의 소위 '삼한정벌'

첫 번째로 소위 진구왕후의 '삼한정벌'로 불리는 신라 공략과 백제, 고구려의 자진 항복에 관한 것입니다. 일본서기의 이 부분에 관한 기사들을 읽은 독자들은 직감적으로 이 기사들이 허위, 날조된 것이라고 느끼셨을 줄 압니다. 출산을 목전에 둔 임산부가 허리에 돌을 차서 출산을 늦추고 바다의 물고기들이 떠 받쳐서 신라에 쉽게 도착하자 신라왕이 그 위세에 눌려 싸워 보지도 않고 항복하였다는 묘사 자체가 만화나 우화처럼 되어 있어 일감으로 기사의 신빙성을 무시할 수밖에 없는 것이지요. 이를 역사적인 시각에서 보면 이러한 기사들의 허구임이 더욱 선명하게 드러납니다. 이 행적이 있던 해를 일본서기는 진구 왕후의 섭정원년인 200년-주아이왕 9년-이라고 하고 있는데 야마토 왕조가 세워진 것이 빨라도 5세기 이후로 보이므로 왕조가 세워지기 200~300년이나 전에 왜국이 신라를 복속시키는 일은 일어날 수 없는 것은 자명합니다.

이를 의식하여 일부 학자들은 진구 왕후기의 일부기사가 간지 2주갑 120년이 올려서 기록되었다고 하지만 이 경우의 320년에도 대규모의 군대를 바다건너로 보내 신라를 공략한 것은 상정하기가 어렵습니다. 또 200년 또는 320년에 가까운 시기에 왜국이 신라를 공략하여 정복한 사실을 기록한 사서는 한국, 중국의 어느 사서에도 보이지를 않습니다. 삼국사기에는 왜인, 왜병의 신라침입 사건이 초대 박혁거세왕朴赫居世王 때부터 소지왕炤知王 22년까지(기원전 57년~500년) 36회 기록되어 있지만 이들은 당시 한반도 남해안 가야지역과 규슈지방의 왜라는 것이 일반적인 견해로 야마토의 왜가 침입한 것으로 보이는 기사는 찾아 볼 수 없습니다. 다만 삼국사기에 누락된 왜의 침입사실로는 광개토왕비문에 보이는 399년(신라 奈勿王44년)의 침입이 있는데 이는 가야와 한반도 남부해안에 있던 왜의 신라 침입으로 내물왕은 일시 항복하였으나 다음 해인 400년 고구려군 5만 명에 의해 구원된 사실이 있습니다. 진구 왕후기가 만약 이 사건을 기술한 것이라면 가락국의 역사를 자국의 역사로 기술한 셈이 됩니다.

진구 왕후의 소위 '삼한정벌' 기사에서 가장 황당한 것은 당시 한반도의 양대 강국이었던 고구려와 백제가 신라가 항복하였다는 소문을 듣고 스스로 진구왕후 앞으로 나와 항복하고 앞으로 '서번'이라 하고 조공을 그치지 않겠다고 한 대목입니다. 이때를 320년 경으로 본다면 고구려는 미천왕美川王(재위 300년~331년)이 313년 낙랑, 대방군을 멸하여 한반도북부와 만주의 강국으로 성장할 때이고 백제는 근초고왕의 부왕인 비류왕比流王(재위 304년~344년)이 착실하게 고대국가의 기틀을 다져가고 있던 시기인데 존재자체가 불확실한 왜국이 당시 한반도의 양대 강국과 싸우지도 않고 승리하였다는 것이니 아무리 애국적인 일본학자들 조차도 이 기사의 사실여부에 대한 언급자체를 기피하고 있는 것은 당연하다고 할 것입니다.

'서번'이란 서쪽에 있는 신하의 나라라는 뜻으로 이 기사 이후 일본서기는 신라는 물론 고구려, 백제, 가야 등 모든 한반도 국가들을 '서번'으로 호칭하고 조공을 바치는 번국으로 취급하고 있습니다. 또 야마토 정권은 이들 나라들을 이후 내관가內官家로 취급하고 있는데 '관가'는 미야케屯倉라 하여 왕이 왜국내의 제국을 정치, 경제, 군사적으로 지배하기 위해 설치한 건물을 의미하며 한반도 국가에 대하여는 관가로 표기하였습니다. 일본의 보수사학계는 진구 왕후기의 내관가 설치기사를 근거로 이후 임나가라에 임나일본부任那日本府가 설치되어 야마토 왕조가 한반도 남부를 지배했다는 식의 주장을 전개합니다만 임나일본부에 관해서는 후에 논하도록 하겠습니다.

야마토 왕권을 장악하는 진구 왕후

두 번째는 진구 왕후가 신라에서 귀환하여 규슈에서 호무타譽田 왕자-후의 오진応神왕-를 낳은 후 군신들과 함께 야마토로 동진하여 전왕인 주아이의 왕자들을 무찌르고 야마토의 왕권을 차지하여 태자의 섭정이 되어 야마토 왕조를 다스린다는 이야기입니다. 여기서 구태여 호무타와케 왕자를 규슈에 귀환한 후 출산한 것은 오진応神왕이 왜국 땅에서 태어났으므로 왕위에 오를 정당성이 있음을 보여주기 위한 것으로 보입니다. 진구 왕후의 군대는 다케우치노스쿠네武內宿와 와니和珥 씨의 조상 다케후루쿠마武振熊가 이끄는데 진무동정神武東征시와 마찬가지로 남쪽으로 우회하여 주아이왕의 아들 오시쿠마노미코忍熊王를 격파하고 야마토에 입성합니다. 진구 왕후군의 진군경로가 진무동정 때와 유사하다 하여 진무동정을 오진동정을 묘사한 것으로 보고 이러한 진구 왕후와 호무타 왕자의 행적을 일왕가 계보의 맨 앞으로 가져간 것이라는 유력한 견해가 있습니다.

일본서기에서 진구 왕후는 제14대 왕으로 되어있는 주아이왕의 왕후로 되어 있고 주아이왕은 제13대 게이코왕의 차남으로 규슈의 쿠마소와 동북의 에미시를 정벌한 영웅으로 묘사된 야마토다케루노미코토日本武尊의 아들로 되어 있지만 이 인물들은 모두가 가공인물이라는 것이 일본사학의 정설임에 비추어보면 가공인물인 주아이의 왕후인 진구 왕후 또한 가공인물인 것은 분명해 보이며 이제는 이러한 견해가 일본사학의 정설이 되고 있습니다. 또한 진구 왕후의 군사 활동을 실제로 주도한 인물이 다케우치노스쿠네武內宿禰인데 일본서기에 의하면 그는 게이코왕 시대에서 닌토쿠왕 시절까지 300년 가까이 산 인물로 묘사되어 있어서 실재의 인물이 아닌 것이 확실합니다.

그럼에도 고대 왜국의 주요 씨족들-예를 들어 소가蘇我, 고세巨勢, 헤구리平群, 하타波多, 기紀, 가쓰라기葛城 씨- 모두가 다케우치스쿠네를 자신의 선조로 보고 있는 것은 흥미롭습니다. 이처럼 진구동정 또는 오진동정의 주체인 진구왕후와 다케우치스쿠네가 모두 가공인물임이 분명한 데도 일본서기가 이를 기록한 것은 적어도 이들로 그려진 세력이 진구 왕후와 그의 아들 오진이 야마토로 진입하여 새로이 정권을 장악할 때에 함께 활약한 인물들로 볼 수는 있겠지요. 일본서기가 진구 왕후와 다케우치라는 가공인물이 분명한 인물들을 내세워 이 시기의 야마토 왕권의 교체를 묘사한데는 틀림없이 그 의도가 있을 것으로 보입니다.

진구 왕후의 백제와의 수교와 합동군사작전

세 번째로는 진구 왕후가 백제와 통교, 교류하고 백제와의 합동작전으로 신라와 가야를 정벌하여 획득한 영토를 모두 백제에게 주었다는 기사로 관련기사는 진구 왕후 섭정46년-일본서기로는 246년이나 백제편년으로는 366년-부터 섭정65년-일본서기 265년 백제편년 385년-까지의 기사입니다. 이들 기사 가운데 가장 문제가 되는 것은 섭정49년, 즉 369년 왜와 백제의 군사가 합동으로 가야 7국을 평정하고 한반도 서남 지역까지 정벌하였는데 왜가 획득한 모든 영토를 백제에게 주었다는 기사일 것입니다. 피를 흘리고 온갖 희생을 다하여 얻은 영토를 다른 나라에게 선뜻 주어버린다는 사실 자체가 비현실적인 구도일 뿐만 아니라 당시 야마토의 한 지역의 호족정권에 불과하였던 왜가 그럴만한 군사적인 능력이나 항해 능력이 있었다고는 도저히 볼 수가 없고 또 그럴만한 동기가 있었는지 납득이 안 되는 이야기입니다. 이러한 상황에 비추어 군사작전을 주도한 것은 백제의 근초고왕과 근구수왕 부자라는 것이 한국학계의 정설입니다.

근초고왕은 재위초기에는 대륙백제의 영토 확장〈그림2-18〉에 주력하다가 369년 고구려의 고국원왕이 이끄는 군대를 격파한데 이어 371년에는 3만 명의 군사를 이끌고 고구려의 평양성을 공격하여 고국원왕을 전사시키는 등 위세가 당당하였는데 백제가 신라를 제압하고 가야를 평정하였다면 이 시기였을 가능성이 높다고 봅니다. 삼국사기는 백제의 활약에 대한 기술에는 인색하여 가야 평정기사를 싣지 않고 있는데 이는 가야를 신라의 지방정권 정도로 보는 신라 지배층의 인식을 반영한 것으로 보입니다.

〈그림2-18〉 근초고왕 대의 백제영토. 백제가 4세기 중·후반 근초고왕 때에 한반도와 대륙에서 영토를 확장하여 전성기를 맞이하였음을 알 수 있음.

이처럼 백제가 주도가 되어 실행한 사실을 왜가 한 것으로 기술할 수 있었던 것은 660년 백제 멸망 후에 백제 망명인이 가져왔거나 백제 망명인이 도왜후 왜에서 기술하였을 것으로 보이는 백제기 등 소위 '백제삼서百濟三書'가 있었기에 가능했던 것으로 보이는데 진구 왕후기에서는 백제삼서 중에 나오는 백제를 왜로 바꿔치기하였을 가능성이 큰 것으로 보입니다. 좀 더 긴 관점에서 본다면 일본서기가 편찬될 당시의 일본이 백제의 후신이라고 할 정도로 왕가를 비롯한 지배층이 백제 왕족의 후예들이었음을 감안하면 그들은 백제의 가야공략도 내심 왜의 행적으로 보았을지도 모릅니다. 또 실제로 일본서기의 토대가 된 고사기를 집필한 오 야스마로太安万侶의 머릿속에는 그러한 생각이 자리 잡고 있지 않았을까 하는 생각이 듭니다.

그럼에도 불구하고 일본서기 편찬자가 진구 왕후기에서 백제를 번국으로 규정한 것은 백제가 조상들의 나라이기는 하나 이미 지도상에서 사라졌으므로 새로 출발하는 신생국 일본으로서 옛날 자신들의 본국이었던 백제와의 인연에 연연하지 않고 천황국가를 세워 모든 주민간의 화를 중시하는 독립된 일본을 만들어 가겠다는 당시의 일왕이나 일본의 지배층의 결의를 나타내는 것으로 볼 수 있을 것입니다. 그러나 진구 왕후기를 자세히 보면 백제를 번국으로 취급하면서도 편찬자의 백제에 대한 애정(?)의 자취를 곳곳에서 감지할 수 있는데 대표적인 기사가 진구 왕후 섭정 47년, 즉 367년에 구저 등 백제의 사신이 처음으로 왜국에 파견되었을 때 진구 왕후가 '선왕이 바라던 나라 사람이 지금 내조하였다. 선왕을 못 본 것이 참으로 슬프다.'라고 말하자 군신들이 모두 슬퍼하여 눈물을 흘리지 않는 자가 없었다는 표현에서 이러한 애절한 감정이 고스란히 표출되고 있는 것입니다.

백제왕이 진구 왕후에게 칠지도를 보냈다는 기사는 사실인가?

네 번째는 칠지도와 관련된 기사입니다. 섭정52년조(372년)에 사신으로 온 백제의 구저 등이 칠지도七枝刀 한 자루와 칠지경 한 개를 진구 왕후에게 전하는 기사가 있는데 이 칠지도로 보이는 칼 한 자루가 메이지明治 시대에 나라현 덴리天理시에 있는 이소노가미石上신궁〈그림2-19〉에서 발견되어 이 칼이 진구 왕후기에 백제 왕으로부터 진구 왕후에게 전해졌다고 하는 칠지도인지 여부와 하사된 것인지 헌상된 것인지 등을 둘러싸고 뜨거운 논쟁이 오랫동안 벌어지고 있습니다. 특히 이소노가미신궁의 칠지도七支刀〈그림2-20〉가 한일역사학계의 큰 관심을 끄는 것은 칼의 양면에 금상감金象嵌으로 쓰여 진 61자의 명문銘文이 있기 때문으로 논쟁은 주로 이 명문의 해석을 둘러싸고 전개되고 있습니다.

〈그림2-19〉 이소노가미신궁.
일본 고대의 유력 씨족인 모노노베 씨의 조상을 모시는 신사로 칠지도를 소장하여 유명해짐.

〈그림2-20〉 칠지도七支刀.
이소노가미신궁에 소장된 칠지도가 일본서기 진구 왕후기에 기술된 칠지도七枝刀인지에 대하여는 논란이 있음.

이 칼은 일곱 개의 가지가 달린 특이한 모습의 칼로 전체길이가 74.9센티미터이며 도신은 약 65센티미터인데 일부가 부러진 채로 신궁의 보물로 비장되어 있습니다. 이 칼은 메이지明治6년(1873년) 당시 이소노가미신궁의 궁사였던 간 마사토모菅政友에 의해 발견된 이후 명문에 대한 학자들의 해석이 이어져 왔는데 그 명문은 다음과 같습니다.

(앞면) 泰○4年5月16日丙午正陽 造百鍊鉬七支刀 世辟百兵 宣供供候王 ○○○○作

(뒷면) 先世以來 未有此刀 百滋王世子 奇生聖音 故爲倭王旨造 傳示後世

이 명문의 해석에 대한 일본학계의 통설은 '泰○'를 동진의 연호 태화太和로 보아 369년에 왜국이 가라7국을 평정하여 백제에게 준 것에 감사하는 의미로 백제의 근초고왕이 당시의 왜국 왕-일본서기로는 진구 왕후-에게 헌상한 것이라고 주장하고 있습니다. 그러나 372년 백제 구저 등이 칠지도七枝刀를 가져왔다는 진구 왕후기의 사실여부가 의문시 되며, 문장 자체가 하행下行식으로 되어 있어 백제 대왕이 후왕인 왜국 왕에게 하사한 것으로 볼 수밖에 없고 당시의 국제정세로 보아 근초고왕은 한반도의 최강자의 위치에 있었는데 야마토 작은 지역의 수장에게 귀한 보물을 헌상한다는 것은 실제로 있을 수 없음에 비추어 이 칼은 백제왕이 왜의 후왕에게 하사한 것이 틀림없는 것으로 봅니다.

다만 칠지도七支刀를 왜의 후왕에게 하사한 시기에 관하여는 일본서기 진구 왕후기의 372년 기사를 근거로 369년 백제에서 제작되어 3년 후인 372년 왜국 왕에게 전달된 것으로 보는 경우가 많은데 이러한 견해는 한국의 학자 중에서도 많이 있습니다. 특히 도래왕조 설을 주창하는 일본의 학자 중에서는 칠지도를 김수로왕이 도래하여 왜국 왕-스진왕 또는 오진왕-이 된 것을 근초고왕이 축하하는 등의 취지로 왜국 왕에게 사신을 통해 전달한 것으로 보고 그 근거로 김수로왕이 강림한 구지봉龜旨峯의 지旨가 수로왕을 의미하는 것으로 해석하고 있습니다. 이들은 '故爲倭王旨造'를 '그러므로 왜왕 지旨를 위하여 만들었다.'고 해석하는데, 그러한 해석은 가능하다고 봅니다. 문제는 위에서 본대로 진구 왕후기의 기사를 신뢰할 수 있는지와 지旨를 수로왕으로 볼 수 있는 지 등이며, 이에 더하여 백제의 왕이나 왕세자의 이름은 없는데 왜왕은 이름만 적혀있어서 폄하되고 있는 느낌이기 때문에 받는 측의 당시 왜왕을 친밀하게 이름을 부를 수 있는 백제왕과 가까운 왕자나 왕족의 가능성이 높다고 봅니다.

이러한 시각에서 보면 근초고왕 시대에 백제가 이미 담로나 후국을 둔 것으로 보기에는 좀 이른 시기로 보이고 여러 사료에 적어도 개로왕~무령왕의 시기에는 해외에 담로나 후국을 둔 것으로 보여 져 칠지도가 왜왕에게 하사된 것도 이 시기쯤으로 보는 것이 합리적인 것으로 생각됩니다. 칠지도의 제작연도를 알 수 있는 방법으로는 미술사적 관점에서 연대가 알려진 유사한 칼 등을 토대로 칠지도 도신의 제작연대를 추정하는 방법이 있는데 지금까지 일본에서 출토된 유지有枝철기는 6세기 전반의 것이며, 도신의 소재분석이 가장 과학적인 방법이지만 일본에서는 이러한 방법을 사용할 낌새를 보이지 않고 있는 것으로 알고 있습니다. 위에 언급한 여러 가지 측면을 고려하면 칠지도七支刀는 5세기 말이나 6세기 초쯤 백제의 대왕이 왜국의 후왕에게 하사한 것으로 보이는데 이에 대하여는 후술하겠습니다.

다섯 번째는 신라인질의 탈출사건과 야마토 조정의 신라 재침략에 관한 기사입니다. 섭정5년 조의 미질허지벌한은 섭정원년의 미질기지파진간기와 동일 인물로 보이는데 그는 신라 내물왕의 아들로 삼국사기에는 402년 왜국에 파견된 것으로 나오는 미사흔未斯欣으로 보이며 섭정 원년 조의 미질기지파진간기는 신라의 제5대왕 파사이사금婆娑尼師今(재위 80년~112년)과 동시대의 인물로 나와 미사흔과는 그 시대차가 300년이나 나기 때문에 이 기사는 전혀 신뢰할 수 없는 것임은 자명해 보입니다. 참고로 미사흔 왕자를 구출한 인물은 삼국사기, 삼국유사에 모두 박제상朴堤上으로 나오며 그는 5세기 전반의 인물로 가야사 전문가인 강길운 교수는 미사흔이 인질로 가 있던 곳은 왜가 아니라 가락국이며 박제상이 미사흔을 구출한 것도 당연히 가락국이라고 하면서 일본서기가 가락국의 역사를 왜국의 역사로 편입한 하나의 사례로 언급하고 있는데 설득력이 있는 견해로 보입니다. 한편 섭정62년 기사는 이미 복속한 신라를 재침하였다는 것인데 조작된 기사로 보여집니다.

여섯 번째는 진구 왕후 섭정39년(239년), 섭정40년(240년), 섭정43년(243년)에 위지魏志를 인용하여 기재된 왜 여왕의 조공 및 위의 사신의 왜국에의 파견에 관한 기사와 섭정66년(266년) 진기거주晉起居注를 인용하여 왜의 여왕이 진에 조공하였다는 기사입니다. 이 기사가 슬쩍 진구 왕후기에 삽입된 이유에 대하여는 앞에서도 설명한 것처럼 진구 왕후가 야마타이국의 여왕 히미코임을 암시하고자 한 의도로 보입니다. 그러나 가공인물이기는 하지만 4세기의 인물인 진구 왕후를 3세기 전반의 인물로 만들려다보니 진구 왕후가 200년 가까이 활동하는 인물이 되어버리는데 이 자체가 진구왕후가 히미코가 아니라는 증거가 되어 버립니다. 여기서 한 가지 흥미로운 사실은 진구 왕후기에 히미코라는 이름은 등장하지 않고 왜의 여왕으로만 표기되었다는 사실인데 이는 일본서기의 편찬자로서도 히미코란 이름을 넣어 분명한 거짓말을 하기 보다는 막연하게 왜 여왕으로 표기함으로써 거짓말을 하는 심적인 부담을 덜려고 했던 것이 아닌가 여겨집니다.

왜 진구 왕후를 창작하였을까요?

이처럼 진구 왕후라는 가공의 인물을 창작하여 허구의 사실들을 기술할 때는 분명히 그 의도하는 바나 목적이 있을 것이라는 짐작이 갑니다. 그럼 일본서기 편찬자 나아가 720년 당시 일본의 지도층은 어떠한 의도와 목적을 가지고 진구 왕후기를 썼을까요?

첫 번째로 일본서기가 진구 왕후라는 인물을 만들어 내서 거짓된 한반도 관련 기사를 창출해 낸 근본적인 이유는 야마토 왕조의 일왕가가 백제에서 온 도래계라는 사실 즉 오진왕이 일왕가의 시조왕이라는 역사적 사실을 은폐하기 위한 것이라고 생각합니다. 진구 왕후를 스진왕조 주아이왕의 왕후로 등장시키고 진구 왕후가 돌로 배를 눌러 오진의 출산을 2개월 늦추어 신라정벌에서 귀환하여 규슈에서 출산토록 한 사실에서 이러한 의도를 읽을 수 있습니다. 오진왕의 즉위는 실제로는 가야계의 스진 정권에서 오진 왕조로 왕조가 교체된 것이지만 진구 왕후기에서는 오진을 이전 왕조의 마지막 왕인 주아이왕의 유복자로 하여 단지 오진이 왕권경쟁에서 승리하여 배다른 형들을 물리치고 전 왕조를 그대로 이은 것이 되어 있는 것입니다. 4세기 일본열도에는 한반도 삼국의 여러 집단이 도래하여 곳곳에 지역 왕국을 세우기 시작하고 야마토에도 호족연합세력이 형성되어 가는데 그 정권을 진구 왕후가 장악하여 아들에게 물려주었다는 것입니다.

두 번째는 일본서기가 중시하는 만세일계를 지키기 위한 목적이 있다고 봅니다. 이러한 만세일계는 오진왕을 주아이왕의 아들로 만드는 데서부터 시작하여 진구 왕후가 오랜 기간 섭정한 후에 오진이 즉위하고 오진집단의 야마토 진입을 진무동정으로 그려 선주하고 있던 야마토의 중심 집단의 계보의 맨 앞으로 올림으로써 실현된 것으로 보입니다. 결국 초대 진무왕의 동정은 오진왕의 동정인 셈이지요. 진무동정에 관하여는 일본서기에 일왕가의 초대 진무 왕대와 진구 왕후 및 오진 왕대의 두 군데에 기술되어 있고 스진의 경우에는 직접적인 기술이 없는 점 등을 감안하면 오진왕의 동정에 더 무게가 실립니다. 또한 오진왕은 69세에 즉위하여 41년 재위 후 110세로 사망한 것으로 되어 있는데 그의 전반생에 대한 기사가 기 · 기에 거의 보이지 않은 반면 진무기에는 동정에 관한 상세한 경로와 과정이 기술되어 있어서 이 부분을 오진왕의 전반생으로 보는 견해가 유력합니다.

이와 관련하여 비류백제의 일본국가 기원설을 주창하는 김성호 선생은 진무가 규슈에서 동정하여 야마토에서 즉위하기까지 7년이 걸렸는데 390년 웅진에서 비류백제의 왕위에 오른 오진왕이 396년 광개토왕의 백제공략으로 신하들을 이끌고 열도로 건너가 397년 야마토의 왕이 되었다고 하면서 비류백제의 왕에서 야마토의 왕이 되는데 걸린 기간이 진무의 동정에 소요된 기간과 일치되는 점을 지적하고 진무동정은 실제로는 오진동정을 의미한다는 견해를 피력하고 있습니다. 한편 김운회 교수는 진구 왕후의 한반도에서의 활동은 근초고왕의 활약을 의미하며 근초고왕의 아들 또는 손자 대에 백제가 야마토의 실재한 초대 왕으로 볼 수 있는 오진왕이 된 것으로 보고 있습니다. 백제 왕실의 인물이 야마토의 초대 왕이 된 시기나 그 주체세력, 백제계 야마토 왕조의 성립과정 등에 대하여 점차 검토하도록 하겠습니다. 다만 위의 두 견해는 4세기 말에서 5세기 초 백제 세력이 열도로 이주하여 일종의 국가를 건설하기 시작한 경위에 대하여 시사적인 관점을 보여주고 있다고 할 수 있습니다.

한편 일본의 재야사가인 다카하시 요시오高橋義雄 씨는 교토 북부의 전통적인 도시인 미야즈宮津시의 고노籠신사에 보관된 아마베 씨 계도海部氏系圖는 스진崇神 왕계의 족보임이 분명하다고 하면서 이 족보를 보면 스진 왕조가 오진세력에 의해 왕족에서 내려와 단바丹波의 지방호족이 되었음을 알 수 있으며, 고사기를 쓴 오 야스마로太安万侶가 일본서기의 편찬에도 관여하면서 역사변조에 죄의식을 느껴 이 계도 속에 진구 왕후가 가공인물임을 암시하는 기사를 의도적으로 써 넣었다고 해석하고 있어서 흥미롭습니다. 다카하시 씨는 결론적으로 야스마로는 만세일계의 지침에 따라 진구 왕후를 창작함으로써 오진왕이 그 이전의 왕조를 무너뜨리고 새 왕조를 연 사실을 은폐하였고 아들인 오진이 성장하여 왕으로 즉위함으로써 남자 왕계에 의한 만세일계를 만들어 낼 수 있었다고 분석하고 있습니다.

세 번째는 야마타이국과 히미코 여왕 문제의 해결입니다. 일본서기 편찬자들의 책상 위에는 위지나 진기거주와 같은 중국사서들이 분명히 있었을 것이고 이를 무시할 수는 없었을 것인데 자신들의 실체는 그 전의 야마토 세력인 그들과 달랐기 때문에 편찬자들은 그들과의 관련성을 어떻게 처리할 것인지 고심하고 있었을 것으로 보입니다. 그래서 나온 묘안이 진구 왕후를 히미코인 것처럼 보이게 하고자 중국사서의 기술을 눈에 잘 안 띄게 진구 왕후기에 슬쩍 넣은 것으로 보입니다. 진구 왕후의 모습을 신에게 제사하는 무녀의 모습을 띄도록 하여 히미코의 인상을 갖게 하려고 신경을 쓴 것이 진구 왕후기의 기사에 몇 군데 들어가 있는 것도 서기편찬자의 의도를 보여주는 것으로 보입니다.

네 번째로 야마토 왕조가 한반도의 국가들 보다 더 먼저 성립되고 더 강력한 국가임을 과시하기 위한 의도에서 '진구 왕후'라는 가상인물을 창출해 낸 것으로 생각됩니다. 그러나 이는 당시의 시대적 상황과 사실史實과는 전혀 맞지 않는 허구임은 이미 말씀드린 바 있습니다. 또한 이러한 기사를 조작하는 김에 한반도국가들을 일본에 복속하는 번국으로 취급하고 싶어하는 일본 지배층의 의도가 진구왕후기에 노골적으로 투영된 것으로 보입니다. 일본서기 편찬 당시는 백제가 멸망한지 반세기 정도밖에 지나지 않아 신라에 대한 적개감이 아직 많이 남아 있었을 것이므로 백제인의 후손들이 주류인 일본의 지도층이나 백성들이 한반도를 통일한 신라에 대해 부정적인 감정을 갖고 있었고 이러한 혐오감정이 일본서기에 그대로 투영된 것으로 볼 수 있는 것이지요.

다섯 번째는 일본서기가 진구 왕후를 창작해낸 또 하나의 결정적인 의도로 보이는데 이는 8세기 초반 일본의 조정이 백제가 망한 후 새로운 국가 일본의 국가상을 정립하는 이념으로 천황제 율령국가를 상정하고 이러한 이념의 토대가 되는 역사서인 일본서기를 편찬함에 있어서 천황제에 걸 맞는 신하의 국가들을 만들어낼 필요가 있었기 때문이라고 할 수 있습니다. 일본서기는 이의 해결책으로 신라는 물론 백제, 고구려, 발해 등 한반도의 모든 국가들을 번국蕃國으로 규정하고 이의 근거를 일본서기에 진구 왕후기를 삽입하여 해결하려고 하였던 것입니다.

이러한 사고방식은 중국의 황제를 본 딴 것으로 일종의 소중화주의적인 이념인데 이러한 인식에 따라 일본 조정은 8세기 신라의 사신들에 대해 일방적으로 번국으로서의 예를 갖출 것을 요구함으로써 이를 인정하려고 하지 않은 신라와의 사이에 분쟁이 생겨 결국 양국의 관계는 악화되게 되는 것입니다. 진구 왕후라는 가공인물을 창작하여 삼한정벌이라는 거짓의 역사를 만들어 이를 근거로 신하의 예를 갖추도록 요구하는 수법이 바로 일본서기 진구 왕후 창작의 본질이었던 것이라고 할 수 있겠지요.

제3장

백제의 본격적인 열도 진출과 개척

제9화 광개토왕의 백제 공략과 백제 집단의 열도 이주

제10화 왜 5왕과 5세기 일본서기日本書紀의 왕들

제11화 가와치河內 왕국을 세운 백제 왕자 곤지昆支

제3장

백제의 본격적인 열도 진출과 개척

제9화
광개토왕의 백제 공략과 백제 집단의 열도 이주

고구려의 장수왕이 선왕인 광개토왕(재위 391년~413년)의 업적을 기리기 위해 414년에 세운 광개토왕비의 비문에는 4세기 말에서 5세기 초에 걸친 광개토왕의 백제를 비롯한 한반도 남부 공략 상황을 상세하게 전하고 있는데 이 비문의 해석을 통해 당시의 한반도 사정과 삼국 및 왜와의 관계를 파악할 수 있습니다. 즉 고구려는 백제에게 궤멸적인 타격을 가하고 신라를 백제, 가야, 왜 연합군의 공격으로부터 구원함으로써 한반도에서 압도적인 지위를 확보하는 반면 백제는 한강 북부와 낙동강 하류의 동부지역을 상실함으로써 국력이 약화되는 결정적인 계기가 됩니다.

이처럼 고구려군의 공격으로 초토화된 백제와 가야계 집단은 대대적으로 일본열도로 이주한 것으로 보이는데 이들이 이주하는 모습은 일본서기에 상세하게 기술되어 있습니다. 특히 오진왕 16년(405년 추정) 백제의 궁월군弓月君이 인솔한 120개 현민, 오진왕 20년(409년으로 추정) 아지사주阿知使主가 이끄는 17개 현민은 백제와 가야지역에서 건너간 대규모의 난민 집단으로 보이며 이들은 가와치 지역에 정착하여 선진 토목기술을 활용해서 가와치 지역의 간척, 관개, 제방 등 개척사업을 추진하여 5세기 중후반에는 백제계 국가를 가와치에 건설할 수 있었던 것으로 보입니다.

한편 백제와 함께 고구려 군에 맞서 전투에 참가하였던 왜가 비문에 수차례 등장하고 있는데 이들의 정체에 관하여 특히 비문의 일부 자구의 해석을 둘러싸고 한일 양국의 학자 사이에 열띤 논쟁이 현재까지도 이어지고 있습니다. 일본의 학자들은 비문의 왜가 야마토 왕조가 파견한 왜국의 군대이며 이는 야마토의 왜국이 이 시기에 이미 강력한 고대국가였다는 증거라고 강변하고 있습니다. 한국의 학자들 중에는 이러한 일본 측 주장에 부분적으로 동조하는 견해도 일부 있으나 대개는 당시 한반도 남부의 해안 지방에 있던 왜인들과 일부 규슈 북부의 왜인들이 백제에 의해 동원되어 전투에 참가한 것으로 보인다는 입장을 취하고 있는데 당시의 왜국에는 통일된 정권이 아직 존재하지 않았고 각 지역에 소왕국들이 난립하고 있는 상황이었음에 비추어 야마토 왜가 한반도에 대규모의 군대를 파병하여 막강한 고구려 군과 전쟁을 하였다고 보는 것은 있을 수 없는 일로 보여집니다.

4세기 말에서 5세기 초 가와치의 여러 곳에 백제계 주민이 대거 정착하여 오사카평야를 개척하고 국가를 세워 가는데 이 세력은 초기에는 가와치에 집중 거주하다가 5세기 후반에는 거주 지역이 야마토 남부의 아스카 지역으로 확산되는 것을 확인할 수 있습니다. 이들은 광개토왕의 공략으로 심각한 타격을 받고 열도로 이주해온 망명세력과 난민들로 가와치를 중심으로 백제의 후국을 세우고 5세기에는 나라분지의 가야계 미와 왕국과 병존하다가 6세기 전반에는 이를 통합하여 백제계 야마토 왕조를 세우게 된 것으로 보입니다.

광개토왕 비문이 말하는 고구려의 위세

〈그림3-1〉 광개토왕비.

야요이 시대와 4세기를 통하여 한반도 세력의 일본열도로의 이주를 주도한 것은 주로 한반도의 동남부에 있던 변·진한, 후에는 가야·신라계의 주민들이었습니다만 4세기 말부터는 사정이 바뀌어 백제인 집단의 열도이주가 본격화됩니다. 이러한 변화를 가져온 것은 391년 즉위한 광개토왕廣開土王(재위 391년~413년)의 적극적인 백제 공략의 결과라고 볼 수 있습니다. 광개토왕의 백제공략과 그의 남방진출 전략은 삼국사기의 기록과 현재 만주에 남아있는 광개토왕 비문에 상세하게 기록되어 있는데 광개토왕비〈그림3-1〉는 414년 장수왕長壽王(재위 413년~491년)이 부왕의 공적을 기리기 위해 세운 공덕비로 1877년 발견되어 현재 중국의 길림성 집안시 태왕촌吉林省 集安市 太王村에 있습니다.

이 비석에는 약 1,800자-중국학자 왕건군王建群은 1775자로 봄-에 달하는 비문이 새겨져 있는데 비문의 판독과 해석을 둘러싸고 한 · 일 · 중의 학계에서 기나긴 논쟁이 이어지고 있습니다. 이 비문은 4세기 말에서 5세기 초에 걸친 동북아 정세를 보여주는 중요한 금석문으로 당시 동북아, 한반도에서의 고구려의 압도적인 위상을 보여주는 동시에 백제, 신라, 가야 및 왜의 상황을 보여주고 있는데 그중에서도 일본학계의 주장과 맞물려서 특히 비문에 보이는 왜의 정체가 논쟁의 초점이 되고 있습니다.

광개토대왕은 고구려의 제19대 왕으로 그 정식 시호인 국강상광개토경평안호태왕國岡上廣開土境平安好太王이란 명칭이 말해주는 것처럼 영토를 넓히고 나라를 평안히 만든 강력한 왕이었던 것은 누구나 잘 알고 있습니다. 삼국사기에도 그의 활약상은 잘 기록되어 있습니다만 광개토왕비문은 고구려와 백제, 왜와의 전쟁 상황과 광개토왕의 업적을 상세하게 기술한 것은 물론 당시 고구려의 남방정책과 한반도국가들 및 왜를 보는 고구려의 시각을 실감있게 보여준다는 점에서 또한 그 의의를 찾을 수 있습니다. 더욱이 비문이 보여주는 고구려의 백제공략의 결과는 백제, 가야인들이 실제로 받은 피해와 충격의 정도를 가늠할 수 있게 하는 데 이러한 결과가 4세기 말 이후 전개되는 백제, 가야계 집단의 대규모 열도이주로 연결되고 나아가 왜국의 고대국가 성립의 주요한 동인이 되었음을 추론하게 되는 주요한 근거가 된다고 할 수 있습니다.

광개토왕의 한반도 남부 공략

광개토왕비문에 보이는 백제공략 중에서 백제에게 가장 궤멸적인 타격을 준 것은 영락永樂6년(396년) 병신丙申대원정의 승리인데 수군을 동원한 이 전쟁에서 고구려는 백제의 58성을 빼앗고 700촌을 차지하였으며, 한강을 건너 백제의 도성을 공격하여 백제 아신왕阿莘王(재위 392년~405년)의 항복을 받고 노객奴客이 되겠다는 서약을 받았으며 왕제와 대신 10명, 남녀포로 1,000명을 잡아 고구려로 개선하였다고 비문은 기록하고 있습니다. 이 전쟁의 패배로 백제는 약화되고 빼앗긴 한강이북의 영토를 회복하지 못하게 되는데 백제의 아신왕은 397년 이 패배를 만회하고자 은밀히 왜에 전지腆支 태자를 보내는 등 동맹관계 구축에 나서게 됩니다.

다음으로 중요한 전쟁은 영락10년(400년)의 경자庚子대원정으로 왜의 침략을 받은 신라의 지원요청에 따라 보기步騎병 5만 명을 보내 신라성新羅城에서부터 남거성南居城까지 성에 가득 찬 왜인들을 추적하여 임나가라任那加羅-김해의 금관가야-의 종발성從拔城에 이르러 왜군을 궤멸한 전쟁입니다. 비문에 의하면 399년 백잔百殘- 백제를 의미함-이 고구려와의 맹세를 위반하고 왜와 화통하였는데 신라가 고구려에 사신을 보내 신라의 각 성에 왜인이 가득하여 성을 파괴하고 노객-여기서는 신라왕-을 천민으로 삼았다고 하면서 구원을 요청하자 보기步騎병 5만 명을 보내 구원한 것으로 되어 있습니다. 이 전쟁은 고구려가 왜와 백제 그리고 가야-임나가라와 안라가야로 보임- 등의 연합세력에 의해 파괴된 신라를 구원하여 신라전역에 가득 찼던 왜군을 몰아내고 임나가라까지 진격하여 함락시켜 그 성을 신라에 넘겨준 전쟁으로 이로써 왜를 동원하여 신라를 흡수하려던 백제의 기도는 실패하고 신라가 새로이 낙동강하류의 강자로 등장하는 계기가 됩니다.

이어서 영락14년(404년) 갑진甲辰년에 있던 전쟁인데 왜와 백제의 수군이 연합하여 고구려의 대방군을 침략하였으며 비문은 왜군이 궤멸되었고 수없이 많은 적이 죽었다고 기록하고 있습니다. 또한 비문에는 영락17년(407년) 정미丁未년에 있었던 출병이 기록되어 있는데 이 전쟁은 갑진년의 침략에 대한 보복전으로 광개토왕이 군사 5만을 동원하여 백제에 대한 공격을 단행하였으며 적이 대부분 궤멸되고 개갑 1만여 개와 수많은 군수물자를 획득하였다고 적고 있습니다. 이상은 광개토왕 비문에 보이는 고구려의 백제와 왜 및 가야를 상대로 한 전쟁의 상황입니다만 비문은 그 외에도 영락5년(395년) 을미乙未년의 비려碑麗-거란의 한 유목민 집단으로 보임- 공략, 영락20년(410년)의 동부여 공략에 관하여도 기록하고 있습니다.

한편 비문에는 기록되지 않았으나 삼국사기의 고구려본기와 백제본기에는 광개토왕원년인 392년-영락 2년에 해당- 한수漢水이북 백제의 10개 성을 점령한 후 백제의 요새인 관미성關彌城을 점령한 기사가 실려 있고 광개토왕4년(395년)의 기사에 패수浿水에서 백제를 대파하여 8천 명의 목을 베었다는 기사가 실려 있습니다. 이 두 기사에 나오는 한수와 패수의 위치에 관하여는 중국대륙과 한반도의 양설이 있으나 대륙에 백제 영토가 있었다는 재야사가 박영규 씨[1]는 광개토왕 초기에 백제를 공격한 것은 대륙에 있던 백제 영토가 그 대상이었던 것으로 보며 광개토왕은 대륙에서의 전쟁승리를 바탕으로 396년부터 본격적으로 반도에 있던 백제의 영토공략에 나선 것으로 보고 있습니다. 반면 김성호선생은 관미성은 예성강 하류에 있었던 전략적인 요충지로 광개토왕은 즉위 직후 4만 대군으로 한강이북의 10여 성을 전격적으로 공략하여 관미성을 고립시킨 후 20일간의 격전 끝에 함락시킨 것으로 보고 있습니다.

비문의 백잔百殘국과 리잔利殘국은 별개의 백제였는가?

광개토왕의 396년 병신년 원정시 고구려군은 한강이북의 58성과 7백 촌을 점령하고 한강을 건너 한성을 공격하였으나 백제의 아신왕이 항복하자 은혜를 베풀어 대신 10명과 남녀포로 1,000명을 데리고 귀국한 것으로 일반적으로 해석되고 있으나 김성호 선생[2]은 광개토왕이 수군을 이끌고 토벌한 것은 웅진熊津-지금의 공주公州임-을 도읍으로 하던 리잔국利殘國으로 백제를 의미하는 백잔국百殘國과는 구별되어야 하며 리잔국은 백제(온조백제)와는 구별되는 비류백제라는 주장을 펼치고 있어서 주목됩니다. 김성호 선생은 다소 불분명한 비문의 영락6년조의 '○殘國'의 ○부분은 전문가들에 의해 利자로 판독되고 있다고 하면서 한국사학계가 백잔과 리잔을 같은 의미로 해석하고 있지만 다음과 같은 이유로 리잔국은 한성백제와는 별개로 웅진熊津-공주임-을 도읍지로 하여 충남지역을 주된 거점으로 하던 또 하나의 백제인 비류백제였다고 주장합니다.

첫째 비문에 의하면 리잔은 광개토왕의 수군에 토멸되었지만 백잔은 남녀생구와 세포를 바치고 복속의 맹세를 하고 존속하게 된 점이 다르며 리잔국은 396년에 멸망하였고 백제는 660년까지 존속하여 멸망연도가 다르다는 것입니다.

---

1) 박영규, 한 권으로 읽는 고구려왕조 실록, 웅진씽크빅, 1997

2) 金聖昊著 林英樹譯, 沸流百濟と日本の國家起源, 1983, 成甲書房

둘째 광개토왕의 백제공략의 경로를 보면 광개토왕이 공략한 58개의 성 중 관미성을 포함한 18개의 성은 전에 공략한 한강이북의 성들로 삼국사기는 이를 392년의 공격으로 기술하고 있는데 비문이 18개 성의 점령과 37개 성의 공략을 구분하여 기록하고 있는 것도 이러한 사정을 말해주는 것이라고 합니다. 이러한 배경에서 이루어진 396년의 공략은 아마도 392년에 탈취한 관미성을 출발지로 한 광개토왕의 수군이 경기만을 남하하여 리잔국의 거점인 충남지역을 초토화하였고 리잔국은 멸망하게 되었다는 것입니다.

셋째 일본서기는 웅진을 별칭인 구마나리久麻那利로 부르는데 구마나리는 웅진의 곰나루에서 유래한 것으로 이 중의 리利자가 차용되어 백잔이 백제를 지칭한 것처럼 리잔으로 호칭하여 백제와 리잔국이 형제국임을 나타내는 것이라고 합니다.

넷째 리잔국을 토멸한 광개토왕은 육로로 회군하면서 아리수阿利水-한강임-를 건너 백제의 한성을 공략한 것이며 비문에 나오는 잔주제와 대신 10인은 리잔국의 포로였다는 것입니다. 백잔왕은 남녀생구 1,000명과 세포 천 필을 바치고 영원히 노객이 될 것을 맹세하였기 때문에 더 이상의 요구를 하지 않고 회군하였다는 것입니다.

다섯째로 리잔국이 멸망한 후 79년만인 475년 개로왕이 전사하고 한성이 토벌되자 백제는 도읍을 웅진으로 옮기고 538년에는 성왕이 다시 도읍을 부여로 천도하므로 웅진이 도읍이었던 기간이 63년에 불과한데 비하여 송산리의 6기의 고분을 비롯한 대형고분이 웅진에 집중되고 있다는 것입니다. 이러한 사실은 웅진이 그 이전부터 왕국의 도읍이 아니었다면 있을 수 없는 현상이라는 것입니다.

여섯째 무령왕릉에서 발견된 매지권買地券에 의하면 무령왕릉을 조영하기 위해 상당량의 대금과 곡물을 토지주인에게 지불하지 않으면 안 되었는데 이는 그 지역의 토착세력이 여전히 상당한 세력을 갖고 있었던 것을 의미하며 이들은 리잔국의 후예로 보아야 매지권 사건을 이해할 수 있다는 것입니다.

김성호 선생은 이처럼 광개토왕의 경신년 원정에 의해 토멸된 비류백제의 왕은 왕족, 신하들을 거느리고 대거 열도로 건너가서 397년 야마토 왕국의 오진왕이 되었으며 오진왕기에 기술된 대규모 집단은 왕을 따라 나선 리잔국 즉 비류백제의 신하와 주민들이라고 보고 있습니다. 그는 또한 본국에 남아 있던 많은 호족들은 백제에 편입되며 리잔국에 속했던 영토, 즉 침미다례忱彌多禮-제주도로 비정-, 현남峴南-차령산맥 이남의 충남북 및 전남북으로 비정-, 지침支侵-서북충남으로 비정-, 곡나谷那-예성강유역으로 비정-, 동한지지東韓之地-경남해안지역으로 비정-는[3] 백제의 영토로 편입되는데 이러한 배경을 이해하면 오진 8년(397년) 백제 아화왕-아신왕임-이 무례하자 왜가 위의 5개 지역을 회수하였으나 직지直支 태자-전지 琠支태자임-의 파견으로 우호를 회복하였다는 기사의 의미가 납득이 된다고 하고 있습니다.

결론적으로 김성호 선생은 대방고지에서 건국한 비류는 미추홀彌鄒忽-통설은 인천으로 비정하나 김성호 교수는 아산牙山군 인주仁州면으로 비정-을 거쳐 웅진 거발성居拔城에 도읍하였으며 그 영토는 한반도 중남부의 지침, 현남, 곡나, 동한지지에 이르고 대륙백제를 세운 것도 비류백제인데 고구려는 이들을 리잔국으로 불렀다는 것입니다. 이들은 통치방식으로 왕의 자제, 종친을 담로로 보내 지역을 다스리는 담로제를 시행하였고 백제라는 국호도 본래 해상왕국을 지향하였던 비류백제의 국호였는데 396년 고구려에 의해 멸망되자 온조백제가 이 국호를 계승하였고 이후 온조백제와 야마토 왕권 모두가 비류백제의 존재사실을 은폐함으로써 비류백제가 역사에서 사라지게 된 것이라고 설명하고 있습니다.

이러한 김성호 선생의 비류백제의 존재와 비류백제의 일본국가기원설에 관하여는 다양한 견해와 반론이 있으며 이러한 가설이 역사적 사실과 일치하는지 여부를 판단하기 위해서는 보다 면밀한 검토가 필요하다고 봅니다. 다만 백제에는 진왕이라든가 거의 독립적으로 담당 지역을 관할하던 담로들이 있었다는 점에서 한성백제와는 거의 독립적인 세력이 웅진 지역에 있었을 가능성은 충분히 있다고 보여지며, 광

3) 동북아역사재단이 편찬한 역주일본서기는 침미다례를 제주도 또는 강진 또는 영산강유역으로 비정하고 현남을 전북 함열 지역, 지침을 충남 대흥 또는 홍성지역, 곡나를 황해도 곡산 또는 전남 곡성 또는 충주 지역, 동한을 충북 괴산, 진천, 음성 일대로 비정하는 견해가 있다고 설명하고 있음.

개토왕의 백제공략으로 타격을 받은 지역의 지배층과 주민들이 바다를 건너 일본열도로 대거 이주한 것과 5세기 가와치 지역을 중심으로 백제세력이 확대되어 간 것 등은 역사적 사실과도 부합한다는 점에서 김성호 선생의 견해는 고대 백제와 왜와의 관계에 있어서 의미 있는 관점을 제시하고 있는 것으로 평가할 수 있습니다.

광개토왕비문 신묘년조에 보인 '왜'의 정체

일본의 사학계가 광개토왕 비문에 등장하는 왜군을 야마토에 있던 정권이 파견한 군대로 보고 이는 4세기에 이미 야마토 왕조가 고대국가로 성장했다는 증거라고 주장하고 있음은 앞에서 말씀드렸는데 과연 이러한 주장은 타당성이 있는 주장인지 검증해 보도록 하겠습니다. 비문에는 왜가 8회에 걸쳐 등장하고 특히 비문의 문장 중에서 이러한 주장의 근거가 되고 있는 것이 영락6년(396년) 병신丙申조에 나오는 신묘辛卯년과 관련된 부분인데 이 부분은 다음과 같습니다.

"百殘新羅, 舊是屬民, 由來朝貢, 而倭以辛卯年, 來渡海破百殘○○新羅, 以爲臣民, 以六年丙申, 王躬率○軍, 討伐殘國"

위의 문장은 성균관대학교의 권인한 교수가 시도한 해석으로 2012년 동북아역사재단이 10월 18~19일 주최한 광개토왕비의 재조명이란 주제로 열린 국제학술회의[4] 에서 발표한 것인데 권 교수는 이를 다음과 같이 풀이하고 있습니다.

"백잔(백제)과 신라는 예로부터(고구려의) 속민이었는데 그런 까닭으로 조공을 해왔다. 그런데 왜가 신묘년에 바다를 건너와서 백잔을 파하고 신라를 ○○하여 신민으로 삼았다. 그래서 병신에 왕이 친히 군을 이끌고 잔국(백제)을 토벌하였다."

이러한 해석은 비문의 신묘년 조에 왜가 명시되어 있다는 것을 전제로 한 후 왜를 문장의 주어로 보아 왜가 바다를 건너와 백제와 신라를 속민으로 하였다고 해석하는 일본사학계의 해석을 대체로 수용한 것인데 이러한 해석은 이 문장이 전치문의

4) 연민수외, 광개토왕비의 재조명, 동북아역사재단, 2013

성격을 갖고 이후 광개토왕이 취하는 일련의 군사행동에 명분을 제공하고 있다는 점에서는 이치에 맞는 측면이 있다고 볼 수 있습니다. 이러한 해석은 물론 문장중의 문자 중 변조의 가능성이 제기되고 있는 '倭'나 '來渡海' 등이 변조되지 않았다는 것을 전제로 한 것입니다만 그럼에도 불구하고 이 문장을 근거로 여기에 나오는 왜가 야마토의 왜로서 당시 야마토 정권이 고대국가의 면모를 갖추었음을 보여주는 증좌가 될 수 있을지에 대하여는 몇 가지 근본적이고 중대한 의문점이 제기되고 있습니다.

첫 번째는 여기에 등장하는 왜를 야마토의 왜로 보는 것은 시대적 상황으로 보아 도저히 상상하기 어렵다는 것입니다. 당시의 야마토 정권은 나라분지의 소수 호족에 의한 연합정권에 불과하였던 것으로 보이기 때문에 고대 통일국가에서나 가능한 대규모의 군대를 동원하고 대규모 함대를 한반도로 파견하는 일은 불가능하다고 볼 수밖에 없기 때문입니다. 위의 국제학술회의에 참가한 스즈키 야스타미鈴木靖民 요코하마横浜시 역사박물관장은 비문의 왜를 야마토 지역의 왜왕과 각지의 수장들이 편성한 연합군대로 보고 있지만 당시 지역 왕국이 병립하고 있던 열도의 정치상황으로 보아 각 지역의 수장들이 소국 미와 왕국의 지시에 따라 대규모의 군대를 동원하는 단계에 이른 것으로 보기는 어렵지 않은가 생각됩니다. 설령 당시 야마토의 미와 왕국과 각 지역 수장 사이에 어느 정도의 연계가 있었다 하더라도 그다지 대의명분이 없는 고구려와의 전쟁에 이들이 참가하였다고 보기는 어려우며 그 정도의 큰 전쟁이었다면 일본서기에 기록되는 것이 당연할 텐데 이러한 기록이 한 줄도 없다는 것은 광개토왕비문의 왜는 야마토와는 전혀 관계가 없는 세력임을 분명하게 보여 주는 것이라고 생각됩니다.

다만 신묘년 조 이외에도 왜는 7회나 비문에 등장하여 백제와 연합하여 고구려와 대적하고 있는 것이 사실이므로 이러한 왜의 실체를 규명할 필요는 있는 것으로 보입니다. 앞에서 이 왜가 야마토의 왜일 가능성이 거의 없다고 하였는데 그렇다면 이들은 어디서 온 왜였을까요? 비문에 등장하는 군대로서의 왜의 정체에 대하여는 여러 주장이 있으나 당시의 시대적 상황에 비추어보면 이들은 가야제국의 남해안지역에 주로 거주하던 왜인들이었거나 백제가 동원한 규슈 고마국의 군대였을 가능성이 높으며 또는 위의 두 세력을 모두 지칭한 것으로 볼 수 있는데 397년 왜에 인질로 보내졌다는 백제 아신왕의 태자 전지腆支-일본서기에는 직지直支로 나옴-는 규슈 고마국의 왜의 군대를 동원하기 위해 파견된 것으로 보입니다. 일부 학자들은 비문의 왜와 가야를 완전히 동일시하는 견해를 보이면서 이때의 왜를 가야인으로 보나 비문의 내용을 보더라도 영락 10년의 전투를 보면 고구려는 왜 이외에도 임나가라와 안라인 수병들과도 싸우고 이들을 궤멸한 것으로 기록되었는데 이는 고구려가 가야와 왜를 구별하여 인식하고 있었던 것을 보여주는 것이라고 할 수 있습니다.

백제가 규슈의 왜에 대해 영향력을 갖고 있었던 사실을 가장 잘 보여주는 사례가 구마모토현 다마나玉名시의 에다후나야마江田船山 고분〈그림3-2〉에서 출토된 금동관, 금동신발, 환두대도, 청동거울 등의 부장품들인데 이들은 모두 백제의 수준 높은 공예품들입니다. 특히 여기서 출토된 금동관모 2개는 백제 여러 지역의 고분(공주 수촌리, 부여 수산리, 서산 부장리, 익산 입점리, 고흥반도 안동고분 등)에서 출토된 것과 똑같은 것으로 이들 고분의 피장자들이 모두 백제대왕의 후왕임을 보여주는 것이라고 할 수 있습니다. 또한 에다후나야마고분에서 나온 은상감 철도의 명문에는 '治天下 ○○○○鹵大王世'라는 문구가 있는데 '鹵大王'은 백제의 개로왕이 분명한 것으로 보이며 이 고분의 연대는 5세기 후반으로 보입니다. 신라는 국가 성장과정에서 왜의 침입을 무수하게 받았는데 이들은 주로 가야의 남부 해안이나 섬에 거주하던 왜인들도 있었고 규슈의 왜도 있었는데 백제, 가야와 신라 사이의 영토를 둘러싼 분쟁이 심화되면서 규슈의 왜가 백제에 의해 동원되는 빈도가 늘어나고 군대도 점차 조직화되어 갔던 것으로 보이며 광개토왕비문에 등장하는 왜도 이러한 연장선상에서 규슈의 왜가 중심이 되었을 가능성이 높은 것으로 보입니다.

〈그림3-2〉 에다후나야마고분 및 부장품.
엄청난 양의 부장품이 출토되었는데 금동관모는 백제의 고분 것과 같으며 은상감 철 칼의 명문으로 보아 피장자는 고마국왕으로 백제 개로왕의 후왕으로 보임.

두 번째는 비문 문장 자체의 정합성의 문제입니다. 광개토대왕의 군사행동의 명분이 문장대로 왜가 백제, 신라를 복속시킨데 대한 응징이었다면 백제가 아니라 왜를 공격하는 것이 당연할 텐데 이 문장에 이어지는 문장을 보면 고구려 대군은 왜가 아니라 백제를 공격하여 한강 이북의 백제 영토를 전부 차지하고 한성까지도 쳐들어가서 아신왕으로부터 영원히 노객이 되겠다는 굴욕적인 항복을 받아내게 됩니다. 이는 고구려의 주된 공격대상이 백제임을 말하는 것이고 이것이 또한 역사적인 사실인 만큼 이 경우 왜를 문장의 주어로 보는 것은 실제 광개토왕의 군사행동과는 맞지 않게 되는 것입니다. 또한 왜가 당시 고구려에 버금가는 국력을 갖추고 있고 우호관계에 있던 백제를 격파하였다는 기술도 현실성이 거의 없는 이야기로 왜를 주어로 한 문장이 야기하는 사실적인 문제라고 할 수 있습니다.

이러한 의문점들은 결국 세 번째 의문인 비문의 변조變造문제로 귀결되며 특히 신묘년 조의 주체를 왜로 보는데서 기인하는 근본적인 문제인 것이라고 할 수 있습니다. 왜를 주어로 하여 해석하기 때문에 당시 야마토의 소국에 불과했던 왜가 한반도의 강국이었고 우호국이었던 백제를 격파하고 신라를 신민으로 하였다는 시대에 맞지 않는 비상식적인 해석을 하게 되는 것입니다. 야마토 왕권의 능력은 일본서기 긴메이欽明기에 잘 보이는데 백제가 국운을 걸고 신라와 싸운 554년의 관산성管山城전투에 긴밀했던 백제성왕의 거듭된 지원요청에 겨우 1,000명의 군사밖에 보낼 수 없던 것이 당시 왜국의 국력이었던 것입니다.

어느 정도 통일된 국가의 면모를 갖춘 6세기 중반에 겨우 이 정도의 소규모의 지원밖에 할 수 없었던 야마토의 왜 정권이 그보다 150년 전에 대규모의 군대를 한반도에 파병하였다고는 생각할 수 없는 것입니다. 또한 당시의 야마토 정권의 국력으로 한반도의 강국인 백제를 속국으로 하였다는 것도 사실에 반하지만 설령 그렇다 치더라도 396년 속국이었다고 주장하는 백제가 고구려의 공격으로 초토화되는데 구원군을 전혀 보내지 않은 것도 말이 되지 않고 399년 왜가 이미 신속된 신라로 다시 쳐들어가 성을 파괴하고 신속시킨 것도 상식적이지 않습니다.

이러한 불합리한 상황은 모두 왜를 신묘년 문장의 주어로 판독한데서 오는 모순이며 이러한 모순은 비문원석의 신묘년 부분이나 그 탁본에 변조된 부분이 있었기 때문이라고 볼 수밖에 없습니다. 따라서 신묘년 조의 주어, 주체는 광개토왕 또는 고구려가 되어야만 시대상황에 맞고 삼국사기의 기록과도 부합하는 합리적인 비문이 되는 것입니다. 광개토왕비문의 탁본이 변조되었을 가능성은 재일교포 이진희李進熙 교수에 의해 처음으로 제기된 이래 많은 학자로부터 제기되었는데 실제로 비석에 석회암이 발라졌다는 사실은 확인되고 있습니다. 일본 측은 옛날이나 지금이나 변조사실이 없었다고 강변하고 있고 일부 한국의 학자들도 이러한 주장에 동조하고 있습니다만 변조의 진상은 아직 밝혀지지 않고 있고 광개토왕비가 중국영토에 있는 현실 등을 감안하면 가까운 장래에 비문변조의 진상이 밝혀지기는 어려울 것으로 보입니다.

비문 발견 당시의 일본은 청일전쟁을 앞두고 만주에 이미 상당한 세력을 구축하고 있었고 광개토왕비 발견의 정보를 듣자마자 일본군의 사가와 가케노부酒勾景信라는 장교가 1883년 비문의 탁본을 얻어서 그 해독을 군 참모본부에 의뢰했다고 알려지고 있는데 그 과정에서 어떠한 일이 중국과의 사이에 있었는지는 알려지지 않고 있습니다. 또한 일본 참모본부는 1900년 대 중국에 대해 광개토왕비 전체를 구입하고자 공작하기도 한 것이 확인되고 있는데 당시 일본은 정한론이 팽배한 가운데 이를 뒷받침할 만한 근거 찾기에 혈안이 되어 있었고 역사에 대한 일본의 그간의 행적에 비추어 볼 때 어떠한 형태로든 동 비문의 원석이나 탁본을 변조하였을 개연성은 매우 높은 것으로 보여집니다.

광개토왕비문의 해석과 관련하여 언어학자인 강길운 교수[5]는 원석비의 내용이 현재 일본에서 통용되는 사가와본-쌍구雙鉤본 혹은 쌍구가묵雙鉤加墨본으로도 불림-이라면 신묘년 조만이 광개토왕의 공적을 열거한 비문의 다른 문장들과 그 구조가 다른 점을 지적하고 있는데 다른 조항에서는 연차 다음에 주어가 들어가나 신묘년 조만이 주어, 연차의 순으로 되어 있다는 것입니다. 따라서 사가와본의 '倭'자가 있는 자리에는 연차를 나타내는 부사가 있었을 가능성이 클 것이라 하고 '後'자가 그 자리에

5) 강길운, 한일고대관계의 쟁점, 한국문화사, 2002

있었을 가능성이 높은 것으로 보고 있습니다. 강 교수는 또한 '來渡海'는 변조된 것이 틀림없고 광개토왕비문의 경우 왕이 친정하는 경우에는 반드시 '王躬率'이라는 표현이 들어가므로 그 자리에는 '王躬率'이 있었을 것이라는 견해를 보이고 있으며 '由來朝貢'의 '來'자는 '未'자의 오독으로 보고 '아직까지 조공하지 않았다.'고 해석하는 것이 사실에도 맞는 점을 지적하고 있습니다.

그는 또한 대부분의 초기의 원석탁본의 경우 신묘년 조의 '來渡海'의 3자가 확실하지 않은데 반하여 '倭'자는 주변의 자들보다 자획이 분명하고 자형이 균형을 잃은 모양임을 지적하면서 '倭'자는 '後'의 변조가 분명한 것으로 보고 있으며 석회가공탁본은 석회를 발라서 사가와본처럼 개조하였기 때문에 '倭'자의 자획이 주위의 다른 글자보다 가늘고 정돈되어 있는 것으로 이는 그것이 변조된 것임을 말해주고 있다고 하고 있습니다. 강 교수는 이러한 견해를 종합하여 다음과 같이 비문을 복원하고 있는데 매우 설득력 있는 견해인 것으로 판단됩니다.

百殘新羅舊是屬民 由未朝貢 而後以辛卯年 王躬率破百殘倭救新羅 以爲臣民

(백제와 신라는 옛적에 고구려의 예속민이었으나 아직까지 조공을 아니 하므로, 그 후 신묘년에 왕이 친히 군사를 이끌고 백제와 왜를 격파하고 신라를 구하여서 그로써 고구려의 신민을 삼았다.)

위에서 본대로 광개토왕 비문에 나오는 야마토의 왜일 수 없는 것이 분명한데도 불구하고 아직까지도 논란이 되고 있는 것은 안타까운 일이라고 할 수 있습니다. 이러한 논란은 근본적으로 일본이 고대국가의 성립시기를 앞당기고 고대 왜의 야마토 정권이 한반도에 영향력을 갖고 있었다는 고대사에 대한 일본의 기본입장을 펼치기 위한 재료로 이러한 기본입장에 맞게 광개토왕 비문을 변조한 뒤 그 해석을 자의적으로 한데서 연유하는 것인데 일부 한국의 학자들이 우선 일본학계에서 제시하는 비문의 사본을 인정하고 이를 토대로 하여 그 해석을 하는 데에 문제가 있는 것이라고 할 수 있습니다. 따라서 이 문제는 비문이 변조되지 않았다는 증명이 과학적으로나 역사적으로 완전히 확정될 때 까지는 왜가 주어가 될 수 없다는 확고한 입장에서 접근해야 할 것으로 보입니다.

광개토왕의 한반도 남부공략이 초래한 백제주민의 대량 도왜

광개토왕의 백제공략과 백제, 왜, 가야연합군 격멸은 한반도 삼국의 세력관계에 커다란 변화를 가져옵니다. 백제는 고구려 군에 의해 396년 한강이북의 영토를 상실한데 이어 400년에는 다시 낙동강 하류에서 패함으로써 가야에 갖고 있던 영향력을 잃고 신라가 낙동강 하류지역의 가야 땅을 차지함으로써 백제에 대신하여 가야에 대한 영향력을 키워가는 계기를 마련하는 것입니다. 백제는 광개토왕 때의 굴욕적인 패배를 만회하고자 433년 비유왕毗有王 때에는 신라와 소위 나제동맹을 맺는 등 고구려에 대항하지만 5세기 중 백제, 고구려간의 전투는 대체로 고구려의 우세 속에서 80년이나 산발적으로 계속되는 데 475년 장수왕에 의한 한성 함락과 개로왕의 전사는 백제에게 결정적인 타격을 주게 됩니다. 이처럼 5세기에 끝없이 전개되는 백제, 고구려간의 전투에서 패배한 백제의 군사집단과 난민들은 일본열도로 건너가게 되며 이들은 가와치 지역을 중심으로 정착하여 5세기 중후반에는 백제인의 나라인 가와치 왕국을 세우게 되고 규슈의 고마肥국, 기비의 빗추備中국 등 열도의 각 지역에도 세력을 키워나가게 됩니다.

백제인들의 집단이주는 5세기 후반 이후 가와치와 야마토를 중심으로 백제계의 분묘형식인 횡혈식 석실이 조성되기 시작하고 백제계 유물이 집중적으로 나타나기 시작하는 데서도 확인되는데 무엇보다도 일본서기의 오진応神기는 이례적이라 할 만큼 백제인들이 대량으로 도래하는 모습을 기술하고 있습니다. 다음은 오진기에 기술된 백제인들의 도래와 관련된 기사들입니다.

① (14년)백제왕이 진모진眞毛津이라는 봉의공녀縫衣工女를 바침.

궁월군弓月君이 백제에서 와서 '저의 나라의 인부 120현을 이끌고 귀화하려 하였으나 신라가 방해하여 모두 가라국에 머물고 있습니다.'라고 말함. 그래서 가쓰라기 소쓰히코葛城襲津彦를 보내 궁월군의 인부들을 불러들이게 하였으나 3년이 지나도록 소쓰히코가 돌아오지 않음.

② (15년)백제왕이 아직기阿直伎를 파견하여 좋은 말 두 마리를 바침.

아직기는 경전도 잘 읽었으므로 태자의 스승으로 삼음. 왕이 아직기에게 너보다

훌륭한 박사가 있느냐고 묻자 '왕인王仁-일본발음은 와니임-이라는 사람이 있습니다.'라고 대답함. 그래서 사람을 보내 왕인을 불러 오게 함. 아직기는 아치키노후비토阿直岐史의 시조임.

③ (16년)왕인이 왔음.

태자는 왕인을 스승으로 삼았는데 여러 전적을 배우니 통달하지 못한 것이 없었음. 왕인은 후미노오비토書首의 시조임.

④ (16년)헤구리 쓰쿠노스쿠네平群木兎宿禰 등을 가라로 보내 신라를 치고 소쓰히코를 데리고 오라고 명하니 정예병을 이끌고 신라국경에 이르자 신라왕이 놀라서 사죄하고 궁월군의 인부를 거느리고 소쓰히코와 함께 돌아옴.

⑤ (20년)야마토노아야노아타이倭漢直의 조상 아지사주阿知使主와 그의 아들 도가사주都加使主-일본어로는 쓰카노오미로 발음-가 17현의 무리를 데리고 왔음.

⑥ (25년)백제의 직지왕直支王이 죽고 아들 구이신久爾辛이 왕위에 올랐으나 왕이 어려 대왜의 목만치木滿致가 국정을 잡고 왕모와 밀통하여 무례한 행위를 많이 저지르자 왕이 이를 듣고 소환함. 백제기에서는 '목만치는 목라근자木羅斤資가 신라를 정벌할 때 그 나라 부인을 얻어서 낳은 자식인데 아버지의 공적으로 임나에서 전횡을 하다가 우리나라에 들어와서 귀국과 왕래하고 천조의 명령을 받아 우리나라의 정사를 장악하고 권세를 떨쳤으나 천조가 그 포학함을 듣고 소환하였다.'고 함.

일본서기의 오진기에는 이처럼 백제로부터의 주민집단과 학자, 기술자 등의 도래에 관하여 상세하게 전하고 있는데 이들의 구체적인 도래 시기는 삼국사기의 기록과 비교하여 일단 추정할 수는 있으나 일본서기에 나오는 왕들의 실재여부와 재위연대 등의 불확실성으로 인해 단정하기는 어렵다고 할 수 있습니다. 다만 오진3년(일본서기상 272년)에 아신왕阿莘王-일본서기에서는 아화왕阿花王-이 즉위한 것으로 기술하고 있는데 삼국사기에 의하면 이 해는 392년에 해당하고, 오진8년(동 277년)에 전지왕자-일본서기는 직지直支왕자-가 온 것으로 되어 있는데 이 해는 삼국사기에 의하면 아신왕 6년인 397년에 해당하므로 일단 아직기가 도래한 해인 오진15년(동 284년)은 404년, 왕인박사와 궁월군 집단은 오진16년(동 285년)인 405년, 아지사주 집단은 오진20년(동 289년)인 409년에 각각 도래한 것으로 추정할 수 있습니다.

오진기에 기술된 백제 집단의 일본 이주에 관한 기사를 보고 느끼는 것은 이는 단순한 씨족이나 기술자집단의 이주가 아니라 나라가 망했을 때에나 있을법한 엄청난 규모의 주민 이동이라는 점입니다. 일개 현県의 인구가 몇 명인지는 추정하기 어렵지만 100명으로만 계산해도 궁월군이 인솔하였다는 120현의 주민 수는 1만 2천 명에 달하고 아지사지가 이끈 17개 현의 주민은 1,700명의 대규모 집단입니다. 일본서기에는 이러한 대규모집단의 도왜만이 아니라 천자문과 논어를 전한 왕인박사, 말 두필을 가져온 아직기, 재봉기술자인 진모진 등 학자와 전문가, 기술자들도 이시기에 열도로 건너온 사실을 기록하고 있습니다.

궁월군의 도래와 관련하여 흥미로운 사실은 일본서기에 의하면 궁월군이 주민들을 인솔하여 바다를 건너려고 하자 신라의 방해로 3년이나 가야에서 발이 묶여 있던 셈인데 그렇다면 난민들이 가야에 도달한 해는 400년이고, 이 해는 바로 광개토왕이 신라의 요청으로 신라를 구원한 해에 해당한다는 사실입니다. 이 경우 120개 현민은 광개토왕비문 영락10년 조에 왜라고 표기된 집단으로 보이며 이들을 왜로 표기한 것은 이들이 왜로 망명하는 무리였기 때문이라는 해석도 가능해집니다. 이들은 고구려에 의한 해상봉쇄로 왜로 건너가지 못하다가 신라와의 외교교섭이 타결됨에 따라 405년에는 왜로 건너가게 되는데 이들의 도왜에 시간이 많이 걸린 것은 이 집단의 인원수가 많았기 때문인 것으로 보여집니다.

이중 궁월군弓月君 집단에 대해서는 하타秦 씨의 선조로 보는 견해가 있는데 하타씨 일족은 실제로 신라의 울진 지역에서 도래한 집단으로 보이며 대규모의 도래 집단이었기 때문에 전국 각지에 거주하면서 농지개발과 양잠, 광산개발, 주조, 목공기술 등에서 일본의 문화, 기술발전에 크게 기여한 씨족으로 알려지고 있습니다. 특히 이들은 초기에는 규슈의 동북부에 정착하여 하타노구니秦國를 세웠으며, 동진하여 가면서 교토 남부의 야마시로山城국의 중심세력이 된 것으로 알려져 있는데 일본서기는 궁월군 집단이 백제로부터 왔다고 기술하고 있어서 이들은 백제의 망명주민집단으로 보아야 하는데 이들이 하타 씨족인지 여부는 확정하기 어렵습니다.

한편 아지사주阿知使主 집단은 야마토노아야東漢, 倭漢라고 불리게 되는데 야마토의 동남부 다케치高市군의 히노쿠마檜前지역-현재 나라현 아스카촌明日香村-에 본거지를 두고 5세기 말~6세기에 걸쳐서 정치, 군사, 재정, 각종 기술 등 다방면에서 활약한 씨족입니다. 야마토노아야 씨족의 유래에 대하여는 백제계라는 견해도 있으나 원래 가야의 안라국(함안) 사람들이 이주해간 것이라는 설이 일반적인데 이들은 6세기 소가蘇我 씨의 집권을 특히 군사 면에서 적극 지원하고 소가 시대의 유력한 씨족으로 활약한 것으로 알려지고 있습니다. 아지사주는 일본식으로는 아치노오미로 불리는데 히노쿠마지역에는 지금도 야마토노아야 씨족의 조상인 아치노오미를 모시는 오미노아시於美阿志신사〈그림3-3〉가 남아 있습니다.

〈그림3-3〉 오미아시신사 도리이(上), 본당(中), 13층탑(下). 아스카 남부 야마토노아야씨의 본거지인 히노구마에 있으며 경내에는 13층 석탑과 센카왕궁터 비석이 세워져 있음.

위의 오진기 기사에서 주목되는 인물이 목만치木滿致입니다. 이 기사는 목만치가 왜국으로 건너오는 모습을 그린 것이 분명한데 그를 오진 때의 왜국인으로 묘사하고 있습니다. 그러나 그는 삼국사기 백제본기의 개로왕 21년 조(475년)에 한성이 함락되었을 때 문주왕과 함께 웅진(공주)으로 남하한 인물인 목협만치木劦滿致와 동일인일 가능성이 큰 것으로 사학계에서는 보고 있습니다. 그런데 진구왕후기 49년(369년) 조에 의하면 목라근자는 백제의 장군으로 신라를 공격할 때 신라의 여인을 맞이하여 목만치를 낳았다고 합니다.

이 두 기록을 함께 보면 목만치의 생존연대는 100년 이상이 되는데 삼국사기에는 목협만치가 5세기 후반에도 왕성하게 활동하는 것으로 나오고 있어서 그의 생존시기가 애매해집니다. 이에 따라 삼국사기의 기록대로 그는 5세기 후반 왜국으로 건너가 가와치 왕국에서 활약한 인물임이 분명하며 일본서기가 가와치 왕국사를 야마토 왕조사로 편입하면서 오진왕대의 인물로 조작한 것으로 보여집니다. 목만치는 6세기 중반 이후 약 1세기에 걸쳐 야마토 왕조의 실권자가 되는 소가蘇我 씨의 선조로 보이기 때문에 한일 고대사에 있어서 매우 중요한 인물이라고 할 수 있습니다.

5세기에는 오진기에 기술된 백제인과 백제인 집단이외에도 수많은 사람들이 고구려와의 전쟁에서 계속 패퇴하면서 고국인 백제를 등지고 '신천지'인 일본열도로 건너가고 그 주력 집단은 가와치에 정착하여 오사카평야를 개척하고 나라를 세워가게 되는데 이들이 비교적 손쉽게 현해탄을 건널 수 있었던 것은 백제가 당시 "해상왕국'으로서 서해안과 남해안을 중심으로 활발하게 활동하던 선단을 보유하고 있었기 때문인 것으로 보입니다. 백제는 392년 고구려에 의해 관미성이 함락될 때까지는 사실상 서해를 지배하고 있던 것으로 보이며 중국의 송서와 양서에는 백제가 이미 서진시대에 요서의 2군-백제군百濟郡과 진평군晉平郡-을 유지하고 22담로擔魯[6]를 두고 있었다는 기록이 있고 근초고왕 때에는 호남지방과 제주도를 차지하는 등 정복활동을 한 사실이 일본서기 진구 왕후기에 기록되어 있습니다.

또한 남제서南齊書에는 북위가 백제 동성왕東城王 때인 488년과 490년 두 차례 20만 대군으로 백제를 침략하였으나 백제군에 의해 격퇴되었다는 기록이 있는 것으로 보아 백제는 이때까지도 요서에서 북위의 대군을 격퇴할 만한 힘을 유지하고 있었던 것으로 볼 수 있습니다. 이처럼 4세기 말에서 5세기에 들어와서 규슈 서북부의 다마나와 세토나이해 연안의 기비에 있던 고지마児島와 나니와難波만-지금의 오사카만임-으로 많은 피난민들이 건너갈 수 있었던 것은 바로 백제가 해상강국으로서 보유하고 있던 선단이 있었기에 가능했던 것으로 그 후 고구려의 남하로 선단의 활동범위가 남해안과 규슈 북부로 좁아진 것으로 추측됩니다.

6) 한국고전용어사전은 담로에 대해 백제의 지방행정구역의 명칭으로 중국의 군현과 같은 기능을 가진 지방지배조직으로 왕족 출신의 자제 종족이 지방관으로 파견되었다고 하고 있음.

가와치에 왕국을 세우는 백제의 이주 집단

일본의 제15대 왕으로 기술된 오진応神왕은 일본고대사의 진상을 알기 위해서는 반드시 그 실체를 규명해야만 하는 관건이 되는 인물입니다. 일반적으로 그는 전승의 영역에 있는 스진 왕조를 이어받아 일본의 고대국가라고 할 수 있는 야마토 왕조를 세운 최초의 왕으로 인정되고 있으면서도 그의 출자나 그가 활동한 정확한 연대, 왕조성립 과정 등 그의 정체를 둘러싸고 의문이 해소되지 못하고 있기 때문입니다. 물론 자생왕조설의 입장에 있는 일본의 주류사학계에 있어서는 일본서기가 묘사한 대로 그가 진구 왕후와 스진 왕조의 주아이왕의 아들로 70년의 섭정기간 후에 진구가 죽자 270년 70세가 되어 왕위에 오르고 40년간 재위하다가 110세에 죽은 것으로 되어 있어서 특별히 문제될 것이 없다고 볼 수도 있습니다.

하지만 그가 창작된 가공인물인 진구 왕후의 아들이라는 점, 그가 일종의 쿠데타로 왕위에 올랐다는 점, 진구 왕후의 주된 활동은 주로 백제와의 교류, 합동군사작전 등 백제와 관련된 것이라는 점, 진구의 업적으로 기술된 내용이 백제 근초고왕의 업적으로 생각된다는 점, 오진왕 재위기간 중에 백제로부터 수많은 이주민과 기술자들이 도래하여 왔다는 점, 오진왕과 그의 아들인 닌토쿠왕 시대에 연못, 제방, 수로공사 등 가와치 개척에 주력한 점 등에 비추어 그가 단순히 이복형들에 승리하여 왕위에 오른 것이 아니라 이전의 스진 왕조와는 다른 새로운 왕조를 세웠고 그 왕조는 백제와 긴밀하게 관련되는 것임을 상당히 높은 확률을 가지고 추론할 수 있게 합니다. 그렇다면 오진왕의 출자, 오진 왕조가 세워진 장소와 시기, 새 왕조의 성립과정 등을 구체적으로 규명할 수 있을까요? 진구 왕후와 오진왕에 관하여는 중국이나 우리나라의 사서에서는 기록을 찾아 볼 수 없어서 기 · 기의 기술에 의존할 수밖에 없지만 그동안 학자, 연구자들의 노력의 결과 단정할 수 없는 부분은 있지만 어느 정도 오진왕의 실체의 윤곽은 알 수 있게 되었다고 봅니다.

첫 번째로 오진왕은 백제의 왕실 출신으로 열도로 건너와서 새로운 백제의 국가를 세우기 시작한 왕으로 보인다는 것입니다. 물론 학자들 중에는 오진왕을 김수로왕 등 가야계의 왕으로 보는 견해도 있습니다만 진구기와 오진기가 백제관련 기사가 집중적으로 나타난다는 점에서 이러한 견해에는 수긍하기 어렵습니다. 그렇다면 백제의 왕 또는 왕족 중에서 오진왕으로 추정할 수 있는 인물을 찾을 수 있을까요? 현재까지의 연구결과로 보면 근초고왕의 아들 또는 손자 등 근초고왕의 직계 자손이라는 김운회 교수 등의 견해와 웅진을 거점으로 하고 있던 또 하나의 백제 세력이었던 비류백제의 왕으로 보는 김성호 선생의 견해 등이 우선 설득력이 있어 보입니다.

김운회 교수가 오진을 근초고왕의 직계 손으로 보는 근거는 오진의 어머니인 진구왕후가 백제와 함께 신라, 가야를 평정한 것으로 일본서기에 기록되고 있으나 4세기 중반에 한반도 중남부를 경략한 유일한 역사적 실존인물은 백제의 근초고왕뿐인데 근초고왕의 업적으로 추정되는 일을 가공인물인 진구 왕후가 했다는 근거가 없기 때문입니다. 김운회 교수는 또한 삼국사기 백제본기에 근초고왕의 업적이 20년 정도 사라지고 없는데 일본서기에는 진구의 명을 받은 백제왕이 왜군과 함께 한반도 남부를 공략하는 등 백제관련 기사들이 집중적으로 나오며 이는 일본서기가 백제의 역사를 토대로 일본서기를 기술한 것을 의미한다고 보고 있습니다.

따라서 야마토 왕조의 시조로 평가되는 오진 · 닌토쿠왕은 바로 근초고왕 · 근구수왕의 계열로 보아야 하며 진구기 섭정52년(372년) 근초고왕이 칠지도를 왕후에게 바쳤다는 기록은 진구가 허구이므로 결국 근초고왕이 열도의 백제계왕에게 칠지도를 하사한 것으로 김운회 교수는 해석하고 있습니다. 김운회 교수의 견해는 4세기 중후반 근초고왕의 정복활동이 활발했던 당시 한반도의 정세와 나라분지 일각의 호족연합에 불과했던 미와 정권의 실상을 감안하면 설득력이 있는 견해라고 할 수 있으나 근초고왕 이후 오진왕이 야마토의 왕이 되기까지의 과정이나 백제에서 전성기를 맞이하고 있었던 근초고왕이 열도에 새 국가를 세우고자 한 동기가 무엇이었는지 등에 대한 추가적인 설명이 있었으면 하는 아쉬움이 있습니다.

한편 광개토왕의 공략으로 멸망한 비류백제의 마지막 왕이 대규모의 망국주민들과 왕족, 신하를 인솔하여 열도로 건너가 야마토 왕국을 세웠다는 김성호 선생의 견해는 새 왕조를 세우게 된 주체와 동기, 그리고 그 과정이 구체적이라는 점에서 매우 사실적인 내용으로 평가할 수 있으나 중요한 것은 김성호 선생의 지론대로 비류백제라는 국가가 과연 있었던 것인지에 대한 검증과 백제의 피난민 집단이 열도로 건너와 곧바로 야마토 왕권을 장악할 수 있었는 지에 의문에 답할 필요가 있다는 생각이 듭니다. 김성호 선생은 비류백제의 존재에 대하여는 설득력 있는 근거를 제시하고 있지만 반론 또한 만만치 않은 것이 사실입니다. 김성호 선생이 말하는 비류백제에 대한 검증은 피하고자 합니다만 4세기의 백제-온조백제-의 영역에는 담로라든지 진왕, 마한의 토착호족 등 상당히 독립적인 세력들이 있었던 것으로 보여지며 이러한 세력이나 집단이 열도로 건너가 백제계 지역 국가를 세웠을 가능성은 충분히 있다고 보며 특히 백제의 웅진熊津 세력이 서북규슈의 고마-肥 또는 熊-국으로 진출했을 가능성은 충분히 있다고 봅니다.

두 번째로 중요한 문제는 오진왕이 국가를 세웠다는 지역에 관한 문제인데 이는 당시 있었던 것으로 보이는 가야계의 스진 왕조 즉 미와 왕조와의 관계라는 측면에서도 살펴보아야 할 과제로 보입니다. 한국의 대다수 연구자들은 오진왕조를 야마토 왕조로 보는데 이는 오진이 기존에 있던 야마토의 스진 왕조를 흡수한 것을 전제로 한 것으로 보입니다. 반면 일본의 보수적인 학자들은 이를 미와 왕조의 중심이 가와치로 이동한 것으로 보고 왕조의 주체는 변함없이 지속된다고 주장하고 있습니다. 필자가 보기에는 4세기 말 백제에서 건너온 세력이 야마토의 실권을 바로 차지했다고 보는 것은 실제와 괴리가 있을 가능성이 크다고 봅니다. 백제의 근초고왕 직계세력이던 피난민 집단인 망명세력이던 긴키지역에 도착하자마자 오랜 기간 계속되어온 미와 왕권을 바로 무너뜨리고 새로운 왕조를 세웠다고 보는 것은 다소 무리가 있어 보이기 때문입니다.

당시 일본열도에는 각지에 삼국으로부터 건너온 무장집단들이 나름의 지역 국가들을 형성하고 있었던 상황을 감안하여 보면 백제에서 도래한 세력은 당시에 호소湖沼지역으로 방치되어 있었던 가와치지역을 개척할 수밖에 없었는데 이러한 사실은 오진, 닌토쿠기의 여러 가지 개척 사업으로 기술되어 있다고 봅니다. 가와치에 당도한 백제 집단은 당시 긴키 지역에 할거하던 다양한 세력-신라계, 가야계, 고구려계, 토착계 등의 세력-과 경쟁하면서 국가건설을 추진한 것이 실상이 아니었을까요? 백제계 세력은 본국의 지원을 받으면서 가와치 개척 사업에 주력하는 한편 군사적인 능력을 키워가면서 5세기 후반 한성이 함락되면서 또 다른 피난민 집단이 넘어오고 백제도 국가존망의 위기의식을 갖고 열도에 새 국가를 만들어 나간 것으로 보이며 5세기 중에는 나라의 미와 왕조와 병립하다가 5세기 중반 곤지 왕자가 건너온 후 세력을 결집하여 6세기 초에는 결국 미와 왕조를 통합하여 백제에 의한 본격적인 야마토 왕조를 세운 것이 역사의 진상이라고 생각합니다.

〈그림3-4〉 아스카베신사.
5세기 백제인들이 집중 거주한 후루이치 지역에 있는 곤지를 모시는 사당으로 오랜 기간 방치되어 지금은 초라한 모습으로 남아 있음.

4세기 말부터 백제 이주민에 의해 형성되는 가와치의 중심지역은 크게 세 곳이었는데 가와치 남동부의 후루이치古市와 그 서쪽 이즈미和泉의 모즈百舌鳥 그리고 셋쓰攝津의 요도강淀川 하류 지역이 백제주민이 집중적으로 거주하고 있던 지역입니다. 그 중에서 후루이치 지역은 '가까운 아스카飛鳥'로 불리던 지역으로 백제인들이 살던 중심지로 백제인들의 묘지인 아스카센즈카飛鳥千塚 고분군와 이치스카一須賀 고분군이 위치하고 있고 후에 가와치 왕국의 왕이 되는 곤지왕을 모시는 아스카베신사〈그림3-4〉가 아직까지 남아 있는데 이치스카 고분군에 있는 수백기의 고분들은 주로 5~6세기에 조성된 백제식 원분과 횡혈식 석실고분들입니다. 또한 모즈 고분군과 후루이치 고분군은 대규모의 고분 집단으로 각각 일본의 전방후원분 중에서 규모로 보아 제1~2위에 해당하는 다이센 고분과 곤다고보야마 고분이 위치하고 있어서 백제인들이 이 지역에 얼마나 집중적으로 살고 있었는지를 알 수 있습니다.

한편 하비키노시 후루이치에 있는 사이린지西琳寺〈그림3-5〉는 왕인의 자손인 가와치노후미西文, 河內文 씨가 559년 창건한 씨사氏寺라고 사찰기록은 전하고 있는데 5층탑이 있었던 것으로 보이는 자리에는 일본에서 가장 큰 심초석이 남아 있어서 이 절터가 가와치 왕국의 터였을 가능성도 제기되고 있습니다. 백제인들은 또한 남셋쓰南攝津의 요도강변의 황무지를 개간하고 제방과 연못을 쌓아 갯벌이었던 지역을 평야로 만들어 거주하였는데 이 지역이 지금의 오사카의 중심지에 해당하는 곳입니다. 가와치 남부의 아스카 지역에 살던 백제, 가야인들이 점차 고개를 넘어 나라분지 남부의 아스카 지역으로 이주하면서 이 지역은 새로운 백제촌이 되어 가는데 이 지역이야말로 6세기 이후 열도의 정치, 문화중심지인 백제계 아스카 왕조의 활동무대가 되는 것입니다.

〈그림3-5〉 사이린지.
왕인의 후손인 가와치노후미씨가 창건한 씨사로
현재 남아있는 심초석은 길이 3.2미터로 일본 최대의 것임.

제10화
왜 5왕과 5세기 일본서기日本書紀의 왕들

중국의 송서 등에는 왜 왕들-소위 찬讚, 진珍, 제濟, 흥興, 무武의 왜 5왕-이 413년부터 478년 사이에 송 등 중국의 남조국가에 사신을 보내고 작위를 요청하며 특히 한반도 남부에서의 군사적 지배권을 요청하는 기사들이 나타납니다. 이에 대해 일본학계는 왜 5왕들을 야마토 왕조의 왕들로 비정하고 이들이 군사적 지배권을 요청한 것을 당시 야마토 왕조가 한반도 남부에 진출하여 지배했거나 영향력을 행사하고 있었던 증거라고 강변하고 있어서 한일학계에서 논란이 되고 있습니다.

그러나 일본서기에는 왜 5왕은 물론 당시 중국에 대한 조공기사가 전혀 없고 왜 5왕의 이름이 백제왕의 경우처럼 외자이며 478년 왜 왕 무가 송 황제에게 보낸 국서 등에 비추어 보면 왜 왕 무 등 왜 5왕은 규슈나 가와치에 있던 백제계 후국의 왕이었음을 알 수 있습니다. 또한 왜 5왕들이 한반도 남부에서의 군사적 지배권을 요청한 것은 심해지는 고구려의 압박과 관련하여 유사시에 대비하기 위한 것으로 백제본국과의 협의를 통해 이루어진 것으로 보입니다.

한편 광개토왕의 공격으로 궤멸적인 타격을 받은 백제는 대규모의 이주민을 일본열도로 보내 가와치를 중심으로 새로운 국가 건설에 나서며 5세기 중·후반에는 지역 왕국을 세우는데 일본서기는 이 사실을 은폐하면서 백제가 후국을 세우고 미와 왕국을 통합하기까지의 백제 후왕들을 총칭하여 이를 야마토 왕조의 제15대 왕 오진応神왕이라는 인물로 설정한 것으로 보입니다. 일본서기에 나오는 오진 왕조를 일본학자들은 가와치 왕조로 부르기도 하나 그 실체는 5세기 가와치에 형성되고 있던 백제계 집단과 곤지 왕자가 세운 가와치 왕국이었다고 할 수 있을 것입니다.

가와치 왕국은 6세기 초에는 나라분지의 가야계 미와 왕국을 통합하여 야마토 왕조를 세우게 되지만 일본서기는 백제 왕실과 일 왕가의 혈연관계를 철저하게 은폐하기 위해서 가공인물인 진구 왕후를 창작하여 오진왕을 진구의 아들로 만들고 가와치 왕국의 역사를 야마토의 미와 왕조에 흡수시켜 가와치 왕국의 존재를 역사에서 사라지게 하였습니다. 이 결과 일본서기의 5세기의 왕 중에는 두 왕조의 역사가 혼재되는 결과가 되었는데 실제의 왕명인지 여부는 분명하지 않으나 적어도 오진, 닌토쿠왕은 미와 왕조의 왕으로 은폐되어 있지만 백제의 후국인 가와치 왕국의 왕들을 상정하여 일본서기가 지어낸 왕들의 이름으로 보입니다.

5세기 약 150년 만에 중국사서에 재등장하는 왜국과 왜 5왕

4세기에 들어와 한반도에서 고구려, 백제, 신라 삼국의 각축이 본격화되고 특히 신라와의 영토분쟁으로 시달린 가야인을 중심으로 삼국인들의 열도 이주가 이어지면서 열도에는 여러 지역에서 지역 세력이 등장하고 후에 왜국의 중심지가 되는 기나이畿內에도 가야인을 비롯한 삼국인들이 모여들어 소규모의 정치세력이 형성되어 갑니다. 또한 고구려의 한반도 남부공략이 본격화되는 4세기 말부터 5세기에 걸쳐서는 백제인 집단의 열도 진출이 본격화되는데 이들은 오래전부터 기반이 있었던 규슈 북부에도 정착하나 대다수의 이주민들은 가와치 지역을 중심으로 한 기나이 지역에 정착하게 됩니다. 중국의 사서가 4세기의 왜국에 대한 기록을 남기지 않은 것은 이처럼 당시의 일본열도가 여러 지역 세력들이 각축하면서 아직 통일된 세력을 형성하지 못한 상황이었기 때문에 특별히 사서에 기술할 필요성을 느끼지 못하였던 측면이 있었기 때문으로 보입니다.

그러나 5세기가 되면 사정이 달라져 413년에는 거의 150년 만에 처음으로 왜국이 진晋의 황제에게 조공하였다는 기록이 진서, 송서 등 중국사서에 등장함으로써 중국이 다시 왜국의 존재를 인식하기 시작한 사실을 보여 주는데 이는 왜국의 정치적인 실체가 보다 구체적인 존재의 모습을 보이기 시작한 것을 의미합니다. 이는 또한 5세기가 되면서 중국에서 5호16국 시대가 마감되고 북에는 북위北魏(386년~534년), 남에는 송宋(420년~478년)의 두 나라가 통일국가로 등장하는 소위 남북조시대가 시작되고 고구려의 백제에 대한 군사적인 압박이 심해지는 시대적 상황과도 맞물리고 있다고 할 수도 있습니다. 그럼에도 불구하고 5세기에 중국사서에 등장하는 왜국의 5왕-찬讚, 진珍, 제濟, 흥興, 무武-의 이름이 일본서기에는 전혀 나타나지 않아 이 왜 5왕의 정체를 둘러싼 의문이 제기되고 다양한 견해가 제시되고 있는데 이들을 규슈의 지역 왕국의 왕, 또는 가와치의 백제계 후국의 왕 또는 야마토의 미와 왕국의 왕들로 보는 견해 등이 있습니다. 일본사학계의 정설은 이 왕들을 야마토의 왕들로 보고 있는데 이러한 주장이 사실일까요?

중국사서에 기술된 왜국과 왜국 왕에 관련된 기사를 보면 진서晉書에 동진東晉안제安帝기 의희義熙9년(413년)조에 '이 해 고구려, 왜국 및 서남이西南夷가 방물을 바쳤다.'는 기록이 있고 태평어람太平御覽에는 '왜국이 표피와 인삼을 바쳤다.'는 기록이 있습니다. 또한 남사南史 왜국전에도 '진의 안제 때 왜왕 찬이 있어 사신을 보내 조공하였다.'는 기록이 있는데 이는 413년에 왜왕 찬이 동진에 조공한 것을 보여줍니다. 남사는 당의 이연수李延壽가 남북조 시대의 남조국가들의 역사를 기록한 정사로 659년 경 성립된 것으로 알려졌습니다. 이에 이어서 송서 왜국전은 '왜의 5왕과 무武의 상표문上表文'에서 송과 왜국간의 본격적인 교류 상황을 기록하고 있는데 모두에 '왜국은 고려의 동남, 큰 바다 가운데 있어 때마다 공물을 바쳐왔다.'고 하면서 413년 찬의 조공에서 시작하여 진 · 제 · 흥 · 무의 통교가 기술되고 마지막은 왜왕 무의 상표문-일종의 국서國書-으로 끝나는 전문 565자로 구성되어 있습니다.

5세기 왜 5왕이 중국왕조와 교섭한 기록은 진서晉書, 태평어람太平御覽, 송서宋書, 남제서南齊書, 양서梁書 등에 나오는데 그 요지는 다음과 같습니다.

① 영초永初2년(421년) 송 무제武帝는 왜왕 찬에게 관위를 수여하겠다고 하고 왜왕 찬이 원가元嘉2년(425년) 사자를 보내나 찬이 죽고 원가15년(438년) 동생 진이 문제文帝에게 사자를 보내 '사지절도독使持節都督왜백제신라임나가라진한秦韓모한慕韓6국제군사諸軍事, 안동安東대장군, 왜국 왕'이라고 자칭하였으나 '안동장군, 왜국 왕'에 제수함. 또한 왜수倭隋 등 13명에 대해 장군 호를 요청해서 책봉 받음.

② 원가28년(451년) 문제는 왜왕 제를 '사지절도독왜신라임나가라진한모한6국제군사, 안동장군'에 제수함.

③ 대명大明6년(462년) 효무제孝武帝는 왜 왕세자 흥을 '안동장군, 왜국 왕'으로 하겠다고 하였는데 흥이 죽고 동생인 무가 왜왕이 되어 '사지절도독왜백제신라임나가라진한모한7국제군사, 안동대장군, 왜국 왕'으로 자칭하였음.

④ 순제順帝 승명昇明2년(478년) 왜왕 무는 상표문上表文-일종의 국서-을 올리고 스스로 개부의동삼사開府儀同三司를 칭하니 순제는 무를 '사지절, 도독왜신라임나가라진한모한6국제군사, 안동대장군, 왜왕'에 제수함.

⑤ 한편 송서와는 별도로 남제서南齊書에는 건원建元1년(479년) 왜왕 무의 호를 높

여 진동대장군으로 하였고 양서梁書에는 천람天覽1년(502년) 왜왕 무를 정동장군으로 승진시켰다는 기록이 있음.

5세기 왜 5왕의 중국에 대한 조공에 대하여 충북대학교의 양기석梁起錫 교수는 '5세기 백제와 왜의 관계'라는 논문[7]에서 왜의 5왕이 중국왕조와 교섭한 기록은 모두 14회인데 왕조별로는 동진 1회, 송 11회, 남제 1회, 양 1회로 모두 남조에 대한 것이라고 밝히고 있습니다. 그는 다만 그중 479년과 502년의 사례는 견사遣使에 의한 것이 아니고 남제와 양이 건국을 기념하여 수여한 것이므로 실제의 견사는 12회라고 하면서 처음으로 동진에 견사하였다는 413년 기사는 신빙성의 문제가 제기되고 있다고 하고 있습니다.

이러한 중국의 사서들 중에서 특히 5세기 일본열도에 왜 5왕이 존재하고 그들이 송에 조공하고 작호를 요청하였다는 사실을 기록한 송서는 일본서기 이외에는 왜왕의 존재를 알 수 없었던 5세기의 일본의 역사를 말해주는 거의 유일한 사료라고 할 수 있으며, 또한 백제가 일본열도에서 어떻게 일왕가를 열어갔는지를 보여주는 매우 중요한 자료라고 할 수 있습니다. 일본의 학계는 당연히 이들 왜 5왕을 일본서기가 기록한 야마토의 왕들로 보고 재빨리 일왕가 계보로 편입시켰지만 일본학계가 왜 5왕으로 비정한 일본서기의 왕들은 어느 누구도 왜 5왕의 실체와는 동떨어진 인물이라는 것이 문제인데 이는 왜 5왕이 당시 야마토 정권-소위 미와 왕국-과는 계보를 달리하는 백제 왕실의 인물들이었기 때문입니다. 그러면 송서의 기록 특히 왜왕 무의 상표문을 중심으로 왜 5왕이 일본학계가 주장하는 야마토 정권의 왕들이 아니고 왜왕 무를 비롯한 왜 5왕이 규슈의 고마국 또는 가와치의 백제계 왕들임을 밝히고자 합니다.

일본의 사학계는 왜 5왕을 야마토 왕조-5세기 당시는 미와 왕국-의 왕들로 보고 일본서기에 5세기 중 재위한 것으로 보이는 오진왕 이후의 왕들을 왜 5왕으로 비정하고 있는데, 닌토쿠仁德왕 또는 리추履中왕을 찬讚으로, 한제이反正왕이나 닌토쿠왕을 진

7) 한일관계사연구논집 편찬위원회, 왜 5왕 문제와 한일관계, 경인문화사, 2005

珍으로, 인교允恭왕을 제濟로, 안코安康왕을 흥興으로, 유랴쿠雄略왕을 무武로 각각 비정하고 있습니다. 왜 5왕들을 일본서기의 왕들로 처음으로 비정한 인물은 에도시대 전기의 국학자인 마쓰시타 겐린松下見林인데 그는 일본서기의 왕들의 이름이 왜 5왕의 이름과 유사하거나 그 이름을 추론할 수 있다는 이유로 비정하고 있지만 문제는 두 이름이 전혀 비슷하지도 않고 추론할 꼬투리도 없다는데 있습니다. 그럼에도 불구하고 마쓰시타의 비정이 그 후 다소의 조정을 거쳐 일본학계의 정설이 된 것은 에도江戶 중기의 대학자이고 정치가였던 아라이 하쿠세키新井白石(1657년~1725년)가 마쓰시타의 비정을 수용하고 19세기말 대표적인 국수주의자 나카 미치요那珂通世(1851년~1908년)가 마쓰시타 겐린의 해석을 일부 수정함으로써 현재의 정설로 굳어졌다고 할 수 있습니다.

그렇다면 일본서기 편찬자들은 당시의 중국사서들을 보아서 왜 5왕의 존재를 알고 있었을 텐데 왜 이를 전혀 기록하지 않았을까요? 이에는 두 가지 경우를 상정할 수 있는데 하나는 이들이 미와 왕국의 왕이었지만 이를 기술해서는 안 되는 사정이 있었거나 또는 왜 5왕이 미와 왕국의 왕들이 아닌 경우가 그것입니다. 전자의 경우는 중국에 대한 조공을 수치스러운 일로 보거나 찬, 진, 제, 흥, 무라는 외자의 이름이 밝혀질 경우 야마토왕들의 출신이 도래인이라는 사실이 드러날 것을 우려했기 때문이라고 볼 수 있겠습니다. 하지만 당시 아직 고대국가로 성장하지 못한 단계의 야마토 정권의 국가의식이 강하여 조공을 수치스러운 일로 여겼을 것으로 보기는 어렵고 백제왕들의 이름이 외자이기는 하였으나 외자이름이 반드시 도래계라는 증거가 되는 것으로는 볼 수 없기 때문에 후자 즉 왜5왕은 야마토의 왕이 아니었을 가능성이 매우 높아 보입니다.

왜 5왕이 야마토의 왕이 아니었다면 어느 왜국이었을까요? 당시 일본열도에는 수많은 지역 세력들이 생겨나고 있었는데 만약 5세기에 들어와 중국에 사신을 보냈다면 규슈의 고마국이나 가와치 지역의 백제계 세력의 가능성이 높은 것으로 보입니다만 이 문제는 왜왕 무가 478년 송의 순제에게 보낸 상표문의 내용과도 관련이 있어서 먼저 이를 본 후에 다시 검토하도록 하겠습니다.

왜왕 무가 송황제에게 올린 상표문

왜왕 무가 478년 순제에게 올린 상표문上表文은 백제와 고구려, 왜 등 5세기의 동아시아정세를 말해주는 매우 중요한 문서인데 그 주요부분은 다음과 같습니다.

'봉해진 땅은 먼 곳이어서(封國偏遠) … 조상인 녜禰 때부터(또는 조상 때부터) (自昔祖禰) 몸소 병기를 들고 산천을 두루 다녀 편안한 날이 없었습니다. 동쪽으로는 모인毛人 55국을 정벌하고 서쪽으로 오랑캐 66국의 항복을 받았고 바다를 건너 북쪽 나라 95국을 평정하여(渡平海北九十五國) 왕의 도를 펴 나라가 태평하여졌으며 땅을 넓혀 기畿가 멀어졌습니다(郭土遐畿). …… 백제로 가는 길은 멀어(道遙百濟) 배를 타야 하는 데 구려句麗는 무도하여 우리나라를 삼키려하여 변방을 침략하여 근심이 끊일 날이 없습니다. 신의 부왕 제濟께서(또는 망해가는 백제를 위하여) (臣亡考濟) 백 만 대군을 몰아 이들을 토벌하려 하였으나 갑자기 부친과 형님의 상을 당해(奄喪父兄) 양암에 거처하여(居在諒闇) 긴 세월을 상중에 있었습니다. 하지만 지금에 이르러 때가 되어 다시 병갑을 가다듬고 부형의 유지에 따라 적의 강토를 무찌르겠습니다. 황제의 덕으로 이 강한 적을 꺾어 없애고 어지러운 무리를 이겨 태평을 이루게 하소서.'라고 하였습니다.

상표문의 중요한 부분들을 보면 먼저 왜왕 무는 왜국을 백제의 봉국으로 소개하면서 백제를 위하여 고구려를 토벌하려 하였으나 갑자기 부형의 상을 당해 그동안 3년 상喪을 치렀고 이제는 때가 되어 무도한 고구려를 치려고 하니 지원해달라고 하면서 선대 왜왕들이 한 것처럼 관작을 요청하고 있습니다. 왜왕 무의 상표문은 기록상 일본인이 쓴 가장 오래된 한문으로 알려져 있는데 이 글을 읽으면 왜왕 무가 백제 왕실의 인물이라는 인상을 강하게 받게 됩니다. 무엇보다도 고구려에 대한 강한 적개심을 보이고 있고 특히 그 시기 백제와 왜에서 그의 부형이 모두 고구려에 의해 살해당한 것은 475년 개로왕과 그 왕자들밖에 없고 백제에서는 부친상의 경우 3년 상喪이 일반적이었던 것으로 알려졌는데 이 상표문이 478년 쓰여졌으니 왜왕 무는 개로왕의 아들일 가능성이 높다고 하겠습니다.

또한 이 상표문이 위서 백제전에 기록된 백제 개로왕이 472년 북위에 보낸 상표문과 그 내용, 형식, 어구 등에서 비슷한 점들을 감안하면 상표문을 보낸 왜왕은 개로왕의 아들인 것이 분명해 보입니다. 따라서 상표문에 왜왕 무의 부친이 왜왕 제라고 되어 있으므로 왜왕 제는 백제의 개로왕, 왜왕 흥은 문주왕 또는 개로왕의 다른 아들이 되는 셈인데 그렇다면 이 시기의 왜왕들은 백제 왕족이었거나 아니면 야마토 왕조와는 별도의 백제계 왕국이 왜국 땅에 있었고 이 백제계 왕국의 왕들이 중국에 사신을 보내고 작위를 요청한 것으로 보이는데 왜왕 무의 구체적인 정체에 관하여는 다음 장에서 상술하겠습니다.

왜왕의 작위 요청의 진상

한편, 왜왕이 요청한 작위 중 장군 호와 관련 왜왕의 경우는 438년 왜왕 진이래 안동安東대장군의 장군 호를 줄곧 요청하였으나 송은 안동장군으로 낮추어 제수하였고 478년 왜왕 무 때 가서야 안동대장군호를 인정하고 479년에야 진동鎭東대장군 호를 제수하였습니다. 반면 송은 백제왕에 대하여는 420년 진동대장군을 제수한 이래 줄곧 이 장군 호를 내렸고 502년 무령왕에게는 정동征東대장군의 장군 호를 내렸는데 격으로 보면 안동대장군이 가장 낮고 진동대장군, 정동대장군의 순으로 높다고 합니다. 진동대장군을 제수 받은 것은 백제가 왜보다 59년 앞선 것이지요. 고구려의 경우에는 416년 장수왕이 벌써 정동대장군을 제수 받고 463년에는 '거기대장군개부의동삼사車驥大將軍開府儀同三司'라는 높은 장군 호와 작위를 받았는데 이는 송이 고구려의 국력이 백제나 왜국에 비해 격이 다른 것으로 인식하고 있던 것을 보여 줍니다.

이와 관련하여 다무라 엔초田村圓澄[8] 씨는 왜왕 찬이 처음으로 사신을 보낸 421년은 동진에 바뀌어 송이 신왕조를 세운 2년 후였는데 백제의 구이신왕이 그 전년인 420년 송의 무제로부터 '사지절, 도독백제제군사, 진동장군백제왕영映' 작위를 받고 다시 진동대장군의 장군호를 받은 사실을 상기하면서 왜왕 찬에게 송의 건국에 대한 정보를 알리고 송에 대한 사신 파견과 조공을 권한 것은 백제의 구이신왕이었을

8) 田村圓澄, 東アジアの中の日本古代史, 吉川弘文館, 2006

것으로 본다는 견해를 피력하였는데 유력한 견해로 보입니다.

필자는 이들은 가야계 왕국으로 생각되는 나라분지의 미와 왕국의 왕들이 아니라 동 시대에 사실상 백제의 후국이었던 규슈 서북부 고마 왕국의 왕 또는 가와치 남부에 세력을 키우고 있던 백제의 후국이라 할 수 있는 집단의 수장으로 보는데 적어도 마지막 왜왕 무는 가와치에 세워진 가와치 왕국의 왕이었다고 봅니다. 4세기 말까지 백제계 세력은 주로 규슈의 고마국에 있었으나 광개토왕의 백제공략이 있은 후인 5세기 초부터 백제 집단은 점차 가와치로 집결하여 가와치 평야를 개척하고 5세기 중후반에는 가와치 왕국을 세운 후 5세기 말에서 6세기 전반에는 나라분지에 있던 미와 왕국을 통합하여 본격적인 야마토 왕조를 세운 것으로 봅니다.

한편 왜 5왕을 야마토 왕조의 왕으로 보고 있는 일본사학계는 왜왕 무를 일본서기의 제21대 유랴쿠雄略왕으로 보고 그가 송에 보낸 상표문에서 동쪽의 55국, 서쪽의 66국, 바다 건너 북쪽의 95국을 정벌하였다고 한 것은 야마토 왕조가 유랴쿠왕 시절인 5세기 후반에 규슈에서 간토関東지방까지를 지배하게 된 사실을 말해주는 것이라고 주장하고 있습니다. 또한 바다건너 북쪽 95국이란 표현과 송 황제에게 요청한 작위의 군호에 한반도 남부의 국가들이 전부 포함되어 있는 것은 당시 왜국이 한반도 남부에 지배권을 갖고 있었거나 적어도 군사적인 영향력을 갖고 있었다는 증좌라고 주장하고 있습니다. 그러나 당시 야마토 왕조의 실체라는 미와 왕국은 나라분지 일각의 호족연합에 불과하였고 한반도에는 90여 개나 되는 나라도 없었으며 또 왜가 한반도 남부를 제압했다는 기록은 일본서기가 날조한 가공의 인물 진구왕후의 행적이외에는 그 어떠한 기록도 없습니다. 따라서 이 구절은 백제후국이었던 가와치 왕국이 그 세력을 세토나이瀬戸内해와 혼슈 서부지역을 거쳐 관문關門해협을 넘어 고마국의 지역까지 넓힌 것으로 해석하는 것이 합리적이라고 봅니다.

이처럼 5세기 백제계의 왜 5왕들이 끈질기게 한반도 남부에 대한 군사적 지배권을 송에 요청한 의도에 대하여는 당시 백제가 처해 있던 시대적 상황에 비추어 보면 이해할 수 있는 측면이 있다고 봅니다. 백제가 396년과 400년에 광개토왕으로부터 궤멸적인 타격을 받은 이래 장수왕은 427년 평양으로 천도하여 백제에 대한 군사적인 압박을 더해가는 상황에서 일본열도에 기반을 구축하기 시작한 백제로서는 고구려의 지속적인 침략으로 일어날 수 있는 만일의 사태-예를 들어 고구려에 의한 백제의 멸망 등-에 대비하여 본국인 백제는 물론 동맹국인 가야와 복속의 대상인 신라에 대한 군사적인 지배권을 작호에 포함시켜 중국의 승인을 받아두고자 한 것으로 보이며 왜 5왕들은 송과의 접촉에 있어서 항시 백제 본국과 연계하면서 접근한 것으로 보입니다. 이러한 사정은 본국의 개로왕이 472년 북위에 군사지원을 요청하고 6년 후인 478년에는 왜왕 무가 송에 군사지원을 요청한 데서도 짐작할 수 있는데 불행하게도 북위와 송 모두 백제와 왜국의 요청을 거부하게 됩니다.

결국 백제는 후국인 왜국의 왕의 송에 대한 작위 요청을 통해 한반도에서 필요한 때 왜국의 군대를 동원할 수 있는 근거, 승인을 확보하려 하였던 것으로 보이며 왜왕이 백제왕보다 높은 관위를 요구하지 않았고 백제왕의 송에 대한 요청에 신라와 가야제국이 포함되지 않은 점도 왜왕의 작호요청이 백제와의 협의가운데 이루어진 것으로 볼 수 있는 대목입니다. 특히 왜왕의 중국에 대한 작호의 요청이 주로 군사적인 목적에서 행하여진 것임을 짐작하게 하는 것의 하나는 왜왕 무가 상표문에서 '개부의동삼사開府儀同三司'를 자칭하고 있는 것인데 이 작호는 한반도의 국가 중에서는 장수왕이 463년 '거기대장군개부의동삼사車驥大將軍開府儀同三司'라는 작호를 받은 것이 유일하다고 하는 최고의 작호라고 합니다. 왜왕 무가 이러한 작호를 자칭한 것은 다분히 고구려를 의식한 것으로 보이며 이는 475년 한성함락과 개로왕의 전사로 본국백제가 궤멸됨에 따라 고구려의 대항세력으로서의 왜왕 무의 의식이 높아진 것을 보여준다 하겠습니다. 하지만 478년 왜왕 무의 군사적인 지원요청을 송이 거부하고 개부의동삼사의 작위요청을 받아들이지 않자 왜왕 무 이후로는 왜왕들이 중국 왕조에 작위를 요청하지 않게 됩니다.

5세기 야마토왕들과 한반도와의 관계

지금까지 413년 왜왕 찬이 송에 조공한 이래 5세기에 걸쳐서 중국사서에 등장하는 왜 5왕의 정체에 관하여 검토하였습니다만 다음은 일본서기가 이 시기의 야마토

왕들에 대해 어떠한 기술을 하고 있는지를 특히 5세기 왕들의 한반도와의 관계에 중점을 두어 보도록 하겠습니다. 일본서기에 의하면 5세기 야마토의 왕들은 제17대 리추履中왕(400년~405년), 제18대 한제이反正왕(406년~410년), 제19대 인교允恭왕(412년~453년), 제20대 안코安康왕(453년~456년), 제21대 유랴쿠雄略왕(456년~479년), 제22대 세이네이清寧왕(480년~484년), 제23대 겐조顯宗왕(485년~487년), 제24대 닌켄仁賢왕(488년~498년), 제25대 부레쓰武烈왕(498년~506년)까지 9대 약 100년 정도 지속됩니다.

한편 일본서기는 이들에 앞선 제15대 오진왕의 재위기간을 270년~310년, 제16대 닌토쿠왕의 재위기간을 313년~399년으로 기술하고 있으나 진구기의 연대로 비추어 보면 이 두 왕은 4세기 말에서 5세기의 왕으로 여겨지고 있기 때문에 이 두 왕을 일본서기가 5세기의 야마토왕으로 기록한 왕들과 더하면 소위 오진왕조는 11명의 왕이 200년 가까이 재위한 결과가 되는 것은 물론 왕들의 재위연대를 정할 수 없게 되어 혼란스럽습니다.

이러한 혼란은 일본서기가 5세기 미와 왕조의 왕들과 규슈 또는 가와치에 있던 백제의 후국왕들을 하나의 계보로 기술하였기 때문으로 보이는데 기술내용으로 미루어 보면 적어도 오진, 닌토쿠, 유랴쿠왕은 백제계 왕들을 표상하는 인물로 보이며 나머지 왕들은 미와 왕조의 왕들로 보입니다. 또한 오진왕의 실제연대에 관하여는 대다수의 학자들이 4세기 말~5세기 초반으로 보고 있으나 승천석 교수, 이시와타리 신이치로石渡新一郎 씨 등은 오진왕을 5세기 후반의 인물로 보고 있습니다.

오진왕의 시대를 4세기 말~5세기 초반으로 보는 견해는 진구기에 기술된 백제왕들의 연대와 삼국사기에 기록된 백제왕들의 연대와의 비교를 통해 추정한 연대인데 반해, 이시와타리 씨는 오진왕을 461년 가와치로 건너온 곤지昆支 왕자로 보면서 본래 5세기 후반에 재위했던 오진왕을 일본서기가 5세기 초에 있던 왕이었던 것처럼 끌어 올려서 기록하였던 것으로 보고 있습니다. 특히 이시와타리 씨는 일본서기가 제26대 게이타이継体왕(재위 507년~531년)을 오진왕의 5세손으로 기술하고 있으나 실제로는 게이타이왕이 오진왕으로부터 왕위를 계승하였고 일본서기의 닌토쿠왕부터 부레쓰왕까지의 왕들은 모두 가공의 왕으로 실재하지 않았던 것으로 봅니다.

다음은 5세기 백제의 후왕으로 보이는 오진왕 및 닌토쿠왕과 일본서기가 기술한 5세기 미와 왕국의 왕들에 관한 기록으로 유랴쿠왕 이전 왕들의 주요 기사입니다.(유랴쿠왕 왕에 대하여는 다음 장에서 별도로 검토합니다.)

① (오진3년) 이 해에 백제 진사왕(재위 385년~392년)이 즉위하여 귀국의 왕(왜왕)에게 무례하였음. 그래서 기노쓰노스쿠네紀角宿禰 등을 파견하여 무례함을 꾸짖음. 이에 백제국은 진사왕을 죽여 사죄하니 기노쓰 등은 아화阿花(아신왕으로 392년~405년 재위)를 왕으로 세우고 돌아왔음.

② (오진7년) 고구려, 백제, 임나, 신라인이 함께 내조함. 이에 다케우치武內에게 명하여 여러 한인을 거느리고 연못을 만들게 하고 그 연못이름을 가라히토노이케韓人池라고 부름.

③ (오진8년) 백제기에 '아화왕이 즉위하여 귀국에게 무례를 하였으므로 우리의 침미다례, 현남峴南, 지침支侵, 곡나谷那, 동한東韓의 땅을 빼앗았다. 이에 왕자 직지直支-전지왕으로 405년~420년 재위-를 천조에 보내 선왕의 우호를 닦도록 하였다.'고 함.

④ (오진31년) 신라의 조공사신이 무코武庫에 머무르고 있었는데 임시숙소에서 불이 나서 번져서 많은 배가 불타자 신라인을 책망함. 신라왕이 듣고 크게 놀라서 뛰어난 장인을 바쳤는데 이들이 이나베猪名部들의 시조임.

⑤ (오진37년) 아치노오미와 쓰가노오미를 오吳나라에 보내 봉공녀縫工女를 구하게 하였는데 오나라왕은 4명의 공녀를 주었음.

⑥ (오진39년) 백제 직지왕은 그 누이동생 신제도원新齊都媛을 보내 조정을 섬기게 하니 신제도원은 7인의 부녀를 데리고 왔음.

⑦ (닌토쿠11년) 호리에堀江-현재의 요도가와로 비정-를 파고 홍수를 막기 위해 마무타노쓰쓰미茨田提를 쌓았는데 신라인이 조공하여 이 공사에 종사시킴.

⑧ (닌토쿠41년) 기노쓰노스쿠네紀角宿禰를 백제에 파견하여 처음으로 국군国郡의 경계를 나누고 각 지역에서 나온 것을 상세하게 기록하게 함. 이때 백제의 왕족 사케노기미酒君가 무례하자 기노쓰노스쿠네가 백제왕을 책망하니 백제왕이 두려워하여 쇠사슬로 주군을 묶어서 보냈는데 오래 지난 뒤 왕이 용서함.

⑨ (닌토쿠53년) 신라가 조공하지 않아 다지田道를 파견하여 신라군사 수백 명을 죽이고 4읍의 백성들을 사로잡아 돌아옴.

⑩ (인교3년) 사신을 파견하여 신라에서 뛰어난 의사[9]를 구하였는데 왕의 병을 고치게 함. 왕이 병이 다 나으니 기뻐하여 후한 상을 내리고 귀국하게 함.

⑪ (인교42년) 왕이 죽었는데 신라가 그 소식을 듣고 놀라고 슬퍼하여 조를 실은 배 80척과 각종 악인 80명을 바침. 이들은 쓰시마對馬에 머물며 크게 곡을 하고 쓰쿠시築紫에 도착하여 또 크게 곡을 함. 나니와難波에 도착하자 모두 소복을 입고 조문을 받쳐 들고 또 각종 악기를 울리며 나니와에서 왕경에 이르기까지 어떤 이는 울고 어떤 이는 춤추고 노래하면서 마침내 빈궁에 들어감.

위의 일본서기의 기사를 통해 느끼게 되는 것은 첫 번째로 오진 · 닌토쿠기의 기사는 대부분 백제와 관련된 기사인데 비해 다른 왕들의 기사에는 백제가 거의 등장하지 않는다는 사실입니다. 물론 기사의 내용은 심하게 왜곡, 윤색이 되어 있지만 오진왕과 닌토쿠왕을 가와치로 건너간 지 얼마 지나지 않은 시기에 열도에 있던 백제계의 왜왕으로 보면 그래도 이러한 기사들을 이해하기 쉬운 면이 있는 것을 확인할 수 있을 것입니다. 오진왕은 백제왕의 폐위, 즉위에 관여하고 영토를 마음대로 빼앗으며 백제국토를 제 나라인양 경영합니다. 또 백제 왕자를 볼모로 삼고 붙잡아 가기도 하며 백제의 왕녀로 하여금 왜왕을 섬기게도 합니다. 동한지지 등의 백제의 땅이 왜로 넘어갔다는 기록이나 아신왕의 즉위에 왜가 관여했다는 기록은 삼국사기에도 없는 것으로 오로지 일본서기에만 있는 것은 물론입니다.

두 번째로 느낄 수 있는 것은 신라에 관한 기사가 의외로 많다는 사실인데 이때의 왕들은 주로 미와 왕조의 왕들을 지칭하는 것으로 보입니다. 신라가 조공하였다는 기사나 조공을 하지 않아 공격하였다는 기사, 그리고 신라인을 시켜 연못을 파고 제방을 쌓았다는 기사 등은 신라를 복속된 나라로 보는 시각을 보여주는 것이나 그

9) 고사기에는 신라가 파견한 대사 김파진金波鎭, 한기무漢紀武가 약방을 잘 알고 있어서 왕의 병을 고쳤다고 기술

사실은 확인할 방법이 없습니다. 신라 관련기사에서 주목되는 것은 특히 인교允恭왕 시절의 야마토 정권이 신라와 매우 긴밀한 관계에 있었음을 보여주는 기사가 실려 있다는 점입니다. 왜왕의 병을 신라인이 고쳐주었다는 기사도 그렇지만 왕이 죽었을 때 대규모의 조문단을 보내 슬퍼하면서 장사 지내는 모습은 마치 왜왕이 자국왕인 것 같은 인상을 줄 정도인데 역사학자인 문정창文定昌 선생은 인교왕을 명백한 신라계왕으로 보고 있는데 당시의 미와 왕국이 주로 가야와 신라로부터의 도래인들과 그 자손들이 주된 주민이었을 것으로 보이므로 그 가능성도 있어 보입니다.

세 번째로는 오진왕8년 조에 백제 아화왕이 왕자 직지를 천조에 보내 선왕의 우호를 닦게 하였다는 기사에 관한 것입니다. 아화왕은 아신왕이고 직지는 전지腆支왕이며 천조는 왜국의 윤색인데 삼국사기 아신왕6년(397년) 조에도 전지가 왜국에 질로 파견되었다는 기사가 나오므로 전지가 왜국에 파견된 것은 사실이라 할 수 있습니다. 여기서 중요한 것은 전지가 과연 인질로 파견된 것인지와 전지가 간 왜국이 어디인지의 문제입니다. 당시 백제는 비록 광개토왕의 대규모 공세로 396년 한성에서 굴욕적인 항복을 하기는 하였지만 여전히 한반도 남부의 강국으로 404년 대방지역 공격에서 보여주 듯 여전히 고구려와의 전쟁을 끈질기게 해나갈 정도의 국력을 갖고 있었기 때문에 전지 태자를 인질로 왜국에 보내야 할 정도로 위축되지는 않았다고 볼 수 있습니다. 그럼에도 삼국사기가 전지 태자를 인질로 기술한 것은 신라의 천적이었던 백제를 비하하는 시각에서 기술하였기 때문으로 보입니다.

더욱이 중요한 것은 전지태자가 간 곳으로 그가 왜국으로 건너간 이유가 고구려 및 신라와의 전쟁을 위한 병력자원의 확보였음에 비추어 전지 태자는 일본서기가 기술한 야마토가 아니라 규슈 북부의 고마국으로 간 것이 분명해 보입니다. 이 시기 백제는 야마토의 왜-미와 왕국-와는 아무런 거래가 없던 때였는데 먼 거리에 떨어져 있던 나라 분지까지 가서 병력을 확보하여 한반도로 데려간다는 것은 물리적으로도 어려웠을 것이고 가와치의 백제 이주민들은 이주 초기로 아직 세력이 미미하여 병력을 차출할 상황이 아니었을 것이기 때문입니다. 반대로 규슈 북부의 고마국에는 오래전부터 마한, 백제인들이 많이 진출하여 백제와는 우호적인 관계였으므로 전지 태자는 그 곳에 8년간 머물며 백제세력을 부식하면서 우호관계를 돈독히 하면서 필요한 병력의 동원에 주력한 것으로 보입니다.

앞에서 본대로 5세기 중반 경 규슈의 고마국이 백제의 후국이었던 것으로 추정되는데 이는 다마나의 에다후나야마 고분에서 출토된 엄청난 양의 부장품이 무령왕릉 및 백제의 다른 고분에서 출토된 유물들과 매우 흡사하고 발굴된 대도의 은상감 명문에서 대도가 백제 개로왕으로부터 고마국의 후왕에게 하사된 것으로 해석되는 문구가 새겨져 있었다는 점에서 거의 확실한 것으로 보입니다. 이 고분의 묘제 역시 백제식인 횡혈식 석실로 가형석관家形石棺이 놓여 있었으며 1873년 발굴 당시 이 고분에서는 금동관, 금동신발, 수대경, 환대도, 금은보석의 장신구, 마구류 등 일본 역사상 최대의 유물이 출토되었는데 특히 금동관과 금동신발은 백제의 고분에서 나온 것과 거의 흡사합니다.

이처럼 5세기에 들어와 규슈의 고마국은 사실상 백제의 후국 또는 담로가 되었던 것으로 보이는데 5세기 중 · 후반 가와치에 또 하나의 후국이 성립되면서 고마국에 있던 백제계 세력의 일부도 가와치로 이동한 것으로 보입니다. 고마국의 백제계 세력이 가와치로 이동한 시기를 단정하기는 어렵지만 광개토왕의 공략과 관련된다고 보면 늦어도 5세기 전반부터는 가와치로 본거지를 옮겨 백제 본국에서 이주해온 주민들과 함께 백제계 국가의 건설에 진력하였을 가능성이 높아 보입니다.

네 번째로는 오진 · 닌토쿠기에는 가와치의 개척과 관련되는 저수지와 제방을 만들고 요도강을 정비하는 기사들이 눈에 띄고, 신라, 백제와 관련되는 것으로 기술은 했지만 실제로는 기나이 지역 내에서의 분쟁과 갈등으로 보이는 기사들이 나타나고 있는 것이 주목됩니다. 특히 닌토쿠기 41년 조에 기노쓰노스쿠네紀角宿禰를 파견하여 국군의 경계를 정하고 지역의 소출을 상세하게 기록하였다는 기술은 한반도의 백제가 아니라 가와치의 백제계 세력사이의 경계를 구분하는 내용으로 보이는데 승천석 교수[10]는 한 쪽은 가와치 남부의 백제 세력이고 다른 한 쪽은 요도강淀川 남부 셋쓰攝津 지역의 백제 집단으로 보고 있습니다.

10) 승천석, 곤지의 아스카베 왕국, 도서출판 책사랑, 2009

승천석 교수는 셋쓰지역의 수장은 후지이葛井, 藤井 씨였으며 본국으로부터 후국으로 분봉되어 오와케 왕가를 이룬 것으로 보고 있는데 일본서기 비타쓰敏達기 6년(577년)에는 오와케大別왕이 본국 백제를 방문하고 돌아오는 길에 백제왕이 하사한 경륜과 율사, 선사 등을 받아 오와케왕사大別王寺-후의 백제대사-에 안치하였다는 기록은 셋쓰의 백제 집단이 백제 본국과 교류를 하고 있던 것을 보여주고 있다고 해석하고 있습니다. 셋쓰 지역은 후지이데라葛井寺〈그림3-6〉와 고쿠분지國分寺가 있는 곳으로 셋쓰의 백제인들이 모이는 중심지였는데 가까이에 쇼토쿠 태자가 지었다는 시텐노지四天王寺 〈그림3-7〉가 있습니다.

〈그림3-6〉 후지이데라.
백제계 후지이씨의 씨사로 백제 진사왕의 아들 진손왕辰孫王의 5세손 시라이 이쓰는 720년 후지이라는 성을 하사받음.

〈그림3-7〉 시텐노지.
오사카 북부 셋쓰 지역을 대표하는 절로 603년 건립된 백제식 가람배치의 사찰.

결론적으로 말씀드리면 일본서기가 5세기의 왕으로 기술하거나 상정한 왕들에는 야마토의 미와 왕조의 왕들과 가와치에 근거를 두었던 백제의 후왕에 해당하던 인물로 보이는 즉 오진왕과 닌토쿠왕이 혼재되어 있어서 5세기 왕들의 왕력이나 실재여부를 확정하기 어려운데 이는 6세기 초 가와치의 백제계 세력이 나라분지의 미와 왕조를 통합한 것이 역사의 진실임에도 불구하고 일본서기가 백제계 왕조의 역사를 이전부터 있었던 미와 왕국의 역사 속에 포함시킨 데서 생긴 혼란입니다. 따라서 일본서기가 오진왕으로 설정한 인물은 5세기 가와치에 형성된 백제계 세력을 대표하는 수장을 상정한 인물로 가와치를 개척하고 백제계 국가를 건설하며 미와 왕국을 통합한 인물로 볼 수 있기 때문에 구체적인 1명의 인물로 보기보다는 여러 명을 업적을 한 명의 업적으로 묶어서 설정된 인물로 보는 것이 사실에 맞는 해석이라고 생각합니다.

제11화
가와치河內 왕국을 세운 백제 왕자 곤지昆支

일본서기 제21대 유라쿠雄略왕(재위 456년~479년) 5년 조에는 백제 개로왕의 아우 곤지昆支가 왜왕을 섬기라는 개로왕의 명을 받고 461년 가와치로 건너가는 기사가 나오는데 478년 왜왕 무가 송 황제에게 보낸 상표문 등을 통해 그가 왜왕 무武라는 사실이 확인됩니다. 곤지야말로 가와치에 백제의 후국인 가와치河內 왕국을 세운 인물로 그의 아들인 게이타이継体왕(재위 507년~531년) 대에 나라분지에 있던 미와 왕국을 통합하여 야마토 왕조를 세우는 토대를 만든 야마토 왕조의 사실상의 시조라고 할 수 있습니다. 일본서기는 그의 도왜 사실만 전할 뿐 그 밖의 그의 행적을 전혀 기록하지 않고 있으나 그의 행적은 오진, 닌토쿠, 유라쿠왕의 기사 중에서 대부분 파악할 수 있습니다. 일본서기는 곤지의 귀국이나 사망에 관하여 아무런 기록이 없는 반면 삼국사기는 그가 477년 귀국하여 좌평이 되었으나 3개월 만에 죽은 것으로 기록되어 있지만 다른 문헌기록 등에 의하면 이는 사실이 아니며 곤지는 귀국하지 않고 가와치에 남아 새로운 국가건설에 진력하였던 것으로 보입니다.

일본서기에는 또한 곤지와 함께 열도로 건너오는 도중 규슈 앞바다의 한 섬에서 사마斯麻 왕자가 태어났다는 기술이 있는데 사마는 501년 귀국하여 백제의 무령왕이 된 사실이 1971년 발견된 무령왕의 묘지석을 통해 확인되었으며 이에 따라 곤지의 도래와 무령왕의 출생에 관한 일본서기의 기술이 실제의 사실임이 증명되었습니다. 일본서기는 곤지를 개로왕의 아우로 기술하고 있으나 삼국사기는 개로왕의 아들로 기록하고 있는데 이 부분은 삼국사기의 기록이 맞는 것으로 보이며 또한 일본서기는 무령왕을 개로왕의 아들로 기록하였으나 이는 무령왕의 즉위를 정당화하고자 하는 의도에서 기술된 것으로 실제는 가와치에 있던 곤지의 아들인 것으로 보입니다.

왜왕 무는 백제 왕자 - 무령왕인가 곤지인가

지난 장에서 송에 상표문을 보낸 왜 5왕의 마지막 왕인 왜왕 무가 상표문의 내용, 형식, 어구 등으로 보아 아무래도 백제 왕가의 인물로 백제 개로왕의 왕자로 보인다고 하였습니다만 그 왕자를 특정할 수 있을까요? 정말 다행스럽게도 그를 특정할 수 있는 것입니다. 송서 왜국전의 기사만으로도 왜왕 무가 백제 개로왕의 왕자라고 까지는 추정할 수는 있었지만 구체적으로 그 왕자가 누구인지를 알 수는 없었는데 그 실마리는 일본서기의 제21대 유랴쿠雄略왕(457년~479년)기의 기사와 제25대 부레츠武烈왕(498년~506년)기에서 찾을 수 있는 것입니다. 관련 기사를 보겠습니다.

① (유랴쿠기5년 4월 조) 백제의 가수리군加須利君-개로왕임-은 왜국 왕이 지진원池津媛을 불태워 죽였다는 소문을 듣고 '전에는 여인을 바쳐 채녀로 삼았는데 이미 예의를 잃어서 우리나라의 이름을 실추시켰다. 앞으로는 여인을 바치지 말라.' 고 함. 이에 그 아우 군군軍君-곤지임-에게 '너는 마땅히 일본으로 가서 왕을 섬기도록 하라.'고 명함. 군군은 '왕의 명을 거스릴 수 없습니다. 원컨대 왕의 부인을 내려주신다면 명을 받들겠습니다.' 라고 답하였음. 가수리군은 임신한 부인을 주며 '나의 임신한 부인은 이미 산달이 되었다. 만일 가는 길에 출산하면 어디에 있든지 배 한 척에 실어 속히 본국으로 돌려보내도록 하라.'고 말함. (곤지는)이읔고 작별하여 왜의 조정으로 갔음.

② (유랴쿠기5년 6월 조) 임신한 부인이 가수리군의 말처럼 쓰쿠시의 가카라시마에서 아기를 낳음. 그래서 아이 이름을 시마키시島君라 함. 이에 군군이 곧 배에 태워 시마키시를 본국으로 돌려보내니 이가 무령왕武寧王임. 백제 사람들은 이 섬을 주도主島라고 부름. 7월에 군군이 왕경에 들어옴. 이미 다섯 아들이 있었음(旣而有五子).(백제신찬에 '신축년에 개로왕이 아우 곤지군昆支君을 대왜로 보내 천왕天王을 모시게 했으니 형왕-개로왕임-의 우호를 닦게 하기 위함이다.'라고 하였음.)

③ (유랴쿠기20년 조) 겨울에 고구려왕이 크게 군사를 일으켜 백제를 쳐서 없앴음. (백제기에서는 '개로왕 을묘년 겨울 고구려의 대군이 와서 대성大城을 7일 낮과 밤을 공격하여 왕성이 함락되고 마침내 위례慰禮를 잃었다. 국왕과 대후, 왕자들이 모두 적의 손에 죽었다.'고 적고 있음.)

④ (유랴쿠21년 조) 3월에 왕이 백제가 고구려에게 멸망하였다는 사실을 듣고 구마나리久麻那利를 문주汶洲왕에게 주어 그 나라를 세우는 것을 도움. 이때 사람들이 모두 '백제국은 이미 망하고 비록 무리들이 걱정한다고 하지만 오로지 왜왕 덕분에 다시 나라를 일으켰다.'고 말하였음.(문주왕은 개로왕의 모제母弟다. 일본의 구기舊記에서 이르기를 구마나리를 말다왕末多王에게 주었다고 하였으나 아마도 잘못일 것이다.)

⑤ (유랴쿠기23년 조) 백제의 문근왕文斤王- 삼근왕임-이 죽었음. 천왕-왜왕임-은 곤지

왕의 다섯 아들 중 둘째인 말다왕이 어린데도 총명하므로 불러 친히 머리와 얼굴을 어루만지며 은근하게 훈계하고 그 나라의 왕으로 삼음. 이에 병기를 주고 쓰쿠시의 군사 5백 명을 함께 보내 나라까지 호송케 하니 이가 동성왕東城王이 되었음.

⑥ (부레쓰기4년 조) 이 해 백제의 말다왕이 무도하여 백성에게 포학한 짓을 하니 국인國人- 지배층을 의미-이 제거하고 시마키시嶋王를 세우니 이가 무령왕임.(백제신찬에서 말하기를 말다왕이 무도하여 백성들에게 포학한 짓을 하자 국인이 함께 제거함. 이후 무령왕이 섰는데 휘를 사마왕斯麻王이라고 하며 곤지왕昆支王의 아들이니 즉 말다왕의 이모형異母兄임. 곤지가 왜로 향할 때 쓰쿠시노시마筑紫嶋에 이르러 사마왕을 낳았는데 섬에서 돌려보냈고 왕경에 이르기 전에 섬에서 태어났기 때문에 그렇게 이름 지음. 지금도 가카라各羅의 바다에는 니리무세마主嶋<그림3-8>가 있는데 왕이 탄생한 섬임. 그래서 백제인은 주도主嶋라고 이름을 붙임. 지금 생각하니 시마키시嶋王는 개로왕의 아들임. 말다왕은 곤지의 아들임. 이를 이모형이라 함은 분명치 않음.)

이러한 일본서기의 기술만으로 보면 개로왕의 왕자인 사마 즉 후의 무령왕은 태어나자마자 본국인 백제로 돌아간 것으로 되어 있으므로 일단 왜국에서 왜왕 무가 되었다고 상정하기에는 어려운 것 같습니다. 한편 곤지는 왕제王弟로 묘사되어 있어서 백제왕실의 인물이라고는 할 수 있겠지만 이대로는 개로왕의 아들이 아니므로 왜왕 무로 볼 수가 없게 되어 있군요. 즉 일본서기의 기사만으로는 바로 왜왕 무를 무령왕이나 곤지왕으로 단정할 수 없게 되어 있고 바로 이것이야말로 백제로부터 왜왕 무를 차단하려는 일본서기의 노림수라고도 할 수도 있겠지요. 그러면 왜왕 무의 후보라고 할 수 있는 무령왕과 곤지 중 누가 왜왕 무일지에 대해 검토하도록 하겠습니다.

〈그림3-8〉 가카라시마.
461년 곤지 왕자 일행이 왜국으로 향하던 도중 무령왕이 탄생한 니리무세마로 일본서기에 기록된 섬으로 지금의 가카라시마加唐島임.

〈그림3-9〉 무령왕 묘지석.

먼저 무령왕(재위 501년~523년)에 대해서입니다. 1971년 7월 공주의 한 왕릉에서 우연히 묘지석〈그림3-9〉이 출토되었는데 거기에는 '영동寧東대장군 백제사마왕斯麻王이 계유년(523년) 5월에 62세로 붕崩하시다.'라고 쓰여 있어서 그 왕릉이 백제 제25대 무령왕(또는 사마왕)의 능인 것이 확인되고 무령왕릉〈그림3-10〉에서는 수많은 귀중한 부장품이 쏟아져 나온 사실은 주지의 사실입니다. 또한 이 지석의 발견으로 무령왕이 461년(523-62=461) 규슈 북부의 한 섬에서 태어났다고 기술한 일본서기의 내용이 사실로 확인됨으로써 이는 양국의 고대사를 풀 수 있는 중요한 열쇠가 되고 있습니다. 유랴쿠기는 무령왕을 개로왕의 왕자로 기술하고 무령왕이 태어난 직후 바로 백제로 돌아간 것으로 기록하고 있으나 475년 전쟁에서 살해되지 않은 등 여러 정황에 비추어 그는 백제로 돌아가지 않고 곤지가 있던 가와치에서 '시마'란 이름으로 성장하고 동성왕이 쫓겨나는 501년 이전에 귀국하여 무령왕으로 즉위한 것으로 보입니다.

〈그림3-10〉 무령왕릉 외부(上), 내부(下). 백제왕족의 무덤이 모여 있는 공주의 송산리 고분군에서 1971년 우연히 발견되어 무령왕이 피장자임을 명확하게 확정하게 된 역사적으로 매우 중요한 왕릉임.

무령왕은 중국사서 등을 보면 재위 중에 고구려에 빼앗겼던 실지를 회복하고 섬진강유역의 가야 땅을 차지하며 국내의 정치적인 안정을 이루는 등 백제의 중흥을 이룬 성군으로 평가를 받고 있는 왕인데 이상하게도 그의 청소년 시절에 대한 언급은 어느 사서에서도 찾기가 어렵습니다. 외교관 출신인 소 진철蘇鎮轍 대사[11]는 그의 저서에서 무령왕을 왜왕 무로 특정하고 있는데 그 이유로 첫째는 양서에 502년 양무제가 왜왕 무에게 '정동征東장군왜국왕'을 제수한 것

11) 소진철, 백제 무령왕의 세계, 주류성출판사, 2008

으로 되어 있어 사마왕이었던 무령왕이 귀국하여 무령왕으로 즉위한 시기와 일치하고, 두 번째로 무령왕의 시호에 있는 무武라는 글자가 왜왕 무武에도 있는데 이는 무령왕이 용맹스러운 인물이었음을 보여주는 것이며, 세 번째로 무령왕이 왜국에 보낸 태자 사아군斯我君의 아들 법사군法師君을 왜군倭君의 선조라고 일본서기 부레쓰기가 기록하고 있는데 이는 법사군의 조부에 해당하는 무령왕도 사마군斯麻君으로서 왜의 왕위에 있던 것을 의미하는 것이라는 등의 논거를 제시하고 있습니다.

무령왕릉에 사용된 관의 목재가 금송金松이라는 고유한 일본산이라는 사실은 잘 알려져 있고 무령왕이 고구려에 대한 강한 적개심을 보여 여러 차례 전쟁에서 승리하였으며 그의 재위기간 중 중국 양나라 등의 선진문물이 왜국에 많이 유입된 기록 등이 있는데 이러한 정황도 사마斯麻가 501년 귀국하여 무령왕으로 즉위하기 이전에 왜국에서 활약하고 있었음을 짐작하게 하는 것으로 볼 수도 있습니다. 다만 무령왕을 왜왕 무로 보는 소진철 대사의 견해는 왜왕 무가 상표문을 보낸 해가 478년으로 당시 무령왕은 17세에 불과한 청년이었는데 과연 각 세력이 각축하던 5세기 후반 왜국에서 왜왕 무로써 국가를 이끌면서 야마토 통합왕조를 세울 정도로 국력을 키울 수 있었을 지에 대한 다소 의문이 있기는 합니다. 그럼에도 사마가 실재한 인물이고 곤지의 아들로서 젊은 시절 왜국의 가와치에 있으면서 부왕인 곤지의 국가 건설 사업을 보좌한 것은 분명해 보입니다.

다음은 곤지에 관한 것입니다. 일본서기에 개로왕의 아우로 나오는 곤지昆支, 琨支, 軍君는 그의 연령대나 이름으로 미루어 보아 왜왕 무로 보기에 가장 적합한 인물로 보입니다. 연령 면에서는 그가 개로왕의 주선으로 송으로부터 '정로장군좌현왕征虜將軍左賢王'을 제수 받은 것이 18세 때였으므로 도왜한 461년에는 21세의 청년이었고 왜왕 무로 즉위한 것으로 보이는 477년에는 37세의 나이로 한참 활약할 시기였다고 보이기 때문입니다. 또한 군군軍君이란 이름도 그가 군사적인 활동에 전념한 사실에 걸 맞는 상징적인 이름이라는 점에서 그가 왜왕 무였을 가능성을 높여줍니다.

일본서기에는 그가 개로왕의 동생으로 기록되어 있고 삼국사기에는 그가 도왜한 기록이 없이 477년 죽은 것으로 기록되어 있어서 이 두 기록만으로는 왜왕 무로 단정하기는 일단 어려워 보입니다. 하지만 삼국사기에는 그가 개로왕의 아들인 문주왕의 동생으로 나와 개로왕의 아들임을 알 수 있고 송서 백제전 대명大明2년 조에 의하면 곤지 즉 여곤余昆은 왜국으로 건너오기전인 458년 송으로부터 '정로장군좌현왕'의 칭호를 받는데 북방계 국가에서는 '좌현왕'은 왕 다음으로 높은 관작을 의미하고 보통 왕의 형제가 아니라 직계 중 가장 서열이 높은 왕자에게 제수되는 것이므로 곤지는 백제 개로왕의 왕자 중에서 서열이 가장 높은 왕자였을 가능성이 높아 보입니다.

한편 곤지가 477년 문주왕 때에 귀국하여 내신좌평이 되었다가 수개월 만에 죽었다는 기사가 삼국사기에 있지만 이는 사실이 아닐 가능성이 높은데 이와 관련된 사정에 관하여는 하야시 슌지林順次 씨[12)]가 그의 저서에서 인용한 이시와타리 신이치로씨의 설명이 매우 설득력이 있습니다. 그는 '백제에서 도래한 오진 천황'에서 개로왕의 사후 좌현왕의 지위에 있어 왕위 서열 1위에 있던 곤지가 백제의 왕위를 방계-개로왕 모친의 동생으로 추정-인 문주왕에게 양보하고 대신 왜국 왕이 되기로 하였는데 방계인 문주가 즉위한 사정을 감추기 위하여 백제는 문주왕을 개로왕의 자로 하는 사서를 만들었고 삼국사기는 이를 토대로 편찬하였기 때문에 이처럼 허위의 계보가 된 것으로 생각된다고 하면서 곤지가 왜왕 무가 된 해로 삼국사기에 그가 죽은 해라고 기록된 477년을 제시하고 있습니다. 또한 그는 일본서기가 왜국에 와 있던 백제왕자가 귀국을 한 경우에는 반드시 이를 기록하였는데 곤지의 경우에만 귀국에 관하여는 기록하지 않은 것을 이상하게 생각하여 유랴쿠5년 조의 기사를 꼼꼼히 읽은 결과 곤지를 고니키시軍君로 칭한 것에 주목하게 되었는데 '고니키시'는 백제어로 '대왕'이나 '국왕'을 의미하는 칭호이므로 이는 즉 곤지가 왜국의 왕이 된 것을 의미하는 것이라고 확신하게 되었다고 합니다.

위의 논점들을 정리하여 보면 개로왕에 의해 왜국으로 건너가게 된 곤지가 후에 왜왕 무가 되었으며, 곤지는 일본서기가 말하는 개로왕의 아우가 아니라 삼국사기의 기술대로 개로왕의 아들이었던 것입니다. 다만 그가 왜국으로 건너갈 때 개로왕이 임신한 무령왕의 생모를 곤지에게 주어 이들이 함께 왔다는 일본서기의 기록은

12) 林順次, 日本人の正体, 三五館, 2010

보통의 상식으로는 잘 이해가 가지 않는데, 이는 사마의 생모를 곤지왕의 부인으로 보고 그녀가 곤지와 함께 왜국으로 건너가는 도중 규슈 앞바다의 한 섬에서 출산한 것으로 이해하면 될 것으로 보입니다. 일본서기가 사마를 개로왕의 아들로 기술한 것은 후일 귀국하여 무령왕이 백제의 왕으로서의 정통성을 분명히 하려는 의도였던 것으로 보이며 사마는 곤지의 아들로 보입니다. 당시 고구려의 계속된 침공으로 피폐해진 백제의 개로왕으로서는 이미 가와치에서 기반을 확대해가고 있던 백제계 세력이 보다 확고한 지위를 구축하기 위해서는 본국왕의 신임이 필요할 것이라는 판단에서 아들인 곤지와 그 가족들을 왜국으로 보내 열도에서 백제계 세력에 의한 새로운 국가를 건설하고자 하였던 것으로 보입니다.

이러한 시각에서 보면 칠지도는 개로왕이 절대적인 신임의 표징으로 가와치에서 백제계 국가 건설을 위해 진력하던 곤지에게 보낸 보검으로 추정됩니다. 앞에서 칠지도는 왜에 있는 후왕에게 백제왕이 보낸 것으로 그 시기는 5세기 후반이나 6세기 초가 유력해 보인다고 하였지만 곤지의 존재가 확인된 현재의 시점에서는 칠지도를 보낸 주체, 그 수령자 및 전달시기 등에 관한 구체적인 추정이 가능해졌다고 봅니다. 즉 칠지도 명문의 '泰○4年'은 남송의 '泰始4年'으로 이는 468년, 즉 개로왕 14년에 해당하는데 이 해에 칠지도는 개로왕에 의해 백제에서 제작되어 가와치에서 국가건설에 매진하던 곤지를 격려하고 신임하는 표징으로 하사한 된 것으로 추정되는 것입니다.

일본사학자들은 양심적인 재야 사학자도 포함하여 한 결 같이 일본서기의 기록을 근거로 칠지도가 369년 근초고왕 때 제작되어 372년 백제의 사신을 통해 진구 왕후에게 증정된 것으로 칠지도를 보낸 이유는 왜국의 군사적인 지원에 감사하기 위한 것이라는 입장을 고수하고 있습니다. 한국의 사학계에서도 칠지도를 기증한 목적은 일본학자들의 입장에 동조하지는 않지만 근초고왕 때 왜국에 보낸 것이라는 일본학계의 통설을 수용하는 견해가 주류가 되고 있는 것이 현실입니다. 그러나 칼의 명문에 분명하게 쓰여 있는 것처럼 백제 대왕이 왜에 있는 후왕에게 내리는 칼이 분명하고 백제가 왜국에 후국이라 할 만한 나라를 세운 것은 5세기 중반 이후일 가능성이 높으며 곤지가 5세기 중후반 가와치로 가서 나라를 세운 것이 확실한 점 등을 감안하면 칠지도는 곤지가 가와치로 건너간 461년에서 왜왕 무로 즉위한 477년 사이의 어느 시점-가능성이 가장 높은 해는 468년-에 백제의 대왕인 개로왕으로부터 곤지에게 하사되었을 것으로 보입니다.

다음은 한성이 함락되자 문주왕에게 구마나리를 주어 백제를 다시 일으키게 하였다는 유랴쿠기21년(476년) 조와 곤지의 둘째 아들 말다末多를 보내 동성왕이 되게 하였다는 기사와 관련된 것입니다. 이 기사들을 근거로 일본의 보수학자들은 475년 한성이 함락되고 개로왕이 전사하여 백제는 거의 멸망하였다고 하고, 유랴쿠왕이 구마나리-현재의 공주-를 주어 망한 백제를 부활하도록 지원하였는데 이후의 백제는 유랴쿠왕이 동성왕을 백제로 보내 왕으로 세운데서 보듯이 실질적으로 왜국의 보호국이 되었다는 논리를 펼칩니다. 그러나 곤지의 아들 말다가 백제왕이 되기 위하여 본국으로 귀국할 때 포학하기로 유명한 것으로 묘사된 유랴쿠왕이 말다의 머리를 쓰다듬고 은밀하게 타일렀다고 하는 일본서기의 기사를 보면 이들이 부자관계가 아니면 있을 수 없는 장면이라고 할 수 있습니다. 즉 이는 당시 곤지가 왜왕 무이었음을 보여주는 또 하나의 사례로 볼 수 있다는 것입니다. 이처럼 당시의 왜왕을 곤지로 보면 왜국이 백제의 부흥을 지원하고 백제 왕실의 최고 어른으로서 곤지가 아들을 백제왕으로 보낸 것은 오히려 당연한 일이라고 할 수 있을 것입니다.

또 한 가지 주목되는 기사는 백제로 떠나는 말다에게 쓰쿠시의 군사 500명을 호위하게 하였다는 기사입니다. 이때는 아직 곤지의 가와치 왕국이 나라奈良도 통합하지 못한 시기였는데도 쓰쿠시築紫의 군사로 호위하게 했다는 것은 백제의 근거지가 규슈 북부에도 있었던 것을 의미한다는 것입니다. 즉 이 시기 열도에는 가와치와 규슈 북부에 백제의 후국 또는 담로라 할 만한 세력이 있었다는 것인데 이를 웅변하듯 보여주는 것이 구마모토현 다마나의 기쿠스이초菊水町에 있는 에다후나야마 고분에서 출토된 75자의 은상감 명문이 새겨진 큰칼大刀을 비롯한 수많은 백제유물들입니다. 에다후나야마 고분은 5세기 말~6세기 초에 축조된 길이 약 49미터의 전방후원분이며 묘제는 횡혈식 석실로 1873년 최초로 발굴되었는데 부장품으로 금동제 관과 관모, 금동신발, 금제 귀걸이, 환두대도, 구리거울, 갑주 및 마구, 옥 등 장신구 등 무려 92종목에 이르고 있습니다.

에다후나야마 고분에서 출토된 금동제 관이나 금동신발은 고대에 왕만이 지닐 수 있는 위신재인데 이들 유물들이 1972년 무령왕릉에서 출토된 유물들과 매우 흡사하여 고고학 관계자들을 놀라게 하였습니다. 더욱이 대도에 새겨진 은상감 명문에는 '○○○로대왕세鹵大王世로 보이는 자구가 있어서 이 대도가 개로왕이 규슈 북부에 있던 후왕에게 하사한 것이라는 견해가 유력합니다. 따라서 개로왕이 가와치에 있던 곤지에게 하사한 것으로 보이는 칠지도와 더불어 이 대도는 5세기 후반 일본열도에 적어도 규슈 북부와 가와치의 두 곳에 백제의 후국 또는 담로가 있었던 사실을 분명하게 보여 주고 있는 것이라고 하겠습니다.

가와치에 백제의 후국을 세우는 곤지 왕자

그렇다면 왜국으로 건너간 곤지가 한 일은 어떤 일들이었을까요? 일본의 학계는 유랴쿠왕을 왜왕 무로 보고 있는데 이는 유랴쿠왕과 왜왕 무의 즉위 시기가 다르고 유랴쿠기에는 중국에 조공한 사실이 없는 등 무리한 해석으로 보입니다. 다만 곤지의 활동시기가 유랴쿠왕과 상당기간 겹치고 있어서 유랴쿠로 그려진 인물상과 그의 업적 등에서 곤지의 인물상과 활약상을 어느 정도 파악하는 것은 가능하다고 봅니다. 먼저 인물상을 보면 유랴쿠왕은 즉위 이전부터 형제들을 많이 죽이고 왕위에 올랐고 재위 중에도 포학한 일을 많이 하여 '극악대왕'이라는 불명예스러운 별명을 가진 것으로 묘사되고 있는데 이는 곤지가 열도에서 백제계의 세력 확대를 위해 군사적인 활동에 주력하는 과정에서 불가피한 전투나 다툼이 있었던 사실을 말해주는 것으로 볼 수 있습니다.

더욱이 475년 고구려 장수왕의 공격으로 위례성이 함락되고 개로왕과 왕자들이 몰살되는 비극을 경험한 곤지로서는 망해가는 본국을 대신하여 백제인들이 대거 이주해 와서 살고 있던 가와치에서 제2의 백제국을 세우는데 전념하였을 것으로 보입니다. 백제의 개로왕이 472년 북위에 보낸 상표문을 보면 '백제가 재물도 다하고 힘도 다하여 나라가 저절로 쇠약해지고 있다.'는 표현이 있는데 이는 고구려의 계속되는 침공으로 백제가 얼마나 쇠락하고 피폐해져 있었는지를 잘 보여준다고 하겠습니다. 이처럼 위기에 처한 본국의 사정을 잘 알고 있는 곤지 즉 왜왕 무로서는 외교적으로는 송에 대해 국서를 보내 외교, 군사적인 지원을 요청하는 한편 열도에서는 백제에서 건너온 이주민 집단을 조직화하고 군사력 증강에 주력한 것으로 보입니다.

특히 475년 한성이 함락된 이후에는 본국과 규슈지역에서 유입된 많은 백제의 군사집단을 활용하여 가와치에 있던 백제계 집단의 세력을 결집하여 5세기 후반에는 백제인이 주도하는 국가를 세우고 나라분지에 있던 미와 왕국을 압박하는 우위를 차지하게 된 것으로 보입니다. 가와치 왕국은 오사카평야의 동남부인 후루이치를 중심으로 동쪽으로는 다카야스高安, 서쪽으로는 이즈미의 모즈百舌鳥 지역을 아우르고 있었는데 4세기 말부터 백제, 가야로부터 주로 피난민들이 유입되기 시작하여 5세기에는 끊임없는 전란으로 한반도에서 많은 백제인 집단이 유입되어 백제인 사회를 이루게 된 것으로 보입니다. 이러한 사실은 일본 최대의 고분군이라 할 수 있는 후루이치古市 고분군과 모즈百舌鳥 고분군, 백제인들의 공동묘지인 아스카센즈카飛鳥千塚 고분군, 이치스카一須賀 고분군이 이 지역에 위치하고 있는 것으로도 알 수 있습니다.

461년 곤지가 가족과 일족을 이끌고 도착한 가와치 아스카에는 지금도 곤지왕의 사당인 아스카베飛鳥戶신사가 남아 있는데 한국식 사당인 것이 인상적이지만 오랫동안 방치해 두어서인지 초라한 모습을 하고 있어서 안타까운 마음이 듭니다. 이는 일왕가로부터 백제의 흔적을 지우고자 하는 일본정부의 일관된 정책의 결과인데 사당의 제신도 언제인가부터 스사노오신으로 바꿔치기 해놓았습니다. 또한 815년 일본서기의 후속편으로 작성된 신찬성씨록新撰姓氏錄에는 곤지가 아스카베군의 미야쓰코造- 태수라는 의미-였다는 기록이 있어서 그가 아스카베 지역의 우두머리였음을 알려주고 있는데 이러한 역사적인 유적과 기록은 곤지가 이 지역 백제인 집단의 수장으로서 활약한 사실을 여실히 보여주는 얼마 남지 않은 귀중한 자료입니다.

5세기 후반 일본열도에는 각 지역에서 삼국과 연관이 있는 지역 왕국들이 병립하고 있는 가운데 가야계의 미와三輪 왕국은 명맥을 유지하고 있었습니다. 여기에 5세기 후반 곤지 왕자가 도래한 후 세워진 백제인의 나라 가와치 왕국은 곤지가 우두머리가 되어 구심점이 되면서 빠른 속도로 세력을 확장하여 6세기 초에는 미와 왕국을 흡수하여 본격적인 야마토 왕조를 세우고 점차 기나이와 기비, 이즈모 등의 통합에 나서게 됩니다. 일본사학계는 5세기에 미와 왕국의 중심이 가와치로 이동한 것으로 보고 이 왕조를 가와치河內 왕조라고 부르면서 그 시조를 오진왕 또는 닌토쿠왕으로 보고 있습니다.

그러나 소위 가와치 왕조의 실체는 백제의 후국인 것이며 그 시조는 당연히 곤지왕이고 오진 · 닌토쿠의 왕명은 가와치 왕국의 역사를 미와 왕국의 역사로 바꾸어 편입하는 과정에서 창출해낸 왕들로 볼 수 있습니다. 더욱이 그 왕들을 5세기 전반의 왕들로 반세기 이상 올려놓음으로써 5세기 왜왕들의 연대는 혼란스러워 진상을 파악하기가 쉽지 않습니다. 어쨌든 역사의 실체는 하나이므로 가와치 왕국이 역사의 실체이며 기 · 기의 편찬과정에서 가와치 왕국의 곤지왕 계보를 미와왕 계보의 왕들로 대입하여 왕들을 조작한 것은 분명한 사실입니다.

그렇다면 곤지 즉 왜왕 무는 언제까지 왕위에 있던 것일까요? 일부 학자들은 삼국사기의 기술을 신용하여 477년 백제에서 사망하였다거나 그를 유랴쿠왕으로 보고 479년 왜국에서 죽었다는 견해를 보이고 있으나 479년 동성왕과 501년 무령왕을 백제로 보내 왕위에 오르게 한 인물이 바로 당시 백제 왕실의 가장 어르신이었던 곤지왕이었음이 분명하고 502년 왜왕 무가 양梁의 황제로부터 정동장군의 장군호를 받은 사실이 양서에 기록되어 있음에 비추어 적어도 502년까지는 생존하였던 것으로 보이며 게이타이왕이 507년 즉위하므로 그 전까지는 곤지 즉 왜왕 무의 치세로 볼 수 있을 것입니다.

일본사학계는 왜왕 무를 479년 사망한 유랴쿠왕으로 비정하는데 곤지왕 즉 왜왕 무가 6세기 초까지 생존하였다면 일본서기에 나오는 유랴쿠왕 이후의 4대 왕들-세이네이淸寧, 겐조顯宗, 닌켄仁賢, 부레쓰武烈-은 가공의 왕이거나 미와 왕국의 왕들인 셈이며 이들과 관련된 기사 중에는 실제로는 왜왕 무가 된 곤지왕의 행적이 포함되어 있을 가능성도 있어 보입니다. 다음은 유랴쿠왕 이후 507년에 즉위한 게이타이왕 이전의 왕들의 치세중 한반도와 관련된 주요기사입니다.

① (유랴쿠7년) 한 신하가 가라쿠니韓国에 재주 있는 자가 많으니 불러서 부려야 할 것이라고 하자 왕은 기비노가미쓰미치노오미 다사吉備上道臣田狹의

아들 오토가미弟君를 불러 백제로 가서 칙서를 전하고 재주 있는 자를 바치게 하라고 명하여 백제가 바친 수말재기手末才伎들을 야마토국으로 데려왔는데 이들은 스에키, 마구, 그림, 비단 등을 생산하는 전문가들이었음.

② (유라쿠9년) 왕이 기고유미노스쿠네紀小弓宿禰, 소가가라코노스쿠네蘇我韓子宿禰, 오토모 가타리노무라지大伴談連, 고카 히스쿠네小鹿火宿禰 등에게 신라가 조공하지 않아 공격하게 하였는데 신라왕이 수 백 명의 군사와 함께 도주하고 크게 패함. 가타리와 가라코가 불화하여 가타리가 가라코를 죽이고 기 고유미의 아들 기 오이와와 고카 히가 불화하여 백제궁에 이르지 못하고 돌아옴.

③ (겐조3년) 기 이쿠하노스쿠네紀生磐宿禰가 임나에 웅거하여 고구려와 교통하고 삼한의 왕이 되고자하여 스스로 신성神聖이라 칭함. 백제왕이 노하여 대산성帶山城을 공격하자 기 이쿠하는 임나로 돌아감.

④ (부레쓰6년) 백제국이 마나군麻那君을 보내 조를 바침. 왕은 백제가 몇 년간 조를 하지 않았다고 하여 사자를 억류하고 돌려보내지 않음.

⑤ (부레쓰7년) 백제왕이 사아군斯我君을 보내 조공함. 별도로 '지난 번에 조공한 사신 마나麻那는 백제의 골족이 아닙니다. 그래서 삼가 사아를 보내 조정에 봉사하도록 하였습니다.'라고 표를 올림. 이윽고 자식이 생겨 법사군法師君이라 하였는데 이가 야마토노가미倭君의 선조임.

위의 기사 중에서 주목되는 것은 먼저 유라쿠왕 대에 도기, 마구, 회화, 비단 등 여러 분야의 전문 기술자들-소위 손끝으로 물건을 만드는 기술을 지닌 '수말재기手末才伎'-이 백제에서 건너왔다는 기사입니다. 일본서기는 이들이 왜왕의 명령에 의해 백제왕이 바친 것으로 되어 있으나 백제왕이 후왕을 위하여 보내준 것은 물론입니다. 일본학계는 이들 백제의 전문기술자들의 도래가 고대 일본의 문화와 기술의 발전에 공헌한 사실은 어느 정도 인정하지만 이들이 백제계 후국의 발전을 위해 백제왕의 배려로 건너온 사람들인 것은 인정하지 않으려 합니다.

또 한 가지 주목되는 일본서기의 기술에 백제의 왕과 왕자들을 군君으로 호칭하고 있다는 것인데 개로왕을 가수리군加須利君이라 하여 군군과 대등한 지위에 있는 왕임을 의식한 듯 군이란 호칭으로 부르고 있고, 무령왕을 세마키시嶋君로, 무령왕의 태자를 사아군斯我君, 그 아들을 법사군法師君 등으로 호칭하고 있습니다. 특히 무령왕의 손자에 해당하는 법사군을 야마토노기미倭君의 선조라고 기술하고 있는데 이는 그가 야마토 왕조의 왕들의 선조임을 암시하는 것으로 해석될 수 있어서 매우 주목되는 호칭이라 할 수 있습니다. 사아군은 게이타이기7년 조의 백제 왕자 순타純陀 태자와 동일 인물로 보이는데 속일본기續日本紀 엔랴쿠延曆8년 조에 간무桓武 천황의 생모인 다카노니이가사高野新笠가 무령왕의 아들 순타 태자로부터 나왔다고 기록되어 있습니다.

호무다야마譽田山 고분 -전伝 오진왕릉-의 피장자는 곤지

일본에서 가장 큰 고분은 사카이시의 모즈百舌鳥 고분군에 있는 다이센大山, 大仙(486미터) 고분으로 알려져 있는데 두 번째로 큰 고분은 그 동쪽의 하비키노羽曳野시에 있는 후루이치古市 고분군의 호무다-곤다- 고뵤야마譽田御廟山〈그림3-11〉 또는 호무다야마 고분-415미터-으로 일반적으로는 오진왕릉으로 알려져 있습니다. 그런데 일본의 저명한 재야 사가인 이시와타리 신이치로 씨가 호무다야마 고분이 5세기 말에서 6세기 초에 걸쳐서 왜국 왕이었던 백제 왕자 곤지 즉 왜왕 무의 무덤임을 고증하면서 부터 이 견해가 매우 유력해지고 있습니다.

〈그림3-11〉 호무다(혼다, 곤다)고보야마 고분.
다이센 고분에 이어 일본에서 두 번째로 큰 고분으로 오진왕릉으로 알려졌으나 근년 곤지왕의 무덤이라는 주장이 유력하게 제기됨.

이시와타리 씨는 일본서기가 오진왕이 200년 진구 왕후의 아들로 태어났다고 기술하고 있지만 이는 곤지의 실체를 은폐하고 가공의 진구 왕후를 히미코 여왕으로 보이게 하려는 일본서기 편찬자의 의도로 조작된 것이며 실제로 오진왕은 200년을 4주갑 240년을 내린 440년에 백제에서 출생하여 461년 가와치로 건너와 왜왕 무가 된 곤지 왕자라고 하고 있습니다. 그는 곤지가 왜왕 제의 데릴사위로 야마토 왕조의 왜왕 무가 되었다고 보고 507년 게이타이왕에게 왕위를 물려주기 전까지 야마토의 왕이었던 것으로 보고 있으며 호무다야마 고분은 곤지가 생전에 조성한 수묘壽墓로 보고 있습니다. 그가 곤지를 오진왕으로 보고 있는데 대하여 한일사학계에서는 아직 부정적인 견해가 많은 것이 사실이기는 하지만 백제 왕자 곤지가 왜왕 무가 되어 새로운 야마토 왕조를 세웠다고 하는 그의 가설은 이를 뒷받침하는 고증과 논증이 확실하여 매우 강력한 견해이며 몇 가지 세부사항을 빼고는 필자도 그의 입장에 근본적으로 동감하고 있습니다.

이시와타리 씨는 호무다야마 고분의 피장자를 곤지 왕자로 보는 이유로 역시 수묘로 보이는 다이센 고분에서 누출된 일부 부장품이 무령왕릉에서 출토된 유물과 흡사하여 무령왕릉과 다이센 고분이 거의 같은 시기에 조성된 것으로 보이고 지리학자인 쿠사카 마사요시日下雅義 씨가 호무다야마 고분의 연대를 6세기 초로 계산하고 있다는 점을 강조하고 있습니다. 또한 호무다야마 고분의 하니와殖輪-흙으로 만든 인형인 토용-에 스에키가 혼재되어 있는데 이는 5세기 말 이후의 것임을 보여주는 것이고 5세기 말 후루이치 지역은 백제계 가와치 세력의 중심지인 점 등을 들고 있습니다. 이시와타리 씨는 다이센 고분을 보통 알려진 닌토쿠왕릉이 아니라 게이타이왕릉으로 보고 오진왕과 게이타이왕은 일본서기처럼 1세기나 떨어진 왕들이 아니라 연달아 즉위한 백제계의 왕으로 보고 있는데 매우 예리한 분석이라고 생각됩니다.

실제로 5세기 중후반 곤지 왕자가 가와치로 건너와 수많은 백제계 세력을 결집하여 가와치를 개척하고 국가를 세워, 6세기 이후에는 군사적인 우위를 바탕으로 가와치 왕국의 영역을 나라분지로까지 확대하고 후에 가와치 왕국은 미와 왕국을 흡수하여 신 야마토 왕조를 건설하여 나간 것으로 보이는데 다른 전방후원분보다 월등하게 규모가 큰 호무다야마 고분과 다이센 고분은 이 시대 백제계 왕조 초기의 위용과 권위를 보여주기에 걸 맞는 상징적인 조형물인 것이라 할 수 있습니다.

후루이치 고분군은 동서 약 3킬로미터 남북 4킬로미터의 범위 내에 123기의 고분이 확인되고 있는데 현존 고분은 전방후원분 26기, 원분 5기, 방분 22기, 기타 34기계 87기로 모즈 고분군보다는 다소 이른 4세기 말부터 조영된 것으로 보고 있습니다. 모즈 고분군은 동서 4킬로미터, 남북 4킬로미터의 범위에 5세기 초부터 6세기 후반까지 약 100기가 축조된 것으로 확인되고 있는데 전방후원분 21기, 원분 20기, 방분 5기 합계 46기의 고분이 남아 있습니다. 이 두 고분군중 천황릉과 참고지가 차지하는 비율은 후루이치 고분군이 93%, 모즈 고분군이 73%에 달하는데 천황릉, 참고지 모두 능묘로 지정되어 일반국민은 물론 연구자라 하더라도 출입이 엄격하게 금지되어 있는 것은 이미 말씀드린 바 있습니다.

결론적으로 요약하면 461년 가와치로 건너온 개로왕의 아들 곤지야말로 4세기말 이래 가와치에 집결한 백제계 주민들을 결집하여 가와치를 개척하여 가와치 왕국을 세우고 후에 미와 왕국을 흡수하여 본격적인 야마토 왕조를 세운 획기적인 인물로 보입니다. 그러나 일본서기는 일왕가의 백제와의 혈연관계를 차단하고 은폐하기 위하여 그의 업적을 미와 왕조의 업적으로 흡수하여 곤지의 활약을 있는 그대로의 사실로서가 아니라 오진왕과 일부 유랴쿠왕의 행적 등으로 분산하고 그 시기도 5세기 초에서 5세기 후반까지 분산시켜 놓음으로써 곤지 즉 왜왕 무의 존재와 업적을 철저하게 숨기려고 하였던 것입니다.

이처럼 일본서기 편찬자의 교묘한 공작의 결과 실제 곤지의 허상이기도 한 오진왕은 4세기 중반의 인물로 창작된 진구 왕후의 아들로 스진 왕조를 이은 왕이 되고 5세기 전반 백제로부터 대량의 주민집단의 도래를 맞이하여 가와치를 개척한 왕이기도 하며 백제왕의 폐위와 즉위에도 영향력을 행사하는 야마토의 대왕이 되는 것인데 이는 곤지왕의 업적과도 일치하는 셈이 됩니다. 또한 영역을 확장하고 문주왕에게 웅진 땅을 주어 백제를 부흥시키는 한편 동성왕을 백제왕으로 보냈다는 등의 유랴쿠왕의 기사도 곤지왕이 그 실행자인 것으로 보이므로 사실상 곤지는 일본열도에 백제의 새로운 왕국을 세운 역사적인 인물이라고 할 수 있겠습니다.

부여융扶餘隆이 '百濟辰朝人'이라는 묘지석의 의미

5세기 백제의 가와치 진출과 가와치 왕국 건설을 주도한 세력의 정체와 관련하여 중요한 실마리를 제공하고 있는 인물은 흥미롭게도 백제의 마지막 왕인 의자왕의 태자였던 부여융입니다. 부여융은 660년 백제가 나당연합군에 의해 멸망하자 부왕인 의자왕과 함께 당으로 압송되었다가 당이 백제의 옛 땅에 설치한 웅진도독부의 도독으로 있었으며 후에 당으로 돌아가 생을 마감하게 됩니다. 그런데 1920년 중국의 낙양에서 발견된 그의 묘지석〈그림3-12〉에 그를 '百濟辰朝人'이라고 명기하고 있어서 크게 주목을 받았으며 특히 '辰朝人'의 의미를 둘러싸고 여러 가지 해석이 제기되었습니다.

〈그림3-12〉 부여융 묘지석 탁본.
낙양의 북망산에 있는 백제의 마지막 태자였던 부여융의 묘지석으로 현재 하남성河南省박물관에 소장됨.

무엇보다도 논란의 초점이 된 것은 그동안 백제 왕실의 근원이 부여라는 것은 역사적으로 확립된 사실이었는데 부여융의 묘지석은 부여융이 진조인임을 분명히 하고 있어서 이는 부여융과 의자왕으로부터 소급하여 혈통의 교체가 없었다고 할 수 있는 무령왕까지의 백제 왕들이 진조인이었다는 것을 의미하기 때문입니다. 진조인의 해석을 둘러싸고 여러 견해가 있으나 대체로 삼국사기 위지동이전, 후한서, 위략 등에 기술된 진왕辰王 또는 진국辰國의 왕으로 볼 수 있으므로 결국 무령왕 이후 후기의 백제 왕들은 진왕 또는 진국의 왕의 후손이라고 할 수 있는 것입니다. 그런데 앞에서 설명한 대로 곤지는 개로왕의 아들이고 무령왕은 곤지의 아들-삼국사기에서는 개로왕의 아들-이므로 개로왕 역시 진조인이라고 할 수 있을 것입니다. 이러한 시각에서 보면 5세기 중반 가와치를 개척하여 가와치 왕국을 주도한 곤지와 무령왕은 진조인이었으며 이들의 혈통이 이후 백제 본국과 후국인 야마토국의 왕을 이어갔음을 알 수 있습니다.

그렇다면 진조인이란 구체적으로 무엇을 의미하며 백제 왕실이 언제 어떠한 과정을 거쳐 진조인이 되었을까요? 아니면 반대로 진조인이 백제 왕실을 장악한 것일까요? 이에 관하여는 사료의 부족으로 현재로서는 구체적인 사실을 정하기 어려운 것이 현실이라고 하겠으며 앞으로 연구가 더욱 필요한 부분이라고 생각합니다. 이 문제와 관련하여 나카지마 가쿠 씨는 전게서에서 백제왕이 진조인이 된 여러 경우의 시나리오를 제시하면서 결론적으로 부여가 남하하여 백제伯濟국을 건설하고 마한인이기도 한 백제인의 왕후王侯가 진왕辰王으로 선정되어 근처에 있던 월지국에서 진·변한을 관할하는 진왕으로 있다가 246년 낙랑 등의 공세를 계기로 백제百濟로 발전한 것으로 보인다는 시나리오를 제시하고 있습니다. 동인은 이 시나리오에 따르면 진왕이 유이지인流移之人이면서 마한인이라는 중국사서의 기술상의 모순점이 해소되며 백제진조인이라 한 것은 진왕이 이끄는 일족에서 백제왕이 나왔기 때문이라는 설명을 하고 있는데 백제 왕실과 진왕의 관계에 대한 매우 시사적인 견해로 보입니다.

한편 김성호 씨는 전지왕 및 구이신왕 대에 여신餘信이 상좌평으로 권력을 장악하여 구이신왕을 몰아내고 진왕계 여 씨 출신인 비유왕毗有王-재위 427년~455년-을 세워 백제의 왕권이 이때 교체된 것으로 보는데 이 경우에는 개로왕의 부왕인 비유왕 대에 백제 왕통이 해 씨解氏에서 진왕계의 여 씨餘氏로 교체된 것을 의미하며 비유왕 대부터 백제왕은 부여족 중에서 진왕계 여 씨가 이어간 것으로 볼 수 있습니다.

결론적으로 의자왕의 아들인 부여융의 선조에 해당하는 무령왕은 진국의 왕 또는 진왕의 후손으로서 백제의 왕이 되었으며 660년 백제가 멸망할 때까지 백제의 왕통은 이 왕통이 그대로 이어진 것을 의미합니다. 동시에 야마토국의 왕통 역시 무령왕의 후손들이 이어가게 되는데 이러한 점에서 무령왕은 한일 고대사를 하나의 고리로 묶는 중요한 역할을 한 인물이라고 볼 수 있는 것입니다. 이러한 역사적 배경을 이해하게 되면 아키히토 천황이 수차례에 걸쳐 현재의 천황가의 실질적인 시조 왕이라 할 수 있는 간무桓武 천황의 모친이 무령왕의 후손이라고 강조한 발언의 심경에 공감하게 되며 동시에 그 발언에서 남다른 역사적인 무게감을 느낄 수 있는 것입니다.

제4장

백제 세력에 의해 통합되는 야마토大和 왕조

제4장

백제 세력에 의해 통합되는 야마토大和 왕조

제 12 화
무령武寧왕과 게이타이継体왕의 이중주二重奏

일본서기는 506년 부레쓰武烈왕이 후사가 없이 죽자 오진왕의 5세 손으로 에치젠越前-지금의 후쿠이현-의 호족이었던 오오토男大迹왕을 맞이하여 세운 왕이 제29대 왕인 게이타이왕이라고 기술하고 있는데 무령왕이 503년 오오토男弟왕에게 보낸 사실이 명기된 인물화상경이 발견됨으로써 게이타이왕이 백제 무령왕의 아우임이 확인되어 이 시기의 백제 왕실과 야마토 왕실이 같은 백제 왕족임이 확인되었습니다. 이러한 사실은 게이타이왕이 통합된 야마토 왕조의 첫 번째 왕이 된 사실을 의미하는 것인데 이 구리거울은 와카야마和歌山현 하시모토橋本시의 스다하치만隅田八幡신사에 보관되어 있다가 지금은 도쿄의 국립박물관이 소장하고 있으며 한일 고대사 특히 백제 왕실과 왜 왕실의 관계를 증언하는 귀중한 유물이라고 하겠습니다.

스다하치만 인물화상경人物畵像鏡으로 불리는 이 거울에 새겨진 명문은 이 거울을 보낸 인물을 사마斯麻로 명기하고 있는데 1971년 공주에서 발견된 무령왕릉의 묘지석을 통해 그가 무령왕임이 확인되었고 그가 523년 62세로 붕崩하였다고 기술되어 있어 그가 461년 곤지왕자와 함께 왜국으로 건너오다가 규슈 앞바다의 섬에서 태어나 시마島, 斯麻로 불렸다는 일본서기의 기사가 사실임이 확인되었습니다. 결국 게이타이왕은 무령왕의 아우이므로 곤지왕 즉 왜왕 무의 아들이기도 한데 일본서기는 그의 치세 중에 임나4현이 백제에 양도되었고 그를 규슈의 이와이磐井난을 진압하여 규슈를 복속한 왕으로 기술하고 있으며 통설로는 닌토쿠왕릉으로 간주되고 있는 일본 최대 규모의 능인 다이센大仙 고분을 그의 무덤으로 추정하는 유력한 견해도 있습니다.

스다하치만隅田八幡 인물화상경이 말해주는 것

앞 장에서 백제 개로왕의 아들 곤지가 461년 왜국의 가와치로 건너와 가와치의 백제계 세력을 결집하여 가와치 왕국을 세우고 백제의 후왕인 왜왕 무로서 재위하다가 나라분지에 있던 가라계의 미와 왕국과 병립하면서 세력을 키웠으며 506년경 사망한 것으로 추정된다고 설명한 바 있습니다. 한편 일본서기는 506년 부레쓰武烈왕이 후사가 없이 죽자 오진왕의 5세 손인 오오토男大迹왕을 에치젠越前-지금의 후쿠이현-에서 맞이하여 왕으로 세웠는데 그 왕이 야마토 왕조의 제29대 왕인 게이타이왕(재위507년~531년)이라고 기술하고 있습니다. 이는 게이타이왕이 백제 왕실의 인물인 것을 숨기면서 게이타이가 5대 선조인 오진왕의 후손이라고 하여 야마토 왕통은 변함없이 이어지고 있다는 것을 보여주기 위한 것인데 이러한 기술방식은 일왕가의 만세일계 왕통을 철칙으로 하는 일본서기로서는 당연한 것이라고도 할 수 있겠지요.

그렇다면 게이타이왕의 출자가 정말로 일본서기가 기술한 대로 에치젠에서 살던 토착의 지방호족이었을까요? 아니면 곤지가 백제 개로왕의 아들이었던 것처럼 게이타이왕도 곤지의 아들이거나 친족 등 백제 왕실의 인물이었을까요? 이 문제는 특히 일본서기가 게이타이왕을 야마토 왕조의 첫 번째 왕으로 편입한 가와치 왕국의 왕으로 볼 수 있기 때문에 이에 대한 검증은 매우 중요하다고 할 수 있습니다. 실제로 중국사서는 502년 양무제가 왜왕 무에게 정동장군이라는 작위를 주었다는 기록 이후에는 600년 수서 왜국전이 왜국왕의 이름을 아메다리시히코阿每多利思比孤로 표기하기 까지는 왜왕의 조공이나 작위요청 등의 기록을 전혀 전하지 않고 있는데 이는 게이타이왕부터는 이전의 백제계 왜 5왕들과는 왜왕의 성격이 변화된 것임을 보여주는 것으로 볼 수 있습니다.

일본 나라현의 바로 남쪽에 있는 와카야마和歌山현 하시모토橋本시의 스다하치만隅田八幡신사〈그림4-1〉에는 한일 고대사를 밝혀주는 중요한 구리거울銅鏡이 있습니다. 스다하치만경 또는 스다하치만 인물화상경人物畵像鏡으로 불리는 이 구리거울은 일본의 국보로 현재 도쿄국립박물관이 소장하고 있습니다. 한일 양국의 고고학계, 사학계가 이 인물화상경에 주목하는 이유는 거울의 명문銘文 48자 중에 백제 무령왕의 이름인 사마斯麻, 일본 야마토 왕조의 게이타이왕으로 보이는 오오토왕男弟王이 나오고 연대로는 계미癸未년, 대왕大王년이 나와 한일 고대사에 있어서의 구체적인 사실史實을 말해주고 있는 귀중한 금석문金石文이기 때문입니다. 9인의 인물상이 거울에 새겨져 있기 때문에 인물화상경으로 불리는 이 거울이 출토된 장소나 시기는 확실하지 않으나 19세기 중반에 발견되어 스다하치만신사가 보관하였던 것으로 알려지고 있습니다.

〈그림4-1〉 스다하치만신사 본전(上), 스다하치만 인물화상경(下).
스다하치만신사는 무령왕이 게이타이왕에게 보냈다는 명문이 새겨진 인물화상경을 소장하던 신사로 유명해짐.

이 스다하치만경 명문의 판독은 20세기 들어와 여러 학자들에 의해 시도되었는데 현재 일본학계의 통설은 명문해석의 전문가인 후쿠야마 토시오福山敏男가 1934년 판독한 것으로 다음과 같습니다.

'癸未年 八月日十 大王年 男弟王 在意紫沙加宮時 斯麻 念長壽 遣開中費直 濊人今州利 二人等 取百上同二百旱 作此竟'

(번역) 대왕년 계미년 8월 10일에 사마-일본어 발음은 시마-는 오시사카궁에 있는 남제왕의 장수를 위하여 개중비직 예인 금주리와 다른 한 사람을 시켜 양질의 백동 2백한으로 이 거울을 만들었다.

이러한 후쿠야마의 판독은 다소의 이견은 있으나 대체로 원문에 충실한 판독으로 보이는데 이를 토대로 인물화상경에 대해 가장 정확한 해석을 한 것으로 보이는 소진철蘇鎭轍 대사[1]의 견해를 중심으로 명문의 내용을 검토해 보겠습니다.

이 명문 중에서 가장 확실한 인물이 사마斯麻인 것은 1971년 공주 무령왕릉에서 발견된 지석誌石에서 무령왕의 이름이 사마였던 사실이 확인된 후에는 이론이 없는

1) 소진철, 백제 무령왕의 세계, 주류성출판사, 2008

데 그 이전에는 일본학자들은 사마를 남제왕의 신하 중 한 사람으로 해석하고 있었으니 지석이 발견되었을 때 가장 당황하였던 사람들이 일본의 사학자, 고고학자들이었음은 말할 필요도 없습니다. 일부 일본의 학자들은 사마가 무령왕임이 확인된 지금에도 이를 부인하려고 하고 있으니 이들은 애국(?)을 위해서라면 학자적인 양심 따위는 쉽게 저버릴 수 있는 부류의 사람들이라고 할 수 있겠지요. 이 동경을 만들어 보낸 주체가 사마 즉 무령왕임이 확인되었으니 그의 치세에 있던 계미년은 당연히 503년이 됩니다.

다음은 인물화상경을 받은 인물인 남제왕이 누구인가로 후쿠야마박사는 이를 일본서기의 제26대 왕인 게이타이왕으로 추정하였는데 올바른 추정으로 봅니다. 그 이유는 게이타이의 왕의 이름이 일본의 사서에서 모두 남제男弟의 훈인 '오오토'로 표기되었기 때문인데 일본서기에는 오오토男大迹왕으로, 고사기에는 오호토노미코토袁本杼命로, 에치고후도기越前風土記에는 오오토雄大迹 천황으로 표기되어 한문자의 표기만 다르나 치세중 남제왕의 칭호만 쓰인 것으로 보입니다. 일본서기에는 게이타이왕이 507년 즉위하는 것으로 되어있어서 무령왕이 이 동경을 보낸 시기는 그보다 3년 전인데 무령왕은 그때 이미 남제왕이 아마 왕세자의 위치에 있었기 때문에 곤지왕에 이어 다음 왕위에 오를 것임을 알고 있었던 것으로 보입니다.

이로써 무령왕이 인물화상경을 보낸 상대가 게이타이왕인 것은 밝혀졌지만 정작 중요한 것은 남제왕의 정체가 실제로 누구이며 무령왕과는 어떠한 관계의 인물인지의 문제인데 이에 관하여는 크게 ①게이타이왕이 무령왕의 남제男弟 즉 곤지의 아들 중의 한 명이라는 설과 ②곤지의 남제男弟인 여기余紀 즉 무령왕의 숙부라는 설 그리고 ③부레쓰기7년(505년)에 나오는 무령왕이 왜국으로 보냈다는 사아군斯我君으로 변신한 동성왕이라고 하는 설 등이 대표적인 설입니다. 이 문제는 이 구리거울을 보낸 시기에 관한 명문의 '계미년 팔월일십 대왕년'의 대왕을 누구로 보느냐의 문제와 직결된 문제이기도 합니다.

다음으로 명문에 나오는 개중비직 금주리는 사마의 명을 받고 동경을 만들어 남제왕에게 주었다고 하는데 개중開中은 고대 가와치의 차음가명借音假名이고 비직費

直-일본발음은 아타이-은 지방의 수장을 뜻하는 성姓이라고 하므로 개중비직은 가와치를 통치하는 수장과도 같은 인물인 것으로 보입니다. 소진철 대사는 전게서에서 일본의 사학자인 오타太田亮 박사가 그의 저서 '전정 일본상대사회조직의 연구'에서 아타이直는 최강자인 국조国造 호족으로 왕 다음가는 실세로 지방의 수장을 뜻하고 국조国造의 성姓 중에서 아타이는 가장 높은 성씨로 오미臣, 무라지連, 기미君, 기미公보다도 높다고 한다고 하면서 가와치에는 5세기에 백제에서 수많은 도래인들이 정착하고 개척하여 기나이를 통합하는 중추적인 역할을 담당한 지역인데 이러한 지역의 왕이나 다름없는 이마스리今州利에게 동경제조를 명하였다는 것은 개중비직이 대왕의 신하였음을 말해주고 있다고 설명하고 있습니다.

또한 명문에서 주목되는 것은 양질의 백동 이백한二百旱으로 거울을 만들었다고 하면 정확한 양은 알 수 없지만 한은 간桿의 생략형으로 보이는데 이를 관貫의 개념으로 본다면 그 양은 750킬로그램으로 수백 개의 구리거울을 제조할 만한 양으로 보이며 실제로 스다하치만경과 똑같은 모양의 인물화상경이 근년 계속해서 출토되고 있습니다. 동일주형으로 주조된 다량의 동경을 동범경同范鏡[2]이라고 하며 동경의 배포는 중앙정치세력의 통제수단으로 이용된 정치적 의미를 지닌 것으로 보이는데 무령왕은 자신의 즉위를 남제왕과 그의 신하들에게 알리고 그들에 대한 신임을 다지는 뜻에서 수백 개의 동경을 만들어 하사한 것으로 소진철 대사는 보고 있습니다.

대왕년의 '대왕'의 정체는 누구인가?

스다하치만경의 명문해석에서 가장 핵심중의 하나는 대왕년大王年 또는 일십대왕년日十大王年의 해독을 어떻게 할 것인가의 문제입니다. 이에 대해서는 앞에서 대표적으로 세 가지 설이 있다고 하였는데 일본학계는 대왕은 남제왕이거나 그의 상왕인 야마토왕이라는 매우 경색된 입장에 집착하고 있으며 그 후보 왕으로 5~6명의

2) 도쿄국립박물관의 기무라木村豪長연구위원은 발표한 논문에서 고대 동범경은 정치권력의 중추인 기나이에서 제작되어 각지로 보내진 것으로 보고 동경의 배포는 수장권 승계의 외적 승인을 뜻하는 것이라고 함.

야마토왕들이 거론되는 우스운 광경이 벌어지고 있습니다. 이러한 주장은 그들이 아직도 무령왕이 동경을 503년 남제왕에게 보낸 사실을 부인하고 싶어 하는 일본 학계의 마음을 대변하는 것으로 스다하치만경의 명문 해석을 영원히 포기하고 싶은 것이 이들의 진정한 바람이라고 할 수 있는 것이라고 하겠습니다. 이 동경의 상태나 내용은 어느 금석문보다도 완벽한 것으로 올바른 해석이 쉽게 도출될 수 있는 성격의 것임에도 불구하고 일본의 국사대사전은 '스다하치만경의 명문은 문자의 해설이나 문중인물의 비정을 둘러싸고 이론이 많다.'는 이유로 명문의 해석을 실제로 포기하도록 유도하고 있는데 이는 한일 고대사의 진실을 은폐하고자 하는 일본의 본심을 적나라하게 노정하는 사례라고 할 수 있겠지요.

게이타이왕을 무령왕의 남제로 보는 입장에서는 '대왕년'의 '대왕'을 무령왕으로 보고 있는데 무령왕이 게이타이왕을 남제왕이라는 직함으로 부른 것은 사마 즉 무령왕이 상왕上王, 대왕大王이었음을 보여주는 것이며 사마가 상대를 제왕弟王으로 부를 수 있던 것은 그가 남제왕의 형왕兄王의 위치에 있었기 때문인 것으로 보고 있습니다. 즉 남제왕은 상왕, 대왕을 모시는 후왕이었고 그를 남제왕으로 부를 수 있는 상왕 즉 대왕은 백제의 대왕인 사마왕 즉 무령왕이었던 것입니다. 무령왕릉의 지석을 보아도 무령왕의 죽음이 붕崩으로 적혀있는데 이는 그가 대왕이었음을 보여주는 것으로 왕의 죽음에 '붕'자를 쓸 수 있는 것은 대왕이나 황제인 경우에만 가능하고 보통 왕의 죽음은 훙薨으로 표기하였던 것입니다.

따라서 스다하치만경의 앞부분은 '백제 또는 사마대왕년 계미년(503년) 대왕 사마가 오시사카意紫沙加궁에 있는 제왕弟王의 장수를 위해 ….'로 읽어야 원문의 충실한 해독이 될 것입니다. 이 명문에서 보듯이 무령왕과 게이타이왕은 형왕과 제형으로서 형제의 사이였고 제형의 이름을 알 수는 없지만 둘은 곤지의 아들로서 가와치에서 함께 성장하였던 것이라고 할 수 있습니다. 그런데 남제왕을 무령왕의 아우로 보는 견해는 507년 게이타이왕이 즉위할 때의 나이가 57세이고 사망한 531년의 나이가 82세라고 기술한 일본서기의 기록과는 잘 맞지 않는다는 점이 문제가 됩니다. 507년이면 무령왕이 461년생이므로 46세인데 남제왕의 나이는 57세로 무령왕보다 오히려 11세가 많기 때문이지요. 하지만 일본서기의 왕들의 연령은 그대로 수용하기 어려운 경우가 많이 있으며 고사기는 일본서기와는 다르게 게이타이가 527년 죽은 것으로 되어 있고 사망 시 연령은 43세라고 기록하고 있어서 이 경우 게이타이왕이 507년 즉위할 당시의 나이는 23세가 되어 무령왕의 아우로 볼 수도 있게 됩니다.

신·구 두 개 도래인 집단에 의한 야마토 왕조설의 제창자인 재야사가 이시와타리 씨는 그의 주요 저서에서 한결같이 스다하치만 명문의 '일십대왕日十大王'을 곤지로 보고 그를 남제왕의 형왕으로 보고 있으나 남제왕이 곤지의 아우 중 누구인지에 대하여는 특정하지는 않았습니다. 그는 무령왕을 곤지의 친자로 보았으므로 즉 남제왕인 게이타이왕은 무령왕의 숙부라는 것이지요. 이시와타리 씨는 일십대왕의 일십日十은 조무을 일십日十으로 나눈 것으로 이는 소카, 스카의 표기이며 가스카, 아스카, 쿠사카 등으로 읽히다가 주로 쿠사카로 읽히게 되었다고 하면서 일십日十대왕은 소카대왕으로 읽히게 되었는데 그 뜻은 동가라東加羅를 의미하며 곤지가 동가라의 왕으로 즉위하였다고 하고 있습니다.

그런데 재야사학자인 하야시 준지林順治 씨[3]는 그의 저서인 '일본인의 정체'에서 이시와타리설에서 더 나아가 남제왕이 곤지의 아우 중에서 여기余紀임을 특정하고 있습니다. 송서 백제국전에는 백제 개로왕이 458년 송에 대해 '행관군우현왕여기등11인行冠軍右賢王余紀等11人'의 작위를 요청하며 이에 대해 송은 여곤余昆을 정로장군좌현왕征虜將軍左賢王으로, 여기余紀를 관군장군우현왕冠軍將軍右賢王으로 임명하는데 바로 여기余紀가 남제왕으로 곤지와 게이타이왕은 형제라는 것입니다. 곤지 즉 여곤이 458년 송의 작위를 받을 때의 나이가 18세, 여기의 나이가 8세로 추정되어 연령차이가 10세이므로 이 설에 따르면 일본서기가 기술한 게이타이의 연령과도 합치되는 측면이 있습니다.

3) 林順治, 仁德王陵被葬者は継体天皇, 三五館, 2010

일본서기에 기술된 게이타이왕의 출자

그렇다면 일본서기는 게이타이왕의 출신에 대하여 어떻게 기술하고 있을까요? 먼저 일본서기의 게이타이기의 관련된 기술을 보겠습니다.

① (즉위전기) 오오토男大迹왕은 호무타誉田-오진왕임-의 5세손이며 히코시彦主人왕의 아들임. 왕이 아직 어릴 때 부왕이 죽자 왕의 어머니인 후루히메振媛는 고향인 에치젠越前- 현재의 후쿠이현-국으로 돌아가 왕을 키웠음.

② 왕이 57세가 되던 부레쓰왕이 죽었는데 원래 자식이 없어서 후사가 끊어짐.

③ (원년) 오토모 가나무라大伴金村가 오오토왕은 왕위를 계승할 만하다고 생각하여 모노노베 아라카히物部麤鹿火, 고세 오히토許勢男人 등과 협의한 후 오오토왕을 맞으러 미쿠니三國로 갔음. 그러나 왕은 미심쩍은 바가 있어 오래도록 나아가지 않음.

④ 그때 마침 왕은 가와치노우마가이노오비토 아라코河内馬飼首荒籠[4]와 알고 지냈는데 그가 대신 등의 참뜻을 자세히 전하자 삼일 머무른 뒤에야 출발하여 구스하노미야樟葉宮에 도착함.

⑤ 2월 4일 오토모가 왕의 신분을 상징하는 거울과 칼을 올리고 두 번 절하니 오오토왕은 서쪽으로 앉아 세 번 사양하고 남쪽으로 향하여 두 번 사양하였으나 대신 등이 계속 권하자 마침내 새부璽符를 받고 왕위에 올랐음.

⑥ 3월 5일 다시라카手白香 왕녀를 왕후로 세우고 내전의 일을 다스리게 함. 마침내 아들을 낳으니 이가 후의 긴메이欽明왕임. 이가 적자嫡子이나 나이가 어렸으므로 두 형이 다스린 후에 천하를 다스리게 되었음.

앞의 기사에서 보듯이 일본서기는 부레쓰왕이 자손을 남기지 못하고 죽어 오진왕조가 끊기게 되자 신하들이 협의하여 오진왕의 5대 손에 해당하고 북부지방의 한 호족에 불과하였던 오오토왕을 게이타이왕으로 추대한 것으로 묘사하고 있습니다.

---

4) 가와치노우마가이노오비토는 말의 사육과 마구제작에 종사한 도래계 씨족으로 보이며 2000년부터 조사된 오사카부 시조나와테四條畷시에서는 말의 사육을 관장한 집단과 관련된 유물들이 출토되고 있는데 이 지역은 고대 가와치호河内湖에 인접한 곳으로 해상교통이 원활하고 말의 사육에 필수적인 제염도 용이한 곳이어서 가와치노우마가이베河内馬飼部와 관련이 있는 것으로 보임.

이는 게이타이왕을 백제 개로왕의 아들인 곤지의 동생 또는 아들로 보는 견해와는 완전히 다른 것인데 도래계왕의 실재를 인정하지 않는 일본서기의 편찬방침과 부합된 기술방식이라고 할 수 있습니다. 따라서 일본서기의 기록만 보아서는 게이타이왕이 백제왕자 출신이라는 사실을 전혀 눈치 챌 수 없게 되어 있는데 그의 실제의 출자를 엿볼 수 있는 기사를 과연 일본서기에서 찾아낼 수 있을까요? 이시와타리씨는 일본서기의 게이타이기는 오오토왕이 즉위하기까지가 24%, 65%가 백제에 대한 임나양도, 11%가 임나양도에서 비롯된 이와이의 난에 관한 기사라고 분석하고 오오토왕이 즉위하기 전의 공백과 임나양도 관련기사가 많은 것을 게이타이의 출자를 푸는 열쇠로 보고 있습니다.

오오토왕의 즉위 전 기사와 관련하여 이시와타리 씨는 닌토쿠기에 나오는 치수, 토목의 이야기는 게이타이왕이 즉위하기 전에 곤지왕을 도와 가와치호의 간척과 요도강淀川 및 야마토강大和川의 제방공사에 종사하고 있던 것을 닌토쿠기로 옮겨 적은 것으로 보고 있습니다. 가와치 남부에 정착한 곤지는 가와치 평야의 간척이라는 대사업 즉 요도강과 구 야마토강의 범람으로 오랜 기간 바다와 같았던 가와치 평야의 치수관개에 전념한 것으로 보이는데 고고학자 문사위文史衛 씨는 논문에서 고분시대의 중기 이후 가와치와 야마토의 개척은 주로 백제계 도래 집단에 의해 이루어졌다고 밝히고 있으며 이진희 교수는 가와치의 개척은 새로운 농업, 토목, 제철기술을 몸에 익힌 집단의 도래에 이해 비로소 가능하였던 것으로 보고 있습니다.

한편 이시와타리 씨는 게이타이왕이 즉위한 구스하樟葉궁과 511년 도읍을 옮긴 야마시로山背의 쓰쓰키筒城궁, 518년 도읍이 된 오토노구니弟國는 모두 요도강淀川, 기즈강木津川, 우지강宇治川, 가쓰라강桂川의 합류지점에 있어서 세토나이해로부터 요도강을 거슬러 올라가 야마토로 들어갈 수 있는 중요거점임을 지적하면서 게이타이왕이 태자시절 곤지왕을 도와 이 지역의 개척에 전념한 것으로 보인다는 견해를 피력하고 있습니다. 그는 또한 닌토쿠왕의 왕후인 이와노히메磐之媛가 왕이 바람피운 것을 질투하여 피하여 가서 궁실을 세운 곳이 쓰쓰키라고 하면서 닌토쿠왕은 게이타이왕의 허상이며, 오진왕 또한 곤지왕의 허상이라고 하여 곤지왕과 게이타이왕이 연달아 야마토 왕조의 왕이었음을 밝히고 있는데 탁견이라고 생각됩니다.

한편 오오토왕이 즉위하도록 적극 권유한 인물로 일본서기에 기술된 가와치노우마가이노오비토 아라코가 수장으로 있던 곳으로 보이는 시조나와테四條畷 지역에는 마사馬飼 유적이 집중 분포되고 있는데 고분 시대에 말을 사육한 목장이 있었고 말뼈와 함께 제염 토기가 많이 발견됩니다. 6세기 초를 전후하여 백제에서 준 구조선에 싣고 온 말을 나니와즈難波津에서 가와치호로 배를 저어 마사인들과 함께 시조나와테의 시토미야기타蔀屋北 유적〈그림4-2〉의 부근에서 내린 것으로 보이는데 시조나와테시 주변은 일본열도에서 한반도산 토기와 생활용품이 가장 밀도 높게 발견되는 곳으로 백제에서 이주한 마사 집단이 말을 사육한 곳으로 보입니다.

〈그림4-2〉 시토미야기타 마사유적.
주변은 백제인 거주 지역으로 다량의 제염 토기와 말뼈가 출토되고 다수의 건물터가 발견되어 5~6세기 말의 사육장이 있던 곳으로 알려짐.

특히 시토미야기타 유적은 100동 이상의 수혈건물터와 굴립주堀立柱 건물터가 발견된 중심취락으로 영산강 유역에서 전해진 토 제품과 말뼈 등이 다수 발견되었는데 당시 영산강 유역의 주민들이 말과 함께 준 구조선을 타고 이주하여 이곳에 정착한 것으로 보입니다. 일본서기에 오오토왕이 이곳 마사부의 수장인 아라코荒籠의 조언을 듣고 왕위를 수락하고 즉위 후에는 아라코를 후하게 대하였다고 기술하고 있는 것은 그들이 친밀한 관계에 있었다는 것을 말해주며 오오토왕이 즉위 전에 어떤 형태로든 이 지역의 마사업무에도 관여하고 있었던 사실을 말해주는 것으로 추정할 수 있을 것입니다.

참고로 말씀드리면 게이타이왕이 닌켄仁賢왕의 딸이자 부레쓰武烈왕의 여동생인 다시라카手白香 왕녀를 왕후로 삼은 것은 가라계 왕가와의 혈연적인 관계를 보완하려는 의도로 보이는데 다시라카 왕녀를 무령왕의 딸로 보는 주장도 있습니다. 게이타이왕은 왕위에 오르기 전에 오와리무라지 쿠사카尾張連草香의 딸인 메코노히메目子媛와 혼인하여 이미 두 아들이 있었고 이들이 후에 안칸安閑, 센카宣化왕으로 즉위하는 것으로 일본서기는 기술하고 있습니다.

백제에 대한 게이타이왕의 임나 양도설

일본서기 게이타이기의 기사는 백제 관련기사 그중에서도 특히 백제에 대한 임나 양도와 관련된 기사가 상당한 분량을 차지하고 있는 것이 무엇보다도 눈에 띕니다. 백제 관련기사에는 그밖에도 사신교류, 오경 박사의 파견, 백제와의 군사협력 등의 기사가 있는데 그 주요내용은 다음과 같습니다.

① (3년) 백제에 사신을 보냄.(백제본기에는 '구라마치기미久羅麻致支彌'가 일본으로부터 왔다고 하였으나 자세하지 않다.) 임나의 일본부 현, 읍에 사는 백제 백성 중에 본관지로부터 부랑, 도망하여 호적에서 삭제된 지 3, 4대 지난 자를 조사하여 백제로 보내어 호적에 올림.

② (6년) 호즈미노오미 오시야마穗積臣押山를 백제에 사신으로 보내고 쓰쿠시국의 말 40필을 하사함. 12월 백제가 사신을 보내 조를 바치고 따로 표를 올려 상다리上哆里, 하다리下哆里, 사타娑陀, 모루牟婁의 4현을 청함. 호즈노오미는 이들 땅을 백제에 주어 합치게 하여 굳게 지키게 할 것을 건의하였고 오토모오무라지大伴大連도 같은 뜻을 상주하자 모노노베노오무라지 아라카히物部大連麤鹿火를 조칙을 전하는 사신으로 삼음. 그러자 모노노베의 처가 진구 왕후가 오진왕에게 주어 미야케官家를 설치한 땅을 나누어 다른 나라에 주면 후세까지 비난이 끊이지 않을 것이라고 하면서 병을 핑계 삼아 일을 그만둘 것을 간청하자 모노노베는 이를 받아들여 사자를 바꾸어 칙을 알리는데 하사품과 칙명의 뜻을 전하고 상표에 따라 임나4현[5]을 주었음. 이에 오토모와 호즈미가 백제의 뇌물을 받았다는 소문이 돌았음.

③ (7년) 백제가 저미문귀姐彌文貴 장군과 주리즉이州利卽爾 장군을 호즈미노오미에 딸려 보내 오경 박사 단양이段楊爾를 바침. 그리고 따로 반파伴跛-지금의 경북 고령에 있던 대가야임-국이 기문己汶-전북 남원. 임실지역에 있던 소국-의 땅을 약탈하였으니 바르게 판단하여 원래 속한 곳에 돌려달라고 아룀. 9월 백제 태자 순타淳陀[6]가 죽음.

5) 동북아역사재단은 역주 일본서기에서 임나4현을 전라남도의 모든 전역에 이르는 추정함.

6) 순타 태자는 일본서기의 기록으로 무령왕의 태자이나 삼국사기 등에는 보이지 않음. 후대에 속일본기는 간무 천황의 모후인 다카노니이가사가 순타의 후손이라고 기록하고 있는데 일본서기에는 그러한 기록이 없음.

④ 조정에 백제의 저미문귀장군, 사라斯羅의 문득지汶得至, 안라安羅의 신이해辛已奚, 반파의 기전해旣殿奚 등을 불러 칙명을 알리고 기문과 대사帶沙[7]를 백제국에 주었음. 같은 달 반파국이 집지戢支를 보내 신보를 바치고 기문의 땅을 청하였으나 결국 주지 않았음.

⑤ (8년) 반파가 자탄子呑-진주로 추정-과 대사에 성을 쌓고 만해滿奚- 광양으로 추정-와 연합하여 봉수와 무기, 양식 보관창고를 설치하여 일본에 대비함. 또 이열비爾列比-의령 등으로 추정-와 마수비麻須比- 창녕군 영산면 등으로 추정-에 성을 쌓고 마차해麻且奚- 삼랑진 등으로 추정-와 추봉推封-밀양 등으로 추정-과 연합하여 군사와 병기를 모아 신라를 핍박함. 남녀를 포로로 삼고 마을을 노략질하여 습격을 받은 곳은 살아남은 자가 드물었음.

⑥ (9년) 백제사자 문귀장군 등이 돌아가기를 청하니 칙을 내려 모노노베노무라지를 돌아가는 사신편에 딸려 보냄.(백제본기에서는 모노노베노치치노무라지物部至至連이라고 함) 사도도沙都嶋-거제도임-에 이르러 반파의 사람들이 원한을 품고 잔혹한 짓을 일삼는다는 소문을 듣고 모노노베는 수군 5백 명을 이끌고 대사강帶沙江-섬진강?-으로 나아가 머문 지 6일이 되었는데 반파가 군사를 일으켜 쳐들어와서 가진 것을 약탈당하고 막사는 모두 불탐. 모노노베는 간신히 목숨을 건져 문모라汶慕羅-남해도 등으로 추정-에 머무름.

⑦ (10년) 백제가 전부前部 목협불마갑배木劦不麻甲背를 보내 기문에서 모노노베를 맞이하여 위로하고 백제로 인도함. 백제가 주리즉차州利卽次 장군을 모노노베에게 딸려 보내 기문의 땅을 준 것에 감사하였음. 그리고 따로 오경박사 한고한무漢高漢茂를 바쳐 박사 단양이와 교체해 달라는 청에 따라 이를 교체하였음.

⑧ (17년) 5월 백제 무령왕이 죽음. (18년) 백제태자 명明이 즉위함.

⑨ (20년) 이와레磐余의 다마호玉穗로 천도하였음.

⑨ (23년) 3월 백제왕이 하다리의 국수國守 호즈미노오미 오시야마에게 조공하는 사자들이 다니기 어려우니 가라의 다사진多沙津을 조공하는 통로로 삼게 해 달라고 하여 오시야마가 왕에게 주상하니 같은 달 다사진을 백제왕에게 주었음. 이에 가라왕이 칙사에게 따졌으나 결국 부여에게 주었는데 이로 인해 가라는 신라와 우호를 맺고 일본을 원망하였음.

---

7) 대사帶沙의 음은 섬진강 하류 하동의 옛 이름인 한다사韓多沙와 통함.

게이타이기에 기술된 소위 임나 4현과 기문, 대사를 야마토 왕조가 백제에게 주었다는 기사는 백제가 무령왕 대에 들어와 축적된 힘을 바탕으로 영토를 확장해 간 것을 마치 자신의 영토를 나누어 준 것처럼 기술한 것으로 볼 수 있는데 백제는 6세기 초 남쪽으로는 전남서부의 영산강 유역을 대부분 영토에 편입시키고 대가야와의 경쟁을 통해 전남 동부의 섬진강 유역에 있어서도 주도권을 회복함으로써 왜국과의 교역에 있어서도 유리한 남해안의 항구를 확보한 것으로 보입니다. 한편 가야연맹의 국가들은 광개토왕의 침입으로 큰 타격을 받고 성주, 부산, 창녕지방이 이후 신라의 소속이 되었으나 5세기 중반 이후 종래 후진지역이었던 고령의 반파국이 국명을 대가야로 바꾸면서 후기가야연맹을 주도하게 됩니다.

반파는 5세기 후반에는 소백산맥을 서쪽으로 넘어 전북 남원, 임실, 전남의 여수, 순천, 광양 등으로 영역을 확장하였지만 6세기에 들어와 백제 무령왕의 공세에 밀려 호남 동부지역에 구축하였던 소국들을 빼앗기게 됩니다. 이에 따라 대가야는 자신의 영향력이 미치는 사방에 성을 쌓았는데 이는 대가야가 북부가야를 중심으로 중앙집권적인 고대국가에 가까운 체제에 접근하고 있었음을 말해 주는 것이라고 할 수 있습니다. 일본서기 게이타이가 기술한 백제와 가라, 왜의 삼각관계는 이러한 당시의 한반도 남부의 사정을 묘사한 것이라고 할 수 있을 것입니다.

이와이磐井의 난의 성격

일본서기는 게이타이21년(527년) 오미 게나노오미近江毛野臣가 군사 6만 명을 이끌고 임나로 가서 신라에 의해 멸망당한 남가라南加羅와 탁기탄啄己呑- 경산 또는 영산으로 추정-을 다시 일으켜 세워 임나에 합치고자 하였으나 쓰쿠시의 국조国造- 한 지역의 수장을 의미-인 이와이磐井가 신라의 뇌물을 받고 히노쿠니肥国와 도요노쿠니豊国를 점거하고 해로를 막아 게나노오미의 군대를 차단하였다고 기술하고 있습니다. 이에 대해 야마토조정은 모노노베노오무라지 아라카物部大連麤鹿火를 보내 이를 정벌하라고 명하였는데 모노노베는 그 다음해인 게이타이22년(528년) 이와이를 참하고 반란을 평정하였으며, 이와이의 아들인 구즈코葛子는 아버지의 죄에 연루되는 것을 두려워하여 미야케屯倉를 바치고 용서를 받았다고 기록하고 있습니다.

이와이의 난에 대하여는 야마토 정권의 지방에 대한 직접지배의 강화에 대한 불만, 규슈지역의 독립전쟁 등 다양한 견해가 있으나 주목되는 것은 신라가 이와이에게 뇌물을 주어 오미 게나노 군대의 신라정벌을 막았다고 한 일본서기의 기술이 암시하듯이 신라가 이와이를 지원하고 결탁하여 야마토 정권과 대립하도록 유도하고 있는 점입니다. 당시 신라는 김해 등 가야지역으로 영토를 확장하는 과정에 있었고 왜국은 신라의 가야공략을 저지하고자 하였기 때문에 신라는 가야와 야마토 정권의 긴밀한 관계를 단절하기 위한 노력의 일환으로 이와이와 제휴하였을 개연성이 높은 것으로 보입니다. 사실 역사적으로 규슈 북부에는 야요이 시대로부터 변한 및 가야인, 진한 및 신라인의 진출이 활발한 지역으로 이와이는 신라와 외교관계를 갖고 있었던 것으로 보이며 야마토 정권과는 대등한 입장에 있던 실질적인 독립 지역 왕국이었습니다.

이와이는 규슈 북부의 쓰쿠시築紫국과 서부의 히肥국 그리고 동부의 도요豊국을 아우르는 강력한 대 호족으로 규슈의 도래계 호족들이 그를 지지하였기 때문에 모노노베의 군대가 이와이군을 제압하는 데에 1년 반이나 걸렸던 것입니다. 다무라 엔초田村圓澄 교수는 그의 저서 '동아시아 안에서의 일본 고대사'에서 쓰쿠시는 한반도와 지리적으로 가깝고 한반도 도래인들이 수없이 건너와 거주하고 있던 지역이었기 때문에 이와이는 국제적인 시각을 지녔으며 야마토 정권이 반신라정책을 계속하는데 반대하고 신라와의 우호관계를 통해 상생의 평화관계를 구축해야 한다는 생각을 갖고 있던 최초의 선각자로 보고 있는데 매우 참신한 관점에서 이와이를 평가하고 있다고 생각됩니다.

한편 일부 학자들은 가야계의 수장인 이와이가 백제계의 게이타이왕이 야마토 왕권을 장악한데 대한 불만으로 난을 일으킨 것으로 보고 이와이가 야마토군에 패하기는 하였지만 쓰쿠시 정권은 이와이의 아들 구즈코의 아들로 이어져 계속되어 간 것으로 보고 있습니다. 후쿠오카현 야메八女시에는 이와이의 무덤으로 알려진 이와도야마岩戸山 고분이 있는데 규슈 북부의 최대의 전방후원분으로 돌로 만든 사람石

人의 상과 말石馬 등 동물의 상이 주변에 둘러 세워져 있고 하니와殖輪-토용- 및 고분 장식품도 많이 발견되어 피장자의 위용을 과시하고 있는데 일본에서 피장자가 확인된 몇 개 안되는 고분이기도 합니다.

게이타이왕의 죽음의 미스터리와 다이센고분

게이타이왕의 죽음에 대하여 일본서기는 미스터리한 기사를 쓰고 있는데 게이타이왕은 신해辛亥년인 치세25년(531년)에 82세로 이와레磐余의 다마호玉穗궁에서 죽었다고 하고 이어서 백제본기를 인용하여 '일본왕 및 태자, 왕자가 모두 죽었다.'고 한 후 이로 미루어 신해년은 게이타이왕25년에 해당하는데 후에 교감하는 자가 어느 것이 옳은 지 알 것이라고 미묘한 기술을 하고 있기 때문입니다. 또한 어떤 책에서는 왕이 28년 갑인甲寅년(534년)에 죽었다고 하였는데 일본서기가 25년에 죽었다고 한 것은 백제본기를 취하여 기록한 것이라고도 기술하고 있습니다. 이러한 기사는 게이타이왕의 죽음이 자연사가 아니라 모종의 분란이 야마토 왕조 내에 있었던 것을 암시하고 있는데 이에 관하여는 다음 장에서 상술하도록 하겠습니다.

일본서기는 게이타이왕의 묘에 대하여 아무런 언급을 하지 않고 있는데 일본의 고고학계에서는 일반적으로 오사카부 다카쓰키高槻시의 이마시로즈카今城塚고분을 게이타이릉으로 추정하고 있습니다. 그런데 이시와타리 씨는 게이타이왕을 사카이시 모즈 고분군 다이센大仙고분의 유력한 피장자로 추정하고 있어서 주목을 받고 있습니다. 현재 미국의 보스턴미술관이 소장하고 있는 '닌토쿠왕릉 출토'의 환두대도의 파두把頭, 수대경獸帶鏡, 삼환령三環鈴 및 마탁馬鐸은 1872년 폭풍우로 무너진 왕릉의 전방부에서 나온 것을 당시의 사카이현령이었던 사이쇼 아쓰시稅所篤가 수습한 것이 유출된 것으로 알려지고 있는데 이 중에서 환두대도 파두와 수대경〈그림4-3〉은 백제의 무령왕릉에서 출토된 것과 매우 흡사하여 무령왕과 다이센고분의 피장자가 거의 동시대의 인물로 서로 긴밀한 관계를 갖고 있던 것이 분명해진 것입니다.

〈그림4-3〉 환두대도 파두(左)와 수대경(右). 보스턴미술관이 소장하고 있는 다이센고분(下) 출토의 환두대도 파두와 수대경은 무령왕릉에서 출토된 것과 흡사하여 주목됨.

특히 무령왕릉에서 출토된 동경 4면 중 2면은 '세선식細線式 수대경'으로 직경 23센티미터의 대형경과 직경 18센티의 중형경의 두 가지가 있는데 대형경은 다이센 고분에서 출토된 수대경(23.5센티)과 거의 똑같다고 하며 무령왕릉에서 출토된 금동신발에는 선명한 세발 가마귀三足烏의 부조가 있는데 다이센 고분의 환두대도 파두에도 같은 삼족오의 부조가 있습니다. 저명한 고고학자인 모리 고이치森浩一 씨는 다이센 고분의 축조연대를 6세기 전반으로 보고 있는데 그는 '닌토쿠릉'의 대신에 '다이센고분'으로 부를 것을 제창한 바도 있습니다.

한편 다이센 고분의 중심부라 할 수 있는 후원부의 정상부분의 모습을 담은 18세기 초의 '다이센료에즈大仙陵繪圖'라는 그림이 사카이시립중앙도서관에 있는데 그 지도에는 후원부 정상부근에 석실의 도굴구멍과 거대석이 그려져 있다고 합니다. 이 지도에 그려진 거대석은 석관을 수납하고 있던 석실의 천정석이 도굴 시에 봉토가 제거되어 노출된 것으로 보인다고 하는데 이 후원부 석관의 개석蓋石의 치수와 후루이치 고분군에 위치한 쓰도키야마津堂城고분에서 출토된 석관의 치수가 완전히 일치되는 것도 다이센고분의 축조시기를 추정하는데 있어서 참고가 될 것으로 보입니다. 현재 다이센고분의 석실은 수혈식으로 추정되고 있으나 이 고분이 이시와타리 씨가 말한 대로 6세기 전반의 후기고분일 경우 백제식의 횡혈식 석실일 가능성이 높은 것으로 보입니다.

다이센고분은 능묘참고지로 지정되어 발굴조사는 물론 일반인의 출입도 엄금되고 있어서 석실구조나 부장품에 관하여는 전모를 알 수 있는 방법이 없으나 풍수해에 의한 것이던 도굴에 의한 것이던 그 일부의 모습을 알 수 있게 된 것은 그나마 다행스러운 일이라고 생각됩니다. 위에서 본대로 다이센고분의 부장품이 극히 제한적이기는 하지만 백제 무령왕릉의 출토물과 흡사한 점은 당시 백제 왕실(무령왕)과 왜 왕실(게이타이왕)의 관계를 리얼하게 보여주는 것이라고 할 수 있으며 다이센 고분의 축조 시기도 무령왕릉의 축조시기와 거의 비슷한 6세기 전반임을 웅변으로 알려주고 있는 것이라고 할 수 있습니다. 일본정부가 한일 고대사와 관련된 소모적인 논쟁을 끝내고 역사의 진실을 밝힐 수 있도록 일본 정부가 하루라도 빨리 소위 '능묘참고지'로 지정된 고분에 대한 발굴 조사, 연구를 허용하게 되기를 바라마지 않습니다.

일왕들은 즉위할 때마다 궁을 옮겼다

고대 일본의 역대 왕들은 거의 예외 없이 전왕이 죽으면 새 왕은 전왕이 거주하던 궁을 버리고 다른 곳에 새로이 궁을 짓고 천궁遷宮하는 독특한 관행이 있었습니다. 보통은 '1왕1궁'이었으나 왕에 따라서는 한 왕이 여러 번 궁을 옮기기도 하였습니다. 그 대표적인 왕이 게이타이왕으로 그는 가장 많은 4개의 궁으로 옮겨 살았습니다. 게이타이왕의 경우에는 처음에는 구스하樟葉궁-현재의 오사카부 히라카타시 소재-에 있었다가 쓰쓰키筒城궁-현재의 교토부 소재-과 오토구니弟國궁-현재의 교토부 소재-에 이어 이와레다마호磐余玉穗궁-현재의 나라현 사쿠라이시 소재-의 네 곳에 궁을 지었습니다.

역대 대부분의 왕들의 궁은 야마토-현재의 나라현-에 조영되었고 가끔 가와치-현 오사카부-와 야마시로山城-현 교토부- 및 오미近江-현 시가현- 등 기나이畿內에 조성되기도 하였는데 특수한 사정으로 쓰쿠시築紫- 현 후쿠오카-나 야마구치山口에 궁이 일시적으로 조영된 예도 있습니다. 그러다보니 새로 짓는 왕의 궁을 우리나라의 경복궁처럼 웅장하게 지을 수가 없겠지요. 일왕들의 궁이 대부분 초라한 건물로 묘사되고 있는 이유는 이러한 천궁의 관습과 연관이 있다고 보면 이해가 되시리라고 봅니다. 야마토 왕조에서 이러한 천궁의 관습이 끝나고 본격적인 궁궐로 세워지는 것은 제39대 덴무天武 천황 때에 지은 아스카기요미하라飛鳥淨御原궁으로 알려지고 있습니다.

왜국 왕들이 이처럼 전왕이 죽으면 궁을 새로 짓고 옮겨간 이유는 죽음은 더러운 것이므로 새로이 깨끗한 곳을 찾아간다는 샤마니즘적인 신앙과 깊은 연관이 있다는 것이 일반적인 해석입니다. 우리식으로 말하면 흉가를 피하는 것과 상통하는 것이라 하겠지요. 고사기와 일본서기에서도 이자나기와 이자나미 부부가 불제를 하는 모습이 나오고 있는데 예부터 일본에서는 죽음의 더러움을 피하고 불제를 지내는 관습이 있었던 것으로 보이며 이는 다른 민족의 경우에도 흔히 있던 것으로 볼 수 있습니다. 그런데 야마토왕들이 즉위할 때마다 궁을 새로 지은 것은 당시 왜왕이 백제의 후왕으로 주로 본국에서 파견된 왕자였다는 사실과도 관련된다는 유력한 견해가 제기되어 있습니다. 이러한 견해에 따르면 새로 왜왕이 정해지고 궁터가 정해지면 새 궁의 토지를 지배하던 호족이나 씨족은 그 토지를 제공하고 왕을 영접해야 하였으며 이러한 천궁의 의례를 통하여 새 왕의 즉위를 야마토의 호족과 지방의 수장들에게 알리고 야마토왕의 존재감을 심어 나갔다고 합니다.

제 13 화
긴메이欽明왕의 미스터리와 소가蘇我 씨의 등장

일본서기는 게이타이왕의 죽음과 관련하여 백제본기를 인용하여 동왕25년(531년) 왕과 태자, 왕자가 함께 죽은 것 같은 애매한 기사를 싣고 있어서 그의 죽음과 그를 승계한 제29대 긴메이欽明왕(재위 540년~571년)의 출자에 대한 다양한 견해가 제기되고 있습니다. 일본서기는 게이타이의 두 아들이 각각 4년간 재위한 후 막내아들인 긴메이가 즉위한 것으로 되어 있으나 이는 통설이 되지 못하고 있으며 긴메이왕을 곤지의 만년의 아들, 백제의 성왕, 소가 이나메蘇我稻目 대신, 금관가야의 마지막 왕인 구형仇衡왕 등으로 보는 견해 등이 있으나 필자는 무령왕의 아들로 야마토 왕조로 파견된 사아군斯我君-순타純陀 태자와 동일 인물임-의 아들인 법사군法師君이 긴메이왕이 된 것으로 보고 있습니다.

법사군을 긴메이왕으로 보는 이유는 무엇보다도 일본서기가 그를 야마토노기미倭君의 선조라고 하였는데 이는 그가 531년 게이타이왕이 죽은 후 반란을 일으킨 구세력 즉 미와 왕조의 구 가야 및 신라계 세력을 소가 씨와 야마토노아야 씨 등 백제계 세력의 지지를 바탕으로 최종적으로 미와 세력을 제압하고 사실상 백제계 왕권을 확립한 왕으로 보기 때문입니다. 이 과정에서 백제계 야마토 왕권은 물론 당시 백제 본국의 왕이었던 성왕의 지원을 받은 것으로 보이는데 성왕은 야마토 조정에 불교를 전하여 야마토의 왕권 확립을 지원하는 한편 임나부흥회의를 주도하여 강화되어가는 신라의 가야병합 의도를 저지하고자 야마토 조정과 긴밀하게 협조하여 나갑니다.

긴메이왕이 미와왕계의 구세력을 제압하고 백제계 왕권을 확립해 가는데 있어서 가장 큰 조력자는 536년 오오미大臣으로 등장하는 소가 이나메蘇我稻目인데 그의 출자는 일본서기에 나오지 않으나 475년 삼국사기 백제본기에 문주 왕자와 함께 원군을 청하기 위해 신라로 갔었던 목만치木滿治 장군이 한성이 함락된 후 가와치로 건너와 소가 마치蘇我滿智가 되고 이나메는 그의 후손으로 보입니다. 그는 긴메이왕의 즉위와 왕권의 확립에 기여하는 한편 자신의 딸들을 긴메이왕의 후비로 들여 외척으로서 실권을 장악하여 감으로써 그의 아들인 우마코 이래 60여 년간 소가 씨가 야마토 왕조의 최고 실권자가 되는 기반을 공고히 한 인물이라고 할 수 있습니다.

게이타이왕의 죽음을 둘러싼 의혹

일본서기 게이타이기25년(531년) 조에는 게이타이왕의 죽음에 대하여 정말로 알쏭달쏭한 기술을 하고 있어서 그 진상을 파악하기가 어렵게 되어 있는데 일본서기의 기술은 다음과 같습니다.

"봄 2월 왕의 병이 심해졌다. 정미丁未왕이 이와레노다마호磐余玉穗궁에서 죽으니 이때 나이 82세였다. 겨울 12월 병신丙申삭 경자庚子(5일) 아이노미사자키藍野陵에 장사지냈다. 어떤 책에서는 왕28년 이 해의 간지干支 갑인甲寅에 죽었다고 하였다. 여기서 25년 신해辛亥년에 죽었다고 한 것은 백제본기를 취하여 기록한 것이다. 그 기록에서는 '이 해의 간지 신해 3월 군사가 안라로 나아가 걸탁성乞乇城-함안 주변으로 보이나 자세하지 않음-을 쌓았다. 같은 달 고구려는 그 왕 안安-안장왕으로 보임-을 시해하였다. 또한 일본 왕 및 태자, 왕자가 모두 죽었다고 한다.'고 하였다. 이로 미루어 신해년은 25년에 해당한다. 후에 교감하는 자가 어느 것이 옳은지 알 것이다."

일본서기는 게이타이왕25년 왕이 죽자 바로 게이타이왕의 장자인 안칸왕安閑王(재위 531년~535년)이 즉위하고 이어서 차남인 센카왕宣化王(재위 536년~539년)이 왕위에 오르는 것으로 되어 있어서 일본서기의 기록만 보면 게이타이왕의 사후승계에는 별다른 문제가 없이 진행된 것으로 보입니다. 그러나 일본서기가 게이타이왕25년 조 기사에서 게이타이왕의 사망 년이 531년인지 534년인지를 분명하게 하지 않았고 특히 백제본기를 인용하여 25년 신해辛亥년에 게이타이왕과 안칸 태자, 센카 왕자가 모두 함께 죽은 무언가의 사건이 있었음을 암시하는 기술을 하면서 이 부분의 진상은 후세의 연구자에게 맡긴다는 취지로 관련 기술을 끝내고 있는데 이러한 기술방식은 매우 이례적이라 할 수 있습니다. 이러한 애매한 일본서기의 기술로 인해 많은 일본의 사학자들이 게이타이왕의 사후승계의 진상과 실질적으로 게이타이왕을 승계한 것으로 보이는 제29대 긴메이欽明왕(재위 540년~571년)의 출자에 대한 다양한 설을 쏟아낸 것은 당연하다고 하겠습니다.

긴메이는 누구인가?

게이타이왕 사후 승계의 진상에 관하여는 다양한 설이 있으나 일본서기에 게이타이왕의 적자嫡子로 표기된 긴메이가 일종의 쿠데타를 일으켜 게이타이왕의 장자와 차자를 제거하고 게이타이왕에 이어 왕위에 올랐다는 것이 가장 유력한 견해가 되고 있습니다. 다만 일본서기가 긴메이를 게이타이왕의 적자로 기술하고 있지만 긴메이는 게이타이의 아들이 아닐 것이라는 견해가 유력하게 제기되고 있습니다. 이러한 사실은 게이타이기원년(507년) 조에 '다시라카手百香 왕녀를 세우니 1인의 왕자가 태어났는데 그가 (후의)긴메이왕이며 적자이지만 나이가 어렸다.'는 묘한 기술에서도 감지할 수 있습니다.

긴메이의 출생당시 게이타이왕의 나이가 58세 전후였고 긴메이에게는 이미 40세 전후의 안칸과 센카라는 두 형이 있었던 셈인데 서기는 사망시의 나이에 대해 게이타이가 82세, 안칸 70세, 센카 73세로 기록하고 있으나 긴메이에 대하여는 '나이 약간若干이었다.'고만 적고 있는 것도 이상합니다. 더욱이 안칸, 센카가 모두 유소명幼小名-어릴 때 이름-을 갖고 있으나 긴메이에게는 유소명이 없고 적자라고 하면서 나이도 알 수 없다고 기술한 것 등은 긴메이가 게이타이의 아들이 아님을 말해주는 근거가 되고 있습니다. 따라서 긴메이가 게이타이의 아들이 아니라면 과연 누구인지 그 출자를 찾아야 하는데 이에 관하여는 다음과 같은 다양한 주장들이 제시되어 있습니다.

첫 번째는 긴메이를 백제의 곤지왕자 즉 왜왕 무, 오진왕의 만년의 아들로 보는 이시와타리 신이치로 씨, 하야시 준지 씨 등의 견해입니다. 이 견해에 따르면 고대에는 형제승계가 이루어진 다음에는 전왕의 왕자에 의한 정변이 자주 있었다고 하면서 긴메이가 곤지 즉 오진왕이 왜왕 흥의 딸과의 사이에서 만년에 얻은 아들로 보고 있습니다. 또한 이러한 사실을 은폐하기 위해 오진의 만년의 아들인 긴메이를 게이타이의 자로 기술하고 즉위하지도 않은 안칸과 센카를 즉위한 것으로 하여 긴메이가 일으킨 531년의 쿠데타와 즉위를 539년으로 연대를 내려서 기술한 것으로 보고 있습니다.

이시와타리 씨는 이러한 주장의 방증으로 이나리야마稻荷山 고분에서 출토된 철검〈그림4-4〉의 명문을 제시하고 있는데 이 명문에는 칼의 주인인 오와케신乎獲居臣이 와카다케루獲加多支鹵대왕의 호위군 대장으로 봉사하였다는 내용이 적혀 있으며 와카다케루는 긴메이왕을 가리키는 것으로 보고 있습니다. 이시와타리 씨는 그 외에도 몇 가지 구체적인 사례를 들어 긴메이왕이 곤지의 만년의 아들이며 동시에 긴메이왕과 거의 같은 시기에 야마토 정권의 실력자인 대신大臣으로 등장하는 소가 이나메蘇我稻目라는 논지를 전개하면서 나아가 긴메이왕은 소가 이나메를 가리키는 것이라고 하는데 상당히 흥미로운 견해라고 생각됩니다. 다만 곤지가 440년 생인데 그의 아들인 긴메이왕이 곤지가 60세에 가까운 노인 때인 508년 경 태어났다는 점은 그의 견해의 현실성을 다소 낮추는 요소라고 할 수 있겠습니다.

〈그림4-4〉 이나리야마 고분(左) 및 철검(右). 사이다마현 이나리야마 고분에서 출토된 철검에 새겨진 115자의 명문에 있는 왕의 해석을 둘러싸고 개로왕 또는 유랴쿠왕 등의 논란이 있음.

두 번째는 긴메이를 가락국의 마지막왕인 구형왕仇衡王으로 보는 견해로 언어학자 강길운 선생 등이 제창하고 있습니다. 이는 신라가 금관가야를 합병한 것이 532년이므로 구형왕이 동생 구해왕仇亥王에게 신라에 항복하도록 하고 자신은 왜국으로 건너와 야마토 왕국의 가야계 세력의 추대로 긴메이왕으로 즉위하였다는 것으로 게이타이왕이 임나4현을 비롯하여 가야의 많은 땅을 백제에 주어 가야계의 여러 호족들의 불만을 샀던 것이 그 배경이라고 설명하고 있습니다. 강길운 선생은 또한 삼국유사 가락국기에 '구형이 벼슬을 잃고 나라를 떠났다.(仇衡失位去國)'라고만 기록되어 있는 사실을 지적하고 게이타이23년(529년) 조에 임나에서 도래하였다는 '고노마다간기己能末多旱岐'가 언어학적으로도 구형왕임이 분명한 것으로 보고 있으며 긴메이왕은 531년 게이타이가 죽은 후 바로 즉위한 것으로 보고 있습니다. 특히 그는 일본서기 긴메이기의 대부분의 기사가 임나와 임나재건 관련 기사로 가득 채워져 있는 것이야말로 긴메이왕이 가락국의 마지막 왕이었던 구형왕이었다는 명백한 증거라고 보고 이는 본국의 부활에 대한 구형왕의 염원을 말하는 것이라고 하고 있습니다.

세 번째는 긴메이왕을 백제의 제26대 성왕(재위 523년~554년)으로 보는 견해로 홍윤기 박사, 김운회 교수 등이 이 설을 지지하고 있으며 일본의 사학자로는 고바야시 야스코小林惠子 교수가 대표적입니다. 홍윤기 박사는 신찬성씨록에 긴메이왕의 아들인 비타쓰왕이 백제 왕족인 마히토眞人라고 되어있고 일본서기에 비타쓰왕을 긴메이의 둘째 아들이라고 하면서 첫째 아들의 신원을 밝히지 않고 있는 점도 긴메이가 성왕이라는 증거로 보고 있는데 긴메이의 첫아들이 위덕왕이기 때문에 일본서기가 기록할 수 없었다는 것이지요.

또한 김운회 교수는 그의 저서 '새로 쓰는 한일 고대사'에서 긴메이왕을 성왕으로 보는 이유에 대해 긴메이기가 주로 성왕 및 관련사항에 대해 주로 기술하고 있는 점, 일본서기의 백제본기 인용대로 게이타이왕의 직계가 전부 살해되었다면 다음의 유력한 왕의 후보는 사촌인 성왕이 되는 점, 성왕 때는 13여 년간 야마토계의 백제 관료들이 왜국에 파견되어 왔는데 성왕의 서거를 계기로 파견이 중지된 점, 긴메이왕의 재위기간이 성왕과 똑같은 32년이라는 점, 긴메이왕이 성왕과 마찬가지로 임나의 재건에 진력하였다는 점 등을 들고 있습니다. 특히 김운회 교수는 긴메이기에는 성왕이 긴메이왕의 조서를 가지고 연설하는 장면이 많은데 이는 오히려 성왕의 말로 보는 것이 사실적이라는 느낌을 갖게 되는데 이는 긴메이왕이 성왕일 가능성이 매우 높다는 것을 보여주는 것이라고 하고 있습니다.

한편 고바야시 야스코 교수는 성왕이 540년 고구려의 우산성을 공격하다 패한 후 왜국으로 망명하여 왜국 왕이 되었으며 왜국 왕으로서 백제의 왕을 겸하였다고 합니다. 긴메이왕을 성왕으로 보는 이러한 견해는 특히 532년 신라에 복속한 금관가야의 회복을 위해 백제 성왕이 진력하는 모습이 임나가라의 재건을 향한 긴메이왕의 염원과도 합치되는 것이어서 그 개연성은 있는 것으로 보입니다. 다만 성왕이 554년 신라와의 관산성전투에서 살해된 사실은 삼국사기도 기록하고 있고 당시 백제는 신라와 고구려 양국과 치열한 공방전을 벌이던 난국이었는데 갑자기 성왕이 신라, 고구려와 대치하고 있던 한반도의 전선을 떠나 왜국으로 건너가야 할 만한 설득력 있는 동기가 있었을지 궁금합니다. 또한 성왕이 백제왕과 야마토왕을 겸임하고 있었다면 어느 쪽에 있으면서 두 나라를 다스렸던 것인지 궁금합니다.

마지막으로 네 번째는 긴메이왕을 일본서기 부레쓰武烈왕기7년 조(505년)에 나오는 사아군斯我君의 아들 법사군法師君으로 보는 견해인데 필자는 이 견해에 공감합니다. 부레쓰기에서는 법사군을 야마토노기미倭君의 선조가 되었다고 기술하고 있으며 일본서기에 사아군에 대한 기술은 더 이상 찾을 수 없습니다. 그러나 게이타이기7년(513년) 8월 조에 '백제태자 순타純陀[8]가 죽었다.'는 기사가 있는데 순타 태자가 언제 왜국으로 건너왔는지에 대한 기사는 보이지 않고 505년에 사아군이 왔다는 기록만이 있는 것으로 미루어 순타 태자는 사아군과 동일인물로 보입니다. 그럼 사아군 즉 순타 태자의 아들인 법사군을 긴메이왕으로 보는 이유를 말씀드리겠습니다.

첫째는 일본서기가 법사군을 '야마토노기미倭君'로 표기한데서 찾을 수 있습니다. '야마토노기미'란 야마토의 왕 또는 수장을 뜻하는데 그를 야마토노기미의 선조가 되었다고 하였으니 법사군이야말로 백제계의 가와치 왕조가 미와 왕조를 통합한 후 야마토 왕조의 실질적인 첫 번째 왕이 되었다는 의미로 해석할 수 있는데 이는 바로 긴메이왕의 업적이기도 하기 때문입니다. 게이타이기25년(531년) 조에 게이타이왕이 82세로 사망하였다고 하면서 백제본기의 기록을 인용하는 형식으로 '일본 왕 및 태자, 왕자가 모두 죽었다고 한다.'고 기록하고 있습니다. 백제본기의 기록을 따를 경우 이는 모종의 정변이 일어나 게이타이왕과 일본서기에 그의 장자, 차자로 되어 있는 안칸安閑과 센카宣化가 모두 죽었다는 것을 의미하는데 그 후에 왕이 되는 것이 긴메이이므로 이는 결국 긴메이에 의하여 안칸과 센칸이 제거되었음을 의미하는 것입니다. 게이타이와 안칸, 센카가 함께 살해된 것인지 여부는 확실하지 않으나 게이타이왕은 병이 들어 82세에 죽은 것으로 기록되어 있는 것으로 미루어 보면 게이타이의 사망을 기회로 안칸과 센카가 제거된 것으로 보입니다.

두 번째는 일본서기가 일반적으로 백제의 왕족에 대하여는 백제에서 왕이 되었거

8) 동북아역사재단이 2013년 펴낸 '역주 일본서기 2' 부레쓰기 7년 조는 사아군이 게이타이기 7년 조에 나오는 순타 태자와 동일 인물로 보인다는 주석을 달고 있음.

나 왜국의 왕이 된 경우에 대해 '군君'이라는 칭호로 기술하고 있다는 점입니다. 개로왕은 가스리노기미加須利君으로, 왜왕 무가 된 곤지는 고니키시軍君로, 무령왕을 시마키시島君로 칭한 것이 그 예로 들 수 있는데 법사군도 같은 맥락에서 왜국의 왕이 된 것으로 추정할 수 있습니다. 무령왕이 461년에 태어난 것은 확인되고 있고 순타 태자는 그의 장자이므로 무령왕이 20세쯤 낳은 아들이라고 하면 502년 사마가 무령왕으로 즉위하기 위해 백제로 돌아갈 때는 20세 전후의 청년이 되어 있었을 것으로 보입니다. 또한 일본서기의 기술대로 그가 505년 다시 야마토로 건너왔다고 해도 청소년시절 왜국에서 사마와 함께 생활하였을 것이므로 야마토가 고향이나 다름없었을 것입니다.

불행히도 순타태자는 왜국으로 온지 8년만인 513년 사망하였다고 기록되어 있으므로 그때 순타 태자는 30세 전후로 요절한 셈인데 어쩌면 무령왕은 그가 게이타이의 뒤를 이어 야마토의 왕위에 올라 백제의 후왕이 될 것으로 생각하여 야마토로 파견하였을 가능성이 높은 것으로 보입니다. 이러한 시각에서 보면 법사군은 아버지가 사망하였을 때는 10세 전후의 소년이었다고 볼 수 있어서 게이타이기 즉위전기에서 보듯 게이타이왕이 예뻐하여 늘 곁에 두었다는 적자로 후에 긴메이왕이 되는 소년이 법사군이었을 가능성이 높다고 할 수 있으며 게이타이왕이 사망하는 531년에는 법사군은 30대 초반의 한참 나이였을 것으로 보여 집니다.

세 번째는 당시 동아시아에 있어서의 백제의 높은 위상이라는 시각에서 백제와 왜국의 관계를 조명해 보면 백제가 461년 곤지 왕자의 도왜를 계기로 가야 등 여러 세력과 각축하면서 힘들게 구축해온 가와치와 야마토에서의 백제계 국가의 왕권을 가야계에게 넘긴다는 것은 있을 수 없는 일로 보입니다. 오히려 법사군의 숙부에 해당하는 백제의 성왕으로서는 백제 왕실의 방계라고 할 게이타이계의 자손보다는 자기와 마찬가지로 무령왕의 직계로 형인 순타 태자의 아들 즉 조카인 법사군이 야마토 왕조의 왕이 되도록 적극 지원하였을 것이며 이러한 숙부의 지원이 있었기 때문에 법사군이 왕위에 오를 수 있었던 것으로 보입니다.

6세기 전반 동아시아에서의 위상은 양원제梁元帝(재위 552년~554년)가 편저하였다

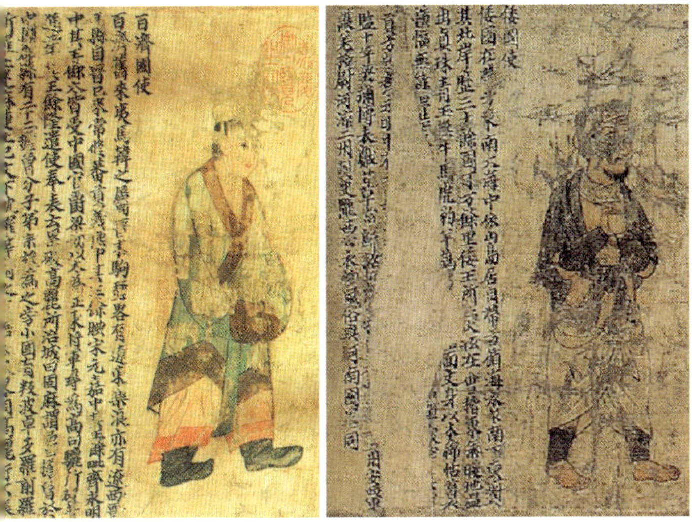

〈그림4-5〉 양직공도.
6세기 전반 양나라에서 편저된 사신도로 백제 사신(左)과 왜의 사신(右)의 모습에 현격한 문화적인 수준 차이가 있음을 한 눈에 알 수 있음.

는 양직공도梁職貢圖[9]〈그림4-5〉에 잘 묘사되고 있는데 160여 자로 된 백제국사百濟國使에 대한 양직공도의 명문은 백제가 중국대륙의 요서와 진평현晉平縣을 영유하고 있었고, 고구려를 여러 차례 격파하여 다시 강국이 되었으며 중국의 군현에 해당하는 22개의 담로를 두어 왕의 자제와 종친을 보내 다스렸다는 등 당시 동아시아에서 백제의 높은 위상을 여실히 보여주는 귀중한 기록을 남기고 있습니다. 한편 1971년 공주의 송산리松山里에서 발견된 백제 무령왕의 지석에는 무령왕이 양나라로부터 영동대장군의 제수를 받고 523년에 붕어하였다는 기록이 있는데 양직공도에 보통普通2년 백제 사신이 조공하였다는 기록이 있는 것으로 보아 양직공도에 그려진 백제 사신의 모습은 이때의 사신의 모습을 그린 것으로 보입니다.

네 번째는 일본서기에는 일본 왕실의 백제와의 연관을 차단하기 위하여 온갖 은폐와 조작기사가 점철되어 있음에도 불구하고 속일본기続日本紀에는 간무 천황의 모후인 다카노 니이가사高野新笠가 순타의 후손이라고 기록되어 있다는 점인데 다카노 니이가사의 원래 이름은 야마토 니이가사和新笠로 무령왕의 후손인 야마토 오토쓰구和乙継의 딸입니다. 이러한 속일본기의 기록이 한국에서도 널리 알려지게 된 계기는 아키히토明人 천황이 수차례에 걸쳐 간무 천황의 모친인 다카노 니이가사가 무령왕의 자손이라는 속일본기의 기사를 인용하여 발언하였기 때문이라고 할 수 있습니다. 이 발언은 새로운 사실을 드러내는 발언은 아니라고 하지만 천황자신이 자신의 몸에 백제 무령왕의 피가 흐르고 있음을 인정한 것으로 그 의미하는 바는 매우 심대한 발언이라고 할 수 있는데 이러한 시각에서 보면 긴메이왕이 무령왕의 손자 즉 순타 태자의 아들이라는 사실을 매우 높은 확률로 추정할 수 있게 됩니다.

9) 양직공도의 원본에는 35국의 사신도와 그 나라를 소개하는 해설이 첨가되어 있었는데 현재는 백제와 왜 등 12국의 국사에 대해서만 명문이 남아 있다고 함.

적어도 긴메이왕이 백제의 왕족인 것은 틀림없다!

역사서의 편찬자가 기를 써서 감추고 은폐하고자 온갖 수법을 동원하여 조작하고 짜낸 역사의 진상을 오랜 세월이 지난 후대에 와서 찾아내는 일은 결코 쉬운 일이 아닙니다. 거기에 이러한 역사의 왜곡을 지원하기 위해 지금 현시점에서도 온갖 논리와 설을 쥐어짜내서 만들어 내는 두뇌집단이 국가권력의 비호 하에 활동하고 있기 때문에 역사의 사실을 밝힌다는 것은 거의 불가능에 가깝다고 할 수 있겠지요. 그럼에도 좌절하지 않고 사실史實을 추구하다 보면 완벽하게 구축되었던 것으로 보이던 '은폐의 성城'에서 의외의 틈과 허점을 발견하기도 한다는 것이 아마도 사실을 추구하는 학자, 연구자들이 사실추적을 계속하는 이유일지도 모릅니다.

이러한 예는 한일 고대사에서도 볼 수 있는데 대표적인 사례의 하나가 '신찬성씨록'에 기록된 제30대 왕 비타쓰敏達왕(재위 572년~585년)과 관련된 기록입니다. 신찬성씨록은 815년 일본의 기나이 지역에 본적을 둔 1182개의 성씨들의 계보와 유래를 기록한 책인데 그 가운데 '오하라마히토大原眞人, 그들은 시호가 비타쓰인 분의 손자인 백제왕으로부터 나왔다. 이것은 속일본기의 내용과도 일치한다.'는 기록이 있어서 비타쓰왕이 백제의 왕족이었고 그의 손자인 조메이왕도 백제왕이었음을 알 수 있는데 조메이왕을 구체적으로 말하지 않고 '백제왕'으로 명기하여 그가 백제의 왕족임을 분명히 한 것이 특히 주목됩니다.

일본서기에 이 시기에 왕조가 바뀌었다는 기록이 보이지 않으므로 비타쓰왕의 부왕에 해당하는 긴메이왕이 백제의 왕족임은 물론이고 비타쓰의 형제남매인 요메이用明(재위585~587년)왕, 스이코推古(재위 592년~628년)왕도 자동적으로 백제의 왕족인 사실이 드러나게 됩니다. 이러한 신찬성씨록의 엄청난(?) 실수를 찾아내서 세상에 알린 분이 일본문화사의 전문가인 홍윤기 박사입니다. 신찬성씨록은 진인眞人계를 좌경황별左京皇別과 우경황별右京皇別로 구분하고 각 황별에 속하는 진인들의 이름을 기록하고 있는데 그 대부분의 인물을 비타쓰왕, 요메이왕 등의 자손 즉 백제의 왕족으로 기록하고 있는 것입니다. 김운회 교수는 최재석崔在錫[10] 고려대 명예교수의 설

10) 최재석, 백제의 대화 왜와 일본화 과정, 일지사, 1990

명을 인용하여 48개의 마히토眞人 성씨 가운데 21개의 성씨가 백제인이고 나머지도 추적하면 모두 백제계임을 밝히고 있습니다.

그렇다면 '신해辛亥의 난'으로도 불리는 게이타이왕의 사후 승계를 둘러싼 분쟁은 어떻게 전개되고 어떠한 성격을 지닌 것이었을까요? 관련된 사료가 없어서 추론의 단계를 벗어나기 어렵기는 해도 필자는 백제 본국의 무령왕계 즉 성왕이 지원하고 소가 이나메蘇我稻目가 주축이 된 백제계 세력이 아직도 세력을 온존하고 있던 이전의 미와 왕조의 왕실과 가야계 호족들을 제압하고 긴메이왕을 옹립한 일종의 전쟁이었다고 생각됩니다. 무령왕과 게이타이왕의 친밀했던 관계로 미루어 보면 아마도 게이타이왕이 자신의 후계자로 법사군을 지목하였을 가능성이 있는 것으로 보이는데 이에 대하여 미와 왕조계와 가라계 호족들이 반발하여 게이타이의 장자인 안칸安閑을 왕위에 올리려고 했을 것이고 결국은 내전이 벌어져 백제본국의 지원을 받은 소가씨 등 백제계 세력이 가라계 세력을 진압하고 법사군을 왕위에 세운 것이 531년 신해辛亥의 난의 진상이 아닐까 추측됩니다.

일본서기는 645년 나카노오에中大兄 왕자가 소가 씨를 타도하는 '을사乙巳의 변'-일본어로는 잇시노헨이라고 함-이나 672년 덴무 천황이 덴지 천황의 오토모大友 태자의 군대를 궤멸하는 '임신壬申의 난'-일본어로는 진신노난이라고 함-에 관하여는 상세하게 기술하고 있음에도 불구하고 신해의 난에 대하여는 완전히 침묵하고 있는데 이는 일왕가가 백제왕족임을 감추고 만세일계를 지키기 위한 것임은 명백하다고 생각됩니다. 그럼에도 신해년 당시의 상황을 전하는 것으로 보이는 몇 개의 유물이 남아 있는데 그 하나는 사이타마현의 이나리야마稻荷山고분에서 발견된 철검의 명문이며, 또 하나는 히노구마檜隅, 檜前에 있는 야마토노아야東漢 씨의 사당인 오미아시於美阿志신사의 경내에 있는 비석의 비문입니다.

이나리야마철검의 금상감 명문에는 '신해년 7월에 칼의 제작자인 오와케신乎獲居臣의 가문은 대대로 대왕에게 봉사하여 왔는데 와카다케루獲加多支鹵대왕의 절寺 시키斯鬼궁에 있을 때 오와케는 장도인杖刀人의 수장으로서 이 칼을 만들어 우리 가문의 봉사의 유래를 적어 둔다.'는 취지의 문장이 새겨져 있습니다. 이 명문의 해석을 둘러싸고 일본의 통설은 신해년을 471년으로 보아 오와케신이 유랴쿠왕의 영토 확장에 종사한 사실을 전하는 것으로 보고 있으나 이시와타리 씨는 와카다케루는 긴메이왕이며 오와케신이 531년 신해년에 왕권을 장악할 때 긴메이왕을 도운 근위대장이었던 것으로 해석하고 있는데 그 유력한 증거의 하나로 일본서기가 긴메이왕이 539년 12월에 즉위하여 540년 7월에 시키시마가나사시磯城島金刺궁으로 천도한 사실을 들고 있습니다. 일본서기는 안칸과 센카가 차례로 즉위한 후 긴메이가 539년 즉위한 것으로 적고 있지만 실제로는 531년 긴메이가 즉위하였다는 것입니다.

다음은 나라분지 동남부의 히노구마의 오미아시신사의 비석에 적힌 '히노구마 뜰의 센카왕 궁터宣化天皇檜隅廬入野宮趾'라는 비문〈그림4-6〉인데 센카왕의 궁터가 당시 야마토의 강력한 군사 씨족인 야마토노아야씨의 시조를 모신 사당인 오미아시於美阿志신사의 경내에 세워져 있다는 사실이 이해하기 힘든 상황입니다. 이에 대하여 승천석 교수는 명쾌한 해석을 제시하고 있는데 백제계 세력의 중심인 소가 이나메가 원래부터 가까웠던 아야씨의 군사적 지원을 받아 센카를 옹립하여 오미아시신사의 경내에 진을 치고 반대세력인 미와왕계와 모노노베, 오토모 등 가야계 세력과 일전을 벌였거나 아마 싸우지 않고 승리한 것이 역사적인 상황의 진상이라는 것입니다. 그는 안칸과 센카를 모두 미와 왕조의 왕자로 보고 있으며 소가 씨는 안칸을 제압한 뒤에 처음에는 센카를 왕위에 옹립하였고 센카가 죽은 뒤에 긴메이왕이 즉위한 것으로 보고 있습니다.

〈그림4-6〉 센카왕궁터 비석. 오미아시신사의 뜰에 있는 비석으로 센카왕의 실재여부와 11자의 비문의 해석 등을 둘러싸고 논란이 있음.

일본서기는 센카의 궁을 아스카 왕조 최초의 궁이라 했는데 이는 센카가 아스카 왕조의 첫 번째 왕이었음을 말하는 것이며 센카는 소가 이나메에 의해 옹립된 왕이었으므로 그 후 실권은 이나메가 장악하게 되는데 이를 일본서기는 센카기 원년(536년) 조에서 '소가 이나메스쿠네蘇我稻目宿禰를 대신으로 삼았다.'고 기술하여 이나메를 갑작스럽게 아스카 왕조의 정권 전면에 등장시키고 있는 것입니다. 이러한 기술은 가와치 왕국이 최종적으로 미와 왕조를 흡수하여 두 개 왕조가 통합된 야마토 왕조, 소위 아스카 왕조가 탄생한 것을 암시하고 있는데 구체적인 정변의 전개과정이나 연대, 주요인물 등의 해석에는 여러 의견이 있을 수 있겠으나 가와치 왕국의 긴메이왕이 소가 이나메의 지원으로 미와 왕국을 흡수하여 아스카 왕조를 세웠고 신해의 난에서의 승리한 후 소가 이나메가 왕조의 실권자가 되는 계기가 되었다는 사실을 여실하게 보여주고 있다고 생각됩니다.

백제 성왕과 '임나일본부任那日本府'

일본서기 긴메이기의 기사는 제40대 덴무天武 천황에 이어 고대 역대왕 가운데 두 번째로 많은 분량의 기사를 차지하고 있는데 임나재건을 위한 백제 성왕과 긴메이왕의 노력과 관련된 기사가 압도적으로 많으며 성왕에 의한 불교의 공전, 소가 이나메 대신의 활동, 백제 성왕에 의한 빈번한 사신 파견과 다양한 기술자 및 전문가의 파견, 야마토 왕조의 영역 확대와 미야케屯倉의 설치 등이 주요한 내용이 되고 있습니다. 먼저 '임나일본부'의 성격 그리고 임나재건을 위한 백제 성왕과 야마토의 긴메이왕의 활동 등에 대하여 살펴보겠습니다. 일본서기에는 '임나일본부'에 관한 기사가 33회 나오며, 이 중에서 '일본부'에 관한 기사는 유랴쿠기에 1회 나오고 나머지 32회는 모두 긴메이기의 기사입니다.

유랴쿠기8년(464년) 조의 기사는 고구려의 공격을 받은 신라의 요청으로 임나왕이 일본부의 장군에게 신라를 구원하도록 지시한 내용이고 긴메이기의 기사는 모두 532년 신라에게 망한 김해의 가락국-임나가라 또는 금관가야-을 재건하기 위한 백제와 왜국, 그리고 가야의 여러 나라의 활동과 관련된 기사들입니다.

임나일본부에 관한 긴메이기의 대표적인 기사이자 처음 나오는 기사는 긴메이기 2년(541년) 4월에 백제의 성왕이 가야제국과 임나일본부의 대표들을 모아놓고 임나를 재건하라는 긴메이왕의 조서 내용을 전하고 함께 노력할 것을 다짐하는 내용으로 다음과 같습니다.

"4월에 안라安羅-현재의 함안-의 차한기次旱岐 이탄해夷呑奚 등과 가라加羅-현재의 고령의 상수위上首位- 고전해古殿奚, 졸마卒麻-함양지역으로 비정-의 한기, 산반해散半奚-합천군 초계일대

지역으로 비정-의 한기의 아들, 다라多羅-현재의 합천-의 하한기 이타夷他, 사이기斯二岐-경남 부림면 신우리로 비정-의 한기의 아들, 자타子他의 한기, 임나일본부의 기비노오미吉備臣가 백제로 가서 함께 조서를 들었음. 백제의 성명왕이 임나의 한기들에게 일본왕의 조서는 오로지 임나를 재건하라는 것이라고 하면서 어떤 책략으로 임나를 재건할 것인지 충성을 다해야 할 것이라고 말함. 임나한기들은 무릇 임나를 재건하는 것은 대왕의 뜻에 달렸으며 삼가 교지를 받드는데 이의가 없다고 하면서 다만 임나의 국경이 신라와 접해 있어 탁순 등이 화를 입을까 두렵다고 대답함. 성명왕은 '옛날 우리 선조 속고速古왕, 귀수貴須왕 치세에 안라, 가라, 탁순卓淳-대구 또는 창원으로 비정-의 한기 등이 처음 사신을 파견하여 두텁고 친밀한 관계를 맺어 자제가 되어 항상 번영하기를 바랐다. …… 지금 그대들과 모의하여 임나 등의 나라를 수립하고자 한다. 일본왕의 교시를 받을 것이며 사자가 오기 전에 신라가 임나를 침공하면 내가 반드시 구할 것이다. 지금 우리가 마음을 합치고 왕의 힘을 빌리면 임나는 반드시 일어날 것이다.'라고 말하자 모두 기뻐하고 돌아감."

위의 기사를 보면 성왕이 임나의 대표들을 모아 놓고 회의를 주재하는 모습이 실감 있게 와 닿는데, 왜국 왕이 임나재건을 지시하고 성왕이 왜국왕의 뜻에 따라 임나 즉 가야 각국의 대표들을 모아 임나재건을 도모하고 있는 것으로 심하게 윤색되어 있지만 실제로 임나재건을 주도하고 있는 인물이 백제의 성왕임을 쉽게 알 수 있습니다. 이러한 사실은 성왕 인용문에서 성왕이 임나를 아들과 동생子弟으로 표현하고 임나의 대표들이 '무릇 임나를 재건하는 것은 대왕의 뜻에 달려있다.'고 말하는 데서도 확인이 됩니다. 이 기사에 나오는 '임나일본부'는 당시에는 이미 김해의 금관가야가 신라에 흡수되어 있었기 때문에 '임나일본부'가 있었다면 안라에 있었음은 물론이며 일본이라는 국호는 7세기 말부터 쓰여지기 시작하므로 '임나일본부'의 '일본'은 당시 실재하지 않았던 명칭으로 후대에 국호가 바뀐 후 가필 수정된 것으로 보입니다. 또한 '부府'라는 글자 때문에 일본학계에서는 '임나일본부'를 기관적 성격으로 보아왔지만 이는 일왕이 임나에 파견한 왜의 사신을 의미하는 것인데 이는 석일본기釋日本記가 '임나일본부'를 '미마나노야마토노미코토모치'로 읽고 '미코토모치'를 일왕의 의사를 전달하는 사신이라는 주석을 달고 있는 데서도 확인할 수 있습니다.

성왕은 그 이후에도 여러 번에 걸쳐 가야 및 임나일본부의 대표들을 모아 임나부흥을 위한 방안을 협의하지만 신라의 방해공작과 가야 여러 나라들의 이해관계의 상충 등으로 별다른 성과를 거두지 못하였는데 554년 관산성管山-충북 옥천 소재-전투에서 성왕이 죽자 임나일본부라는 명칭은 더 이상 나오지 않고 그 대신 왜신倭臣이라는 명칭이 등장합니다. 왜국의 가야계 미와 왕조는 종주국이자 본국인 임나에 사신을 보내 왔었고 이들이 묵는 숙소가 있었을 것으로 보이는데 성왕과 긴메이왕이 임나재건을 추진하면서 이 숙소가 왜국의 사신倭臣이 묵고 업무를 보는 보다 상설적인 성격의 왜관의 역할을 한 것으로 보입니다.

이러한 일종의 왜관을 일본서기는 '임나일본부'라는 명칭으로 칭하여 마치 왜국의 행정기관이 임나에 있었던 것처럼 왜곡하여 기술한 것입니다. 다시 말하면 '임나일본부'는 임나재건을 위한 성왕의 구상에 따라 541년에서 552년까지 한시적으로 운영되다가 성왕이 죽은 후 사라지고 왜국은 그 이전처럼 다시 필요에 따라 사신을 파견하는 방식으로 돌아간 것으로 볼 수 있습니다. 즉 성왕은 왜국으로부터 임나의 재건을 위한 협력을 유도하여 백제, 가야(임나), 왜의 연합 체제를 강화함으로써 고구려와 신라와의 대결에서 유리한 입장에 서고자 '임나일본부'를 활용하였는데 성왕이 죽자 '임나일본부'도 함께 소멸된 것입니다.

따라서 임나일본부를 진구 왕후가 신라와 가야를 정벌하고 한반도 남부를 지배하기 위해 설치한 관가官家로 보고 4세기 후반에서 6세기 후반까지 약 200년간 존재하였다고 하는 일본의 일부 극렬한 보수사학자들과 국민들의 생각은 전혀 사실과는 동떨어진 허구이자 가짜정보인 것입니다. 지금은 이러한 말도 안 되는 생각이 일본에서도 점차 세력을 잃어가고 있는 것은 그나마 다행인데 예를 들어 규슈에 일왕의 직할영지인 미야케屯倉가 설치되는 것이 6세기 전반에 들어와서인데 그 보다 한 세기 반이나 앞선 시기인 4세기 후반에 나라분지의 한 구석에 있던 호족세력이 어떻게 바다 건너 한반도에 관가를 설치할 수 있었겠습니까?

562년 임나가 신라에 의해 멸망한 기사는 다음과 같이 긴메이기23년 조에 보입니다.

'정월에 신라가 임나관가를 공격하여 멸망시켰다. 어떤 책에서는 21년에 임나가 멸망하였다고 한다. 통틀어 말하면 임나이고 개별적으로 말하면 가라국加羅國-본래는 김해이나 여기서는 김해가 532년 이미 망하였으므로대가야의 고령으로 보임-, 안라국安羅國- 합천, 사이기국斯

二岐國-의령으로 비정-, 다라국多羅國- 함안으로 비정-, 졸마국卒麻國- 김해의 졸리마로 비정-, 고차국古嵯國- 고성으로 비정-, 자타국子他國-거창 또는 진주로 비정-, 산반하국散半下國-걸손국乞湌國-산청 단성지역?-, 임례국稔禮國-의령?-의 모두 열 나라다.'

임나의 뜻은 주인의 나라 즉 종가, 본가 또는 종주국, 본국이라는 의미로 가야의 여러 나라들이 가락국 즉 금관가야를 부르는 데 사용하던 보통명사의 호칭이었는데 가야인들이 일본열도로 건너가고 초기 미와 왕국도 가야계를 주축으로 형성됨에 따라 가락국을 종주국, 본국의 의미로 임나가라로 부른 것으로 추정됩니다. 또한 가야의 여러 나라의 종주국이 가락국이었기 때문에 임나가라는 때로는 가야의 모든 나라를 포함한 의미로도 사용되었던 것으로 보입니다. 한편 400년 광개토왕의 공격으로 임나가라가 궤멸된 이후에는 함안의 아라가야와 고령의 대가야가 가야제국의 맹주역할을 하기도 하였기 때문에 이들 두 나라를 한시적으로 임나가라로 부른 때도 있던 것으로 볼 수 있습니다. 임나를 보는 시각은 임나가 신라에 의해 멸망한 해인 긴메이기 6월 조에 긴메이왕의 조서에서 확인할 수 있는데 그는 신라가 왜국의 관가를 멸한데 대해 심한 적개심을 드러내면서 '군부君父의 원수를 갚지 못하면 죽어서도 신하의 도리를 이루지 못한 한이 남을 것이다.'라고 하였습니다. 이러한 그의 발언은 그가 임나를 주군이나 아버지로 보고 왜국을 신하로 보고 있음을 분명하게 보여주는 기사로 매우 주목됩니다.

일본서기는 성왕이 긴메이왕의 지시로 성왕과 가야제국이 임나부흥을 위해 활동한 것으로 되어 있으나 실상은 그 반대로 야마토 정권으로서는 과거 미와 왕국의 종주국이었던 임나의 재건을 위해 백제에게 의지할 수밖에 없었고 백제로서는 고구려 및 신라와의 대결에서 왜국의 협력을 끌어내기 위한 전략의 일환으로 임나와 임나일본부를 활용한 것으로 보입니다. 한편 고사기에는 일본부나 임나일본부라는 용어가 전혀 보이지 않는 것으로 미루어 8년 후에 편찬된 일본서기의 임나일본부 관련 기사는 날조된 것으로 추정되는데 670년 이후에야 일본이라는 국호가 사용됨에도 이 용어가 6세기 초의 긴메이기의 기록에 사용된 사실로 보아도 일본서기가 무언가 정치적인 의도로 임나일본부 관련기사를 일본서기에 갑작스럽게 편입한 것으로 보입니다.

6세기 중엽 한반도 정세는 백제와 신라가 고구려의 남진에 동맹으로 공동대응하고 있었으면서도 가야 지역의 병합을 위해서는 백제와 신라가 서로 경쟁하는 입장이었습니다. 성왕은 임나일본부를 활용하면서 임나를 재건하여 신라와의 대결에서 유리한 위치를 차지하고 백제-가야-왜의 연합으로 고구려에 대응하려던 꿈을 갖고 이를 추진하였으나 554년 뜻하지 않았던 전사로 그의 꿈은 허사로 돌아가는데 신라는 553년 백제를 배신하고 한강유역을 차지한데 이어 그 여세를 몰아 562년에는 가야를 모두 차지하여 낙동강유역까지 손에 넣음으로써 백제에 대해 확실한 우위를 확보하고 대 중국 및 고구려외교에 있어서도 유리한 위치를 점하게 됩니다. 이러한 신라의 성장은 진흥왕의 적극적인 영토 확장 정책이 주효한 것인데 당시 고구려가 왕위의 계승문제 등으로 국내정세가 불안했던 것도 이러한 신라의 성장에 크게 유리한 여건이 되었던 것으로 보입니다.

일본에 불교를 전한 백제 성왕

일본은 불교국가입니다. 일본의 신토神道를 종교가 아니라 일종의 생활관습으로 본다면 불교는 일본의 최대 종교라고 할 수 있습니다. 물론 신불습합神佛習合이라 하여 신토와 일체가 되어 있는 경우가 많아 다른 나라의 불교와는 다른 특색이 있습니다만 장례식 등에서의 불교적인 관습 등은 일본인의 생활의 일부가 되어 있는 것 같습니다. 일본인들은 불교문화를 일본문화의 정수로 보고 있기도 한데 대다수의 일본인들은 백제의 성왕이 불교를 전해준 사실을 알고 있는 듯합니다. 이는 일본서기에 분명히 기술되어 있고 아마도 학교 교과과정에서 이 사실을 가르치고 있기 때문이겠지요. 그렇기는 해도 가끔은 이러한 일본의 모습이 신기하게 느껴지기도 합니다. 그렇게도 고대 백제나 한반도로부터 전해 받은 기술과 문화, 수많은 도래인들의 열도이주와 일본국가형성에의 참여에 관하여는 거의 침묵하면서도 성왕의 불교전래의 사실은 인정하고 불교계인사들은 불교전래의 은혜를 입었다고 고마워하기도 하는 사실이 그렇습니다.

성왕이 불교를 왜국에 전하는 모습은 일본서기 긴메이기13년(552년) 10월 조에 자세하게 기록되어 있습니다. 그 요지는 10월에 백제 성명왕이 서부西部 희 씨姬氏 달솔達率 노리사치계怒唎斯致契 등을 보내어 석가불금동상 1구, 약간의 번개幡蓋와 약간의 경론을 바치고 따로 표를 올려 기나이에 유포시킬 것을 긴메이왕에게 권하자 긴메이왕은 뛸 듯이 기뻐하면서도 혼자 결정할 수는 없다하고 신하들의 의견을 묻자, 소가 이나메대신은 찬성하였으나 모노노베 오코시物部尾輿와 나카토미 가마코中臣謙子가 국신国神의 노여움을 살까 두렵다고 하면서 반대하였습니다. 그러자 긴메이왕은 이나메에게 불상을 맡겨 시험 삼아 예배하도록 명하였는데 대신은 매우 기뻐하여 고하리다小墾田의 집에 안치하여 부지런히 불도를 닦고 무쿠하라向原의 집을 희사하여 절로 삼았다 합니다.

그 후 나라에 돌림병이 돌아 백성들이 죽어가자 오코시 등이 왕에게 불교를 받아들인 것이 돌림병의 원인이라고 하면서 불상을 버리고 원래대로 할 것을 주장하자 왕은 그대로 하라고 명하였으며 이에 불상을 나니와難波의 호리에掘江에 던져버리고 가람에 불을 놓으니 전부 타 버렸다고 합니다. 이러한 일본서기의 기사는 불교수용을 둘러싸고 모노노베로 대표되는 가라계 호족들과 소가로 대표되는 백제계 호족 사이에 심각한 갈등과 대립이 있었고 불교공전의 초기에는 반불교파의 세력이 우세하였음을 보여주고 있습니다. 반불교파의 호족들이 불교수용에 반대하는 이유로 내건 국신国神이란 어떠한 신이었을까요? 국신이 당시 왜인들의 고유한 신들이었던 것은 틀림없겠으나 당시에는 아직 아마테라스와 같은 국가적인 신이 있기 전이었으므로 각 호족 또는 씨족마다 자신의 영지에서 모시는 씨족 수준의 농경신이었을 것으로 보입니다.

이들 반불교파 씨족들은 역병이 유행하자 그 원인이 외국신을 받드는 불교를 받아들인데 있다고 주장하면서 백제에서 온 불상을 호리에에 던져 버린 것입니다. 이처럼 불교에 대한 모노노베物部, 나카토미中臣 등 보수적인 호족세력들의 반대와 탄압으로 인하여 왜국에서 불교의 전파는 타격을 받았지만 여전히 보급되어 간 것으로 볼 수 있는 기사가 긴메이14년 조의 기사입니다. 이 기사는 지금의 오사카만에서 불교음악이 들리고 광채가 햇빛같이 빛난다는 보고를 받은 긴메이왕이 바다 위에서 빛나고 있던 장목樟木-녹나무-을 건져 내어 화공에게 불상 2구를 만들도록 명하였다고 합니다. 또한 비타쓰敏達왕기6년(577년) 조에도 백제왕이 귀국하는 사신인 오와케大別왕을 통해 경론經論 몇 권과 율사律師, 선사禪師, 비구니, 주금사呪禁師-주문을 외워 질병, 재앙을 없애는 승려-, 조불공, 조사공造寺工 6인을 바치니 나니와의 오와케大別왕의 절에 안치하였다는 기사를 통해서도 왜국에서 불교의 보급이 지속되고 있었던 것을 알 수 있습니다.

이후 불교수용을 둘러싼 호족간의 갈등은 여전히 계속되다가 비타쓰14년(585년) 역병이 돈다는 이유로 모노노베 등의 상소를 받은 비타쓰왕이 불교를 금하게 함으로써 왜국에서의 불교전파는 다시 한 번 위기를 맞게 되는데 성왕이 불교를 전한지 40년 가까이 지난 587년이 되어서야 이나메의 아들 소가 우마코蘇我馬子가 모노노베 오코시物部尾興의 아들 모노노베 모리야物部守屋와의 무력대결에서 최종적으로 승리함으로써 불교가 일본에서 공식적으로 수용됩니다. 한편 일본에서는 성왕이 공식적으로 불교를 전한 것을 '불교공전公傳'이라고 하는데 그 시기에 대하여는 양설이 있습니다. 일본서기가 552년이라고 기록하고 있는 반면 '상궁성덕법왕제설上宮聖德法王帝說'과 '원흥사연기元興寺緣起'는 불교공전의 해를 538년 무오戊午년이라고 기록하고 있는데 현재로서는 대체로 538년을 불교공전의 타당한 연도로 보는 것 같습니다. 또한 이러한 불교공전에 앞서서 민간차원에서는 이보다 이른 시기에 불교가 전래되었을 가능성이 큰 것으로 생각됩니다.

또 한 가지 왜국에의 불교공전과 관련하여 특이한 점은 우리나라의 삼국 등 다른 나라의 경우 불교의 전파는 보통 승려에 의해 민간주도로 이루어지거나 불교가 아직 없는 나라의 왕이 불교가 있는 나라의 왕에게 요청하여 불교가 전래되는 것이 일반적인데 왜국의 경우는 왜국이 요청하였다기보다는 성왕이 거의 일방적으로 추진한 느낌이 강하다는 점입니다. 이러한 사정은 백제의 사신이 불상 등을 전달하면서 불교의 보급을 권하는 성왕의 요청을 받았을 때 보여준 긴메이왕의 태도에서도 확인됩니다. 기뻐하기는 하면서도 자신의 입장을 정하지 못하고 신하들에게 결정을 맡기는 어정쩡한 자세를 취하고 있는 것입니다.

이 기사로 보아도 긴메이왕이 성왕에게 불교의 공전을 요청하지 않은 것이 분명한데 그렇다면 누가 이를 성왕에게 불교전래의 요망을 전하였을까요? 아마도 소가 이나메였을 가능성이 높아 보이는데 그는 백제계 도래 씨족 등의 지지를 받아 백제의 성왕에게 요청한 것으로 보입니다. 성왕의 왜국에의 불교전파는 불교를 정신적인 지주로 한 백제중심의 새로운 불교국가를 일본열도에 건설하고자 하는 성왕의 웅대한 구상의 일환으로 볼 수도 있는데 한편으로는 이나메를 중심으로 한 백제계 세력이 불교공전을 야마토 정권과 열도에서의 권력을 장악하고 민심을 통합하는 계기로 활용하였다고도 볼 수도 있을 것입니다. 이러한 불교의 수용과 불교문화의 발전의 1등 공신이 바로 소가 이나메와 그 아들 소가 우마코였으며 이들은 불교이념과 불교문화의 발전과 더불어 야마토 정권의 최고 권력자로 부상하고 백제계 세력은 가야계 세력에 대하여 확실하게 우세한 지위를 확보하게 된다고 할 수 있습니다.

소가 이나메의 갑작스러운 등장과 그의 출자

지금까지 긴메이왕의 즉위와 행적을 설명하는 과정에서 긴메이왕을 옹립하고 가장 큰 활약한 인물이 소가 이나메蘇我稻目이라는 인물이었다는 사실이 확인되었습니다. 하지만 그의 출신은 어디이며 그의 실체가 누구인지에 대하여는 아직 밝히지 않았군요. 소가 이나메가 일본서기에 처음으로 등장하는 것은 센카宣化기 원년으로 일본서기는 '소가 이나메를 대신으로 삼았다.'고만 짧게 기술하고 있습니다. 센카원년은 536년에 해당되는데 실제로 센카의 치세는 없었고 긴메이왕이 게이타이왕의 사후 바로 즉위한 것으로 보면 그의 등장은 신해년인 531년이라고 할 수 있겠습니다. 그의 후대에 관하여는 소가 우마코-에미시蝦峡-이루카入鹿의 3대로 이어지는 것이 일본서기에 분명하게 기록되어 있지만 이나메와 그의 선대와의 관계는 일본서기에 구체적인 기록이 없어서 이나메의 출자에 대한 논란이 있습니다.

소가 씨 자신들은 자신들의 선조가 일본서기의 8대왕 고겐孝元의 아들인 다케우치노스쿠네武內宿禰라고 주장하는데 이는 자신들을 신찬성씨록의 '황별皇別 씨'로 만들기 위해 후대에 조작된 것이라는 것이 통설이고, 일본서기 리추履中기원년 조에 국사를 집행한 인물 가운데 한 사람인 소가 마치노스쿠네蘇賀滿智宿禰가 이름으로 보아 소가 이나메의 선조로 보이는데 '공경보임公卿補任'이라는 책에 이나메가 소가 마치蘇我滿智의 증손, 소가 가라코蘇我韓子의 손자, 소가 고마蘇我高麗의 아들로 나와 있어서 소가 이나메의 출자가 확인되고 있습니다. 따라서 문제는 소가 마치란 인물이 과연 누구인지를 알아내는 것이 관건인데 여러 의견은 있지만 그를 오진기25년 조에 백제 구이신왕久爾辛王대에 국정을 문란하게 하여 소환되었다는 목만치木滿致 또는 삼국사기 백제본기에 개로왕의 명으로 475년 신라에 원군을 청하러 갔던 목협만치 장군이 왜국으로 건너와 소가 마치가 되었다는 견해가 유력한 것으로 보입니다.

즉 목만치는 475년 한성이 함락되고 개로왕이 전사하자 열도로 건너온 것으로 보이는데 그가 건너온 곳은 야마토의 미와 왕국이 아니고 가와치 남부의 백제 후국이었음은 물론입니다. 오진기25년 조의 기사는 또한 백제기를 인용하여 목만치는 목라근자木羅斤資-일본어 발음은 '모쿠라곤시'-가 신라를 정벌할 때 그 나라 부인을 얻어 낳은 자식인데 아버지의 공적으로 임나에서 전횡을 하다가 백제로 들어와서 왜국과 왕래하고 그 명을 받아 백제에서 권세를 떨치다가 소환되었다는 기사도 함께 싣고 있는데 목만치가 비중 있는 인물임을 암시하면서도 그의 행적에 대해 부정적으로 기술하고 있는 것이 주목됩니다. 한편 목만치에 대한 삼국사기와 일본서기의 기록을 비교하여 알 수 있는 것은 목만치가 실제로는 475년 경 가와치에 있던 백제계의 가와치 왕국으로 건너갔지만 일본서기는 이 사실의 연대를 조작하고 오진기에 편입하여 구이신왕 때에 목만치를 소환한 것으로 기술하고 있는 것이 드러나는데 연대 차이는 약 50년 정도가 됩니다.

곤지가 가와치로 건너간 것이 461년이고 목만치가 간 것이 475년 경인데 백제의 가와치 왕조는 이들을 중심으로 가와치 남부에 터를 잡은 후 야마토 남부의 아스카 지역으로 그 영역을 넓혀 나가고 결국은 백제계 가와치 왕조의 우월한 군사력을 바탕으로 소가 이나메 시대에 미와 왕국을 통합한 것이 역사의 진상인 것으로 보입니다. 일본의 저명한 가도와키 데이지門脇禎二 씨도 목만치가 475년경 가와치로 건너와 이시가와石川에 정착하고 후에 야마토의 아스카飛鳥로 진출하여 소가정曾我町으로 이주한 것으로 보고 있습니다. 소가 씨의 출신에 대해 정리해서 설명드리면 소가 씨의 조상은 백제 개로왕의 신하였던 목만치로 그는 개로왕이 전사한 후 가와치로 건너와 가와치 왕국의 중진으로 활약하였고 그 후손인 소가 이나메가 미와 왕국을 통합하는 주역이 되고 이후 소가계가 7세기 중반까지 아스카 왕조의 실권을 장악하는 토대를 쌓은 인물이라고 할 수 있겠습니다.

긴메이왕대 백제왕은 본국에서 왜국을 직접 경영하였다?

야마토 왕조의 긴메이왕대는 사실상 531년에서 571년까지 약 40년 지속되며 이 시기 백제는 성왕(재위 523년~554년)과 위덕왕(재위 554년~595년)의 시대였는데 이 시기의 백제는 마치 왜국이 후국인 것처럼 불교를 적극적으로 포교해가는 것은 물론 오경박사와 장군, 고위관리를 교대로 파견하여 장기간 체류하게 하고 여러 분야의 전문가를 보내는 등 야마토 왕조의 발전을 위해 진력하는 모습을 보이고 있는 것이 매우 주목됩니다. 고려대학교의 최재석 명예교수는 그의 저서 '일본 고대사의 진실(2010, 경인문화사)'에서 6세기에는 백제의 무령왕(재위 501년~523년)과 성왕, 위덕왕 3대가 아직 국가체제가 이루어지지 않은 야마토 왜에 경영팀을 보내 직접 경영하였다는 견해를 제창하고 있는데 실제의 역사적 상황에 걸 맞는 견해라고 생각되며 이에 대해서는 좀 더 연구가 필요해 보입니다.

최재석 교수에 의하면 무령왕이 장군들을 파견하고 오경박사 단양이와 고안무를 3년 임기제로 야마토로 파견한 것은 무령왕의 명을 받아 야마토 왜를 경영하기 위한 것이었으며 성왕은 이러한 야마토 경영에 더욱 주력하였는데 고위관리를 7년 임기제로 파견하고 오경박사, 승려, 역易박사, 역曆박사, 의박사, 채약사, 음악인 등으로 구성된 전문가팀을 파견한 것은 야마토 왜를 경영하기 위한 것으로 보고 있습니다. 최재석 교수는 성왕 대에 무려 17회에 걸쳐 백제의 관리, 전문가가 야마토 왜로 파견되는데 파견목적이 분명하지 않은 경우도 있지만 대체로 불교포교와 산업지원과 정치, 군사적인 목적인 것으로 보고 있습니다. 특히 주목되는 것은 긴메이기12년(552년) 조 기사에서 긴메이왕은 소가 이나메의 의견에 따라 불교의 수용을 결정하는데 이러한 불교의 포교 과정에서 드러난 백제와 야마토 왜 사이의 지휘계통에 관한 것입니다.

이 당시의 지휘계통은 백제왕-백제의 파견관리 소가 씨- 야마토 왜왕으로 볼 수 있는데 이는 결국 야마토 왜의 실권은 소가씨에게 있고 야마토 왜왕은 존재하지 않았거나 존재하였더라도 거의 아무런 실권이 없었던 것으로 보인다는 것이 최재석 교수의 관점입니다. 이러한 관점은 시대가 내려간 위덕왕 때의 일본서기의 기록에서도 확인되는데 587년 소가 우마코가 백제의 사신에게 선신니善信尼들을 백제로 보내 불법을 배우도록 요청하였지만 사신은 먼저 국왕의 허가를 받은 후에 추진하자고 답함으로써 백제와 야마토 왜 사이의 지휘계통에 야마토왕이 보이지 않는다는 것을 보여주는 것이라고 할 수 있습니다.

이와 관련하여 긴메이기16년(555년) 조의 기사는 소가 이나메의 야마토 정권에서의 위치가 매우 특별나다는 인상을 주는 기사라고 할 수 있습니다. 즉 2월에 백제왕자 여창餘昌-후의 위덕왕-이 동생 혜惠 왕자를 야마토로 보내 성왕이 전사한 사실을 전하게 하였는데 이나메가 혜 왕자를 만나 위로한 후 '건국의 신을 모셔서 제사하면 반드시 국가는 안정되고 백성들은 편안하여 질 것이라.' 하고 '지금 백제에서는 제사를 지내지 않는다고 하는데 잘못을 뉘우치고 신궁을 수리하여 신령을 받들어 제사지내면 나라가 크게 번영할 것이라.'고 말하였다고 합니다. 이는 이나메가 혜 왕자에게 하는 말투나 말의 내용이 인국의 일개 대신이 상대국의 왕제에게 쉽게 할 만한 것으로 보기는 어렵고 오히려 마치 야마토의 왕이 친족인 백제의 왕족에게 주는 조언이라는 인상을 주는 기사라고 할 수 있습니다. 이 기사는 긴메이왕을 소가 이나메로 보는 이시와타리 씨의 주장과 긴메이왕을 백제의 성왕으로 보는 주장의 관점과 일맥상통하는 면이 있는 견해로도 볼 수 있어서 이러한 시각에서 긴메이왕과 소가 이나메의 정체에 관한 추가적인 연구가 필요해 보입니다.

한편 일본서기는 소가 이나메가 긴메이31년(570년) 3월에 죽었고, 긴메이왕은 다음해인 긴메이32년(571년) 4월에 병환으로 사망하였다고 기록하고 있는데 두 인물의 사망 시기가 거의 비슷한 것을 쉽사리 눈치 챌 수 있습니다. 일본서기는 또한 긴메이왕의 사망 시의 나이를 '약간'이라고만 기록하고 있어서 그의 나이가 드러나기를 원하지 않고 있음을 알 수 있는데 긴메이왕을 히노쿠마노사카이檜隅坂合릉에 장사지냈다고 적고 있습니다. 일본 궁내청은 현재 나라현 다케치高市군 아스카무라明

日香村에 위치한 우메야마梅山 고분을 긴메이왕릉으로 추정하고 있는데 이시와타리 씨 등 일부 학자. 연구자들은 횡혈식 석실인 석실구조나 가형家形석관의 형태 등으로 미루어 나라현 가시하라橿原시에 있는 전국에서 다섯 번째로 큰 전방후원분인 미세마루야마 고분見瀨丸山古墳-분구길이 318미터, 전방부 폭 210미터-을 긴메이왕의 무덤으로 보고 있습니다.

6세기 전반 백제, 고구려, 신라의 삼국 간 경쟁이 치열해지는 가운데 성왕은 532년 신라에 항복해 버린 금관가야를 회복하여 백제-가야-왜로 연결되는 연합체제의 구축을 도모하여 고구려에 대응하려는 구상을 갖고 있었던 것으로 보이며 이를 위해 아라가야에 머물고 있던 왜국객관-소위 일본서기의 일본부-에 와 있던 집사와 가야 여러 나라의 대표들을 불러 임나의 재건을 논의하였지만 임나의 왜국객관은 신라와 내통하고 있었고 신라 또한 임나의 재건을 바라지 않았기 때문에 성왕의 바람은 좌절되고 오히려 백제와 신라간의 공조에 균열이 생기는 결과가 된 것으로 보입니다. 성왕 대에 백제는 신라와의 동맹관계에 힘입어 한 때는 한강유역을 회복하고 평양까지도 공격하는 등 국세가 크게 회복되었었는데 결국 임나문제를 둘러싼 백제와 신라간의 불화를 배경으로 신라가 백제를 배신하여 한성과 한강이북의 땅을 차지하여 버림으로써 성왕은 궁지에 몰리게 됩니다. 성왕은 복수를 위해 왜의 수군 1,000명의 지원을 받고 가야와 함께 신라의 관산성-충북 옥천-을 공격하다가 전사함으로써 허망하게 생을 마감하게 되는 것입니다.

백제계 세력의 전국 지배 확대

소가 이나메는 게이타이왕 사후의 승계를 둘러싼 혼란에서 특히 군사호족인 아라가야 출신의 아야 씨의 지원으로 권력을 장악하여 백제의 선진문물을 적극 도입하고 불교수용에 앞장서는 등 야마토 왕조를 실질적으로 주도하여 가는데 특히 왕실재정을 충실하게 한다는 명목으로 광대한 지역에 미야케屯倉를 설치하고 군사를 주둔하게 하여 선착 세력인 가야계의 불온한 움직임을 경계하고 야마토 왕권의 실질적인 지배영역을 확대하여 나갑니다. 일본서기 안칸기와 센카기에는 전국에 미야케가 설치되는 기사가 집중적으로 나타나는데 이는 사실상 긴메이왕대의 사적으로 보이며 이 시기에만 규슈 북부, 세토나이해 연안, 가와치, 오와리, 간토 지방까지 각 지역에 30개 이상의 미야케가 설치되어 왕이 지배하는 직할지가 전국적으로 확대됩니다. 이러한 미야케의 전국으로의 확산은 백제계 세력의 확장을 보여주는 것으로 볼 수 있으며 미야케의 확장을 통해 주로 가야계가 선점하고 있던 지역을 백제계 세력이 군사력을 기반으로 서서히 잠식하여 나간 것으로 해석할 수 있을 것입니다.

긴메이왕의 시호는 천국배개광정天國排開広庭인데 이 시호는 긴메이왕이 자신의 직할 영역을 확대한 왕임을 암시하고 있습니다. 일본서기 안칸기원년 조에 보이는 무사시노구니武藏国-현재의 사이다마현-의 국조国造 가사하라 아타이노오미笠原直使主와 동족 오키小杵와의 사이에 국조의 자리를 둘러싼 싸움에 관여하여 편을 들어준 오미使主로부터 네 곳의 미야케를 헌납 받았다는 기사는 미야케 확장을 통해 왕의 직할영역을 확대해 나간 전형적인 사례라 하겠습니다. 한편, 이시와타리 씨는 신해의 쿠데타이후 간토関東 각지에서는 백제계 도래 집단의 지배에 대한 가라계 수장의 저항과 반란이 있었다고 하면서 자신의 저서 '야마토다케루 전설과 일본 고대국가' 중에서 가미노上野 무사시武藏의 반란에 관하여 긴메이가 일으킨 531년의 신해辛亥의 쿠데타는 그 후 왜국 전토의 지배 지도를 바꾸어 놓은 일본 고대사의 일대 변혁이었던 것으로 보고 있습니다.

야마토 조정의 씨성氏姓제도

독자께서는 고대 일본인 특히 관리들의 이름이 비교적 긴데다가 우리의 성씨와 이름 사이에 무언가를 나타내는 명칭 또는 직위 같은 것이 들어 있어서 우리식의 성명과는 다르다는 것을 이미 감지하셨을 줄로 생각됩니다. 예를 들면 오토모노오무라지 가나무라大伴大連金村에서 오토모大伴는 우리 식으로는 성이고 가나무라金村는 이름인데 그 사이에 오무라지大連이 들어가 있는 것이지요. 이처럼 가운데 들어가는 칭호를 일본에서는 가바네姓라고 부릅니다. 그리고 우리 식의 성에 해당하는 첫 부분을 일본에서는 우지氏라고 부르니 우리의 성씨 개념과는 꽤 다른 것을 알 수 있습니다. 즉 고대 일본에서는 우지氏는 혈연적 집단으로 일족이라고 할 수 있는데 대개 야마토의 유력호족들의 본거지의 지명을 따서 우지를 삼고, 가바네姓는 왕이 내려준 것으로 야마토 정권에서의 직위나 역할을 나타내는 명칭인데 이를 합쳐서 씨성제도라고 합니다.

이러한 씨성제도는 정권의 국가적인 구조를 지탱하는 정치, 사회적인 신분질서라고 할 수 있는데 이러한 시스템이 시작된 시기는 분명하지 않으나 대개 6세기 전반에는 시행된 것으로 보는 것 같습니다. 당시 야마토 정권의 중앙호족에는 오미臣와 무라지連의 두 개의 가바네姓가 있었으며 여러 오미와 무라지를 대표하는 각 1명을 각각 오오미大臣와 오무라지大連로 불렀습니다. 오미는 왕과 마찬가지로 일정지역을 지배하며 왕과 협력하여 전국 지배를 실현해 간 야마토의 유력호족의 가바네로 가쓰라기노오미葛城臣, 소가노오미蘇我臣, 헤구리노오미平群臣 등을 들 수 있으며, 무라지는 원래 왕에 직속되어 있던 집단. 일족으로 특정한 직무로 조정에 봉사하는 호족들에게 주어진 가바네를 의미하는데 모노노베노무라지物部連, 오토모노무라지大伴連, 오와리노무라지尾張連, 나카토미노무라지中臣連 등을 들 수 있습니다.

그런데 소가노오오미 이나메蘇我大臣稻目가 처음부터 오오미大臣라는 가바네를 갖고 등장하는 것은 매우 이례적이라고 할 수 있는데 이나메가 센카왕의 즉위와 동시에 오오미가 되고 긴메이왕의 사망년과 불과 1년 차이인 570년에 죽음으로써 이나메와 긴메이왕과의 우연으로 치부하기에는 특이한 관계에 의문을 갖게 됩니다. 이와 관련하여 이시와타리씨는 오미臣와 무라지連라는 가바네를 긴메이왕 때 제정된 것으로 보면서 오미는 신해辛亥의 변 당시 긴메이측에 가담한 백제계 호족과 소수 가라계 호족에게 하사된 가바네이며, 무라지는 안칸, 센카측에 가담한 가라계 호족과 소수의 백제계 호족에게 부여된 가바네로 보는 것이 명쾌한 구별기준이라고 설명하고 있습니다. 따라서 오미라는 가바네가 무라지보다 우월적인 힘을 갖고 있었다고 보는 것이 역사적 사실에 맞는 것이라고 보고 있습니다. 한편 야마토 조정의 지배하에 들어온 지방의 호족에 대하여는 구니노미야쓰코国造, 아가타누시県主라는 직명으로 왕가가 갖고 있던 토지의 관리, 세금징수 등의 일을 시켰다고 합니다.

제 14 화
소가 우마코蘇我馬子와 아스카飛鳥 왕조 전성시대

불교는 538년-일설로는 552년- 백제 성왕에 의한 불교공전으로 왜국에 도입되지만 토착신앙을 고집하는 모노노베 씨족을 중심으로 한 구세력의 반대로 사실상 보급되지 못하고 있었는데 587년 당시 오오미大臣였던 소가 우마코蘇我馬子가 반대세력의 중심인물인 모노노베 모리야物部守屋와의 전쟁에서 승리하고 야마토 조정의 명실상부한 실권자가 되면서부터 아스카를 중심으로 한 긴키 지역에 사찰이 건립되고 불상이 제작되는 등 본격적으로 보급되기 시작합니다. 이 시기로부터 645년 을사乙巳의 변으로 소가 씨가 몰락할 때까지를 보통 '아스카飛鳥 시대'라고 하는데 아스카 시대는 아스카 지역이 왜국의 정치, 문화의 중심지가 되고 백제 본국의 적극적인 지원으로 아스카데라飛鳥寺, 호류지法隆寺, 시텐노지四天王寺 등의 유명한 사찰이 건립되며 수많은 불상이 제작되는 등 아스카 불교문화가 찬란하게 꽃핀 시기이기도 합니다.

일본서기는 백제 왕실과 야마토 왕실의 혈연관계를 철저하게 은폐하고 있으나 815년 편찬된 신찬성씨록新撰姓氏錄에는 제30대 왕인 비타쓰敏達왕이 백제의 왕족이라고 기술되어 있어서 비타쓰의 부父인 긴메이왕과 긴메이의 자녀들로 왕이 된 요메이用明왕, 스슌崇왕, 스이코推古여왕 등과 그의 손자 조메이舒明왕 또한 백제의 왕족이었음을 알 수 있습니다. 특히 후소랴쿠기扶桑略記라는 문헌의 기록에 의하면 593년 아스카데라-당시의 이름은 호코지法興寺-의 불사리 안치식 때는 우마코를 비롯한 100여 명의 문무백관들이 모두 백제 옷을 입고 참석하여 모두 기뻐하였다고 하니 당시의 아스카 조정은 마치 열도의 백제와 같은 상황이었음을 짐작할 수 있습니다.

중국대륙의 통일과 한반도 삼국의 정립

6세기 중반에서 7세기 전반에는 중국 대륙과 한반도 삼국에서 커다란 정세 변화가 일어난 시기입니다. 중국에서는 589년 수隋나라가 2백년 가까이 지속된 남북조 시대를 끝내고 중국 대륙을 통일하는데 이로써 220년 한漢나라가 망한 후 약 370년 만에 중국에 통일국가가 등장하는 셈입니다. 수나라는 고구려와의 수차례에 걸친 전쟁 등이 원인이 되어 30년 정도의 단명한 국가로 끝나지만 618년 수에 이어 등장한 당나라는 수와는 비교가 안 되는 강력한 국가로 성장하는데 특히 당나라의 등장은 한반도의 삼국을 긴장시켰음은 물론 실제로 후일 삼국 사이의 역학관계에도 결정적인 영향을 미치게 됩니다.

한편 한반도에서는 6세기 중반부터 신라의 약진이 두드러지게 되는데 이는 진흥왕의 팽창정책의 성공이 가져온 결과로 553년에는 염원의 한강하류지역을 차지하여 중국과의 직항로를 확보하고 562년에는 가야를 합병하여 낙동강 지역마저 영토로 편입함으로써 신라는 고구려, 백제와 더불어 명실상부한 삼국의 하나로 강력한 국가로 성장하게 됩니다. 반면 고구려는 6세기 중반 이후 왕위계승 문제를 둘러싼 분쟁이 지속되는 가운데 한강유역을 신라와 백제에게 빼앗기고 6세기 말부터는 수와의 대규모 전쟁을 치르면서 국력이 많이 소진되었으며, 백제 또한 신라의 배신으로 한강유역을 신라에게 빼앗기고 산성전투에서 참패함으로써 나제동맹은 완전히 와해되고 백제의 국세는 크게 위축됩니다. 이러한 정세변화에 따라 백제일변도의 친 백제정책을 일관되게 견지해온 야마토 왕조도 600년 수나라에 견수사를 파견하고 고구려와도 관계를 개선하려는 움직임이 나타나지만 신라에 대하여는 가야-일본에서는 임나로 부름-병합에 대한 불만으로 적대적인 정책을 지속하게 됩니다.

당시의 한반도 상황은 삼국과 야마토의 왜국과의 관계와 관련이 있으므로 좀 더 보도록 하겠습니다. 먼저 신라는 진흥왕(재위 540년~554년)대인 553년 한강 유역을 차지하여 당항성黨項城-현재의 화성시 당성으로 추정-을 거점으로 중국과의 직접교통로를 열었는데 이는 중국과의 교역은 물론 서해의 제해권을 장악하고 중국과의 사신교류를 통한 우호관계를 쌓아 가는데도 매우 유리한 위치를 신라가 차지한 것으로 그 의미는 매우 크다고 할 수 있습니다. 진흥왕은 영토 확장의 증거로 4개 순수비를 남기고 있는데 북한산비와 창녕비 그리고 함경남도에 있는 황초령黃草嶺비와 마운령摩雲嶺비는 그의 영토 확장의 발자취를 보여주고 있습니다. 진흥왕은 흥륭사興隆寺, 황룡사皇龍寺, 지원사祇園寺, 실제사實際寺 등을 세워 불교를 진흥하여 이념적으로 중앙집권제도를 뒷받침하고 거칠居柒夫로 하여금 국사를 편찬하게 하는 한편 화랑제도를 시작하여 인재를 양성함으로써 후일 신라의 삼국통일의 기틀을 다진 왕으로 평가받고 있습니다.

한편 고구려는 545년 안원왕이 죽자 왕위계승을 둘러싸고 형제간에 내란이 발생하여 수많은 사람들이 살해되고 내란을 거쳐 즉위한 양원왕은 백제와 신라에게 한강유역을 빼앗기는 등 고구려의 국력은 크게 위축되게 됩니다. 양원왕에 이어 즉위한 평원왕(재위 559년~590년)은 중국을 비롯한 주변국가와의 화친에 주력하면서 소모된 국력의 회복에 주력하였는데 570년 사절단을 왜국으로 보내 화친을 맺는데 성공합니다. 고구려는 586년에 도성을 평양성에서 장안성長安城-요동의 요양 근처로 추정-으로 옮기고 수나라의 예상되는 침공에 대비하는데 수 문제隋文帝는 고구려의 영양왕(재위 590년~618년)대인 598년 고구려의 예상대로 수륙 30만을 동원하여 고구려를 공격해 옵니다.

수나라 군대는 강이식 장군의 활약과 장마, 전염병으로 싸워보지도 못하고 퇴각하였는데 604년 왕위에 오른 수 양제隋煬帝는 113만 대군으로 고구려를 공격하였으나 이번에는 을지문덕 장군에게 살수대첩에서 대패하여 철수하게 됩니다. 수양제는 두 번 더 고구려를 침공하지만 두 번 다 실패하고 618년 수隋 왕조는 몰락하고 당나라가 수를 대신하여 세워집니다. 영양왕은 수의 거친 공격에 선전하여 잘 막아내어 나름대로 고구려의 위상을 높였으며 600년에는 이 문진으로 하여금 '신집新集' 5권의 역사서를 편찬하게 하는 데 신집은 건국초기에 편찬된 '유기留記' 100권과 그 이후 편찬된 역사서들을 정리, 수정한 것으로 보이나 현존하지 않고 있습니다.

백제는 위덕왕(재위 554년~598년)이 전사한 부왕인 성왕의 뒤를 이어 왕위에 올라 관산성의 참패와 성왕의 돌연한 죽음으로 혼란해진 민심을 수습하는 한편 위기에 몰린 백제의 국력을 회복하는 데에 전념하게 됩니다. 위덕왕은 특히 고구려와 신라에 대적하기 위해서는 가야와 왜국과의 공동대응이 절실함을 깨닫고 555년 왜에 동생인 혜를 파견하여 병력지원을 요청하는 한편 왜와 함께 가야의 복원에 노력하는데 562년 신라가 마지막으로 남아있던 대가야마저 점령함으로써 백제의 계획은 수포로 돌아가고 맙니다.

가야의 멸망으로 가장 당황한 나라는 왜국으로 보이는데 야마토 정권의 입장에서 보면 가야 즉 임나는 이전 가야계 왕조였던 미와왕들의 조상의 나라이고 식량이나 철의 공급처였던 만큼 그 타격은 심각한 것이었는데 신라의 가야병합을 계기로 야마토 정권의 반신라정책, 신라적대시 정책은 한층 강화되어 갑니다. 야마토 왜는 563년 병력을 파견하여 신라공략에 나서지만 실패하고 퇴각하였다고 일본서기가 기록하고 있는데 그 이후로 백제와 왜는 섣불리 신라를 공격하지 못하였고 신라도 백제를 더 이상 자극하지 않아 한 동안 평화가 유지됩니다.

위덕왕은 그 자신 독실한 불교신자로 왕흥사를 건립하는 등 불교의 보급에 힘쓰는 한편 야마토 왜에 불교를 보급하기 위한 각종 지원을 아끼지 않습니다. 위덕왕에 이어 즉위한 무왕(재위 600년~641년)은 즉위하자 신라에 빼앗겼던 영토를 회복하기 위해 신라와 여러 차례 전쟁을 일으켜 승리하여 일부 영토를 회복하는 전과를 올리고 국내적으로도 백성의 사기가 오르는 등 안정을 되찾게 되는데 무왕의 자신에 찬 모습은 629년 미륵사를 완공하고 630년 사비泗沘궁을 중수하였으며, 634년 사비궁 근처에 큰 연못인 궁남지宮南池를 조성한데서도 엿볼 수 있습니다. 그러나 대당외교에서 당이 고구려를 치면 지원하겠다고 하였으면서도 실제로는 이를 실행하지 않음으로써 국제적인 신의를 상실하게 된 것은 후일 당이 협력파트너로서 백제가 아니라 신라를 택하게 하는 빌미를 제공한 것이라는 역사적인 평가가 제기되기도 합니다.

소가 우마코蘇我馬子 전성시대

소가 우마코는 긴메이왕대에 오오미大臣로 활약한 소가 이나메의 아들로 일본서기 비타쓰敏達기원년(572년) 조에 오오미大臣로 등장하여 오무라지大連로 함께 나오는 모노노베 모리야物部守屋와 더불어 당시 야마토 조정의 2대 실력자의 한 명이었습니다. 그는 587년 불교수용에 반대하던 모리야를 무력으로 제거하여 불교도입과 관련하여 반세기 가까이 계속된 반 불교 세력을 제압하고 야마토 조정의 권력을 독점하게 되는데 이에 이르는 과정을 일본서기는 다음과 같이 기술하고 있습니다.

① (비타쓰기원년) 4월 구다라노오이百濟大井에 궁을 조성하였으며 모노노베노유게모리야物部弓削守屋를 오무라지大連로, 소가 우마코노스쿠네蘇我馬子宿禰를 오오미大臣로 삼음.

② (비타쓰기13년) 9월 백제에서 가후카노오미鹿深臣가 미륵석상 1구를 사에키노무라지佐伯連가 불상 1구를 가져옴. 이 해에 소가 우마코가 불상 2구를 얻어 수행자를 구하게 하였는데 하리마播磨국에서 환속한 승려인 고려혜변高麗惠便을 찾아내 스승으로 모심. 그 때 시바다쓰토司馬等의 딸 시마嶋를 출가시켜 젠신노아마善信尼라고 하고 젠신노 아마의 제자 두 사람을 출가시켰는데 젠조노아마禪藏尼와 에젠노아마惠善尼임. 우마코는 홀로 불법에 귀의하여 세 비구니를 받들어 숭경함. 불전을 자택의 동쪽에 세워 미륵석상을 안치하고 세 비구니를 청해서 크게 법회를 열고 설재設齋-승려들에게 음식을 올리는 것-를 함. 이때 시바다쓰토司馬達等가 불사리를 재식齋食-승려들에게 올린 음식-위에서 얻었음. 우마코는 또 이시가와石川의 집에 불전을 세워 불법의 기초가 이로부터 만들어짐.

③ (비타쓰기14년) 2월 소가 우마코대신이 탑을 오노의 언덕 북쪽에 세우고 크게 법회를 열고 설재하였는데 다쓰토가 사리를 탑의 주두부분에 안치함. 소가 대신이 병이 들었는데 점쟁이는 아버지 대부터 불신에게 제사지낸 마음 때문이라고 함. 대신이 자제를 보내 점의 결과를 아뢰니 대왕은 마땅히 점쟁이의 말에 따라 조상신에게 제사지내라고 명함. 대신이 조를 받들어 석상에 예배하여 수명을 늘려 줄 것을 빌었음. 이때 나라에 역병이 유행하여 민간에서 죽는 자가 많았음.

④ 3월 모노노베 모리야와 나카토미 가쓰미中臣勝海가 대왕에게 '역질이 유행하여 나라 사람들이 다 죽게 되었는데 이는 오로지 소가 대신이 불법을 흥행하게 하였기 때문이다.'라고 하자, 대왕은 '참으로 그렇다! 마땅히 불법을 금하라.'고 명함. 이에 모리야는 절에 가서 탑을 자르고 무너뜨린 다음 불을 질러 태웠으며 아울러 불상과 불전을 태우고 타다 남은 불상을 거두어 나니와의 호리에에 버리게 함. 그는 우마코와 따르던 승려를 꾸짖어 수치심을 일게 하고 또 우마코가 공양하는 젠신노아마를 부르니 우마코는 감히 명을 어기지 못하고 마음이 아파 눈물을 흘리며 여승들을 보냈음. 그러자 여승들의 승복을 빼앗고 가두었다가 매로 때림.

⑤ 대왕은 임나를 세우고자 하여 사카타노미미코坂田耳子王왕을 차출하여 사신으로 삼았는데 대왕과 모리야가 갑자기 두창에 걸려 보내지 못함. 한편 종기가 나서 죽은 사람이 나라에 가득 차고 그 병을 앓는 사람들이 울면서 죽어감. 늙은이나 젊은이나 몰래 서로 '이는 불상을 태운 죄일 것이다.'라고 이야기함. 6월 우마코가 삼보三宝-불, 법, 승으로 불교를 의미-의 힘을 입지 못하면 자신의 병이 치유되기 어렵다고 말하자 대왕은 우마코에게 '혼자만 불법을 섬기고 다른 사람은 금지 한다.'고 명하고 세 여승을 우마코에게 돌려보냄. 우마코는 이들을 맞이하고 기뻐하며 새로운 정사精舍를 지어 공양함.

⑥ 8월 대왕은 병을 오래 앓다가 대전에서 죽음. 이때 히로세広瀨에 빈궁殯宮을 세웠는데 우마코 대신이 칼을 차고 조문을 읽자 모리야는 '사냥에 쓰는 화살에 맞은 참새 같다.'고 크게 웃으며 말함. 다음에 모리야가 손발을 떨며 조문을 읽으니 우마코 대신이 크게 웃으며 '방울을 달아야겠다.'고 말함. 이로 인하여 두 신하는 조금씩 원한이 생김.

⑦ (요메이用明2년) 대왕이 병을 얻자 군신들이 모였는데 왕이 삼보에 귀의하고자 하니 의논하라고 함. 모노노베 모리야와 나카토미 가쓰미가 국신을 등지고 다른 신을 섬겨서는 안 된다고 하자 소가 우마코는 왕의 명에 따르겠다고 함. 모리야는 여러 신하들이 자기를 노리고 있다는 말을 듣고 물러나 사람들을 모았고 가쓰미는 무리를 모아 모리야를 도움. 대왕이 대전에서 죽음.

⑧ (스슌崇峻기즉위전기) 5월 모리야는 아나호베穴穗部 왕자를 대왕으로 세우고자 하여 사냥을 기회삼아 옹립하려고 함. 그래서 몰래 사람을 왕자에게 보내 아와지淡路에서 말을 달리며 사냥하고 싶다고 하였으나 음모가 누설됨. 6월 우마코 등이 가시키야히메炊屋姬-후의 스이코 여왕-를 받들어 병사들이 아나호베 왕자의 궁을 에워싸고 그를 찾아내어 죽임.

⑨ 젠신노아마 등이 대신에게 출가의 법도는 계를 받는 것을 근본으로 한다고 하면서 백제로 가서 수계법受戒法을 배우고자 한다고 말함. 백제의 사신이 내조하자 대신이 사신에게 비구니들을 이끌고 백제로 건너가서 계법을 익히도록 하라고 말하자 사신은 신들이 귀국하여 먼저 국왕에게 말씀드린 후에 보내셔도 늦지 않을 것이라고 답함.

⑩ 7월 소가 우마코 대신이 여러 왕자와 군신에게 권하여 모노노베 모리야를 멸할

것을 논하고 하쓰세베泊瀨部 왕자-후의 스슌왕-, 우마야도廐戸 왕자-후의 쇼토쿠태자-, 소가 우마코대신 등이 군대를 이끌고 모노노베를 토벌하러 나감. 모노노베는 직접 자제와 사병을 이끌고 도성을 쌓고 싸웠는데 군대가 강성하여 왕자와 군신의 병사들이 세 번이나 퇴각함. 이에 우마야도왕자가 이마에 속발束髮을 하고 백교목白膠木을 잘라내어 급히 사천왕상을 만들어 정수리에 올리고 적을 이기게 해 주시면 반드시 호세사왕護世四王을 위해 절과 탑을 세우겠다고 맹세함. 소가 우마코 또한 무릇 제 천왕과 대신大神왕께서 도와주시고 승리하게 해 주시면 절과 탑을 세우고 삼보를 널리 통하게 하겠다고 맹세함. 이에 도미노오비토 이치히迹見首赤檮가 화살을 쏘아 모노노베오무라지를 나무 아래로 떨어뜨리고 그와 아들들을 죽임.

⑪ 그러자 오무라지의 군대는 갑자기 무너져 군사들이 모두 흩어짐. 당시 사람들은 '소가 대신의 처가 모노노베의 누이다. 대신이 망령되게 처의 계략을 써서 오무라지를 죽였다.'고 말함. 난이 평정된 후 셋쓰攝津국에 시텐노지四天王寺를 짓고 오무라지의 노비 절반과 집을 나누어 절의 노비와 전장으로 삼음. 소가 대신은 기원대로 아스카 땅에 호코지法興寺- 현재는 아스카데라飛鳥寺로 불림-를 세움.

⑫ (스슌기원년) 이 해에 백제국이 사신과 승려 혜총惠聰, 영근令斤 등을 보내 불사리를 바침. 또 은솔 수신首信 등을 보내 조를 바치고 불사리와 승려 영조율사聆照律師, 도엄道嚴 등과 사공寺工 태량미태太良未太와 문고고자文賈古子, 노반박사 장덕 백매순白昧淳, 와瓦 박사 마나문노麻奈文奴와 양귀문陽貴文 등과 화공 백가白加를 바침. 또 젠신노아니 등을 백제국 사신 수신 등에게 딸려서 학문을 배우도록 파견함. 한편 아스카노기누누히노미야쓰코飛鳥衣縫造의 조상 고노하樹葉의 집을 부수어 처음으로 호코지法興寺를 지으니 이곳의 지명은 아스카의 마카미노하라眞神原라고 함.

위의 일본서기의 기술은 538년(또는 552년) 백제 성왕이 처음으로 야마토 왕조에 불교를 전파한 이래 불교수용을 둘러싸고 주로 신라, 가야계로 여겨지는 반불교파와 백제계중심의 숭불파간에 치열한 대립과 갈등이 있었던 상황을 잘 보여주고 있습니다. 성왕이 불상과 경전을 보내 불교를 포교한 직후 반불교파에 의해 소가 이나메의 불상이 호리에에 던져 버려지는 수난을 받은데 이어 비타쓰14년(585년) 조에서는 반불교파인 모리야를 지지하는 비타쓰왕(재위 572년~585년)의 탄압으로 소가 우마코 등 숭불파는 또다시 커다란 시련을 겪게 되는데 이러한 불교탄압의 배경에는 비타쓰왕 자신의 반불교적 성향이 크게 작용하였던 것으로 보입니다.

또한 우마코와 모리야의 대결은 단순한 종교적인 차원을 넘은 우마코를 중심으로 하는 백제계 세력과 모리야를 중심으로 하는 신라, 가야계의 구호족세력 사이의 권력 투쟁적인 성격을 띠고 있었는데 양측의 대립이 전쟁으로 비화된 직접적인 원인은 요메이用名왕(재위 585년~587년)의 사후 왕위계승을 둘러싼 대립이었습니다. 모리야는 긴메이왕의 아들인 아나호베왕자를 왕으로 세워 미와 왕국 시절의 권력을 회복하고자 도모하고 있었는데 우마코가 이러한 모리야 측의 음모를 사전에 파악하고 선제 공격에 나서 처음에는 모리야 측의 강력한 저항으로 고전하였으나 결국은 587년의 전쟁에서 우마코가 승리함으로써 우마코가 세운 스슌崇峻왕이 즉위하게 됩니다. 우마코가 이 전쟁에서 승리함으로써 수백 년에 걸쳐서 왜국 최대의 호족으로 군림하던 모노노베 씨는 야마토 조정의 중심무대에서 사라지고 이후 소가 씨가 야마토 조정에서 독점적인 권력을 쥐게 되는데 그때까지의 오오미大臣와 오무라지大連라는 야마토 조정의 양극체제가 붕괴되고 우마코 대신大臣에 의한 단독체제로 조정의 권력이 개편된 셈이지요.

불교전파라는 관점에서 보아도 이 전쟁의 결과로 향후 일본에서의 불교 발전의 결정적인 전기가 마련되는데 불교가 도입된 후 반세기에 가깝게 오랜 시련의 세월을 보낸 불교가 마침내 일본열도에서 자유롭게 전파될 수 있는 여건이 조성되었다고 할 수 있으며 실제로 이 때부터 아스카 지역을 중심으로 절이 점차 세워지고 불교가 점차 보급되어 나가게 됩니다. 특히 우마코 대신은 불교의 보급과 발전에 누구보다도 적극적이어서 많은 절을 세우고 불佛, 법法, 승僧을 삼보로 하는 법을 만들어 불교를 국교로 정하고 자신이 모리야와의 전쟁시에 맹세한 대로 전쟁이 끝난 후 일본 최초의 사원인 호코지法興寺-간고지元興寺라고도 하며 지금은 주로 아스카데라飛鳥寺<그림-4-7>로 부름-를 창건하는데 백제 위덕왕은 호코지의 조영을 지원하기 위해 '불교전쟁'이 끝난 다음 해인 588년에 불사리. 승려. 사공 등 절을 세우는데 필요한 전문가 집단을 대거 파견합니다.

이 절은 우마코의 본관지인 아스카飛鳥에 세워지는데 스이코推古왕원년(593년)에 불사리를 찰주刹柱의 초석에 안치하여 탑의 찰주를 세우고 스이코왕4년(596년)에 준공되며 불상은 607년 안치되는데 호코지는 부여 왕흥사의 설계도로 세워진 절이라고 합니다. 일본서기에 기록된 약 300개의 절중에서 가람조영의 경과가 기술되어 있는 것은 호코지가 유일한데 후소랴쿠기扶桑略記에는 불사리 안치식이 거행되는 날 만조백관 100여 명이 모두 백제 옷을 입었고 참석자들이 모두 기뻐하였다는 기록이 남아있어서 당시의 아스카 왕조가 백제인 일색이었음을 짐작하게 합니다.

이보다 다소 늦은 607년 경 우마야도廚戶 왕자-쇼토쿠聖德 태자임- 또한 모리야와의 전쟁 시에 맹세한 대로 자신의 본거지인 이카루가斑鳩에 호류지法隆寺〈그림4-8〉를 창건하는데 창건당시의 호류지는 670년 화재로 소실되고 현재의 세계문화유산 1호인 나라의 호류지는 7세기 말 재건된 것이라는 것이 종래의 통설이었으나 호류지는 소실되지 않았다는 호류지 비재건설이 근년 유력해지고 있습니다. 이 두 개의 절 이외에도 우마코 시대에는 많은 절이 세워지는데 스이코32년(624년)의 기록에 의하면 그 당시의 사찰의 수는 46개, 비구승 816인, 비구니 569인으로 승려의 수는 1,385인이었다고 하며 당시의 기록이나 사찰건축기술면 등으로 보아 대부분의 사찰은 백제의 긴밀한 지원으로 세워진 것이라고 할 수 있습니다.

〈그림4-7〉 아스카데라.
588년 창건된 일본 최초의 절로 창건 당시의 이름은 호코지였으며 백제 위덕왕이 보낸 사찰건축 기술자들에 의해 축조됨.

소가 우마코의 부친 소가 이나메가 아스카 왕조의 토대를 세운 인물이었다고 한다면 우마코는 불교를 국교화하고 아스카 왕조의 중앙집권체제의 기틀을 다진 인물이었습니다. 그가 과단성과 행동력 그리고 통찰력을 갖춘 인물이었던 것은 모리야를 무력으로 굴복시키고 조카인 스슌왕이 자기에게 반감을 품고 있는 것을 알고는 바로 아야 씨를 시켜 살해하는 데서도 알 수 있습니다. 스이코34년(626년) 우마코가 죽었을 때 일본서기가 본래 반 소가 씨의 입장에서 기술된 사서임에도 불구하고 이례적으로 그에 대해 '무용과 지략이 있고 일을 민첩하게 처리하는 재능이 있었다. 또 불법을 공경하고 ….'라고 호의적인 인물평을 하고 있는 것도 주목됩니다.

〈그림4-8〉 호류지 전경(上), 본당(中). 쇼토쿠태자가 607년 창건한 사찰로 아스카 불교문화를 대표하는 사찰이며 한반도 관련 문화예술품을 다수 소장하고 있음.

이나메는 미야케屯倉의 전국적인 확산을 통해 각 지방의 장악에 주력하였으며 우마코의 시대에도 아직 야마토와 여러 지방에서는 중앙호족과 지방 수장들이 사병을 유지하면서 저항한 것으로 보이는데 우마코는 스슌의 제거, 미와 왕계의 구세력의 진압 등을 통해 권력의 중앙집권화에 어느 정도 성과를 거둔 것으로 보입니다. 우마코의 업적으로는 왕통의 세습제, 12관제 등 중앙집권제도의 기틀 수립, 불교의 국교화, 적극적인 대외외교정책과 백제의 선진문물의 도입, 미야케의 확장, 정비, 치수사업과 농어업진흥, 세제정비 등을 들 수 있는데 일본서기는 이러한 우마코의 업적을 쇼토쿠聖德 태자의 업적으로 돌리는 식의 기술을 하고 있습니다.

이러한 기술태도는 645년 을사乙巳의 변으로 소가가문을 멸한 텐지, 텐무 왕계에 의해 일본서기가 편찬됨으로써 이들이 일왕가의 왕과 왕자를 주살하고 왕권을 실질적으로 무력화시켰던 소가 씨를 혐오하는 시각에서 기술한데서 오는 어찌 보면 당연한 기술태도로도 볼 수 있습니다. 그럼에도 불구하고 소가 우마코는 실질적인 대왕이었던 것은 사실이었던 것으로 보이며 이러한 소가 씨의 권력은 그의 아들 에미시蝦夷와 손자 이루카入鹿의 시대까지 이어지게 됩니다. 소가 우마코의 아스카 왕조의 강력한 배후세력이 된 것이 백제였는데 위덕왕과 무왕시대의 백제와 아스카 왕조의 관계에 대해 알아보도록 하겠습니다.

백제와 아스카 왕조의 밀접한 관계

백제의 위덕왕(재위 554년~597년)은 성왕의 장남으로 성왕이 갑작스럽게 전사하자 부왕의 뒤를 이어 왕위에 오릅니다. 일본서기는 위덕왕이 긴메이18년(557년)에 즉위한 것으로 기록되어 있는데 이는 위덕왕이 부왕이 자기 때문에 죽었다는 죄의식에서 3년 상喪을 치른 후에야 즉위하였다는 것으로 실상은 554년 국정에는 임하나 정식 즉위는 557년에 있었던 것으로 보입니다. 위덕왕은 성왕의 유지를 받들어 야마토의 아스카 왕조에 대한 불교 포교와 관계 긴밀화를 위한 정책을 적극적으로 추진해 나갑니다. 일본서기는 위덕왕이 아스카 왕조의 불교진흥을 위해 지원한 내용을 다음과 같이 상세하게 기술하고 있습니다.

① 비타쓰6년(577년) 왜로 돌아가는 오와케大別왕 등에게 경론 몇 권과 율사, 선사, 비구니, 주금사, 조불공, 조사공 6인을 보내 오와케왕의 절에 거주하게 함.

② 비타쓰13년(584년) 미륵석상 1구와 불상 1구를 보냄.

③ 스슌원년(588년) 백제사인과 함께 승 혜총惠聰 등을 파견함. 또 은솔 수신 등을 파견하고 승려, 사공, 노반박사, 와박사, 화공을 보냄. 또한 우마코의 부탁을 받아들여 선신니를 받아들임. 호코지의 공사가 시작됨.

④ 스이코원년(593년) 불사리를 보내 호코지의 중심기둥의 초석에 안치함.

⑤ 스이코3년(595년) 백제 승 혜총을 파견하였는데 고구려 승 혜자惠慈와 함께 불교의 동량이 됨.

⑥ 스이코4년(596년) 호코지가 준공되니 혜자, 혜총 두 사람이 거주하고 우마코의 아들 젠토쿠노오미善德臣-소가노에미시임-가 사사寺司가 됨.

⑦ 스이코5년(597년) 왕자 아좌阿佐를 파견함.

⑧ 스이코8년(600년, 백제 무왕원년) 백제 승 관륵觀勒이 파견되어 역서, 천문지리의 서적과 둔갑, 방술의 서적을 전하고 선발된 서생들을 가르침.

⑨ 스이코11년(603년) 쇼토쿠 태자가 불상을 하타 가와가쓰秦河勝에게 주니 하치오

카노데라蜂岡寺-현재 교토에 있는 고류지広隆寺임-를 세움.

⑩ 스이코14년(606년) 구리와 비단의 장육불상을 함께 완성하고 장육丈六 동상은 간고지元興寺의 금당에 안치함.

⑪ 조메이11년(639년) 7월 왕이 '금년에 대궁과 대사를 만들어라. 백제천 옆을 궁터로 하라.'고 명함. 그래서 서쪽의 백성은 궁을 짓고 동쪽의 백성은 절을 지음. 후미노아타이아가타書直県를 대장大匠으로 삼음. 12월 백제천 옆에 9층탑을 세움.

위의 기사에서 확인되듯이 위덕왕은 사신과 승려 그리고 불교 사원건축과 불상제작의 장인들을 한 팀으로 하여 아스카 조정으로 보내 일본 최초의 절인 호코지法興寺-후의 아스카데라飛鳥寺- 건립을 주도하였음을 알 수 있으며 이들의 최고 통솔자로 백제관위 16계급의 제3위에 해당하는 고위직인 은솔 수신首信을 파견한 것은 위덕왕이 이 사찰의 건립을 국가적인 사업으로 매우 중시하였음을 보여주고 있습니다. 또한 호코지 조영에 맞추어 파견된 혜총 등 9인의 승려는 포교와 불교 행사와 관련된 활동을 주로 수행한 것으로 보이는데 이중 혜총은 백제의 대표적인 승려로 호코지의 기공식, 불사리 안치식에도 참석한 것으로 보이며 호코지가 준공된 후에는 고구려 승 혜자와 함께 호코지의 주지스님으로서 불교의 포교를 위해 활약한 것으로 보입니다.

한편 7세기 무왕의 시대가 되면 일본서기의 불교관련 기사에서 백제로부터의 승려나 사원건축이나 불상제작과 관련된 기사는 거의 찾아보기 어려운데 이는 백제의 지도하에서 이루어진 사원건축과 불상제작 등의 경험을 통해 축적된 전문적인 지식과 기술이 상당 수준까지 향상된 사정을 말해주고 있는 것으로 해석할 수 있습니다.

또한 이 시기에는 왜국이 고구려와 신라와도 교류를 넓혀가면서 불교차원에서도 교류가 이루어지는데 이러한 사실은 일본서기의 다음 기사를 통해 확인할 수 있습니다.

① 스이코3년(595년) 고구려 승려 혜자가 귀화하니 태자의 스승으로 삼음. 이 해에 백제의 승려 혜총이 오니 두 승려는 불교를 널리 퍼뜨려 삼보의 동량이 됨.

② 스이코13년(605년) 고구려 대흥왕大興王-삼국사기에 당시 고구려왕은 영양왕임-이 왜국 왕이 불상을 만든다는 말을 듣고 황금 3백 냥을 보내옴.

③ 스이코18년(610년) 고구려왕이 승려 담징曇徵과 법정法定을 보내옴. 담징은 오

경을 잘 알고 채색과 종이, 북을 잘 만들었으며 맷돌을 만듦. 아마 수력에 의한 맷돌을 만든 것은 이때가 처음일 것임.

④ 스이코31년(623년) 신라가 나밀 지세이智洗爾와 임나가 달솔 나말지智를 파견하여 불상 1구와 금탑, 사리 등을 바침. 불상은 가도노葛野의 우즈마사데라秦寺에 안치시키고 사리와 금탑 등은 시텐노지에 봉납함.

〈그림4-9〉 구다라관음상(左)과 구세관음상(右).
특히 구다라관음상은 일본이 세계에 자랑하는 빼어난 불상으로 녹나무로 제작한 228cm의 입상임.

일본인이 자랑하는 나라의 호류지法隆寺에는 구다라百濟관음상과 구세관음상〈그림4-9〉이 소장되어 있습니다. 그중 유메도노夢殿에 소장되어 있는 구세관음상에 대하여 일본의 학자들은 이 불상이 한국에서 만든 것이 아니라고 강하게 주장하고 있는데 김상현金相鉉 교수는 '한국고대사연구'(1999년)에서 세이요쇼聖誉抄에 근거하여 구세관음상은 위덕왕이 부왕인 성왕을 흠모하여 만든 성왕의 유상遺像임을 환기시킨 바 있습니다. 일본서기에 의하면 위덕왕은 조사공, 조불공 등 사찰 및 불상제작 전문가를 야마토에 파견하여 그 곳에서 사찰과 불상을 제작하였으므로 구세관음상도 왜국에서 제작되었을 가능성도 충분히 있는 것으로 보입니다.

소가 우마코는 사실상 대왕이었다!

중국 당 태종 때인 636년 위징魏徵 등이 편찬한 수隋에 관한 정사인 수서隋書의 왜국전倭國傳에 왜국 왕에 관한 다음과 같은 기사가 나옵니다. '개황開皇20년(600년) 성은 阿每(天), 자는 多利思比孤, 阿輩鷄彌로 부름. 왕의 처는 鷄彌(君)라 부름. 후궁에는 여성이 600~700인이 있음. 태자는 利(和)歌彌多弗利임.' 즉 600년 왜국왕의 이름은 아메노다리시히코 오오기미大君이고 태자는 와카미다후리라고 불린다는 내용입니다. 여기서 가장 문제가 되는 것은 수서가 600년 당시 왜국 왕을 '다리시히코'라 고하고 분명히 남성으로 기록하고 있는데, 일본서기는 당시의 왜국 왕을 여왕 즉 스이코推古 여왕(재위 592년~628년)으로 기록하고 있다는 사실입니다. 일본서기 스이코기15년(607년) 조에는 왜국이 처음으로 수나라에 사신 오노노오미 이모코小野臣妹子를 보내는데 이 최초의 견수사遣隋使에 관하여는 수서 왜국전에도 대응하는 기사가 있어서 역사적인 사실로 확인됩니다.

또 다음 해인 스이코16년(608년)에는 수의 사신 배세청裵世淸이 처음으로 왜국을 방문하여 왜국 왕과 접견도 하는데 왜국 왕이 다리시히코라는 수서의 기록은 이러한 양국 간의 사신교류를 토대로 기록된 것으로 사실임이 분명합니다. 따라서 당시의 왜국 왕이 스이코라는 일본서기의 기술은 사실이 아니고 스이코는 존재하지 않았거나 명목상의 왕에 불과하였다는 것이겠지요. 그렇다면 당시 왜국의 실권자는 소가 우마코였으니 수서가 왜국 왕으로 기록한 다리시히코는 우마코일 수밖에 없다는 결론이 나옵니다. 더 희한한 것은 607년 수에 보낸 사신을 대당大唐에 보냈다고 하고 배세청을 대당의 사자라고 일부러 틀리게 기술하는 한편 다리시히코의 정체에는 전혀 언급하지 않는데 이는 모두 우마코가 사실상 왜국의 왕이었던 사실을 은폐하기 위한 의도에서 나온 것으로 보입니다.

소가 우마코와 그의 아들 에미시蝦夷 그리고 손자 이루카入鹿의 소가 씨 3대가 사실상의 대왕이었음을 보여주는 또 다른 사례로 아스카 왕조의 역대 왕들의 무덤이 모두 소가 씨의 선산인 가와치의 다이시초太子町나 아스카의 백제인 촌에 있고 당시의 왕궁이 확인되지 않고 있는 반면 소가 씨의 저택은 모두 궁궐처럼 규모가 크고 화려하였다는 사실이 발굴조사를 통해 확인되었다는 사실입니다. 소가 이나메는 그의 딸들을 모두 긴메이왕의 비로 보냈는데 이러한 소가가에 의한 일왕가와의 혈통 일원화 작업은 우마코 때에도 계속됩니다. 즉 아스카 왕조의 왕들은 소가 씨를 어머니로 하여 태어나 소가 씨 저택에서 성장하고 아마도 그곳에서 허울뿐인 왕 노릇을 하였거나 신사에 머물면서 왕의 본연의 임무인 신관으로서의 제사 정도의 업무를 하면서 소일하고 실제 국정은 완전하게 소가 씨에 의해 이루어졌던 것이 실상이었다고 보이는데 현재는 아스카 왕가가 사실상의 소가가라는 견해가 일본의 학계에서도 상당부분 수용되고 있는 것으로 보입니다. 따라서 소가 씨의 전성시대는 우마코가 실권을 장악한 587년부터 이루카가 살해당한 645년까지의 약 60년이라 할 수 있고 이나메가 531년 '신해의 변'으로 긴메이왕을 옹립하여 실권을 장악하기 시작한 이나메의 시대를 포함하면 약 110년이 소가 씨의 시대가 되는 것으로 볼 수 있습니다.

한편 발굴조사를 통해 확인된 이나메의 저택으로는 아스카촌의 무쿠바라向原에 있는데 이 저택에는 후에 스이코와이 고하리다小墾田궁으로 사용하였고 덴무 천황이 병기고로 사용하였다는 기록이 있을 정도로 넓었던 것으로 보이며 백제 성왕이 보낸 첫 불상이 안치되고, 이나메가 참배하였다는 무쿠바라노덴向原殿이 소재했던 곳으로 보이는데 지금도 주존인 아미타불에 대한 참배객들의 발길이 이어지는 젠코지善光寺가 향원전이 있던 자리로 여겨지고 있습니다. 이나메는 이 저택 이외에도 오가루에 있던 가루노마가도노라는 별채에서 주로 정사를 본 것으로 기록되어 있습니다. 우마코의 저택은 네 곳에 있었는데 외국사신을 맞이하고 정사를 본 것은 주로 히노구마의 시마노쇼島庄였고 이시가와石川 저택에는 불사원을 짓고 미륵불석상을 안치하여 참배하였다고 합니다. 시마노쇼에는 부여의 궁남지를 본뜬 연못이 있고 연못 한 가운데에는 조그만 인공섬을 만들었는데 이러한 연유로 사람들은 우마코를 섬 대신이라고도 불렀다고 합니다. 덴무 천황이 672년 임신壬申의 난에서 승리한 후 머문 곳도 이 시마노쇼였는데 이곳은 후일 덴무궁으로 쓰이기도 합니다.

이시와타리 신이치로 씨는 소가 씨 3대가 사실상의 대왕이었다는 주장에서 한발 더 나아가 소가 우마코가 실제로 긴메이왕의 아들로 실제로 아스카 왕조의 왕이었다는 주장을 펼칩니다. 우마코가 긴메이왕과 기타시히메에서 출생한 요메이왕이고 요메이왕에 이어 즉위한 스슌, 스이코는 실재한 왕이 아니고 우마코의 대왕시절의 왕들로 창작된 왕들이라는 것입니다. 그는 그 근거로 우마코의 처이자 모리야의 여동생 후쓰히메太姬는 요메이가 범하였다고 하는 오시사카히코히토노오에押坂彦人大兄의 여동생 우지菟道 왕녀와 동일 인물이라는 정황이 있고 비타쓰왕의 아들인 오시사카히코가 모노노베 모리야와 동일 인물이라는 점을 거론합니다. 따라서 비타쓰왕은 긴메이가 센카의 딸인 이시히메石姬를 비로 취하여 낳은 아들이고 우마코는 긴메이가 소가계의 기타시히메堅鹽媛을 왕후로 하여 낳은 아들로 비타쓰사후의 왕위계승 문제로 우마코가 비타쓰의 아들인 오시사카히코히토를 살해하고 왕위에 올랐다는 것입니다.

또한 일본서기는 587년 있었던 우마코와 오시사카히코히토와의 분쟁을 은폐하기 위해 이 전쟁을 우마코와 모리야간의 '불교전쟁'으로 묘사하고 있다고 합니다. 비타쓰왕은 반불교적인 왕으로 알려져 있는데 그의 아들 역시 비타쓰의 영향으로 반불교적인 성향을 가졌던 것으로 이시와타리는 보고 있으며 소가 이나메는 우마코의 아버지로 창작된 허상의 인물로 그 실체는 긴메이왕으로 보고 있습니다. 이 설은 매우 흥미로운 추정으로 보이지만 좀 더 면밀한 검토가 필요한 것으로 보여 필자로서는 소가 우마코부터의 3대에 걸친 소가 씨들을 실질적인 대왕노릇을 한 아스카 왕조의 최고 권력자인 오오미大臣로 보도록 하겠습니다.

쇼토쿠聖德 태자는 실재하였는가?

일본의 역사에서 가장 존경을 받고 있는 인물의 한 명이 쇼토쿠聖德 태자(574년~622년)인 것은 잘 알려져 있는 사실입니다. 이는 일본서기가 그를 무엇이든 모르는 것이 없는 천재, 미래를 내다보는 능력을 지닌 신적인 존재로 묘사하고 혼자서 헌법과 수많은 책들을 집필하고 젊은 나이에 엄청난 업적을 남긴 위인으로 그리고 있는데서 비롯된 것으로 후세에 그에 대한 찬사가 축적되어 그는 일본의 지폐에도 나올 정도로 일본인의 마음속에 각인된 '영웅신화'의 완벽한 주인공이 되고 있습니다. 그에 대한 일본서기의 기사를 보면 요메이기원년(585년) 요메이왕의 아들인 우마야도廐戶 왕자로 등장하여 587년 '불교전쟁' 때는 소년임에도 우마코와 한편이 되어 참전하여 공을 세우고 스이코원년(593년) 태자가 되어 국정을 실제로 집행하였으며 스이코12년(604년)에는 직접 헌법17조를 만들었고 스이코29년(621년)에 죽었다고 합니다. 이처럼 쇼토쿠 태자가 초인적이고 신적인 능력을 지닌 인물로 그려진 만큼 그의 실재여부에 대하여는 많은 의혹이 제기되어 왔는데 최근에는 쇼토쿠 태자의 비실재설이 재야사학자는 물론 문헌사학자들로부터도 유력한 견해가 되어 가고 있는 것은 매우 흥미로운 전개라고 할 수 있으며 이시와타리 씨도 대표적인 쇼토쿠 태자 비실재론자입니다.

쇼토쿠 태자 비실재설의 논거의 하나는 '불교전쟁' 이후 아스카 왕조의 실권자는 우마코임이 모든 자료나 정황으로 보아 분명함에도 쇼토쿠 태자가 593년 태자가 되어 국정을 집행한 것으로 되어 있어서 실제의 역사적 상황과는 괴리가 있다는 점을 우선 들 수 있겠습니다. 쇼토쿠 태자가 짧은 치세 중에 모노노베를 타도하고 많은 사원을 지어 불교를 진흥하며, 또한 17개조의 헌법을 만들고 12개 관위를 제정하며 견수사를 파견하는 등의 업적을 세웠다고 보는 것은 무리이고 이는 실제로는 대부분 소가노우마코가 행한 업적들이라는 것입니다. 무엇보다도 결정적인 증거는 고교쿠2년(643년) 기사에 쇼토쿠 태자의 아들 야마시로노오에山背大兄는 물론 그의 자제들과 가족 모두가 다 함께 소가노에미시에 의해 죽임을 당함으로써 이후 쇼토쿠 태자의 자손은 완전히 사라지는 것으로 일본서기가 기술하고 있다는 점입니다. 이제는 창작되어 주어진 용무를 마쳤으니 사라져도 되겠다는 식으로 일본서기가 쇼토쿠 태자의 모든 자손을 퇴장시키는 것이라고 할 수 있습니다.

그렇다면 그 용무란 무엇이었을까요. 그것은 말할 것도 없이 소가 우마코가 이룩한 업적을 그대로 그의 업적으로 사서에 남길 수는 없었기 때문에 그를 대신하는 용무를 수행하는 것이 쇼토쿠 태자의 역할이었던 것이지요. 일왕가의 입장에서 보면 우마코가 비록 아스카 왕조를 위해 많은 공헌을 했다 하더라도 그와 그의 손자 이루카가 왕과 왕자 등 왕족을 많이 죽였고 스스로 왕이 되려고 한 악인들이었다고 보았기 때문에 우마코의 업적부분을 쇼토쿠 태자라는 영웅을 창작하여 그의 업적으로 바꿔치기를 하였다고 보는 것입니다. 그래서 쇼토쿠 태자를 창작하였는데 자식이 한 명이라도 없는 것은 부자연스러워 야마시로노오에라는 아들을 둔 것으로 하였지만 그 자손들의 이야기를 한없이 할 수는 없기 때문에 아들의 대에서 온 가족들도 무대에서 퇴장시킨 것으로 보입니다. 이러한 시각에서 볼 때 결국은 소가 우마코의 분신은 요메이왕(재위 585년~587년)과 스이코왕(재위 592년~628년) 그리고 쇼토쿠 태자라고 할 수 있고 일본서기에 그 사이의 왕으로 기술된 요메이, 스슌(재위 587년~592년), 스이코왕은 모두 허구의 왕들이 되는 셈입니다. 스이코가 죽는 해(628년)와 우마코가 죽는 해(626년)가 거의 같은 시기인 것도 흥미롭습니다.

찬란하게 꽃핀 아스카 불교문화

백제의 성왕이 야마토의 왜국에 불교를 전한 지 반세기가 지나면서 마침내 왜국에서도 불교문화가 발흥하기 시작하고 스이코여왕 시대(592년~626년)에 아스카를 중심으로 수많은 절들이 세워지고 많은 불상과 미술공예품들이 제작되어 불교문화가 꽃피게 되는데 불교문화가 흥하는 스이코여왕 시대와 소가 씨 3대가 실권을 장악한 592년에서 645년까지를 일반적으로 일본에서는 아스카 시대라고 부릅니다. 그러나 왕궁 소재지로 볼 때는 센카왕이 535년 처음으로 아스카에 궁을 지은 것으로 되어 있고 710년 나라의 헤이조쿄平城京로 천도하였으므로 아스카 왕조는 사실상 535년~710년간이라고 할 수도 있겠지요.

아스카 시대 불교문화의 첫걸음이 된 것은 아스카에 세워진 호코지法興寺라는 사찰의 건립입니다. 지금은 아스카데라飛鳥寺로 더 알려진 이 절은 소가 우마코의 발원으로 588년 공사를 시작하여 왜국에의 불교포교차원에서 백제의 위덕왕이 승려들과 불상 및 사찰건축기술자 등 전문가를 보내어 8년 후인 596년 준공한 일본 최초의 사찰로서 577년 백제의 왕흥사를 건립한 기술자들이 그대로 왜국으로 건너가 세운 것으로 알려지고 있습니다. 아스카데라의 창건을 시작으로 이후 왜국에서는 아스카지역을 중심으로 수많은 불상이 제작되고 사찰이 세워지면서 백제식의 아스카 불교문화가 꽃을 피게 됩니다. 호코지는 794년 헤이안쿄로 천도할 때 절을 허물고 그 자재를 교토로 가져가서 간고지元興寺를 짓는데 활용한 것으로 알려지는데 1956~1957년의 발굴조사에서 호코지는 1탑 3금당 양식의 가람배치를 한 사찰이었던 것이 확인되었습니다. 호코지가 있던 터에는 현재 조그마한 사당인 안고인安居院을 지어 놓고 일부가 훼손된 당시의 본존 불상만을 안치하여 놓고 있어서 방문자들의 마음을 아쉽게 하고 있습니다.

아스카데라에 이어 쇼토쿠 태자의 본거지로 알려진 이카루가斑鳩에도 또 하나의 사찰인 호류지法隆寺가 607년 경에 완성되는데 금당과 오중탑이 나란히 서있는 형식입니다. 호류지의 금당에는 610년 왜국으로 건너온 고구려의 중 담징이 그렸다는 금당벽화〈그림4-10〉가 유명한데 원래의 그림은 1949년의 화재로 불타서 소실되고 화가들이 후에 모사하여 그렸다는 벽화들을 볼 수 있습니다. 호류지의 구다라관음당에는 구다라관음百濟觀音이란 아름다운 불상과 비단벌레의 날개를 깔고 금동으로 정교하게 제작된 공예품인 다마무시노즈시玉蟲廚子〈그림4-11〉가 전시되어 있는데 모두 백제에서 제작된 것으로 추정되고 있습니다. 또한 호류지의 유메도노夢殿에는 구세관음상이 소장되고 있는데 이는 위덕왕이 선왕인 성왕의 모습을 불상으로 형상화하여 제작하여 왜국으로 보낸 것으로 추정되고 있습니다.

〈그림4-10〉 호류지 금당벽화.
다소 논란은 있으나 금당벽화인 사불정토도는 고구려의 승려 담징이 그린 것으로 알려지고 있는데 일본서기에 담징은 먹과 종이 제조법을 가르친 학자이자 화가로 기술됨.

〈그림4-11〉 호류지 다마무시노즈시玉蟲廚子.
불상을 담는 불상궤로 높이 226.6cm이며 비단벌레 1,500마리 이상을 사용하여 제작됨.

한편 아스카의 다카마쓰즈카高松塚고분〈그림4-12〉에서는 1972년 발굴시 내부벽면과 천정에서 사신四神도, 천문도, 인물상 등의 벽화가 발견되었는데 특히 여자군상도의 여성들의 복장이 고구려와의 관련성이 큰 것으로 추정되고 있어서 주목됩니다. 또한 호류지에서 가까운 거리에 있는 후지노키藤ノ木고분〈그림4-13〉에서는 우리나라의 고분에서 출토된 유물들과 흡사한 유물들이 발굴되어 주목을 끌었는데 특히 금동제신발은 무령왕릉에서 출토된 왕비의 금동신발과 매우 흡사하여 그 관련성이 제기되고 있습니다. 후지노키 고분은 횡혈식 석실고분으로 6세기 후반 조성된 것으로 보이는데 1988년 내부조사에서 금, 은, 금동관, 금동제 장식구, 동경, 환두대도, 마구, 구슬류 등 1만여 점의 유물이 발견되어 일본에서 큰 관심을 받은 바 있습니다.

아스카 시대에 건립된 사찰로서 나라지역은 아니지만 오사카의 시텐노지四天王寺와 교토의 고류지広隆寺〈그림4-14〉도 아스카 불교문화를 대표하는 사찰이라고 할 수 있습니다. 고류지에는 우리나라의 국립박물관이 소장하고 있는 금동미륵보살반가

〈그림4-12〉 다카마쓰즈카 고분과 벽화(여인상).
7~8세기에 조영된 것으로 보이며 벽화인 여성군상도의 복장과 사신도, 천문도는 고구려와 관련이 큰 것으로 추정됨.

〈그림4-13〉 후지노키 고분 금동제 신발(上)과 금관(下).
직경 40미터의 횡혈식 석실로 6세기 초 조영된 것으로 추정되며 발굴시 출토된 1만 여점의 유물의 상당수가 한반도 계통의 것으로 보여짐. 금동제 신발은 일본의 고분에서 다수 출토되는데 후지노키 고분의 것은 무령왕릉의 것과 매우 흡사함.

사유상과 빼어 닮은 일본의 국보1호인 목재의 보관미륵보살반가사유상〈그림4-15〉이 전시되어 있는데 이는 일본서기 스이코11년조(603년)에 쇼토쿠 태자가 당시 야마시로山城-현재의 교토-에 살던 신라계 도래인들의 우두머리격인 하타 가와가쓰秦河勝에게 주었다는 불상이거나 스이코31년(622년) 신라의 나말 지세이 등을 통해 보냈다는 불상으로 보입니다. 시텐노지에 관하여는 스이코 기원년(593년) 나니와의 아라하카荒陵에 짓기 시작하였다는 기록이 있는데 완성된 시기는 알 수 없으나 호코지와 함께 초기의 아스카 불교문화를 대표하는 사찰임은 분명해 보입니다. 시텐노지는 중세에 화재로 소실되어 재건되었으나 태평양전쟁으로 주요 건물들이 다시 파괴되어 후에 복원된 건물들이 많다고 하는데 강당, 금당, 탑, 중문을 일자로 배치하는 백제식 가람배치는 그대로 남아있다고 합니다.

〈그림4-14〉 고류지.
622년 교토에서 처음으로 창건된 사찰로 신라계 하타秦 씨 일족의 씨사임.

한편 현재의 나라현 고료초広陵町 구다라百済라로 불리는 지역

〈그림4-15〉 보관미륵보살반가사유상(左).
일본의 국보1호로 우리나라의 금동미륵보살반가사유상(右)과 '쌍둥이 불상'으로 불릴 정도로 흡사하며 신라에서 제작된 것으로 추정됨.

에는 아스카 시대에 구다라노노百濟野라고 불린 들판이 있고 그 한 가운데를 백제천-지금은 소가천曾我川-이 흐르고 있었으며 그 강가에 백제사 삼중탑〈그림4-16〉이 솟아 있고 탑 앞에는 구다라데라百濟寺 공원이 있는데 이 부근이 비타쓰왕 원년(572년)에 지었다는 구다라오이百濟大井궁이 있던 곳으로 보는 견해도 있습니다. 또한 조메이舒明(재위 629년~641년)왕11년 조(639년)에는 조메이왕이 백제대궁과 백제대사를 짓게 하였다는 기록이 있고 최근에 나라국립문화재연구소가 백제천가의 기비노이케吉備池의 바닥에서 고대사원의 유적을 발견하였고 이곳을 백제대사의 터로 판단하였는데 이에 따라 비타쓰의 손자인 조메이왕이 구다라노오이궁을 물려받았고 이 부근에 궁이 있었을 가능성도 제기되고 있습니다.

〈그림4-16〉 구다라지百濟寺 삼중탑.
지금의 소가강변에 남아있는 삼중탑으로 조메이왕이 지었다는 구다라노오데라百濟大寺의 9중탑이었을 가능성도 제기됨.

아스카飛鳥, 明日香는 고국을 떠나 바다를 건너온 백제인들에게는 제2의 고향이었습니다. 4세기 말부터 시작된 백제인들의 가와치와 야마토로의 대거 이주는 6세기에 들어와 이곳에 아스카 왕조를 세우고 먼저 도래한 가야, 신라계 등의 세력들과 대치, 협조하면서 일본열도의 중심세력으로 성장하게 됩니다. 이러한 백제인들의 일본에서의 본거지이자 제2의 고향이 바로 아스카 지역이라고 할 수 있겠지요. 사실 아스카라는 지역은 두 곳이 있는데 가와치의 남부 후루이치古市지역과 야마토 나라분지 동남부의 아스카, 히노구마檜隅지역이 그것입니다.

후루이치 지역은 백제인들이 나니와를 거쳐 정착하여 개척한 지역으로 '가까운 아스카'라고 불리는 곳이며 야마토의 아스카는 이들이 후에 다케우치竹內 고개를 넘어와 정착한 곳으로 '먼 아스카'로 불리는 지역인데 아스카 왕조의 중심이 되고 아스카 불교문화의 발상지가 되는 곳이기도 합니다. 아스카 불교문화를 주도한 것은 물론 백제였지만 일본서기의 기록에서 보듯이 고구려와 신라도 승려의 파견과 포교, 불상의 보급, 사찰건축에의 참여 등을 통하여 아스카 불교문화의 발전에 기여하였습니다. 이러한 관점에서 보면 아스카 불교문화는 당시의 한반도 삼국이 모두 참여하여 만들어낸 다양성 있는 문화였다고 할 수 있겠지요.

아스카 불교문화를 일본 측에서 볼 때 최대의 공로자는 소가 씨, 그 중에서도 특히 소가 우마코를 들지 않을 수 없습니다. 일본서기를 보면 불교를 수용하고 사찰을 세우는 등 불교의 진흥과 포교를 주도한 두 명의 인물이 즉 우마코와 쇼토쿠 태자입니다. 헌데 쇼토쿠 태자가 소가 우마코가 행한 업적의 분신으로 일본서기가 그려낸 허상일 가능성이 높다고 본다면 결국 일본의 불교도입과 포교를 주도하고 불교문화를 꽃피운 인물은 소가 우마코라고 할 수 있겠지요. 따라서 아스카에서의 불교진흥은 전적으로 소가 우마코에 의해 이루어진 것이라고 할 수 있으며 이의 출발점이 되는 것이 호코지 즉 아스카데라의 창건이었습니다. 호코지의 존재를 통하여 왜국의 불교수용이 동아시아에 알려지고 국내적으로는 아스카와 왜국의 전토를 연결하는 유대가 되었던 것입니다. 소가 우마코야말로 왜국의 불교흥륭의 주역이었던 것입니다.

제15화
을사乙巳의 변과 소가 씨의 몰락

소가 우마코蘇我馬子와 그의 아들 에미시蝦夷 그리고 손자 이루카入鹿의 3대는 야마토왕들의 외척으로서 아스카 조정의 실질적인 대왕으로 불릴 정도로 권세를 누렸으나 645년 나카노오에中大兄 왕자와 나카토미 가마타리中臣謙足가 공모하여 일으킨 일종의 쿠데타인 을사乙巳의 변-일본에서는 잇시노헨이라고 함-으로 소가 이루카가 암살됨으로써 소가 씨 권력은 약 60년 만에 종식됩니다. 이 사건은 왕권회복을 위해 백제 본국에서 파견된 백제왕자 나카노오에 등이 사실상 소가 씨에게 빼앗긴 백제의 후국 왕이었던 야마토왕의 왕권을 회복하기 위해 벌인 사건이라고 해석할 수 있으며 이 사건으로 야마토 조정의 왕권이 회복되고 중앙집권적인 정치체제가 강화되는데 이를 위해 실시된 몇 가지 개혁정책을 소위 다이카개신大和改新이라고 부릅니다.

일본의 학계에서는 을사의 변을 거사한 목적이 당시 당唐이라는 대륙의 강국의 대두로 한반도 3국간의 각축이 본격화되는 등 격변하는 동아시아정세에 대응하여 새로운 정치체제를 구축하고 백제일변도의 외교정책을 지양하기 위한 정치, 외교적인 목적을 위한 것이었다고 보고 있습니다. 실제로 을사의 변 후에 즉위한 제36대 고토쿠孝德왕(재위 645년~654년)은 646년 공지공민제公地公民制와 지방행정조직의 확립을 골자로 하는 다이카개신을 선포하는 한편 대외적으로는 648년 견당사를 파견하고 647년 신라의 김춘추를 환대하는 등 그때까지의 일관된 백제일변도의 정책에서 다소 벗어난 외교정책을 시행하게 됩니다. 그러나 이러한 대내외적인 새로운 정책은 나카노오에 왕자를 중심으로 한 백제 세력의 반발로 사실상 시행되지 못하다가 654년 고토쿠왕이 죽음으로써 야마토 조정은 다시 친백제 정책으로 돌아가게 됩니다.

소가계가 아니었던 조메이舒明왕

628년 스이코 여왕이 75세의 나이로 죽자 그녀의 뒤를 이어 즉위한 왕이 일본서기 제34대왕인 조메이舒明왕(재위 629년~641년)입니다. 그때는 소위 '소가 씨 전성시대'를 주도한 인물이었던 소가 우마코(626년 사망)와 쇼토쿠 태자(622년 사망), 그리고 스이코 여왕(628년 사망)이 모두 이 세상 사람이 아니었다는 의미에서 그 이전의 시기와는 시대환경이 변화된 새로운 시대가 시작되었다고 할 수 있겠지요. 실제로 우마코의 권력이 아들 에미시蝦夷에게 이어져 에미시가 오오미大臣로서 사실상의 대왕 역할을 한 것으로 보이기는 하지만 그의 권위나 권력은 우마코 시절에는 미치지 못했던 것을 일본서기의 기사를 통해 감지할 수 있습니다. 이러한 조짐은 특히 조메이왕의 왕위계승을 둘러싸고 조메이왕이 되는 다무라田村 왕자를 지지하는 소가 에미시와 세자였던 쇼토쿠 태자의 아들인 야마시로노오에山背大兄 왕자를 미는 우마코의 동생 사카이베 마리세境部摩理勢의 분쟁을 통해 확인되는데 결국 에미시가 군사를 동원하여 마리세 부자를 살해함으로써 승리하기는 하지만 소가씨의 동족간의 분쟁은 소가씨의 균열과 이나메의 권위의 손상을 초래하게 됩니다.

그런데 에미시가 부모 모두 소가계인 야마시로노오에 왕자가 아니고 비 소가계인 다무라 왕자를 왕으로 세운데 대하여는 여러 가지 의문이 제기되고 있습니다. 야마시로노오에 왕자의 실재를 인정하는 일부학자들은 야마시로노오에 왕자가 부친인 쇼토쿠 태자의 영향으로 친신라적인 성향을 갖고 있어서 강경한 반신라, 친백제주의자인 에미시로서는 다무라 왕자를 밀 수 밖에 없었을 것이라는 견해를 보이고 있습니다. 한편 쇼토쿠 태자 일가가 존재하지 않았다고 보는 학자들은 에미시와 마리세의 분쟁이야기는 실제로는 626년 우마코가 죽은 후 실질적인 대왕인 오오미의 자리를 두고 우마코의 아들인 에미시와 동생인 마리세가 벌인 대결이라는 견해를 피력하고 있는데 상당히 유력한 견해로 보입니다. 다만 이시와타리 씨는 이에서 한 발 더 나아가 조메이왕은 대왕 에미시의 허상이고 실제로는 존재하지 않았다는 견해를 피력하고 있는데 이를 그대로 수용하기에는 무리가 있어 보이며 조메이왕 대의 실권자는 에미시로 그가 사실상의 대왕이었다는 선에서 이해하고자 합니다.

이처럼 에미시의 지지로 아스카 왕조의 조메이왕이 된 다무라 왕자의 출자에 대해 강길운 교수는 스이코5년(597년) 조에 왜국으로 건너온 것으로 기록된 위덕왕의 아들 아좌阿佐 태자라고 하면서 몇 가지 논거를 제시하고 있어서 주목됩니다.

첫째는 조메이왕이 백제천변에 백제대궁과 백제대사를 짓고 백제궁에서 살았으며 빈소를 백제대빈이라고 하였으므로 조메이왕이 백제계왕이었던 것은 명백하다는 것입니다.

둘째로는 백제계의 왕손이 왜국에서 왕이 되려면 무언가의 연고가 있어야 되는데 그 당시 왜국에 연고가 있던 백제 왕손은 아좌 태자뿐이며 그가 본국으로 돌아갔다는 기록이 일본서기에 보이지 않으므로 아좌 태자는 위덕왕의 동생인 혜惠가 왕위를 찬탈하고 그 아들이 백제의 법法왕이 되자 귀국을 단념하고 같은 백제계인 소가 우마코와 우호적인 관계를 유지하다가 스이코왕이 죽자 소가계의 지원으로 왕위에 오른 것이라는 것입니다.

셋째 그의 시호는 '오키나가息長 …' 로 장수한 왕임을 알 수 있는데 실제로 아좌 태자가 왜국으로 온 것이 597년이고 왕위에 오른 것이 629년, 사망한 해가 641년이므로 장수한 왕이라는 것입니다. 또한 조메이의 부친의 시호인 '오시사카押坂히코히토…'의 '押坂'은 '아좌阿佐'를 전도한 '좌아佐阿'와 그 뜻이 '돕는 언덕'으로 같은 것도 우연의 일치로 보기 어려운 점 등도 논거로 들고 있습니다. 아좌 태자는 현재 궁내청이 소장한 '쇼토쿠 태자상'〈그림4-17〉을 그린 화가로도 알려지고 있는데 강길운 교수의 견해를 사실이라고 단정할 만한 증거는 없으나 당시 백제계의 소가 씨가 실권을 장악한 아스카 왕조에서 있을 수 있는 유력한 견해라고 할 수 있습니다.

〈그림4-17〉 쇼토쿠 태자상.
백제의 아좌 태자가 그린 초상화로 알려졌으며 일본왕실 궁내청에 비공개로 소장되어 있다 함.

일본서기를 보면 조메이왕의 치세와 관련해서는 백제대사, 백제대궁, 백제대빈 등 조메이왕이 유난히 백제와 관련이 깊은 왕이라는 점과 조메이왕대에 당에서 유학중이던 학문승들이 3회에 걸쳐 신라의 도움으로 왜국으로 귀환한다는 기사가 특히 주목됩니다. 먼저 조메이기11년(639년) 7월조를 보면 왕이 금년에 대궁과 대사를 만들라고 하고 백제천 옆을 궁터로 하라고 명하는데 서쪽 백성은 궁을 짓고 동쪽 백성은 절을 지었다고 하며 12월에는 백제천 옆에 9층탑을 세웠다고 합니다. 또한 조메이기13년(641년) 조에는 왕이 백제궁에서 죽었는데 궁의 북쪽에 빈궁을 설치하였고 이를 백제대빈大殯-백제의 3년 상喪을 의미함-이라 한다고 기술되어 있어서 그가 백제계의 왕이었던 것은 확실해 보입니다. 아스카 왕조에서는 소가 씨의 주도아래 유력 씨족, 호족들에 의해 사찰이 세워지는데 왕이 직접 발원하여 세운 사찰은 없었으므로 백제대사는 왕명으로 건립된 최초의 사찰이라고 할 수 있으며 조메이왕은 불교도입 이래 불교에의 귀의를 실천한 최초의 왕이라고 할 수 있습니다.

조메이왕이 불교에 귀의하고 백제대사를 지은 이유에 대하여 다무라 엔초 씨는 승민僧旻 등 당에 유학한 학문승들의 영향을 받은 것으로 보고 있는데 이들로부터 당의 황제나 한반도 삼국의 국왕이 모두 불교에 귀의하고 있다는 사실을 알게 되었고 이에 자극을 받아 불교에 귀의하고 절도 짓게 되었다는 것입니다. 특히 그는 당시 아스카불교의 중심지는 호코지法興寺였는데 이는 소가 씨의 씨족사찰이고 혜총, 관륵 등 백제의 승려들이 주류였기 때문에 당에서 귀국한 학문승들이 불법을 펼칠 사찰의 건립이 필요하여 백제대사를 짓게 되었을 것으로 보고 있습니다.

또한 조메이왕은 백제대궁과 백제대사를 백제천 옆에 세웠다고 하는데 백제천은 현재의 소가천曾我川으로 조메이왕이 대사를 아스카가 아니고 백제천 변에 세운 것은 아스카가 소가 씨의 영역이었음을 감안한 것으로 보고 있습니다. 백제대사의 위치에 관하여는 아직 논쟁이 있으며 나라문화재연구소측은 1997년 기비노이케폐사터吉備池廢寺跡 발굴시 발견된 거대한 금당 터와 탑의 기단과 기와로 미루어 백제대사가 이곳에 있던 것으로 추정하는데 통설은 기타가쓰라기北葛城군 고류초広龍町의 백제百濟 지역으로 보고 있으나 아직까지 이곳에서는 백제대사와 관련되는 아무런 유물이나 유적이 발견되지 않고 있습니다. 백제대사는 후에 그 명칭이 다케치高市대사에서 다이칸大官대사로 그리고 최종적으로는 다이안지大安寺〈그림4-18〉로 바뀌게 됩니다.

〈그림4-18〉 다이안지.
현재의 다이안지는 조메이왕 때 백제천변에 세웠다는 구다라오데라가 최종적으로 옮겨지어진 것으로 알려짐.

한편 조메이기에는 당에 파견되었던 학문승이 3회에 걸쳐 신라의 송사送使의 도움으로 귀국하였다는 기사를 싣고 있어서 주목됩니다. 조메이4년(633년) 조에는 학문승 영운靈雲, 승민僧旻, 승조양勝鳥養의 3인이 신라의 송사와 함께 귀국하였고, 조메이11년(639년)에는 혜은惠隱과 혜운惠雲이 신라의 송사를 따라 귀국하였으며 조메이 12년(640년)에는 미나미부치 쇼안南淵清安과 다카무쿠 겐리高向玄里가 신라를 경유하여 귀국하였다고 기록되어 있습니다. 이들의 귀국이 주목되는 것은 당시 아스카 왕조는 친백제일변도의 정책을 추진하고 있었는데 어떻게 백제가 아니고 신라의 도움으로 당에서 귀환하였는가의 의문 때문입니다. 이들 학문승 중 승민, 혜온, 쇼안, 겐리는 스이코왕16년(607년)에 견수사의 일원으로 파견되어 중국에서 30년 전후의 긴 세월을 보냈지만 본국의 무관심으로 귀국하지 못하다가 조메이왕대에 이르러 마침내 신라의 지원으로 귀국하게 되었던 것입니다.

다무라 엔초 교수는 왜국의 학문승이 신라의 도움을 받은 것은 당시 신라는 많은 유학승을 당에 파견하고 있었고 양국의 불교교단 사이에 협조관계가 구축되어 있었던 반면 백제의 경우에는 학문승의 수도 적었고 해서 교단간의 협조관계도 없었는데 이는 신라의 불교가 국가불교였던데 반해 백제불교는 씨족 불교적이었기 때문으로 보고 있습니다. 왜국의 당나라 학문승 중에서 승민, 혜은, 쇼안, 겐리 등은 646년 다이카개신大化改新에서 십사十師, 국박사國博士로 임명되어 왜국의 불교진흥과 외교정책 등에도 중요한 역할을 한 것으로 보여 져 이들이 신라와 교류하고 신라의 지원으로 귀국한 사실에 주목하게 되는 것입니다. 특히 승민은 다이카개신후 호코지의 사주寺主로 임명되는데 고토쿠 정권에서 지도적인 인물로 활약한 것으로 알려져 있습니다.

한편 조메이기2년(630년) 조에는 이누카미노기미 미타스키犬上君三田耜를 당에 사신으로 보냈고 조메이기4년(632년) 8월 조에는 당이 고표인高表仁을 사신으로 파견하여 미타스키를 귀국시켰으며 당의 사신들은 나니와의 객관에서 머문 후 다음해 정월 귀국하였다는 기사가 있습니다. 그런데 일본서기에는 기록이 없는데 반해 구당서 왜국전에는 신주자사新州刺史인 고표인高表仁을 사신으로 보냈으나 왜국의 왕자-당시의 왜국의 사정으로 보아 왕자는 소가 이루카로 보임-와 예禮를 다투어 고표인이 당태종의 조를 전하지 않고 그대로 귀국하였다는 기술이 있어서 당시의 왜국과 당의 관계가 원만하지 않았던 것을 암시하고 있어서 주목됩니다. 실제로 구당서舊唐書 왜국전에 의하면 왜국이 그 후 당에 사신을 보내 왜국의 동정을 보고한 것은 다이카大化4년(648년)으로 633년에서 648년까지의 15년간은 당과 왜국이 사실상 국교가 단절된 상태에 있던 것으로 보입니다.

이에 대해 김현구金鉉球 고려대 교수는 '야마토 정권의 대외관계연구'에서 고표인과 왜국의 왕자가 다툰 원인은 고표인이 제1차 견당사였던 미타스키를 신라를 경유하여 귀국시켰고, 또 신라의 송사를 통해서 귀국하게 한데 대한 왕자의 불만이었다고 보고 있습니다. 나아가 당태종이 왜국이 신라를 지원할 것을 요구하였고 제1차 견당사를 신라를 통해 귀국시킨 것도 이러한 당태종의 의향이 반영된 것으로 본 왜국의 왕자가 반발하였기 때문으로 보고 있는데 타당한 해석으로 보입니다. 당시의 아스카 정권은 일관되게 친백제정책을 지속하고 있었기 때문에 신라와의 관계를 중시하는 당의 입장이 왜국으로서는 못마땅하였을 것인데 이러한 당의 태도로 인해 당시 아스카 왕조의 실권자였던 에미시와 이루카는 당과의 국교회복에 나서지 않았던 것으로 보입니다.

소가계 몰락을 예고하는 고교쿠皇極기의 기술

641년 조메이왕이 사망하자 그의 왕후였던 다카라노히메宝皇女가 642년 왕위에 오르는데 그녀는 오시사카히코히토노오에押坂彦人大兄의 손녀였으므로 조메이왕의 조카이기도 했습니다. 고교쿠왕(재위 642년~645년)은 소가 씨의 몰락을 가져오는 645년 을사의 변을 경험하고, 후일 사이메이齊明(재위 655년~661년)왕으로 두 번째로 왕이 될 때에는 660년 백제의 멸망을 목격하며, 이어 그의 두 아들이 일본의 실질적인 최초의 천황인 덴지天智 천황(662년~671년)과 덴무天武 천황(재위 673년~686년)이 된다고 일본서기가 기술하고 있어서 그녀는 한반도와 왜국이 크게 격동하는 시대를 살았던 왜국 왕이라고 할 수 있겠습니다.

일본서기의 조메이왕의 시대는 대체로 소가 에미시의 시기에 대응하고 고교쿠왕 시대는 소가 이루카의 시기에 대응하는데 이 두 왕의 치세에는 무엇보다도 천재지변의 기사가 넘칠 정도로 많이 쓰여 있는 것이 우선 눈에 띕니다. 장마, 가뭄, 지진, 태풍, 우박, 화재 등의 자연재해와 혜성과 유성의 출현, 연못의 심한 부패 등 온갖 천재지변이 극성을 부립니다. 또한 고교쿠왕원년(642년)과 익년(643년) 조에는 소가 에미시와 이루카의 실정을 비판하는 기술이 현저하게 나타나는데 이는 곧 다가 올 을사의 변으로 소가 씨가 몰락하는 대사건을 예고하는 동시에 이 정변의 정당성을 강조하기 위해서 게재한 기사들인 것으로 보입니다.

이와 관련하여 소가 에미시 대신의 이름 '에미시蝦夷'는 일본열도의 동북지방과 홋카이도에 살던 토착인들로 야마토 왕조가 영역을 확장하여 감에 따라 정벌해 간 대상이었으며 매우 흉폭하고 거친 종족으로 일본서기는 묘사하고 있는데 스이코4년(596년) 조에 에미시 대신의 원래 이름이 '젠토쿠善德'라는 좋은 이름이 있음에도 불구하고 구태여 정반대의 이미지인 '에미시'라고 쓰고 있는 것은 일본서기의 편찬자들이 그에 대해 갖고 있던 강한 적대감의 표출이라고 할 수 있을 것입니다.

백제왕자 교기翹岐에 대한 일본서기의 이례적인 기술

또한 고교쿠기에서 백제와 관련하여 눈에 띄는 기사는 무엇보다도 의자왕의 아들인 교기翹岐에 관한 기술입니다. 다소 중복, 모순되거나 뜻이 불분명한 부분은 있으나 교기에 대해서는 지금까지 일본서기에 등장한 어느 백제의 왕자보다도 많은 기사를 싣고 있는 것으로 보아 그가 일본의 왕실에서 중요한 역할을 한 인물이 아닐까 하는 느낌을 갖게 됩니다. 다음은 교기에 관한 기사들의 요지인데 무엇보다도 당시 아스카 왕조의 사실상 대왕이던 에미시가 교기왕자에 대하여 사렵을 함께하고 연회를 베풀고 선물을 주고 그 앞에서 씨름을 하게 하는 등 각별한 배려를 하고 있는 모습을 볼 수 있어서 교기가 백제나 왜국에서 상당한 비중을 갖게 되는 인물임을 암시하고 있는데 이에 대해서는 후에 다시 검토하겠습니다.

① 고교쿠원년(642년) 2월 백제국이 천황이 죽었다는 말을 듣고 조사弔使를 보내어 왔는데 백제조사의 일행이 말하기를 '금년 정월 국왕(의자왕을 말함)의 어머니가 죽고 제왕자弟王子와 아들 교기, 여동생 4명, 내좌평 기미岐味, 그 외 고관 40여 명이 섬으로 보내졌습니다.'라고 말하였다.

② 24일 교기를 아즈미노야마시로노무라지 히라부阿曇山背連比羅夫의 집에 머물게 하였다.

③ 4월 8일 대사인 교기가 종자를 데리고 왕을 배알하였으며 10일 소가대신은 우

네비畝傍의 집에 백제의 교기 등을 불러 친히 대화하고 말 1필과 철정 20개를 주었다.

④ (소가대신은) 5월 가와치노구니河内国의 요사미노미야케依網屯倉로 불러 교기 등을 불러 사렵을 하였다.

⑤ 22일 교기의 아들이 죽었는데 교기와 그의 처는 끝내 장례식에 참여하지 않았다. 무릇 백제나 신라의 풍습에는 형제, 부부, 자매라 할지라도 한 결 같이 스스로 가보지를 않는다.

⑥ 24일 교기는 처자를 데리고 구다라노오이百濟大井의 집으로 이사하고, 사람을 보내어 죽은 아들을 이시가와石川에 매장하게 하였다.

⑦ 7월 22일 백제의 사인 대좌평 지적智積 등을 조정에서 향응하였다. 또 건장한 자들을 불러 교기 앞에서 씨름을 시켰다. 지적 등은 연회가 끝나고 물러나서 교기의 집에 이르러 배례하였다.

⑧ 고교쿠2년(643년) 4월 21일 쓰쿠시築紫의 대재大宰가 급하게 사신을 파견하여 '백제국주의 아들 교기와 제왕자弟王子가 조사調使와 함께 도착하였습니다.'고 아뢰었다.

을사乙巳의 변變과 소가 씨 멸망의 드라마

일본서기 고교쿠기3년(644년) 조에는 을사의 변의 주역인 나카토미 가마코中臣鎌子 -후에는 가마타리鎌足로 부름-가 나카노오에中大兄 왕자를 처음으로 만나 소가 정권을 무너뜨리기 위해 공모하는 과정을 다음과 같이 상세하게 기술하고 있습니다.

① 정월 1일 나카토미 가마코노무라지中臣鎌子連를 신기백神祇伯[11]에 임명하였다. 그러나 가마코는 병을 칭하고 관직에 나아가지 않고 전부터 친하게 지내던 가루輕 왕자-후의 고토쿠孝德왕-의 궁에 자주 갔는데 가마코의 인품을 잘 아는 가루 왕자는 가마코를 정중하게 대하였다.

11) 신기백神祇伯이란 율령제하에서 신사神事를 총괄하는 신기관神祇官의 장관으로 최초의 신기백은 지토持統 천황4년(690년) 조에 나오는 나카토미 오시마中臣大嶋이므로 이 기사는 일본서기 편찬자의 윤색으로 보임.

② 가마코는 대접을 받고 감격하여 도네리舍人-시중을 드는 사람-에게 '누가 능히 천하에 왕이 됨을 막을 수 있겠는가.' 하며 가루왕자를 칭찬하자 도네리가 그 말을 가루 왕자에게 전하자 왕자가 매우 기뻐하였다.

③ 가마코는 사람됨이 충정忠正하고 광제匡濟-바르게 한다는 뜻임-의 마음이 있었다. 그래서 소가 이루카가 군신장유君臣長幼의 질서를 잃고 사직을 훔칠 야망을 품고 있는 것에 분개하여 왕족을 두루 접촉하고 영명한 주인을 구하였다.

④ 그래서 나카노오에에게 마음을 두었으나 소원하여 심중의 생각을 토로할 기회가 없었는데 마침 호코지法興寺의 느티나무 밑에서 타국打鞠경기를 하였을 때 그 일행으로 참가하게 되었다.

⑤ 나카노오에의 가죽신발이 제기공과 함께 벗겨져 땅에 떨어지자 그것을 주워 두 손으로 들고 나아가 무릎 꿇고 공손하게 바쳤다. 그러자 나카노오에도 무릎을 꿇으며 정중하게 받았는데 이 일로 인하여 두 사람은 친해지고 마음에 품고 있는 것을 서로 숨김없이 말하게 되었다.

⑥ 두 사람은 자주 접촉하는 것을 의심받을까 두려워 미나미부치南淵 선생 밑에서 가르침을 배우며 오가면서 비밀리에 계획을 세웠는데 서로 일치하지 않는 것이 없었다.

⑦ 가마코는 대사를 도모하는데 협조자가 필요하다고 하면서 나카노오에가 소가노구라야마다 마로蘇我倉山田麻呂-우마코의 손자로 이루카와는 종형제임-의 딸과 혼인을 맺을 것을 제안하였는데 이에 나카노오에가 동의하여 그대로 되었다.

⑧ 가마코가 사에키노무라지 코마로佐伯連子麻呂와 가쓰라기노 이누가이무라지 아미타葛城雉犬養連網田를 나카노오에에게 추천하였다.

이어 일본서기는 해가 바뀐 고교쿠4년(645년) 조에 나카노오에와 가마코가 소가 이루카를 암살하는 장면을 실감나게 묘사하고 있는데 이 부분은 지금까지도 일본의 전통연극이라 할 수 있는 가부키歌舞伎나 역사드라마의 단골메뉴로 자주 인용되는 광경입니다.

① 6월 8일 나카노오에가 비밀리에 구라야마다마로에게 삼한三韓이 조를 바치는 날에 당신이 상표문을 읽게 될 것이라 하여 이루카를 참살하려는 계획을 알렸는데 (구로야마다)마로노오미가 이를 승낙하였다.

② 12일에 왕이 대극전大極殿으로 나아가고 후루히토노오에古人大兄가 그 곁에서 모셨다. 나카노오에는 이루카가 의심이 많아 늘 칼을 차고 있는 것을 알았기 때문에 배우에게 시켜 속여서 칼을 풀어 놓도록 하였다.

③ 마로노오미가 상표문을 읽을 때에 나카노오에는 위문부衛門府에 명하여 12개 통용문을 모두 폐쇄하게 하고 위문부 사람들을 한 곳에 모아 녹을 주는 것처럼 하였다. 나카노오에는 스스로 긴 창을 들고 대극전 옆에 숨어 있었으며 가마코 등은 궁시를 가지고 그를 호위하였다. 그리고 고마로와 아미타에게 칼을 주며 방심하지 말고 불시에 들어가서 베라고 명하였다.

④ 마로노오미가 상표문을 읽는 것이 끝나 가는데도 고마로 등이 나오지 않고 두려워서 땀을 흘리고 떨자 이루카가 의심스럽게 생각하여 왜 떨고 있느냐고 물었는데 마로노오미는 왕 가까이에 있어 황공하여 저절로 땀이 흐른다고 답하였다.

⑤ 나카노오에는 고마로 등이 이루카의 위세를 두려워하여 주저하고 못 나오는 것을 보고 야! 라고 외치면서 갑자기 뛰어 나와 검으로 이루카의 머리와 어깨를 베었다. 이에 고마로도 칼을 휘둘러 다리를 베었다.

⑥ 이루카는 구르듯이 왕의 어좌로 가서 '신이 무슨 죄를 범하였는지 모르겠습니다. 원컨대 명확히 살펴 주십시오.' 라고 말하였다.

⑦ 왕이 심히 놀라 나카노오에에게 대체 무슨 짓을 하는 것이냐고 묻자 나카노오에는 '이루카는 천종天宗을 멸망시키고 왕위를 쇠하려 하니 천손으로서 어찌 이루카에게 대신하게 할 수 있습니까?' 라고 하였다. 왕은 자리에서 일어나 궁전으로 들어가 버렸다.

⑧ 고마로와 아미타는 이루카를 참살하였다. 이 날 비가 내려 뜰에 물이 가득 고였다. 거적과 문짝으로 이루카의 시체를 덮었다.

⑨ 후루히토노오에古人大兄는 이 상황을 보고 사궁으로 달려가 사람들에게 '한인韓人이 구라쓰쿠리노오미鞍作臣-이루카의 다른 이름-를 죽였다.(한정韓政으로 인하여 주살되었다는 것을 말한다.) 나의 마음은 비통하다.' 라고 말하고 침실에 들어가 문을 닫고 나오지 않았다.

⑩ 나카노오에는 바로 호코지로 들어가 요새로 삼고 대비하였다. 무릇 제諸왕자, 제왕, 제경대부, 신臣, 연連, 반조伴造, 국조国造가 모두 따라가 모셨다. 한편 사

람을 보내어 구라쓰쿠리노오미鞍作臣의 시체를 대신大臣 에미시에게 주었다.

⑪ 이때 아야노아타漢直 등이 권속을 모두 모아 갑옷을 입고 무기를 들고 대신을 도와서 진을 치려고 하였는데 나카노오에는 고세 도쿠타노오미巨勢德陀臣를 파견하여 군신이 따로 있었다는 것을 알리고 거사의 이유를 알렸다. 이에 많은 자들이 칼을 풀고 활을 내던져버리고 흩어져 버렸다.

⑫ 13일에 에미시 등은 주살당하기 전에 천황기天皇記, 국기国記 및 진보珍寶를 남김없이 불태웠다. 후네노후비토 에사카船史惠尺는 재빨리 불타던 국기를 집어내어 나카노오에에게 바쳤다. 이 날에 소가 에미시와 이루카의 시체를 무덤에 장사하는 것을 허락하고 곡하며 우는 것도 허락하였다.

⑬ 14일에 왕은 왕위를 가루輕 왕자에게 양위하고 나카노오에를 태자로 세웠다.

나카토미 가마타리와 나카노오에 왕자가 공모하여 소가 이루카를 암살함으로써 반세기가량 실권을 장악했던 소가 씨 일족은 멸망하게 되는데 소가 씨 멸망의 경우처럼 암살의 모의, 암살단의 구성, 암살의 장소와 시기의 선정, 암살의 결행, 차기 왕위 계승자의 선정에 이르기까지 그 경과에 관하여 일본서기가 이처럼 상세한 묘사를 한 것은 매우 이례적인 것으로 다른 예는 일본서기에서 찾을 수 없습니다. 일반적으로는 가마타리와 나카노오에 왕자의 두 인물을 소가 씨 멸망 드라마의 주역으로 보고 있으나 일본서기의 기술을 자세히 살펴보면 그 주역은 단연코 가마타리임을 알 수 있습니다. 소가 씨 타도를 목표로 세우고 나카노오에 왕자를 이의 실행을 위한 적임자로 보고 접근한 측은 가마타리였고 그 후 진행된 암살의 세부계획을 세운 것도 가마타리였으며 나카노오에는 이러한 가마타리의 행동계획을 수용하여 실행한 인물이 된 셈입니다. 을사정변으로 고교쿠왕이 왕위에서 물러나고 즉위한 왕은 나카노오에가 아니라 가루 왕자였는데 가루 왕자가 고토쿠왕으로 즉위하도록 나카노오에에게 권한 것도 가마타리이니 이 드라마의 처음부터 끝까지 주인공은 나카토미 가마타리였다고 할 수 있는 것입니다.

일본서기는 가마타리와 나카노오에 왕자가 이루카를 주살하는 방법으로 전쟁이나 무력대결이 아니라 '암살'이라는 수단을 쓰는데 이는 당시 최강의 군사력을 가진 씨족으로 보이는 야마토노아야東漢, 倭漢의 전면적인 보좌를 받고 있는 에미시, 이루카

〈그림4-19〉 아마가시노오카.
아스카데라의 서쪽 아스카천의 건너편에 있는 높이 148미터의 동산으로 소가 에미시와 이루카부자의 저택이 있었으며 아스카들판을 한눈에 조명할 수 있음.

의 부자와 군사적으로 정면충돌하여서는 승산이 없다는 판단에 의한 것으로 보입니다. 고교쿠기3년 조를 보면 에미시와 이루카의 집은 아마가시노오카甘檮岡〈그림4-19〉에 나란히 지었는데 대신의 집을 상궁문上宮門, 이루카의 집은 곡궁문谷宮門이라 부르고 남녀 자식들은 왕자라고 불렀다 합니다. 또한 집밖에 성책을 만들고 문 옆에는 병기고를 두었으며 힘센 장사들에게 무기를 들고 지키게 하였는데 우네비畝傍산의 집에도 못을 파서 성을 만들고 무기고를 두었다고 합니다. 대신은 또한 항상 50인의 병사를 거느리고 신변을 경호하게 하고 아야노아타이漢直-야마토노아야를 말함- 등에게는 전적으로 두 문을 지키게 하였다고 합니다. 일본서기는 아야노아야 씨 일족이 이루카의 주살 소식을 듣고 전쟁을 준비하였지만 나카노오에 등이 보낸 고세 도쿠타 등의 설득으로 군대를 해산하였다고 기술하고 있습니다.

또 한 가지 이루카의 주살과 관련하여 인상적인 장면은 살해현장에 있었던 후루히토노오에古人大兄 왕자가 '가라히토韓人가 구라쓰쿠리노오미鞍作臣-소가 이루카임-를 죽였다!'고 부르짖는 장면입니다. 가라히토韓人는 가야인을 가리키기도 하나 보통은 백제인을 가리키는데 후루히토오에 왕자가 나카노오에 왕자를 '백제인'이라고 지칭한 것은 나카노오에 왕자가 왜국에 온지 오래되어 이제는 왜인이 된 백제계 왜인과는 달리 백제에서 온지 얼마 되지 않은 사람을 지칭한 것으로 볼 수 있습니다. 또 일본서기 고교쿠기의 이루카 암살 장면에 관한 기사를 유심히 보면 나카노오에는 이루카 암살 당시 대극전안이 아니라 장창을 들고 대극전 옆에 숨어 있었음을 알 수 있는데 이는 그가 조메이왕의 동궁이거나 아스카 왕조의 왕자가 아니었음을 의미하는 것으로 볼 수 있습니다.

일본서기에 의하면 후루히토노오에古人大兄 왕자는 조메이왕과 소가 우마코의 딸 사이에서 태어난 왕자이니 나카노오에와는 이복형제가 되는데 그가 나카노오에를 백제인이라고 부른 것은 그들이 형제가 아니라는 사실을 말해주고 있는 것입니다. 또한 일본서기가 한인이 이루카를 죽였다는 후루히토노오에 왕자의 말에 대한 주석으로 삼한의 정사로 인해 주살된 것을 말한다고 덧붙인 것은 '한인'의 의미를 희석시키고 만세일계의 야마토 왕조에는 변한 것이 없다는 점을 분명하게 하려는 의도에서 일본서기 편찬자들이 삽입한 문장으로 사실을 호도하기 위한 것으로 보입니다. 그렇다면 이루카를 암살한 나카노오에 왕자의 실체는 누구였을까요? 당시 왜국에 와 있던 백제왕실의 왕자로는 조메이왕3년(631년)에 건너온 의자왕의 아들인 풍장豊璋, 餘豊과 고교쿠왕원년(642년)에 건너온 역시 의자왕의 아들인 교기翹岐가 있었으니 나카노오에는 이들 두 사람 중 한 명이었을 것으로 보이는데 이에 대하여는 후에 면밀하게 검토하겠습니다.

일본서기는 일관되게 가마타리의 품성과 정의감을 높게 평가하면서 그의 사람됨에 관하여 여러 곳에서 기술하고 있는데 가루 왕자가 가마타리에 대해 '높은 품격과 범할 수 없는 인품을 깊이 깨닫고 정중히 받들었다.'고 기술하고 또한 '사람됨이 충정하고 광제의 마음이 있었으며 영명한 주인을 구하였다.'라고 하여 그의 왜 왕가에 대한 충성심과 정의감을 찬양하고 있습니다. 이처럼 일본서기가 나카토미 가마타리의 인품과 충성심을 찬양하고 소가 씨를 멸망시켜 왜 왕가의 권위와 권력을 바로 세운 최대의 공로자가 가마타리임을 강조하고 있는 것은 720년 일본서기의 편찬이 완료되는 시점에서의 실권자가 가마타리의 아들인 후지와라 후히토藤原不比等[12]이었던 사실과 연관되는 것은 당연한 귀결이라고 할 수 있을 것입니다. 여기서 나카토미 가마타리의 출자와 그가 소가 씨 암살을 계획한 동기와 목적이 궁금해집니다.

을사의 변의 목적

가마타리는 고교쿠왕3년(644년) 정월에 처음으로 일본서기에 등장하는데 그는 조정으로부터 신기백神祇伯이라는 신관神官직을 제의받으나 병을 이유로 출사하지 않았다고 기술되어 있습니다. 본래 나카토미中臣 씨는 인베忌部 씨와 함께 왜 왕가의 신사, 제사를 담당하는 반조伴造였으므로 가마타리도 중급 씨족 출신의 인물이라고

12) 나카토미 가마타리는 죽기 직전 덴지 천황(즉위전은 나카노오에왕자)으로 부터 후지와라藤原의 가바네姓을 하사받음.

할 수 있을 것입니다. 그런데 신기백이란 직책은 신기관神祇官의 장관에 해당하는 신관직으로 신기관은 천신지기天神地祇- 하늘 신과 땅 신-를 제사하는 관아로 7세기 말 덴무天武, 지토持統기의 율령국가 구축의 단계에서 태정관太政官과 더불어 나라의 최고기관으로 설치되며 초대의 신기백은 나카토미 오시마中臣大嶋였습니다. 따라서 가마타리의 시대에는 신기관과 신기백은 존재하지 않았으므로 일본서기의 이 부분의 기술은 윤색으로 보입니다.

여기서 중급관료 씨족에 불과한 가마타리가 어떻게 가루 왕자나 나카노오에 왕자와 같은 유력 왕족에 접근하고 대우를 받았는가 하는 의문이 제기됩니다. 이와 관련해서는 신관은 일반관료와는 다소 성격이 다른 관직임을 이해하시면 될 것으로 보입니다. 고대 왜왕의 본질은 토지와 인민을 영유하는 군사적인 씨족과는 달리 신에게 제사하는 사제자司祭者였으며 역대 왜왕은 새로이 왕이 될 때마다 궁을 옮기는 관행이 있었는데 신사에 종사하는 나카토미와 인베 씨는 왜왕에 종속되어 천궁시마다 왜왕과 각지를 함께 이동하여 왕족과는 비교적 가까운 위치에 있었다고 할 수 있습니다. 또한 일본서기가 누누이 강조하고 있듯이 가마타리의 인품과 왜 왕가 부흥에 대한 열의를 적어도 가루 왕자와 나카노오에 왕자는 듣고 있었을 가능성이 높다고 보입니다. 가루왕자가 가마타리를 예우하는 태도나 나카노오에 왕자가 타국打鞠시에 보인 가마타리에 대한 극진한 예의 등에서 이를 감지할 수 있는데 나카노오에의 입장에서는 왜 왕가를 중시하는 가마타리에게 호의를 갖고 있었던 것으로 보이며 이들이 처음 만날 때의 나이는 나카노오에는 19세, 가마타리는 31세였습니다.

그러면 나카토미 가마타리와 나카노오에 왕자가 을사의 변을 일으켜 소가노이루카를 암살하고 소가 씨를 멸한 목적은 무엇이었을까요? 일본의 사학자들은 이들이 거사한 목적이 새로운 정치체제의 구축 즉 고토쿠왕 때 발표되는 다이카大化개신에 있었고 이의 실현에 방해가 되는 세력인 소가 씨 일족을 제거한 것이라는 주장을 펼치고 있으나 일본서기가 소가 씨 타도를 필요로 하는 근본이념이나 새로운 정치구상에 관하여 아무런 언급을 하지 않고 있어서 이들이 이러한 새로운 정치개혁을 위해 거사를 일으켰다고 보기에는 무리가 있어 보입니다. 일본서기의 기술을 면밀히 보면 이들의 기본목적이 무엇보다도 소가 씨의 타도에 있던 것은 분명해 보입니다.

다만 흥미로운 것은 나카노오에는 소가 씨 타도로 왜 왕가의 권위와 위상을 회복하는 것이 주된 목적이었다면 가마타리는 소가 씨에 대신하여 자신이 야마토정권의 실권자가 되는 것이 거사의 목표였고 이러한 그의 목표는 그가 죽기 전까지 야마토조정의 실세였다는 점에서 일단 달성되었다고 할 수 있습니다. 그가 죽은 후 나카토미가의 권력은 다소 주춤하였던 것으로 보이나 지토 천황 대에 이르러 그의 아들 후지와라 후히토가 지토 천황의 신임을 받아 출세한 이후 후지와라 가문은 중세기 일본 최고의 권세가문으로 군림하게 된다는 점에서 가마타리의 꿈은 현실이 되었다고 할 수 있을 것입니다.

한편 나카노오에 왕자의 입장에서 보면 소가 씨를 타도하고 왜 왕가의 위상과 권력을 회복하였다는 점에서 일단 소기의 목적은 달성하였다고 볼 수 있습니다. 다만 그가 고교쿠왕으로부터 왕위를 물려받지 못하여 가루 왕자에게 왕위를 양보하게 되고 고토쿠왕의 사후에는 또다시 모친인 사이메이왕이 661년까지 재위하고 나서야 왕권을 장악하는 만큼 을사의 변 이후 16년 동안 그가 실질적으로 고토쿠왕과 사이메이齊明왕의 치세에서 실권을 장악하고 있었다고 하더라도 이는 당초 그가 그렸던 그림이 아니었을 가능성이 높아 보입니다. 이처럼 을사의 변의 실행자였던 나카노오에 왕자가 정변 후의 왕위승계에서 가마타리의 권고를 따라 고토쿠왕에게 왕위를 양보하게 된 것은 가마타리가 미나미부치南淵 등 친신라적인 당나라 학문승 등의 영향을 받았으며 실제로는 가마타리가 나카노오에 왕자의 동생으로 일본서기에 기술된 친신라적인 성향의 오아마大海人 왕자를 왕위에 오르게 하려는 의도를 갖고 있었다는 주장이 나오는 배경이 되고 있으나 나카토미의 행적으로 미루어 그는 백제출신이었을 가능성이 높은 것으로 보입니다.

실권이 없이 고독했던 고토쿠孝德왕

을사의 변으로 고교쿠왕이 퇴위한 이틀 후인 6월 14일 고교쿠 여왕의 남동생으로 비타쓰왕의 손자였던 가루輕 왕자가 일본의 제36대 고토쿠孝德왕(재위 645년~654년)으로 즉위합니다. 왕권을 소가 씨에게 빼앗겼다가 반세기가 넘어서야 왕권을 회복한 셈이지요. 고토쿠왕은 이처럼 새롭게 탄생한 야마토 왕조에 걸맞게 다이카大化라는 연호를 정하였으며 나카노오에 왕자를 태자로 임명하고 을사정변의 일등공신인 나카토미 가마타리는 내신內臣이라는 관제에도 없는 특별직을 만들어 앉힘으로써 고토쿠 정권의 중추 역할을 맡깁니다. 이로써 가마타리는 실질적인 실권을 행사한 나카노오에 태자를 보좌하면서 그가 꿈꾸어 왔던 권력을 수중에 넣게 되었다고 할 수 있겠습니다. 일본서기는 고토쿠기의 즉위 전 기사에서 내신이 된 가마타리에 대해 '충성을 다할 마음을 지녀 재신宰臣으로서 관의 일을 다스려 모든 일의 처리가 잘 되었다.'고 칭찬하는 기사를 싣고 있는데 이는 그가 고토쿠 정권의 실력자였음을 말해주는 것이라고 할 수 있습니다.

고토쿠왕은 다이카大化2년(646년) 정월에 새로운 정치를 표방하는 소위 다이카개신大化改新의 조詔를 선포하는데 그 내용은 ①왕족, 씨족이 갖고 있던 사유지 및 사유민을 폐지하고 공지공민제로 전환하며, ②왕경을 정비하고 기나이畿內, 국国, 군郡, 리里 등의 지방행정조직을 확립하고, ③호적과 계장計帳-조용조 등을 기록한 대장-과 반전수수법班田受授法을 만들며, ④조租, 용庸, 조調의 부과를 정한다는 4개 항목으로 되어 있습니다. 을사의 변 후에 소위 '다이카개신'이 실제로 있었는지의 여부에 대하여는 이러한 중요한 정책결정과정이나 관련 인물 등에 관한 기사가 전혀 없이 갑자기 개신의 조가 선포되고 내용도 고대 율령제국가의 근간이 되는 701년의 다이호율령大宝律令의 내용과 유사한 점이 많다는 이유로 의문을 제기하는 견해도 있습니다. 이에 대해 일본의 학계에서는 개신의 조가 자체는 있었던 것으로 보고 다만 일본서기의 편자들이 후에 제정되는 다이호율령 등을 참고하여 고쳐 썼을 가능성은 있는 것으로 보고 있습니다.

일본서기 고토쿠기에서 주목되는 것은 3년(647년) 조에 나오는 김춘추金春秋가 왜국을 방문하였다는 기록입니다. 일본서기는 '신라가 상신上臣 대아찬 김춘추 등을 파견하여 공작새 한 쌍과 앵무새 한 쌍을 바쳤다. 그리고 춘추를 질質로 삼았다. 춘추는 용모가 준수하고 담소를 잘하였다.'라고 기술하고 있습니다. 삼국사기는 진덕왕2년(648년) 김춘추가 당에 사신으로 가서 구원을 청한 사실은 기록하고 있으나 왜국으로 간 사실은 기록되어 있지 않은데 당시 백제와 고구려의 협공을 받아 한반도에서 고립되고 있던 신라로서는 왜국과의 관계를 강화하기 위해 왜국을 방문했을 것으로 보입니다. 신라는 선덕왕11년(642년) 백제의 의자왕에게 서쪽 변경의 40여 성을 빼앗기고 이어 요충지인 대야성大耶城을 함락당하는 등 위기에 처하자 고구려에 김춘추를 파견하여 구원병을 요청하였으나 실패하자 648년 그를 당에 보내 구원을 요청하였던 것입니다.

동북아역사재단이 발간한 '역주 일본서기'는 김춘추의 왜국과의 교섭에 대하여는 왜국이 김춘추의 지원요청을 수용하면서 632년 이래 단절된 당과의 국교회복을 중개해줄 것을 요청하였고 653년과 654년 왜국의 견당사가 파견되는 것은 김춘추의 중개외교가 성공하였음을 보여주는 것이라는 주석을 달고 있습니다. 이에 따르면 654년의 제3차 견당사의 압사押使는 647년 신라에서 함께 왜국으로 건너갔던 다카무쿠 겐리高向玄理였고 사절단이 상당기간 신라에 체류하다가 당으로 들어가고 있어서 당시 신라와 왜국은 우호적인 관계에 있었음을 보여주고 있다고 합니다. 한편 고토쿠기5년(649년) 조에는 신라가 시종 36명과 함께 사찬 김다수金多遂를 왜국에 보냈다는 기사가 나오는데 김다수의 방문은 당의 입장을 왜국에 전하고 신라와 왜국간의 우호관계를 확인하기 위한 것으로 보인다고 합니다. 중국의 기록인 자치통감自治通鑑 등에는 신라로부터 원병요청을 받은 직후 당태종이 사신을 고구려에 파견하여 고구려와 백제가 신라를 친다면 출병하겠다는 내용과 김다수가 643년 중국을 방문하고 당황제의 새서璽書를 받아 귀국하였다는 기록이 있습니다.

고토쿠왕 시대의 외교상의 변화를 보면 견당사는 전에는 반드시 백제를 경유하였으나 을사의 변 3년 후인 648년의 경우 왜의 사자는 신라의 견당사의 선박에 편승하고 654년 왜국의 견당사도 소위 신라도를 경유한 것으로 기록되어 있습니다. 이는 이 시기 왜와 백제의 우호관계가 불안정하였고 백제의 북측해안을 신라가 차지하고 있었던 것이 그 배경이었던 것으로 보입니다. 나카토미 가마타리를 백제왕자 풍장으로 보는 세끼 유지 씨[13]는 고토쿠정권이 무너진 것은 나카노오에 왕자와 나카토미 가마타리의 공모에 의한 것으로 656년까지 신라는 왜에 사신을 보냈으나 그

13) 関裕二, 豊璋 藤原謙足の正体, 河出書房新社, 2019

이후는 사신파견을 중지한 반면 왜국은 이 해부터 백제와 고구려에 다시 사신을 보내기 시작하는데 이는 사이메이 조정이 신라와 결별한 것을 의미한다고 해석하고 있습니다.

〈그림4-20〉 나니와 궁터.
652년 고토쿠왕에 의해 지금의 오사카시내에 지어진 궁으로 그 후 여러 차례 재건되었으며 현재는 소실된 나나와궁터를 일부 복원하여 공원으로 조성하여 놓음.

고토쿠왕은 645년 나니와로 궁을 옮기고 새로운 궁을 나니와에 짓기 시작하는데 652년 나니와노나가라노도요사키노미야難波長柄豊琦宮〈그림4-20〉가 완성될 때까지는 나니와의 여러 곳에 궁을 짓고 전전합니다. 보통은 궁을 먼저 짓고 이사하는 것이 상례임에도 불구하고 고토쿠왕이 아무런 준비 없이 나니와로 옮긴 데에 대하여는 여러 설이 있으나 소가 씨 일족의 본거지인 아스카를 벗어나고 싶어서일 것이라는 견해가 있으며 나니와에는 신라불교와 관련이 있는 시텐노지四天王寺가 있는 등 신라와의 우호관계를 원하는 고토쿠왕이 나니와를 선호하였기 때문이라고 보는 견해도 있습니다. 그러나 나카노오에와 가마타리는 나니와 천도에 강하게 반대하여 결국에는 고토쿠왕만을 나니와에 놔두고 태왕후와 코토쿠왕의 왕비는 물론 거의 모든 왕족과 백관들을 거느리고 아스카로 돌아감으로써 고토쿠왕은 쓸쓸하게 나니와에 남아 있다가 머지않아 세상을 떠나게 됩니다.

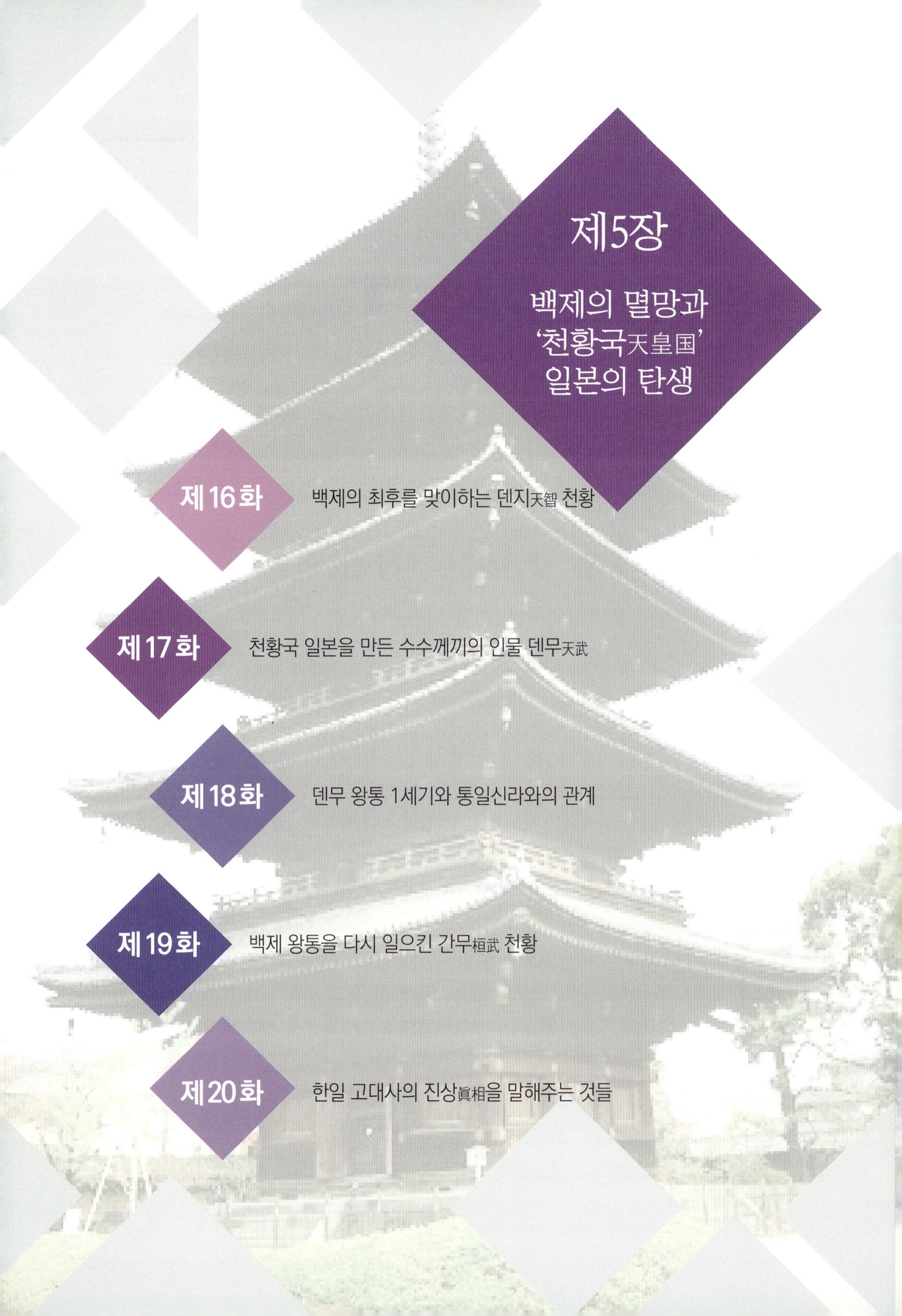

제5장

백제의 멸망과 '천황국天皇国' 일본의 탄생

제5장

백제의 멸망과 '천황국天皇国' 일본의 탄생

제 16 화

백제의 최후를 맞이하는 덴지天智 천황

626년 당태종은 본격적인 영토 확장에 나서 고구려를 비롯한 한반도의 삼국에도 압력을 가함으로써 한반도 정세가 긴박해진 가운데 고구려와 백제의 협공으로 시달리던 신라는 643년 김춘추의 대당외교를 통해 당과 동맹을 맺는데 성공하며 이는 추후 전개되는 삼국의 각축에 결정적인 결과를 가져오게 됩니다. 660년 6월 소정방이 이끄는 당군 13만 명과 5만 명의 신라군으로 구성된 나당연합군이 백제의 사비성을 공격하자 의자왕은 7월 18일 항복하고 9월에는 왕과 태자와 왕자들, 대신들과 수많은 장병과 백성들이 낙양으로 압송됨으로써 백제는 678년 만에 역사에서 사라지게 됩니다.

의자왕이 항복한 후 귀실복신鬼室福信을 중심으로 백제 부흥군의 활동이 활발하게 전개되고 631년부터 야마토에 가 있던 왕자 풍豊-풍장豊璋이라고도 함-이 662년 백제왕으로 귀국하여 부흥군을 이끌게 됩니다. 그러나 왕자 풍과 귀실복신 사이의 내분으로 부흥군의 사기가 저하됨으로써 결국은 663년 백강전투에서 야마토 조정이 지원군으로 보낸 왜군이 궤멸되고 최후의 거점이었던 주류성도 함락됨으로써 백제는 완전히 멸망하게 됩니다. 야마토 조정은 백제 부흥군을 전력을 다해 지원하는데 규슈에서 진두지휘하던 사이메이齊明 여왕이 죽자 나카노오에 왕자가 칭제稱制-왕으로 즉위하지 않은 상태에서 국사를 보는 것을 말함-하면서 대규모의 군선과 군대를 보내고 대량의 물자를 보내는 등 백제 지원에 전력을 다합니다. 후에 덴지天智 천황으로 즉위하는 나카노오에 왕자가 지는 전쟁임을 알면서도 부흥군 지원에 전력을 다한 것은 백제가 그의 본국이었기 때문이었겠지요.

덴지 천황은 백제가 멸망하자 신라와 당의 침입에 대비하여 여러 곳에 백제식 산성을 쌓고 667년 도읍을 오미近江로 옮기며 668년 정식으로 즉위합니다. 또한 망명해온 백제의 왕족과 귀족 및 백성들이 왜국에 정착하도록 적극 지원함은 물론 백제출신 관료들에게 관직을 주어 오미近江조정에서 중용합니다. 덴지 천황은 670년 국호를 일본으로 변경하고 668년에는 신라와의 관계도 회복하며 왕권을 강화하여 백제의 그늘에서 벗어나 명실상부한 일본이라는 새로운 국가를 지향하여 나가게 됩니다. 덴지 천황의 출자에 대하여는 여러 주장이 있으나 643년 사신으로 건너온 인물로 일본서기에 기술된 의자왕의 아들 교기翹岐 왕자임은 여러 문헌의 기록과 당시의 정황에 비추어 분명한 것으로 보이는데 특히 나카노오에 왕자와 덴지 천황이 행한 행적을 살펴보면 그가 백제 왕자 교기였음이 명확해집니다.

대국 당의 출현으로 긴박해지는 동아시아 정세

645년 을사乙巳의 변으로 야마토 왕조는 반세기 이상 지속되던 소가 씨 일족으로부터 왕권을 되찾았으며 새로 즉위한 개혁주의 성향의 고토쿠孝德왕은 소위 '다이카 개신大化改新'을 통해 정치, 사회제도의 개혁을 추진하는 한편 종래 소가 정권에서 지속되어온 친백제일변도정책에서 벗어나 대륙의 대국으로 부상한 당과 고구려, 신라와의 우호관계도 중시하는 자세를 보이게 됩니다. 이러한 고토쿠 정권의 외교적인 입장은 633년 이래 중단되었던 견당사 파견을 재개하고 647년에는 신라의 김춘추金春秋의 방문을 계기로 신라와의 관계개선을 도모하며 고구려의 사절단을 접수하는 등 고구려와의 우호관계에도 관심을 기울인 사실에서도 확인되는데, 이는 기본적으로 당나라가 주도하는 동아시아정세의 변화에 대처하기 위한 방책으로 보입니다. 654년 고토쿠왕의 죽음으로 재차 왕위에 오르는 사이메이齊明왕(재위 655년~661년) 때에 이르러 동아시아, 특히 한반도는 백제의 멸망이라는 엄청난 격변을 겪게 되고 왜국 또한 격변하는 한반도 정세에 커다란 영향을 받게 되는데 이처럼 격동하는 7세기 중엽의 동아시아 정세에 대해 간략하게 설명하겠습니다.

626년 당태종唐太宗으로 즉위한 이세민李世民은 중국 전역을 통일하고 고구려, 돌궐, 티베트, 백제, 신라, 왜 등에 압력을 가함에 따라 동아시아정세는 긴장이 고조되는데 이들 주변국들은 당에 대한 경계를 강화해 가는 한편 한반도의 고구려, 백제,

신라의 삼국은 모두 당과의 화친을 도모하게 됩니다. 신라와 백제로부터 고구려가 길을 막아 당에 조공을 할 수 없다고 호소하자 당은 고구려에 대해 화친을 종용하나 대당강경파인 연개소문은 642년 온건파인 영류왕榮留王(재위 618년~642년)을 시해하고 보장왕寶藏王(재위 642년~668년)을 세워 이후 당나라의 침략에 대비하여 가게 됩니다. 한편 한반도에서는 백제와 신라가 치열한 공방전을 되풀이 하는데 642년 7월 의자왕은 신라의 40여 개 성을 함락시키고 8월에는 요충지인 대야성大耶城-지금의 경남 합천임-을 함락시킴으로써 신라는 궁지에 몰리게 됩니다.

신라는 외교를 통해 위기를 극복하고자 642년 10월에는 고구려에 김춘추를 파견하여 연개소문에게 원군을 요청하나 실패하자 643년 9월에는 당에 사신을 보내 원조를 요청하게 됩니다. 이에 대해 당태종은 신라와 손을 잡고 고구려와 백제를 무너뜨린다는 소위 '원교근공책遠交近攻策'을 쓰게 되는데 고구려와 백제에 대해 사신을 보내 신라에 대한 공격을 멈추지 않으면 당의 군사를 출병시킬 것이라는 경고를 합니다. 백제는 이러한 당의 경고를 받아들여 당과 일단 화친하나 연개소문은 이를 거부하는데 이에 따라 당태종은 645년 3월 15만 명의 병력을 동원하여 고구려공격에 나섭니다. 당의 군대는 고구려의 개모성, 비사성, 요동성은 함락시켰으나 양만춘楊萬春이 성주로 있는 안시성安市城 싸움에서 패하여 결국 철수하였고 당태종은 649년 고구려정벌을 중지하라는 유시諭示를 남기고 생을 마감함으로써 당과 고구려의 전쟁은 일시적인 휴전상태가 됩니다.

그 사이에 백제와 신라의 공방전은 643년 고구려와 화친을 이룬 백제가 대체로 우세한 가운데 계속되는데 648년 당나라에 사신으로 간 김춘추는 신라의 백관이 중국의 복식을 착용하고 중국의 연호를 쓰겠다는 조건으로 당태종으로부터 군대파견의 약속을 이끌어 내는데 성공합니다. 654년 김춘추가 무열왕으로 즉위한 다음 해인 655년 고구려, 백제, 말갈군에 의해 33개 성이 함락되자 신라는 당에 사신을 보내 구원 요청을 하는데 당고종唐高宗은 소정방蘇定方 등을 장군으로 한 군대를 보내 고구려를 공격하고 658년과 659년에도 고구려를 계속 공격합니다.

한편 백제의 의자왕은 승리에 도취하여 향락에 빠지고 정사를 등한시하는데 660년

6월 소정방이 군사 13만 명을 거느리고 5만 명의 신라군과 합세하여 백제를 공격합니다. 7월 나당연합군의 공세에 먼저 사비성이 함락되자 의자왕 등 왕족, 신하들은 웅진성으로 도피하나 7월 18일 의자왕은 결국 항복하고 무릎을 꿇은 채 무열왕과 소정방에게 술잔을 바치는 수모를 당합니다. 소정방은 9월 의자왕, 태자와 왕자들, 대신과 수많은 장병과 백성을 낙양으로 압송하니 이로써 백제는 678년 만에 망하고 역사의 뒤편으로 사라지게 됩니다. 백제를 무너뜨린 당의 군대는 이후 끊임없이 고구려를 공격하였지만 큰 전과를 올리지 못하였으나 666년 연개소문이 죽자 그의 아들 사이의 권력 싸움의 내분을 이용하여 마침내 668년 9월 보장왕이 있던 하평양성을 함락시키고 보장왕이 항복함으로써 고구려 역시 그 역사에 종지부를 찍게 됩니다.

의자왕이 항복한 직후인 660년 8월부터 백제에서는 왕족출신인 귀실복신鬼室福信을 중심으로 백제부흥운동이 활발하게 전개되어 한 때는 당의 유인원劉仁願이 주둔하고 있던 사비성을 포위하는 등 기세를 올리는데 복신은 왜국에 사신을 파견하여 왜의 군사적인 지원을 요청하는 한편 백제에 있던 왕자 풍장豊璋, 부여풍扶餘豊을 왕으로 맞고 싶다는 의사를 전합니다. 풍장은 귀국하여 백제왕이 되어 백제 부흥군을 지휘하게 되는데 사이메이 여왕은 규슈의 쓰쿠시에서 백제 부흥군에 대한 군사적인 지원을 추진하다가 661년 7월 갑자기 사망합니다. 한편 이전의 백제 땅 여러 곳에서 부흥군의 반격에 직면한 신라는 661년 9월 대대적인 공세에 나서는데 부흥군은 내분이 일어나 복신이 승려 도침道琛을 살해하고 풍장이 복신을 죽임으로써 군의 사기가 저하되어 결국은 663년 7월 백강白江-일본에서는 주로 백촌강白村江이라고 함-전투에서 왜군이 궤멸되고 주류성周留城-충남 서천군 한산면 소재-과 임존성任存城-예산군 대흥면 소재-에서 마지막으로 버티던 부흥군도 패배함으로써 백제의 멸망은 확정되게 됩니다.

백제와 고구려를 멸망시킨 당은 백제에는 웅진도독부熊津都督府를, 고구려에는 안동도호부安東都護府를 두어 이 두 국가의 땅을 차지하려는 야욕을 드러냄은 물론 신라까지도 합병하려는 의도를 보이자 신라는 고구려와 백제의 유민들의 지원을 받으면서 당과의 전쟁에 돌입하는데 각지의 전투에서 연전연승하며 결국 676년에는 당을 완전히 축출하고 대동강 이남의 한반도를 통일하게 됩니다. 한편 백제, 고구려의 편에 섰던 야마토 조정의 덴지天智 천황(재위 661년~672년)은 왜군이 663년 백강 전투에서 대패하여 퇴각한 후 일본열도의 곳곳에 성을 쌓는 등 있을지 모르는 당과 신라의 침공에 대비하는 한편 왕경을 오미近江로 옮기고 백제로부터의 망명자들을 적극적으로 받아들여 이들의 정착을 지원하고 망명한 백제의 관료들에게는 관직을 주어 왜국의 조정에서 활동하게 합니다.

백제의 멸망을 맞이하는 사이메이 여왕

654년 고토쿠왕이 나니와궁에서 '고독사孤獨死'를 한 후 즉위한 야마토 왕조의 왕은 나카노오에中大兄 태자가 아니라 그의 어머니이자 이전에 고교쿠皇極왕이었고 고토쿠왕의 누이이기도 하였던 보황녀宝皇女였습니다. 그녀는 이처럼 재차 야마토 왕조의 왕으로 즉위하는데 바로 제37대 왕인 사이메이 여왕으로 일본에서는 한 인물이 두 번 왕위에 오르는 것을 중조重祚라고 합니다. 나카노오에가 태자로서 왕의 영순위 후보였고 고토쿠왕의 즉위 때도 양보한 경위가 있어서 당연히 그가 즉위할 것으로 예상되었는데 어떻게 그가 왕위에서 배제된 것일까요? 이에 대하여는 여러 해석이 있으나 고토쿠왕의 의도가 반영된 결과일 것으로 보는 견해가 일반적입니다. 즉 그에게도 소생인 아리마有間 왕자가 있었기도 하였고 치세기간 내내 나카노오에와의 이견으로 시달려온 고토쿠왕으로서는 나카노오에의 즉위를 원하지 않았는데 누이인 보황녀를 한 번 더 왕위에 오르게 하는 것이 이러한 상황에서 취할 수 있는 절묘한 선택이었다는 것이지요.

〈그림5-1〉 야사카지 5중탑.
고구려사신 이리지가 세웠다는 고구려식 사찰인 야사카지-일명 호칸지法觀寺-의 경내에 있는 탑으로 현재 사찰은 소실되고 5층탑만 남아 있음.

사이메이왕의 치세에서 주목되는 것은 원년(655년) 7월에 백제의 사절단 150명에게 향응을 베푼데 이어 2년(656년) 8월에는 고구려가 대사大使 달사達沙, 부사副使 이리지伊利之〈그림5-1〉 등 81명의 사절단을 파견하는 등 백제, 고구려 모두 대규모의 사절단을 왜국에 보냈다는 기사입니다. 이는 당시의 한반도 상황과 관련이 있는 것으로 보이는데 고구려는 당시 거의 매년 당으로부터 침략을 받았기 때문에 대규모의 사절단 파견을 통해 왜국과의 관계를 강화하여 신라를 견제하기 위한 것이 그 목적인 것으로 보입니다. 백제 또한 사이메이 여왕의 즉위를 축하하는 한편 655년에 있었던 신라에 대한 군사행동의 성과를 설명하고 왜국과의 군사협력을 강화하기 위해 대규모의 사절단을 보낸 것으로 보입니다. 야마토 조정 또한 656년 9월에는 고구려에 가시하데노오미 하쓰미膳臣葉積 등을 사신으로 파견하는데 이는 당시 왜국과 고구려가 우호관계에 있었음을 보여줍니다. 고구려는 사이메이왕 5년(659년) 1월에도 하취문賀取文 등 1백여 명의 사절단을 왜국에 파견하고 이들이 5월에는 나니와에 도착하였다는 기사가 있는데 이는 고구려가 당과의 사이에 긴장이 고조되는 가운데 왜국에 접근하고 있었음을 알 수 있습니다.

한편 사이메이기5년(659년) 조에는 왜국에서 1백 개의 고좌高座와 1백 개의 법의法衣를 만들어 1백인의 법사를 청하여 인왕반야회仁王般若會를 열었다는 기록이 있는데 인왕반야회는 국가위기를 당하여 국가의 안전을 기원하는 법회로 당의 백제공격 계획을 알게 된 야마토 조정이 국가수호를 위하여 개최한 것으로 보입니다. 왜국이 어떠한 경로로 당의 이러한 계획을 탐지하였는지는 기록되지는 않았으나 고구려사신의 도착 기사에 이어 인왕반야회개최 사실이 기록된 것으로 보아 고구려 사신으로부터 전해들은 것으로 보입니다. 이 기사에 이어 '나라의 백성들이 이유 없이 무기를 들고 도로를 왔다 갔다 하였다.(擧國百姓 無故持兵 往還於道)'는 기사와 나라의 노인이 '백제국이 나라를 잃을 징조인가'라고 말하였다는 기사가 이어지는 것으로 보아 당시 왜국에서는 곧 닥쳐올 당의 백제 침략에 대하여 조정이나 백성이 모두 매우 두려워하고 있었음을 알 수 있습니다.

한편 사이메이3년(657년) 왜국은 신라에 사신을 파견하여 승려 지다치쓰智達 등을 신라에 보내 신라의 사신편에 당에 보내줄 것을 요청하였으나 신라가 이를 거절하였다는 기사가 있고 5년(659년)에는 당이 왜국의 견당사 사카이베노무라지 이와시키坂合部連石布 등을 감금하였다는 기사가 나오는데 이는 신라와 당이 백제와 고구려와의 관계를 강화하는 왜국에 대한 대응조치인 것으로 보입니다. 이와 관련하여 4년(658년)에는 승려 지쓰智通와 지다치쓰가 신라의 배를 타고 당에 가서 현장법사玄奘法師에게 배웠다는 기사가 보이는데 이는 신라로서도 왜국과의 최소한의 우호관계는 유지할 필요가 있다는 판단에서 신라사가 동행하지 않고 단순히 신라의 선박에 왜국의 승려들을 승선시켜 당으로 가는 것을 도와준 것으로 볼 수 있습니다.

사이메이기5년 조의 견당사 파견기사는 이례적으로 견당사가 남로南路를 택하여 중국의 강남으로 직행한 도당행로와 견당사가 중국의 천자, 즉 당 고종을 알현하는 기사를 상세하게 전하고 있는 데 그 중에서도 당 고종이 견당사에게 에미시蝦夷에 관해 여러 질문을 하고 사신이 답하고 있는 것이 이채롭습니다. 당 고종이 에미시에 대해 질문을 한 것은 사절단이 남녀 두 명의 에미시를 데리고 가서 당 고종에게 보였기 때문으로 보이는데 왜국의 사신은 대답에서 에미시가 매년 조공을 바치고 있다는 점을 강조한 반면 당 고종은 사신의 활동에는 언급하지 않고 에미시에 대한 질문만을 이어간 것은 친백제 노선을 견지하고 있는 왜국의 외교노선에 대한 불만을 표출한 것으로 보입니다. 왜의 사신들은 결국 당의 백제로의 출병계획을 알게 되었다는 이유로 감금되었다가 다음 해(660년) 8월 백제가 평정된 후인 9월 12일에 귀국이 허가되어 왜국으로 돌아오게 됩니다.

일본서기에 백제멸망에 관한 기사는 사이메이기6년(660년) 7월 조부터 나오기 시작하는데 주된 내용은 다음과 같습니다.

① 6년 7월조 분주分註에 고구려 승려 도현道顯의 일본세기日本世記에서는 다음과 같이 적고 있다.

'7월에 …… 춘추지春秋智-김춘추임-가 대장군 소정방蘇定方의 도움을 얻어 백제를 협공하여 멸망시켰다. 혹은 백제는 자멸하였다. 왕의 대부인이 요사스럽고 무도하여 국정을 좌우하고 현명하고 어진 신하를 주살하였기 때문에 이러한 화를 초래하였다.'

그 주註에서는 다음과 같이 적고 있다.

'신라의 춘추지가 내신 개금蓋金-연개소문임-에게 원하는 바를 얻지 못하자 다시 당에 사신을 파견하여 자국에서 사용하던 의관을 버리고 천자에게 아첨하여 이웃 나라에 화를 미치게 함으로써 그 뜻을 이루었다.'

이길련박덕서伊吉連博德書에서는 다음과 같이 적고 있다.

'경신년 8월에 백제가 평정되고 난 뒤인 9월 12일에 객인客人-왜의 사신임-의 귀국을 허가하였다.…… 11월 1일에 장군 소정방 등에게 잡힌 백제의 왕 이하 태자 융隆 등 여러 왕자 13명, 대좌평 사택천복沙澤千福, 국변성國辨成 이하 37명, 모두 50여 명을 조정에 바쳤다. 곧 천자 앞에 끌려갔다. 천자는 은칙을 내리고 그 자리에서 풀어주었다. ……'

② 9월 백제가 달솔 사미沙彌-수행승임- 각종覺從 등을 파견하여 보고하였다. 그 내용은 다음과 같다.

"올해 7월에 신라가 힘을 믿고 세력을 만들어 이웃 나라와 화친하지 않고 당나라 사람을 끌어들여 백제를 멸망시켰습니다. 군신이 모두 포로가 되어 살아남은 자가 거의 없습니다.(어떤 책에는 금년 7월 10일에 당의 소정방이 수군을 거느리고 미자진尾資津에 진을 쳤다. 신라의 김춘추가 병마를 거느리고 노수리산怒受利山에 주둔하였다. 백제를 협공하여 싸운 지 3일 만에 우리 사비성을 함락하였다. 같은 달 13일에 결국 궁궐을 함락하였다.) 이때 서부 은솔 귀실복신은 격분하여 임사기산任射岐山-임존성으로 보임-에 웅거하였습니다. 달솔 여자진餘自進은 중부 구마노리久麻怒利성-공주의 웅진성으로 봄-에 웅거하였습니다. 각기 군영을 만들어 흩어진 병졸을 불러 모았습니다. 이렇게 하여 백제의 무력이 늘어나서 당도 감히 공격해 오려고 하지 않습니다. 국인이 존경하여 '좌평 복신, 좌평 자진'이라고 말합니다. 오직 복신만이 영명하고 용맹한 위세를 발휘하여 이미 망한 나라를 다시 일으키고 있습니다."

③ 10월에 백제의 좌평 귀실복신이 좌평 귀지貴知 등을 보내어 당의 포로 1백여 명을 바쳤다. …… 또 구원군 파견을 요청하였다. 아울러 왕자 여풍장余豊璋을 보내주길 청하고 다음과 같이 말하였다.

"당인이 우리나라에 적들을 이끌고 와서 우리의 국경을 어지럽히고, 우리나라를 무너뜨리고 우리 임금과 신하를 포로로 잡아갔습니다.(백제왕 의자, 그의 처 은고와 아들 융 등과 신하 좌평 천복, 국변성, 손등 등 모두 50여 명이 7월 13일에 소장군에게 사로잡혀 당나라로 끌려갔다.) 그래서 백제국은 멀리 천황의 가호를 의지하여 사람들을 모으고 다시 나라를 이루었습니다. 바라옵건대, 백제국에서 천황을 섬기라고 보낸 왕자 풍장 등을 맞아 국주로 삼고자 하니 이를 허가하여 주십시오."

④ 이에 천황은 다음과 같이 조를 내렸다.

'구원군을 청하는 것은 예전에도 있었다고 들었다.…… 백제국이 곤궁하여 우리나라에 의지해 와서 구원해 달라고 멀리서 와서 표를 올렸다. 장군들에게 각각 명령하여 여러 길로 함께 군대를 파견하도록 하라. 신속하게 움직여 사탁沙碌-신라임-에 집결한다면 우두머리 악인을 베어 백제의 어려움을 덜어줄 수 있을 것이다. 모두 잘 준비하여 왕자를 출발시키도록 하라.'(왕자 풍장 및 처자와 그 숙부 충승 등을 보냈다. 실제로 출발한 것은 7년 조에 나온다.)

⑤ 1월 천황이 나니와궁으로 행차하였다. 복신이 요청한대로 쓰쿠시에 행차하여 원군을 파견할 것으로 생각하여 우선 이곳으로 와서 여러 가지 무기를 준비하였다.

⑥ 이 해에 천황은 백제를 위해 신라를 정벌하고자 스루가노구니駿河国에 명하여 배를 만들게 하였다. 다 완성하였을 때 배가 밤중에 까닭없이 배의 머리와 고물이 서로 반대가 되었다. 여러 사람들이 이 싸움이 결국은 패할 것임을 알았다.

⑦ 정월 왕이 탄 배가 서쪽을 정벌하기 위해 바닷길로 나섰다. 어선이 오쿠노우미大伯海에 도착하여 오호타노히메大田姬왕녀-오아마大海人 왕자의 비-가 딸을 낳았다.…… 3월 왕이 탄 배가 나노오쓰娜大津-나노쓰 那津와 같음-에 도착하였다. 왕은 이곳 이름을 나가쓰長津로 고쳤다.

⑧ 4월에 백제의 복신이 사신을 보내 표를 올려 왕자 규해糺解-풍장으로 보임-를 맞이하고 싶다고 요청하였다.

⑨ 7월 24일에 왕이 아사쿠라朝倉궁에서 죽었다. 11월 7일 왕의 관을 아스카노가하라飛鳥川原궁에 안치하고 9일까지 애도의식을 거행하였다.

위의 기사들을 통해 ①660년 7월 백제가 당과 신라의 연합군에 의해 멸망하였고 의자왕을 비롯한 왕자, 대신, 장병 등과 수많은 백성들이 당으로 끌려갔으며 ②백제의 왕족 귀실복신과 여자진 등이 군사를 모아 백제 부흥군을 조직하여 신라 및 당과 싸웠고 ③백제 멸망의 비보를 접하고 복신의 지원요청을 받은 사이메이 여왕은 백제에 대한 군사지원에 나서 직접 규슈로 이동하여 이를 지휘하였으며 ④왜국에 있던 의자왕의 아들 풍장이 귀국하여 백제 부흥군을 이끌게 된 사실을 확인할 수 있습니다.

여기서 무엇보다 주목되는 것은 660년 12월 사이메이왕을 비롯한 야마토정권의 수뇌부가 아스카를 떠나 전장인 백제에 가까운 규슈로 선단을 이끌고 이동하는 기사로 이들은 세토나이 해를 거치면서 각지에서 모병을 독려하면서 3월에는 규슈에 도착하여 진을 치고 본격적으로 백제 부흥군에 대한 군사적 지원에 나섰다는 점입니다. 당시 사이메이 여왕은 이미 60대의 고령의 몸이었음에도 불구하고 본인 스스로 신하들을 이끌고 규슈로 이동하여 백제 부흥군에 대한 지원에 총력을 경주한 사실은 백제 구원에 대한 사이메이왕의 굳은 결의를 보여주는 것으로 더욱이 의자왕이 이미 항복하여 백제 회복의 가능성이 희박한 상황을 감안하면 사이메이 여왕의 행동은 그녀가 백제 왕실의 일원이 아니라면 도저히 이해하기 힘든 행동으로 볼 수 밖에 없다고 할 수 있을 것입니다.

백제의 멸망과정에 대하여는 여러 문헌에 기록이 있고 다소의 차이는 있으나 강력한 나당연합군의 공세에 백제군은 단기간 내에 힘없이 붕괴되었다고 볼 수 있습니다. 즉 660년 당 고종이 소정방을 대총관大總官으로 하여 수륙 13만의 군대로 백제정벌을 명하고 6월 21일 무열왕이 태자 법민法敏-후의 문무왕임-을 보내 덕물도德物島-덕적도임-에서 소정방을 맞이하며 7월 9일 소정방이 기벌포伎伐浦에 도착하고 신라의 김유신은 황산벌에서 백제의 계백이 이끄는 5천의 군사와 싸움을 벌입니다. 이어 7월 12일에는 신라와 당의 연합군이 백제의 사비성을 포위하고 13일에는 사비성에 있던 왕자 융隆, 대좌평 천복千福 등이 항복하고 7월 18일에는 의자왕이 태자와 함께 웅진성에서 항복함으로써 백제는 멸망하는 것입니다.

백제 부흥군 지원에 나서는 덴지天智 천황과 백강전투

661년 7월 사이메이 여왕이 규슈에서 백제 부흥군에 대한 군사지원을 위한 준비를 하다가 갑자기 죽자 나카노오에 태자(후의 덴지 천황)는 소복을 입고 칭제稱制-즉위하지 않고 왕의 업무를 보는 것-를 하게 되는데 이때 태자의 나이는 36세입니다. 태자는 8월 아즈미 히라부노무라지阿曇比邏夫連, 가와베 모모에노오미河辺百枝臣 등을 장군으로 하여 군대를 이끌고 백제를 지원하게 하였으며 무기와 식량도 백제로 보냅니다. 9월에는 왕자 풍장에게 관직을 주고 오노오미 고모시키多臣蔣敷의 누이를 처로 삼게 한 후 군사 5천으로 하여금 백제로 귀국하는 풍장을 수호하게 하였는데 풍장의 귀국에 관하여는 덴지기원년(662년) 5월 조에 아즈미노히라부에 명하여 170척의 배를 이끌고 백제로 보냈다는 기사도 있습니다. 또한 덴지원년 정월에는 백제의 복신에게 화살 십만 척, 실 5백 근, 솜 1천 근, 피륙 1천 단, 무두질한 가죽 1천 장, 종자용 벼 3천 석을 주었으며, 3월에는 백제왕에게 포 3백 단을 주는 등 백제 부흥군에 대한 덴지 정부의 지원은 계속됩니다.

일본서기 덴지기원년 12월 조부터 2년(663년) 조에는 왜국의 지원을 받은 백제 부흥군의 전투상황과 백강전투, 그리고 전투에서 참패한 왜군과 백제의 망명인들이 왜국으로 출항하는 모습이 다음과 같은 요지로 기술되어 있습니다.

① 원년(662년) 12월 백제왕 풍장과 좌평 복신 등이 왜장들과 의논하여 치노다쿠쓰朴市田來津의 간언에도 불구하고 주유성州柔城-주류성을 말함-에서 피성避城-전북 김제에 있던 성-으로 이동함.

② 2년(663년) 신라가 백제 남부의 사주四州를 불태우고 아울러 안덕安德 등의 요지를 빼앗자 부흥군은 도로 주유로 돌아감.

③ 덴지2년(663년) 3월 전 장군 가미쓰케노노기미 와카코上毛野君稚子 등을 보내 2만 7천인을 거느리고 신라를 치게 함.

④ 5월 이누카미노기미犬上君을 고구려에 보내 협의하고 돌아오는 길에 규해(풍장임)를 만났는데 규해는 복신의 죄를 말함.

⑤ 6월 가미쓰케노 등이 신라의 두 성을 빼앗았으며 백제왕 풍장은 복신이 모반할 생각이 있다고 의심하고 참수하였음.

⑥ 8월 신라는 백제왕이 복신을 죽인 것을 알고 백제로 쳐들어가 주유성을 공략하여 왕성을 포위하였고, 당의 장군들이 전선 170척을 이끌고 백촌강에 진을 침. 27일에는 왜국의 수군이 당군과 싸웠으나 지고 물러남. 28일에는 백제왕과 왜국의 장군들이 당의 군사를 공격하였으나 순식간에 패배하였는데 이때 물속으로 떨어져 익사한 자가 많았음. 치노다쿠쓰는 용감하게 싸우다 전사하였고 백제왕 풍장은 몇 사람과 함께 배를 타고 고구려로 도망감.

⑦ 9월 7일 백제의 주유성이 마침내 당에 항복함. 이때 국인들이 '주유가 항복하

였다. 백제의 이름은 오늘로 끊어졌다. 이제 조상의 묘가 있는 곳을 어떻게 갈 수 있겠는가? 테레弖禮성에 가서 일본 장군들과 무엇을 어떻게 할지 의논하자.' 고 말함. 13일에 테레에 이르러 24일에 일본의 수군 및 좌평 여자신余自信, 달솔 목소귀자木素貴子, 곡나진수谷那晉首, 억례복류億禮福留와 백성들이 테레성에 이름. 이튿날에 비로소 배가 출항하여 일본으로 향함.

백제 부흥군은 왜국의 2만7천 명에 달하는 대규모의 군사원조에도 불구하고 8월 27일과 28일 양일간의 백강전투에서 참패함으로써 더 이상 싸울 전의를 상실하는데 이 여세를 몰아 신라와 당의 군대가 9월 7일 부흥군의 마지막 거점인 주류성마저 함락함으로써 백제 재건의 꿈은 영원히 사라지게 됩니다. 구당서 유인궤劉仁軌전은 참패한 왜군의 모습을 '왜병과 백강의 하구에서 조우하여 네 번 싸워 모두 승리하였고 왜선은 400여 척이 있었는데 연기와 화염이 하늘을 뒤덮고 바닷물이 빨갛게 물들었다.'고 전하고 있을 정도로 백강전투에서 왜군은 궤멸되었다고 할 수 있습니다. 한때 신라의 여러 성을 회복하고 웅진성에 있던 당군을 위협할 정도로 위세를 떨치던 백제 부흥군이 이후 그 기세를 잃고 쇠락하게 된 계기가 된 것은 복신과 풍장간의 내분과 이에 따른 부흥군의 사기저하라고 할 수 있는데 백제 부흥군의 말로는 내분이 나라의 멸망에 직결된다는 역사적 사실을 보여주는 대표적인 사례라고 할 수 있을 것입니다.

백제 멸망과 백제 망명인에 대처하는 덴지 천황

야마토 조정의 전폭적인 지원의 보람도 없이 왜군이 백강전투에서 참패하고 많은 왜국인들의 본국이기도 하였던 백제가 완전히 멸망한 사실은 나카노오에의 야마토 정권에게는 커다란 충격이었을 것이었습니다. 일본서기는 곳곳에서 백제에 대한 군사지원은 패할 것이 분명한 전쟁에 연루되는 것으로 조정의 많은 신하와 백성들이 우려하고 걱정하는 분위기를 기술하고 있습니다. 백강전투에 참가한 왜국의 병력은 주로 유력 씨족이나 호족의 사병들이었던 것으로 생각되는데 전쟁에서 이들의 대다수가 희생되고 전후의 방어체제구축을 위해서도 수많은 백성들이 동원되었을 것이기 때문에 덴지 정권에 대한 비판은 적지 않았을 것으로 보입니다.

백강에서의 참패로 나라 안이 어수선한 가운데 나카노오에는 신라와 당의 내침에 대비하여 국가방위태세를 강화하는 한편 망명한 백제의 관료들과 백성을 수용하고 정착을 지원하는 정책을 일관되게 시행하여 나갑니다. 먼저 방위태세를 강화하기 위해 664년 쓰시마, 이키섬, 쓰쿠시 등에 변경 방비군을 두고 봉화를 설치하였으며 쓰쿠시에는 큰 제방을 만들고 물을 담는 미즈키성水城〈그림5-2〉을 만듭니다. 이어 665년에는 백제의 병법전문가인 답발춘초答炑春初를 보내 나가토長門-현재의 야마구치현-국에 성을 쌓게 하고 달솔 억례복류, 달솔 사비복부四比福夫를 쓰쿠시로 보내 조선식 산성인 오노大野성과 기椽성을 축조하게 합니다. 또한 667년에는 야마토에 다카야스高安성, 사누키讚吉에 야시마屋島성, 쓰시마의 가나타金田성을 쌓아 있을지 모르는 당과 신라의 공격에 대비합니다.

〈그림5-2〉 미즈키성.
백제 멸망 후 신라가 쳐들어올 것에 대비하여 664년 규슈의 다자이후에 축조된 방어시설의 하나로 백제의 축조기법이 사용된 것으로 알려짐.

한편, 망명 백제인에 대한 나카노오에의 예우는 각별하다고 할 수 있는데 우선 664년에는 백제왕百濟王 선광善光, 禪廣-일본어로는 구다라노오젠코-을 나니와에 살게 하였고, 665년에는 백제국 관위의 계급을 검토하여 귀실복신의 공적으로 귀실집사鬼室集斯에게 소금하小錦下를 주었으며 백제 남녀 4백여 인을 오미近江국의 가무사키노고호리神前郡에 살게 하고 이들에게 전田을 지급하였습니다. 666년에는 백제 남녀 2천여 인을 아즈마노구니東國에 살게 하고 승속을 불문하고 663년부터 3세에 이르기까지 관에서 식품을 주었습니다.

또한 669년에는 좌평 여자신余自信, 좌평 귀실집사 등 남녀 7백여 인을 오미近江국 가마후노고호리蒲生郡에 옮겨 살게 하였으며, 671년에는 백제의 망명관리들에게 상당한 고위직을 각각 주었습니다. 즉 여자신, 사택소명沙澤紹明에게는 대금하大錦下, 귀실집사에게는 소금하, 곡나진수谷那晉首, 목소귀자木素貴子, 억례복류, 답발춘초, 발일비자炑日比子, 찬파라贊波羅, 금라금수金羅金須, 귀실집신鬼室集信에게는 대산하大山下를 덕정상德頂上, 길대상吉大尙, 허솔모許率母, 각복모角福母에게는 소산상小山上을 나머지 50여 인에게는 소산하小山下 라는 직위를 주었습니다.

위의 백제인 중에서 백제왕 선광은 백제 멸망 시에 왜국에 와있던 의자왕의 아들이며 풍장의 아우로 그는 풍장과 함께 백제로 돌아가지 않고 왜국에 남아 있던 것으로 보입니다. 일본서기에는 선광이 8세기 초 지토持統 여왕으로부터 백제왕의 성을 받는 것으로 나오는데 구당서 유인궤전劉仁軌傳에는 '여풍餘豊은 북에 있고 여용餘勇은 남에 있다.'고 적고 있는데 이때의 여용을 선광을 가리키는 것으로 보아 야마토 조정이 웅진도독으로서 백제 유민과 대적하고 있던 부여융扶餘隆과의 관계상 선광 즉 부여용에게 성이 아닌 백제의 지도자라는 의미에서 백제 왕으로 호칭하였을 가능성도 있어 보인다는 견해도 있습니다. 현재 오사카부의 히라가타枚方시에는 구다라오신사百濟王神社와 구다라데라百濟寺터〈그림5-3〉가 있는데 구다라데라는 선광의 증손 경복敬福이 세운 절로 현재 사찰은 없고 사당인 구다라오신사만 남아 있습니다.

〈그림5-3〉 구다라오신사(上)와 구다라데라 터(下).
절을 세운 인물은 의자왕의 아들 선광의 증손자인 백제왕경복이며 신사는 그의 자손들이 경복을 모신 사당으로 오사카부 히라카타시에 있음.

또한 시가滋賀현에 있는 일본에서 가장 큰 호수인 비와코琵琶湖의 동쪽지방에는 도래인인 하타秦 씨가 터전을 잡은데 이어 백제인들도 특히 백제 멸망 이후 많이 이주하였으며 여자신과 귀실집사鬼室集斯 등이 옮겨 살았다는 가모노고호리蒲生郡에는 백제인들이 세운 이시도지石塔寺〈그림5-4〉와 햐쿠사이지百濟寺〈그림5-5〉가 남아 있습니다.

〈그림5-4〉 이시도지사.
시가현 히가시오미시에 있는 고대 사찰로 백제의 유민들이 세운 절로 추정되며 일본에서는 보기 드문 석탑임.

〈그림5-5〉 햐쿠사이지 입구(上) 본당(下).
비와 호수의 3대 명승지의 하나로 불상은 백제 용운사의 것을 본 따서 만든 것으로 알려짐.

〈그림5-6〉 기시쓰신사.
이 신사가 모시는 귀실 집사는 백제 부흥군을 지휘한 귀실복신의 아들로 기시쓰 씨는 759년 구다라노기미百濟公으로 성을 바꾸게 됨.

햐쿠사이지는 일본에서는 드물게 '구다라'가 아니라 '햐쿠사이'라는 명칭을 보존하고 있는 사찰로 일본에서도 가을의 절경으로 유명한 곳입니다. 또 가모군 히노초日野町에는 조그만 기시쓰鬼室신사〈그림5-6〉가 있는데 이 신사가 모시는 귀실 집사는 백제 부흥군을 이끌던 귀실복신의 아들로 아버지의 공으로 665년 오미 조정에서 관직을 받은 것으로 일본서기에 기술되어 있습니다.

한편 왕위에 오르지 않고 칭제하던 나카노오에 왕태자는 668년 정월 정식으로 즉위하여 일본의 제38대 덴지 천황(재위 칭제포함. 661년~671년)이 되는데 즉위하기 전년인 667년 오미近江-지금의 시가현 오쓰大津-로 도읍을 옮깁니다. 덴지 천황이 오미노오쓰近江大津궁으로 천궁하려 한 것은 오미가 신라나 당의 공격을 받기 쉬운 나니와로부터 멀리 떨어져 있고 아즈마노구니東国나 호쿠리쿠北陸로 통하는 교통의 요지이기도 하며 고구려와의 외교루트라는 측면에서도 유리한 위치에 있었기 때문으로 보입니다. 그런데 덴지가 665년과 669년 각각 400여 명과 700여 명의 백제 망명인을 오미국에서 살게 한 것은 이러한 천도와 무관하지 않은 것으로 보이는데 이들 백제 망명인들을 오미 지역의 개발에 활용하는 한편 오미 조정에 백제출신 관료들을 등용하려는 의도가 있었던 것으로 볼 수 있습니다. 실제로 아스카의 많은 구귀족, 백성들은 덴지의 오미 천도에 반대하고 오미 조정에 백제출신 관료들이 대거 등용된 데 대해 불만을 표출하는 분위기가 일본서기의 기술에서 감지됩니다.

덴지 천황의 치세에 있어서의 왜국의 대외관계

일본서기에는 왜의 수군이 백강 전투에서 당의 수군에게 참패한 이듬해인 덴지3년(664년) 5월 백제진장百濟鎭將-백제주둔사령관에 해당- 유인원劉仁願이 조산대부朝散大夫 곽무종郭務悰 등을 보내 상표문과 헌물을 바쳤으며 그해 10월에는 곽무종을 돌려보내도록 하라는 덴지 천황의 칙이 내렸고 일행은 12월에 귀국하였다는 기사가 나옵니다. 쓰쿠시에서 8개월이나 체류했던 곽무종 등이 무슨 목적으로 와서 어떠한 활동을 하였는지는 일본서기에 그 기록이 없어서 잘 알 수는 없으나 이에 대하여는 몇 가지 견해가 있습니다.

그 하나는 당이 백강전투에서의 승리의 여세를 몰아 쓰쿠시에 도독부를 설치하고 곽무종을 도독으로 하였을 것으로 보이며 쓰쿠시도독부는 664년에서 672년까지 존속한 것으로 보는 최재석 교수[1)]의 견해인데 일본서기 덴지기6년(667년) 11월 조에 '쓰쿠시도독부'라는 명칭이 등장합니다. 당은 백강전투 후인 664년에는 부여융夫餘隆을 웅진도독으로 임명하고 665년에는 신라와 백제, 야마토 왜, 탐라의 대표를 산동山東반도의 태산泰山으로 불러 신라가 이들 국가들과 화친하고 당의 지도를 따르겠다는 맹세를 하도록 하는데 이는 당이 한반도와 왜국의 모든 나라를 속국으로 하려는 저의를 갖고 있었던 것을 보여주는 것이며 쓰쿠시도독부도 이러한 저의에서 나온 것이라는 견해입니다.

또 하나의 견해는 당시 당이 고구려에 대한 공세를 강화하고 있던 시기였음에 비

1) 최재석, '신라 문무대왕의 대당, 대일정책', 한국학보 95, 1999

추어 왜국이 고구려와의 동맹관계를 해소하도록 촉구하였을 가능성이 높아 보인다는 견해입니다. 이러한 시각에서 덴지가 칙을 내려 당의 사신을 돌려보냈다는 기술에 대하여는 덴지 조정이 백강에서의 패배 후에 처음으로 온 당의 사신에 대한 처우와 이들의 요구에 대해 고심하였을 것으로 보이며 곽무종 등이 유인원이 사적으로 보낸 사신으로 당 고종이 보낸 정식 외교사절이 아니라는 점을 핑계 삼아 당의 요구를 거절하지 않으면서 이들을 돌려보낼 수 있던 것으로 보고 있습니다.

또한 덴지기4년(665년) 9월 조에는 당이 조산대부朝散大夫 유덕고劉德高와 상주국上柱國 백제녜군百濟禰軍, 조산대부 주국柱國 곽무종 등 254명이 쓰쿠시에 도착하여 이들에게 향응을 베풀고 선물을 주어 12월에 이들이 돌아갔다는 기사가 나옵니다. 일본학계에서는 곽무종 일행이 당의 정식사절이 아니라는 이유로 소기의 외교목적을 이루지 못하였던 전례를 감안하여 다시 유덕고를 단장으로 하는 정식 사절단을 보낸 것으로 보면서 유덕고 등의 파견 목적에 대하여는 왜국과의 화평과 국교수립, 당에 의한 국제질서에의 편입을 위한 것이라는 등의 견해가 있습니다.

덴지기에는 당이 사자를 5회나 왜국에 파견하는데 덴지6년(667년)에는 백제진장 유인원이 웅진도독부의 상주국 사마司馬 법총法聰을 보내 사카이베노무라지境部連 등을 쓰쿠시도독부로 돌려보냈다는 기사가 나오며 671년에는 유인원이 웅진도독부의 당나라 관리인 이수진李守眞을 보냈다는 기사가 있습니다. 또한 이해 11월에는 쓰시마국사国司가 사자를 쓰쿠시다자이후築紫大宰府로 보내 사신 곽무종 등 600여 인과 송사 사택손등沙澤孫登 등 1400여 인 합계 2천여 인이 왜국으로 오기 위해 비지도比知島-통영 한산면 비진도임-에 정박 중임을 보고해 왔다는 기사가 있습니다. 일본서기는 이들의 상당수가 백강전투에서 당군에게 잡힌 포로들이라는 사실을 밝히지 않고 있으나 이들은 669년 당에 파견된 가와치노아타이 구지라河內直鯨의 포로송환교섭의 결과 귀국하게 된 포로들로서 왜국은 이들의 송환 대가로 672년 일본서기 기사에 있는 대로 거친 비단 1,673필, 삼베 2,852단, 명주솜 666근의 물자를 당에 제공한 것으로 보입니다.

신라와 왜국의 관계는 655년 백제와 고구려군의 공격으로 신라가 많은 성을 빼앗긴 이래 악화되어 656년 이래 신라는 왜국에 사신을 파견하지 않고 있었으나 덴지7년(668년) 덴지가 천황으로 즉위한 해 9월 12년 만에 사신으로 급찬 김동엄金東嚴을 파견합니다. 일본서기에 의하면 내신인 나카토미 가마타리가 김동엄을 통해 김유신에게 보내는 배 한 척과 신라왕에게 보내는 공물로 배 한 척을 보냈다고 하며, 11월에는 신라왕에게 보내는 비단 50 필, 솜 5백 근, 무두질한 가죽 1백 매를 주어 신라로 돌아가는 김동엄에게 딸려 보냈다고 합니다. 이처럼 오미 조정이 신라에 대해 많은 양의 공물을 보낸 것은 이례적인 것으로 보이는데 이는 신라의 공격을 두려워하고 있던 오미 조정이 신라의 사신파견에 안도하고 신라와의 우호관계를 희망하는 표시로 보낸 것이라고 볼 수 있으며 관점에 따라서는 신라에 대한 왜국의 배상물자로서의 성격을 띤 것으로 해석할 수 있을 것입니다.

한편 동맹국이었던 백제가 660년 멸망하고 이후 계속되는 당의 공격으로 시달리던 고구려는 왜국과의 관계를 강화하기 위해 왜국에 연달아 사신을 파견합니다. 일본서기 덴지기5년(666년) 1월 고구려의 전부능루前部能婁가 사신으로 파견되었고 10월에는 고구려의 을상乙相 엄추, 현무약광玄武若光 등을 사신으로 보냈으며 덴지기 7년(668년) 조에는 고구려가 고시노미치越路를 통해 사신을 보내나 풍랑을 만났다는 기사가 나옵니다. 전부능루는 그 해 6월 귀국한 것으로 되어 있으나 그 후예를 자처하는 복당련福當連 씨가 신찬성씨록에 보여 귀국하지 않고 왜국에 남은 것으로 보이는데 이는 666년에 있던 남건에 의한 남생의 축출 등 고구려의 정변과 관련이 있어 보입니다.

또한 666년 사신으로 온 현무약광도 703년 몬무文武 천황으로부터 '고려왕高麗王'이라는 성을 하사받은 것으로 보아 고구려가 망하자 왜국으로 피난한 것으로 보이는데 그가 고구려의 왕족이었는지 여부는 불명이나 고구려계 유민의 지도자로서 고구려가 망한 후 유민 1,799명을 모아 무사시노구니武藏国에 고마노고호리高麗郡를 세웁니다. 현재 사아다마현 히다카日高시에는 고마잣코高麗若光를 모시는 고마高麗신사〈그림5-7〉

〈그림5-7〉 고마신사.
고구려 멸망 후 망명한 고구려유민들이 세운 신사로 지도자인 고마잣코高麗若光를 모심.

가 있는데 현재 이 신사의 궁사宮司는 약광의 60대 후손으로 알려져 있습니다. 고마신사는 '출세를 원하면 고마신사에 가서 빌어라.'는 말이 있을 정도로 일본에서도 유명하며 정치인, 연예인 등 유명인들이 자주 참배하는 곳으로 유명하다고 합니다.

덴지 천황의 정체는 누구인가?

일본의 제38대 왕인 덴지 천황은 파란만장한 삶을 산 인물입니다. 645년 약관 19세 때 나카노오에中大兄 왕자시절 당시 왜국의 최고 실권자인 소가 이루카를 주살하는 을사의 변의 주역이면서도 두 차례나 왕위계승에서 밀려났고 660년에는 그에게 본국이라 할 수 있는 백제가 눈앞에서 망하는 것을 지켜보았으며 663년에는 백제 부흥군을 지원하기 위해 대규모 병력을 백제 땅으로 보내나 참패를 당합니다. 그러나 한편으로는 패전으로 인한 내부의 불만과 비판 속에서도 661년 모친인 사이메이 여왕이 죽은 후에는 칭제하면서 국가방위태세를 공고히 하고 백제에서 망명하는 관료와 백성들을 적극적으로 수용하여 야마토 왕조의 정치, 사회발전을 위해 그들을 폭넓게 활용하여 나갑니다. 그는 또한 백제가 소멸된 후 처음으로 668년 왕위에 오르고 국호를 '왜'에서 '일본'으로 바꾸어 독립된 새로운 일본국의 역사를 시작한 첫 번째 왕이라고 할 수 있습니다.

그런데 일본서기에는 그가 조메이舒明왕과 고교쿠皇極 여왕-사이메이 여왕으로 중조-의 아들로 되어 있으나 여러 가지 점에서 이 기술은 사실이 아닌 것으로 보입니다. 앞 장에서 을사의 변의 현장을 목격한 후루히토노오에古人大兄 왕자가 '한인韓人'이 이루카를 죽였다고 외쳤을 때의 '한인'은 백제에서 온 인물을 의미하는데 그 당시 백제에서 와 있던 인물로는 631년에 왔다고 하는 의자왕의 아들 풍장과 642년에 온 교기왕자가 있었던 점은 이미 지적한 바 있습니다. 그렇다면 이 두 사람 중 누가 나카노오에 왕자로 변신하였을까요? 필자는 교기 왕자가 바로 나카노오에中大兄 왕자로 후에 덴지 천황이 되는 인물로 보고 있습니다. 강길운 교수[2]도 교기 왕자를 나카노오에 왕자, 즉 덴지 천황으로 보고 있는데 강길운 교수의 견해를 참고하여 교기

2) 강길운, 한일고대관계사의 쟁점, 한국문화사, 2002

왕자가 즉 나카노오에 왕자임을 논증하고자 합니다.

첫째는 을사의 변 당시 왜국에 있던 백제의 왕자 두 명 즉 풍장과 교기 중에서 풍장에 대해서는 고교쿠왕이 별다른 관심을 보이지 않았고 그는 백제 부흥군을 지휘하기 위해 백제로 건너갔다가 나당연합군에 패한 후 고구려로 도망갔다는 기사가 있어서 그가 나카노오에일 가능성은 없어 보입니다. 더욱이 교기 왕자는 고교쿠왕과 사냥도 같이하는 등 총애를 받았고 소가 에미시는 그를 위해 씨름시합을 열 정도로 그에 대해 깊은 배려를 한 것으로 보아 교기 왕자가 나카노오에로 변신하였을 가능성이 높다고 하겠습니다.

둘째는 교기 왕자가 고교쿠왕원년(642년) 2월 왜국으로 건너온 뒤 그 해에만 교기 왕자의 동정에 관한 기사가 7회나 나오다가 644년 이후에는 전혀 그에 관한 기사가 나오지 않는데 반해 644년 이후에는 나카노오에 왕자에 관한 기사가 계속 이어진다는 점입니다. 앞 장의 고교쿠기원년 조에서 보듯이 642년에는 고교쿠왕과 소가 씨의 총애를 받던 교기 왕자가 완전히 자취를 감추고 대신 나카노오에 왕자가 등장하는 것은 교기가 나카노오에로 변신하였을 가능성이 매우 높다는 것을 말해주는 것으로 봅니다.

셋째로 구당서의 유인궤劉仁軌전은 의자왕의 아들 부여풍은 백제에서 싸우고 부여용은 왜국에서 백제를 돕고 있었음을 보여주는 기사가 있고(不可棄百濟土地 餘豊在北 餘勇在南) 부여용이 부여융의 아우라는 기사가 있는데(夫餘勇者夫餘隆之弟也) 실제로 덴지 천황은 백제의 부흥운동을 적극적으로 지원하였으니 그가 바로 구당서의 부여용임을 알 수 있고 또한 교기임을 알 수 있습니다.

넷째로 드라비다어 전문가인 강길운 교수의 분석에서 한자식 이름의 용勇을 뜻하는 드라비다어는 '군디게'이고 교翹의 뜻은 꽁지인데 꽁지는 드라비다어로 '군디'이고 털은 '개' 또는 '게'로 게의 '에' 발음이 '이'로 순행 동화되어 '군디게'는 '군디기'가 되어 교기는 꽁지털이라는 의미가 되는데 결국 교기는 용을 뜻하는 것으로 볼 수 있다는 것입니다. 그는 또한 용감하다는 말을 몽골어 '괴키'라고 하므로 교기는 이의 표음으로 볼 수도 있다고 합니다.

이처럼 교기 왕자가 나카노오에 왕자로 변신하여 덴지 천황이 되었을 가능성은 매우 높은데 이에 따라 나카노오에 왕자가 조메이왕과 고교쿠 여왕의 아들일 가능성은 없는 것으로 보이며, 641년 조메이왕의 장례식에서 나카노오에 왕자가 부왕의 조사를 읽는 16세의 동궁東宮-태자를 의미함-으로 등장하는 것은 조작된 것으로 이는 일본서기가 만세일계의 왕조를 이어가기 위해 후에 끼워 넣은 기사로 보입니다. 나카노오에 왕자는 동궁의 위치에 있었으면서도 세 번이나 왕위를 양보해야 하였는데 그가 조메이왕과 고교쿠 여왕의 아들이었다면 있을 수 없는 일로 그는 공을 세워 동궁이 되었으면서도 아마도 백제에서 온지 얼마 되지 않았다는 사정 등으로 인해 쉽게 왕위에 오르지 못한 것으로 보입니다.

나카노오에 왕자 즉 후의 덴지 천황이 백제 의자왕의 아들인 교기 왕자였다는 인식을 갖고 그의 생전의 행적을 되돌아보면 그가 한 일들을 자연스럽게 수긍하게 됩니다. 645년 백제계 아스카 왕조의 실권을 잡고 권력을 휘두르던 소가 씨를 타도하여 왕권을 회복하고 본국인 백제가 나당연합군의 공격으로 국가존망의 위기에 처하자 패배가 거의 확실한 전쟁임에도 불구하고 사력을 다해 백제 부흥군을 지원합니다. 백제가 결국 멸망하자 백제에서 망명해온 수많은 백성들을 적극 수용하여 정착을 지원함은 물론 백제 출신 관료들을 우대하여 오미 조정에서 활약하게 함으로써 그들의 전문성을 국가의 발전에 적극 활용하여 나가며 새로운 국가의 건설을 시작하여 나갑니다. 이러한 의미에서 왜국은 백제가 멸망한 후 즉위한 덴지 천황 때부터 비로소 한반도에 있던 본국과도 같았던 백제의 그늘을 벗어나 명실상부한 독립국가 일본으로서의 첫걸음을 내딛게 된다고 할 수 있을 것입니다.

생을 마감하는 덴지天智 - 가마타리中臣謙足 콤비

일본서기 덴지기8년(669년) 10월 조에는 나카토미 가마타리가 56세의 나이로 병에 걸려 사망하는 기사가 실려 있습니다. 가마타리 대신의 저택으로 병문안을 온 덴지 천황에게 가마타리는 백성에게 노고를 끼치기 싫으니 장례를 간소하게 치러 줄 것을 부탁하는 장면이 나오고 이에 대해 일본서기 편자는 현자의 말을 인용하는 형식으로 이를 현철의 명언에 비길만하다고 감탄하는 모습을 기술하고 있습니다. 720년 일본서기가 편찬될 당시의 실력자인 가마타리의 아들인 후지와라 후히토가 얼마나 일본서기의 편찬을 주도하였는지 짐작을 가게 하는 기사라고 하겠습니다. 병문안의 며칠 후 덴지 천황은 동궁대황제東宮大皇弟-오아마大海人왕제 즉 후의 덴무 천황임-를 가마타리의 집으로 보내 관위 중 최고위의 대직관大織官과 오오미大臣의 직을 수여하고 후지와라藤原라는 가바네姓를 하사합니다.

그 때까지 나카토미 씨의 가바네는 무라지連로 이는 대왕가에 봉사하는 직업을 가리키는 것이었으나 지명을 가리키는 후지와라로 가바네가 바뀐 것은 신분이 격상된 것을 의미하는 것으로 이러한 신분격상의 사례는 일본서기에서는 처음으로 기록된 것입니다. 더욱이 그에 대한 가바네와 지위는 그의 직계 장남으로 이어지고 자자손손까지 계승되는 것으로 매우 파격적인 것인데 이는 덴지 천황과 가마타리가 함께 걸어온 25년의 인연이 얼마나 깊은 것인지를 보여주는 사례라고 할 수 있겠습니다. 후지와라 가마타리藤原謙足가 죽자, 덴지 천황은 가마타리의 집에 행차하여 가마타리와의 사별로 상심한 마음을 전하고 금으로 된 향로를 하사하였다고 일본서기는 전하고 있습니다.

한편 가마타리가 죽은 뒤 2년 후인 덴지10년(671년) 9월 덴지 천황도 중병에 걸리며 10월에 병이 점점 중하여지자 동궁을 침소로 불러 후사를 맡긴다고 말하는데 동궁이 병을 핑계대고 자신은 출가하여 수도하겠다고 하면서 왕위를 고사하자 덴지 천황은 이를 허락하였습니다. 동궁인 오아마大海人 왕제가 덴지의 제안을 고사한 것은 음모가 있을 수 있으니 조심하라는 소가노오미 야스마로蘇我臣安麻侶의 귀띔이 있었기 때문인데 덴지 천황은 마음속으로 아들인 오토모大友 왕자를 후계자로 정해 놓고 오아마 왕제를 떠보려고 하였던 것으로 보입니다. 오아마 왕제는 그날로 출가하여 법복을 입고 사적으로 소유하던 병기를 모두 관사에 반납하고 요시노吉野로 들어가서 칩거하게 됩니다.

일본서기는 오아마가 무사히 덴지의 음모에서 벗어난 데 대해 어떤 사람은 '범에게 날개를 달아 놓아주었다.'고 말하였다고 기록하고 있는데 이는 후에 오아마 왕제가 덴지의 아들 오토모 왕자와의 전쟁 즉 임신壬申의 난-일본어로는 진신노난이라고 함-에서 승리하여 덴무 천황으로 등극하게 되는 사실을 은유적으로 표현한 것으로 해석됩니다. 덴지 천황은 결국 이해 12월에 46세로 생을 마감합니다.

덴지 천황은 죽기 전인 671년 정월 오토모 왕자를 태정대신太政大臣으로 소가 아카에蘇我赤兄를 좌대신, 나카도미 가네中臣金를 우대신으로 임명하고 어사대부 3명을 임명하는데 이는 내신 후지와라 가마타리藤原謙足의 사망으로 붕괴된 덴지 천황-가마타리체제를 오토모 태정 대신을 중심으로 두 명의 좌, 우대신이 보좌하는 체제로 바꾼 것을 의미합니다. 이러한 새로운 정치체제에는 동궁인 오아마 왕제의 모습은 보이지 않는데 이는 그가 덴지 천황〈그림5-8〉이 죽기 전에 구축한 정치체제의 중심에서 제외된 것을 의미하며 이에 오아마 왕제가 처신에 조심하면서 기회를 엿보고 있었음을 짐작할 수 있습니다.

〈그림5-8〉 덴지천황릉.

제 17 화
천황국 일본을 만든 수수께끼의 인물 덴무天武

671년 겨울 덴지 천황이 죽자 덴지의 아우인 오아마大海人가 임신壬申의 난-일본에서는 진신노난이라 함-을 일으켜 덴지의 아들인 오토모大友 태자가 이끄는 오미近江 조정군에게 승리하여 덴무天武 천황(재위 673년~686년)으로 즉위하는데 별다른 세력기반이 없었던 그가 조정군을 상대로 단기간 내에 압도적인 승리를 거둘 수 있었던 것은 백제 지원군의 참패 이후 조성된 백제계 오미 정부에 대한 불만과 비판적인 분위기속에서 수적으로 다수인 가야, 신라의 구세력의 지지와 신라의 지원에 힘입은 바가 큰 것으로 보입니다. 임신의 난을 계기로 왜국과 야마토 조정에서 백제계 세력은 결정적으로 쇠락하게 되는데 덴무는 호족을 철저하게 제압하고 황조신인 아마테라스를 창출하여 천황지배의 당위성을 확립하게 됩니다. 그는 또한 천황을 정점으로 하는 율령국가를 지향하여 새로운 율령을 정하고 이러한 이념에 맞는 국사를 편찬할 것을 지시하는데 이러한 점에서 그는 현재의 일본의 원형을 만든 최초의 천황이라고 할 수 있습니다.

덴무의 치세기간 중 15회에 달하는 신라의 사신이 일본에 파견된 반면 견당사 파견이나 당 사신의 일본 방문이 한 차례도 없었다는 것은 덴무 천황이 친신라적인 정책을 취한 사실을 말해주는데 덴무정권은 신라로부터 선진제도와 문물을 적극적으로 수용한 것으로 보입니다. 덴무는 일본서기에는 덴지의 친동생으로 되어 있으나 사실은 오히려 덴무가 연장자로 둘은 친형제가 아닌 것으로 보이며 그가 야마토 왕조의 일관된 친백제정책에서 벗어나서 친신라적인 입장을 보이고 있어서 그의 출자에 대한 논란이 제기되고 있는데 신라의 왕족인 김다수金多遂 또는 풍장의 아들이라는 설 등이 있으나 아직 정설이 없는 상황입니다.

임신의 난에서 승리하여 왕위에 오르는 오아마大海人 왕자

일본의 제39대 왕인 덴무天武 천황(재위 673년~686년)은 일본의 역대 왕 가운데서 가장 수수께끼의 인물이라고 할 수 있습니다. 그 정체가 아직까지도 오리무중이라는 점이 그렇고 거의 단신의 몸으로 시작해서 오미近江 조정을 상대로 벌인 672년의 임신壬申의 난에서 단시일 내에 압도적인 승리를 거두는 점도 그러하며 그럼에도 불구하고 임신의 난 이전에는 그의 실명이 거의 보이지 않는 것도 불가사의합니다. 더욱이 일본의 고대국가를 완성단계로 이끄는 율령제도의 토대를 만들고 그 이념이 되는 천황제와 황조신인 아마테라스대신天照大神을 창작하는 한편 신토神道와 국가불교를 창시한 인물도 덴무 천황이라고 할 수 있습니다. 또 국사인 일본서기를 편찬할 것을 명하여 왜왕이 통치하던 왜국을 천황이 통치하는 일본으로 변신하게 한 인물도 덴무 천황이라고 할 수 있습니다. 일본서기 30권 중에서 덴무기의 분량이 가장 많아 유일하게 2권의 분량을 차지하는데 이는 일본의 고대사에서 덴무 천황이 차지하는 비중을 보여주는 것이라고 할 수 있습니다.

임신의 난은 덴지 천황의 동생인 오아마大海人 왕제와 덴지 천황의 맏아들인 오토모大友 왕자가 왕위를 두고 벌인 내전으로 오아마가 승리하여 덴무 천황으로 등극하는 일종의 쿠데타이며 일본서기 28권은 거의 이에 관한 기록이라 할 수 있습니다. 이 전쟁의 발단은 덴지 천황이 동궁東宮이던 오아마를 제치고 아들인 오토모를 후계자로 내정하는데 이를 눈치 챈 오아마가 출가를 핑계로 오미 조정에서 빠져나와 요시노吉野에 은거하면서 고향으로 알려진 미노美濃를 중심으로 은밀하게 거병을 준비하는데서 시작됩니다. 671년 10월 오아마 왕제가 출가하여 요시노로 떠나자 11월 오미近江 조정에서는 태정대신太政大臣인 오토모 왕자를 비롯한 좌, 우대신 등 6명이 모여 태정대신을 따르겠다고 불상과 덴지 천황의 앞에서 맹세를 하는데 그 다음달에 오미궁에서 덴지 천황이 죽습니다. 덴지 천황이 죽은 후 오토모가 이끄는 오미 조정은 오아마 왕제에 대한 경계, 감시를 강화하는데 이러한 정보에 접한 오아마왕제는 672년 6월 22일 미노美濃국의 호족들에게 모병할 것을 명하고 미노국의 국사国司- 지방장관에 해당함- 등에게 기나이畿內에서 아즈마노니東国- 미에현, 아이치현, 기후현 일대를 말함-에 이르는 길목인 후와不破에 군대를 보내 이를 폐쇄하게 하니 이로써 임신의 난이 발발하게 됩니다.

오아마 왕제 일행은 6월 24일 요시노를 출발하여 동국으로 향하는데 따르는 인원은 쿠사카베草壁 왕자, 오사카베忍壁 왕자를 비롯한 도네리舍人 등 20여 인과 측근의 여관女官 등 10여 인에 불과하였다고 일본서기는 기술하고 있습니다. 그러나 오아마 왕제는 이카伊賀, 이세伊勢, 미노 등을 거치는 동안 군사력의 증강에 성공하여

7월 13일에는 오미 정부군을 격파하고 오쓰大津궁을 함락시켰으며 오토모왕과 좌, 우 대신은 도망하였으나, 7월 24일에는 좌, 우대신을 체포하였고 오토모 왕은 자살함으로써 한 달 만에 오토모군과 오아마군의 전쟁은 오아마군의 압도적인 승리로 끝납니다. 이어 8월에는 오미 조정의 군신들의 죄상에 따라 중죄인 8명을 극형에 처하고 우대신 나카토미노무라지 가네中臣連金를 참형에 처하였으며 좌대신 소가노오미 아카에蘇我赤江, 대납언 및 자손 등을 유형에 처하고 나머지는 모두 죄를 용서하였습니다. 오아마 왕제는 9월 8일 귀로에 올라 12일에 왜경에 이르러 시마嶋궁으로 들어갔으며 이해 겨울 아스카노기요미하라飛鳥淨御原궁을 지어 그곳으로 옮기고 673년 2월 덴무 천황으로 즉위합니다.

이 전쟁에서 가장 불가사의 한 점은 거의 단신의 몸으로 전쟁을 시작한 오아마가 어떻게 강력한 오미 조정의 정규군을 상대로 한 달 만에 압도적인 승리를 할 수 있었는가 하는 점인데 다음과 같은 요인을 들 수 있습니다. 첫째는 아즈마노구니東國를 중심으로 한 오와리尾張 씨 등 주요 호족, 씨족들과 야마토에 있던 소가 씨 일족의 상당 수가 오아마 편에 가세하였던 점을 들 수 있습니다. 당시의 주요 호족들은 패배가 불 보듯 보였던 백강전투에 덴지 천황이 대규모 군대를 보내 참패하고 많은 호족들의 반대에도 불구하고 도읍을 오미로 이전하였으며 그 후 수많은 백제의 망명관료들을 오미 조정에 중용한데 대해 매우 비판적인 입장을 갖고 있었는데 이러한 호족들의 불만은 특히 신라계 이주민들이 많이 거주하고 있던 동국 등지에서 높았던 것으로 보입니다. 실제로 전투가 시작되자 백제계와 신라계 사이에서 중립적이었던 오토모大伴 씨 등 야마토의 호족들은 모두 오아마 측에 가담하는데 이는 오미 조정에 대해 주요 호족들이 비판적인 입장에 있던 것을 말해 줍니다.

둘째는 백성들의 민심을 들 수 있습니다. 당시 백성들 사이에서는 백강전투에서의 패전으로 수많은 젊은이들이 희생된데 이어 여러 곳에 성을 쌓는 등 강제노역에 시달리면서 불만이 고조되고 있었으며 또 신라와 당이 언제 공격하여 올지도 모르는 불안감과 공포감이 만연되어 있었는데 이는 자연스럽게 백제계 오미 조정에 대한 반감과 오아마 왕제 측에 대한 기대와 지원으로 귀결되었다고 할 수 있습니다. 이러한 반反오미 조정의 민심은 오아마가 동국으로 갔다는 소문을 들은 오미의 많은 병사들이 도망갔다는 일본서기의 기술을 통해서도 확인됩니다.

셋째는 신라의 지원입니다. 신라가 구체적으로 어떠한 지원을 하였는지는 기록이 없으나 당시 당군을 한반도에서 축출하기 위한 전투에서 신라가 승리를 거듭하는 상황이었는데 이의 영향으로 쓰쿠시에 머물고 있던 당의 대규모 인력이 672년 5월 철수하였던 것은 오아마 왕제에게 유리한 여건을 제공한 것이라고 할 수 있습니다. 또한 전쟁이 시작되기 직전인 671년 11월 신라의 사자로 김만물金萬物이 왜국을 다녀갔고 전쟁이 끝난 672년 11월에는 신라의 김압실金押實 등이 왜국을 다녀갔는데 배 한 척 등을 선물로 주었다는 기사가 있어서 임신의 난에서 신라가 무엇인가의 역할을 한 것으로 추측됩니다.

넷째는 왜국 내에서 백제계 세력이 상대적으로 약화된 점을 들 수 있습니다. 이는 물론 본국과 다름없던 백제가 멸망한 사실과도 관련되지만 그 보다도 야마토 왕조의 세력이 야마토와 가와치 정도에 미칠 때까지만 해도 인적으로 소수파였던 백제계 세력의 상대적인 열세가 현저하지 않았으나 야마토 왕조의 영토가 열도의 중서부와 관동지방으로 확대되면서 인적구성에 있어서 야요이인들과 가야, 신라계인들의 비중이 압도적인 다수가 되었고 백제계 조정의 입지는 상대적으로 약해졌는데 임신의 난을 계기로 인구 구성상 다수를 점하게 된 가야, 신라계의 구세력의 힘이 표출된 것으로 볼 수 있습니다. 전쟁 당시 오미 조정은 백제 멸망 후에 도래한 백제 관료들 즉 신 백제계 세력이 중요한 구성원이었고 일부 백제계의 호족들이 오미 조정을 지키려고 노력하였지만 역부족이었는데 이러한 상황은 백제의 장수였던 것으로 보이는 이키노후비토 가라쿠니壹伎史韓国라는 오미군의 장군이 좌충우돌하지만 결국은 패하여 달아나는 모습에서도 백제인을 주축으로 하던 오미군이 오아마군의 상대가 되지 못하였던 상황을 여실히 보여주고 있습니다.

이처럼 당초 이렇다 할 군사력도 갖지 못하고 있던 오아마 왕제가 단기간 내에 정부의 정규군을 타도할 수 있었던 것은 오미 정부에 대한 반감과 불만이 많은 호족들과 백성 사이에 팽배하여 있었고 이러한 반정부적인 분위기에 편승하여 오아마 측이 전쟁에서 의외로 손쉽게 승리할 수 있었다고 할 수 있습니다. 또한 국제적인 시각으로 보면 한반도에서 당나라를 축출하려는 신라와 당의 비호 하에 있었던 오미 정부를 무너뜨리려는 오아마 왕제 측의 이해가 일치하는 측면이 있었는데 이러한 상황을 잘 활용함으로써 전쟁의 승자가 될 수 있었다고 볼 수 있습니다.

이 전쟁은 물론 왕위계승을 둘러싼 내전이라고 볼 수 있지만 중요한 것은 왜국과 야마토 조정에서 약화되고 있던 백제계 세력 특히 망명 백제인 세력이 결정적으로 쇠락하는 계기가 되었다는 점입니다. 임신의 난에서의 승리는 백제계 세력의 퇴조를 바탕으로 덴무 천황으로 하여금 호족, 씨족들의 위에 천황이 군림하는 천황중심의 황친정치를 가능하게 하였고 나아가 천황제국가인 일본국을 만들어 갈 수 있는 동력을 제공하였다고 할 수 있는데 실제로 덴무 천황은 '천황제'와 '신토神道'라는 현재에도 일본의 특징이라고 할 수 있는 일본적인 정치, 사회체제의 원형을 창출해 내었다는 점에서 임신의 난은 일본역사의 중요한 전환점이 되었다고 할 수 있을 것입니다.

율령律令 국가의 이념을 정립하는 덴무 천황

일본에서 율령제도가 확립된 것은 일반적으로 몬무文武(재위 697년~707년) 천황 때인 701년 제정된 다이호율령大宝律令 -다이호레이大宝令라고도 함-에 의한 것으로 보고 있으나 율령 국가의 이념을 정립한 왕은 덴무 천황으로 보고 있습니다. 율령은 율령제 국가의 기본법이라고 할 수 있는데 율律이란 형법에 상당하며 령令은 국가의 행정에 관한 법령을 의미합니다. 덴무 천황은 덴무10년(682년) 2월 친왕, 제왕, 제신에게 율령과 법식을 제정할 것을 명하는데 지토持統 천황3년(689년) 시행된 기요미하라령淨御原令은 덴무 천황의 지시로 만들어진 율령으로 생각됩니다. 기요미하라령은 현존하지 않으나 다이호율령의 주된 내용과 유사할 것으로 학자들은 보고 있는데 중앙조직으로는 태정관太政官과 신기관神祇官의 양대 기구를 두고 지방조직으로는 5기畿7도道를 두어 각각 국사国司, 군사郡司 등을 둔 것으로 보고 있습니다.

또한 덴무10년 3월에는 가와시마川嶋 황자 등 12명에게 제기帝記-역대왕의 족보-와 상고上古의 여러 설화를 정리할 것을 명하는데 덴무 천황의 이러한 사서편찬 명령은

712년의 고사기古事記-일본어로 고지키라 함-와 720년 일본서기日本書紀-일본어로 니혼쇼키라고 함-의 편찬으로 귀결됩니다. 한편 덴무 천황은 13년(685년) 10월 조詔를 내려 제 씨의 족성族姓을 고쳐 야쿠사노가바네八色姓-여덟 가지의 성-를 만들어 천하의 만성을 통일하고 새로 정해진 성을 각 씨족에게 내리는데 제1의 성은 마히토眞人, 제2는 아소미朝臣, 제3은 스쿠네宿禰, 제4는 이미키忌寸 등으로 하였으며 진인은 황친만이 될 수 있었습니다. 이러한 여덟 가지 성의 도입은 황친을 중심으로 하는 사회적인 질서를 확립하고 동시에 족성과 관의 위계를 결합함으로써 상 · 하급 관리 층의 가격家格, 중앙호족과 지방호족의 차별을 분명하게 하기 위한 것으로 보입니다.

다무라 엔초田村圓澄 씨는 그의 저서에서 덴무 천황이 국사를 편찬한 의도는 그가 의도한 율령국가란 이념을 구체적으로 표현하기 위한 것으로 천황의 조상신이 창조한 오야시마노구니大八洲国 즉 일본의 통치는 황조신인 아마테라스대신天照大神의 자손인 천황이 대대로 계승해야 한다는 것이 율령국가 성립의 원점이며 덴무 천황이 율령국가의 기본법인 율령의 제정과 아마테라스대신에서 발하는 율령국가통치의 유래를 말하는 사서의 편찬을 거의 같은 시기에 명한 이유가 여기에 있다고 설명하고 있습니다. 그는 또한 덴무 천황이 율령국가의 형성에 착수할 수 있던 것은 임신의 난으로 오미 정부를 구성하고 있던 상층 씨족이 붕괴되어 율령국가의 형성에 반대할 세력이 사라졌기 때문이며 백제출신의 지식계층이 이러한 작업에 참여하였을 것으로 보고 있습니다.

이처럼 덴무 천황에 의해 시작된 율령국가의 구축은 그의 손자인 몬무文武 천황에 의해 701년 다이호율령의 제정으로 완성되는데 아마테라스대신을 제사하는 이세신궁伊勢神宮〈그림5-9〉을 완성한 것도 기요미하라료淨御原令를 토대로 다이호율령을 시행한 것도 일본최초의 도성인 후지와라쿄藤原京에서 처음으로 현인신現人神으로 즉위한 왕도 몬무 천황이라

〈그림5-9〉 이세신궁.
일본의 최고신인 아마테라스대신을 모시는 신사로
전국의 신사를 총괄하는 신사의 총본산이며 미에현 이세시에 있음.

고 하고 있습니다. 또한 덴무2년(673년) 새로 수확한 곡식으로 신기神祇에 제사하는 오나메大嘗가 행하여졌는데 나카토미中臣, 인베忌部 씨와 신관神官이 이에 봉사하였다는 기사에서 처음으로 신관이 나오고, 덴무기5년 및 6년 조에도 니이나메사이新嘗祭에 관련하여 신관이 등장하는 것으로 보아 덴무 천황이 오나메 때 임명한 나카토미와 인베 씨가 신관의 수령이었음을 알 수 있다고 합니다.

한편 신기관神祇官은 지토持統3년(689년) 처음으로 일본서기에 나오는데 신기관이 창설되었다는 것은 아마테라스대신이 일본전토의 모든 신의 위에 있는 신이 되었다는 것을 의미하는 것으로 이는 율령국가의 구축에 필수적인 것이라 할 수 있다고 합니다. 신기관은 천황을 가호하는 신들인 천신지기의 제사를 맡아 행하였는데 이로써 아마테라스대신을 정점으로 하는 신들의 질서가 전국적으로 확대되고 제도화되어 갔으며 이는 즉 신과 신사神社를 통해 천황을 우두머리로 하는 율령국가체제가 전국적으로 정착하게 된 것을 의미한다는 것입니다. 927년에 완성된 엔기시키延喜式-헤이안시대의 율령 시행세칙-의 신묘초神名帳에 등재된 전국의 신사 2861사는 신기관이 제사를 하는 관폐사官幣社와 국가가 제사하는 국폐사国幣社를 집계한 것으로 관폐사와 국폐사는 천신지기가 확대, 발전된 것으로 생각된다고 합니다.

불교의 전국 확대에 진력하는 덴무 천황

일본서기를 보면 제29권 덴무기에 불교관계기사가 집중적으로 나타나는데 이는 덴무 천황이 불교에 귀의하고 불교의 확산에 노력한 사실을 보여주는 것이라고 할 수 있습니다. 임신의 난에서 승리하여 673년 2월에 즉위한 덴무 천황은 다음 달에 아스카의 가와라데라川原寺에 서생을 모아 일체경一切經-불교경전의 총칭-을 처음으로 필사하게 하는데 가와라데라는 덴지왕이 사이메이 여왕을 추도하기 위해 세운 절입니다. 또한 그해 12월에는 미노노오키미美濃王와 기노오미 가타마로紀臣訶多麻呂를 다케치노오데라高市大寺를 짓는 책임자로 임명하였는데 이는 왜경倭京인 아스카에 자신의 절을 짓고자 하는 덴무의 염원을 실현하기 위한 것으로 보입니다. 그런데 실제로는 조메이왕이 건립했던 백제대사를 아스카로 옮겨 짓게 되며 677년에는 절의 이름을 다이칸다이지大官大寺라고 칭하였는데 이 절은 당시 일본에서 가장 격식이 높은 국가불교의 사찰이었습니다. 한편 덴무기5년(676년) 조에는 사자를 사방의 제국으로 보내 금광명경金光明經과 인왕경仁王經을 강설하게 하였다는 기사가 있는데 이는 불교를 전국적으로 확산시키기 위한 조치의 일환으로 보입니다. 참고로 불교에서는 경전을 독송讀誦하는 경우와 강설講說하는 경우가 있는데 독송의 경우는 불상 앞에서 경전을 보고 읽는 것을 독讀이라 하고 문자를 보지 않고 음독하는 것을 송誦이라고 하며, 강설은 불상을 뒤로 하여 강사가 중생에 대해 부처님의 가르침을 이야기하는 것을 의미합니다. 덴무6년(677년) 8월 15일에는 덴무 천황이 호코지法興寺에서 크게 설재를 하고 일체경을 읽게 하였으며 천황이 지토 황후와 친왕, 제왕, 관인 등을 이끌고 절의 남문에 나가서 삼보를 재례하였는데 이로써 소가 씨의 사찰이었던 호코지가 덴무 천황에 의해 국가의 사찰이 되었다고 할 수 있을 것입니다.

또한 덴무9년(680년) 5월에는 아스카기요미하라飛鳥淨御原궁과 왜경의 24개 사찰에서 금강명경을 강설하게 하였으며 그해 11월에는 지토 황후가 병이 들자 그녀를 위해 야쿠시지藥師寺〈그림5-10〉의 조영을 시작하는데 야쿠시지는 몬무왕2년(698년)에 준공됩니다. 야쿠시지는 두 개의 탑을 동서로 배치하는 가람방식으로 682년 조영된 신라 문무왕의 영묘사인 감은사感恩寺-경북 월성군 용당리 소재-의 가람배치를 본받은 것으로 알려지고 있습니다. 덴무14년(685년)에는 제국諸國에서 집마다 불사를 만들고 불상과 경을 안치하여 예배, 공양할 것을 지시하는데 이를 계기로 일본에서는 전국적으로 사찰의 건립을 추진하게 됩니다. 아스카의 호코지 창건에서 시작되는 아스카 시대에는 약 50개의 사찰이 야마토를 중심으로 가와치, 셋쓰, 야마시로 등에 있었으나 덴무, 지토의 하쿠호白鳳 시대에는 500사 가까운 사찰이 동으로는 간토關東 서로는 규슈九州에 이르기까지 일본 전역에 사찰이 건립되어 일본의 불교가 융성하게 됩니다.

〈그림5-10〉 야쿠시지.
698년 몬무천황 때에 세워진 절로 헤이죠쿄로 옮겨왔으며 가람배치는 경주 감은사와 같은 신라식 쌍탑배치임.

덴무 정권은 친신라 정권이었다!

덴무 천황이 친신라적인 외교정책을 취했다는 사실은 그의 치세 중(673년~686년) 15회에 달하는 신라의 사신이 일본을 다녀갔다는 일본서기의 기록을 통해서도 확인됩니다. 반면 같은 기간에 당의 사신은 한 번도 일본을 방문하지도 않았고 견당사도 파견된 적이 없는데 이는 덴무 천황이 외국으로서는 신라하고만 교류를 하는 친신라정책을 펼쳤다는 사실을 말해주는 것이라고 할 수 있습니다. 그럼에도 신라의 사신이 일본에 와서 행한 행적과 관련해서는 '조공을 바쳤다.'라든가 '선물을 주었다.'라든가 '향응을 베풀었다.'는 정도의 내용만이 기술되고 있어서 구체적으로 덴무조정과 신라 사이에 어떠한 교섭이나 협력이 이루어졌는지에 대하여는 파악하기가 어려운 것이 사실입니다. 신라와 덴무 조정의 관계에 대하여는 다양한 견해가 제시되고 있으며 이러한 견해들을 입증하는데는 제약이 있으나 당시의 상황을 이해하는데에는 큰 도움이 될 것으로 보입니다.

먼저 임신의 난의 성격에 관하여는 친親신라계의 덴무 천황 측과 백제계의 오미 조정 사이의 전쟁으로 보는 사와다 요타로澤田洋太郎 씨[3] 등의 견해가 있습니다. 사와타 씨는 임신의 난이 끝난 직후인 672년 12월 신라로 돌아간 객인客人 김압실金押實이란 인물에 주목하여 그를 오아마와 깊이 관련된 인물로 보고 있는데 이와 관련하여 특히 647년 일본에 왔던 김춘추가 임신의 난만이 아니라 이후 일본의 정치의 움직임을 이해하는데 중요한 의미를 갖고 있으며 덴지가 죽기직전인 671년 10월 일본에 왔다가 덴지가 죽은 후인 12월에 일본을 떠난 김만물金萬物은 일본에게 신라와 연합하여 당에 대항할 것을 권유한 것으로 보고 있습니다. 한편 일본에 와 있던 당의 곽무종郭務悰이 쓰쿠시를 떠나기 직전인 672년 5월에는 신라가 백제와 고구려 땅에서 당군을 거의 몰아내는데 성공하는데 곽무종은 오미 조정에게 당과 연합하여 신라에 대적할 것을 촉구하기 위해 일본에 와있던 것으로 보이며 요시노吉野에 있던 오아마는 곽무종의 철수로 당의 간섭이 더 이상 없을 것으로 판단하여 오미 정권의

3) 澤田洋太郎, やまと国家は渡來王朝, 新泉社, 1995

타도를 위해 결기하기로 결심한 것으로 보고 있습니다.

이렇게 보면 오아마의 거병은 국내의 친신라파의 지지에 의한 것으로서 임신의 난 이후 20년에 걸쳐 견신라사는 8회 파견된 반면 견당사는 30년 동안이나 파견되지 않은 것을 보아도 이 전쟁은 신라와 당의 대리전의 성격을 갖고 있었다고 사와다씨는 보고 있습니다. 사와다 씨는 또한 오미 조정을 백제계가 주도한 정권으로 보면서 오아마 왕자 및 오아마측에 가담한 호족, 장군들을 모두 신라계라고 말할 수는 없지만 오아마의 고향인 미노가 신라인이 다수 거주하던 지역이고 아즈마노구니에는 오와리尾張, 오多 등 반백제계 또는 신라계 호족들이 많이 거주하고 있었으므로 크게 보아 오아마군을 신라계로 보아도 될 것으로 보인다는 견해를 보이고 있어서 주목됩니다.

한편 최재석 교수는 그의 저서 '고대사의 진실'(2010, 경인문화사)에서 신라가 고구려가 멸망한 668년 김동엄金東嚴을 야마토에 파견하여 막대한 전쟁배상물자를 받아내고 672년에는 임신전쟁을 통해 친신라계 정권을 수립한 이후 일본의 정치, 사회제도를 신라식으로 개혁하였다는 파격적인 주장을 전개하고 있습니다. 그는 이의 근거로 신라가 668년부터 679년 사이에는 11회, 680년에서 701년 사이에는 13회 일본에 사신을 파견한 사실을 들면서 사신일행에는 장군들도 포함되기도 하였다고 지적하고 있습니다. 그는 이 기간 중 일본이 행한 각종 제도개혁은 신라 사신들의 방문과 관련이 있는 것으로 보는데 예를 들어 685년 1월의 관위제 개정과 685년 7월의 신라복장으로의 조복제정은 684년 12월 일본에 파견되어 685년 3월 귀국한 김물유金物儒와 관련이 있을 것으로 추정하고 있습니다. 최재석 교수는 이 시기 야마토 조정이 행한 신라식 제도의 사례로 그 외에도 성씨제도의 실시, 호적의 작성, 신라식 결발제結髮制와 승마제의 실시 등을 들고 일본의 왕실은 왕족이 필요로 하는 물품도 신라사신을 통해 조달하였다고 하고 있습니다.

동인은 또한 임신의 난이 일어나기 직전 신라가 3회나 사신을 파견한 것은 오아마측과 사전에 계획을 협의하기 위한 것이었음을 보여주는 것이며, 672년 7월 전쟁이 종결되고 11월 24일에 덴무는 '신라객' 김압실을 쓰쿠시에서 향응하였고 12월 15일 김압실로 추정되는 '신라객'이 배 한 척을 선물 받고 26일에 귀국하였는데 이는 전쟁의 승리에 대한 논공행상의 일환으로 보인다고 하고 있습니다. 이처럼 최재석 교수는 신라가 전쟁의 계획 단계부터 오아마 왕제 측과 긴밀히 협의하였고 전쟁이 오아마 측의 승리로 끝나자 빈번하게 사신을 일본에 파견하여 여러 분야의 제도개혁을 지도하였다는 주장을 전개하고 있는데 일본서기 등 문헌에는 구체적인 기술이나 언급이 없어서 방증하기는 어려우나 당시의 상황에 비추어 적어도 덴무 정부가 신라와 우호적인 관계를 유지하면서 신라로부터 선진 문물과 제도를 받아들인 것은 충분히 사실로서 인정할 수 있다고 생각됩니다.

지금까지도 오리무중인 덴무 천황의 출자

덴무 천황은 지금까지 보아 온 대로 백제계 중심의 오미 조정에서 존재감이 없던 존재였으나 절대적으로 열세였던 군사를 이끌고 예상외로 임신의 난에서 압도적인 승리를 거두고 왕위에 올라 천황제국가 일본을 창시하여 실질적인 전제군주로서 천황국가 일본을 통치한 최초의 천황이라 할 수 있습니다. 그럼에도 불구하고 덴무 천황이 누구였는지 그의 정체에 대하여는 아직도 정설이 없이 수없이 많은 설들이 난무하고 있는 실정입니다. 일본서기가 그를 조메이왕과 고교쿠 여왕의 아들로 덴지 천황의 친동생이라고 기록하고 있지만 이러한 기술을 그대로 수용하기에는 너무나 의혹이 커서 많은 학자들이 일본서기의 기술을 신용하지 않고 있기 때문입니다. 학자들이 덴지와 덴무가 친형제가 아니라고 보는 가장 큰 이유는 여러 문헌에 덴무의 나이가 덴지보다 4살 정도 많은 것으로 보이는 기록들이 있고 또한 덴지가 4명의 딸을 덴무에게 출가시키고 덴무 또한 딸들을 덴지의 비로 들이는데 이들이 친형제 사이라면 이러한 비정상적인 일은 있을 수 없다고 보기 때문입니다.

덴무 천황이 생전에 자신이 덴지와 같은 부모에서 태어난 덴지의 친동생임을 유난히 강조했다는 점도 오히려 덴지, 덴무 비형제설을 방증傍證하는 사례가 되고 있습니다. 덴무 천황이 백제계의 오미 조정과 적대하고 친신라적인 성향을 보였다는 점에서 그가 신라인이거나 신라계 이주민의 후손이라는 설이 제기된 한편 그가 친신라정책을 취했다하더라도 백제계의 야마토 왕조에서 백제계가 아니고는 왕위에 오를 수 없을 것이라는 입장에서 그를 조메이왕의 아들로는 보되 어머니가 보황녀가 아닐 가능성 또는 부친이 백제의 다른 왕족일 가능성 등이 제기되고 있습니다. 하지만 그 어느 설도 아직 확실한 정설이 되지 못하고 있는 실정인데 지금까지 제기된 덴무 천황의 출자에 관한 몇 가지 유력한 주장을 먼저 소개하도록 하겠습니다.

첫 번째는 덴무를 일본에 사신으로 왔던 신라의 왕족 김다수金多遂로 보는 견해인데 사자 고쿠메이佐佐克明, 하야시 세이고林靑吾 씨 등이 이 입장을 지지하고 있습니다. 이 설에 의하면 일본서기는 649년 신라의 사탁부 사찬 김다수가 파견되어 질이 되었으며 그 종자는 37인이라고 기술하였으나 그가 귀국하였다는 기사가 없는데 그는 왜국에 남아 오아마 왕제가 되어 오미의 덴지조정에서 부통령과 같은 지위에 있었으며 덴지는 그를 회유하기 위해 자기의 딸들을 비로 출가시켰다는 것입니다. 일본서기가 647년 왔던 김춘추나 김다수를 질로 표기하고 있으나 이는 체면상 쓴 것이고 실제로는 그가 왜국에 있던 신라인들의 이익대표와 같은 위치에 있었던 것으로 보고 있습니다. 하야시 씨는 645년 을사정변 이전 야마토 왕조의 실권자는 백제계인 소가 씨였는데 나카토미 가마타리가 친신라파인 미나미부치 쇼안南淵淸安을 통해 김춘추의 지시를 받고 나카노오에 왕자와 제휴하여 소가 씨를 타도하고 신라계인 고토쿠왕을 세웠으나 친백제계의 저항이 강해지자 김다수를 보내 고토쿠왕을 지원하도록 하였는데 그가 바로 오아마 왕제라는 것입니다.

이와 관련하여 중국측 기록인 문관사림文館詞林644년 조에는 '작년 김다수가 귀국할 때에 새서를 전하고 당의 고구려 공격계획을 알리고 신라가 당의 수군과 함께 군사행동을 하도록 요구하였다.'는 내용이 기술되어 있어서 김다수가 643년 당에도 파견되어 외교적으로 활약한 인물임을 알 수 있습니다. 신라가 당에 파견되어 성과를 올린 김다수를 다시 왜국에 파견한 것은 김춘추가 648년 당에 휴대해 간 왜왕의 상표문에 대한 당 측의 반응 즉 왜왕권의 대당통교에 대한 당의 공식 입장을 전하고 김춘추가 왜에 왔을 때 확약한 신라와 왜의 우호관계를 재확인하기 위해서였던 것으로 보이는데 김다수의 도래 이후 653년과 654년 연달아 견당사가 파견된 것으로 보아 대당통교가 재개된 것을 알 수 있습니다. 이처럼 김다수는 김춘추와 더불어 당과 왜국과의 외교에 깊이 관여한 유능한 인물임을 짐작할 수 있는데 김다수를 덴무로 보는 이 설의 확증은 없으나 당시의 동아시아 정세 하에서 상당히 일관성 있는 논리를 전개하고 있다는 점에서 나름 설득력이 있는 주장으로 보입니다.

두 번째는 덴무 천황을 조메이왕과 소가우마코의 딸 호테이노이라쓰메法提郎媛의 사이에서 태어난 후루히토노오에古人大兄 왕자로 보는 견해로 작가인 세키 유지関裕二, 이시와타리 신타로 씨 등이 이 설을 제창하고 있습니다. 일본서기에 의하면 을사정변의 직후 후루히토노오에 왕자는 한때 즉위를 요청받았지만 사퇴하고 불자佛子가 되어 요시노로 들어갔는데 그 직후 그가 모반을 꾸미고 있다는 밀고가 들어가서 나카노오에 왕자에게 토벌된 것으로 되어 있으나 실제는 살해되지 않고 덴지 칭제 하에서 태자로 있었다는 것입니다. 이시와타리 씨는 을사의 변 후에 후루히토노오에 왕자가 출가하여 요시노로 갔다는 일본서기의 기술이 오아마 왕자가 병상에 있던 덴지의 요청을 받았을 때 취한 행동과 똑같은 것에 미루어 이는 완전한 허구로 보고 있는데 후루히토노오에 왕자와 함께 모반하였다는 5인 중 3인이 사건 후 여전히 덴지정권에서 활약하였고 후루히토오에의 딸인 야마토히메倭姬 여왕이 덴지의 비가 된 점 등을 그 근거로 제시하고 있습니다.

따라서 덴지의 이복형인 후루히토노오에는 덴지에게는 강력한 경쟁상대였다고 할 수 있으며 이러한 이유로 덴지는 자신의 딸들을 후루히토노오에 왕자의 비로 들인 것으로 보인다고 합니다. 이시와타리 씨는 또한 덴지와 후루히토노오에간의 불화에 관한 사례로 후지와라 후히토의 손자가 쓴 다이쇼쿠간덴大識冠伝에 쓰인 내용을 소개하는데 이에 의하면 668년 덴지가 군신들과 연회를 할 때 오아마가 장창을 들어 마루 바닥에 내리 꽂았는데 덴지가 그를 죽이려 하였으나 가마타리의 중재로 덴지가 참았다고 합니다. 이 기록의 사실여부는 확인할 수 없으나 두 사람 사이에는 심각한 반목이 있었음을 짐작하게 하는 사건이었다고 할 수 있는데 후루히토노오에의 어머니는 덴지가 무너뜨린 소가 씨 출신이었기 때문에 두 사람은 근본적으로 대립 요인을 갖고 있었던 것으로 보고 있으며 후루히토노오에 왕자가 오아마 왕제 즉 덴무라면 임신의 난이 일어난 배경도 쉽사리 이해된다고 말합니다.

세 번째는 고교쿠皇極원년(642년) 8월 조에는 백제인질 달솔 장복長福에게 쇼토쿠

小德의 관위를 내렸다는 기사가 나오는데 바로 이 장복이 오아마 왕제로 행세하다가 덴무 천황이 되었다는 것이 강길운 교수의 주장입니다. 그는 동년 7월 조에 백제의 사신 지적智積 및 그 아들 달솔…(이름이 빠짐)과 은솔 군선을 조정에서 향응하였다는 기사가 나오는데 이 기사에서 이름이 빠졌던 지적의 아들 달솔이 장복으로 추정된다고 합니다. 강길운 교수가 장복을 덴무 천황으로 보는 이유는 그가 고토쿠왕으로 변신한 백제 무왕의 아들이자 의자왕의 동생인 지적의 아들이기 때문입니다. 백제 무왕은 선화 공주와 결혼하는데 선화 공주는 신라 진평왕의 공주였다고 삼국유사가 전하고 있어서 결국 지적이나 그의 아들인 장복은 신라와 관계가 있는 백제 왕족이 되는데 이는 일본서기에 묘사된 덴무 천황에게 어울리는 인물이라는 것이지요.

즉 덴무 천황과 덴지 천황은 친형제가 아니며 덴무는 백제 왕족 출신으로 친신라적인 성향이 있었으므로 신라와 어느 정도 관련이 있는 인물이었을 것으로 보이는데 장복이 이러한 조건을 만족시키고 있다는 것입니다. 강길운 교수는 지적 즉 고토쿠왕이 왜국으로 와서 아라마有馬 왕자를 두었으나 그는 나카노오에 왕자에게 살해당하지만 장복은 지적이 왜국으로 오기 전에 백제에서 얻은 아들일 것으로 보고 있습니다. 강길운 교수의 견해는 선화 공주가 신라 진평왕의 딸인지 지적이 고토쿠왕이 되는지 장복이 지적의 아들인지 등 입증이 필요한 부분이 많아서 바로 받아들이기 어려운 측면은 있지만 덴무 천황이 백제계로서 신라와 어느 정도 인연이 있는 인물일 것이라는 것으로 본 것은 설득력이 있는 견해로 보입니다.

덴무 천황의 출자에 관하여는 그밖에도 백제 왕자 풍장의 아들로 보는 견해, 고교쿠 여왕이 조메이왕의 왕후가 되기 전에 다카무쿠高向 왕과 결혼하여 낳은 아야漢 왕자로 보는 견해, 아버지는 조메이 왕이지만 어머니는 미노지방의 신라계 도래인의 후손이었을 것이라는 주장, 고구려의 연개소문이 변신한 인물이라는 주장 등이 있으나 아직까지도 정설이 없는 상황입니다. 따라서 덴무 천황의 출자에 대하여는 좀 더 연구가 필요한 것으로 보여 지는데 필자로서는 그가 신라계의 인물이라기보다는 백제계의 왕족으로서 왜국에서 나고 자랐을 가능성이 높은 인물로 보고 싶습니다. 왜냐하면 덴무가 백제계 왕들의 능묘가 많은 아스카의 히노구마檜隅에 덴지의 딸인 지토 천황과 합장되어 있는 것은 그 역시 백제계였을 가능성이 높다는 것을 말해주는 것이며, 덴무가 임신의 난 중에 아마테라스 대신이 있는 이세신궁의 방향을 향해 절을 하였다는 것은 백제에서 성장하여 의자왕의 왕자로서 건너온 덴지와는 달리 왜국에서 나서 성장한 인물의 가능성이 높은 것으로 보여 지기 때문입니다.

후루히토노오에 왕자는 백제계 왕족이었다 하더라도 왜국에서 태어나고 성장하여 덴지보다는 더 왜국의 관습에 익숙하고 왜국의 호족들과는 친분이 있었을 것으로 보이는데 덴무가 임신의 난에서 승리할 수 있었던 것은 신라계 호족들의 지지에 의한 것이라기보다는 당시 덴지의 오미 조정에 대한 호족과 씨족 그리고 백성들의 전반적인 불만과 비판적인 분위기 속에서 가능했던 것이라고 봅니다. 물론 이 과정에서 당시 당을 반도에서 몰아내는 추세에 있던 신라와 이해관계도 맞았기 때문에 덴무는 신라의 지원도 받을 수 있었던 것으로 보이며 이러한 신라와의 우호적인 관계는 그가 집권한 후에도 빈번한 사신단의 교류 등에서 확인됩니다.

이러한 여러 가지 측면을 감안하면 후루히토노오에古人大兄 왕자가 오아마 왕자로서 후에 덴무 천황이 되었을 가능성이 비교적 높은 것으로 보입니다. 특히 덴무가 왕자시절 덴지에 비해 왕의 후보로서 덴지보다는 앞선 위치는 아니었으나 그의 세력이 만만치 않았음을 알 수 있는데 이는 그가 왕실 출신임을 말해주고 있어서 그를 조메이 왕의 아들로 기술하고 있는 일본서기의 기술은 사실일 것으로 보입니다. 이 경우 그는 결국 후루히토노오에 왕자로 왜국에서 태어나고 성장하였으므로 구 백제계 세력의 일원이었다고 할 수 있어서 의자왕의 아들로 도래한 신 백제계라 할 수 있는 덴지와는 지지 배경이 달랐다고 할 수 있을 것입니다. 그가 임신의 난에서 신 백제계 세력을 제압하고 승리할 수 있었던 것도 결국은 구 백제계 세력의 지지를 업고 있었기 때문이라고 볼 수 있습니다.

덴무의 유지를 실행에 옮기는 지토持統 천황

덴무14년(685년) 덴무 천황이 병에 걸리자 많은 절에서 병을 낫게 해달라는 기원도 하고 약초를 구하기도 하나 결국은 다음해인 686년 9월 아스카기요미하라궁에서 죽게 됩니다. 남편인 덴무가 죽자 왕후인 우노노사라라鸕野讚良 황녀가 즉위하지 않고 정무를 보는 칭제稱制를 하다가 4년째인 690년 정식으로 지토持統 천황(재위 687년~697년)으로 즉위합니다. 지토 천황의 아버지는 덴지 천황이고 어머니는 좌대신이었던 소가구라야마다 이시카와마로蘇我倉山田石川麻呂의 장녀였는데 일본서기는 그녀의 인품에 대해 침착하고 도량이 넓었으며 예를 중시하고 검소하여 어머니로서의 덕이 있었다고 평하고 있습니다. 지토 천황은 덴무 천황의 정책을 계승하여 689년 전국적인 호적인 경인년적庚寅年籍을 작성하고 율령인 아스카기요미하라료飛鳥淨御原令를 제정하며 694년 후지와라쿄藤原京의 조영 사업을 완성하는데 나이어린 손자인 가루輕 황자를 즉위시키기 위한 중계역으로 즉위하였지만 697년 가루왕자가 몬무文武 천황으로 즉위할 때까지 11년간 유능한 통치를 한 천황으로 기록되어 있습니다.

하지만 지토 천황의 출발은 순탄하지 못하여 덴무 천황이 죽은 지 얼마 안 되어 오쓰大津 황자를 모반의 혐의를 씌워 살해하는데 이는 오쓰 황자가 이치에 밝고 학식과 재기가 뛰어나 중망을 받고 있어서 황태자인 자신의 아들 쿠사카베草壁의 전도에 큰 장애가 될 것을 우려하여 취한 선제적인 조치였던 것입니다. 그러나 오쓰 황자의 살해는 그 비인 야마노베山辺 황녀의 비극적인 죽음을 초래하고 세간의 동정이 오쓰 황자에게 쏠리게 되는데 결국 쿠사카베 황태자의 즉위는 보류되고 지토 황후의 칭제로 결착된 것입니다. 이후 쿠사카베 황자는 689년 28세의 나이로 병으로 죽는데 그때 손자인 가루 황자는 7세에 불과하였기 때문에 지토의 치세가 길어지게 됩니다. 오쓰 황자의 모반사건과 관련하여 한 가지 흥미로운 사실은 신라계 승려인 행심行心이 이 사건과 연루되었으나 단죄되지 않고 히다노구니飛驒国-지금의 기후현-의 한 절로 보내졌다는 기사가 일본서기에 나온다는 것입니다. 신라 조정은 오쓰 황자가 차기 천황으로 오를 것으로 내다보고 그를 지지하였는데 이 사건으로 인해 오쓰 황자가 살해되자 신라와 지토 조정의 관계가 한때 불화하였던 것으로 알려지고 있습니다.

지토기3년(689년) 6월 조는 여러 관사에 법령 1부22권을 나누어 주었다는 기록이 있는데 이는 덴무 천황이 제정을 명한 율령인 아스카기요미하라료로 보여지며 그 구체적인 내용은 기록에 남아 있지 않으나 701년 제정된 다이호율령과 유사할 것으로 학자들은 보고 있는데 실제로 일본에서 본격적인 율령제가 시행되기 시작한 것은 다이호율령이 제정된 이후로 보는 것이 일본의 통설입니다. 이해 8월에는 천황이 백관을 신기관에 불러 모아 천신지기에 관한 명을 받들게 하였다는 기사가 있는데 이는 새 율령에 따라 신기관이 설치된 것을 의미합니다. 또한 기요미하라료가 시행된 다음해인 690년 정월에 있었던 지토 천황의 즉위식은 신기백神祇伯인 나카토미 오시마中臣大嶋가 천신수사天神壽詞-천황치세의 오랜 영광을 기원하는 축사임-를 읽고 인베 코후치忌部色夫知가 신새神璽-황위를 표시하는 보물-인 검과 거울을 황후에게 봉헌하는 절차로 진행되었다고 일본서기는 기술하고 있는데 이는 즉위식이 기요미하라료에 따라 행해진 것을 보여주는 것으로 학자들은 보고 있습니다.

지토 천황은 8년(694년) 12월 일본 최초로 도성都城 내에 세워진 후지와라藤原궁을 완성하여 천궁하게 됩니다. 도성제궁도都城制宮都를 구상한 왕은 덴무 천황으로 그는 생전에 새로운 궁도의 후보지를 여러 곳 물색하고 다녔으며 684년 후지와라궁의 위치를 정하였는데 지토 천황이 이를 짓기 시작하여 완성한 것입니다. 종래 왜왕들은 왕이 새 왕이 바뀔 때마다 궁을 옮기는 천궁제의 관습이 있었는데 지토 천황은 이러한 관습에서 벗어나 덴무가 거처하던 아스카기요미하라궁을 그대로 쓰다가 처음으로 상설적인 궁인 후지와라궁을 짓고 옮겨간 것입니다. 후지와라궁은 도성인 후지와라쿄藤原京-신야쿠쿄新益京라고도 불림-와 함께 조영되었는데 일본학자들은 일본 최초의 도성인 후지와라궁–후지와라쿄가 중국 당나라의 장안과 낙양을 본받아 조성한 것이라는 견해를 보이고 있으나 668년부터 701년까지 견당사가 한 번도 중국에 파견된 사실이 없는 반면 일본과 신라 사이에는 빈번한 사신교류가 있었던 점에 비추어 후지와라쿄가 신라의 왕도인 경주를 본 따서 지어진 것임을 짐작할 수 있습니다.

더욱이 후지와라궁과 후지와라쿄가 고마高句麗의 자尺를 사용하여 조영되었고 그 터에서 통일신라의 기와문양인 복판연화문複瓣蓮花文이 새겨진 기와가 출토되었다는 점에서도 이 도성의 조영에 신라가 관여한 것은 분명해 보입니다. 후지와라궁은 종래 왜왕의 궁이 맨 땅에 기둥을 박아 세우는 호다테하시라堀立柱 방식으로 짓고 지붕은 새 이엉으로 이은 모옥茅屋이었으나 후지와라궁은 최초로 초석입주礎石立柱로 세워진 기와집이었는데 이로써 왜왕이 죽을 때마다 간소한 궁을 지어 이동하는 천궁의 관습은 종지부를 찍었다고 하겠습니다. 하지만 후지와라쿄는 오래 지속되지 못하고 16년만인 710년 겐메이元明 천황이 도읍을 나라의 헤이죠쿄平城京로 옮기게 됩니다.

〈그림5-11〉 덴무, 지토 합장릉.

지토 천황은 원년인 687년 오우치大內릉-아스카무라 노구치野口 소재-을 조성하는 공사를 시작하는데 688년 11월 덴무 천황의 유체遺體가 이 능에 안치되고 후일 지토 천황이 죽자 그녀 역시 아스카의 히노구마오우치릉에 남편과 함께 합장〈그림5-11〉됩니다. 히노구마檜隅, 檜前는 백제와 관련이 깊은 지명으로 히노구마에는 긴메이, 고교쿠, 덴무-지토, 몬무왕 등의 능묘가 있습니다. 지토 천황 이후 야마토 왕조의 왕들은 덴무의 자손들에 의하여 계승되다가 제48대 쇼토쿠稱德 천황대에 이르러 후계가 단절됨에 따라 덴지 천황의 아들이었던 시키施基 왕자의 아들인 시라카베白壁 황자가 770년 고닌光仁 천황으로 즉위함에 따라 100년 가까이 지속되었던 덴무계의 왕통은 끝이 나고 다시 덴지계의 왕통으로 이어지게 됩니다.

지토 천황은 일본서기가 수록한 마지막 왕입니다. 일본서기는 지토11년(697년) 8월 병상에 있던 지토 천황이 손자인 가루 황태자에게 왕위를 선양하는 데서 갑작스러운 형태로 끝나고 제42대 몬무文武 천황의 즉위부터는 속일본기라는 별도의 사서가 일본 왕실의 역사를 기록하게 됩니다. 속일본기는 797년 간무桓武 천황 때에 완성된 것으로 몬무 천황원년(697년)부터 간무 천황10년(791년)까지 95년간의 일본의 역사를 편년체로 기술하였는데 나라奈良 시대의 역사서라고도 할 수 있습니다.

제 18 화
덴무 왕통 1세기와 통일신라와의 관계

덴무계 왕통은 770년 덴지의 손자인 고닌光仁 천황이 즉위할 때까지 약 1세기 동안 지속되는데 일본 최초의 도성들이 건설되고 율령제 국가의 토대가 되는 다이호大宝율령이 시행되는 등 일본의 고대국가의 기틀이 마련된 시기라고 할 수 있습니다. 또한 710년에는 200년 가까이 이어진 도읍이라 할 수 있는 아스카지역을 벗어난 나라분지의 북쪽에 헤이조쿄平城京를 건설하여 천도함으로써 '나라奈良 시대'를 열어 나갑니다. 나라 시대는 권력을 장악하기 위한 왕족, 호족 사이의 분쟁이 격심한 정치적 혼란기였는데 결과적으로는 나카토미(후지와라) 가마타리의 아들인 후지와라 후히토藤原不比等와 그의 자손들이 천황의 외척으로서 일본 조정의 실권을 장악하게 되고 후지와라 씨의 권력은 중세에 이르기까지 계속됩니다.

통일신라와 일본과의 관계는 8세기에 들어와 점차 소원해지는데 이는 일본이 당과의 교류를 재개하면서 당으로부터 직접 선진제도와 문물은 받아들이게 된 상황과도 무관하지 않으나 근본적으로는 천황제 율령국가의 이념을 반영하여 720년 편찬된 일본서기에 신라를 비롯한 한반도 국가를 번국-신하의 나라-으로 기술하고 이러한 지침을 실제의 외교에 적용하려고 하자 이에 신라가 반발한 것이 주된 요인이었다고 할 수 있습니다. 8세기 중반을 전후하여 신라와 일본 사이에는 여러 번 사신의 예법이나 석차 등을 둘러싼 마찰이 있었는데 8세기 후반에 들어서서는 양국의 관계가 매우 소원해집니다. 그럼에도 불구하고 8세기 중반 지어진 것으로 보이는 왕실의 보물창고라고 할 수 있는 쇼소인正倉院에는 화려했던 신라의 문화를 말해주는 신라의 각종 물품들이 소장되고 있어서 한때 통일신라와 일본 사이에 있었던 긴밀한 교류관계를 엿볼 수 있습니다.

8세기의 일본과 한반도 정세

673년 덴무天武 천황의 즉위로 시작되는 덴무계 왕통은 770년 쇼토쿠稱德 천황(재위 764년~770년)까지 약 1세기 동안 9대에 걸쳐서 이어집니다. 덴무계 왕통의 앞의 3대 천황인 덴무-지토-몬무로 이어지는 기간(673년~707년)은 전국적인 규모의 호적이 작성되고 최초의 도성인 후지와라궁藤原宮과 후지와라쿄藤原京가 건설되며 다이호율령이 제정, 시행되는 등 일본이 율령체제를 정비하여 본격적인 고대국가의 모습을 갖추는 시기라고 할 수 있습니다. 이어 몬무 천황의 황후로 왕위에 오른 겐메이元明 천황(재위 707년~715년) 때인 710년에는 도읍을 나라奈良-현재의 나라시-의 헤이죠쿄平城京로 옮겨 소위 '나라 시대'가 열리게 됩니다. 이 시대는 기본적으로 후지와라 가마타리藤原謙足의 아들 후지와라 후히토藤原不比等가 헤이안平安 시대의 견고한 후지와라 씨 권력의 토대를 만드는 시기로 그의 자손들이 정치의 중심에 있으면서 후지와라계와 반反후지와라계가 정권 장악을 위해 대립, 항쟁을 되풀이함으로써 정국이 불안정하고 소란한 시대였는데 781년 백제계임이 분명한 간무桓武 천황(재위 781년~806년)의 등장으로 국내 정국이 비로소 안정되어 갑니다.

간무 천황의 부왕 고닌光仁 천황(재위 770년~781년)은 덴지 천황의 손자였는데 덴무계의 왕통이 쇼토쿠 천황에서 단절되자 770년 왕위에 오르게 됨으로써 1세기 만에 덴지 천황의 혈통이 다시 일본의 천황가의 주인이 된 것입니다. 백제 의자왕의 아들 교기가 일본으로 건너가서 니카노오에中大兄 왕자가 되고 후에 덴지 천황이 된 것으로 보이므로 그의 손자인 고닌 천황은 그러한 의미에서 백제계 천황으로 볼 수 있는데 고닌 천황이 자신이 백제계의 왕으로서의 자각이 있었는지를 확인할 수 있는 기록은 보이지 않습니다. 반면 간무 천황은 잘 알려진 대로 속일본기에 어머니가 백제 무령왕의 자손인 야마토 니이가사和新笠-후에 다카노 니이가사高野新笠로 불림-이기 때문에 부모 양쪽 모두 백제계의 혈통을 타고난 천황이며 실제로 간무 천황은 자신이 백제계임을 자각하고 이를 자랑스럽게 생각한 사실들을 속일본기와 일본후기 등에서 확인할 수 있다는 점에서 명실상부한 백제계 천황이라 할 수 있습니다.

그는 백제계 관료들을 대거 등용하였으며 많은 백제인 여성들을 후궁으로 들이는 등 백제계 등 도래인들을 특별히 우대하고 정권운영에 적극 활용하는 등 친백제계, 친도래계 정책을 펼친 사실이 확인되고 있습니다. 간무 천황은 794년 지금의 교토에 헤이안쿄平安京를 건설하여 천도하여 소위 '헤이안 시대'를 연 천황이었으며 동북지방의 에미시蝦夷를 정벌하여 영토를 확장한 유능한 천황이기도 하였습니다. 간무 천황 이후 일본의 천황들은 간무 천황의 후손들에 의해 이어져 왔으므로 그는 현재의 천황가의 조상이라고 할 수 있습니다.

한편 8세기 한반도에는 676년 대동강 이남의 삼국을 통일한 신라와 698년 고구려 출신의 대조영大祚榮이 한반도북부와 만주에 세운 발해渤海가 양립하고 있었는데 발해는 일본과 우호적인 관계를 지속한 반면 통일신라와 일본의 관계는 초기에는 우호적이었으나 8세기 중반부터는 관계가 점차 소원해집니다. 이처럼 신라와 일본의 관계가 멀어지는 것은 일본이 천황제 국가를 세우면서 신라를 신하의 나라인 번국蕃國으로 취급하면서 외교적으로도 신하의 예를 갖출 것을 요구하는 황당한 주장 때문이었는데 일본은 720년 편찬된 일본서기에 터무니없이 날조된 진구神功 왕후의 삼한정벌기사를 집어넣어 이를 근거로 신라를 비롯한 한반도의 삼국 모두를 일방적으로 번국으로 삼았던 것입니다.

신라의 문무왕과 이름이 똑같은 몬무文武 천황

일본의 제42대 몬무 천황(재위 697년~707년)은 덴무 천황과 지토 천황의 아들로 왕위에 오르지 못한 채 28세에 요절한 쿠사카베草壁 황태자의 아들인 가루輕 황자로 그가 성장할 때까지 중계 역할을 한 조모인 지토 천황으로부터 황위를 물려받아 697년에 즉위합니다. 사실 그의 즉위는 순탄하지만은 않았습니다. 즉 그의 아버지인 쿠사카베 황자가 태자의 위치에 있기는 하였으나 덴무 천황은 쿠사카베 태자의 아우인 오쓰大津 황자의 출중한 능력을 높이 평가하여 그에게 국정을 맡기고 있는 상황이었는데 조모인 지토 황후는 덴무가 죽자마자 오쓰 황자에게 모반의 혐의를 씌워 살해함으로써 가루 황자가 후에 성장하여 왕위에 오를 수 있던 것입니다. 몬무 천황은 무엇보다도 조부모가 추진해온 율령국가의 기본법이라 할 수 있는 다이호율령을 701년에 제정하고 702년에 이를 시행함으로써 고대 일본의 정치, 경제, 사회의 기본적인 체제를 마련한 왕이라 할 수 있습니다.

율령제도란 천황을 정점으로 하는 중앙집권적인 체제를 말하며 다이호율령은 이를 실현하기 위한 조직과 제도를 규정하고 있는데 이에 따르면 중앙의 통치기구로는 신기관神祇官과 태정관太政官의 2관을 두고 태정관 산하에는 태정대신太政大臣과 좌 · 우대신左·右大臣을 두어 태정대신으로 하여금 8개의 성을 총괄하도록 하고 있으며 지방관제로는 5기畿7도道에 제국諸国을 두어 제국에는 각기 국사国司, 군사郡司, 이장里長 등을 두며 규슈의 쓰쿠시에는 특별히 다자이후大宰府를 두도록 하고 있습니다. 5기7도의 5기畿는 기나이畿內의 5개 지역으로 야마토大和, 야마시로山背, 山城, 셋쓰攝津, 가와치河內, 이즈미和泉를 말하며, 7도道는 도카이도東海道, 도산도東山道, 호쿠리쿠도北陸道, 산인도山陰道, 산요도山陽道, 난카이도南海道, 사이카이도西海道를 말합니다.

또한 율령의 기본적인 관료제도인 위계제位階制를 보면 관위를 30계로 구분하고 각각의 관직에 임할 수 있는 위계를 법으로 정하고 있습니다. 태정대신, 좌 · 우대신, 대납언大納言은 관위 1~3위인 고급관료 중에서 임명되는데 이들을 공경公卿이라고 하고 관위 5위 이상의 관료가 소위 귀족인데 공경과 귀족들은 경제적인 보장과 세의 면제, 음위蔭位제 등의 혜택을 받았습니다. 관직제도는 4등관제가 원칙으로 8성이나 국 · 군 등 각 관청의 상층부는 모두 4개의 계급으로 구분되어 있었습니다. 음위제란 5위 이상의 귀족의 자子나 손孫이 21세가 되면 자동적으로 일정한 위계가 주어지는 제도를 말합니다. 한편 토지제도는 반전수수법班田收授法으로 6세 이상의 모든 양민에게 일정규모의 구분전口分田이 주어지고 양민들은 정해진 조租를 나라에 바치도록 되어 있는데 이러한 반전수수법을 시행하기 위한 기초대장으로 호적이 작성되었습니다. 전국적인 호적은 670년 경오庚午년적이 처음 만들어지고 689년에는 경인庚寅년적이 만들어지는데 호적은 6년마다 1회 만들고 30년간 보존토록 하였으며 1호는 대개 20인 전후로 구성되고 50호를 1리로 하였습니다.

몬무 천황의 치세에서 또 한 가지 주목되는 것은 669년 이래 30여 년간 두절되었던 견당사遣唐使를 파견하여 당과의 관계를 회복한 사실인데 다이호大宝2년인 702년 제8차 견당사를 야마노오쿠라山上憶良를 대사로 하여 파견합니다. 덴무, 지토조에 30여 년간 견당사가 파견되지 않은 데 대해 일본의 학계는 당시 일본의 조정이 국내체제를 정비하는데 우선을 두었기 때문이라는 해석을 하고 있지만 아무래도 궁색한 해석으로 보입니다. 국내체제의 정비를 위해서는 오히려 당시 동아시아의 선진국이었던 당의 선진적인 제도를 배우기 위한 견당사파견이 필요하지 않았을까요? 그럼에도 왜 일본은 견당사를 보내지 않았을까요? 이러한 의문에 대해 최재석 교수는 견당사를 보내지 않은 것이 아니라 신라와의 관계로 인해 보내지 못한 것이라는 명쾌한 답을 제시하고 있습니다.

668년 고구려 멸망 이후 신라는 당을 한반도에서 축출하기 위해 고구려, 백제 유민과 힘을 합쳐 치열한 투쟁을 전개하는데 671년 경에는 당의 세력을 한반도에서 거의 퇴출시키는데 성공합니다. 신라의 문무왕은 이 기세를 몰아 그해에는 임신의 난을 통해 야마토에 친신라계의 덴무 정권이 들어서는 것을 도움으로써 덴무 정권은 신라의 영향권에 들어가게 되고 신라식으로 각종 정치 · 사회제도를 개혁하게 되는데 한반도와 주변 해역에서 당의 세력을 몰아낸 신라가 덴무 정권에게 배를 내어주지 않아 견당사를 파견하지 못하도록 하였다는 것입니다. 최재석 교수는 신라가 668년에서 701년 간 24회의 사신을 일본에 파견하였는데 이는 거의 매년 신라의 사신을 일본에 파견한 것을 의미하는 것으로 이러한 사실은 당시 신라가 왜의 정치 · 사회제도의 개혁에 깊이 관여하고 있었다는 사실을 여실히 보여주고 있는 것이라고 하고 있는데 매우 합당한 분석으로 봅니다.

한편 몬무 천황의 한자 시호인 '文武'는 삼국을 통일한 신라의 문무왕과 같아서 흥미로운데 일본의 역사학자인 사와다 요타로 씨는 몬무 천황이 신라의 제30대 왕인 문무왕(재위 661년~681년)이 왕위를 아들인 신문왕神文王(재위 681년~692년)에게 물려주고 도일하여 일본의 몬무 천황이 되었다는 주장을 제기하여 흥미롭습니다. 그는 몬무 천황에 관련하여 몇 가지 의문을 제기하고 있는데 ①지토 천황의 아들인 쿠사카베 황태자가 죽은 해가 689년이고 몬무 천황이 죽은 해가 707년인데 속일본기에는 이들의 사망 시의 연령이 적혀있지 않고, ②속일본기는 몬무 천황이 건강한 성년으로 자랐다고 하는데 재위 10년간 황후를 세우지 않았으며 ③몬무 천황의 시호에 '조부祖父'라는 표기가 들어 있고, ④몬무 천황3년(700년) 신라가 일부러 사자를 보내 효소왕孝昭王의 사거를 알려왔을 때 신라의 왕을 '사랑하는 아이愛兒'로 표현하고 있으며, ⑤몬무 천황의 즉위 전 이름이 '가루' 황자였는데 가(카)루는 한국어의 칼(刀)에서 온 이름으로 보인다는 등입니다.

그는 이러한 의문들은 신라의 문무왕이 몬무 천황과 동일인으로 보면 모두 해소된다고 하면서 ①몬무 천황의 사망 시 연령은 속일본기에는 없으나 다른 문서에 78세 또는 65세라는 기록이 있어서 문무왕이 707년에 사망한 경우의 연령으로 추정되는 81세와 근접하고, ②몬무 천황은 고령이었으므로 황후를 세우지 않았던 것이며, ③신라의 효소왕은 그의 손자였으므로 '애아愛兒'라는 표현을 쓰는 것은 오히려 당연하고, ④문무왕은 죽기 전에 동해의 용이 되어 나라를 지키고 싶다는 유언을 남겼다는 전설이 있고 실제로 문무왕의 수중릉으로 알려진 대왕암이 동해안 앞바다에 있는데 동해의 용이 되고 싶다는 표현은 일본으로 가고 싶다는 뜻으로 해석할 수 있다는 점 등을 들어 문무왕이 몬무 천황이 되었을 가능성이 높다는 견해를 피력하고 있습니다. 이러한 주장을 논증하는 것은 용이하지 않으나 사실일 가능성을 배제할 수 없다고 생각되며 이러한 주장이 사실이 되려면 적어도 당시 일본 조정에는 상당한 신라계의 세력이 있었다는 것을 전제로 한다는 점에서 의미하는 바가 크다고 할 수 있습니다.

후지와라藤原가를 중심으로 정치적인 혼란이 이어지는 나라奈良 시대

야마토 조정이 오랜 기간 도읍이 있었던 아스카 지역을 벗어나 그 북쪽인 현재의 나라시의 헤이죠쿄로 도읍을 옮긴 710년부터 784년 나가오카쿄長岡京로 천도할 때까지의 기간을 나라 시대라고 하는데 이 시기는 후지와라 가마타리의 아들 후히토로부터 시작하여 그의 자손들이 외척이 되어 일본 조정의 정권을 장악하는 과정에서 정치가 극도로 혼란한 시기였습니다. 이 시대는 율령제도를 도입한 일본의 천황과 공경, 귀족들과의 권력관계의 원형이 형성되는 시기였다는 시각에서 보면 후지와라씨가 일본 황실의 외척으로서 중세 일본의 최고 가문이 되고 권력을 공고히 해가는 과정이었다고 할 수 있고 또한 나라 시대 말기에는 현재의 천황가인 백제계 간무 천황이 탄생하는 시기였다는 점에서 이 시기의 역사를 이해하는 것은 일본 고대사와 한일 고대사의 흐름을 파악하는데 있어서 매우 중요하다고 할 수 있습니다. 후지와라씨의 권력은 645년 덴지 천황을 도와 소가 씨를 무너뜨린 나카토미 가마타리로부터 시작되는데 가마타리의 아들인 후지와라 후히토藤原不比等가 일본서기에 등장하는 것은 지토기10년(695년) 지토 천황이 후지와라노아소미 후히토에게 종자 50인을 하사하는 기사가 처음입니다.

후히토는 아버지의 후광으로 지토 천황의 총애를 받아 출세를 거듭하여 몬무-겐쇼-겐메이의 3대 천황에 걸쳐 권력을 장악하는데 딸 미야코宮子를 몬무 천황의 비로 들여 천황가의 외척이 되고 미야코가 몬무 천황과의 사이에 낳은 오비토首 황자가 724년 즉위하여 쇼무聖武 천황(재위 724년~749년)이 되었다고 속일본기는 기술하고 있습니다. 후히토는 또 다른 딸인 고묘시光明子를 황태자였던 오비토首-후의 쇼무 천황-에게 출가시켰다고 하니 당시 그의 위세가 어느 정도였는지 짐작케 합니다. 후히토는 701년 다이호레이를 만든 중심인물의 1인으로 알려지고 있으며 718년에는 또 다른 율령인 요로養老율령律令도 제정하고 720년 일본서기의 편찬을 실질적으로 주도하였는데 710년 헤이죠쿄로 천도할 때는 그의 저택이 바로 천황의 거처 바로 옆에 위치할 정도로 막강한 권력을 지니고 있었다고 합니다.

그러나 그가 720년 죽고 그의 권력은 아들들인 '후지와라 4형제'가 이어 받지만 덴무의 맏아들인 다케치高市 황자의 아들인 나가야長屋왕 등 황친의 세력이 강해져서 권력을 장악하기 위한 후지와라 4형제와 나가야왕 사이의 암투가 치열하게 전개됩니다. 후지와라 4형제는 권력을 장악하기 위해 누이인 고묘시를 황후로 만들기 위한 공작을 벌이는데 황친이 아니면 황후가 될 수 없다고 주장하며 이에 반대한 나가야왕과 그 일족을 729년 모반의 혐의로 전부 살해하고 결국 고묘시를 고묘 황후로 세우는데 성공합니다. 후지와라 4형제란 난케南家의 무치마로武智麻呂, 홋케北家의 후사사키房前, 시키케式家의 우마가이宇合, 교케京家의 마로麻呂를 말하는데 후에 가장 번성하는 것은 홋케北家입니다.

그 후 후지와라 4형제는 전염병인 천연두에 걸려 4명 모두 죽게 되는데 이때 권력의 핵심으로 등장하는 인물은 다치바나 모로에橘諸江라는 인물입니다. 후지와라노 후히토가 황친이었던 미노美努왕의 부인 아가타이누가이 미치요縣犬養三千代를 부인으로 맞이하여 낳은 딸이 고묘 황후인데 미치요가 미노왕과의 사이에서 얻은 아들이 다치바나 모로에였습니다. 모로에가 정권을 장악하자 초조해진 후지와라가의 히로쓰구広嗣가 740년 규슈의 다자이후에서 반란을 일으키나 진압되자 후지와라가 출신이라 할 수 있는 쇼무 천황과 고메이 황후의 입장이 난처해지는데 쇼무 천황은 이유를 알 수 없는 방황의 길에 나서 여러 궁을 전전하다가 745년에야 헤이죠쿄로 돌아옵니다. 그 사이 모로에 정권에서 741년 전국의 제국에 세우는 고쿠분지国分寺의 건립, 743년 도다이지東大寺의 대불大佛 건립의 명령이 내려지는데 이는 사원을 건축하여 불교의 힘에 의지하여 나라의 정치안정을 기하려는 쇼무 천황의 염원에 의한 것이라고 할 수 있습니다.

고묘 황후와의 사이에서 왕자를 얻지 못한 쇼무는 749년 딸인 고켄孝謙 천황(재위 749년~758년)에게 양위하는데 고묘황후의 강력한 지지로 발언권을 높여가던 후지와라 무치마로의 장남 나카마로仲麻呂는 756년 마침내 모로에를 정권에서 끌어내리는데 성공합니다. 나카마로는 쇼무 천황, 고묘 황후, 고켄 천황 등 후지와라 씨 그룹을 배경으로 정권을 장악하는데 고켄 천황이 즉위한 후에는 고묘 황태후가 정권을 장악하고 나카마로를 적극 지지하니 사실상 후지와라가에 의한 정치가 다시 시작됩니다. 나카마로는 757년 조부인 후히토가 제정한 요로養老율령을 시행하며, 모로에의 아들인 다치바나 나라마로橘奈良麻呂의 난을 제압한 나카마로는 758년 덴무의 아들 도네리舎人친왕의 아들인 쥰닌淳仁 천황(재위 758년~764년)을 옹립하여 정권을 독점하게 됩니다. 그러나 나카마로의 일방적인 처사에 감정이 상한 고켄상황上皇은 764년 나카마로에게 모반혐의를 씌워 일족을 전멸시키는데 이 사건을 에미 오시카쓰惠美押勝의 난이라 부릅니다. 에미 오시카쓰는 나카마로가 쥰닌 천황으로부터 새로 받은 이름이었습니다.

이 사건으로 고켄상황이 다시 한 번 쇼토쿠稱德(재위 764년~770년) 천황으로 황위에 오르게 됩니다. 쇼토쿠 천황은 승려인 도쿄道鏡를 총애하여 태정 대신, 선사禪師, 법왕法王 등의 높은 지위를 부여하고 정치를 맡기는데 쇼토쿠 천황이 도쿄를 천황으로 하려는 움직임을 보이자 이에 반발하는 세력이 형성되어 정치가 혼란해지며 이러한 혼란은 쇼토쿠가 770년 죽을 때까지 이어집니다. 쇼토쿠 천황이 죽자 도쿄는 유배되고 정권을 잡은 후지와라 모모가와藤原百川 등은 다음 천황으로 덴무계가 아닌 덴지 천황의 아들 시키施基 황자의 아들인 시라카베白壁 황자를 고닌光仁 천황(재위 770년~781년)으로 황위에 올리니 약100년 만에 다시 백제계의 덴지 왕통이 부활하게 됩니다.

나라 시대에 있었던 중요한 일들

나라 시대는 후지와라계와 반反후지와라계 사이의 대립, 항쟁이 반복되어 정치적으로 소란하고 불안정한 시기였지만 대내외적으로 율령국가의 면모를 갖추어 가는 시기였다고 볼 수 있습니다. 헤이죠쿄가 건설되고 최초의 정사인 일본서기가 편찬되며 국가적인 차원의 도다이지와 고쿠분지가 건립되고 지배영역을 동북쪽으로 확장하여 나갑니다. 또한 견당사의 지속적인 파견으로 당의 선진문물과 제도가 도입되며 신라, 발해와의 교류도 이어집니다. 그럼 나라 시대에 있었던 중요한 사업과 일본의 대외관계를 살펴보도록 하겠습니다.

첫 번째는 일본 최초의 왕도다운 헤이죠쿄平城京〈그림5-12〉의 건설과 천도입니다. 지토 천황은 694년 아스카의 북부에 후지와라쿄를 조영하였으나 몬무 천황의 비였던 겐메이元明 천황은 나라분지의 가장 북쪽에 헤이죠쿄를 건설하고 710년 천도를 단행합니다. 일본의 학계는 본격적인 도성제都城制에 의해 조성된 헤이죠쿄를 당의 장안성長安城을 모방하여 동서 약 4.3km, 남북 약 4.7km 바둑판의 모양으로 만든 계획적인 수도로 보고 있는데 도성의 중앙에 북에서 남으로 주작대로朱雀大路를 만들고 천황의 거처가 있는 헤이죠平城궁에서 보아 왼쪽을 좌경左京, 오른쪽을 우경右京으로 칭하였습니다. 또한 좌경의 옆 부분을 외경外京이라고 부르는데 외경의 동쪽에는 도다이지東大寺, 고후쿠지興福寺

〈그림5-12〉 헤이죠쿄 정문(上), 대극전(下).
710년~784년간 나라 시대의 도읍지로 지금은 당시의 궁궐터에 대극전 등 일부 건물이 복원되어 있음.

〈그림5-13〉 고후쿠지 정문(左), 본전(右).
나라천도시 헤이죠쿄의 외경에 세워진 대표적인 사찰로 후지와라 씨의 씨사였으나 대부분 소실되고 지금은 일부 건물이 나라 공원 내에 복원되어 있음.

〈그림5-13〉, 간고지元興寺〈그림5-14〉-아스카에 있던 아스카데라飛鳥寺를 옮겨서 세움-를 세웠고 헤이죠쿄의 바로 옆에는 후지와라 후히토의 저택-후에는 홋케지法華寺-이 들어섰으며 좌경에는 다이안지大安寺-본래의 다이칸다이지大官大寺-와 히가시노이치東市가 들어서고 우경에는 야쿠시지藥師寺와 니시노이치西市가 자리하였다고 합니다.

〈그림5-14〉 간고지.
나라 천도시 아스카데라의 자재를 옮겨와 신축한 사찰로 사용된 기와는 백제식인 것으로 알려짐.

헤이죠쿄의 조성은 천도 이후에도 계속 진행되어 717년경에는 공사가 대체로 마무리되는데 왕도의 조영을 위해 전국의 노역자들이 동원되어 많은 부역자가 도망하는 등 백성들의 원성이 끊이지 않았다고 합니다. 한편 최재석 교수는 일본학계가 헤이죠쿄가 중국의 장안성을 모방한 것이라고 하고 있으나 헤이죠쿄의 조영을 전후하여 신라사절의 일본왕래가 빈번하였고, 일본학계는 704년에 귀국한 일본의 학문승이 헤이죠쿄 조영의 중심이 되었다고 주장하나 700년에서 720년 사이에 귀국한 학문승 7명 중 5명이 신라에서 공부하고 귀국하였으므로 이들이 헤이죠쿄 건설의 주역이 된 것으로 보아야 하며, 헤이죠쿄에서 출토된 유물 중 기와와 동경의 문양이 신라의 것과 동일하고 새로운 왕도의 지명을 한국어로 국가를 의미하는 '나라奈良'라고 한 점 등에 비추어 헤이죠쿄의 건설이 신라의 지도하에 이루어졌다는 견해를 피력하고 있어서 주목됩니다.

헤이죠쿄는 물 부족과 수상 운송의 곤란 등의 요인으로 오래가지 못하고 784년 북쪽으로 약 40km 떨어진 나가오카쿄長岡京로 천도하며 794년에는 다시 헤이안쿄平安京로 천도하게 됩니다. 9세기 말의 기록에 의하면 이때 헤이죠쿄는 이미 풀밭으로 변하였다고 합니다. 일본 정부는 2000년부터 헤이죠쿄의 복원작업에 나서 2010년에는 태극전과 주작대로 등이 복원되어 그 해 10월 헤이죠쿄 천도 1,300주년 기념행사를 복원된 헤이죠쿄 태극전에서 아키히토 천황과 일본 국내외의 요인들이 참가한 가운데 가진 바 있습니다.

두 번째는 720년 일본의 최초의 정사인 일본서기日本書紀가 편찬되고 그 8년 전인 712년에는 일본서기의 토대가 되는 고사기古事記가 완성된 일입니다. 일본서기와 고사기의 내용이나 편찬의도 등에 관하여는 이 책에서 지금까지 줄곧 다루어 왔으므로 여기서는 일본서기와 고사기의 편찬과 관련된 사실관계에 대하여만 간략하게 언급하고자 합니다. 일본서기는 덴무 천황의 명으로 편찬사업이 시작되어 겐쇼元正 천황대인 720년에 최종적으로 완성되었습니다. 편찬 책임자는 덴무 천황의 아들인 도네리舍人 황자로 전체 30권, 계도 1권으로 되어 있으나 계도는 전하지 않으며 1~2권은 신대의 이야기고 3~30권에는 초대 진무왕에서 제41대 지토 천황까지를 편년체로 서술하고 있습니다. 한편 고사기는 신화, 전설, 가요, 계보 등을 소재로 하여 일본 건국의 유래와 초대 진무왕에서 제33대 스이코왕까지의 사적을 기록하고 있는 일본에 현재 남아 있는 사서 중 가장 오랜 것입니다. 덴무 천황대에 천황이 중심이 되어 이루어졌던 역사 저술 작업을 겐메이 천황이 계승하여 오 야스마로太安万侶에게 히다 아레稗田阿禮가 암송하고 있던 덴무 천황대의 역사 저술 내용을 기록하도록 명하여 712년에 편찬된 것입니다.

세 번째는 나라의 도다이지東大寺〈그림5-15〉와 대불大佛의 조영입니다. 8세기 초 율령법령인 다이호레이가 시행되고 왕도인 헤이죠쿄가 조영되자 일본은 사찰건립 등 불교진흥에 힘을 경주하는데 특히 불심이 깊었던 쇼무 천황은 740년 후에 일본 화엄종華嚴宗의 시조가 되는 신라의 승려 심상審祥을 초빙하여 그의 화엄경 강설을 듣고 감명을 받습니다. 쇼무 천황은 743년 비로사나불毘盧舍那佛〈그림5-16〉의 조영을 발원하여 749년 그 주조가 완료되고 752년 4월에는 700여 명으로 구성된 신

〈그림5-15〉 도다이지 대불전(上 左), 가라쿠니 신사(上 右), 이월당(下 左)과 삼월당(下 右).
국가적 사업으로 건립된 사찰로 752년 대불전이 준공되고 개안공양식이 거행되었으며 부속건물인 이월당과 삼월당은 아름다운 건물로 유명하며 경내에 시라기신사도 있음.

라의 사절단을 초대하여 개안식開眼式을 거행합니다. 이렇게 조영된 다이게곤지大華嚴寺-도다이지東大寺란 이름은 후대에 붙여진 것임-의 개안식은 일본 역사상 최대의 행사였는데 쇼무 천황은 물론 왕족, 문무백관이 예복을 입고 참석하였고 전국에서는 만 명의 승려가 참석하였습니다.

도다이지의 건립에는 백제계 승려인 교키行基와 료벤良辨이 크게 기여하였으며 무쓰陸奧의 태수로 있던 백제왕경복百濟王敬福은 900냥에 달하는 황금을 헌납하여 비로사나불 조영에 공헌한 것으로 알려지고 있습니다. 결국 도다이지의 건립은 신라의 화엄학에 심취한 쇼무 천황이 이를 도입하여 일본의 불교를 진흥하려

〈그림5-16〉 도다이지 비로사나불 앞(上)과 옆(下).
세계 최대의 불상으로 개안식에는 700여 명의 신라사절단이 참석함.

는 노력의 일환으로 창건되었다고 할 수 있는데 다만 아쉬운 것은 현재의 도다이지 건물은 창건당시의 것이 아니라는 사실입니다. 도다이지는 창건된 후 여러 번의 화재로 소실되고 현재의 건물은 에도 시대에 재건한 것이며 비로사나불 역시 전쟁으로 소실되어 현재의 것은 1692년에 조영된 것으로 본래의 것은 좌대座臺 등 극히 일부만 남아있을 뿐입니다.

네 번째는 지배영역의 확대입니다. 8세기 전반 일본은 에미시가 거주하고 있던 동북지방으로 그 영역을 확대하여 가는데 712년에는 데와出羽국을 설치하고 724년에는 현재의 미야기宮城현에 다가성多賀城, 733년에는 아키다성秋田城을 설치하는 등 동북지방의 영역을 넓혀 나갑니다. 일본 조정의 에미시 정벌은 8세기 말 간무 천황대에 이르러 5세기에 도래한 아지사주阿知使主의 후손인 정이대장군征夷大將軍 사카노우에노다무라마로坂上田村麻呂의 활약으로 큰 진전을 거두게 됩니다. 한편 남부규슈에는 오스미大隅국을 두어 중앙정부의 지배하에 두는 등 동북지방과 규슈남부로의 영역확장을 추진하여 나갑니다.

다섯 번째는 몬무文武 천황 때인 702년 30여 년만에 견당사의 파견을 개시한 일입니다. 일본은 8세기에 5회, 9세기에 2회의 견당사를 파견하는데 흥미로운 사실은 일본의 교과서에는 견당사의 파견에 대해 계획되었으나 중지된 것을 포함하여 파견회수를 부풀려서 8세기에 견당사가 10회, 9세기에는 3회나 파견된 것처럼 기술하고 있다는 사실입니다. 이는 일본이 8~9세기 주로 당나라의 선진 문물과 제도를 받아들여 율령국가를 건설하였고 율령국가 건설이 신라와는 별로 관계가 없음을 강조하기 위한 궁여지책으로 보입니다. 반면 일본은 8세기에 16회, 9세기에 8회나 신라에 사신을 파견하였고 신라는 이 기간 일본에 21회의 사신을 파견한 반면 당은 한 차례도 일본에 사신을 보내지 않았습니다.

일본의 교과서가 또한 덴무-지토 기간 중 견당사가 파견되지 않은 것은 국내체제의 정비가 우선이었기 때문이라고 설명하고 있는 것 또한 매우 흥미로운데 체제정비를 위해서는 당연히 선진문물과 제도도입이 더욱 필요했을 것이고 동기간 신라에는 12회나 사신을 파견하였고 신라는 24회나 일본에 사신을 파견한 사실은 어떻게 해석해야 할까요? 이러한 신라와 일본 사이의 빈번한 사신 교류는 주로 일본 측에서 신라의 선진 문물을 도입하고 각 분야의 선진적인 제도를 배우기 위한 것이었던 것은 말할 필요도 없는 엄연한 사실이었다고 봅니다. 사실 당시 당에 파견되는 일본의 사절은 심한 풍랑으로 표류하고 조난사고로 생명을 잃는 경우가 많아 견당사에 포함되는 것을 기피하는 경향이 있었는데 이러한 사정은 8세기 후반 신라와의 관계가 경색되어 신라가 한반도의 연안을 따라 항행하는 북로의 사용을 불허하면서 더욱 악화되었던 것입니다. 이러한 견당사 일행이 동중국해를 건널 때의 공포에 떠는 모습은 838년 파견된 견당사의 일원이었던 승려 엔닌円仁의 유명한 입당구법순례행기入唐求法巡禮行記와 777년 파견되었던 견당사의 보고에 여실히 나타나 있습니다.

8~9세기 일본의 견당사로서 유명한 인물로는 717년에 후지와라 우마가이藤原馬養-홋케의 시조인 우마가이宇合와 동일 인물임-와 아베 나카마로阿倍仲麻呂 등이 있는데 나카마로는 중국에서 관료로 출세하여 조형朝衡이라는 이름으로 이백李白, 두보杜甫 등 중국의 시인들과 교류한 것으로 알려지고 있습니다. 또한 752년 파견된 견당대사는 후지와라 기요가와藤原清河로 홋케의 후사사키房前의 아들인데 그 역시 중국에서 관료가 되어 하청河清이란 이름으로 있다가 객사한 것으로 알려지고 있으며 신라가 당에 보낸 사절과 석차를 두고 싸웠던 인물은 기요가와의 부사였던 오토모 고마로大伴古麻呂로 알려지고 있습니다.

한편 이 견당사 일행이 귀국할 때 당의 유명한 승려인 감진鑑眞 화상이 함께 와서 일본에 본격적인 계율을 전하는데 그를 존경하던 일본 조정은 도쇼다이지唐招提寺〈그림5-17〉를 지어 그에게 맡깁니다. 9세기에는 2회 견당사가 파견되는데 804년에는 일본 종교사상 가장 유명하다고 할 수 있는 구카이空海와 사이쵸最澄가 견당사 일행으로 당에 갔다가 오며, 마지막이 되는 838년의 견당사 일행에는 엔닌이 포함되었는데 그는 중국의 불교 성지를 순례할 때의 경험을 기록한 입당구법순례행기라는 유명한 책을 남깁니다. 일본의 견당사는 스가와라 미

〈그림5-17〉 도쇼다이지.
일본의 초빙으로 753년 내일한 당나라 고승 감진鑑眞 화상이 759년 세운 사찰로 나라 시대 최초의 중국풍 사찰임.

치자네菅原道眞의 건의로 894년 우다宇多 천황이 중지를 결정하여 이후 견당사는 파견되지 않습니다.

견당사 일행의 당과 일본 사이의 여행은 그야말로 고행의 길이었습니다. 운 좋게 중국 땅에 상륙하더라도 중국에서 체류허가를 내주지 않아 신라조계의 도움으로 체류허가를 받기도 하였고 소수에게만 상경허가가 주어지기도 하였으며 중국관헌의 감시가 엄격하여 자유로운 활동도 허락되지 않는 등 당에서의 체류자체가 고통의 연속이었으니 이들이 당에서 얻은 정보의 내용도 상식적인 수준에 불과하였습니다. 최재석 교수는 702년~838년 사이에 당에 파견된 7차례의 견당사중 중국정세에 대해 보고한 것은 777년과 803년 파견된 사절뿐이고 나머지 5회의 사신은 아무런 보고를 하지 않은 것으로 보면서 중국에 대한 이 정도 수준의 지식과 정보를 바탕으로 일본이 정치제도의 개혁, 왕경의 조영, 사찰의 건립 등에 중국의 문물을 수용하였다고 하는데 의문을 제기하고 있는데 매우 합당한 견해라고 봅니다.

여섯 번째는 발해와 일본의 관계입니다. 발해는 698년 대조영大祚榮이 고구려인, 말갈인과 힘을 합쳐 당을 몰아내고 한반도 북부와 만주에 세운 나라인데 727년 제1차 발해국사가 일본으로 가져간 국서에서도 발해가 '고구려의 옛 땅을 회복하고 부여의 유속遺俗을 가졌다.'는 점을 분명히 하고 있듯이 고구려를 계승한 국가였습니다. 발해와 일본은 발해가 926년 멸망할 때까지 우호관계를 지속하고 발해는 727년 이래 총 35차례의 사절단을 일본에 파견하는데 발해 사절단의 특징은 사절단에 무장한 장군들이 포함되었고 주된 목적이 비단, 면, 견사, 수은, 황금 등 일본의 값진 물자의 획득에 있었다는 것입니다.

당시 일본 조정은 신라와 발해 사절의 빈번한 방문으로 정치 · 경제적으로 고통을 받은 것으로 보이는데 798년 일본 조정은 6년에 한 번씩 올 것을 간청하였다는 기록이 이를 말해주고 있습니다. 발해사 일행은 평균 100명으로 구성되어 보통 5~6개월 일본에 체류하였으며 일본의 북부해안에 있는 데와出羽, 사도佐渡섬, 에치젠越前, 노토能登반도 등에 도착하여 일본의 왕경으로 들어왔는데 일본은 이들의 영접에 막대한 인력과 재정이 소요되어 큰 부담이 되었습니다. 반면 일본도 발해에 대한 사신을 파견하였는데 발해로부터 도입하는 물품은 동물가죽, 인삼, 벌꿀 등 특별한 것이 없었으나 발해의 음악, 활쏘기 기술 등의 도입과 더불어 견당사나 학문승 등의 파견, 귀국과 관련하여 발해의 협조를 얻기도 한 것으로 보입니다.

8세기 통일신라와 일본의 관계

신라는 백제와 고구려가 멸망한 직후인 668년 9월부터 700년 11월까지 24회나 사신을 일본에 파견하여 일본의 정치 · 사회제도의 개혁을 지원하고 선진문물을 일본에 전수한데 이어 8~9세기에도 총 21회에 걸쳐 일본에 사신을 파견하고 일본으로부터는 8세기에 16회, 9세기에 8회 등 총 24회 사신을 받아들입니다. 이러한 사신교류는 신라와 일본이 횟수는 줄었지만 8~9세기에도 여전히 서로 사신을 교환하는 관계를 지속하고 있었음을 보여주고 있습니다. 일본의 사학계나 역사교과서는 8세기에 들어와 신라와 일본의 관계가 좋지 않았다는 측면을 부각하는 경향이 있는데 양국이 소원한 관계 중에서도 교류는 면면하게 지속되었음을 말해줍니다.

덴무계 왕조가 성립된 이후 신라와 일본이 불화하는 모습은 지토3년(689년) 조에 처음으로 보이는데 지토조정은 태정관이 천황의 명령을 신라의 조문사절 김도나金道那 등에게 전하는 형식으로 신라가 전례를 어기고 급이 낮은 사절을 보냈으며 배도 한 척밖에 보내지 않았다고 시비를 걸면서 보낸 물건을 되돌려 보냅니다. 또한 734년에는 쓰쿠시에 도착한 신라의 사절이 번국의 사절로서 예를 다하지 않았다는 이유로 다이자 이후가 태정관의 명을 받는 형식으로 돌려보냈으며 일본이 신라를 번국시하는 데 대한 신라의 반발도 이어져 신라도 일본에서 온 사자를 보복의 의미로 돌려보내는 등 관계가 악화됩니다. 이어서 753년에는 신라와 일본의 견당사가 동시에 당을 방문하게 되었는데 당의 황제에 대한 인사를 하는 자리에서 자리의 위치와 석차에 대한 시비가 생겨 소동이 벌어진 일도 있었습니다. 이러한 신라와 일본의 불화는 일본이 신라를 번국으로 규정하고 이에 상응하는 신라의 대응을 요구한 데서 분쟁이 야기된 것이 근본적인 이유로 보아야 할 것입니다.

그러면 일본은 왜 신라에 대해 번국으로서 예를 갖출 것을 요구하였을까요? 이는 다름 아닌 일본서기에 날조되어 기술된 진구왕후의 신라정벌을 근거로 신라와 삼국을 천황국 일본의 신하의 나라인 번국蕃國으로 규정한 것이 근본적인 이유라고 볼 수 있습니다. 일본이 백제, 고구려 멸망 이후 독립된 고대 율령국가를 만들어 가는 과정에서 '번국'인 신라로부터 받아들인 선진제도와 문물이 결정적인 역할을 한 사실을 인정할 수 없었기 때문이라 할 수 있겠지요. 어쩌면 율령국가를 만들어 나간 덴무 왕조가 신라계 왕조였을 수도 있었겠지요. 일본서기가 진구왕후의 소위 '신라정벌'을 창작하고 신라왕과 고구려, 백제의 왕들이 스스로 서번西蕃으로 복속하겠다고 한 기사를 날조한 것은 오히려 왜, 일본의 왕실이 백제와 신라를 출자로 하고 있고 왜, 일본은 백제인과 신라, 가야인에 의해 성립된 나라라는 역사적인 사실을 역설적으로 말해주고 있다고 볼 수도 있습니다.

신라와 왜, 일본의 관계를 대국적인 시각에서 보면 532년 신라의 금관가야 병합, 562년 신라에 의한 가야의 멸망, 660년 신라와 당의 연합군에 의한 백제의 멸망, 672년 신라의 지원에 의한 임신전쟁에서의 덴무군의 승리와 이어지는 일본의 정치 · 사회제도의 개혁 등 일련의 전쟁과 사건에서 신라가 승리자의 입장에 있었던 것을 알 수 있으며 덴무 왕조의 출현 이전까지 2세기 가까이 야마토 조정이 백제계 왕실이었음을 감안하면 야마토 조정이 신라를 적으로 여기고 증오하였을 것임은 분명해 보입니다. 그러나 백강전투에서의 참패 이후 백제계 조정에 대한 호족, 백성 특히 가야, 신라에서 일찍부터 일본열도로 건너온 야요이인들을 포함한 후루키古來들의 불만과 반감이 증폭되고 이러한 분위기는 백제계가 더 이상 일본의 인구 구성상 다수파가 아닌 소수파가 되면서 신라에 대한 증오감은 점차 희석되어 나갔을 것으로 짐작됩니다.

더욱이 670년 대의 시점에서 보면 신라는 한반도에서 당을 거의 축출하여 명실상부하게 한반도의 주인이 되었고 한반도 주변의 해상권도 장악하고 있던 강력한 국가로 변모했다고 볼 수 있어서 백강전투의 참패로 패배감과 불안감에 휩싸여 있던 일본에게 있어서 신라는 현실적인 실력을 갖춘 국가로서 인식되었을 것으로 보입니다. 이러한 배경에서 덴무 왕조 전반기에 보이는 신라와 일본의 긴밀한 관계를 이해할 수 있는데 이러한 우호적인 관계도 결국은 일본이 율령국가를 형성하는 과정에서 천황제를 택하여 한반도의 삼국을 번국시하는 강한 이데올로기를 세우고 이를 일본서기에 진구 왕후의 기사를 날조하여 기술하고 이러한 이념을 시행하려는 정책을 고집하면서 점차 신라와의 관계가 소원해져 간 것이 실상이었다고 보입니다.

〈그림5-18〉 쇼소인.
도다이지 경내에 있는 보물창고로 고대 신라, 중국, 서역 등의 물품이 보관되어 있으며 특히 신라의 문물이 다수 보관되어 있음.

한편 8세기 신라와 일본이 신라로부터 도입한 물품들에 관하여는 나라 도다이지 대불전의 북서쪽에 있는 왕실 보물창고인 쇼소인正倉院〈그림5-18〉에서 찾아볼 수 있는데 쇼소인에는 미술, 공예, 기록, 생활 등 다방면에 걸친 물품들이 망라되어 있으며, 8세기 나라 시대를 중심으로 신라, 당, 페르시아, 일본의 고대문물 약 9천 점이 소장되고 있는 것으로 알려져 있습니다. 쇼소인의 소장품은 756년 이후 고메이 왕후가 쇼무 천황의 명복을 기원하기 위해 비로사나불에 바친 물품을 중심으로 소장된 것으로 많은 소장품들이 통일신라의 유물들과 거의 동일하거나 유사한 것을 발견할 수 있습니다.

- 신라금

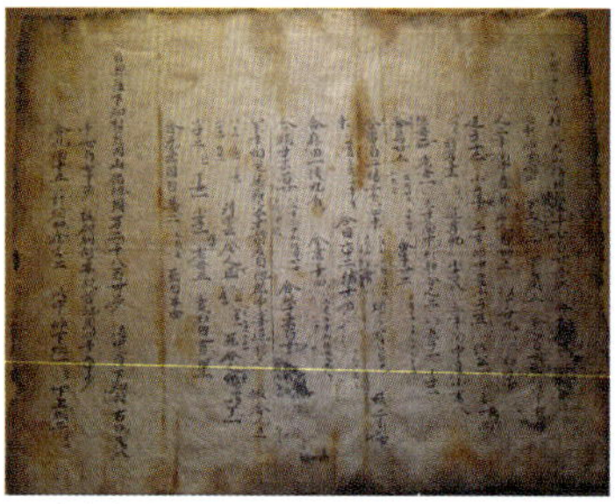

- 신라장적

과거에는 이중에서 신라 먹, 신라 금, 신라장적, 화엄경 등 일부만 확실한 신라의 물품으로 보았으나 금동제 가위, 사하리-사발에서 유래- 등 식기, 신라 칼, 모전제품, 칠 공예품, 병풍, 자루달린 금동향로, 금동제 화사, 금동제 대부완 수각도 등 금속공예품 등 이제까지 중국산으로 보아온 상당수의 물품이 신라산인 것으로 추정되고 있습니다. 이러한 점에서 도다이지와 쇼소인의 소장품은 8세기 일본에 전해진 화려한 신라 문화를 상징하는 귀중한 문화유산이라고 할 수 있을 것입니다. 쇼소인의 소장품은 보통 때는 일반에게 공개되지 않고 매년 10월 하순에서 11월 상순에 걸쳐 약 20일 동안만 일부 품목을 전시합니다.

- 가위, 신라 먹

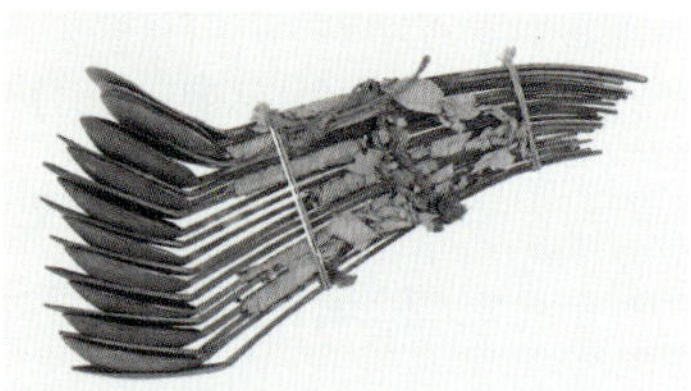

- 사하리

또한 시기적으로는 9세기의 일이지만 당시 신라와 일본의 관계를 보여주는 중요한 사례의 하나로 해상왕 장보고張保皐와 자각慈覺대사 엔닌円仁(794년~864년)의 관계를 들 수 있습니다. 신라계 도래인으로 알려진 엔닌스님은 838년 당나라 유학을 떠나는데 장보고와 신라방의 도움으로 10년간 유학을 마치고 848년 귀국하여 일본 천태종天台宗의 총본산인 히에이比叡산의 엔랴쿠지延暦寺〈그림5-19〉에 적산궁赤山宮을 세워 신라명신을 신주로 받들고 있어서 주목됩니다. 당에서의 유학경험을 기록한 입당구법순례행기의 저자로 유명한 엔닌스님은 후에 엔랴쿠지의 제3세 천태좌주天台座主가 되는데 그가 당나라 유학길에 오른 것은 엔랴쿠지를 세운 백제출신 사이초最澄의 영향 때문이었습니다. 803년 당으로 유학을 떠난 사이초 역시 신라 배를 타고 신라를 경유하면서 신라명신을 모신 것으로 알려졌습니다. 엔랴쿠지의 경내에는 문수보살상 옆에 완도군이 엔랴쿠지의 협조를 받아 건립한 '청해진대사 장보고비'〈그림5-20〉가 세워져 있는데 이는 일본 천태종의 두 분 저명한 스님인 사이초, 엔닌과 신라, 장보고 사이에 친밀했던 인연을 말해주는 것 같아 감회가 새롭습니다.

〈그림5-19〉 엔랴쿠지.
시가현 오쓰시의 히에산에 있는 거대한 규모의 사찰로 일본 천태종의 총본산이며 백제계 후손인 사이쵸最澄가 창시한 것으로 알려짐.

〈그림5-20〉 청해진대사 장보고비.
엔랴쿠지 경내에 있으며 사이쵸, 엔친 등 일본 승려의 당나라 유학을 적극적으로 지원한 장보고에 대한 감사의 뜻으로 건립되었다고 함.

참고로 천태종의 총본산인 히에이산의 엔랴쿠지와 함께 헤이안 불교의 쌍벽으로 불리는 곳은 와카야마현 고야高野산의 곤고부지金剛峯寺로 구카이空海가 이룩한 진언종眞言宗의 총본산입니다. 구카이는 816년 사가嵯峨 천황으로부터 종교적 명상의 장소로 고야산을 하사받는데 이후 고야산은 현세의 정토로서 숭앙의 대상이 되어 구카이의 무덤에 이르는 약

2킬로미터의 참배길에는 황족, 귀족, 다이묘 등 유력인들의 무덤이 20만기 이상이 생겨났다고 합니다. 또 고야산에만 118개의 절이 있고 레이호칸靈宝館에 소장된 국보만 21점이나 된다고 합니다.

후지와라(나카토미) 가마타리藤原謙足는 백제 왕자 풍장인가?

이미 언급하였지만 일본의 역사를 통틀어 최고의 권세가문이 후지와라 가문이라는데 대하여는 대부분의 일본인들이 같은 생각을 갖고 있으리라 짐작됩니다. 이처럼 고대와 중세에 걸쳐 일본의 최고 가문으로 군림한 후지와라 가문의 시조는 645년 나카노오에中大兄 왕자와 함께 소가 씨를 타도한 나카토미 가마타리中臣謙足입니다. 그는 669년 56세로 죽기 직전에 덴지 천황으로부터 후지와라藤原라는 가바네姓를 하사받는데 그의 아들 후지와라 후히토藤原不比等는 덴무의 사후 즉위한 덴무의 왕후였던 지토 천황의 총애를 받아 조정의 실권을 장악하고 다이호율령과 요로율령의 제정과 국사편찬 등 당시 일본의 국가적 사업을 실질적으로 주도한 인물입니다.

후히토는 그의 딸들을 왕후로 들여보내 왕의 외척으로서 조정의 최고 권력자가 되는데 그 후 이어지는 후지와라가의 권세는 후히토로부터 비롯되었다고 할 수 있습니다. 후히토가 고속으로 출세하고 실권자가 될 수 있었던 것은 그가 가마타리의 아들이었다는 것이 결정적인 이유로 보이는데 지토 천황의 부친이 덴지 천황이었고 덴지와 가마타리는 평생의 동지였음을 감안하면 지토 대에 후히토가 권력을 잡게 된 배경을 추측할 수 있게 됩니다. 그런데 가마타리의 출자에 대하여 저명한 역사작가인 세키유지関裕二 씨가 최근 그의 저서에서 가마타리의 정체가 백제왕자 풍장豊璋이라는 견해를 발표하여 주목을 받고 있습니다.

백제왕자 풍장은 일본서기에 의하면 631년 도왜하여 왜국에 체재하다가 662년 백제왕으로 귀국하여 백제 부흥군을 지휘하다가 백강전투에서 참패한 후 고구려로 도망한 것으로 기록되어 있고 삼국사기에는 풍장이 행방을 감추었다고만 기술하고 있습니다. 한편 11세기 편찬된 중국의 자치통감資治通鑑은 풍장이 고구려에서 포박

되어 당으로 연행되었다고 기록하고 있습니다. 그렇다면 세키 유지 씨는 무슨 근거로 가마타리가 풍장이란 주장을 전개하고 있을까요? 그의 논리는 다음과 같습니다.

첫 번째의 상황증거는 나카노오에가 인생의 위기를 맞이한 시기에 가마타리의 모습이 일본서기에 보이지 않는데 이는 가마타리가 백제로 귀국하고 있었기 때문이며 이는 풍장의 행적과 일치한다는 것입니다. 세키 씨는 풍장에 대한 기록이 혼란스러운 것은 정확한 정보가 없었기 때문으로 고구려는 당시 당의 공격으로 나라의 운명이 풍전등화였는데 풍장이 고구려로 도망할 리는 없고 왜의 수군과 함께 일본으로 돌아와 연명책을 강구하였을 것으로 봅니다. 또한 백강전투 후에 가마타리는 다시 일본서기에 등장하고 그의 후예인 후지와라 씨는 일관되게 백제의 유민을 중용하는데 이는 그가 백제의 왕족이었음을 말해주는 것이라고 봅니다.

두 번째는 오사카부의 아부야마阿武山의 정상부근에서 발견된 7세기의 것으로 추정되는 묘의 양식이 능산리 고분의 묘제와 흡사하고 묘에서 발굴된 미이라 유체가 금실로 자수를 놓은 관을 썼던 것으로 판명되었는데 7세기 야마토 조정에서 최고위직의 시키칸織冠을 받은 인물은 가마타리뿐이므로 이 묘는 가마타리의 것으로 보인다는 것입니다. 그런데 이 인물이 백제양식의 묘에 매장되었고 이 묘가 백제의 왕묘와 같은 양식임에 비추어 이 묘는 풍장의 묘로 볼 수 있다는 것입니다. 나카토미씨는 신토神道의 제사직을 담당해온 씨족으로 알려졌는데 신토의 대표라고 할 나카토미가 백제의 왕묘에 매장될 이유가 없다는 점도 이 묘의 피장자가 풍장 즉 나카토미 가마타리일 가능성을 높여준다는 것입니다.

세 번째로 덴지8년(669년) 덴지 천황이 가마타리를 병문안 하였을 때 가마타리가 생전에 군국軍國에서 책임을 다하지 못하였다고 말한 것으로 일본서기에 기록되어 있는데 이는 백강전투에서 패배하고 도망쳐온 데 대해 사죄한 것으로 해석할 수 있다고 합니다. 또 동대사헌물장東大寺獻物帳에 의자왕으로부터 내대신이었던 가마타리에게 적칠赤漆한 주자廚子가 보내졌다는 기록이 있는데 이는 가마타리가 의자왕의 아들 풍장이었기 때문에 있을 수 있는 일로 보고 있습니다. 세키 씨는 또한 헤이안 시대 특히 간무 천황 때부터 왕위계승의 신보로 추가된 백제 왕실의 대도계大刀契를 가져온 인물도 풍장으로 보인다고 하면서 백제혈통의 간무를 왕으로 세운 세력이 후지와라계임은 풍장이 가마타리였음을 말해주는 방증으로 보고 있습니다.

세키 씨는 나아가 일본서기에는 신대기에 나카토미의 선조라는 아메노고야네天兒屋(根)命가 아마노테라스天照 대신의 가까이에서 활약하는 모습이 묘사되고 있는데 이는 가마타리의 출자를 알고 있던 후지와라 후히토가 일본서기 편찬 시에 삽입한 기사로 그는 자신의 출자를 철저하게 은폐하고자 하였으며 이것이 그가 일본서기 편찬에 깊이 관여한 이유이기도 한 것이라고 설명하고 있습니다.

후지와라 가마타리의 정체가 백제 왕자 풍장이라는 견해는 당시 백제가 야마토국의 사실상의 본국이었고 백제의 왕자들이 파견되어 후왕으로 야마토를 통치한 사실에 비추어 보면 매우 유력한 견해로 보입니다. 다만 이 경우 풍장이 백제멸망 후 백제왕으로 백제 부흥군을 지휘하기 위해 환국하기 전에 야마토 조정에서 왜왕이었을 가능성이 제기됩니다. 풍장의 도왜 시기에 관해 일본서기는 조메이왕 때인 631년이라 하고 있는데 이 때의 백제왕은 무왕이기 때문에 풍장을 무왕의 아들로 보는 견해도 있습니다. 풍장이 661년 귀국할 때까지 왜왕이었다면 일본서기의 고교쿠, 고토쿠 및 사이메이왕은 실재한 인물이 아니게 되는데 일본학자 중에도 이들의 실재를 부인하는 견해가 있습니다.

결론적으로 나카토미 가마타리가 백제 왕자 풍장이라고 단정하기는 어려우나 그 가능성은 매우 높다고 할 수 있는데 가마타리의 후손들인 후지와라 씨는 백제의 왕실에 뿌리를 둔 가문으로서 친백제 성향을 보였으며 백제계의 천황가와 매우 긴밀한 관계를 유지하면서 고대는 물론 중세에도 일본의 최고의 권세가문으로 군림하였던 것은 명백한 역사적 사실이라고 할 수 있을 것입니다. 세키 씨는 다른 대다수의 일본학자들과 마찬가지로 7세기 일본의 천황이 백제 왕실의 혈통임을 인정하지 않고 있는 가운데 풍장이 가마타리임을 방증하는 증거를 제시하고 있으나 당시의 일본 왕실 또한 백제혈통이라는 사실을 인정하는 시각에서 보면 가마타리를 백제 왕자 풍장으로 보는 논리는 더욱 공고해질 것임은 분명해 보입니다.

제19화
백제계 왕통을 다시 일으킨 간무桓武 천황

약 1세기 동안 지속된 덴무 왕통은 제48대 쇼토쿠稱德 천황이 후사 없이 죽자 왕통이 단절되고 770년 덴지 천황의 손자인 고닌光仁 천황과 그의 아들 간무桓武 천황(재위 781년~806년)이 즉위하면서 일본의 왕실은 온전한 백제계 왕통으로 복귀하는데 현재의 천황가는 간무 천황의 직계이므로 백제계 혈통의 천황이라고 할 수 있습니다. 특히 간무 천황은 어머니인 다카노 니이가사高野新笠 역시 백제 무령왕의 아들인 순타純陀 태자의 후손이었기 때문에 부모양가 모두 백제계 혈통이었는데 간무 천황은 자신이 백제계임을 강하게 의식한 것으로 보이며 백제계 도래인을 대거 중용하는 등 도래인 우대정책을 노골적으로 시행합니다.

간무 천황의 2대 사업은 교토의 헤이안쿄平安京의 건설 및 천도와 동북의 에미시蝦夷-에조라고도 함-정벌로 요약되는데 794년 헤이안으로의 천도는 정통 백제계가 아닌 덴무 왕통으로 인해 혼탁해진 일본 왕실의 분위기를 쇄신하기 위한 것이었으며 이는 간무 천황이 백제인의 혈통을 자각하고 있었다는 증좌로 보는 견해도 있습니다. 일본의 중세에 무사계급의 양대 지주인 겐지源氏-미나모토씨-와 헤이시平氏-다이라 씨-는 모두 간무 천황의 자손으로 12세기 말 가마쿠라鎌倉막부 이후의 역대 막부정권의 쇼군将軍은 대부분 간무 천황의 후손 중에서 배출되는데 마지막 막부정권인 에도막부江戸幕府의 쇼군 도쿠가와는 겐지 출신으로 알려지고 있습니다.

고대와 중세에 걸쳐 일본의 역사상 최고의 권세가문으로 군림한 후지와라藤原 가문의 시조는 645년 나카노오에 왕자와 함께 소가 씨를 타도한 나카토미 가마타리로 그는 죽기 직전 덴지 천황으로부터 후지와라라는 가바네姓을 하사받는데 가마타리의 아들 후지와라 후히토藤原不比等는 지토 여왕 대에 일본 조정의 실권을 장악하고 이후 후지와라가가 외척으로서 수백 년간 조정의 권력을 향유하는 기반을 다진 인물입니다. 고닌, 간무 천황이 왕위에 오를 수 있었던 것도 후지와라가의 지지에 의한 것이라는 것이 통설이며 후지와라(나카토미) 가마타리의 출자에 대하여는 여러 설이 있지만 백제 무왕 또는 의자왕의 아들인 풍豊 왕자-풍장豊璋이라고도 함-라는 설이 유력하게 제기되어 있습니다.

'행운'으로 천황에 오른 간무 천황

앞장에서 고닌 천황과 간무 천황 부자의 즉위로 100년 가까이 지속되었던 덴무계 왕통이 온전한 백제계 왕통으로 넘어갔다고 하였습니다만 특히 명실상부하게 백제계 천황이라고 할 수 있는 간무 천황이 왕위에 오른 것은 그야말로 행운이었다고 하지 않을 수 없습니다. 그의 부친이 덴무계가 아니고 덴지계였기 때문에 천황이 될 가능성은 거의 없었는데 운 좋게 천황이 되었고 그자신도 덴무계의 어머니에서 태어난 이복형이 고닌 천황의 즉위와 동시에 황태자로 임명되었기 때문에 천황이 될 가능성이 매우 희박하였는데 결국 그가 천황의 자리에 올랐기 때문입니다. 현재의 천황은 간무 천황의 자손임이 확실시되고 있으므로 이러한 간무 천황의 행운이 없었다면 일본의 역사 적어도 천황의 역사는 달라져 있겠지요? 그러면 이 두 인물은 어떠한 행운으로 각각 천황이 될 수 있었을까요? 이에 대하여는 전문가인 교토산업대의 이노우에 미쓰오井上滿郎 교수[4]의 견해를 중심으로 설명하겠습니다.

먼저 고닌 천황의 경우를 보겠습니다. 770년 쇼토쿠 천황이 후사 없이 죽자 도쿄道鏡 정권도 붕괴되는데 당시 시라카베白壁 황자는 덴지 천황의 아들 시키施基 황자의 아들로 관료로서는 비교적 순조롭게 승진하여 대납언大納言의 지위에 있었으나 천황으로 즉위하기에는 거리가 먼 상황이었습니다. 그럼에도 그가 후계자로 지명된 이유는 불분명하나 속일본기는 쇼토쿠 천황의 유언에 따라 공경들이 의논하여 시라카베 황자를 황태자로 하였으며 그 이유로 그가 여러 왕 중에서 가장 연장자(62세)이고 조부-덴지 천황임-의 공적을 고려한 점 등을 들고 있습니다. 그러나 일본의 사학자들은 시라카베의 즉위는 후지와라 모모가와藤原百川 등 당시 후지와라 씨 세력의 지지에 의한 것으로 보고 있습니다. 즉 당시 우대신 기비 마키비吉備眞備 등 귀족연합은 덴무의 손자인 분야 기요미文室淨三을 지지하고 있었고 후지와라 일족은 시라카베 황자를 지지하여 대립하였는데 결국 후지와라 측의 주장대로 시라카베 황자가 후계자로 선정되고 이에 맞추어 쇼토쿠의 유언이 작성되고 유언에 따라 고닌 천황

4) 井上滿郎, 桓武天皇, ミネルバ書房, 2006

이 즉위한 것으로 속일본기가 기술하였다는 것입니다.

이러한 사실은 고닌 천황의 즉위 후에 보이는 천황의 모모가와에 대한 두터운 신임을 통해서도 확인되는 반면 기비 마키네는 지방호족출신으로 학식이 높아 쇼토쿠 천황의 총애를 받아 측근 세력을 형성한 비 후지와라 세력의 중심인물이었는데 후지와라 세력이 단합하여 후계 천황의 결정에서 승리하였다는 것이 일반적인 해석입니다. 고닌 천황의 즉위가 일본의 고대사에서 중요한 의미를 갖는 것은 그의 즉위로 100년 가까이 지속되던 덴무 왕통이 덴지 왕통으로 바뀌었다는 사실입니다. 672년 임신의 난 이후 일본의 천황은 중계역을 한 여왕들을 제외하고는 어김없이 덴무계였는데 고닌 천황의 즉위로 1세기 만에 덴지계로 왕통이 바뀌고 그 혈통이 현재의 천황으로 이어지고 있다는 점에서 고닌 천황의 즉위는 주목할 만한 '사건'이었던 것입니다. 이는 사실상의 왕조 교체를 의미하는 것으로 고닌 천황이 이러한 의식을 갖고 있었는지는 불분명하나 그의 아들인 간무 천황은 자신의 왕조가 새로운 왕조라는 분명한 의식을 갖고 있었다고 교토산업대의 이노우에 미쓰오 교수는 피력하고 있습니다.

그렇다면 간무 천황은 어떠한 행운으로 천황의 자리에 오를 수 있었을까요? 즉위 전 야마베山部 왕으로 불리던 간무 천황은 부왕보다도 더 극적인 과정으로 황위에 오릅니다. 야마베 왕은 고닌의 아들이기는 하였지만 황위와는 거리가 먼 위치에 있었습니다. 그의 모친은 신분이 낮은 도래계의 후비인 야마토 니이가사和新立였던 반면 그의 이복동생인 오사베他戸 왕의 모친인 이노우에井上 내친왕은 쇼무 천황의 딸이었기 때문에 신분의 차이가 컸고 실제로 고닌 천황 즉위와 동시에 오사베他戸 친왕이 황태자로 정하여졌기 때문입니다. 즉 오사베 친왕은 고닌 천황과 쇼무 천황의 딸인 이노우에 내친왕의 사이에서 태어난 황자로 황태자가 되었으므로 당시의 상식으로는 오사베 친왕이 차기 천황으로 정해진 것이나 마찬가지였던 셈이지요.

그런데 기적과 같은 사건이 일어납니다. 호구宝亀3년(772년) 이노우에 내친왕이 주술로 고닌 천황을 저주한 사실이 드러나 모반의 혐의로 폐위되고 이어 오사베 황태자도 폐위되는 사건이 일어난 것입니다. 이들 모자는 결국 775년 같은 날 죽게 되는데 반년 후 야마베 왕이 입태자되어 정식으로 고닌 천황의 후계자가 됩니다. 이 사건의 진상은 알 수 없으나 이노우에 내친왕이 오사베 황태자의 조기 등극을 도모한 것이 사건의 원인으로 보이며 사건의 배후에 관하여는 일찍이 야마베 왕과 친분관계에 있던 후지와라 모모가와가 있던 것으로 보는 견해가 유력합니다. 이와 관련하여 이노우에 교수는 모모가와가 고령의 고닌 천황을 세울 때부터 속내는 야마베 왕에 있었고 기책을 내어 오사베를 폐하고 야마베 왕을 입태자한 것으로 보고 있습니다. 야마베 왕은 739년 생으로 764년 처음으로 종5위하에 서임되고 766년에는 대학두大學頭, 770년에는 시종侍從이 되는 등 관료로서의 길을 걷고 있었는데 오사베 황태자의 예상치 못한 낙마로 갑자기 입태자되어 781년 부왕의 양위로 천황의 자리에 오르게 되는 것입니다.

백제계 도래인임을 강하게 의식하는 간무 천황

간무 천황에 대하여는 특별하게 일본의 역사에 관하여 관심을 갖지 않은 분들도 들어본 적이 있으시리라 생각됩니다. 2001년 12월 당시의 아키히토明仁 천황이 68세 생일 기자회견에서 간무 천황의 어머니가 백제 무령왕의 자손이라고 속일본기에 쓰여 있어서 한국과의 인연을 느낀다고 발언하고 그 후 몇 차례에 걸쳐 이러한 취지의 발언을 함으로써 매스컴 등을 통해 한국의 많은 국민들에게 이러한 사실 많이 알려졌기 때문입니다. 간무 천황은 실제로 어머니인 야마토 니이가사和新笠-후에 다카노노 니이가사高野新笠<그림5-21>로 개명함-로부터 깊은 영향을 받는데 간무는 치세기간 내내 자신이 백제계 도래인이라는 의식을 갖고 있었으며 정권 운영에도 이러한 의식이 강하게 반영되는 것입니다.

〈그림5-21〉 다카노 니이가사 묘.

먼저 간무 천황은 즉위 후 모친인 다카노 니이가사를 황태후皇太后로 추증합니다. 고닌 천황에게는 황후인 이노우에 내친왕 외에 적어도 9인의 비빈 등이 있었으며 도래인 출신인 다카노 니이가사는 신분관계로 고닌 천황의 황후나

비妃가 되지 못하고 부인夫人의 신분이었는데 당시 부인은 황후가 될 수 있는 비가 될 수 없었습니다. 한편 니이가사의 부친은 백제 무령왕의 후손인 야마토 오토쓰구和乙継였으며 모친은 하지 마이모土師眞妹 씨로 하지 씨는 야마토정권 이래의 백제계의 명문이었는데 신찬성씨록에 야마토和 씨는 무령왕으로부터 나왔다고 쓰여 있어서 백제계 도래인임이 확실합니다. 또한 부레쓰기7년(505년) 조에 사아군斯我君이 등장하고 그의 아들 법사군法師君이 야마토노기미倭君의 선조가 되었다는 기사가 나오는데 사아군은 긴메이기7년(613년) 조에 나오는 무령왕의 아들 순타純陀 태자와 동일인물로 보이므로 결국 야마토 씨는 순타 태자의 후손이라고 할 수 있을 것입니다.

간무 천황은 백제계 도래인들을 중심으로 도래계 인물들을 중용하여 정권운영에 깊이 관여하게 합니다. 그 대표적인 사례가 백제 의자왕의 후손인 백제왕百濟王 씨에 대한 절대적인 신임과 우대입니다. 어머니인 니이가사 황태후가 서거한 해인 엔랴쿠延曆9년(790년)에는 백제왕 씨 일족인 현경玄鏡, 인정仁貞, 경인鏡仁을 승진시키는데 그 이유를 노골적으로 이들이 '짐의 외척이기 때문에 발탁한다.'고 말했다고 기술되어 있습니다. 당시는 천황이 전제적인 권력을 가졌으므로 이러한 편향적인 인사가 가능했을 수 있겠지만 일본이 율령체제하에 있었던 점을 감안하면 매우 이례적인 사례라고 할 수 있습니다. 백제왕 씨에 대한 간무의 무한신뢰는 백제왕명신百濟王明信의 경우 현저하게 드러나는데 헤이안 천도를 건의한 후지와라 쓰구다다藤原継縄의 처인 그녀는 간무의 총애를 받아 승진을 거듭하여 엔랴쿠6년(787년)에는 공경公卿급인 종3위까지 승진하여 후궁을 총괄하는 업무를 관장하게 됩니다.

당시 명신은 간무의 총애를 받아 조정 전체에도 상당한 영향력을 행사하고 백제왕의 지위 향상에도 크게 기여하는데 쓰구다다가 우대신까지 지위가 상승하고 이들 사이의 아들인 다카토시乙叡가 중납언까지 승진하는 것도 명신의 영향력과 관련이 있는 것으로 보입니다. 백제의 멸망으로 일본에 거주하게 된 의자왕의 아들 선광禅広, 善光은 백제왕이란 성을 하사받아 일본에서 귀족의 가문으로 번성하는데 백제왕 씨 중에서 일본에서 가장 고위관료가 된 인물은 선광의 증손자인 경복敬福입니다. 백제왕 경복은 무쓰陸奥 태수시절 황금을 발견하여 도다이지의 대불조영을 위해 황금 9백 냥을 헌상하여 쇼무 천황의 총애를 받고 종從3위에 서임되었으며 군사면에서도 눈부신 활약을 하였는데 백제왕 명신은 경복의 손자 이백理伯의 딸로 알려져 있습니다. 백제왕 명신과 간무의 관계에 관련하여 흥미로운 기사가 있는데 이는 엔랴쿠6년(787년)과 엔랴쿠10년(791년) 2회에 걸쳐 후지와라 쓰구다다가 가타노交野-지금의 히라카타 枚方-에 간무 천황이 행차하였을 때 '백제왕 등을 이끌고 백제악 등을 연주했다.'는 기사입니다. 이 행사는 백제왕 일족을 위해 간무가 마련한 자리인 것으로 보이는데 백제왕 씨가 아닌 쓰구다다가 백제왕 씨들을 이끌고 연회를 준비한 것은 그가 백제왕 명신의 남편이라는 점에서 이해가 됩니다.

간무 천황은 백제계 도래인 만이 아니라 도래인 전반에 대한 관심도 높아서 도래인을 정권운영에 폭넓게 등용하고 관계를 맺어 나간 것이 주목됩니다. 간무 천황의 주요업적은 크게 헤이안쿄平安京의 건설과 에미시정벌의 2대 사업을 들 수 있는데 이 두 사업에서 중심적인 역할을 한 인물들이 도래인이거나 도래인과 관련이 있는 인물들인 것입니다. 먼저 헤이안쿄의 건설에는 신라계 이주민인 하타 가와가쓰秦河勝가 헤이안궁터의 자리로 자신의 저택을 제공하였고 헤이안쿄의 건설을 담당한 장관은 백제계 도래인 왕인의 후손인 스가노 마미치管野眞道, 차관은 하타 씨를 모친으로 둔 후지와라 가도노마로藤原葛野麻呂였는데 그의 부친은 나가오카쿄長岡京로의 천도를 책임지었던 후지와라 고구로마로藤原小黑麻呂였습니다. 또한 에미시와의 전쟁에서 정이대장군으로 큰 공적을 세운 사카노우에 다무라마로坂上田村麻呂는 5세기 백제에서 도래한 아지사주阿知使主의 후손이었습니다. 후지와라 가도노마로는 엔랴쿠23년(804년) 간무 치세에서 유일하게 파견된 견당사의 대사를 맡기도 하였습니다.

이렇게 보면 간무 천황의 치세 중 이룬 주요한 업적은 모두 도래계 인물들이 주도한 것임을 알 수 있는데 이는 물론 이들이 유능한 인재들이었기 때문에 가능하였다고 볼 수도 있지만 이들을 중용한 간무 천황의 정책과 용인술에 의한 바가 크다고 할 수 있습니다. 간무 천황 이전에는 도래인이나 제번諸蕃 씨들이 정치에서 소외되었고 국무에 참여하는 일이 없었으나 간무 천황대에는 야마토 이에마로和家麻呂, 사카노우에 다무라마로, 스가노 마미치의 3인의 도래인 후손이 참의가 되어 처음으로 국정에 참여한 것은 모두 간무 천황의 의도하는 바였다고 볼 수 있습니다. 나라 시대의 정치적인 혼란을 목도해온 간무 천황으로서는 무엇보다도 정권 안정을 우선하여 중립적 성향의 도래인들을 대거 중용함으로써 정권의 안정에 성공하고 이를 바탕으로 강력한 지도력을 바탕으로 신왕조 건설을 지향하여 역사에 남을 업적들을 이루어 낼 수 있었던 것입니다.

간무 천황의 2대 사업
- 헤이안쿄平安京 건설과 에미시蝦夷 정벌

〈그림5-22〉 헤이안쿄.
교토의 헤이안쿄는 794년 간무 천황이 천도한 이래 메이지유신 때까지 약 1100년간 일본의 수도로서 기능하게 됨.

교토京都는 794년 간무 천황이 헤이안쿄平安京〈그림5-22〉를 야마시로국山城國-지금의 교토시-에 건설하고 천도하면서부터 메이지유신明治維新으로 1869년 수도를 에도江戶-지금의 도쿄-로 옮기기 전까지 1100년 가까이 일본의 수도였습니다. 지금도 교토에 가면 도시의 동에서 서로 가로지르는 거리를 조條라고 하여 북에서 남으로 9개의 조가 있음을 알 수 있는데 이는 헤이안쿄가 바둑판처럼 구획된 도시였음을 말해주고 있습니다. 사실 헤이안쿄는 나라에 있던 헤이죠쿄(710년~784년)와 그 구조가 비슷한데 중국의 장안을 모방하여 설계된 도시라고 합니다. 헤이안쿄의 중심에는 폭이 85미터에 달하는 주작대로朱雀大路가 있었고 도시의 넓이는 동서로 4.5킬로미터, 남북으로 5.2킬로미터에 달하였는데 주작대로의 북부중앙에는 천황이 거주하는 다이다이리大內裏, 즉 헤이안궁이 있었고 그 주변에 관청이 있었으며 헤이안궁에서 보아 왼쪽을 사쿄左京, 오른쪽을 우쿄右京라고 불렀습니다. 또한 헤이안쿄의 남쪽 정문을 라쇼몽羅生門이라 하는데 그 주위에는 성곽을 쌓았었고 라쇼몽의 양쪽에는 도지東寺〈그림5-23〉와 사이지西寺가 세워졌고 현재는 도지만 남아있는데 교토역 근처에서 도지의 아름다운 5층 목탑을 감상할 수 있습니다.

간무 천황은 부왕인 고닌 천황으로부터 사실상 새로운 왕조가 시작되었다는 의식을 갖고 있었던 것으로 보이며 이러한 시각에서 보면 간무 천황은 즉위한 때부터 정쟁이 끝이지 않았던 덴무조의 도성을 떠나 새로운 궁도를 건설하여 천도함으로써 민심을 일신하고 새로운 정치 환경을 조성하기를 원했던 것으로 보입니다. 그러나 간무 천황이 처음부터 헤이안쿄의 건설을 구상하고 있던 것은 아니며 784년에는 교토의 남부에 나가오카쿄長岡京를 조성하고 천도를 하게 됩니다. 나가오카쿄의 건설 책임자는 간무 천황이 신임하는 후지와라 다네쓰구藤原種継였는데 새로운 도성의 위치를 나가오카로 정한 것은 그 일대가 도래계의 하타 씨가 다수 거주하고 있었고 실제로 하타 다리나가秦足長, 우즈마사기미 야가모리太秦公室守 등 하타 씨 일족이 나가오카쿄 건설에 크게 공헌한 것으로 알려지고 있습니다. 더욱이 나가오카쿄 건설을 지휘한 다네쓰구는 모친이 하타 조겐秦朝元으로 하타 씨와 밀접한 관계를 갖고 있었습니다.

〈그림5-23〉 도지(上)와 5층 목탑(下). 헤이안쿄 라쇼몽羅生門의 동쪽에 세워진 사찰로 높이가 55미터인 5층 목탑은 일본에서 가장 높은 목조건물로 교토의 랜드마크가 되고 있음.

그러나 나가오카쿄의 조영이 진행 중이던 785년 소위 다네쓰구 암살사건이 발생하자 하타 씨의 지원도 단절되는 등 재정 문제도 생기고 암살사건으로 연루되어 사망한 아우인 사와라早良 친왕의 원령의 소행으로 보이는 불행한 일들이 연달아 발생하자 간무 천황은 터가 불길하다 하여 나가오카쿄의 더 이상의 조영을 중지하고 새로이 헤이안쿄의 건설에 나서게 되는 것입니다. 다네쓰구 암살사건이란 나가오카쿄 조영에 진력하던 다네쓰구가 자객이 쏜 화살에 맞아 사망한 사건으로 격노한 간무 천황은 그 배후 세력을 체포하는데 중납언 오토모 이에모치大伴家持 등이 명분은 천도에 반대한다는 것이었으나 실은 간무를 퇴위시키고 황태자였던 사와라 친왕을 천황으로 세우려고 했던 쿠데타사건으로 밝혀졌습니다. 이에 대해 간무 천황은 연루자들을 참형, 유배 등으로 엄하게 처분하는데 사와라 친왕은 끝까지 무고임을 주장하여 단식을 계속하다가 자진하게 되고 간무의 아들인 아테安殿 친왕이 새로운 황태자로 세워지게 됩니다.

헤이안쿄 건설을 건의한 인물은 와케 기요마로和氣清麻呂로 간무 천황의 신임을 받아 헤이안쿄의 설계도 그가 담당한 것으로 알려졌으며 그의 아들 히로세広世가 대

소의 도로, 해자 등의 조영을 담당한 것으로 알려지고 있는데 그가 다네쓰구 암살사건에 연루된 전력을 갖고 있음에도 헤이안쿄 조영에 참여하고 있어서 주목됩니다. 또한 사업전반을 담당한 장관적인 지위에 있던 인물은 스가노 마미치菅野真道로 그는 도래인의 후손으로서 간무 재위기간 내내 간무의 브레인 역할을 하게 되며 차관적인 위치에 있던 후지와라 가도노마로藤原葛野麻呂는 쇼무 천황 때의 구니쿄恭仁京의 조영에 공헌한 하타 시모시마마로秦下島麻呂의 딸이었는데 자신이 도래계의 혈통임을 자각하고 있던 간무가 이들 도래인, 도래계 씨족의 인물을 중용한 것은 이들이 그에게는 신뢰할 만한 인물들이었기 때문인 것으로 보입니다.

간무 천황은 또한 재위기간동안 내내 동북지방의 에미시蝦夷정벌에 힘을 기울이는데 이는 그의 율령국가관과 관련이 있어 보입니다. 율령국가의 일본으로서 동이東夷인 에미시를 복속시키는 것이 신 궁도의 건설에 못지 않게 중요한 국가적 과제라고 인식하였다는 것이지요. 간무 천황 때의 에미시와의 전쟁은 4차례에 걸쳐 진행되는데 제1차 전쟁은 788년 정동대사로 기 고사미紀古佐美가 파견되나 에미시의 아테루이阿弖流夷- 또는 阿弖利爲-에게 패배한 채 나가오카쿄로 귀환합니다. 제2차 에미시 정토는 오토모 오토마로大伴弟麻呂를 정이사征夷使로 사카노우에 다무라마로坂上田村麻呂를 부사로 하여 790년 출정시키는데 적군 참수 457인 등의 전과를 올린 것으로 기록되고 있습니다.

그러나 에미시의 아테루이는 여전히 건재하였는데 이에 따라 797년 다무라마로가 정이대장군으로 임명되나 준비의 지연으로 인하여 실제로 제3차 정토군이 출정하는 것은 801년 2월로 다무라마로는 그해 10월 평정을 성공적으로 마치는데 공적을 인정받아 종3위로 3계급 승진하게 됩니다. 간무 천황의 다무라마로에 대한 신뢰는 깊어서 그는 에미시 정책 전반에 관여하고 그대로 안찰사로 동북 지방에 남아 실질적인 국사国司로서 무쓰陸奥, 데와出羽 지방의 행정을 총괄하게 됩니다. 다무라마로는 종래의 거점이었던 다가죠多賀城에서 상당히 북진하여 이자와죠膽沢城를 축조하고 에미시의 수장이었던 아테루이를 항복시키는 전과를 올리는데 802년 4월 다무라마로로부터 아테루이와 모레母禮 등이 500인을 데리고 항복해 왔다는 보고가 간무 천황에게 도달합니다.

〈그림5-24〉 기요미즈데라.
사카노우에 다무라마로가 780년 세운 절로 못을 전혀 사용하지 않고 139개의 나무기둥을 조합하여 만든 인공무대가 특이하며 일본인들이 가장 좋아하는 절의 하나임.
기요미즈데라 입구, 본당, 아테루이 추모비

이는 간무의 기대에 부응하는 공적으로 간무 천황은 자신이 계획한 정이사업의 추진에 자신감을 갖게 됩니다. 다무라마로는 802년 7월 포로가 된 에미시의 수장 아테루이와 모레를 직접 데리고 개선하는데 이는 에미시와의 전쟁의 종결을 의미하며 다무라마로가 에미시와의 전쟁의 최대의 공로자로서 평가받게 된 것을 의미합니다. 교토로 압송된 아테루이와 모레의 처분에 관하여 다무라마로는 이들을 살려주어 에미시 사회가 일본조정에 복속하는데 앞장서게 할 것을 탄원하나 공경들이 이들의 처형을 완강하게 주장하여 참수형이 집행되어 버립니다. 현재 아테루이와 모레를 추도하는 비가 다무라마로가 건립한 교토의 기요미즈데라清水寺〈그림5-24〉의 경내에 세워져 있는데 이 비는 1994년 이들의 진혼을 기원하는 취지에서 건립되었습니다.

일본 왕실의 역사에서 지워지는 백제의 흔적

지금까지 간무 천황이 100여년 만에 백제계의 왕통을 회복하고 스스로 백제계임을 공언하면서 과감하게 백제계 도래인들의 자손을 중용하여 자신이 추진한 2대 사업인 헤이안쿄의 건설과 에미시 정벌사업에 이들을 적극 활용하여 성공적인 결과를 이루어 낸 왕이었다는 사실을 확인하여 왔습니다. 이처럼 앞장서서 친백제 내지는 친도래인 정책을 몸소 추진해온 간무 천황이 만년에 삼한과 일본이 뿌리가 같다고 기술한 서적들을 거두어 불태워 버렸다는 기록들이 있어서 매우 듣는 귀를 의심하게 합니다. 즉 13세기 일본의 존황론자인 기타바타케 치카후사北畠親房가 쓴 신황정통기新皇正統紀에 의하면 '일서一書에 옛날 일본은 삼한과 동종이라는 대목이 있는데 이 책은 간무桓武 대에 모두 소각을 명한 바 있다. 이 책을 아직 간직한 자는 모두 관에 제출할 것이며 이를 어기는 자는 중벌을 받을 것'이라고 기록되어 있다는 것입니다.

또한 간무의 아들인 헤이제이平城 천황 때는 '백제계 출신을 자랑으로 삼는 자들에 대하여'라는 제목으로 다음과 같은 명령이 내렸다고 합니다. '왜한총력제의도倭韓總歷帝議圖라는 책 가운데 삼한의 왕과 일본인들이 다 같이 천어중주신天御中主神의 자손이라고 하였는데 이는 황통을 더럽힐 우려가 있다. 이 책을 가진 자는 모두 관에 가져다 바쳐라. 만약 은닉하는 자는 중벌을 받을 것이다.' 이 명령은 기타바타케가 신황정통기에서 언급한 간무 천황의 백제문서 소각령에 이어 그 다음 천황도 똑같은 취지의 명령을 내리고 있는 것을 의미합니다.

즉 이 두 기록은 당시 일본에는 백제 왕가와 일본 왕실은 동족이라고 기록된 서적이 있었는데 일본 조정이 직접 나서서 이러한 불편한 기록이 실려 있던 서적을 소각하여 버렸다는 사실을 보여주는데 이러한 조치를 전면에 나서서 주도한 천황이 백제계로 알려진 간무 천황과 그의 아들이었다는 점에서 매우 의외라는 생각이 듭니다. 그렇다면 어머니가 백제 무령왕의 후손으로 자신이 백제인의 피를 이어 받고 있던 사실을 자랑으로 생각하고 도래인들을 대거 중용했던 간무 천황의 심정에 만년에 변화가 있었다는 것일까요?

당시의 간무 천황의 심정과 생각을 정확하게 추측한다는 것은 매우 어려운 일이라고 생각하나 그는 '일본의 황실이 백제 왕가와 같은 뿌리'라는 소문이 자신의 통치에 불리한 결과를 가져올 수 있을 것으로 판단하여 이러한 소문의 원천인 서적을 소각함으로써 증거인멸을 도모한 것으로 보입니다. 또 한편으로는 간무 천황도 만년이 되면서 결국 당시의 일본사회에서 대다수의 일본인들이 생각하는 시대적인 분위기나 흐름을 따를 수밖에 없다고 판단한 것이 아닌가 하는 생각이 듭니다. 즉 그때는 이미 백제가 멸망한지 1세기 이상 경과하여 대다수의 일본인들이 과거에 있던 지나친 백제에 대한 애착이나 집착에서 벗어나 일본인으로서의 정체성과 자존의식을 형성해가고 있던 시기였으므로 간무 천황도 이러한 시대의 흐름을 읽고 자기가 추구해왔던 백제 편향적인 자세를 점차 지양하게 되고 결과적으로는 삼한-특히 백제-과 일본이 동종이라는 '소문'의 확산을 저지하기 위해 관련 서적들을 소각하도록 명을 내린 것으로 보입니다.

물론 백제인의 후손이라는 높은 자긍심을 갖고 있던 그로서는 마음이 아픈 일이었을 것이었을 것으로 보입니다만 신생의 율령국가로 변모해가는 일본으로서는 모든 백성들이 출신 여부를 떠나 같은 일본인으로서 화합하는 것이 무엇보다도 중요하다고 판단하고 그러한 결정을 내린 측면도 있다고 보입니다. 즉 오사베 황태자 폐위사건, 후지와라 다네쓰구藤原継 암살사건, 나가오카쿄와 헤이안쿄건설에 대한 귀족들의 반발, 사와라早良 친왕의 모반사건 등을 통해 도래인들을 중용하는 자신에 대한 귀족, 백성들의 불만과 저항을 체험한 것도 간무 천황이 말년에 친도래인 정책을 수정하고자 한 것으로 여겨지는데 이는 간무 천황 이후의 천황들 중에 도래인들이 중용된 기록을 찾을 수 없고 그의 아들인 헤이제이平城 천황이 간무가 내린 칙령과 같은 내용의 명령을 내리는 데서도 감지할 수 있습니다. 관점을 바꾸어 시대적 상황에서 간무 천황이 백제의 흔적을 지우려고 한 배경을 들여다보면 크게 두 가지 요인을 찾아볼 수 있는데 하나는 일본에서의 백제세력의 쇠락이며 또 하나는 일본서기가 창출해낸 천황제 율령국가의 이념이라고 할 수 있습니다.

백제 세력의 쇠락과 일본서기가 제시하는 율령국가

첫 번째 요인으로는 먼저 백제 세력의 쇠락을 들 수 있습니다. 지금까지 보아온 것처럼 5세기 말 곤지 왕자의 도왜로 시작된 일본열도에서의 백제 왕실의 세력 확장은 아스카 왕조에서 그 전성기를 맞이하나 660년 열도 백제 세력의 본국이라고 할 수 있는 백제의 멸망과 672년 임신의 난으로 덴지天智정권이 붕괴됨으로써 결정적으로 쇠락하게 됩니다. 물론 그 이전에도 645년의 을사乙巳의 변에서 소가蘇我 씨가 같은 백제계인 나카노오에中大兄 왕자에 의해 제거되면서 드러난 백제인 사회의 내분은 백제세력의 쇠락을 암시한 사건이라고 할 수 있습니다. 이처럼 5세기 말 이후 1세기 반 이상을 야마토 조정의 지배세력으로 군림해온 백제 세력이 7세기 말에 들어와 급속하게 쇠락하게 되는 본질에 대하여는 승천석 교수는 그의 저서 '곤지의 아스카베 왕국(2009, 책사랑)'에서 명쾌하게 분석하고 있습니다.

즉 승천석 교수는 이러한 백제 세력의 쇠락은 시대가 흐르고 일본 조정의 지배영역이 확대되면서 일본사회의 기층민이었던 야요이인과 후루키古來들이 인구 구성상 소수파가 된 백제인들을 배척하게 된 결과로 보고 있습니다. 5세기 가와치 왕조 시절에는 지배영역이 가와치 남부의 후루이치古市와 모스百舌鳥 그리고 나라분지 서남부의 다카야스高安 정도였고 아스카 왕조 때도 영역이 가와치와 나라분지에 한정되어 있어서 이때까지는 소수엘리트집단인 백제 세력의 통치에 별다른 문제가 노정되지 않았으나 6세기 중후반에서 7세기에 걸쳐 영역이 긴키近畿 지방과 열도의 중서부로 확장되고 인구 구성에서도 소수파로 전락하면서 백제 세력이 점차 상대적으로 소외되어 갔다는 것입니다.

이러한 시각에서 보면 645년의 을사의 변도 가야출신 등의 구세력이 나카노오에 왕자를 부추겨서 같은 백제의 구세력을 약화시킨 사건으로 볼 수도 있고 672년 임신의 난 또한 가야의 구 호족들과 신라의 세력이 힘을 모아 오미 왕권의 신백제 세력을 무너뜨린 전쟁으로 볼 수 있는데 덴무는 특히 백제 망명인이 중심이 된 왕실에 대한 불만세력을 집결하고 특히 신라인이 많이 사는 아즈마노구니東國에서 모병하고 신라의 지원을 받아 전쟁에서 승리할 수 있었던 것입니다. 이러한 열도에서의 백제의 역사에 비추어 간무 천황으로서도 이제 백제의 시대는 과거의 것이 되었고 더 이상 지나간 백제의 잔상에 연연할 것이 아니라 현실적인 시각에서 일본인 전체를 보지 않으면 안 된다는 시대적인 요구를 직시하여 받아들이게 된 것으로 볼 수 있습니다.

8세기에 있어서의 일본사회의 인구구성을 추정해보면 백제로부터의 도래인들은 주로 5세기 중반 이후 열도로 건너온 것으로 보이므로 이들과 그 자손들-소위 이마키今來-의 혈통이 당시 일본인 전체의 구성에서 차지하는 비중은 야요이 시대와 4세기 고분 시대 초기에 건너온 도래인들 소위 후루키古來에 비해 상대적으로 소수였을 것으로 보입니다. 이마키와 후루키의 구분에 대하여는 일반적으로 야요이 시대와 4세기 이전에 건너온 도래인들을 후루키라 하고 그 이후 5세기 이후에 건너온 도래인들을 이마키라고 부르는데 이는 천황가와 함께 강림하였다고 주장하는 주로 후루키들이 후에 주로 백제에서 건너온 이마키들을 귀화인, 도래인으로 구분하여 부르면서 형성된 용어인 것으로 보입니다.

특히 야요이인들은 일찍이 기원전 3세기 경부터 한반도 삼한-변한, 진한, 마한-으로부터 도래하여 오랜 세월이 경과하면서 인구 면에서는 다수를 점하게 되었을 것으로 보이고 4세기와 광개토왕의 한반도 남부공략이 있었던 5세기 전반에도 가야인들의 대규모 도래가 있었으므로 이들과 야요이인들의 자손들의 혈통이 당시 일본인의 인구구성에서 차지하는 비중이 압도적이었을 것은 분명해 보입니다. 일본인 전체에서 도래인과 원주민이 차지하는 비율에 관하여 자연인류학자인 하니하라 가즈오埴原和郎 교수는 도래인의 비율을 약 80%로 보고 이들이 건너오기 전부터 일본열도에 살고 있던 원주민 즉 조몬縄文인의 비율은 전체의 20% 정도로 보고 있습니다.

두 번째로 일본의 역사에서 백제를 비롯한 한반도에 존재하였던 국가들을 지우려는 작업은 일본서기의 편찬과 맞물려 있다고 할 수 있습니다. 일본서기를 편찬한 의도는 말할 것도 없이 종래 본국이었던 백제의 멸망과 신라의 삼국통일에 따라 일본으로서도 한반도와는 독립된 새로운 국가를 만들어 나가기 위한 청사진을 마련할 필요가 생겼고 이러한 새로운 국가의 이념과 역사를 정립하기 위한 지침을 제시한 것이라고 할 수 있습니다. 그래서 제시된 국가의 이념이 천황제에 의한 율령국가였는데 이러한 국가의 이념을 정당화하는 근거로 제시된 것이 바로 중국의 중화사상을 모방한 천황을 정점으로 하는 소중화주의小中華主義로 이를 뒷받침하는 존재로 필요로 하였던 것이 소위 신하의 나라를 의미하는 번국蕃國이었던 것인데 이에 따라 백제를 비롯한 한반도의 모든 국가들을 일방적으로 번국으로 규정하였던 것입니다.

이러한 이념의 근거를 역사적으로 제시하고자 날조된 우화가 소위 진구神功 왕후에 의한 삼한정벌이며 이를 역사적 사실로 보이게 하기 위해 일본서기는 기사의 표현에 있어서 자국이 주체인 경우에는 붕崩, 사賜, 칙勅, 조詔 등의 표현을 하고 삼국의 경우에는 훙薨, 조공朝貢, 상표上表, 질質 등의 표현을 하여 철저하게 용어를 구분하여 사용하고 있습니다. 일본서기 이후의 일본의 조정은 이처럼 날조된 역사를 근거로 신라와 발해는 물론 그 이후의 고려, 조선에 이르기까지 한반도의 국가들을 번국시하여 양국사이의 우호적인 관계의 구축을 원천적으로 가로막는 자세를 견지하여 온 것이 근세에 이르기까지의 양국의 역사라고 할 수 있는 것입니다.

그러나 지금까지 독자 여러분과 함께 보아온 대로 고대 일본의 역사는 야요이 시대 한반도에서 건너와 벼농사와 금속문명을 전한 삼한인들에서 시작되고 4세기 이후 건너온 가야, 신라, 백제, 고구려인들에 의해 각 지방에 소왕국들이 세워지며 5세기 말에 이르러서는 백제 왕실이 본격적으로 야마토 왕권을 장악함으로써 6세기~7세기 중반까지 야마토 조정은 실질적으로 백제 왕실의 영향력 아래에 있었던 것입니다. 한 마디로 말한다면 일본이란 나라는 기본적으로 한반도의 왕족이 일본의 왕실이 되고 한반도 도래인들과 일부 원주민들이 그 기층을 이룬 나라인 것입니다. 그러다가 백제가 멸망하고 신라가 한반도를 통일하면서 7세기 말~8세기 초반까지는 신라의 영향력이 일본에 미치다가 8세기 중반 이후로는 일본이 천황을 정점으로 하는 율령제를 시행하면서부터 일본은 비로소 한반도의 영향권에서 벗어나 독자의 길을 가게 되는 것입니다.

일본이 덴무 천황 대에 천황제 율령국가라는 특이한 국가이념을 창출하여 이 이념을 정당화하기 위해 날조와 왜곡으로 가득 찬 일본서기를 창작하여 이를 무리하게 대외적으로 적용하려고 함에 따라 한반도의 국가들과 일본의 관계는 점차 소원해져서 사실상 교류가 단절된 채 각자의 독자적인 길을 걷게 되는 것이지요. 일본에서는 12세기부터 무사계급이 정권을 장악하는 무사정권 시대가 시작되어 천황은 권력의 중심에서 벗어나고 14세기에는 천황가가 둘로 나뉘어 교대로 천황이 나오는 남북조 시대를 겪는 등 우여곡절은 있었으나 일본의 천황가는 806년 간무 천황이 죽은 후에 왕통이 변함없이 그의 자손들에 의해 이어지게 되는데 이러한 의미에서 현재 일본의 천황은 기본적으로는 백제의 혈통이라고 말할 수 있다고 봅니다.

간무 천황의 죽음과 그 이후

간무 천황은 806년 70세의 나이로 서거합니다. 간무 천황의 산릉山陵〈그림5-25〉은 교토시의 동남부에 위치한 후시미伏見구의 모모야마桃山에 있는데 이곳은 히가시야마東山의 기슭으로 근처에는 메이지 천황의 능과 노기乃木신사 등이 있어 참배객이 연중 끊이지 않고 찾는다고 합니다. 간무 천황은 4반세기의 치세기간 중에 헤이안 시대의 개막을 알리는 헤이안쿄를 조성하고 동북 지방에서는 에미시를 정벌하여 영역을 확장하고 에미시와의 기나긴 전쟁을 사실상 종결시키는 등 일본의 역사에서 커다란 업적을 남긴 왕으로 평가받고 있습니다.

〈그림5-25〉 간무천황릉(가시와바라릉).

또 한편으로는 백제 의자왕의 왕자인 덴지 천황의 후손으로서 모친도 백제 무령왕의 후손이었기 때문에 부모양계 모두 백제의 혈통을 이어받은 백제인 천황이었다고 할 수 있는데 현재의 천황도 그의 직계후손임에 비추어 백제는 1300여 년 전에 사라졌어도 백제의 왕통은 간무를 통해 지금도 일본에서 이어지고 있다고 할 수 있을 것입니다. 간무 천황의 심성이 백제인이었던 사실은 이미 언급한 대로 그가 백제인의 후손들을 중용한데서도 알 수 있으나 속일본기 781년 기사에 그의 부왕인 고닌 천황이 죽었을 때 '천황애호天皇哀号'라고 하여 한국식으로 '아이고 아이고' 하며 소리를 내어 호곡하였다는 기사를 통해서도 여실히 드러나고 있습니다.

794년 간무 천황이 헤안쿄로 천도한 때부터 미나모토 요리토모源頼朝가 가마쿠라鎌倉에 막부를 개설함으로써 천황의 친정체제가 끝나는 1185년까지의 기간을 헤이안平安 시대라고 하는데 일본의 역사구분에서는 고대사의 마지막 시기로 보고 있습니다. 헤이안 시대의 전기에는 천황에 의한 율령정치가 비교적 잘 이루어지고 각종 제도가 정비되었으며 당풍문화에 이어 일본고유의 국풍문화가 발달한 시기였습니다. 그러나 후기에 들어서서는 후지와라가가 섭정관백攝政関白으로서 정치를 독점하여 정치가 문란해지는데 대부분의 장원이 후지와라가와 황족출신의 귀족들의 소유가 되어 이들 사이에 싸움이 벌어지면서 그 해결책의 일환으로 무사들의 무력에 의한 무가정치가 싹트기 시작하게 됩니다. 문화면에서 헤이안 시대는 한 마디로 궁정을 중심으로 일본고유의 문화가 형성되고 융성한 시기로 볼 수 있는데 문자인 가나假名가 크게 보급되고 와카和歌와 문학이 발전하여 최초의 와카집인 고킨와카슈古今和歌集가 만들어졌으며, 유명한 무라사키 시키부紫式部의 겐지모노가타리源氏物語, 세이쇼 나곤清少納言의 마쿠라노소시枕草子 등이 쓰여진 것도 이 시기입니다.

일본의 역사에서 우리나라와 비교하여 현저하게 다른 존재가 있다면 이는 천황과 무사일 것입니다. 어쩌면 현재의 일본인, 일본사회의 특징이 형성되는 것은 일찍이 미국의 문화인류학자인 루스 베네딕트Ruth Fulton Benedict가 '국화와 칼'이라는 저서에서 설파한 대로 국화가 상징하는 천황과 칼이 상징하는 사무라이侍-무사-라는 역사적인 실체가 빚어낸 작품일 것이라는 생각이 듭니다. 그만큼 천황과 사무라이는 오랜 기간 일본의 역사를 주도한 실체였던 것입니다. 천황이란 존재는 672년 임신壬申의 난에서 승리하여 왕위에 오른 덴무 천황이 율령국가의 정점으로 창출해낸 '천황'에 그 기원이 있음은 지금까지 수차례 언급하였습니다만 일본역사에서 또 하나의 중요한 실체였던 사무라이는 언제쯤 어떠한 상황에서 등장하게 된 것일까요? 일본의 무사에 관한 논의는 이 책의 주제를 벗어나기 때문에 상론은 피하고자 합니다만 간무 천황의 아들 대에 무사단이 등장하는 온상이 조성되었다고 보는 견해가 있고 또한 그 후 중세에 전개되는 전국戦国 시대와 무가武家정권 시대의 무사계급을 크게 보아 백제계와 신라계로 볼 수 있다는 흥미로운 관점에서 약간 설명하고자 합니다.

간무 천황이 무사가 탄생할 수밖에 없는 온상이 되었다는 것은 그의 황자, 황녀가 32명이나 되어 친왕과 내친왕을 양산한 사실과 관련됩니다. 당시는 쇼무 천황 때인 743년 성립된 '간전영년사재법墾田永年私財法'에 의해 개간한 토지에 대한 사유가 인정되어 황족과 귀족, 사찰 등이 농민들을 움직여 토지의 개간과 확장에 여념이 없는 시기였는데 천황의 자녀가 너무 많아 황족으로서의 유지비가 폭증하게 되자 이들의 상당수의 신분을 신하로 내릴 수밖에 없었고 이들은 소위 면세특권을 무기로 지방의 유력자들과 결탁하여 농지를 침탈하는데 앞장서는데 이러한 권익을 지키기 위해서는 무사의 힘이 필요했던 것입니다.

기록에 의하면 간무의 아들인 사가嵯峨 천황은 814년 8명의 자녀에게 미나모토아손源朝臣의 성을 하사하여 이들이 사가겐지嵯峨源氏가 되는데 이후 간무의 자손들은 대대로 미나모토의 성을 받게 되고 이들은 후에 요리도모를 배출하며 무사의 동량이 된 세이와겐지清和源氏와 합류하게 됩니다. 또한 825년에는 가즈라하라葛原 친왕이 자진하여 자신과 자기의 자녀들이 쥰나淳和 천황으로부터 다이라아손平朝臣의 성을 하사받도록 하는데 이것이 간무헤이시桓武平氏가 탄생한 배경입니다. 헤이시와

겐지의 양 씨는 후일 '무사의 동량棟梁'으로 불리어 각각 무사단의 우두머리 세력이 되어가나 대체로 겐지의 세력이 강하였다고 합니다.

그런데 사와다 요타로 씨[5]는 그의 저서에서 중세 이후 일본에서는 무사의 동량이 되려고 하는 자는 자신의 계보를 겐지源氏 아니면 헤이시平氏의 어느 쪽과 결부시켜 이를 긍지로 삼았다고 하면서 무가통치 시대는 장군가의 혈통이 겐지와 헤이시가 교체하여 담당하였다는 주장이 있는데 이는 우연이라 하겠지만 11세기 경부터 주로 관동 지방에서 활약한 무사단의 대부분이 겐지와 헤이시의 어느 쪽이 총괄한 것은 역사적인 사실이라고 볼 수 있다는 견해를 밝히고 있습니다. 즉 1185년 처음으로 정이대장군으로 임명되어 가마쿠라鎌倉 막부를 세운 인물은 겐지의 미나모토 요리도모源頼朝였고 후에 헤케平家의 호조北條 씨가 이 막부의 집권자가 되며 1333년 가마쿠라 막부를 무너뜨리고 무로마치室內 막부를 세운 것은 겐지의 아시카가 다카우지足利高氏였고 전국 시대 천하통일을 거의 이루었던 오다 노부나가織田信長는 헤케平家계통이었다는 것입니다. 최종적으로 천하를 통일하여 에도江戶 막부를 세운 도쿠가와 이에야스德川家康는 물론 겐지 출신인데 오다와 도쿠가와의 중계역할을 한 도요토미 히데요시豊臣秀吉는 예외적으로 성이 없었는데 본인은 자신이 후지와라 씨 출신인 것처럼 꾸미려 하였다는 것입니다.

사와다 씨는 또 일본에서는 학교나 지역사회에서 운동회나 연습시합 때 또는 TV의 가요제 등에서는 지금도 홍백紅白전을 벌이는데 홍군은 전국시대 흰 깃발을 들고 싸운 겐지의 군세를 상징하고 백군은 적기를 내세운 헤이시의 군을 상징하는 것으로 볼 수 있는데 헤이시는 자신들이 백제계였음을 알고 있었던 것으로 보이나 겐지는 반드시 신라계만은 아니고 헤이시에의 대항상 겐지의 깃발아래 모였다고 할 수 있으며 크게 보면 소위 '겐페이합전源平合戰'은 신라계와 백제계의 경합으로 봐 틀린 이야기는 아니라고 결론짓고 있어서 흥미롭습니다.

5) 澤田洋太郎, やまと王朝は渡來王朝', 新泉社, 1995

제 20 화
한일 고대사의 진상眞相을 보여주는 것들

한일 고대사의 진상을 한 문장으로 말한다면 '늦어도 5세기 말 경에는 야마토大和의 왜국이 본국 백제의 후국侯國이 되어 주로 백제의 왕자들이 파견되어 후왕侯王으로서 다스리다가 660년 백제가 멸망하자 의자왕의 아들인 덴지天智 천황이 새로이 독자적인 국가 일본日本을 세우고 백제 왕실의 후손들인 천황이 통치하여 지금에 이르렀다.'고 할 수 있습니다. 이러한 사실을 은폐하는 것이야 말로 일본서기와 고사기의 근본적인 편찬 목적이었겠지만 461년 곤지昆支 왕자가 가와치河內로 건너와 백제후국을 세우고 왜왕 무武로 활약하여 아들인 게이타이 왕 때에 나라奈良에 있던 가야계 왕국을 통합한 야마토 왕조를 건설하는 기반을 구축한 이래 661년 덴지가 일본의 실질적인 초대 천황이 되기까지 왜의 후왕들은 대부분이 백제의 왕자 또는 왕족이었다는 사실이 여러 문헌의 기록과 속속 발견되는 금석문 그리고 기·기의 암시적인 기사의 해석 등을 통하여 드러나고 있는 것입니다.

백제와 백제 왕실이 일본과 일본 왕실의 근원임을 보여주는 정황 증거는 수없이 많습니다만 결정적인 물증으로는 비타쓰敏達왕이 백제 왕족이라는 신찬성씨록新撰姓氏錄의 기록과 천황가의 보리사菩提寺-개인소유의 절-인 교토의 센뉴지泉涌寺에 모신 천황의 위패位牌가 덴지 천황과 덴지의 손자, 증손자인 고닌光仁과 간무桓武 이후의 천황의 위패에 한정되고 있다는 사실 등을 들 수 있습니다. 고대 일본의 수도권이라 할 수 있는 긴키近畿지방에는 백제를 비롯한 고대 한반도와 깊은 관련이 있는 사찰, 신사, 고분 등 유적과 귀중한 역사적인 유물들이 집중되어 있습니다. 이러한 유적, 유물과의 만남을 통해 고대 한반도와 일본열도의 역사를 스스로 복원해 보는 것이야말로 흥미롭고 도전해 볼 만한 일이 아닐까요?

한일 고대사의 원 모습을 보여주는 정황 증거들

지금까지 추적해온 한일 고대사의 진상을 한 마디로 말한다면 어떻게 말할 수 있을까요? 필자는 기원전 3~4세기 이래 한반도인들이 일본열도로 건너가 정착하는 가운데 늦어도 5세기 말경 왜국-야마토大和-은 사실상 백제의 후국으로 있다가 660년

본국인 백제가 멸망하자 백제 왕실을 천황가로 하여 주로 한반도에서 유래한 열도의 여러 집단과 세력을 아우르는 일본이라는 독자적인 국가를 세워 현재에 이르고 있다고 보고 있습니다. 일본의 정사인 일본서기와 고사기는 이러한 고대 역사의 진실 특히 왜국이 백제의 후국이었고 천황가의 기원이 백제 왕실에 있다는 사실을 은폐하는데 전력을 다하고 있는데 재미있는 사실은 그럼에도 불구하고 기 · 기에는 역사의 진실을 우회적으로 암시하는 기사들이 곳곳에 실려있다는 사실입니다. 그 대표적인 기사들로는 백제왕자들의 도래관련 기사, 백제 멸망시의 기사, 건국신화 및 천손강림설화, 진구왕후기와 오진기의 백제관련 기사 등을 들 수 있습니다.

또한 기 · 기의 기술이 아니더라도 한일 고대사의 원래의 모습을 보여주는 것들은 의외로 많습니다. 이 중 대표적인 것이 신찬성씨록 등 문헌과 칠지도七支刀, 스다하치만隅田八幡거울 등 금석문에 새겨진 명문을 들 수 있습니다. 또한 무령왕릉에서 출토된 유물의 예에서 보듯이 양국의 고대 고분에서 출토된 부장품과 유물의 동일성 내지는 유사성은 고대 양 지역의 관계를 있던 그대로 보여주고 있습니다. 특히 고대 일본의 도읍이었던 나라와 오사카 등 긴키 지역에 집중되고 있는 한반도 관련 유적들은 한일 고대사의 모습을 전하고 있는 생생한 증거라 할 수 있는데 권말의 부록에 간략하게 실어 놓았습니다. 천황가의 기원이 백제 왕실에 있다는 사실은 천황가가 행하는 제사와 모시는 위패, 나아가 능묘에 대한 천황가의 자세 등을 통해서도 확인할 수 있습니다.

왜의 후왕이 된 백제 왕자들

일본서기에는 왜국으로 건너온 백제 왕자들에 관한 기사들이 있는데 대부분 인질이거나 조공을 위해 또는 왜왕을 섬기기 위해 도래한 것으로 왜곡되어 있으며 오진応神8년(397년)의 아신왕의 아들인 직지直支 왕자-전지琠支 왕자임-에서 시작하여 고교쿠皇極 원년(642년) 의자왕의 아들 교기翹岐에 이르기까지 약 250년간 10여 명의 백제왕자가 도래한 것으로 기술되어 있습니다. 일본서기는 대체로 백제 왕자들의 도래사실을 기술하는데 그치고 있어서 그들이 백제의 후왕이었다는 사실이나 이들의 왜국에서의 행적을 파악하기 어렵지만 당시의 시대상황과 관련 금석문과 문헌기록 등에 비추어 보면 이들이 대부분 백제 본국에서 후국인 왜국의 후왕으로 파견된 인물들이었던 사실을 알 수 있습니다. 다만 백제 왕자가 후왕으로 왜국에 파견되기 시작한 시기를 추정하는 것은 쉽지 않은데 늦어도 일본서기가 461년 도래한 개로왕의 동생으로 기록한 곤지昆支 왕자-실제로는 개로왕의 아들로 추정-부터는 왕자 드물게는 왕족을 열도로 보내어 열도의 후국을 통치하게 하였던 것으로 보이며 이러한 관행은 백제가 멸망할 때까지 지속된 것으로 보입니다.

그러면 왜국으로 파견된 백제 왕자들이었던 것으로 추정되는 왜왕들에 관하여 살펴보겠습니다. 먼저 일본서기에 처음으로 도래한 왕자로 등장하는 인물은 직지直支 왕자-삼국사기의 전지腆支 태자-로 아신왕의 아들입니다. 그는 일본서기에 오진応神8년 도래한 것으로 되어 있고 삼국사기에도 아신왕6년(397년) 같은 기록이 있어서 도왜 사실이 확인됩니다. 전지 태자는 396년 아신왕이 광개토왕에게 항복한 후 대 고구려전에 왜국의 군사력을 동원하기 위해 담로 또는 후왕으로 파견된 것으로 보이는데 이때의 왜국은 규슈에 있던 백제의 거점이었던 고마국이었던 것으로 보입니다. 전지 태자는 8년간 왜국에 체재하였다가 귀국하여 전지왕腆支王(재위 405년~420년)이 되는데 그가 고마국의 후왕이었는지는 단정하기 어려우나 당시의 고마국의 왕이 시기적으로 보아 송서에 등장하는 왜왕 찬讚이었을 가능성이 있으며 438년 송에 조공한 왜왕 진珍은 왜왕 찬의 동생으로 기술되어 있어서 전지왕이 왜왕 찬이었다면 그의 동생인 비유왕毗有王(재위427년~455년)이 왜왕 진이었을 가능성이 있습니다.

두 번째로 등장하는 백제 왕자는 유랴쿠雄略5년(461년) 도래하는 개로왕의 아우 곤지-군군軍君이라고도 함-인데 일본서기는 백제의 가수리군加須利君-개로왕임-이 그 아우 군군에게 '너는 마땅히 일본으로 가서 천황을 섬기도록 하라.'고 명하였다고 기록하고 있습니다. 곤지에 대하여는 이미 상세하게 설명한 바 있습니다만 곤지의 아들로 후에 무령왕이 되는 시마斯麻와 동성왕이 되는 말다末多라는 아들도 이때 함께 도왜한 것으로 보입니다. 곤지의 행적에 관하여 일본서기는 완전히 침묵하고 있으나 그는 송서의 왜왕 무로서 가와치에 있던 백제의 후국-가와치 왕국-의 국력을 증강하고 아들 동성왕과 무령왕을 본국의 왕으로 환국하게 하는 한편 아들인 게이타이 왕대에 나라에 있던 가야계의 미와 왕국을 통합하여 백제의 후국이라 할 수 있는 야마토 왕조를 세우는 토대를 구축한 왕이라고 할 수 있습니다. 곤지를 왜왕 무로 보는 근거에 대하여는 이미 밝힌 대로 478년 송에 대한 상표문에 등장하는 왜왕 제가 곤지의 부父인 개로왕이고 곤지가 아스카베飛鳥戶군의 수장이었다는 문헌기록과 그의 사당이 지금도 오사카부 남부에 남아있는 사실을 말씀드린 바 있습니다.

세 번째로는 부레쓰武烈7년(504년) 도래한 사아군斯我君을 들 수 있는데 부레쓰기는 '백제왕이 사아군을 보내 조공하였다.'고 기술하고 그를 백제국주의 골족骨族이며 후에 자식이 생겨 법사군法師君이라 하였는데 이가 곧 왜군倭君의 선조라고 기술하고 있습니다. 이와 관련하여 게이타이기7년(513년) 조에는 8월 순타純陀 태자가 죽었다는 기사가 있는데 사아군은 순타 태자와 동일인물인 것으로 보입니다. 당시 백제 본국왕은 무령왕(재위 501년~523년)이고 왜의 후국왕은 게이타이(재위 507년~531년)였는데 게이타이는 곤지의 아들로 무령왕의 아우였던 것으로 보이며 게이타이를 승계한 긴메이欽明왕(재위 540년~571년)은 무령왕의 손자인 법사군이었던 것으로 추정됩니다. 긴메이왕의 후보로는 성왕설, 금관가야의 마지막왕인 구형왕설, 곤지의 아들 설 등이 있으나 법사군을 왜-야마토大和-의 임금을 의미하는 왜군倭君-일본식으로는 야마토노기미-의 시조라고 불렀다는 점 등으로 보아 법사군을 긴메이왕으로 기술한 것으로 보입니다.

네 번째로 스이코推古기5년(위덕왕 44년, 597년) '백제왕이 왕자 아좌阿佐를 파견하여 조공하였다.'는 기사가 보입니다. 일본서기에는 628년 스이코 여왕이 죽자 조메이舒明왕(재위 629년~641년)이 즉위하는데 조메이왕은 백제 대궁과 백제 대사를 세우고 장례식도 백제식인 백제 대빈으로 치름으로써 자신이 백제인임을 분명히 한 왕으로 보이는데 위덕왕의 아들이었던 그는 위덕왕이 죽은 후 그의 아우인 혜왕과 그의 아들 법왕이 백제왕으로 즉위하자 귀국을 단념하고 왜국에 남아 있다가 당시 왜국의 실력자였던 소가 이나메의 지지를 받아 조메이왕으로 즉위하였다는 견해가 있습니다. 다만 신찬성씨록에는 조메이왕이 법사군의 변신 긴메이欽明왕의 장남인 비타쓰敏達왕의 손자로 되어 있는데 이는 일본서기의 기술과도 일치하여 유력한 견해가 되고 있습니다. 아좌 태자는 그림에 능하여 성덕태자전사기私記에 의하면 지금도 호류지에 남아 있는 쇼토쿠 태자상을 그렸다고 합니다.

다섯 번째의 인물은 조메이기3년(631년) 조에 '백제 의자왕이 왕자 풍장을 인질로 보내었다.'고 기록된 풍장豊章-扶餘豊, 豊璋이라고도 함-입니다. 다만 의자왕은 641년 즉위하므로 631년은 무왕시절이기 때문에 일본서기의 기술은 삼국사기의 기록과 모순되는데 이 때문에 그를 무왕의 아들로 보거나 642년 도래하는 교기와 같은 인물로 보는 견해도 있습니다. 풍장은 662년 백제 부흥군을 지휘하기 위하여 백제왕이 되어 귀국하나 백강전투에서 패하자 고구려로 망명한 것으로 일본서기에 기술되어 있으나 삼국사기는 이에 대해 침묵하고 있습니다.

풍장에 대하여는 백제로 귀국하는 30여 년간의 행적이 일본서기에 전혀 언급되지 않아 알 수는 없으나 그 이전에 야마토 조정에 파견되었던 백제 왕자들과 마찬가지로 후왕으로서 왜국에 체재하고 있었을 가능성도 있습니다. 이 경우 일본서기에 나오는 조메이 이후의 야마토왕들인 고교큐皇極, 고토쿠孝德, 사이메이齊明는 허구의 왕이 되는 셈입니다. 한편 유명한 역사작가이기도 한 세끼 유지関裕二 씨는 풍장을 나카노오에中大兄 왕자-후의 덴지 천황-와 함께 을사의 변을 일으켜 소가 씨를 타도한 나카도미 가마타리中臣謙足로 보고 그가 백강전투에서 패한 후 고구려로 도망갔다가 어느 시점에 야마토로 돌아와 후지와라藤原라는 성을 하사받아 후일 일본 최고의 권세가인 후지와라가의 시조가 되었다는 견해를 피력하고 있는데 상당히 흥미있는 주장입니다.

마지막으로 여섯 번째 인물은 고교쿠기원년(642년) 조에 등장하는 의자왕의 아들 교기翹岐입니다. 교기에 대하여는 앞에서 충분히 검증한 대로 나카노오에中大兄 왕자로서 을사의 변을 통해 백제 왕가의 권력을 회복하고 덴지 천황이 되어 백제 부흥군 지원에 진력하고 패전 후에는 백제 망명인들을 적극 받아들여 백제인 중심의 왕권을 강화함으로써 새로운 나라 일본을 출범시킨 첫 번째 왕이라고 할 수 있습니다. 다만 백제 멸망과 백제 지원군의 참패의 영향 등으로 그의 사후 구세력의 지지를 받은 덴무 정권에 의해 그의 아들은 왕좌에서 밀려나고 이에 따라 백제계 세력도 크게 쇠락되게 됩니다.

백제의 왕자가 파견되어 왜의 후왕으로 왜국을 통치한 사실을 보여주는 대표적인 유물이 나라현 덴리天理시의 이소노가미石上신사가 소장하고 있는 칠지도七支刀입니다. 칠지도에 금상감으로 새겨진 명문의 해석을 둘러싸고 논란이 있지만 명문에는 백제왕이 후왕인 왜왕 지旨에게 준다는 구절이 분명하게 새겨져 있는 것입니다. 왜왕 지旨가 누구인지에 대한 해석도 그 의견이 엇갈리지만 개로왕의 아들인 곤지라고 생각됩니다. 또한 와카야마현 하시모토橋本신사에 보관되어 왔던 스다하치만隅田八幡 인물화상경 역시 무령왕이 되어 귀국한 시마가 아우인 남제男弟왕 게이타이에게 보낸 것임이 명문을 통해 확인되는데 백제의 본국왕은 칠지도와 같은 칼이나 스다하치만경과 같은 상징물을 왜에 있는 후왕에게 보내 신임을 표시하고 후국을 통치하게 하였던 것으로 보입니다. 이러한 칼과 거울 그리고 곡옥은 일본에서는 '삼종三種의 신기神器'〈그림5-26〉라고 부르는데 지금도 천황의 즉위식에서는 천황의 상징물로 삼종의 신기가 새로운 천황에게 전해지는 예식이 행하여지고 있습니다.

〈그림5-26〉 삼종의 신기.
고대로부터 일본 천황가에 의해 계승되어왔다는
거울, 곡옥, 검의 세 가지 보물로 왕위의 정통성을 보증하는 징표로 여겨짐.

백제가 일본의 기원임을 암시하는 기 · 기 등의 기술

고사기나 일본서기는 백제 왕실이 일본 천황가의 기원임을 철저하게 은폐하고 있지만 기 · 기 기술의 행간의 뜻을 읽다 보면 백제 왕실이 일본 천황가의 기원임을 암시하는 기사들을 발견하게 되어 정말 흥미롭습니다. 일본의 건국설화 특히 그 중에서도 천손강림관련 부분은 천황가의 출자가 한반도 그 중에서도 백제임을 암시하는 구절과 단어들이 감추어져 있습니다. 예를 들어 천손 니니기가 5부의 신과 함께 천신으로부터 하사받은 삼종신기를 가지고 하강하였다고 하는데 5부는 백제, 고구려 등 부여계 국가의 전형적인 국가의 통치조직으로 백제의 경우 전국을 5방, 수도를 5부로 나누어 통치하였습니다. 삼종의 신기는 백제왕이 왜에 있는 후왕에게 신임의 징표로 하사한 것임은 앞에서도 언급한 바 있습니다.

〈그림5-27〉 구드래 나루터.
백제의 수도 부여의 낙화암 아래 강변에 있는 나루터로 고대 수많은 백제인들이 이 나루터에서 출항하여 일본열도로 건너갔다고 하며 백제의 일본어인 구다라는 구드래에서 유래한다는 설도 있음.

'천황가의 기원은 백제 부여 씨'의 저자인 이원희李元熙 씨는 저서에서 천손강림설화는 백제, 고구려의 건국신화에서 핵심 모티브를 차용하여 이를 변형, 가공한 것이라고 전제하고 니니기가 출발하였다는 일본서기의 아마노이와쿠라天磐座-하늘의 바위자리라는 의미임-는 백제의 수도 부여에 있는 구드래 나루터〈그림5-27〉 인근의 자온대自溫臺가 그 모델이며 신들이 모여 회의를 하였다는 다카마가하라高天原의 아마노야스가와天安河는 백마강이 그 모델로 회의의 장소는 지금의 천정대天政臺로 보인다는 견해를 밝히고 있어서 흥미롭습니다. 또한 이원희 씨는 천손강림 설화에는 수많은 백제어가 포함되어 있다고 하면서 구체적인 단어들을 예시하고 있으며 지금까지 고사기의 구시후루다케久士布流多氣가 금관가야의 김수로왕이 내려왔다는 구지봉龜旨峯을 가리킨다는 것이 유력한 견해였는데 이에 관하여는 고사기의 편자인 오 야스마太安万侶가 '시조가 하늘에서 처음 도착한 봉우리'라는 이미지에서 수로왕설화를 차용한 것으로 해석할 여지가 있다는 의견을 보이고 있습니다.

대부분의 국가가 건국신화를 갖고 있으나 일본의 건국신화가 특이한 점은 신화의 시대가 다른 나라들에 비해 매우 상세하게 기술되어 있고 같은 사안에 대한 많은 이설이 제시되어 있으며 천신이나 천손의 성과 이름이 구체적으로 제시되지 않고 있고 있다는 점입니다. 또한 대부분의 국가의 경우 건국신화는 전승을 토대로 기록된 경우가 보통이지만 일본의 경우는 이러한 건국신화에 대한 통념을 벗어나는 특이한 경우인데 이는 천황가의 내력을 드러내고 싶지 않은 일본 특유의 사정에 의한 것으로 고사기의 작자인 오 야스마로는 이러한 사정을 감안하여 고사기의 신화부분을 완전히 창작하였던 것입니다. 고사기나 이를 토대로 편찬된 일본서기는 그 편찬 동기가 일본 천왕가의 외부도래설 특히 백제 왕실과의 관계를 철저하게 차단하고 은폐하려는 데 그 목적이 있었기 때문에 보편적인 건국신화와는 다른 형태의 설화가 창출된 것입니다.

고대에 있어서 백제 왕실과 일왕가의 인연을 드러내는 단서를 사서에 남기지 않고자 하는 사서 편찬자의 의도에도 불구하고 백제와 왜국의 긴밀한 관계를 명백하게 노정하고 있는 또 하나의 역사적인 장면들은 진구왕후기에 기술된 백제관련 기사들과 오진기에 기술된 엄청나게 많은 백제인 집단의 열도이주 등에 관한 기사들이라 하겠습니다. 진구 왕후는 날조된 가공의 인물이고 소위 '삼한정벌'이나 백제에 대한 영토 양도 등은 사실과 정반대되는 내용으로 기록하는 수법에 의한 서술방식이며 이를 통해서 백제가 근초고왕, 근구수왕 대에 오히려 일본열도로 진출하기 시작하였다는 사실을 알 수 있는데 당시의 상황에 비추어 4세기 말경 백제는 규슈 북부에 거점을 확보하고 이 거점을 토대로 고마국이라는 후국을 열도에 지니게 된 것으로 보입니다. 또한 오진기에 기술된 수많은 백제인 집단의 열도이주 및 가와치 개척관련 기사는 광개토왕의 백제, 가야 공략과 맞물려서 수많은 주민들이 백제를 떠나 가와치로 이주하는 모습을 적나라하게 보여줌으로써 가와치에 태동하는 백제의 후국인 가와치 왕국 나아가 야마토 지역도 포괄하는 야마토 왕조의 성립에 이르는 과정의 진상을 보여주고 있다고 하겠습니다.

또한 일본서기는 백제가 멸망할 당시 왜국 조정이 백제 부흥군에 대해 전력을 다해 지원하는 모습을 기술하고 있는데 이 기술을 보면 당시의 백제는 왜국의 단순한 우호국이 아니라 마치 하나의 국가라는 인상을 줄 정도입니다. 660년 8월 백제 의자왕이 나당연합군에게 항복하자 사이메이 여왕은 야마토정권의 수뇌부를 선단에 태우고 전장에 가까운 규슈로 이동하여 백제 부흥군에 대한 본격적인 지원에 나섭니다. 사이메이 여왕이 급서하자 덴지가 바톤을 이어받아 백제로 가는 풍장에게 5천의 군사를 주어 호위하게 하는 한편 2만 7천의 군대를 170척의 배에 태워 백제 부흥군을 지원합니다. 또한 화살, 실, 솜, 피륙, 가죽 등 대량의 군수물자를 백제 부흥군에게 보내 지원합니다.

결국은 663년 백강전투에서 왜국의 선단이 당에 의해 섬멸됨으로써 백제는 완전히 멸망하게 됩니다만 백제왕이 이미 항복하여 질 것이 뻔히 예상되는 전쟁에 총력을 다해 참전하는 야마토 조정의 모습은 자기나라가 아니고는 생각하기 어려운 광경이라고 하겠습니다. 더욱이 덴지는 백제가 멸망한 후 왜국으로 망명해 오는 백제의 귀족, 관료와 주민들을 적극 받아들여 땅을 주어 정착하게 하고 관료들에게는 적절한 관직을 주는 등 우대를 하는데 이들은 667년 천도한 오미近江 조정에서 중요한 역할을 담당하게 됩니다. 이러한 텐지정권의 백제 부흥군에 대한 전폭적인 지원과 망명 백제인들에 대한 우대정책은 백제 왕실과 일본 왕실의 혈연관계가 없이는 있을 수 없는 파격적인 조치였다고 할 수 있을 것입니다.

천황가의 기원이 백제임을 증명하는 명확한 물증

천황가의 기원이 백제 왕실이라는 가장 구체적인 물증은 815년에 관에 의해 편찬된 신찬성씨록新撰姓氏錄입니다. 이 일본 왕실문서는 좌경황별편左京皇別編에서 '오하라마히토大原眞人는 비타쓰敏達의 손자인 백제왕에서 나왔다. 속일본기와 합치된다.(大原眞人 出自諱敏達孫百濟王也 續日本紀合)'고 기록하고 있는 데 이 기록이 바로 비타쓰왕(재위 572년~585년)이 백제 왕족이며 그의 손자인 조메이舒明왕(재위 629년~641년) 또한 백제 왕족이라는 사실을 증언하고 있는 것입니다. 비타쓰왕의 아버지인 긴메이欽明왕이나 긴메이의 자녀들인 요메이用明, 스슌崇峻, 스이코推古 역시 백제 왕족임은 물론입니다. 이러한 사실은 홍윤기 박사[6]가 지적한 것으로 한일 고대사의 진상을 밝히는 매우 중요한 기록이라고 할 수 있는데 이를 기록한 것은 신찬성씨록의 편자의 실수이거나 의도적으로 삽입한 것이라고 할 수 있을 것입니다. 고사기나 일본서기에서 일왕들이 백제의 왕족임을 말하거나 암시하는 기술을 전혀 찾을 수 없게 되어 있는 점에 비추어 볼 때 신찬성씨록의 이 기사는 그야말로 한일 고대사의 진상에 다가서는 단서가 되는 획기적인 발견이라고 할 수 있을 것입니다.

한편 이원희 씨[7]는 호류지法隆寺에 있던 금동관세음보살의 경위를 밝힌 명문을 이 신찬성씨록의 기록과 관련시켜 매우 흥미로운 해석을 더하고 있습니다. 즉 그 문서에는 '일족인 오하라 박사는 백제에서 왕족이었고 이 땅에서는 왕성이다.(族大原博士

6) 홍윤기, 일본문화사신론, 한누리미디어, 2011

7) 이원희, 천황가의 기원은 백제 부여 씨, 주류성, 2019

百濟在王 此土王姓)'이라고 쓰여 있는데 이는 보살상을 만들어 바친 세 분의 스님의 속성이 오하라大原였다는 것이며 이는 세 스님이 백제에 있을 때는 백제의 왕족, 즉 부여 씨扶餘氏였다는 것을 말해주는 것이라고 합니다. 이원희 씨는 또한 속일본기 기록에 의하면 739년 덴무의 증손자인 고안高安왕이 천황에게 표문을 제출하여 오하라마히토大原眞人라는 성을 받는데 오하라의 성을 가진 세 스님은 결국 천황의 일족이 되는 셈이고 천황가는 백제의 왕족인 부여 씨라는 결론이 나온다는 것입니다.

나아가 이원희 씨는 비타쓰의 손자는 조메이왕인데 신찬성씨록이 그를 에둘러 비타쓰의 손자인 백제왕으로 표기한 것은 저자가 천황의 일족인 오하라마히토의 뿌리가 백제에 있다는 사실을 후세에 전하고자 한 것으로 해석하고 있습니다. 홍윤기 박사 또한 일본의 저명한 역사학자인 우에다 마사아키 교수가 비타쓰왕이 백제 왕족임을 확언하였고 자신에게 보낸 친필 서신에서 신찬성씨록의 백제왕은 백제 의자왕의 혈통으로 이어지는 백제 왕족으로 알고 있다고 말하였다고 밝히고 있습니다. 이처럼 신찬성씨록의 기술과 관련기록을 찾아내어 일본 왕실의 루츠가 백제 왕실임을 증명한 두 분의 연구는 한일 고대사의 복원에 중요한 진전이라고 평가할 수 있을 것입니다.

천황릉과 천황가의 제사가 보여주는 백제의 존재감

일본의 역대 왕과 왕후 및 그들의 자녀의 무덤인 능묘를 관리하는 일본 궁내청이 능묘로 지정된 고분-현재 896기가 해당된다고 함-에 대하여는 엄격하게 발굴, 조사를 금지하고 있음은 물론 출입자체를 제한하고 있는 사실은 잘 알려져 있습니다. 이러한 능묘 비공개의 입장은 발굴시 발견될지 모르는 묘지석이나 유물 등을 통하여 백제나 가야 등 한반도의 고대국가가 일본 왕실의 기원이라는 사실이 드러나는 일을 막기 위한 것임은 누구나 짐작하고 있는 일입니다. 그런데 이원희 씨는 일본서기에 나오는 천황릉 중에서 피장자가 확실한 것은 덴지릉과 덴무, 지토합장릉의 둘 뿐이며 그 이전의 왕릉은 모두 창작된 것이라고 지적하면서 덴지 천황 이후의 왕릉은 소위 근릉近陵이라 하여 그 이전의 왕릉인 원릉遠陵과는 공물供物 등에 차이를 두었는데 이는 원릉의 왕들은 조상취급을 하지 않은 것을 의미한다고 해석하고 있습니다.

또한 역대 천황들은 천황의 침전 안쪽에 있는 작은 불당인 고쿠로도御黑戶에 조상의 위패와 염지불念持佛-몸에 항상 지니고 다니는 작은 불상-을 모셨으며 이들은 현재는 교토의 센뉴지泉湧寺〈그림5-28〉가 보관하고 있는데 센뉴지의 영명전靈明殿에 모시는 위패는 덴지 천황과 그 자손인 고닌, 간무 이후의 천황에 한정되어 있다고 이원희 씨는 일본사연구회 등이 편찬한 '능묘陵墓로 본 일본사日本史'-1995, 아오키서점靑木書店-를 인용하여 설명하고 있습니다. 이는 중세 이래 천황가에서는 덴지 천황을 시조로 생각하고 있었다는 사실을 말해주는 동시에 덴무 천황 이후 약 1세기에 걸친 덴무계 왕통조차도 직접적인 조상으로 여기지 않았다는 것을 의미하는 것으로 한일 고대사의 관점에서 보아도 매우 중대한 사실이라고 할 수 있을 것입니다.

〈그림5-28〉 센뉴지.
13세기 이래 천황가의 보리사로 이어져온 사찰로 덴지천황 이후의 덴지계 천황들의 위패를 모시고 있다고 함.
(下)센뉴지 정문과 대문팻말.

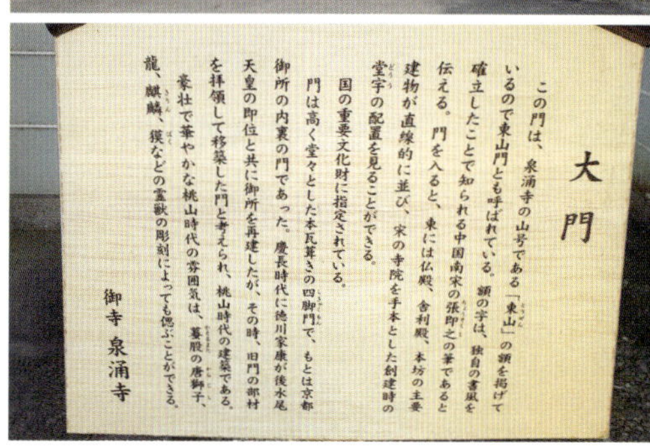

좀더 구체적으로 설명하면 일본서기에는 덴지가 조메이왕과 사이메이왕의 아들로 되어 있으나 이는 사실이 아니라는 말이며, 또한 덴무가 덴지의 친동생이라는 일본서기의 기술이 사실이 아님을 분명히 하고 있는 것입니다. 나아가 이는 고닌 대에 이르러 덴지의 왕통이 부활되고 고닌의 아들인 간무 천황은 부모 양계 모두 백제 무령왕의 혈통- 부친 고닌은 백제 의자왕의 증손자이고 모친 다카노 니이가사는 무령왕의 아들 순타 태자의 후손-임이 확인되는 것이기도 합니다. 현재의 일본의 천황가는 간무 천황의 혈통이므로 결국 현재의 천황가는 백제 무령왕과 의자왕의 후손이라는 것은 명백한 사실이라고 할 수 있을 것입니다.

고대 유물과 유적이 말해주는 한일 고대사

일본 전국에는 고대 한반도와 관련된 유적과 유물이 수없이 많으며 특히 고대 일본의 정치, 경제, 문화의 중심지였던 긴키 지방에 있는 고대의 주요 유적, 유물이 알고 보면 거의 대부분 백제, 신라, 고구려, 가야 등 고대 한반도에 있던 국가들과 관련되는 것들임을 알 수 있습니다. 일본열도에 남아있는 이러한 한반도 계통의 유적, 유물들은 눈에 보이는 '일본속의 한국문화'라고 할 수 있는데 대부분 사찰, 신사, 고분 및 그 부장품, 기타 유물 등의 형태로 보존되고 있습니다.

고대 한반도계통의 문화를 일본열도에서 눈으로 볼 수 있다는 것은 우리로서는 엄청난 행운이라고 생각되는데 이러한 일본속의 한국문화가 특별한 것은 이들이 문화교류에 의한 쌍방적인 것들이 아니라 한반도로부터 일본으로 이주하고 정착한 이주민과 그 후손들의 활동의 문화적인 결과물이기 때문이라고 할 수 있겠지요. 일본에 있는 한반도 관련 유적과 유물은 시기적으로 보면 야요이 시대의 것은 규슈 지역에 집중되고 있는 반면 긴키 지역에 있는 것은 주로 4~7세기의 고분 시대의 것이며, 그 가운데서도 3~5세기의 것은 주로 가야와 신라와 관련된 문화이고 백제의 문화는 그 보다 늦은 6~7세기에 집중되고 있는데 이는 한일 고대사의 전체적인 흐름을 조명하는데 있어서도 매우 유용한 척도가 되고 있습니다.

근년 한국인들의 생활에 여유가 생기면서 일본을 찾는 관광객이 크게 증가하고 있고 일본속의 한반도 문화를 찾는 한국인 여행자도 늘어나고 있는 것은 매우 다행스러운 일이라고 생각합니다. 더욱이 일본에서 만날 수 있는 한반도 관련 유적과 유물은 고대 한국인들의 선조이기도 하였던 이들의 자취이기도 하면서 한국에서는 볼 수 없었던 우리문화의 향기를 우리에게 선사하는 것이기 때문에 이들을 접하면서 남다른 감회와 감동을 느끼신 분들도 많이 계시리라 생각됩니다.

다만 한 가지 아쉬운 점은 일본을 다녀가는 대다수의 한국인 여행자들이 정보부족 등으로 우리 선조들이 일본 땅에 남겨놓은 뛰어난 문화재를 접하지 못한 채 귀국하는 경우가 많다는 사실입니다. 이는 일본이 관광안내 자료나 팜플렛 등에 유적, 유물의 한반도와의 관련성을 특별히 표기하지 않고 있는 것도 주된 이유라고 할 수 있을 것입니다. 사실 이러한 배경에는 일본 정부와 학계가 일본의 주요 유적, 유물의 한반도와의 관련성을 인정하는데 매우 인색하고 사실을 은폐, 왜곡하려는 경향이 있기 때문인데 우리로서도 일본에 있는 우리 조상들의 문화재에 대한 정보를 보다 체계적으로 파악하고 홍보하여 일본을 방문하는 한국의 여행자들이 적극 활용할 수 있도록 해나갈 필요가 있다고 봅니다.

이와 관련하여 우리가 지켜야 할 중요한 점은 일본에 있는 한반도 관련 문화재들이 고대 한반도로부터의 이주민과 그 후손에 의해 창출된 것이라 하더라도 결국은 우리의 선조들은 열도로 건너가서 일본인이 된 것이고 그들이 창출하여 남긴 문화재는 결국 일본적 요소가 가미된 일본의 문화재라는 사실을 잊지 않는 자세라고 생각합니다. 그럴 리는 없겠지만 이러한 문화재들을 만들고 전해준 것이 모두 한국인이라고 하면서 문화적인 우월감이 표출되는 것은 되도록 피해야 할 것으로 생각됩니다.

이 책의 부록에 일본열도 특히 고대 일본의 수도권이라 할 수 있는 긴키 지방에 있는 우리 선조의 솜씨와 자취가 남아있는 유적들에 대하여 간략하게 소개해 두었습니다. 모쪼록 일본 속의 남아있는 한국문화를 통해 고대 일본열도로 이주해 간 우리 선조들의 숨결과 솜씨를 접하면서 현재를 살아가는 한국인과 일본인이 같은 선조를 지닌 같은 뿌리에서 나왔다는 인식을 새롭게 함으로써 현재 양국이 겪고 있는 갈등을 극복하고 평화의 미래를 함께 그려 나가는 구심점을 세워나가는 계기로 활용하게 되기를 바라마지 않습니다.

맺는 글

과거사를 넘어 함께 평화의 미래로!

필자는 1980년 처음으로 일본 땅을 밟은 후 5회에 걸쳐 약 13년간 일본의 도쿄, 삿포로, 오사카에 거주하면서 많은 일본인들을 만났고 교제하였는데 그러는 과정에서 이들이 우리 한국인과 놀라울 정도로 거의 똑같은 사람들이라는 인식을 갖게 되었습니다. 물론 그들의 사고방식과 종교, 생활문화 등에서 미세하게 우리 한국 사람들과 다른 점을 가끔 발견하기는 하였지만 이는 같은 한국 사람들에게서도 가끔 느낄 수 있는 그런 정도의 차이였다고 생각합니다. 이러한 다소간의 문화적인 차이는 결국 7세기 후반 백제가 멸망하고 신라가 대동강 이남의 한반도를 통일한 후 전개되는 양국의 독자적인 역사와 자연환경의 차이에서 온 결과로 보입니다. 반면에 그 이전 시기 약 천년에 걸쳐 전개된 양국 사이의 관계사가 이처럼 양국문화의 유사성의 배경이었으며 비슷한 외모와 언어 역시 두 민족의 뿌리가 하나였음을 분명하게 말해주고 있다고 할 수 있습니다.

한국과 일본 사이에 전개되었던 천년의 고대사의 본질을 한 마디로 한다면, 이 시기는 한반도인들의 일본열도로의 이주와 개척, 그리고 열도에 일본이라는 국가를 세워 나가는 과정이었으며 이러한 역사의 결과로 현재의 일본 왕가의 뿌리는 백제 왕실이라는 사실입니다. 이러한 숨길 수 없는 역사의 진실은 본국이었던 백제가 멸망한 후 8세기 초에 쓰여진 일본서기에 의해 1차적으로 철저하게 은폐, 조작, 왜곡되었고, 일본서기의 편찬지침을 추종하는 일본정부와 역사학계의 혼신적인 노력의 결과 2차적으로 역사왜곡이 심화되면서 형성된 것이 현재 일본인들의 한일 고대사에 대한 보편적인 인식이라고 할 수 있습니다.

그런데 여기서 흥미로운 사실은 일본서기를 과학적이고 합리적인 자세로 깊이 있게 검증하고 일본역사학계의 주장을 드려다 볼수록 일본이 필사적으로 감추고자하는 역사의 진실이 나타난다는 점입니다. 일본서기의 기술과 일본사학자들의 주장을 당시의 정세와 상황이라는 실제의 현실의 시각에서 보아 거꾸로 읽으면 역사의 진상이 오히려 명확하게 보인다는 것이지요. 이는 한일 고대사를 읽는 하나의 '역사공식'이라고 할 수 있는데 몇 가지 예를 들어 보겠습니다.

우선 일본서기에서 가장 대표적인 날조, 왜곡기사인 진구神功 왕후의 소위 신라정벌과 고구려, 백제의 자진 항복에 이은 내관가의 설치라는 우화는 정반대로 백제 등 한반도 국가들이 일본 열도의 각 지역에 나라들을 세우고 가와치와 나라분지에는 백제가 야마토 왕조를 세운 것으로 이해하면 정확한 역사적인 사실이 됩니다. 또 백제 왕자들이 인질로 왔다는 이야기는 백제가 후국의 통치를 위해 왕자들을 파견한 것이고 한반도 국가의 사신들이 와서 조공을 바쳤다는 이야기는 이들이 열도의 통치에 필요한 선진문물을 가지고 왔다고 보면 사실과 부합하게 됩니다. 나아가 임나일본부를 두어 한반도 남부를 지배하였고 임나4현 등을 백제에 주었다는 이야기는 그들이 백제와 가야에서 온 사실을 증명하는 것이며 7세기 말 통일신라와의 사이가 나빴던 것을 강조하고 있는 것은 역으로 신라가 당시의 일본에 압도적인 위세로 영향력을 미치고 있었음을 말해주고 있는 것이라 할 수 있습니다.

이처럼 일본서기의 기술내용을 거꾸로 읽으면 역사의 진실이 뚜렷하게 드러나는데 이러한 역설적인 역사의 공식을 세울 수 있게 된 것은 일본의 얼마 안 되는 소수의 양심적이고 독실한 재야사가들의 진실을 구하려는 노력이 그 길잡이의 역할을 하였다고 인정할 수 있으며 이러한 점에서 민족적인 편견이나 정치적 의도에서 벗어나 오로지 진실만을 추구해온 학자, 연구자들의 헌신적인 노력은 높게 평가되고 존중되어야 한다고 생각합니다.

＊ ＊ ＊ ＊ ＊ ＊

필자는 현직에 있는 동안 한일 관계에 관한 강의나 강연이 있을 때마다 바람직한 한일 관계의 미래상에 대해 세계의 역사로부터 우리가 배워야 할 교훈은 영국과 미국의 관계와 프랑스와 독일의 관계를 합친 관계를 추구하는 것이어야 할 것이라는 점을 늘 강조하곤 하였습니다. 영국과 미국의 관계란 이 두 나라가 국제정치, 외교상의 문제에서 거의 예외 없이 같은 목소리를 내면서 서로를 변함없이 지원하는 태도를 보이는 것을 의미하는데 이러한 끈끈한 관계가 두 나라의 역사적인 관계에서 유래하는 것은 말할 필요도 없이 분명하다고 봅니다. 이처럼 두 국가 사이에 밀접한 유대관계가 구축된 것은 영국이 미국독립전쟁에서 패하여 아메리카의 영토를 상실하였음에도 불구하고 미국과의 우호관계를 고수하였기 때문이기도 하지만 무엇보다도 미국이 자국의 역사기술에 있어서 초기의 미국을 개척한 중심세력이 영국이었고 미국이 영국의 식민지였다는 사실을 인정하는 자세를 보인 것이 중요한 계기가 되었다고 할 수 있습니다.

한국과 일본 사이에도 영국과 미국 사이에 있었던 것처럼 역사의 진실을 서로 인정하고 역사적인 혈연관계에 기초한 끈끈한 유대관계를 세우는 그런 날이 올 수 있을까요? 유감스럽게도 가까운 장래에 그러한 일이 생길 가능성은 거의 없어 보입니다. 일제의 한반도강점이 끝난 지 75년이 지난 현재에도 양국 국민사이의 감정의 골은 과거사와 영토문제를 중심으로 깊어만 가고 양국의 정치지도자들은 이러한 감정을 교묘하게 이용하여 언론을 부채질하여 반일, 혐한 감정을 확산시키고 있는 것이 현주소이기 때문입니다. 그 중에서도 양국사이의 과거사문제의 토양이 되고 있는 것이 양국의 고대사 문제라고 할 수 있는데 유감스럽지만 일본이 미국의 사례에서 본받아 한일 고대사의 진실을 인정할 가능성은 전혀 없어 보입니다.

다만 최근 일본의 진보적인 역사학자, 연구자를 중심으로 발굴조사와 연구가 금지된 능묘의 발굴조사를 인정하라는 의견을 일본정부에 제기하고 있는 것은 고대사의 진상을 추구하는데 있어서 상당히 긍정적인 신호라고 볼 수 있는데 왜곡된 한일 고대사를 사실에 입각한 진실의 역사로 고쳐나가기 위해서는 능묘에 대한 발굴조사, 연구를 인정하는 것이 그 첫 걸음이 되기 때문입니다. 일본 정부가 사실과 진실을 추구하는 선진민주주의국가에 걸 맞는 세계 보편적인 국가로 돌아와 조속히 결단을 내리기를 기대합니다. 아울러 정말로 양심적인 역사학자나 재야사가가 나타나 일본서기를 비롯한 역사서와 금석문을 비롯한 유물 등 역사사료의 합리적인 해석을 통하여 사실과 진실에 입각한 일본의 고대사를 정립하는 날이 오기를 기대해 봅니다.

미래의 바람직한 한일 관계를 만들어가기 위해 우리가 또 한 가지 배워야 할 교훈은 역사에서 기인하는 영국과 미국의 긴밀한 신뢰 관계에 못지않게 중요한 것이 프랑스와 독일의 관계가 상징하는 바와 같이 과거사를 극복하고 미래를 내다보면서 양국 관계를 구축해 가야 한다는 점입니다. 이 두 나라는 근대에 들어와 수 세기 동안 대결과 분쟁으로 유럽을 전쟁의 소용돌이 속으로 몰아 넣었지만 유럽의 평화와 공동번영이라는 보다 높은 미래지향적인 가치를 위해 유럽연합을 창시하고 유럽통합의 쌍두마차로서 유럽을 견인하여 왔습니다. 동아시아에 있는 한국과 일본이 프랑스와 독일의 사례를 귀감으로 삼아 이 지역의 평화와 공동번영을 위해 지역통합의 쌍두마차가 될 수는 없을까요?

동아시아는 그 지역 국가들의 정치체제가 다르고 나라의 규모나 문화가 이질적이어서 유럽과 같은 통합은 현실적으로 기대할 수 없다는 것이 중론이었지만 금세기에 들어와 한국과 중국의 경제발전에 따라 동북아 지역협력에 대한 기대가 커졌고 실제로 이를 향한 구체적인 움직임이 한때 활발하게 추진되기도 하였습니다. 하지만 근년에는 잘 나가던 유럽연합이 영국의 탈퇴, 회원국 사이의 심한 경제, 금융 면에서의 격차에서 오는 불안정 등으로 유럽통합의 동력이 많이 약화되었고 또한 세계적 규모에서의 미중 간 대립, 북한 핵문제, 세계적인 경제침체 등으로 동북아 지역에서의 지역협력에 대한 관심과 여력이 현저하게 떨어지고 있는 것이 현 상황이라고 하겠습니다.

그러나 장기적으로 보면 동북아 지역의 평화와 공동번영을 향한 노력은 지속되어야 한다고 보며 미래의 '동북아연합'의 형성을 위해서는 자유민주주의와 시장경제라는 가치관을 공유하는 한국과 일본이 두 개의 지주역할을 해야 한다고 생각합니다. 이를 위해서는 먼저 한일 양국 사이에 존재하는 과거사의 벽을 넘어서는 것이 그 첫 걸음이 되어야 할 것인데 우리로서도 이웃나라인 일본과의 안정된 우호관계가 우리

나라의 국익에 부합하는 것이라는 냉철하고 현실적인 인식을 가질 필요가 있습니다. 이러한 인식이야말로 바로 프랑스와 독일이 역사적인 앙숙 관계를 청산하고 유럽연합을 향한 첫발을 내디딜 때의 자세가 아닐까요?

지구상에서 일본을 우습게보고 가볍게 여기는 유일한 나라가 한국이라는 우스갯소리가 있고 이를 듣고 뿌듯이 여기는 한국인들도 있겠습니다만 이는 결코 한국인에게 자랑스러운 이야기는 아니라고 봅니다. 중국의 눈부신 경제성장으로 인해 경제규모가 중국에 뒤처지기는 하였지만 일본은 여전히 세계 제3위의 경제력을 가진 나라이고 일찍부터 국제사회에 등장하여 비교적 높은 위상을 견지하고 있는 국가로 아시아에서는 우리와 함께 미국과 동맹관계를 갖고 있는 나라입니다. 그리고 무엇보다도 지금까지 보아온 고대사의 관점에서 보면 일본과 우리나라는 같은 뿌리에서 나온 형제국인 것이 분명합니다. 물론 8세기 이후 양국이 독자적인 역사를 거치면서 서로 다른 언어, 문화와 사고, 행동방식이 형성되어 왔지만 일본은 여전히 외모, 언어, 문화 등 면에서 우리와 매우 가까운 나라이자 민족이라는 사실은 인정하지 않을 수 없습니다.

한일 두 나라가 고대 천 년간의 역사와 문화를 공유했던 민족이라는 역사적인 자산을 바탕으로 동아시아의 평화와 번영을 지향하여 새로운 한일관계를 만들어 가는 것이야말로 우리에게 주어진 역사적인 과제가 아닐까요? 이러한 길로 방향을 정하고 나가는데 있어서 우선적으로 요구되는 것은 설령 과거사와 영토문제를 둘러싼 정치, 외교적인 갈등과 분쟁이 생기더라도 양국이 교류와 안정적인 관계를 유지해 갈 수 있는 지혜로운 방안을 세우고 감정적이고 선동적인 정치인들의 술수와 편향된 언론의 횡포에서 이겨낼 수 있는 냉철한 국민적인 역량을 키워나가는 일이라 하겠습니다.

지금은 소위 코로나19라는 불의의 사태도 더해져서 일본과의 인적교류가 거의 정지된 상태에 있지만 한일 양국은 가까운 장래에 코로나19 사태를 극복할 수 있는 국민적인 역량을 갖추고 있어 조만간 이를 극복할 것으로 믿습니다. 양국 사이의 교류와 관계가 거의 최저점에 와있는 지금이야말로 우리가 코로나 이후의 양국관계를 어떻게 가져갈 것인가에 대해 진지하게 고민해야 할 시기로 봅니다. 무엇보다도 정치지도자들이 과거 되풀이되어 왔던 상호 혐오적인 국민감정을 증폭시키고 언론을 조종하여 자신의 정치적인 이익만을 추구하던 종래의 패턴은 종식되어야 합니다. 미래를 내다보면서 현실적인 인식을 바탕으로 양국의 공통이익을 추구하고 국민 상호간의 신뢰 관계를 공고히 해나가는 이성적인 대응이 양국 관계의 확고한 기조로 자리 잡게 되기를 고대해봅니다.

역사의 전문가도 아닌 필자가 이 책을 쓰게 된 동기는 무엇보다도 저 자신이 한일 고대사에는 각종 설이 난무하여 무엇이 진실인지 실상을 파악하기가 어렵다고 생각하고 있었고 또 역사에 관심이 많은 주위의 지인들로부터도 같은 말을 자주 들으면서 수많은 설들에서 진실을 찾아내어 한일 고대사의 줄거리를 세우고 가능하다면 이를 시대 순으로 알기 쉽게 정리할 수는 없을까 하는 문제의식이었습니다. 이러한 동기에 따라 필자 나름대로 한일 고대사의 줄거리를 세워 보았는데 아직도 미흡한 점이 많이 남아 있으리라 생각됩니다.

다만 이 책을 통하여 독자 여러분이 실제로 있었던 한일 고대사의 큰 줄거리와 핵심적인 부분에 대한 모습을 이해하시는데 다소나마 도움이 되었다면 필자에게는 더 이상 큰 기쁨이 없겠습니다. 마지막으로 고대의 한반도와 일본열도의 관계사에 대한 이해를 밑거름으로 하여 앞으로 한일 양국 국민 사이에 참된 우호를 지향하는 도도한 흐름이 형성되고 두 나라가 정말로 가까운 이웃이 되었으면 하는 바람이 멀지 않은 미래에 이루어지기를 기대해 봅니다.

부록

일본속의 고대 한반도관련 유적 - 긴키近畿지방

1. 나라奈良현

① 아스카데라飛鳥寺

- 588년 소가 우마코蘇我馬子의 발원으로 596년 창건된 일본 최초의 사찰로 창건 당시의 이름은 호코지法興寺
- 백제 위덕왕이 보낸 사찰건축 기술자들에 의해 조영되었으며 가람배치는 고구려식인 1탑 3금당 양식으로 일본에서 처음으로 기와지붕으로 지은 건물
- 아스카대불은 606년 봉안하였는데 백제인 구라쓰쿠리 도리鞍作止利 불사가 제작하였으며 고구려가 이에 소요되는 황금 일부를 기증
- 794년 헤이안쿄로 천도할 때 원래의 사찰을 허물고 그 자재를 교토의 간고지元興寺를 짓는데 활용
- 현재는 조그만 사당인 안고인安居院을 지어 놓고 훼손된 본존 대불만 존치
- 고구려가 당시 승려 혜자惠慈를 보내고 황금을 기부하였으며 가람배치가 고구려양식인 점 등은 백제만이 아니라 고구려도 사찰건립에 관여한 사실을 말해주는데 이는 당시 고구려가 왜국과의 우호관계를 도모하고 있던 상황을 보여주는 것이라고 할 수 있음

② 호류지法隆寺

- 쇼토쿠聖德 태자가 607년 창건한 사찰로 일본 아스카시대의 불교문화를 대표하는 사찰이며 일본 최초로 유네스코 세계문화유산으로 지정
- 찬란했던 아스카 불교문화를 보여주는 뛰어난 문화예술품을 소장하고 있으며 그 대부분이 한반도 관련 작품

- 백제관음상, 구세관음상, 쇼토쿠태자상, 금당벽화, 금당의 석가삼존상, 다마무시노즈시玉蟲廚子 등 소장
- 가람배치는 금당과 오중탑이 나란히 서 있는 백제 양식이며 건축기법과 불상 제작도 백제의 기술에 의한 것으로 추정
- 건축에 사용된 척도는 고구려자高麗尺

③ 도다이지東大寺와 대불大佛

- 743년 쇼무聖武 천황의 발원으로 조영이 시작되고 752년 세계 최대의 불상인 비로사나불毘盧舍那佛의 개안식이 거행됨
- 개안식에는 700여 명의 대규모 신라사절단이 참석
- 원래의 사찰명은 다이게곤지大華嚴寺로 쇼무 천황이 신라승 심상審祥의 화엄경 강설을 듣고 감명을 받아 사찰 건립을 발원
- 도다이지와 대불건립은 국민의 결속과 문화능력의 대내외적인 과시를 위한 국가적 사업으로 막대한 인력과 물자가 소요
- 백제 이주민의 자손인 구니나카노무라지 기미마로國中連公麻呂가 대불 제작을 총지휘하고 백제왕경복이 순금을 기증하였으며 백제계 교키行基스님과 료벤良辨승정 등이 사찰 건립의 주역
- 부속건물인 이월당二月堂, 삼월당三月堂은 아름다운 건물로 유명하며 이월당으로 가는 길목에는 도다이지 건물 중 가장 오래된 가라쿠니辛(韓)國신사가 있음
- 본래의 건물은 소실되고 현재의 건물은 후에 재건된 것이며 좌대 등 극히 일부만 현존

④ 쇼소인正倉院

- 도다이지 경내에 있으며 고대 신라, 중국, 서역 등의 물품 1만 2천여 점을 보관하고 있는 고상高床식 왕실 창고
- 756년 고묘光明 왕후가 쇼무聖武 천황의 유물을 도다이지에 기증하면서 이를 보관하기 위한 창고로 건립된 것이 그 유래
- 특히 신라의 악기, 먹, 금동가위, 장적帳籍, 화엄경, 청동사발인 사하리佐波理와

이를 보관하기 위한 포장지인 가반加盤 등 신라의 문물이 다수 보관되어 있으며 백제, 고구려의 물품도 소장
- 백제 의자왕이 보낸 자단목 바둑판과 상아 바둑알 및 바둑알통은 진귀한 물품
- 평상시는 비공개이며 매년 일정기간 나라 국립박물관에서 소장품을 부분적으로 전시(보통 10월 하순~11월 초)

⑤ 이시부타이石舞臺 고분

- 아스카에 있으며 소가 우마코의 무덤으로 전해지는 일본 최대의 횡혈식 석실고분으로 사용된 돌의 무게는 총 2300톤
- 현재는 봉분이 벗겨진 채로 석실이 노출된 상태인데 645년 을사乙巳의 변 이후 덴지 천황 때에 무덤이 훼손된 것으로 보인다고 함

이시부타이 고분

⑥ 다카마쓰즈카高松塚 고분

- 7~8세기 조성된 것으로 추정되며 1972년 발굴시 내부 벽면과 천정에서 사신도四神圖, 천문도天文圖, 인물상 등이 발견되어 유명해짐
- 특히 여자군상도女子群像圖의 여성복장, 사신도와 천문도는 고구려와의 관련성이 큰 것으로 추정
- 일본당국은 벽화가 발견되자 발굴을 중지하였으며 현재는 벽화관을 만들어 고분모형과 모사품만을 전시

⑦ 후지노키藤ノ木 고분

- 호류지 부근의 평지에 위치한 직경 40미터의 원분으로 매장구조는 횡혈식 석실이며 6세기 중반 조영된 것으로 추정
- 무덤의 소재지인 이카루가斑鳩는 쇼토쿠태자의 본거지
- 1988년 내부조사에서 금, 은, 금동제 장식구, 금동제 신발, 금동관, 마구, 환두대도 등 1만여 점의 유물을 발견
- 유물의 상당수가 한반도 계통의 물품으로 판명되었고 6세기에 왜국은 한반도의 국가들과만 교류하였기 때문에 무덤 피장자는 한반도 이주민일 가능성이

높은 것으로 추정

- 특히 금동제 신발은 백제 무령왕릉에서 출토된 것과 흡사하며 금동제 관은 무령왕비의 관과 유사

⑧ 이소노가미石上신궁과 칠지도七支刀

- 백제왕이 왜왕에게 보낸 칠지도를 보관하고 있는 신사로 덴리天理시에 소재
- 칠지도에는 금상감된 62자의 명문이 있으며 이 명문의 해석 특히 이 칼을 보낸 시기와 상대자를 둘러싸고 다양한 의견이 제기
- 현재는 369년 근초고왕 또는 5세기 후반 개로왕이 당시 왜국에 있던 후왕에게 보낸 것이라는 주장이 유력
- 이소노가미신궁은 고대 유력한 씨족이던 모노노베物部 씨족의 신사였으며 일본 왕실의 군신을 제사지내던 신사
- 인근의 덴리대학 도서관에는 1447년 조선 세종대왕 때 안견安堅이 안평安平대군의 꿈 이야기를 듣고 그렸다는 몽유도원도夢遊桃源圖가 소장되어 있음

⑨ 구다라노오데라百濟大寺와 다이안지大安寺

- 구다라노오데라百濟大寺는 원래 조메이왕11년(639년) 백제천百濟川 주변에 지었다고 일본서기가 전하는 왕실의 사찰
- 구다라노오데라는 건립 당시에는 9층탑, 금당 등 다수의 전각을 갖춘 대규모의 사찰이었다고 하나 그 소재지가 불명
- 소재지로는 삼중탑과 본당이 남아 있는 고류초廣隆町 백제百濟지역이 유력하였으나 1997년 나라국립문화재연구소가 사꾸라이櫻井시 기비이케吉備池 근처에서 거대한 사원의 기단 터를 발견하고 이를 구다라노오데라의 터로 보인다고 발표
- 추가발굴을 통해 기단의 한 변이 30미터로 호류지의 4배로 탑의 높이는 90미터에 달한 것으로 추정되어 구다라노오데라가 있던 곳이었음이 유력해짐
- 현재의 다이안지는 구다라노오데라를 673년 아스카무라明日村로 옮겨 다케치오데라高市大寺로 개칭하였다가 677년에는 대관대사大官大寺로 불렀으며 710년 헤이죠쿄 천도 때에 옮겨 온 것이라고 함

⑩ 기토라 고분

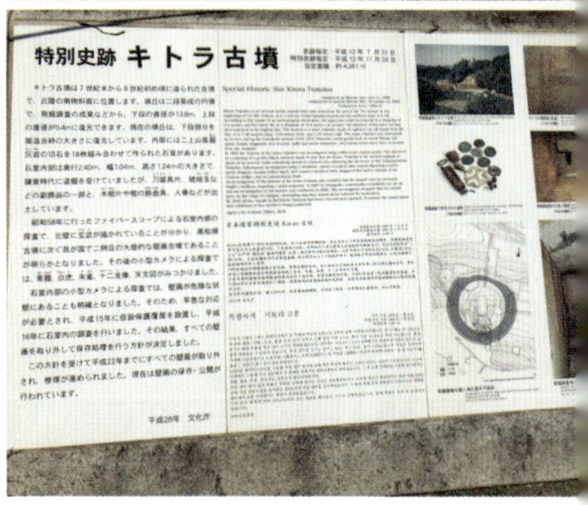

기토라 고분

- 7세기 말~8세기 초에 조영된 것으로 보이는 소규모의 원분이며 1988년 고분의 내부조사에서 사신도 등 벽화가 발견되고 천정에서 천문도가 발견되어 유명해 짐
- 고분의 위치와 궁륭형 천정구조, 천문도 등으로 미루어 고구려와 관련이 있는 것이 거의 확실시되고 있음

⑪ 헤이죠쿄平城京터

- 헤이죠쿄는 710년~784년 간 나라시대의 도읍지로 현재 당시의 터에 궁궐 등 일부 건물을 복원해 놓음
- 헤이죠궁은 동서 1.3킬로미터, 남북 1킬로미터로 경복궁의 3배 규모이며 도시전체는 동서 4.3킬로미터, 남북 4.7킬로미터였음
- 헤이죠쿄는 본격적인 도성제에 의해 조성된 일본 최초의 왕도라고 할 수 있으며 도성 안에 48개의 사찰이 있었다고 함
- 일본 학계는 헤이죠쿄가 당의 장안성을 모방하여 건설한 계획도시였다고 하나 당시 통일신라와 일본은 긴밀하게 교류하고 있던 시기였음에 비추어 통일신라의 영향도 있었던 것으로 보임

⑫ 덴무 · 지토료天武 · 持統陵

- 아스카의 도도미네多武峰의 서쪽 구릉에 5단으로 축성된 팔각분八角墳으로 687년 매장된 덴무 천황과 703년 화장된 지토 천황의 합장묘
- 왕릉에 처음으로 화장이 도입되고 아스카시대의 곡부에 면한 입지에서 벗어난 장소에 축조된 점이 주목되며 이는 신라의 영향으로 보임
- 덴무 천황(재위 673년~686년)은 672년 임신壬申의 난으로 왕위에 오른 대표적인 친신라계왕으로 알려져 있음

⑬ 하시하카箸墓 고분

- 일본열도에서 처음으로 출현한 정형화된 거대한 전방후원분으로 길이는 약 280미터이며 매장형식은 수혈식 석곽으로 추정
- 3세기 중반에서 4세기 중반 사이에 축조된 전방후원분이 집중된 마키무쿠纏向 고분군의 중심적인 고분
- 피장자에 대하여는 제10대 스진崇神왕, 스진왕의 고모할머니인 모모 소히메百襲姫, 야마타이국의 히미코 여왕 등 설이 분분

⑭ 오미아시於美阿志신사

- 아스카 남부 히노쿠마檜隈 지역의 유력한 씨족인 야마토노아야東漢 씨의 사당
- 야마토노아야 씨는 5세기 백제에서 도래한 아치노오미阿知使主의 자손으로 히노쿠마를 본거지로 한 군사적으로 유력한 씨족으로 소가 씨를 도와 아스카 왕조 성립에 기여한 씨족
- 신사의 경내에는 원래 히노쿠마사에 있던 13층 석탑과 게이타이왕의 아들이었다는 센카왕宣化王 관련 비석이 세워져 있어서 주목됨

⑮ 아마가시노오카甘樫丘

- 아스카데라의 서쪽 아스카천의 너머에 있는 148미터 높이의 동산으로 소가 이나메蝦夷와 이루카入鹿 부자의 저택이 있던 곳
- 소가 씨 부자는 저택을 궁궐처럼 꾸미고 군사적으로 요새화하였다고 일본서기가 전함
- 언덕의 정상에서는 아스카 들판을 한 눈에 조망할 수 있는데 북서쪽으로는 가구香久산, 미미나시耳成산, 우네비畝傍산의 야마토 3산이 내려다 보임

⑯ 다치바나데라橘寺

- 쇼토쿠 태자의 탄생지에 지은 절로 중문, 탑, 금당, 강당이 일직선으로 늘어선 사천왕식 가람배치였으나 전국 시대에 대부분 소실되고 강당만 남음

- 현재 다치바나데라의 중심 건물인 태자전에는 중요문화재로 지정된 쇼토쿠 태자상을 본존으로 모시고 있음
- 지금의 절은 19세기에 복원한 절로 정식 명칭은 '상궁원上宮院 보리사菩提寺'임

다치바나데라

⑰ 주구지中宮寺

- 호류지에 인접한 자그마한 절로 쇼토쿠 태자가 세운 유일한 비구니 사찰로 알려짐
- 622년 태자가 죽자 태자의 아내가 극락세계인 천수국을 상상하여 자수로 뜬 천수국만다라수장天壽國曼荼羅繡帳을 소장
- 특히 주구지가 소장하고 있는 목조반가사유상은 하쿠호白鳳시대의 대표적인 불상으로 우리나라의 국보 83호인 금동미륵보살반가사유상과 매우 흡사하여 이채로움

주구지(左 上)
주구지 천수국만다라수장(左 下), 주구지 목조반가사유상(右)

⑱ 고후쿠지興福寺

- 710년 헤이죠쿄 천도시 궁궐의 동쪽 외경에 세워진 대표적인 사찰로 현재는 나라공원에 위치
- 당대 권세가인 후지와라 후히토藤原不比等가 세운 씨사氏寺로 714년 금당이 완성되고 계속 건물이 들어서 현재의 나라공원 전체가 절이었다고 함
- 메이지유신 때의 '폐불훼석廢佛毁釋'으로 파괴되고 나라공원으로 지정되었는데 그 후의 복원노력으로 오중탑이 세워지고 석가여래상이 본존에 안치되었다고 함
- 국보관은 80점 이상의 국보와 중요문화재를 소장하고 있으며 특히 십대제자상, 팔부중상八部衆像 조각들은 뛰어난 조형미를 지닌 일본의 독자적인 불교문화를 보여주는 예술품으로 높이 평가됨
- 쇼소인문서에 의하면 734년 불사 쇼군 만푸쿠将軍万福 등이 고후쿠지 서금당西金堂의 제諸 불상을 만들었다는 기록이 있는데 그는 백제 이주민의 자손으로 보임

⑲ 에이후쿠지叡福寺

- 쇼토쿠태자의 제사를 맡고 있는 절로 622년 쇼토쿠 태자가 죽자 묘를 수호하고 명복을 빌기 위해 법당을 세우고 724년 쇼무 천황의 칙령으로 가람이 세워졌다고 함
- 경내에는 금당, 성령전, 보탑 등이 있으며 성령전은 태자당으로도 불리는데 1603년 복원된 것으로 모모야마桃山시대-오다織田, 도요토미豊信시대-건축의 특징을 잘 보여 주는 건물이라고 함

에이후쿠지

⑳ 야쿠시지藥師寺

- 690년 덴무 천황이 왕후의 쾌유를 기원하여 짓기 시작하여 698년 몬무文武 천황이 완성한 절로 본래 후지와라쿄에 있었으나 710년 나라 천도 때에 헤이죠쿄로 옮겨지었다고 함

- 화재로 소실된 것을 1970년대 이후 복원한 것으로 7개 건물七堂 중 동탑과 조각들은 원래의 모습이라고 함
- 동탑은 730년 준공된 것으로 33.6미터
- 가람배치는 경주 감은사와 같이 신라식의 쌍 탑 배치로 청동약사삼존상은 당풍의 양식을 보여 이채로움

2. 오사카大阪부

① 시텐노지四天王寺

- 쇼토쿠 태자가 603년에 세운 절로 초기 아스카 불교문화를 대표하는 사찰의 하나
- 강당, 금당, 탑, 중문을 일직선상에 배치하는 백제식 가람배치로 이러한 가람배치를 시텐노지식 가람배치라고 함
- 백제인 공인집단이 건립한 것으로 추정되며 호류지와 동범기와인 단판8엽 연화문 수막새 등이 출토
- 중세에 소실되어 재건되었으나 태평양전쟁으로 다시 파괴되었고 현재의 사찰은 그 후에 복원된 것임
- 현재 오사카동포사회가 주축이 되어 '사천왕사왔쇼이' 행사가 개최되어 고대 한일 간 교류의 모습을 재현

② 아스카베飛鳥戶신사

- 백제 개로왕의 아들(또는 아우)로 461년 도왜하여 가와치 왕국을 세운 곤지昆支왕을 모시기 위해 그 자손들에 의해 세워진 사당
- 엔기시키延喜式의 신명장神名帳에 오른 명신대사明神大社였지만 오랜 기간 방치되어 지금은 초라한 사당에 불과
- 주변지역은 백제 이주민들이 집단 거주한 지역으로 백제인들의 묘지로 보이는 아스카센즈카飛鳥千塚 고분군이 인근에 전개

③ 후루이치古市 고분군과 곤다(호무다)고보야마譽田御廟山 고분

- 곤다고보야마 고분은 하비키노羽曳野시에 있는 후루이치 고분군의 중심이 되는 전방후원분으로 전장 425미터로 일본에서 두 번째로 큰 고분
- 일본학계는 곤다고보야마 고분의 조성시기를 4세기 말~5세기 초로 보고 오진應神왕릉으로 비정하였으나 근년 조성시기를 5세기 말~6세기 보아 이 고분이 곤지왕의 무덤이라는 견해가 유력하게 제기됨
- 후루이치 고분군은 동서 3킬로미터, 남북 4킬로미터 범위에서 주로 구릉에 4세기 중엽~6세기 중엽에 조성되었는데 전방후원분, 원분, 방분 등 총 123기로 구성되며 200미터를 넘는 고분도 6기가 있음
- 후루이치 지역은 백제인 집단거주지였음
- 후루이치 고분군에서는 주로 철제품과 무기, 무구 등이 많이 부장된 것이 특징으로 당시 상당한 전란이 있었음을 암시함
- 후루이치 고분군과 모즈 고분군의 대형 고분들은 일본열도의 패권이 나라분지에서 오사카 남부로 이동한 것을 웅변으로 보여주는 고분들이라고 할 수 있음

④ 모즈百舌鳥 고분군과 다이센大仙, 大山 고분

- 다이센 고분은 사카이堺시에 있는 모즈 고분군의 중심적인 전방후원분으로 전장 486미터로 일본에서 가장 큰 무덤
- 일본학계는 다이센 고분의 조성시기를 5세기 중엽으로 보고 닌토쿠왕릉으로 비정하였으나 근년 조성시기를 5세기 말~6세기 초로 보고 게이타이왕의 묘라는 견해가 유력하게 제기됨
- 모즈 고분군은 대량의 성토가 필요한 평지에 축조되었으며 다양한 형식의 고분이 혼재하며 현존 고분은 46기
- 다이센 고분이 오사카 만에 연하여 남북으로 조성된 것은 바다를 항해하는 배에서 고분의 측면을 볼 수 있게 하여 국내외에 위용을 과시하려는 의도에서 조성된 것이라는 견해가 있음
- 사카이 지역은 고대 5세기에 주로 백제인들이 개척한 지역으로 지금도 백제천이 시의 중앙을 흐르고 백제교가 놓여져 있음

- 미국의 보스턴미술관은 다이센 고분에서 유출된 것으로 보이는 환두대도의 파두와 수대경을 소장하고 있는데 이들은 백제 무령왕릉에서 출토된 것과 매우 흡사하여 이 무덤의 피장자와 무령왕이 긴밀한 관계에 있었던 사실을 말해줌

⑤ 구다라데라百濟寺 터와 구다라오百濟王신사

- 히라카타枚方시에 있는 구다라데라 유적공원은 백제왕 씨의 씨사인 구다라데라가 있던 곳으로 현재는 그 절터와 백제왕신사가 남아 있음
- 구다라데라를 세운 인물은 의자왕의 아들로 백제 패망 시 일본에 남은 선광禪広의 증손자인 백제왕경복이며 백제왕신사는 그의 자손들이 경복을 모신 사당임
- 구다라데라의 북쪽에 연하여 형성된 긴야혼마치禁野本町유적에서 대규모 주거 유적이 확인되었는데 백제인 유민들의 일종의 자치도시였던 것으로 추정되고 있음

⑥ 스에무라陶邑 유적과 오바데라大庭寺 유적

스에무라 유적(上)과 오바데라 유적(下)

- 스에무라 유적은 모즈 고분군의 남쪽에 해당하는 사카이시를 중심으로 한 광대한 센호쿠宣北구릉 일대에 분포하는 일본최대의 스에키 생산 유적
- 동서 15킬로미터, 남북 9킬로미터에 이르는 지역에 스에키가마터 854기가 확인
- 스에무라 유적은 5세기 초 이래 가야에서 이주한 도공집단이 형성되어 200년 이상 스에키를 생산하여 일본열도 전역으로 공급한 것으로 보임
- 또한 사카이시의 오바데라 유적에서는 초기 스에키 가마, 주거지 우물, 유로 분묘 등의 유구가 확인되었으며 열도에서 가장 이른 시기에 스에키를 대규모로 생산한 유구가 특히 주목됨
- 가마 폐기장에서는 고배高盃, 통형기대筒形器臺, 대옹大甕 등의 토기가 출토되었는데 고배는 함안, 통형기대는 부산, 김해 지역 출신의 공인이 4세기 말에서 5세기 초에 걸쳐 제작했을 가능성이 높은 것으로 전문가들은 추정

- 스에무라 유적은 가야에서 이주한 도공이 형성된 이래 200년 이상 조업한 일본의 대표적인 토기 생산 유적으로 후대에 기술이 전승되어 비젠備前야키와 같은 도기 제작기술에도 영향을 미침

⑦ 전傳 왕인王仁묘

- 히라카타시의 하카다니에 있는 무덤으로 5세기 일본에 논어와 천자문을 전했다는 왕인 박사의 묘로 전해짐
- 1731년 교토의 한 유학자가 왕인의 묘로 단정하여 영주의 허가를 받아 '박사왕인지묘'라는 비를 세우고 왕인의 무덤으로 확정함
- 그러나 왕인의 묘에 관하여는 여러 가지 설이 있는데 특히 백제의 왕족일 가능성이 높고 야마토에서 크게 활약한 왕인 박사의 묘가 변방이라고 할 수 있는 히라카타에 있다는데 대해서는 비판적인 견해도 많음
- 근년 일본의 협조로 한국인들이 백제문과 정자 등을 묘지 근처에 세우고 교류행사를 갖는 등 한일 우호관계 증진의 장소로 활용되고 있음

⑧ 후지이데라葛井寺

- 후지이데라시에 있는 백제계인 후지이 씨의 씨사
- 후지이 씨의 시조인 시라이노후히토 이쓰白猪史膽津는 백제 진사왕의 아들로 왜국으로 건너온 진손왕辰孫王의 5세 손이며 720년 후지이노무라지의 가바네姓를 하사받음
- 이쓰는 긴메이왕 때인 569년 시라이에 소속된 농민들의 호적과 토지대장을 정리한 인물

전 왕인묘(上), 전 왕인묘 백제문(中), 전 왕인묘 표지석(下)

⑨ 사이린지西琳寺

- 왕인의 후손 씨족인 가와치노후미河內文, 西文 씨가 559년 창건한 씨사라고 사찰기록은 전하고 있음
- 메이지유신 때의 폐불훼석령廢佛毀釋令에 의해 폐사가 되었다가 후손들이 현재의 사찰로 복원
- 현재 남아 있는 탑의 심초석心礎石은 길이 3.2미터, 너비 2.6미터, 무게 2.6톤으로 일본에서 가장 큰 것으로 알려짐

⑩ 시죠나와테四條畷시 시토미야기타 마사유적

- 5~6세기 시토미야기타蔀屋北 유적을 중심으로 마사유적이 집중 분포되어 있는데 말을 사육한 목장이 소재하였음
- 말은 사람보다 10배 많은 소금을 섭취하는데 이 유적에서는 제염토기가 1,500점 이상 출토
- 시조나와테시 주변에는 한반도산 토기와 생활용품이 매우 밀도 높게 발견되는 곳으로 이주해온 마사집단이 거주하면서 말을 사육함
- 시토미야기타 유적은 평지에 100동 이상의 수혈건물과 굴립주 건물지가 발견되었는데 영산강 유역에서 전해진 부뚜막과 아궁이틀로 사용한 토제품이 다수 발견되고 말뼈도 다수 발견

⑪ 야추지野中寺

- 후지이데라시에 있으며 백제계 이주민의 후손인 후네船 씨의 씨사로 650년 경 창건된 것으로 추정

야추지(左) 및 불상(右)

- 후네 씨의 시조는 왕진이王辰爾로 그는 긴메이왕 때 선박의 세금징수를 담당하는 후네노후히토船史로 임명되었으며 진손왕의 4세손
- 동쪽에 금당, 서쪽에 탑을 둔 가람배치로 국보인 금동미륵상이 소장되어 있음
- 왕진이는 570년 고구려 사신이 가져온 까마귀 깃털에 쓰인 외교문서를 해독한 인물로 일본서기에 기술
- 후네 씨는 후지이 씨와 함께 진사왕의 후손으로 도왜하여 많은 관료와 학자를 배출한 명가

⑫ 스미요시住吉대사

- 고대 구다라스百濟洲였던 오사카 앞바다 스미요시지역에 있는 웅장한 신사로 바다를 지켜주는 신라의 해신海神 스미요시대신住吉大神을 모신 사당
- 4개의 본궁이 있으며 제1~3본궁에는 스미요시3신을 모시는데 스미요시3신은 '와타쓰미노가미綿津見神'로 불리는 신으로 '와타'는 '바다'가 변한 말이라는 것이 통설
- 제사를 지낼 때는 흰 두루마기에 붉은 치마를 입은 무녀들이 한신韓神을 모시는 한신인장무韓神人長舞라는 춤을 추면서 제사를 모신다고 함

스미요시대사

⑬ 다카이시高石신사

- 650년 창건된 신사로 다카시高志 가문의 조상인 왕인 박사를 제사하기 위해 세운 사당으로 일본 왕실이 직접 제사를 주관하였다는 기록이 있음
- 다카시 가문은 명문가로 대표적인 인물은 일본 최초의 대승정이 되고 도다이

지 창건의 공로자인 교키行基 스님

- 다카시 가문은 가와치의 후루이치를 근거지로 한 왕인의 직계 후손

다카이시신사

⑭ 에바라지家原寺

- 교키行基 스님이 태어난 곳으로 본당, 개산당開山堂, 교키 스님의 무덤 등이 있으며 교키는 700년 33세 때 생가를 민중을 위한 사원으로 만들고 민중불교자의 길로 들어섬

에바라지

- 교키 스님은 부모 모두 백제계로 15세에 출가한 백제계 후네 씨족 출신으로 법상종法相宗의 원조인 도쇼道昭 스님의 가르침을 실천하고자 추종자들과 함께 민중구제사업과 토목공사, 교화사업에 진력하여 민중들의 깊은 존경을 받음
- 교키 스님은 일본 전국에 49개의 사원을 조영하였고 교키를 개산開山으로 하는 사찰은 전국에 208사 있으며 교키즈行基圖는 일본의 가장 오래된 일본지도로 알려짐

⑮ 히메코소比賣許曾신사

- 오사카시 히가시나리구東成區에 있는 신사로 신라왕자 아메노히보코天日槍의 부인으로 알려진 아카루히메阿加留比売를 제신으로 모심
- 아카루히메신은 한반도에서 건너온 사람들이 제사지내던 신으로 보이며 몇 가

지 관련된 전설이 있는데 고사기에도 오진왕 때에 아메노히보코와 아카루히메 전설이 기록되어 있음

- 아메노히보코가 알에서 태어난 아름다운 부인 아카루히메가 왜국으로 떠나자 그녀를 찾아서 왜국으로 건너왔다는 전승 등을 기록
- 일본서기는 스이닌기 3년 조에 아메노히보코가 7종의 보물을 갖고 건너 왔다는 기록이 있음
- 신사의 주변지역은 남 백제촌으로 불리어 백제이주민이 집중 거주하던 지역이었는데 신라왕자인 아메노히보코와 관련이 깊은 신사가 있어서 이채로움

히메코소신사

⑯ 히네日根신사

- 이즈미사노泉佐野시에 있으며 673년 창건된 유서 깊은 신사로 신라계의 후손인 히네 씨가 조상을 제사하기 위해 세움
- 히네 씨의 조상은 신라에서 건너온 신라국왕 오시후노오미億斯富使主로 전해짐
- 신사 왼편에 있는 지겐인慈眼院은 히네신사를 수호하는 신궁사로 금당과 다보탑 등은 구카이空海 스님에 의해 건립된 것으로 알려짐
- 다보탑 천정에서 발견된 명문에서 지겐인과 히네신사가 신라계 이주민의 후손들에 의해 건립된 사실이 확인됨

히네신사

3. 교토京都부

① 고류지広隆寺

- 622년 교토에서 최초로 창건된 사찰로 신라계 하타秦 씨 일족의 씨사이며 하타 가와카쓰秦河勝가 603년 쇼토쿠 태자에게서 받은 목조불상을 모시기 위해 건립되었다고 함
- 이 절은 일본의 국보 1호인 목조미륵보살반가사유상을 소장하고 있어서 유명하며 이 불상은 한국의 국보인 금동미륵보살반가사유상과 흡사하여 '쌍둥이 불상'으로 불리기도 함
- 독일의 사상가 카를 야스퍼스는 1945년 이 불상을 보고 인간실존의 최고이념이 남김없이 표현되었다고 극찬하였다고 함
- 이 불상에 사용된 목재는 한국산 적송赤松으로 확인되었는데 불상의 제작지에 대하여 논란은 있으나 일본서기 등의 기록에 비추어 신라에서 제작된 것으로 추정
- 일본서기에는 스이코11년(603년) 쇼토쿠태자가 불상을 하타 가와가쓰에게 주었다는 기사와 스이코31년(623년) 불상을 신라로부터 받았다는 두 개의 관련기록이 있음
- 이 절에는 우는 반가사유상, 쇼토쿠태자상, 하타가와카쓰 부부의 초상 등도 소장
- 이 사찰이 있는 우즈마사太秦 지역은 5세기 초 한반도에서 이주해온 하타 씨 일족의 본거지로 이들은 치수, 관개, 양잠, 양조 등 다양한 분야에서 교토를 개척, 발전시킨 최대 규모의 이주민 집단

② 다카노 니이가사高野新笠묘

- 간무桓武 천황(재위 781년~806년)의 모친인 다카노 니이가사 황태후皇太后의 묘로 교토시 니시쿄西京구 오에쿠쓰가케쵸大枝沓掛町의 산정에 위치하여 주변을 조망할 수 있는 탁월한 곳에 입지하고 있어서 풍수사상의 영향을 받은 것으로 보임

- 다카노 니이가사는 부친이 야마토 오토쓰구和乙継로 백제 무령왕의 아들 순타純陀의 후손이며, 모친은 백제계인 하지 마이모土師眞妹이므로 완전한 백제인의 후손이라 할 수 있음
- 다카노 황태후는 외가인 하지 씨가 교토의 오에大枝를 본거지로 하고 있어서 이곳에 매장된 것으로 보임
- 하지土師 씨는 주로 토목공사와 능묘건설 등을 담당한 씨족

③ 히라노平野신사

- 794년 교토의 헤이안쿄로 천도한 간무 천황이 모친인 다카노 니이가사와 자신의 조상인 백제계 신들을 제사하기 위해 세운 신사
- 주신은 이마키今來신으로 백제의 성왕 또는 백제와 고구려의 시조인 주몽으로 추정
- 역대의 황태자들이 이곳에서 직접 제사를 집행한 것으로 알려짐
- 역대의 집정가문인 다이라平 씨, 미나모토源 씨, 오에大江 씨, 스가와라管原 씨 등이 자신의 외손이 황태자가 되기를 바라는 마음에서 많은 예물을 바친 것으로 유명

히라노신사

④ 야사카八坂신사와 기온마쓰리祇園祭

- 656년 고구려 보장왕의 사신副使으로 왔던 이리지伊利之가 신라의 우두산牛頭山에 있던 스사노오노미코토素盞鳥尊의 신주를 모시고 와서 세웠다고 하며 원래의 이름은 기온사祇園社였다고 함

- 일본서기 사이메이기2년 조에 이리지를 포함 81명의 고구려 사신이 왔다는 기록이 있음
- 고구려 사신이 신라신을 모신 이유는 알려지지 않고 있으나 이리지의 자손들이 지금도 이 지역에 살고 있다고 함
- 이리지는 부근에 고구려식 사찰인 호칸지法觀寺-야사카지八坂寺라고도함-도 세웠는데 현재는 5중탑만 남아있으며 이 탑은 교토의 대표적인 상징물이 되고 있음
- 야사카신사는 특히 매년 7.17.~24. 열리는 기온마쓰리로 유명한데 기온마쓰리는 일본의 마쓰리의 기원이자 오사카의 덴진天神마쓰리, 도쿄의 간다神田마쓰리와 더불어 일본의 3대 마쓰리임

야사카신사

- 기온마쓰리 때는 화려하게 장식한 수레-보통은 야마山車 14대와 야마의 지붕에 양날 창을 세운 호코矛 6대- 행렬이 교토 중심가를 순회하는데 전국에서 온 수백만 명이 이 마쓰리를 관람한다고 함
- 이리지가 야마토로 이주한 것은 당시의 긴박했던 한반도 정세와 관련이 있는 것으로 보이며 후에 사이메이 여왕으로부터 야사카노미야쓰코八坂造라는 성을 하사받음

⑤ 기요미즈데라淸水寺

- 백제 이주민 아치노오미阿知使主의 후손으로 간무 천황 때인 797년 정이대장군이 된 사카노우에 다무라마로坂上田村麻呂(758년~811년)가 780년에 세운 절로 그는 798년에는 금색의 관세음보살을 만들어 절에 바치기도 함
- 다무라마로는 간무 천황의 총애를 받았으며 동북 지방의 에미시蝦夷를 정벌한 무장
- 이 사찰은 창건 시에는 작은 씨사에 불과하였으나 다무라마로가 805년 개선하자 천황이 넓은 부지를 하사하고 왕실의 원당願堂사찰로 격상시킴으로써 명성을 얻게 됨
- 특히 이 절은 139개의 나무기둥들이 못을 전혀 사용하지 않고 견고하게 조합되어 있고 그 위에 인공의 무대가 설치된 점이 특이함

- 본당에는 28부중상二十八部衆像이 있는데 명작으로 손꼽히며 십일면천수관음상이 영험하다 하여 유명해짐
- 경내에는 또한 '아테루이와 모레의 비'가 세워져 있는데 이들은 다무라마로가 에미시를 정벌하고 개선할 때 데리고 왔으나 그의 구명노력에도 불구하고 처형당한 두 사람의 영혼을 추모하기 위해 1994년 세워진 비석임
- 이 절은 일본인이 가장 좋아하는 교토의 명소의 하나로 절로 올라가는 아기자기한 골목길도 인기

⑥ 마쓰오松尾대사

- 701년 신라계 후손인 하타 이미키도리秦己寸都理에 의해 창건된 신사로 스사노오신의 아들신인 오야마구이노가미大山咋신-오토시노가미大年神으로도 불림-을 모심
- 이 신은 가라노가미韓神, 소보리노가미曾富里神, 시라히노가미白日神을 낳았는데 모두 신라와 관련된 신들임
- 이 신사는 본래 농경과 관계가 깊은 신사였으나 에도 시대부터 양조와 관계되는 신사로 각광을 받게 됨
- 전국의 유명한 양조장이 기증한 술통들이 벽면을 가득 메우고 있는 광경이 이채로우며 중세 이래 술의 신을 모시면서 더욱 유명해짐

마쓰오대사 술통

⑦ 후시미이나리伏見稲荷대사

- 벼농사로 번창한 하타 씨 일족이 모시는 신사로 711년 하타 이로코秦伊呂具에 의해 창건되었다고 함

- 제신은 신라의 농업신이나 후에 식산진흥의 신으로 숭앙되어 번창하는데 전국의 4만 개가 넘는 이나리신사의 총본산임
- 매년 11.8.에는 일본 황실의 제사인 니이나메노마쓰리新嘗祭와 똑같은 제사를 지낸다고 함
- 무엇보다도 이 신사는 참배로参拜路에 붉은 색의 도리이鳥居가 2만 여개가 세워져 '도리이터널'을 이루고 있는 모습이이 장관인데 도리이들은 산업발전을 기원하여 기증된 것들이라고 함
- 여론조사에 의하면 교토를 방문한 외국인 관광객들이 가장 좋아하는 곳으로 선정됨

후시미이나리대사(左)와 도리이터널(右)

⑧ 센뉴지泉涌寺

- 13세기 이래 천황가의 보리사菩提寺로 이어져 온 사찰
- 보리사란 한 집안에서 대대로 장례를 지내고 조상의 위패를 모시어 축원을 하는 개인소유의 절
- 이 사찰에서는 덴지天智 천황(재위 661년~671년) 이후의 덴지계 천황을 모시고 있는데 덴지 천황 이전의 왕들과 덴무天武 천황(재위 673년~686년)에서 쇼토쿠稱德 천황(재위 764년~770년)까지의 덴무계 천황은 모시지 않는 것이 주목됨
- 이는 현재의 천황가가 덴무계 천황들과는 계보가 다른 사실을 말해주는 것으로 해석할 수 있음
- 또한 이 사찰에는 쇼군의 명으로 유명화가가 그린 '조선통신사환대도'라고 불리는 병풍화가 소장되어 있으며 이 병풍화에는 조선통신사가 국서를 수교하는 의식, 그들을 환대하는 모습 등이 생생하게 그려져 있는데 평상시에는 볼 수 없고 전시회 등에서 공개된다고 함

⑨ 도지東寺

- 도지는 796년 착공되어 100년이 지나서야 완공되는데 823년에는 구카이空海 스님이 주지로 임명되어 진언종眞言宗 사찰로 태어남
- 도지는 사이초最澄가 개창한 천태종天台宗의 엔랴쿠지延暦寺와 함께 헤이안 시대 불교의 양대 산맥으로 불림
- 진언종은 밀교密教로 만다라曼荼羅는 진언종 고유의 신앙
- 도지에는 입체만다라와 부동명왕不動明王 등 기괴한 모습의 불상들이 있으며 도지의 오중탑은 교토의 랜드마크가 되고 있고 유네스코세계유산에도 등재됨
- 간무 천황은 헤이안쿄로 천도하면서 나라에 있던 호족들의 씨사들의 전을 금지하고 관사로서 오직 동과 서에 두 개의 사찰만을 세우는데 도지는 동쪽에 건립된 사원임
- 구카이와 사이초는 804년 견당사의 일원으로 당에 유학하고 귀국하여 불교계의 지도자가 되는데 당에 유학할 때 신라의 도움을 받은 것으로 알려짐

⑩ 가모賀茂신사와 아오이葵마쓰리

- 가모신사는 교토 북쪽에 있는 오래된 신사로 매년 5.15. 아오이마쓰리가 열림
- 이 신사는 5세기 야마토 지역의 가쓰라기에서 이주해 온 가모 씨 일족이 가모가와鴨川 강변에 정착하여 세운 신사로 상 · 하 두 개의 신사-즉 가미上가모신사와 시모下가모신사-가 있음
- 가모 씨의 출자에 관하여는 하타 씨와의 긴밀한 유대관계가 확인되고 교토로 이동하기 전의 거주지도 같은 점 등이 주목됨

가미上가모신사(左)와 시모下가모신사(右)

- 아오이마쓰리는 6세기 아스카 시대부터 풍요를 기원하여 열린 축제가 기원이며 8세기 나라 시대에는 야마시로山城-지금의 교토-를 대표하는 마쓰리로 성장하는데 가장 오랜 역사와 전통을 자랑하는 마쓰리라고 할 수 있음
- 옛날 의상을 입은 약 500명의 행렬이 40마리의 소, 말과 함께 가와라초 거리를 행진하고 신사에 다다르면 천황의 제물을 받드는 신사의 마쓰리가 집행된다고 함

⑪ 덴지天智 천황릉

- 다이몬지大文字산에서 야마나시山梨분지를 조망할 수 있는 남쪽의 구릉 사면에 위치한 상원하방분으로 상원분은 팔각형으로 추정되며 하방부는 2단 축성으로 됨
- 최초로 본격적인 풍수사상이 도입되어 능의 위치를 정한 것으로 보이며 신라왕릉과 위치가 유사한 점에서 신라의 풍수사상의 영향을 받은 것으로 보임

⑫ 기타노덴만구北野天滿宮

- 일본의 학문신으로 추앙받는 스가와라 미치자네管原道眞(845년~903년)을 제주로 모신 큰 사당
- 미치자네는 조상이 백제 이주민인 하지 씨로 왕인과 더불어 일본 최고의 학문신
- 이 신사는 입학시험을 앞두고 합격을 기원하는 학부모들이 참배하는 신사로 유명
- 스가와라의 유배지였던 규슈의 후쿠오카에도 다자이후太宰府덴만구가 있음

기타노덴만구

⑬ 헤비즈카蛇塚 고분

- 교토시 우쿄구 우즈마사오모가케초太秦影町에 있는 전방후원분으로 이시부타이 고분에 필적하는 전체길이 75미터의 거석고분
- 매장시설은 횡혈식 석실이며 천장석과 후벽일부가 유실
- 크고 작은 50여개의 바위덩어리가 봉분을 이루며 돌무지 전체길이는 17.8미터로 교토에서는 가장 큰 횡혈식 석실

헤비즈카 고분

- 6세기말~7세기 초에 조성된 것으로 보이며 피장자는 이 지역을 개척한 하타씨의 지도자로 추정되며 하타 가와가쓰秦河勝의 묘라는 설도 있음

4. 기타 긴키지방

① 엔랴쿠지延曆寺

- 시가滋賀현 오쓰大津시의 히에比叡산에 위치한 일본 천태종의 총본산으로 백제 이주민의 후손인 전교대사傳教大師 사이쵸最澄(767년~822년)가 당에 유학한 후 귀국하여 806년 천태법화종을 창시하고 창건한 사찰
- 엔랴쿠지는 3탑塔 16곡谷으로 된 거대한 규모의 사찰로 대표적인 동탑구역의 중심건물은 장대하고 장엄한 근본중당으로 사이쵸가 직접 조각하였다는 약사여래상이 비불로 모셔짐
- 일본의 명승 자각대사慈覺大師 엔닌圓仁(794년~864년)이 세운 적산궁赤山宮이 경내에 있으며 적산궁에서는 신라명신新羅明神을 제주로 제사
- 엔닌은 신라계 호족 니부壬生가문 출신으로 838년 견당사의 일원으로 당에서

10년간 유학한 후 귀국하여 유명한 '입당구법순례행기'를 저술하였으며 유학시 큰 도움을 준 장보고를 존경하여 적산궁을 세우고 신라명신을 제사하게 됨
- 엔닌은 사이쵸의 제자로 천태종의 3대 좌주를 지냈으며 엔랴쿠지 발전에 크게 이바지하고 천황과 귀족들에게 수계를 내린 고승
- 이 사찰의 경내 무수보살상의 옆에는 완도군에서 건립한 '청해진대사장보고비'가 세워져 있음

② 온조지園城寺

- 시가현 오쓰大津시에 위치한 일본 천태종 사문파의 총본산으로 5세기 아치노오미阿知使主를 따라 이주해 온 오토모大友 씨가 이 사찰을 건립한 것으로 알려짐
- 경내에는 덴지, 덴무, 지토의 3인 천황이 사용했다는 영험한 우물이 있다하여 미이데라三井寺라고도 불림
- 또한 이 사찰의 경내에는 절을 수호하는 시라기新羅신사가 있으며 이 신사는 신라명신新羅明神을 제사하는데 신라명신은 스사노오노미코토를 의미한다는 견해가 있음
- 사문파의 개창자인 엔친圓珍 스님(814년~891년)은 당에서 유학한 후 시라기신사와 신라명신상을 온조지 경내에 세워 예배하였다고 함
- 시라기신사는 국보로 시라기젠신도新羅善神堂로도 불리는데 이를 세운 엔친스님은 신찬성씨록에 의하면 신라인 와케和氣 씨 출신으로 스이닌垂仁왕의 후손이라고 함

온조지

③ 햐쿠사이지百濟寺

- 비와코琵琶湖호수의 3대 명승지로 616년 쇼토쿠 태자의 발원으로 창건한 것으로 알려졌으나 백제계 이주민들이 세운 절로 보임
- 고대 백제인들의 집단 거주지인 햐쿠사이초百濟町의 스즈카산의 산등성이에 위치하고 있음
- 불당은 백제의 용운사龍雲寺를 본 따 만들었으며 본존은 쇼토쿠 태자가 만든 식목의 관음이었다고 함
- 최초의 주지 스님은 고구려승 혜자惠慈였으며 이후로는 혜총惠聰 등 백제승들이 주지로 있던 유서 깊은 사찰이었으나 16세 오다 노부나가織田信長에게 대항하다가 폐사가 됨
- 가을단풍이 특히 아름다우며 일본의 사찰 중 백제百濟를 구다라가 아닌 햐쿠사이로 발음하는 유일한 절로 소재지는 시가현 히가시오미東近江군 햐쿠사이지초百濟寺町

④ 기시쓰鬼室신사

- 백제 부흥군을 지휘한 귀실복신의 아들인 기시쓰 슈시鬼室集斯를 제사지내는 신사로 시가현 히노초日野町에 위치
- 기시쓰 슈시는 663년 백제에서 건너와 부친의 공을 인정받아 소금하小錦下의 지위에 학식두學識頭로 임명되고 668년 백제유민 700명을 이끌고 오미近江국 가모蒲生군에 정착하여 생활
- 현재 신사에는 기시쓰 슈시의 묘비가 있으며 기시쓰 씨는 759년에는 구다라노기미百濟公으로 성을 바꿈

⑤ 이시도지石塔寺

- 시가현 히가시오미시東近江 이시도초石塔町에 있는 고대 사찰로 쇼토쿠 태자가 세운 것으로 알려짐
- 화강암으로 쌓은 3층 석탑이 있으며 탑의 주위를 소형 오륜탑들이 여러 겹으로 둘러싸고 있음

- 이시도지 지역은 668년 백제계 유민들이 대규모로 이주한 곳으로 이시도지는 이들의 신앙의 중심지였던 것으로 보임
- 일본에서는 석탑이 매우 드문데 백제에서 볼 수 있는 석탑의 양식을 이 지역의 백제계 주민들이 계승한 것으로 추정됨

⑥ 스다하치만隅田八幡신사와 인물화상경人物畵像鏡

- 스다하치만신사는 와카야마和歌山현 하시모토橋本시에 있는 신사로 백제 무령왕이 야마토 왕조의 남제왕男弟王에게 보낸 인물화상경을 소장하여 유명해짐
- 국보로 지정된 이 동경의 명문에는 503년 무령왕인 사마가 남제왕에게 보냈다는 사실이 명기되어 있는데 남제왕의 정체에 대해 과거 논란이 있었으나 현재는 게이타이왕으로 보는 것이 정설이 되고 있음
- 다만 게이타이왕의 정체와 명문의 해석에 대하여는 아직도 논란이 계속되고 있음

⑦ 오사케大避신사

- 7세기 중엽 이 지역의 지방관이던 하타 씨가 자신의 조상을 모시는 신사로 창건하였다는 설과 하타 가와가쓰의 영혼을 달래기 위해 세워진 신사라는 두 개의 설이 있음
- 신사가 있는 효고兵庫현의 아코赤穗 지역은 하타 씨 일족이 개척한 지역으로 하타씨가 세운 신사임은 분명
- 웅장한 신사로 오사케라는 신사의 이름은 하타 씨의 근거지인 교토의 우즈마사에 있는 오사케大酒신사의 분사형태로 세워져 하타 씨의 시조인 하타 사케노기미秦酒公를 모신 것으로 보임

오사케신사

⑧ 가쿠린지鶴林寺

- 효고현 가코가와시 가코가와초加古川町에 소재한 사찰로 고구려 출신 승려인 혜편법사惠便法師가 개창한 것으로 전해짐
- 혜편은 일본에 불교가 공인되기 전에 일본에 들어왔는데 불교를 배척하는 모노노베 씨物部 일파의 박해로 하리마播磨 지역으로 피난하여 교화활동을 함
- 지금도 쇼토쿠 태자와 관련된 신앙의 중심지로 유명하며 '하리마의 호류지'로 불림

가쿠린지

⑨ 시라기新羅신사

- 효고현 히메지姫路시 욘고초四郷町에 위치한 신사로 신라명신을 제사지내는데 신라계 주민들이 자신들의 조상을 제사지내기 위해 세운 신사로 보임
- 현재는 밀집한 택지 사이에 겨우 지붕만 남아 있고 표지판도 없지만 훌륭한 석조 도리이가 걸려 있고 '新羅神社'라는 큰 편액이 걸려 있음

시라기신사

- 이 신사가 있는 이치가와市川 유역은 고대 신라인들이 다수 거주한 지역으로 5세기 전반 이주민이 이입된 후 8세기 전반까지 지속적으로 이주민의 거주가 확인됨

⑩ 이즈시出石신사

- 효고현 이즈시군 이즈시초出石町에 위치한 신사로 신라 왕자 아메노히보코天日槍를 제사지냄
- 아메노히보코는 일본서기에 제 11대 스이닌왕 때 7종의 신보를 갖고 신라에서 이주해 온 왕자로 묘사되고 있는데 실제로는 고대 비교적 이른 시기에 선진 청동기문화를 갖고 도래하여 주로 긴키의 북부 지역을 개척하고 세력을 확대해 간 신라계 집단으로 보여짐
- 신사의 신체물神體物은 아메노히보코가 가져왔다는 옥석玉石이며 이 지역의 전설에 의하면 그는 이 지역에 도착하여 늪지대의 바위산을 잘라 물을 바다로 흘려보내고 곡창지대를 만들었다고 함

이즈시신사

참고문헌

1. 한국어

- 강길운, 한일 고대관계사의 쟁점, 한국문화사, 2002
- 계연수(안경전 역주), 환단고기, 상생출판, 2012
- 권오엽, 권정 옮김(오노 야스마로 저), 고사기(상중하), 고즈윈, 2007
- 권태명, 한민족이 주도한 고대 일본문화, 시대정신, 2012
- 김향수, 일본은 한국이더라, 문학수첩, 1995
- 김운회, 새로 쓰는 한일 고대사, 동아일보사, 2010
- 김유경 편역(Jon Carter Covell 저), 부여 기마민족과 왜, 글을 읽다, 2006
- 김용운, 한 · 일간의 얽힌 실타래, 문학사상사, 2007
- 김용운, 천황은 백제어로 말한다, 한일문화교류센터, 2009
- 김진근 역(Ruth Fulton Benedict 저), 국화와 칼, 2010
- 김태식, 사국시대의 가야사 연구, 서경문화사, 2014
- 김향수, 일본은 한국이더라, 문학수첩, 1995
- 김현구, 백제는 일본의 기원인가, 창비, 2002
- 김현구, 임나일본부설은 허구인가, 창비, 2010
- 박노자, 거꾸로 보는 고대사, 한겨레출판, 2010
- 박명미, 시미즈기요시 공저, 아나타는 한국인, 2004
- 박영규, 고구려왕조 실록, 웅진 씽크빅, 1997
- 박영규, 백제왕조 실록, 웅진 씽크빅, 2000
- 박영규, 신라왕조 실록, 웅진 씽크빅, 2001
- 박정화, 일본의 원뿌리를 찾아서, 삼애사, 2006
- 박천수, 일본속 고대 한국문화(긴키지방), 동북아역사재단, 2013
- 박천수, 새로 쓰는 고대 한일 교섭사, 사회평론, 2007
- 부지영, 일본, 또 하나의 한국, 도서출판 한 송, 1997
- 소진철, 백제 무령왕의 세계, 주류성출판사, 2008
- 손제하, 조선이 일본에 전해준 하이테크이야기, 일 빛, 1996
- 승천석, 곤지의 아스카베 왕국, 책사랑, 2009
- 승천석, 고대 동북아시아와 예맥한의 이동, 책사랑, 2011

- 신상목, 학교에서 가르쳐주지 않는 일본사, 뿌리와 이파리, 2017
- 연민수 외, 역주 일본서기, 동북아역사재단, 2013
- 연민수. 서영수 외, 광개토왕비의 재조명, 동북아역사재단, 2013
- 유홍준, 나의 문화유산 답사기(일본편 1 규슈), 창비, 2013
- 유홍준, 나의 문화유산 답사기(일본편 2 아스카. 나라), 창비, 2013
- 유홍준, 나의 문화유산 답사기(일본편 3 교토), 창비, 2014
- 이원희, 천황가의 기원은 백제 부여씨, 주류성출판사, 2019
- 이종욱, 신라가 한국인의 오리진이다, 고즈윈, 2012
- 이홍규, 한국인의 기원, 우리 역사 연구재단, 2010
- 임길채, 일본 고대국가 형성과 칠지도의 비밀, 범우사, 2002
- 전경일, 남왜공정, 다빈치북스, 2011
- 전규태, 신화는 거짓말을 하지 않는다, 신아출판사, 2013
- 정재정, 교토에서 본 한일통사, 효형출판, 2007
- 정형진, 한반도는 진인의 땅이었다, 알에이치 코리아, 2014
- 정혜선, 일본사다이제스트 100, 가람기획, 2011
- 최재석, 일본고대사의 진실, 경인문화사, 2010
- 최재석, 고대 한일관계사 연구, 경인문화사, 2010
- 최종철, 일본을 낳은 나라 금관가야 왕국, 2006
- 하종문, 일본사여행, 역사비평사, 2019
- 홍윤기, 일본문화사, 서문당, 1999
- 홍윤기, 백제는 큰 나라, 한누리미디어, 2010
- 홍윤기, 일본문화사 신론, 한누리미디어, 2011
- 홍윤기, 일본문화의 뿌리는 한국 마문화, 한누리미디어, 2012
- 부산. 양산 역사교사모임, 일본고대사 여행, 너머북스, 2012
- 일본사학회, 아틀라스일본사, 사계절출판, 2011
- 전국 역사교사모임, 처음 읽는 일본사, 청아문화사, 2013
- 한일관계사 연구논집 편찬위원회, 광개토대왕비와 한일관계, 경인문화사, 2005
- 한일관계사 연구논집 편찬위원회, 왜 5왕 문제와 한일관계, 경인문화사, 2005

2. 일본어

- 曺智鉉, 天日槍と渡來人の足跡, 海鳥社, 2005
- 段熙麟, 大阪における朝鮮文化, 松籟社, 1982
- 永體典南, 日本古代史に偽装の源流を求めて, 牧歌舍, 2007
- 工藤雅樹, 蝦夷の古代史, 吉川弘文館, 2019

- 韓登, 博士王仁の実像, 新風書房, 2007
- 林英樹訳(金聖昊著), 沸流百濟と日本の國家起源, 成甲書房, 1983
- 林順次, 仁德陵の被葬者は継体天皇だ, 河出書房新社, 2011
- 林順次, 応神=ヤマトタケルは朝鮮人だった, 河出書房新社, 2009
- 林順次, 日本人の正体, 三五館, 2010
- 林順次, 隅田八幡鏡, 彩流社, 2009
- 平野邦雄, 帰化人と古代國家, 吉川弘文館, 2007
- 井上満郎, 桓武天皇, ミネルブァ書房, 2006
- 石川晶康, 日本の歴史(上), 語學春秋社, 2002
- 兼川晉, 百濟王統と日本の古代, 不知火書房, 2009
- 兼川晉訳(尹錫曉著), 伽耶国と倭地, 新泉社, 1993
- 菊池勇夫, アイヌ民族と日本人, 朝日新聞社, 1994
- 小林恵子, 桓武天皇の謎, 祥伝社, 2009
- 小林恵子, 白村江の戦いと壬申の乱, 現代思潮新社, 1987
- 倉本一宏, 内戦の日本古代史, 講談社, 2018
- 松尾光, 闘亂の日本古代史, 花鳥社, 2019
- 南邦和, 百濟王はどこから来たか, 鉱脈社, 2006
- 三品彰英, 日本書紀朝鮮関係記事考證, 天山舍, 2002
- 水野祐, 日本國家の成立, 講談社, 1968
- 水野祐, 日本古代の國家形成, 講談社, 1967
- 桃崎有一郎, 武士の起源を解きあかす, 筑摩書房, 2018
- 森博達, 日本書紀の謎を解く, 中央公論新社, 1999
- 森田悌, 天智天皇と大化改新, 同成社, 2009
- 中橋孝博, 日本人の起源, 講談社, 2005
- 仲島岳, 倭國の誕生, 海鳴社, 2019
- 仲尾宏 外, 京都と韓國の交流の歴史, 韓國民團京都府本部, 2007
- 直木孝次郎, 飛鳥その光と影, 吉川弘文館, 2007
- 朧谷寿, 藤原氏千年, 講談社, 1996
- 小田静夫, 日本人の源流, 青春出版社, 2001
- 大平裕, 卑弥呼以前の倭國500年, PHP研究所, 2018
- 大和岩雄, 日本にあった朝鮮王國, 白水社, 2009
- 朴天秀, 加耶と倭, 講談社, 2007
- 朴鐘鳴, 京都のなかの朝鮮, 明石書店, 1999
- 朴鐘鳴, 奈良のなかの朝鮮, 明石書店, 2000
- 朴鐘鳴, 滋賀のなかの朝鮮, 明石書店, 2003
- 朴鐘鳴, 朝鮮からの移住民遺跡, 錦繡文庫, 1989

- 堺屋太一, 日本を創った12人, PHP研究所, 1996
- 坂本勝, 古事記と日本書紀, 青春出版社, 2009
- 坂戸直行, 明日香を動かした男, 芦書房, 2010
- 澤田洋太郎, 天皇家と卑弥呼の系図, 新泉社, 1994
- 澤田洋太郎, 伽耶は日本のルーツ, 新泉社,1994
- 澤田洋太郎, ヤマト國家は渡來王朝, 新泉社, 1995
- 澤田洋太郎, 教科書が教えない日韓關係 2000年, 2002
- 澤田洋太郎, 日本古代史の謎を解く, 新泉社, 2004
- 関裕二, 古代史の主役たち, 實業之日本社, 2005
- 関裕二, 日本を不幸にした藤原一族の謎, PHP研究所, 2006
- 関裕二, 天孫降臨の謎, PHP研究所, 2007
- 関裕二, 豊璋 藤原謙足の正体, 河出書房新社, 2019
- 清水勝, 日本語の起源, 河出書房新社, 1991
- 白石太一郎, 近畿の古墳と古代史, 學生社, 2007
- 白崎昭一郎, 継体天皇の実像, 雄山閣, 2007
- 相見英咲, 倭國の謎, 講談社, 2003
- 高橋道, 倭國通史, 原書房, 2015
- 高橋義雄, 応神天皇の征服, 新潮社, 2015
- 武田幸男, 古代を考える 日本と朝鮮, 吉川弘文館, 2005
- 武光誠, 邪馬台国と大和朝廷, 平凡社, 2004
- 武光誠監修, 日本創生から律令国家へ, 世界文化史, 2006
- 武光誠, 魏志倭人伝と邪馬台国, PHP研究所, 2014
- 田村圓澄, 東アジアのなかの日本古代史, 吉川弘文館, 2006
- 谷川健一, 隠された物部王国 日本, 情報センタ出版, 2008
- 鳥越憲三郎, 古代朝鮮と倭族, 中央公論新社, 1992
- 遠山美都男, 白村江, 講談社, 1997
- 遠山美都男, 天皇誕生, 中央公論新社, 2001
- 遠山美都男, 天皇と日本の起源, 講談社, 2003
- 豊田有恒, 歴史から消された邪馬台国の謎, 青春出版社, 2005
- 上田正昭, 藤原不比等, 朝日新聞社, 1986
- 籔田紘一郎, ヤマト王権の誕生, 彩流社, 2007
- 山田康弘, 縄文時代の歴史, 講談社, 2019
- 山形明鄕, 卑弥呼の正体, 三五館, 2010
- 歴史讀本編輯部,ここまでわかった古代 謎の4世紀, KADOKAWA, 2014
- 歴史教育委員会(日). 歴史教科書研究会(韓), 日韓交流の歴史, 明石書店, 2007

이미지 출처

제1장

- 순다랜드: KBS 다큐멘터리 '코리안 이브-비밀의 열쇠! 순다랜드' 영상
- 산나이마루야마 유적: 아오모리현 관광정보
- 환상열석: 일본 'Power Spot' 명소 검색
- 토광묘: 〈연합뉴스〉, 2011년 9월 6일, "기원전 3~2세기 수장급 무덤 발굴"
- 고인돌: 〈부산일보〉, 2007년 11월 21일,
  "일본 요시노가리 유적공원 2천 년전 한반도 문화 오롯이"
- 독널무덤: 〈뉴스서천〉, 2015년 7월 20일, "그곳에 또 다른 백제가 있었다"
- 요시노가리 유적: 규슈 교육여행 네트워크
- 2세기 한반도 지도: 대교에듀피아 '공부와락' 학습백과
- 야쓰시로 신사: 야쓰시로 관광포털
- 구지봉: 문화재청
- 이즈모대사: 요나고시 관광협회 및 이즈모대사 홈페이지

제2장

- 하시하카 고분: 사쿠라이시 홈페이지
- 가라쿠니다케: 위키백과
- 4세기 한반도 지도: 천재학습백과, 고등 '조공과 책봉'
- 덧널무덤: 〈서울경제신문〉 2019년 6월 4일, "아라가야 유력부부 무덤일까?"
  수혈식석실: 영남문화재연구원
  횡혈식석실: 광진구청
- 김수로왕릉 홍살문: 〈부산일보〉 2020년 1월 15일,
  "뚜벅뚜벅, 전설과 역사 속으로 … 김해 가야 역사 한 바퀴"
- 야마토 지역 고분 및 주요 호족 분포도: 동북아역사재단 〈역주 일본서기2〉 부록
- 근초고왕대 영토: 천재학습백과, 중등 '백제의 성장과 발전'

제3장

- 광개토왕비: 동북아역사넷
- 에다후다야마 고분: 기쿠치강 유역 일본 유적 협의회

- 부여융 가묘 및 묘지석 탁본: 두산백과 및 국립중앙박물관
- 가카라시마: 〈대전일보〉 2009년 12월 1일, "임금의 섬 '가카라시마(加唐島)'"
- 무령왕 묘지석: 〈연합뉴스〉 2019년 7월 21일,
  "백제 무령왕릉서 나온 묘지석은 어디서 비롯했나"
- 무령왕릉: 위키백과

제4장

- 시토미야기타 마사유적: https://www.gensetsu.com/060812sitomiyakita/doc1.htm
- 이나리야마 고분: https://sakitama-sansaku.spec.ed.jp/ko_k01
- 금동제 신발: http://www.jptravel.net/2013/10/post_810.html
- 아마가시노오카: http://www.kansaionepass.com

제5장

- 야사카지 오중탑: www.japan-travel-navi.jp/kyoto/spots/higashiyama/hokanji
- 이세신궁: 〈국민일보〉 2016년 5월 26일, "'의도된' G7정상 이세신궁 참배"
- 도쇼다이지: 위키백과
- 헤이안쿄 전경: 위키백과
- 간무 천황(가시와바라)릉: https://furafurakyoto.com/kanmutennou-ryo
- 구드래나루터: 부여군 관광정보

제6장

- 주구지: http://www.kokuhoworld.com/bb34.html
- 스에무라 유적: 〈경남신문〉 2018년 10월 30일 "일본 속 가야문화(5) 일본 속 가야 유적지"
- 헤비즈카 고분: https://www.kyoto-np.co.jp/articles/-/36459
- 온죠지 신라선신당: 〈오마이뉴스〉 2019년 4월 19일,
  "일본 시가현 오오츠시에 웬 신라선신당?"

표지 후면

- 아키히토 천황: 〈세계일보〉 2016년 8월 10일, "아키히토 일왕 퇴위땐 무슨 일?"
- 나루히토 천황: 〈SBS뉴스〉 2019년 10월 22일, "나루히토 일왕 오늘 즉위선언 …"

일본지도

- 일본의 고대 행정구역: 다카하시 치하야(김순희 역), 에도의 여행자, 효형출판, 2004.
- 일본의 현재 행정구역: 외교부, 일본개황, 나무와 숲, 2015.

일본지도

- 일본의 고대 행정구역

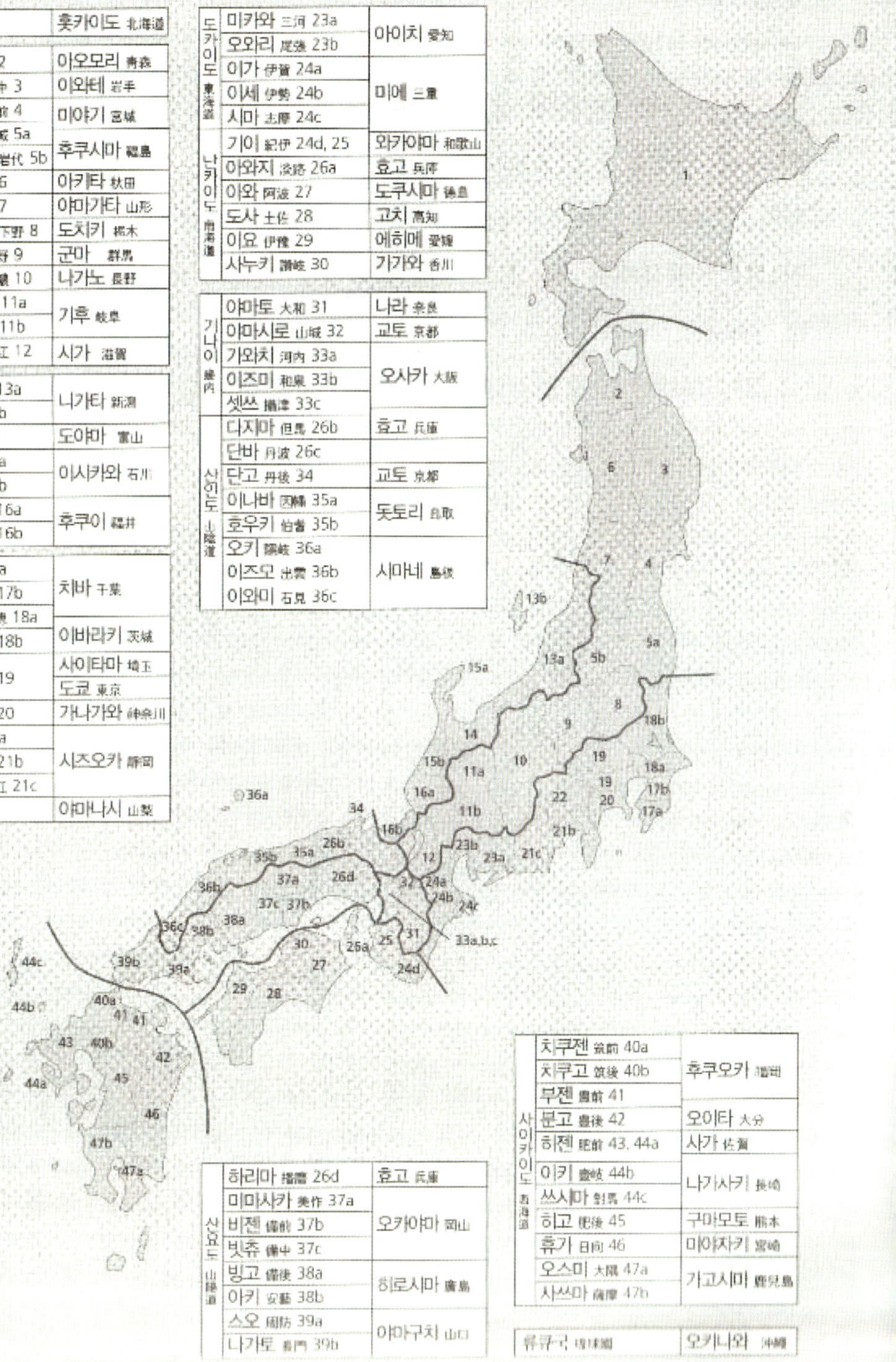

도	옛 지방	현재
	에조치 蝦夷地 1	홋카이도 北海道
도산도 東山道 / 무쓰 陸奥	무쓰 陸奥 2	아오모리 青森
	리쿠추 陸中 3	이와테 岩手
	리쿠젠 陸前 4	미야기 宮城
	이와키 磐城 5a	후쿠시마 福島
	이와시로 岩代 5b	
도산도 東山道 / 데와 出羽	우고 羽後 6	아키타 秋田
	우젠 羽前 7	야마가타 山形
도산도 東山道	시모쓰케 下野 8	도치키 栃木
	고즈케 上野 9	군마 群馬
	시나노 信濃 10	나가노 長野
	히다 飛騨 11a	기후 岐阜
	미노 美濃 11b	
	오우미 近江 12	시가 滋賀
호쿠리쿠도 北陸道	에치고 越後 13a	니가타 新潟
	사도 佐渡 13b	
	엣추 越中 14	도야마 富山
	노토 能登 15a	이시카와 石川
	가가 加賀 15b	
	에치젠 越前 16a	후쿠이 福井
	와카사 若狭 16b	
도카이도 東海道	아와 安房 17a	치바 千葉
	가즈사 上総 17b	
	시모우사 下総 18a	이바라키 茨城
	히타치 常陸 18b	
	무사시 武蔵 19	사이타마 埼玉
		도쿄 東京
	사가미 相模 20	가나가와 神奈川
	이즈 伊豆 21a	시즈오카 静岡
	스루가 駿河 21b	
	도토우미 遠江 21c	
	가이 甲斐 22	야마나시 山梨
도카이도 東海道	미카와 三河 23a	아이치 愛知
	오와리 尾張 23b	
	이가 伊賀 24a	미에 三重
	이세 伊勢 24b	
	시마 志摩 24c	
난카이도 南海道	기이 紀伊 24d, 25	와카야마 和歌山
	아와지 淡路 26a	효고 兵庫
	아와 阿波 27	도쿠시마 徳島
	도사 土佐 28	고치 高知
	이요 伊豫 29	에히메 愛媛
	사누키 讃岐 30	가가와 香川
기나이 畿内	야마토 大和 31	나라 奈良
	야마시로 山城 32	교토 京都
	가와치 河内 33a	오사카 大阪
	이즈미 和泉 33b	
	셋쓰 攝津 33c	
산인도 山陰道	다지마 但馬 26b	효고 兵庫
	단바 丹波 26c	
	단고 丹後 34	교토 京都
	이나바 因幡 35a	돗토리 鳥取
	호우키 伯耆 35b	
	오키 隠岐 36a	시마네 島根
	이즈모 出雲 36b	
	이와미 石見 36c	
산요도 山陽道	하리마 播磨 26d	효고 兵庫
	미마사카 美作 37a	오카야마 岡山
	비젠 備前 37b	
	빗츄 備中 37c	
	빙고 備後 38a	히로시마 廣島
	아키 安藝 38b	
	스오 周防 39a	야마구치 山口
	나가토 長門 39b	
사이카이도 西海道	치쿠젠 筑前 40a	후쿠오카 福岡
	치쿠고 筑後 40b	
	부젠 豊前 41	
	분고 豊後 42	오이타 大分
	히젠 肥前 43, 44a	사가 佐賀
	이키 壹岐 44b	나가사키 長崎
	쓰시마 對馬 44c	
	히고 肥後 45	구마모토 熊本
	휴가 日向 46	미야자키 宮崎
	오스미 大隅 47a	가고시마 鹿兒島
	사쓰마 薩摩 47b	
	류큐국 琉球國	오키나와 沖縄

- 일본의 현재 행정구역

홋카이도
아오모리
아키타
이와테
야마가타
미야기
니가타
후쿠시마
이시카와
도야마
군마
도치기
후쿠이
나가노
사이타마
이바라키
시마네
돗토리
기후
야마구치
히로시마
오카야마
효고
고토
시가
야마나시
도쿄
아이치
시즈오카
가나가와
치바
나가사키
사가
후쿠오카
에히메
가가와
오사카
나라
미에
도쿠시마
구마모토
오이타
고치
와카야마
미야자키
가고시마
오키나와

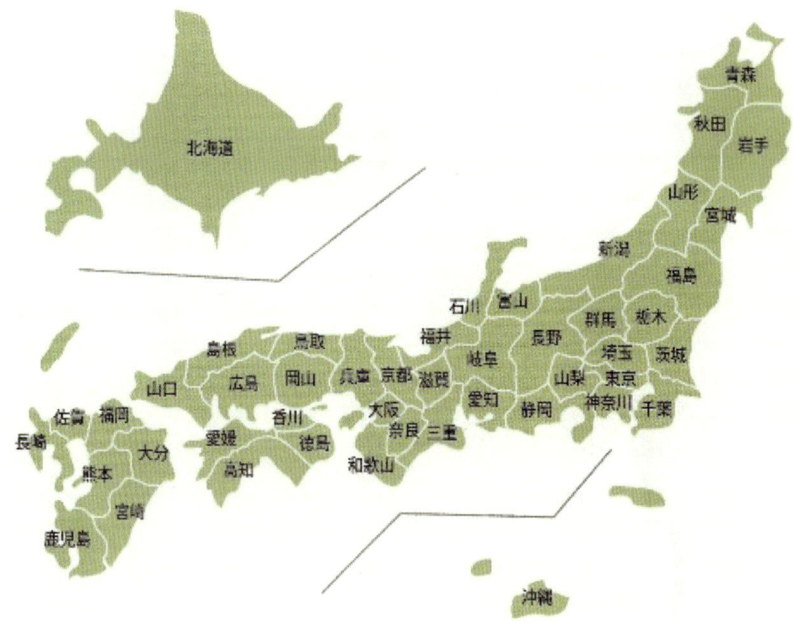
北海道
青森
秋田
岩手
山形
宮城
新潟
福島
石川
富山
群馬
栃木
福井
長野
島根
鳥取
岐阜
埼玉
茨城
山口
広島
岡山
兵庫
京都
滋賀
山梨
東京
愛知
静岡
神奈川
千葉
佐賀
福岡
長崎
香川
大阪
愛媛
徳島
奈良
三重
大分
高知
和歌山
熊本
宮崎
鹿児島
沖縄